展示学事典

日本展示学会 編

丸善出版

刊行にあたって
——展示とは意図を伝えること

　展示という言葉は，今日，日常的に使われ「並べて見せる」という意味で用いられています．人に見せるために整えて並べる行為が展示ですが，なぜ見せるのか，何を見せるのか，そこには見せる行為に付加する思いが生じます．ものを見せる行為は同時に，ある思いを伝えることです．展示は情報を伝えるコミュニケーションの役割を担っているのです．つまり「展示とは意図を伝えること」と捉えることなのです．

　日本のグラフィックデザインの先駆者である山名文夫が，「展示とは何か」ということを次のように述べています．
　「展示ということは，ただものを列べるということではありません．ものを列べさえすれば，人が見てくれるという，なまやさしいものでもなく，人が見るということで十分でもなく，見せたいものを，第一に，見ることの出来るようにし，第二に，見てよく理解出来るようにし，第三に，なぜこれを見せるかという見せる側の見せたい意図を了知せしめ，第四に，そればかりでなく，それによって，見た人の精神，思想を動かし，知識を昂めるということでなければならないと思います．即ち，展示は，陳列とか展観という消極的なものでなく，宣伝という積極的な啓発指導面に於ける重要な手段の一つであります」（『博物館研究』17〈3〉1944．現代仮名遣いに変更）．

　展示や展示学のニーズの広がりを実感したのは，博物館法で規定されている大学における学芸員養成課程の見直しがあり，修得すべき科目に，展示という語が表記された「博物館展示論」（2単位）が加わり2012年4月より実施されたことです．これを機に日本展示学会は『展示論—博物館の展示をつくる』（2010）を企画し出版しました．
　日本展示学会は，1980年代に全国各地で博物館・美術館をはじめとする展示施設が次々に設立される中で，展示に対する考え方が従来の単に「陳列」という概念から大きく変化し，展示自体が「総合的なコミュニケーション・メ

ディア」であるという視点に立った研究の必要性から，初代会長・梅棹忠夫の呼びかけにより，1982年に設立されました．その設立35周年にあたる2017年に，学会の事業として本事典に取り組むことにしました．

　私たちは，この年月において蓄積された個人の経験・見識を現段階で一度収集し，この魅力を社会に広く訴えたいと意欲的に考え，本事典の構成についての議論を繰り返してきました．結果，本事典において重視したことは，展示にまつわる事柄を網羅することではありませんでした．展示の魅力を伝えるべく，読者（初学者・実務初級者）が広く関心を抱きそうな章立て・項目案の構成を旨としました．そして，多種多様なテーマを見開き形式（195頁）でまとめ，わかりやすい読み切り型の文章に具体的な図や表，写真を盛り込みました．

　本事典では，それらを，日本展示学会の会員・非会員問わず，国内第一線の研究者・展示実践者に執筆を依頼しました．唯一無二のユニークな"読む展示学事典"をつくることができたと思います．執筆者や図版・写真の提供元をはじめ，展示に関わるすべての方々に感謝申し上げます．

　　2018年11月

　　　　　　　　　　　　　　　　　　　　　編集委員長　　木村　浩

編集委員一覧

編集顧問
若生　謙二　日本展示学会会長／大阪芸術大学

編集委員長
木村　　浩　木村デザイン

編集幹事（五十音順）

亀山　裕市　乃村工藝社	髙橋　信裕　高知みらい科学館
草刈　清人　ミュージアムフリーター	丹治　　清　トータルメディア開発研究所
齊藤　克己　丹青社	吉冨　友恭　東京学芸大学
高橋　　貴　愛知大学名誉教授	

編集委員（五十音順）

岡本　靖生　愛知大学非常勤講師	日髙　真吾　国立民族学博物館
可児　光生　美濃加茂市民ミュージアム	伏見　清香　放送大学
栗原　祐司　京都国立博物館	松岡　敬二　豊橋市自然史博物館
小林　繁樹　国立民族学博物館名誉教授	松本　知子　松本企画室
坂本　　昇　伊丹市昆虫館	本松　浩司　日展
德田　明仁　愛媛大学	吉村　浩一　法政大学
長谷川　辰也　トータルメディア開発研究所	

＊所属・肩書は2018年9月現在

執筆者一覧 (五十音順)

青木　　豊	國學院大學	
秋山　純子	九州国立博物館	
阿児　雄之	AMANE	
東　　健一	印西市立滝野中学校	
雨宮　千嘉	元林原自然科学博物館エデュケーター	
安藤　敏博	安藤デザイン計画	
安東　　直	久米設計	
碇　　京子	元林原自然科学博物館エデュケーター	
池本　誠也	国立科学博物館	
石井　一良	奈良県水道局	
石崎　勝基	好事家	
井島　真知	元林原自然科学博物館エデュケーター	
井戸　幸一	乃村工藝社	
糸魚川淳二	名古屋大学名誉教授	
伊藤　優子	ミュージアム・エデュケーター	
稲垣　　博	空間デザイナー	
稲庭彩和子	東京都美術館	
稲村　哲也	放送大学	
岩城　晴貞	文化コミュニケーションズ研究所	
牛村　　守	トータルメディア開発研究所	
内川　隆志	國學院大學	
江水　是仁	東海大学	
大月　ヒロ子	イデア	
大山　由美子	丹青研究所	
岡田　弘人	日展	
岡田　芳幸	皇學館大学	
岡部　あおみ	美術評論家	
岡本　信也	野外活動研究会	
岡本　　真	アカデミック・リソース・ガイド	
岡本　靖生	愛知大学	
小川　英樹	日展	
小川　義和	国立科学博物館	
奥村　泰之	国立民族学博物館	
長田　年弘	筑波大学	
笠松　慶子	首都大学東京	
春日　康志	乃村工藝社	
粕谷　　崇	白根記念渋谷区郷土博物館・文学館	
加藤　　研	筑波大学	
可児　光生	美濃加茂市民ミュージアム	
亀井　　隆	愛知模型コンサルタント	
亀山　裕市	乃村工藝社	
川合　　剛	名古屋市博物館	
川添　裕子	松蔭大学	
河村　章代	高知県文化財団	
神庭　信幸	東京国立博物館	

執筆者一覧

北村 美香	結 creation	下湯 直樹	日本オリンピック委員会
木下 史青	東京国立博物館	鈴木 和博	乃村工藝社
木村 浩	木村デザイン	鈴木 真一朗	スフォルツァンド
草刈 清人	ミュージアムフリーター	鈴木 俊幸	乃村工藝社
久保 禎子	一宮市尾西歴史民俗資料館	鈴木 雅夫	名古屋市科学館
栗原 祐司	京都国立博物館	鈴木 有紀	愛媛県美術館
黒岩 啓子	Learning Innovation Network	染川 香澄	ハンズ・オン プランニング
黒澤 浩	南山大学	高木 豊	日本自動車工業会
小泉 雅子	多摩美術大学	高橋 綾子	美術評論家
洪 恒夫	東京大学総合研究博物館	高橋 徹	Stroly
		高橋 信裕	高知みらい科学館
小林 繁樹	国立民族学博物館名誉教授	高安 啓介	大阪大学
小山 鐵夫	高知県立牧野植物園名誉園長	建石 徹	奈良文化財研究所
		伊達 仁美	京都造形芸術大学
齊藤 恵理	乃村工藝社	田中 宗隆	サウンド・プロセス・デザイン
齊藤 克己	丹青社	丹治 清	トータルメディア開発研究所
齊藤 基生	元名古屋学芸大学		
五月女 賢司	吹田市立博物館	邱 君妮	総合研究大学院大学博士課程
榊 玲子	たばこと塩の博物館	坪井 則子	佐野美術館
坂本 昇	伊丹市昆虫館	坪郷 英彦	山口大学名誉教授
佐藤 公信	千葉大学	寺澤 勉	拓殖大学名誉教授
佐藤 優香	東京大学客員研究員	德田 明仁	愛媛大学
佐渡友 陽一	帝京科学大学	中井 弘志	丹青社
里見 親幸	ミューゼオグラフィー研究所	中江 環	太地町立くじらの博物館
佐野 千絵	東京文化財研究所	長澤 信夫	ミュージアムイン
澤 登紀乃	ミュージアムデザイナー	長谷 高史	愛知県立芸術大学名誉教授
柴田 雄二郎	トータルメディア開発研究所	中西 エリナ	Among Individuals
		中野 裕子	博物館明治村

執筆者	所属
中村　　嗣	日展
中村　　元	水族館プロデューサー
中村　佳史	連想出版
中山　　隆	ノムラテクノ
成田　英樹	乃村工藝社
西　源二郎	東海大学客員教授
西岡　貞一	筑波大学
丹羽　誠次郎	愛知学泉大学
長谷川　珠緒	横浜美術館
端　　信行	国立民族学博物館名誉教授
花見　保次	聖徳大学短期大学部
馬場　暁子	京都精華大学
原　　礼子	国際基督教大学博物館湯浅八郎記念館
彦坂　　裕	スペースインキュベータ
日髙　真吾	国立民族学博物館
平田　健生	滋賀県立近代美術館
広瀬　浩二郎	国立民族学博物館
福武財団	
伏見　清香	放送大学
藤村　　俊	美濃加茂市民ミュージアム
藤原　敬介	首都大学東京
本田　光子	九州国立博物館
松井　敏也	筑波大学
松岡　敬二	豊橋市自然史博物館
松本　知子	松本企画室
間渕　　創	三重県総合博物館
丸山　瑛奈	国立科学博物館附属自然教育園
三浦　定俊	文化財虫菌害研究所
三光田　由里	川村記念美術館
三橋　弘宗	兵庫県立人と自然の博物館
三村　麻子	福岡市科学館
宮本　武典	東北芸術工科大学
妙木　　忍	東北大学
村井　良子	プランニング・ラボ
籔本　美孝	北九州市立自然史・歴史博物館名誉館員
山内　宏泰	リアス・アーク美術館
山貝　征典	清泉女学院大学
山田　博之	筑波大学
山本　哲也	新潟県立歴史博物館
吉冨　友恭	東京学芸大学
吉村　浩一	法政大学
吉村　弥依子	かごしま近代文学館
若生　謙二	大阪芸術大学
和田　明彦	丹青社
和田　　浩	東京国立博物館
渡邉　　創	乃村工藝社
渡辺　珠美	エフピークエスト
渡辺　友美	早稲田大学人間総合研究センター
綿引　典子	丹青社

＊所属は 2018 年 9 月現在

目　次

＊見出し語五十音索引は目次の後にあります

1章　展示とは　[担当編集委員：木村　浩・草刈清人・小林繁樹・高橋　貴・髙橋信裕]

展示と展示学　2
展示学の目的と理念　10
展示の用語　16
展示の構成　18
展示の社会性　22
展示・建築・都市空間　24
展示技術者　30
梅棹忠夫　32
大阪万博（日本万国博覧会）　34
日本展示学会　36
【コラム】模　型　38

2章　展示の類型　[担当編集委員：可児光生・草刈清人・若生謙二]

展示の類型（概観）　40
文系分野の展示　42
理系分野の展示　44
総合系の展示　46
展示場所　48
展示空間　50
展示物　52
展示期間　54
生態展示と構造的展示　56
展示主体　58
生活の展示　60
施設①人文系博物館　62
施設②自然系博物館　64
施設③野外博物館　66
施設④エコミュージアム　68
施設⑤美術館　70
施設⑥現代美術館　72
ホワイトキューブ　74
インスタレーションとパブリックアート　78
施設⑦文学館　82
施設⑧動物園　84
施設⑨水族館―表現　88
施設⑨水族館―技術　90
施設⑩植物園　92
施設⑪プラネタリウム　98
施設⑫テーマパーク　100
施設⑬博覧会　102
施設⑭メッセ　104
【コラム】イメージと展示　106

3章　展示の歴史　[担当編集委員：髙橋信裕・松本知子]

商行為①歴史　108
商行為②展示行為とマーケティング　110
信仰と宝物　112
祭礼と観光資源　114
冠婚葬祭と飾付け　116
娯楽①見世物からパノラマ館　118
娯楽②エンターテインメント　120
文化・啓蒙①本草学と博物学　122
文化・啓蒙②博物館　124
文化・啓蒙③博物館法と事業　128
顕彰①モニュメント　132
顕彰②文化政策・戦略　134
宣伝・広告　136
広　報　138
芸術・芸能①日本の伝統美　140
芸術・芸能②美術館　142
アイデンティティ①ふるさと　144
アイデンティティ②町おこし　146
教育と科学①黎明　148
教育と科学②発展　150
【コラム】まんがと展示　152

4章　情報とデザイン　[担当編集委員：木村　浩・德田明仁]

デザインとは　154
コミュニケーションとデザイン　156
タイポグラフィーとスイススタイル　158
色　彩　162
ピクトグラム　164
サイン計画　166
ダイアグラム　168
空間デザイン　170
環境デザイン　172
自然光と空間　174
プロダクトデザイン　176
ディスプレイデザイン　178
インテリアデザイン　180
共有化と標準化　182
原型とプロトタイプ　184
エルゴノミクス　186
アフォーダンス　188
持続可能性　190
ユニバーサルデザイン　192
【コラム】
パルテノン神殿フリーズ浮彫り　194

5章　展示のプロセス　[担当編集委員：岡本靖生・丹治　清・本松浩司]

調　査　196
構想と計画　198
基本設計と実施設計　204
製作と施工　210
保守点検　216
運　営　218
展示更新・施設改修　222
評　価　228

人文系施設の実例　232
科学系施設の実例　236
自然系施設の実例　240
美術系施設の実例　244
歴史系施設の実例　248
【コラム】サイエンスカフェ　252

6章　展示のテクニック　[担当編集委員：亀山裕市・齊藤克己・長谷川辰也]

展示のコンポーネント（構成要素）　254
建築計画　256
展示ケース　262
展示照明・効果　268
実物資料　274
解説グラフィック　278
模型・ジオラマ　282
レプリカと実物保存　288
演示具　292
実験・体験装置　296
展示映像・音響　302
情報端末　308
展示図録・ワークシート　310
インタラクティブ展示　314
ハンズオン展示　318
ユニバーサルミュージアムの展示手法　324
【コラム】展示における音　328

7章　展示と保存　[担当編集委員：栗原祐司・日髙真吾]

博物館の展示場管理　330
大型博物館の展示場管理—国立民族学博物館　334
展示場の環境　338
展示ケースの環境　340
博物館のIPM　342
展示場の殺虫処理　346
展示場の空気質変動　348
展示照明と保存　350
免震と展示　354
展示場と防災　356
文化財の保存修復の理念　358
展示資料の点検　360
国宝・重要文化財の展示　362
史跡の保存と展示　364
歴史的建造物の保存と展示　368
梱包・輸送　372
パノラマムービーによる展示記録　376
【コラム】収蔵庫の見学　378

8章　展示を使う　[担当編集委員：坂本　昇・伏見清香・吉冨友恭]

展示と学習支援　380
展示解説・展示交流①美術館　384
展示解説・展示交流②総合博物館　386
展示を使ったワークショップ　388
展示とボランティア　390
利用上のルールとマナー　392
展示解説ツール　394
展示と広報宣伝　396
移動展示　398
企画展のユニット化と巡回　400

展示造作・装置の維持管理　402
展示のレベルアップ　404
生体展示の維持管理　406
利用者調査・展示評価　408
展示とデジタル技術　410

対話型鑑賞　412
障がい者への利用支援　414
ユニークベニュー　416
【コラム】
展示と大学の授業・学芸員実習　418

9章　展示と社会　[担当編集委員：草刈清人・松岡敬二・吉村浩一]

学校教育との連携①理科　420
学校教育との連携②社会　422
学校教育との連携③美術　424
社会への貢献　426
産業への貢献　428
地域からの発信　430
地域内の博物館連携　432
高齢化社会への対応　434
商業展示　436
大学とミュージアム　438
企業とミュージアム　440
財閥系ミュージアム　442

戦争・紛争と展示　444
政治・権力と展示　446
盗難と真贋　448
性表現と展示　450
マスコミと展示　452
宗教と展示　454
展示資金と作品価格　456
希少種・天然記念物の展示　458
展示と法律・条約　460
忘れられた展示　462
【コラム】風景と展示　464

10章　展示の潮流　[担当編集委員：亀山裕市・齊藤克己]

展示の近未来　466
親と子の成長と展示　470
チルドレンズミュージアムと展示　472
ユニバーサルミュージアムと展示　474
ワークショップデザインと展示　476
アートイベントと展示　478
デジタルアーカイブと展示　480
図書館と展示　482
SNSと展示　484
サブカルチャーと展示　486

秘宝館と展示　488
ツーリズムと展示　490
インフラと展示　492
事故と展示　494
大震災と展示　496
コミュニティデザインと展示　498
ビッグデータの活用と展示　500
【コラム】ミュージアムグッズの展示　502
【コラム】ICOM-ICEE　503

[付　録]［担当編集委員：木村　浩・草刈清人・髙橋信裕］
①展示100選　506
②関連法規　532

見出し語五十音索引　xv
引用文献一覧　571
事項索引　583
人名索引　602
施設・展覧会・催し名索引　605

見出し語五十音索引

■ A〜Z

ICOM-ICEE　503
IPM，博物館の　342
SNSと展示　484

■ あ

アートイベントと展示　478
アイデンティティ―ふるさと　144
アイデンティティ―町おこし　146
アフォーダンス　188
維持管理，生体展示の　406
維持管理，展示造作・装置の　402
移動展示　398
イメージと展示　106
インスタレーションとパブリックアート　78
インタラクティブ展示　314
インテリアデザイン　180
インフラと展示　492
梅棹忠夫　32
運　営　218
エコミュージアム，施設　68
エルゴノミクス　186
演示具　292
エンターテインメント，娯楽　120
大型博物館の展示場管理―国立民族学博物館　334
大阪万博（日本万国博覧会）　34

音，展示における　328
親と子の成長と展示　470
音響，展示映像　302

■ か

概観，展示の類型　40
解説グラフィック　278
科学系施設の実例　236
学芸員実習，展示と大学の授業　418
学習支援，展示と　380
飾付け，冠婚葬祭と　116
学校教育との連携―社会　422
学校教育との連携―美術　424
学校教育との連携―理科　420
活用と展示，ビッグデータの　500
環境，展示ケースの　340
環境，展示場の　338
環境デザイン　172
観光資源，祭礼と　114
冠婚葬祭と飾付け　116
鑑賞，対話型　412
企画展のユニット化と巡回　400
企業とミュージアム　440
技術，施設―水族館　90
希少種・天然記念物の展示　458
基本設計と実施設計　204
教育と科学―発展　150
教育と科学―黎明　148
共有化と標準化　182
近未来，展示の　466

空間，自然光と　174
空間デザイン　170
空気質変動，展示場の　348
計画，構想と　198
芸術・芸能―日本の伝統美　140
芸術・芸能―美術館　142
見学，収蔵庫の　378
原型とプロトタイプ　184
顕彰―文化政策・戦略　134
顕彰―モニュメント　132
現代美術館，施設　72
建築・都市空間，展示　24
建築計画　256
権力と展示，政治　446
効果，展示照明　268
貢献，産業への　428
貢献，社会への　426
広告，宣伝　136
構成，展示の　18
構成要素，展示のコンポーネント　254
構造的展示，生態展示と　56
構想と計画　198
広　報　138
広報宣伝，展示と　396
高齢化社会への対応　434
国宝・重要文化財の展示　362
国立民族学博物館，大型博物館の展示場
　　管理　334
コミュニケーションとデザイン　156
コミュニティデザインと展示　498
娯楽―エンターテインメント　120
娯楽―見世物からパノラマ館　118
梱包・輸送　372
コンポーネント（構成要素），展示の
　　　　　　　　　　　　　　　254

■さ

サイエンスカフェ　252
財閥系ミュージアム　442
祭礼と観光資源　114
サイン計画　166
作品価格，展示資金と　456
殺虫処理，展示場の　346
サブカルチャーと展示　486
産業への貢献　428
ジオラマ，模型　282
色　彩　162
事業，文化・啓蒙，博物館法と　128
事故と展示　494
史跡の保存と展示　364
施設―エコミュージアム　68
施設―現代美術館　72
施設―自然系博物館　64
施設―植物園　92
施設―人文系博物館　62
施設―水族館（技術）　90
施設―水族館（表現）　88
施設―テーマパーク　100
施設―動物園　84
施設―博覧会　102
施設―美術館　70
施設―プラネタリウム　98
施設―文学館　82
施設―メッセ　104
施設―野外博物館　66
施設改修，展示更新　222
自然系施設の実例　240
自然系博物館，施設　64
自然光と空間　174
持続可能性　190

実験・体験装置　296
実施設計, 基本設計と　204
実物資料　274
実物保存, レプリカと　288
実例, 科学系施設の　236
実例, 自然系施設の　240
実例, 人文系施設の　232
実例, 美術系施設の　244
実例, 歴史系施設の　248
社会, 学校教育との連携　422
社会性, 展示の　22
社会への貢献　426
宗教と展示　454
収蔵庫の見学　378
重要文化財の展示, 国宝　362
巡回, 企画展のユニット化と　400
障がい者への利用支援　414
商業展示　436
商行為—展示行為とマーケティング　110
商行為—歴史　108
情報端末　308
条約, 展示と法律　460
植物園, 施設　92
真贋, 盗難と　448
信仰と宝物　112
人文系施設の実例　232
人文系博物館, 施設　62
スイススタイル, タイポグラフィーと　158
水族館（技術）, 施設　90
水族館（表現）, 施設　88
生活の展示　60
製作と施工　210
政治・権力と展示　446
生態展示と構造的展示　56
生体展示の維持管理　406
成長と展示, 親と子の　470

性表現と展示　450
施工, 製作と　210
戦争・紛争と展示　444
宣伝・広告　136
戦略, 顕彰, 文化政策　134
総合系の展示　46
総合博物館, 展示解説・展示交流　386
装置の維持管理, 展示造作　402

■た

ダイアグラム　168
対応, 高齢化社会への　434
大学とミュージアム　438
大学の授業・学芸員実習, 展示と　418
体験装置, 実験　296
大震災と展示　496
タイポグラフィーとスイススタイル　158
対話型鑑賞　412
地域からの発信　430
地域内の博物館連携　432
調査　196
チルドレンズミュージアムと展示　472
ツーリズムと展示　490
ツール, 展示解説　394
ディスプレイデザイン　178
テーマパーク, 施設　100
デザイン, コミュニケーションと　156
デザインとは　154
デジタルアーカイブと展示　480
デジタル技術, 展示と　410
点検, 展示資料の　360
展示, SNSと　484
展示, アートイベントと　478
展示, イメージと　106

展示，インフラと 492
展示，親と子の成長と 470
展示，希少種・天然記念物の 458
展示，国宝・重要文化財の 362
展示，コミュニティデザインと 498
展示，サブカルチャーと 486
展示，事故と 494
展示，史跡の保存と 364
展示，宗教と 454
展示，生活の 60
展示，政治・権力と 446
展示，性表現と 450
展示，戦争・紛争と 444
展示，総合系の 46
展示，大震災と 496
展示，チルドレンズミュージアムと 472
展示，ツーリズムと 490
展示，デジタルアーカイブと 480
展示，図書館と 482
展示，ビッグデータの活用と 500
展示，秘宝館と 488
展示，風景と 464
展示，文系分野の 42
展示，マスコミと 452
展示，まんがと 152
展示，ミュージアムグッズの 502
展示，免震と 354
展示，ユニバーサルミュージアムと 474
展示，理系分野の 44
展示，歴史的建造物の保存と 368
展示，ワークショップデザインと 476
展示，忘れられた 462
展示・建築・都市空間 24
展示映像・音響 302
展示解説・展示交流―総合博物館 386
展示解説・展示交流―美術館 384

展示解説ツール 394
展示学，展示と 2
展示学の目的と理念 10
展示期間 54
展示技術者 30
展示記録，パノラマムービーによる 376
展示空間 50
展示ケース 262
展示ケースの環境 340
展示行為とマーケティング，商行為 110
展示更新・施設改修 222
展示資金と作品価格 456
展示主体 58
展示手法，ユニバーサルミュージアムの 324
展示場管理，博物館の 330
展示場管理―国立民族学博物館，大型博物館の 334
展示場と防災 356
展示場の環境 338
展示場の空気質変動 348
展示場の殺虫処理 346
展示照明・効果 268
展示照明と保存 350
展示資料の点検 360
展示図録・ワークシート 310
展示造作・装置の維持管理 402
展示と学習支援 380
展示と広報宣伝 396
展示と大学の授業・学芸員実習 418
展示とデジタル技術 410
展示と展示学 2
展示と法律・条約 460
展示とボランティア 390
展示における音 328
展示の近未来 466

展示の構成　18
展示のコンポーネント（構成要素）　254
展示の社会性　22
展示の用語　16
展示の類型（概観）　40
展示のレベルアップ　404
展示場所　48
展示評価，利用者調査　408
展示物　52
展示を使ったワークショップ　388
伝統美，芸術・芸能，日本の　140
天然記念物の展示，希少種　458
盗難と真贋　448
動物園，施設　84
都市空間，展示・建築　24
図書館と展示　482

■ な

日本展示学会　36
日本の伝統美，芸術・芸能　140
日本万国博覧会，大阪万博　34

■ は

博物学，文化・啓蒙，本草学と　122
博物館，文化・啓蒙　124
博物館のIPM　342
博物館の展示場管理　330
博物館法と事業，文化・啓蒙　128
博物館連携，地域内の　432
博覧会，施設　102
発信，地域からの　430
発展，教育と科学　150

パノラマ館，娯楽，見世物から　118
パノラマムービーによる展示記録　376
パブリックアート，インスタレーションと　78
パルテノン神殿フリーズ浮彫り　194
ハンズオン展示　318
ピクトグラム　164
美術，学校教育との連携　424
美術館，芸術・芸能　142
美術館，施設　70
美術館，展示解説・展示交流　384
美術系施設の実例　244
ビッグデータの活用と展示　500
秘宝館と展示　488
評　価　228
表現，施設―水族館　88
標準化，共有化と　182
風景と展示　464
プラネタリウム，施設　98
フリーズ浮彫り，パルテノン神殿　194
ふるさと，アイデンティティ　144
プロダクトデザイン　176
プロトタイプ，原型と　184
文化・啓蒙―博物館　124
文化・啓蒙―博物館法と事業　128
文化・啓蒙―本草学と博物学　122
文学館，施設　82
文化財の保存修復の理念　358
文化政策・戦略，顕彰　134
文系分野の展示　42
紛争と展示，戦争　444
防災，展示場と　356
宝物，信仰と　112
法律・条約，展示と　460
保守点検　216
保存，展示照明と　350

保存修復の理念，文化財の　358
保存と展示，史跡の　364
保存と展示，歴史的建造物の　368
ボランティア，展示と　390
ホワイトキューブ　74
本草学と博物学，文化・啓蒙　122

ユニット化と巡回，企画展の　400
ユニバーサルデザイン　192
ユニバーサルミュージアムと展示　474
ユニバーサルミュージアムの展示手法　324
用語，展示の　16

■ま

マーケティング，商行為，展示行為と　110
マスコミと展示　452
町おこし，アイデンティティ　146
マナー，利用上のルールと　392
まんがと展示　152
見世物からパノラマ館，娯楽　118
ミュージアム，企業と　440
ミュージアム，財閥系　442
ミュージアム，大学と　438
ミュージアムグッズの展示　502
メッセ，施設　104
免震と展示　354
目的と理念，展示学の　10
模　型　38
模型・ジオラマ　282
モニュメント，顕彰　132

■や

野外博物館，施設　66
輸送，梱包　372
ユニークベニュー　416

■ら

理科，学校教育との連携　420
理系分野の展示　44
理念，展示学の目的と　10
理念，文化財の保存修復の　358
利用支援，障がい者への　414
利用者調査・展示評価　408
利用上のルールとマナー　392
類型（概観），展示の　40
ルールとマナー，利用上の　392
黎明，教育と科学　148
歴史，商行為　108
歴史系施設の実例　248
歴史的建造物の保存と展示　368
レプリカと実物保存　288
レベルアップ，展示の　404

■わ

ワークシート，展示図録　310
ワークショップ，展示を使った　388
ワークショップデザインと展示　476
忘れられた展示　462

1章 展示とは

展示と展示学 ————————————— 2
展示学の目的と理念 ————————— 10
展示の用語 —————————————— 16
展示の構成 —————————————— 18
展示の社会性 ————————————— 22
展示・建築・都市空間 ———————— 24
展示技術者 —————————————— 30
梅棹忠夫 ——————————————— 32
大阪万博（日本万国博覧会）————— 34
日本展示学会 ————————————— 36
【コラム】模型 ———————————— 38

［編集担当：木村　浩・草刈清人・小林繁樹・
高橋　貴・髙橋信裕］

＊五十音順

展示と展示学

「展示」という用語が一般大衆の日常語として広く普及したのは，意外と新しいことに気付かされる．もっとも，「展示」の用語が流布するはるか以前から暮らしの室(しつ)礼(らい)などのなかに，「展示」が社会や人々と関わってきた歴史をみることができる．床の間飾りや活け花などはその身近な事例としてあげられよう．

しかし,「展示」という用語が一般大衆の間に浸透，普及し，日常語として使用されていたかの視点からみると，戦前までは「展示」という用語よりも「陳列」という用語が広く人口に膾炙(かいしゃ)されていたことが，当時の国語辞典などからうかがい知ることができる．

国語辞典から「陳列」を採録した事例をあげれば，『要字鑑』（鹿嶋長次郎，1892，興文社），『日本大辞典　ことはの泉』（18 版，落合直文，1902，大倉書店），『日本新辞林』（25 版，林甕吉・棚橋一郎，1909，三省堂書店），『新式いろは引節用辞典』（7 版，大田才次郎，1908，博文館），『辞林』（3 版，金澤庄三郎，1909，三省堂書店）『公益いろは早引大全』（25 版，関谷男也，1910，田中宋栄堂），『新選伊呂波字典大全』（12 版，田中正治郎，1910，中村風祥堂），『新式辞典』（芳賀矢一，1912，大倉書店），『模範音引日用大辞典』（石井敏，1920，五栄館），『ローマ字びき国語辞典』（8 版，上田萬年，1915，冨山房），『大字典』（上田萬年他，1928，講談社）『大辞林』（1931，忠誠堂編集部），『大言海』（大槻文彦，1934，冨山房），『廣辞林』（図 1，862 版，金澤庄三郎，1941，三省堂）など枚挙に暇ない．また，これらのいずれにも「展示」の採録はない（図 2）．

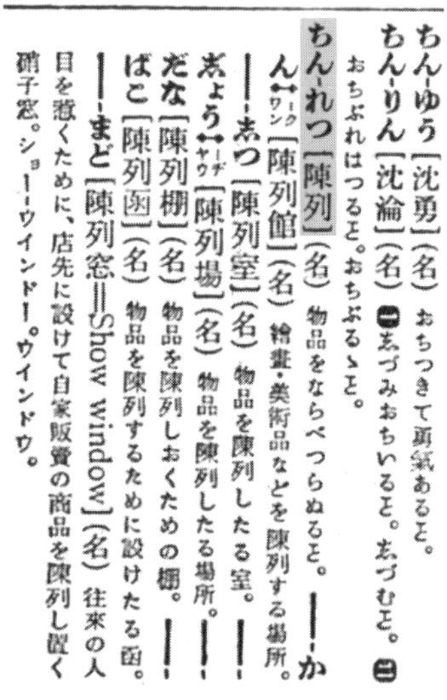
ちん-ゆう【沈勇】(名) おちつきて勇氣あること。
ちん-りん【沈淪】(名) ㊀しづみおちいること。しづむこと。㊁おちぶれはつること。おちぶること。
ちん-れつ【陳列】(名) 物品をならべつらぬること。 ——-かん【陳列館】(名) 繪畫・美術品などを陳列する場所。 ——-しつ【陳列室】(名) 物品を陳列したる室。 ——-じょう【陳列場】(名) 物品を陳列したる場所。 ——-だな【陳列棚】(名) 物品を陳列しおくための棚。 ——-ばこ【陳列函】(名) 物品を陳列するために設けたる函。 ——-まど【陳列窓＝Show window】(名) 往來の人目を惹くために、店先に設けて自家販賣の商品を陳列し置く硝子窓。ショーウインドー。ウインドウ。

図 1　『廣辞林』に採録された「陳列」

●「展示」前史　「陳列」は，明治期に盛んに開催された博覧会に用いられるとともに，その博覧会場にもなっていた博物館の列品の態様に引き継がれていく．

その陳列の用語は，「陳列館」「陳列室」「陳列棚」「陳列函」「陳列窓」など，文明開化が進展していくとともに時代の新語の一つとして大衆社会のなかに広く浸透していった（図 3）．

もっとも，言葉としての「展示」の用例は近代初期からあったとされ，その事例は日本展示学会の機関誌『展示学』第 38 号（2004）「展示，その言葉の起源（2）ことばの起源・意味の起源」ならびに 48 号（2010）の「文献による『展示』の歴史研究

てんじとてんじがく　3

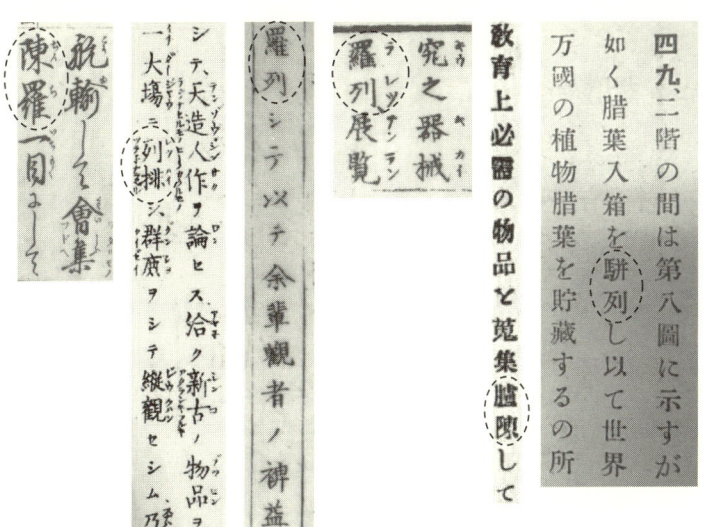

図2　「陳列」定着以前の辞典表記には，陳羅，列排，臚陳，駢烈などの用語が採録されている（出典：左から『通俗文章』〈明治9年，大田代恆德〉，『小学作文例題』〈明治12年，齋藤時泰編〉，『今体幼年文鈔』〈明治12年，遠藤貞範編〉，『小学作文五百題』〈明治12年再版，安井乙熊編〉，『教育博物館案内』〈明治14年〉，『植物博物館及植物園の話』〈明治36年，白井光太郎述〉）

プロジェクト」に詳しく述べられている．

例えば，1877（明治10）年2月に中央官庁である司法省と神奈川県との間で取り交わされた公文書「印紙貼付伺い」に「印紙ヲ貼用セズ売出ス為メ店頭ニ展示スルモノハ未タ売渡サスト雖モ煙草税即第三第七条ニヨリ処分（後略）」（下線筆者）と司法省の回答文書に「展示」が見られることを紹介し，翌3月の米国フィラデルフィアの教育展覧会の報告書（お雇い外国人ダビッド・モルレーが記したアメリカ合衆国独立100周年フィラデルフィア万国博覧会の教育報告書「慕迹矣裹報」〈文部省発行〉）では，「（前略）模形学室ハ之ヲ教育博物館ニ備ヘ置カハ利益少ナカラサル可ク且是ハ学校用諸器什ヲ展示スルカ為ニモ学校吏員教官等カ模擬スル規矩トモナル（後略）」（下線筆者）との紹介があり，「展示」という用語が少なくとも明治初年頃には用い

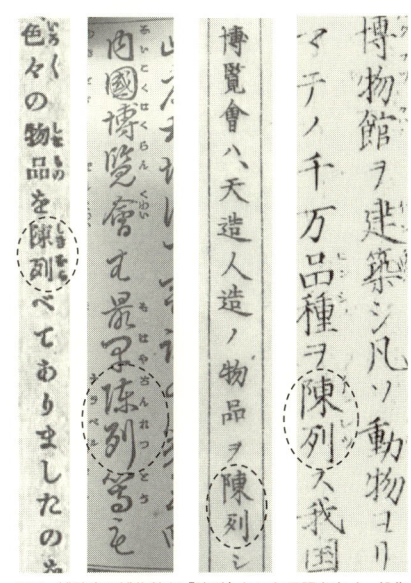

図3　博覧会や博物館が「陳列」という用語を広く一般化させた（出典：左から『修身教育子供演説』〈明治25年再版，斯波計二〉，『朝野普通用文』〈明治33年，的場鉦之助〉，『仮名挿入習文軌範』〈明治11年，秋月誠一纂〉，『説教要目二十一ケ条注解』〈吉村明道〉）

られていたことを実証している．その事例探究は，1944（昭和19）年にまで及び，公文書や新聞記事，専門書，報告書，学協会の機関誌などが出典となっている．

ちなみに，フィラデルフィア万博の教育報告書において「学校用諸器什ヲ展示スル」と「展示」を用いた報告のあった1877（明治10）年8月，東京・上野では「第一回内国勧業博覧会」が開催されていた．その開会式で当時の内務卿・大久保利通は出品物を「陳列」という語を用いて「（前略）貨物の陳列完きを稟し，（中略）会場を観るに，陳列の品類殆ど四万（後略）」（「内国勧業博覧会開場盛儀を賀するの表」より．下線筆者）と祝意を述べている．ちなみに，フィラデルフィア万博の出張には後年「日本の博物館の父」と称される農商務官僚の田中芳男が同行している．谷中の田中家の墓地の側には，田中と信州飯田を同郷とする柳田國男養家の墓地があり，田中家と柳田家の歴史的因果関係を知ることができる．また，田中芳男墓域を史跡として顕彰する台東区の掲示パネルに，田中を「幕末から明治期の博物・物産学者，農務官僚」と紹介している記述が，当時の博物館の政治的，経済的なポジショニングを物語っており，柳田國男が田中と同じ農商務省の官僚を目指したことなどを考えると，明治初期の地方文化や博物館への取組みが産業振興，地域振興の国策と連動していたことがうかがえる．

この流れは，地方の地場産業や特産品を奨励し成長させていく公的施設へと受け継がれ，地方自治体の設置運営する「商品陳列館」や「物産商工奨励館」などが博物館施設として全国展開していくことになる．1932（昭和7）年7月に刊行された『全國博物館案内』（日本博物館協会編，刀江書院）では，紹介された施設298館のうち53館（17.8%）が地方の産業奨励の目的で設立された「商業博物館」（『全國博物館案内』序言による）であった．人々に商品やその知識を魅力的にわかりやすく提示し，感動を触発するとともに購買意欲をそそる手法や技術は，そこに生活向上への動機が加わることで一層力強さと洗練さを増していく．この商業分野でのモノを見せ，公開する博物館を『全國博物館案内』では次のように紹介している．「文明国中博物館建設の発達の最も後れてゐる本邦に於いて，かくの如く全国に亘つて幾十の商業博物館を有することは，欧米の諸国にも殆ど例を見ないところで，本邦博物館界の特色の一つに数へなければならぬ」，またこの種の施設の活動を「商品の見本及び参考材料の陳列貸出し，或は産業関係印刷物の蒐集刊行講演会の開催等，博物館としての普通の事業の外，更に商品取引の紹介，商品の試売，鑑定，販路の拡張等に向って大いに力を用いてゐる．これ等の博物館中には，相当の規模の建物を有し，且つこれが経営にも相当の費用を投じてゐるものも少くない」．

すなわち，博物館文化の未成熟な日本において，商業や産業振興を目的とした博物館は欧米にも勝るものがあり，規模の点においても予算投入においても相当な施設が少なくない，という当時の現状分析である．これが，戦後に制定される教育法（「教育基本法」「社会教育法」「博物館法」など）に基づく「教育施設」として博物館が規定されることで，「商品陳列所」「物産商工奨励館」「貿易館」などのいわゆる産業振興施設は，教育委員会の所管する「教育施設」の枠の外に置かれるようになる．その

一方で，貿易博覧会など産業復興の博覧会が地方で盛んに開催されるようになり，「展示」の技術やデザインは，そうした場で展開されることになる．京都市などは博物館を観光施設として首長部局で所管する意向を打診するが，法制度上「教育施設」であることから，（戦後に新設された）教育委員会の所管に置くべきであるとの行政指導を受けている（1950〈昭和25〉年1月10日京都市教育長宛て文部省社会教育施設課長回答）．ただこのとき，京都市は美術館，音楽堂の管理運営は教育委員会が行うことが妥当であるとしながら，博物館と美術館の機能役割が異なることを主張している．博物館は観光施設であり，美術館は教育施設であるという位置付けは，今日では，美術館もまた地域行政に活路をもたらす集客，賑わいの中核施設として位置付け，首長部局が直接所管運営する傾向が顕著に見られるようになっている．

戦後「社会教育法」（1951〈昭和24〉年6月10日）のもとに発行された『全国博物館・動植物園・水族館』（1952〈昭和26〉年10月）には，戦前の『全國博物館案内』にあげられた商業振興施設はほとんど見られなくなっているが，「教育及び学芸上きわめて重要な観覧教育施設」（『全国博物館・動植物園・水族館』の「まえがき」より）と定められた新時代の博物館の「展示」のあり方が「近ごろは，その陳列のしかたや説明の方法が改善されて巧みになり，見物人に何の苦労もなく，短時間に豊富な知識を与え」（下線筆者）る見せ方へと，博物館の展示への取組みに変化が見られる状況が簡潔に語られている．

さて，国語辞典における「展示」用語の採録だが，戦前の国語辞典に「展示」を見出しに立てたものは，ほとんど見出せなかった．ただ，新村出編纂の『言苑』（1938年，博文館）に「展示」を認めることができた．しかし，その読みは「てんし」と「し」は清音になっていた．意味は「のべ示すこと，陳列して見せること」と説明されているが，左隣りに「てんじ」として「典侍」（内侍司の次官の意）が掲載されていることから，「てんし」の発音には編者の意志が込められているものと思われた．無論，本辞典には「ちんれつ」（陳列）の用語も取り上げられており，「品物をならべつらねること」との説明の後に，派生する用語として「陳列館」「陳列式」「陳列墓」「陳列窓」が採録され，それぞれに簡略な語釈が加えられている．これらのことから「展示」の用語が普及する以前は，「陳列」が日常用語として広く流布しており，その意味は「物品を並べる」であり，「展示」よりも人々の日常に深く関わっていたものと推量された．

●商いとの関わり　わが国の商家には古くから「良賈は，深く蔵して，虚しきが如し」（『史記』，よい商人は商品を奥深く仕舞い込んで店先には置かない）との家憲のような教えがあり，そのこともあって，商いのスタイルは座売式店舗が主流で，顧客との商談は畳の上で旦那や番頭が客と相対で行い，顧客の嗜好や当節の流行などを語り合うなかで，奥から丁稚や小僧がそれに見合う商品をもってきて並べ，顧客はそのなかから選択して購入する，といったスタイルが踏襲されてきた．値段も相対でその場その場で値付けするといった商法が一般的であった．

そこに「正札掛け値なし」という三井呉服店（三越の前身）の商法がもち込まれ，

誰に対しても公平に値段を開示し，客との駆け引きで決めていた値段を固定化し，さらにそれまでの「座売り式商法」を店頭に商品を「陳列」し，顧客が自由に商品を見て品定めができる「陳列式商法」に変え，店舗デザインの革新を行った（図4）．

陳列式店舗になることで客は自分の眼と五感で，たくさんの商品のなかから自由に好みの品を選別して，購入することができるようになる．

●ビジュアルプレゼンテーションメディアとしての「陳列」　明治期に三井や大丸に，それまで見られなかった「陳列場」が設けられ，商売のスタイルが座売式店舗から陳列式店舗に移行する背景には，社会状況の変化，つまり市場経済の発展，成長に即応する創造的な商人の取組み姿勢がみて取れる．奥深く仕舞い込んであった商品を，店頭に装い置き，購買者自身が比較選択し購入する商法．商いの時間も短縮でき，顧客も自分の好みに合った品物を自身で選り取ることで，満足感が増し，同時に商店の売り上げも伸びる．「陳列」にさまざまな工夫とデザイン，技術などが投入され，一個の店舗が華やぐとともに，通りや町並み，地域そのものが活性化していく．この陳列の技術やデザインが商売の繁栄，集客へと結び付くことで商業に美術のジャンル（商業美術）が勃興，成長し，商業界や興行界に進出していった．「陳列」は，わが国のビジュアルプレゼンテーションを根底から変える，まさに"革新"といえるイノベーションだったのである．

図4　（上）座売式店舗から陳列式店舗への変遷を示す三井呉服店の陳列場（1890年後半），（下）名古屋大丸のチラシ．「陳列場」と書かれた看板が掲げられている

博覧会や見本市，商品陳列館などを農商務省が所管していたことも手伝い，産業振興に成果をもたらす鍵として「陳列」「装飾」の技術や効能が国策として評価，奨励され，さまざまな業種の人々が取り組んでいった．装飾屋，ランカイ屋，生き人形師，意匠図案家，ブローカーなど，そうした人々の手腕がプロジェクトの成否を左右した．ややもすると興行化はポピュラリズムに迎合し，俗化に向かいがちになる．「陳列」「装飾」の風俗化，低俗化に批判的な表現のスタイルが，そこに求められるようになり，「陳列」や「装飾」に代わる「展示」が，新進の建築家やインテリアデザイナー，美術家などから提唱されるようになる．「展示」が息を吹き返しはじめるのは，こうした「陳列」や「装飾」が大衆化に流れ，通俗化が進み，社会そのものも経

済的な恐慌で行き詰りつつあった時期のことである．

　ヨーロッパでは1919年に，建築を核とするこれまでにない造形教育を行ったバウハウスがドイツ・ワイマールに誕生した．ロシアでは，レーニンが宣伝扇動としてプロパガンダを推進し，アートやデザイン，映画，博覧会の展示などによるイメージ展開を行った．その芸術性は飛躍的に発展し，ロシア・アバンギャルドとよばれるムーブメントとなった．現在のデザインが実体化する1910～20年代に，「意図を伝える」展示が出現したととらえることができる．

　1930年代のわが国の建築家は，海外の国際博覧会に関与する機会が多く，グローバルな視野と知見をエスプリとして備えていた．例えば，「巴里万国博覧会」（1937年開催）の「日本館」は建築家・坂倉準三が設計監督しており，内部の設備，備品などには巴里万国博覧会協会専門委員の建築家・前田健三郎が携わっている．その『政府参同事務報告』（1938，商工省商務局）の記載には「第一室ニハ，服地，壁掛け，敷物等ヲ展示シ」（下線筆者）など「展示」の用語が頻繁に使用されている．

　その同人の一人である小池新二は，著書『汎美計画』（1943，アトリエ社）で「展示技術とは眼で見せて成程と自然に肯かせる陳列の方法であって，博覧会，展覧会その他の展観施設を通じて，最も大切な要素である．近頃，海外の博覧会に我が国の新しい建築家達が協力することによって，次第に此の問題の重要性が認められてきたが，国内の各種展観に於いては未だに無知蒙昧な装飾屋が跋扈し，俗悪極まりない「飾り付け」が横行している．先づ此の装飾屋の頭を叩きなおすことが目下の急務であらう」（「展示文化随想」1935.9，初出）と「展示」をハイレベルで洗練された文化として取り組み，発展させていく必要性を説いた．

●「陳列」から「展示」「ディスプレイ」の時代へ　建築・デザイン界では過去の様式からの分離を目指すセセッション運動が先駆けて行われており，内なる建築の「陳列」や「装飾」にも革新への飛躍が求められるようになっていた．戦後，商空間での「店内（頭）装飾」や「陳列」は「ディスプレイ（display）」という米語に取って代わり，それが日本語の「展示」に翻訳され「ディスプレイ」すなわち「展示」という関係が一般化した．

　『広辞苑』（第1版，1955，岩波書店）に「展示」が「てんじ」として採録され，用語説明には至極簡潔な「ひろげて示すこと」があてられ，その後第2版（1977）に「ディスプレー」が外来語の新語として登場，邦語での説明は「表示，展示」の語があてられ，「展示」と「ディスプレー（イ）」の表裏一体の関係性が定着していく．「ディスプレー」が従来の「陳列」ではなく，あえて「展示」が援用された事由には，「展示」を「陳列」とは基本的に異なる理念と性格，機能をもつものとして，位置付け，定義付けしようとする新たな時代思潮を読み取ることができる．

　例えば，当時のジャーナリスト森川三郁夫が著した『新語ハンドブック』（1963，金園社）では，ディスプレイを「会場構成」と訳し，「絵画，彫刻その他，主として芸術作品を陳列する場合，従来の平板的な方法を改め，壁面や空間にも工夫を凝らして会場を立体的に構成し，作品をより美しく効果的に見せよう」（下線筆者）と，現在での

「インスタレーション」に近い解釈を示している．また，『現代デザイン事典』(1969，美術出版社)に「ディスプレイ・デザイン」の項目が設けられ，筆者であるディスプレイ企業のプランナー(出利夫)は「二次元の世界とは異なり，<u>照明・色彩・動き・音楽などあらゆる具体的な技術を駆使しておこなう</u>」とし，「この拡がりの<u>空間的視覚性のもつ豊かなコミュニケーション効果は高い説得力を備えている</u>」(下線筆者)と記している．どちらもこれまでの「陳列」の次元を超えた認識と意味を示すものである．

博物館においても「陳列」が「展示」に取って代わる様相を，戦前から戦後にかけて認めることができる．『博物館研究』(第17巻第3号，1944，日本博物館協会)の「展示技術の基本的考慮」と題する論稿に「展示は，陳列とか観覧といふ消極的なものでなく，宣伝といふ積極的な啓発指導面に於ける重要な手段の一つ」(山名文夫)とする主張がみられ，展示の要件として，①見せたいものを見ることのできるようにする，②見てよく理解できるようにする，③見せたい側の意図を知らしめる，④見た人の精神，思想を動かし，知識を昂めること，を提唱している．

わが国の博物館学の父ともいわれる棚橋源太郎は，その著書『眼に訴へる教育機関』(1930，宝文館)では章立てのタイトル「第十一章　博物館の陳列」はもとより，本文にも一貫して「陳列」を使用しているが，戦後の『博物館学綱要』(棚橋源太郎，1950，理想社)では，文中に「陳列」が多用されているものの，「陳列展示」の用語使用もあり，また章立てには「第五章　蒐集品の展示」と「展示」が「陳列」に代わる様相がみられる．さらに，木場一夫著『新しい博物館—その機能と教育活動』(1948，日本教育出版社)では，「博物館の中核的機能は展示であって(中略)いずれの博物館も展示とそれにつながる仕事が博物館の重要な責務」(「第2章　博物館の目的を達成する方法，第4節　展示」より)とし，「展示」が「陳列」に取って代わり，①観る者に興味をもたせる，②美麗で人を引きつける，③学問的に真面目であるなど，博物館が新時代に即し，社会とともに生きるためには「展示」が重要な要件を占めることを指摘している．

●「展示」＝「ディスプレイ」そして「空間コミュニケーションメディア」へ　「陳列」や「装飾」の社会に及ぼす機能や役割が，戦後社会の成長，発展する時代感覚にマッチしなくなっていたことや，戦後の経済復興の過程にあって，「陳列」が手垢にまみれたプレゼンテーションの一つの技術にすぎなくなっていたことなどから，構想やデザイン，演出，経営までも一貫して体系付けられる新たな商略が望まれるようになり，国内の産業振興を担う貿易見本市や博覧会などに「ディスプレイ」という外来の新語が業界に広く用いられるようになる．

ディスプレイが現代産業の一ジャンルとして地歩を固めた背景には，1970年開催の「日本万国博覧会」の成功があげられる．この国家の一大イベントが，俗悪極まりない装飾屋と目された職能集団に高度な知見の習得と先端の科学技術の研鑽の機会をもたらし，ディスプレイ分野に良質なエキスパートが育成されていった．万国博覧会後，ディスプレイ産業は，経済発展とともに市場を拡大し，ショーウインドウから文化施設，都市づくり，環境創造にまでエリアを展開し，さらに現在では「空間コミュ

ニケーションメディア」へと業態を拡げ，今日では従来の「ディスプレイ」という用語でとらえることが困難になってきている．そこには，「ディスプレイ」がコンピュータ用語のデータ表示装置として社会に定着しつつあるという時代の趨勢も影響している．しかし半面，コンピュータは「展示」のコミュニケーション技術の一つとして加わり，「展示」の機能や役割をさらに広げ，発展させていく可能性をもたらした．「ディスプレイ」が市場の成長に沿う形で「空間コミュニケーションメディア」に変容する一方，「展示」は社会での普遍性をより強固にし，「空間コミュニケーションメディア」をも包含した，社会における新たなコミュニケーションのあり方を拓き示す時期にさしかかっている．

●マスメディアとして発展する「展示」　デパートや商店などの商業分野，ショールームや見本市などの販売促進分野，博物館や美術館などの文化・教育分野，博覧会やフェアなどのイベント分野，遊園地やテーマパークなどのレジャー分野，セレモニーや冠婚葬祭などの慶弔行事分野など，さまざまなジャンルに進出し領域を拡大していった「ディスプレイ」が，「展示」を意味する用語である，という考えに対して，「展示学」の提唱者で，日本展示学会の創設者の一人であり，国立民族学博物館の初代館長を務めた梅棹忠夫は，「展示」の英語表記は「Exhibition」が適切であると主張し，みずからが編者を務めた『日本語大辞典』（梅棹忠夫他監修，1989，講談社）でも「展示」の英語表記を「exhibition」とし，日本展示学会の英語表記においても「The Japan Society for Exhibition Studies」（1982年設立）が採用されている．

そもそも，「日本展示学会」における「展示」は，「display」ではなかった，ということである．ただ，「展示」を研究し，「学」としての体系を議論する時点では，学会の英名が定まっていなかったこともあり，また主導的な立場にあった関係者らも建築，デザイン，美術，ディスプレイなどの関係者が多く，当時「展示」を「exhibition」として意識的に取り組む環境にはなかったように思われる．

梅棹は「日本展示学会の主旨」で，「展示は，大衆的情報伝達方法の一種であり，いわゆるマスメディアの一つである．しかし，それは印刷媒体による言語的情報伝達や，テレビ，写真などによる映像的情報伝達とは，かなりちがった性質をもっている．展示は，言語情報，映像情報をもその内部に包含しつつ，さらに，実物による情報，実体験による情報をもくわえて，いわば五感すべてによる体験情報をあたえるものである．展示においては，情報のうけ手がみずから体をはこんで積極的に参加するという側面があり，そこには，みるものとみせるもの，みるものとみられるものとのあいだに，双方向的な対話と相互作用が成立する」と「展示」の定義と概念を再検証し，「学」としての門戸を開く「展示学」の前途に重要な示唆を与えている．

「展示」の英訳論議はともかくとして，現代社会における「展示」は，バーチャルなネット情報社会にあって，リアルな空間に意味世界を表現し，参画した人々が五感でのインタラクティブなコミュニケーションを通して企画の意図を伝え，事物・事象を体感するマスメディアの一つとして，その存在と必要性をますます高めている．

［髙橋信裕］

展示学の目的と理念

　展示という行為は，日本展示学会元会長・川添登の「意味世界を創り出すデザイン」という指摘が，その本質をよく言い表している．展示する対象が商品であれ，作品であれ，史（資）料であれ，物語であれ，そこに意味世界が意図的に組み込まれ，その表現手法が視覚をはじめ触覚，聴覚，嗅覚，味覚などにデザイン（表現）され，送り手，受け手相互の五感を通して，双方向のコミュニケートの創出がなされる．現代において，展示のデザインは可視的な「意匠」表現を超えた多様なコミュニケーションメディアとしての性格と機能を拡張しつつある．また展示は，背後にある目的とする意図を伝える役割も担っている．

　もともと展示は，出版や放送，通信などのメディアにはない実空間を展開の場としており，人々はその場に臨場し，参加することでライブでリアルな体験，すなわちその場で生まれた感動や驚きを空気（雰囲気）とともに共有する．この意味で，現代社会の日常に深く浸透している出版，放送，通信などの「いつでも，どこでも，誰にでも」といったインターネットや書籍などのコミュニケーションメディアとはおおいに異なる．情報通信技術（ICT）の発達した現代が「いつでも，どこでも，誰にでも」の情報環境であるとすれば，「展示」の世界は「今だけ，ここだけ，あなただけ」に意図され，特定された場（空間）がつくり出す情報環境，すなわちバーチャル（仮想現実）ではない，実体のある現実空間とウェブ（インターネット）では得られない生の行為と体験を通してのコミュニケーション世界が「展示」の特徴である．

●「展示」のプロトタイプと寺院の曝涼　したがって「展示」のプロトタイプは，文明開化が進む近代以前の江戸時代の一幕にも見ることができる．図1は，寺院が保有する寺宝などの曝涼の光景である．当時の寺院は，貴族や武将らからの寄進物を数多く秘蔵しており，毎年梅雨明けの時節に，カビや虫害を防ぐ意味から保管場所から本堂などに移し広げて，一般大衆に公開する，いわゆる虫干しといわれる風習が定期的に行われていた．歴史資（史）料や文

図1　江戸期の史料からみる「展示」のプロトタイプ．寺院での曝涼の様子（出典：「東都歳時記」1838〈天保9〉）

化財を収蔵,保管,展示公開する意味で,当時の寺院は近代以降の博物館の役割を担っていたといえよう.

そこには,展示が本来的に備える要素が具体的に示されており,展示の意味と役割を説明するうえで格好の教材となっている.「展示」は,すなわち,①実際の場に臨み,その場の感動や雰囲気を肌で実感する,②出品者や参会者たちとオンタイムでの情報の共有と交歓を特色とする,③ホンモノという実物との出会いが実現する,④視覚だけでなく触覚,聴覚,嗅覚などの五感で驚きや感動を体感する,ということである.

●「展示」の教育学上の定義と展望　大阪万博のプロジェクトに文化人類学者として参画し,テーマ館の民族資料の収集や展示計画にも関わった梅棹忠夫は,万博終了後の新国立博物館計画すなわち「国立民族学博物館」(以下,民博)の建設にも深く関わることになる.

「展示」の最前線を万国博覧会で実体験し,その可能性から限界にまで触れた梅棹は,「展示」を科学の視点から検証し,体系化するという学者らしい着想を抱くようになった(後述,ならびに☞項目「梅棹忠夫」).

それまでの「展示」は,学術研究の立場から検証されることはほとんどなかった.ただ,戦後に米国から教育改革とともに移入された視聴覚教育論のなかで,エドガー・デール(当時,米国オハイオ州立大学教授)の「経験の三角錐」とよばれるチャートで「展示」が取り上げられ,定義を「ある種の観念または,知識を伝達する三次元の物象を配列したもの」とし,さらに「展示物は,定められた条件の下で,伝達の種々の目的に応じ,人工的に綿密に計画されたもので,視覚に訴えるものから,触覚,・聴覚,その他の感覚を含む複雑な形式に至るまでの多岐にわたる」と解釈を加えている.

デールによる *Audio-Visual Methods in Teaching* (1946) の三角錐の底辺には,具体的で個別的な「直接的・目的的体験」が基盤に据えられ,頂点には,抽象的で汎用的な「言語的象徴」が配され,その間に具体から抽象にわたる各種経験の層を組み入れている(図2).デール自身の言によれば,この三角錐は「直接的な学習経験から抽象的な学習経験に至る種々の経験の系列を示す一つの視覚的比喩」と解説されており,言語で与えられる概念と具体的な経験との関係を統一的に把握しようとす

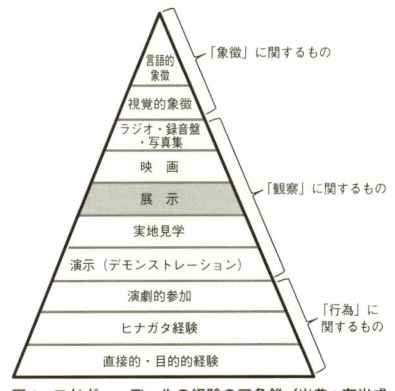

図2　エドガー・デールの経験の三角錐 (出典:有光成徳訳,1950より作成)

る理論的試みであり,さまざまな経験を学習指導の構造のなかに位置付ける点を特色としている.なお,前掲書での「展示」の英語表記は「Exhibits」である.戦後の新しい体制のもとでの教育指導現場で「Exhibits」を「陳列」でなく「展示」と翻訳し

た視聴覚教育の影響は，戦後の「展示」用語の普及，浸透に弾みをもたらした．

●「展示学」前後の博物館展示　その後の視聴覚メディアの長足な技術革新は，動画や静止画，音声などの記録，記憶データをアナログからデジタル媒体に進化させ，情報の自由な組合せ，場と時間を超えた情報の受発信を可能にし，この大きく深い新たな情報環境という海に「博物館」を引き込む役割を「展示学」が果たしたといえよう．

それまでの博物館の展示は，コレクションである「モノ」の技巧美や生い立ちなどから発想され，その選定，設営，解説（キャプション）で構成される，いわゆる美術館展示様式によるものと，伝えようとする事象（テーマや課題）の証左を示す「モノ（主に断片が多い）」とともに解説パネルをはじめジオラマや再現模型，映像音声などの視聴覚機器などを組み合わせて構成する「総合展示」，あるいは「課題展示」が主流をなしてきた．歴史博物館や自然史博物館に多く見られる展示スタイルで，展示される「モノ」は，テーマや課題の範疇に位置するものならば展示候補になり得るわけで，オンリーワンの目玉展示物でない限り，ワンオブゼムのものと展示替えが可能となる．ここでの「総合」の意味は，設定したテーマの特色を「総合的にわかりやすく展示する」（『国立歴史民俗博物館十年史』1991）といった意味だが，手法的には，わかりやすく伝えるために解説パネルや模型，ジオラマ，映像機器などが組み合わされた構成がとられており，各展示室のキャッチフレーズにも採用されているように「一目見てわかる」展示スタイルが基調になっている（図3）．

図3　国立歴史民俗博物館の「総合展示」（同館パンフレットより）

なお，「総合展示」を基調とする国立歴史民俗博物館は，国立民族学博物館に続く国立の「大学共同利用機関」として設立された博物館だが，専門職員は研究員や学芸員という肩書ではなく「教授」「准教授」と文科省所管の大学相当の研究機関に位置付けられており，文化庁の所管にある東京国立博物館や西洋美術館とは異なる体制と性格を備えている．

もっとも博物館における「総（綜）合展示」の「総（綜）合」には多様な解釈と展開が見られ，自然系，人文系の両領域を取り込んでの「総合」を意味する場合や，展示の構成法，例えば舞台装置のように実物や造形物（ジオラマなど）を組み合わせて全体を「綜合」的に視覚化する展示様式をさす場合とがある．戦後，昭和30年代までの博物館学の成果をまとめた文献に『博物館学入門』（博物館協会編，1956）があるが，そこにあげられた「綜合展示」は，学術的な分類に沿った展示（分類学的・系統的展示）や歴史を追って資料を配列する展示（歴史的・発達史的展示）は，一般大

衆の関心をそそらない手法であるとし，自然系の博物館の展示では，動物のはく製標本などを棲息地の植物・岩石・景観などと組み合わせてその生活状態を一目で理解できる展示構成法に「綜合展示」をあげている．展示法の系譜的には，それまでの原地グループ陳列法（habitat group）を継承した内容になっている．同時に歴史系の博物館においては，テーマとする時代の室礼(しつらい)を再現する展示構成，つまりその時代の衣装，家具，調度類などを組み合わせて構成した時代室（period room）を「綜合展示」の例にあげている．

なお，原地グループ陳列法は，『眼に訴へる教育機関』（棚橋源太郎，1930）にまでさかのぼるもので，棚橋は多くの欧米博物館視察の成果をもとに「組合せ陳列」を取り上げ「博物，土俗，歴史の博物館では，組合せ陳列（グループエキスビジョン）と云ふことが普ねく採用されてきた．此陳列法は互いに関係のある若干の標品若しくは模型を，自然の有りの儘の状態に配合して陳列するのである」と説明し，その進歩したものを「ヂオラマ式陳列」として，その後の博物館展示の主流をなしていくジオラマについて述べている．この「組合せ陳列」すなわち「ヂ（ジ）オラマ陳列」のメリットを，棚橋は以下のように整理，分析しその後の普及に期待を寄せている．①陳列法を劇化して一般大衆に興味を抱かせ，効果が高い．②人類や動物の生活状態を伝えるうえで最も有効な方法である．③観客の興味を高め，かつ美しいものとして目を引きつける．④実況を明確に示すものとして強く印象付ける．棚橋の時代室展示は「工芸品の陳列方法」として取り上げ，その時代の雰囲気をインテリア的な造作で再現し，その内部にその時代を代表する工芸品を全体の調和のもとに配置する，一種の組合せ展示としている．

一方，博物館は，一般大衆を含め研究を専門とする人々にも開かれた機関であることから，早くから展示対象を一般大衆と専門研究家とに分けて展示する「資料の二元的配置法」（dual arrangement，棚橋源太郎）や「二重展示法」（double arrangement，新井重三）が提唱，実施されてきた．前者は，一般大衆には公開用に整備した展示室をあて，専門家用には収蔵庫の開放，収蔵資料の閲覧を一定の手続きを経て認めるもので，一般大衆を対象とした展示では組合せ展示や，ジオラマの採用などの「綜合展示」が大勢を占め，研究者対応では「モノ」を分類学的に配列し数多く比較研究できる「分類展示」が併設された．後者の「二重展示法」は，研究者用に収蔵庫をあてるのではなく，研究者が自由に見学，利用できる公開された展示室を設ける仕組みである．新井は，展示室に公開する展示資料を分類展示と綜合展示に分けるものの，綜合展示は課題展示と生態展示を共存させたものとしている．ここに綜合展示の特色がはっきり明示されている．

國學院大學で博物館学の教鞭をとっていた加藤有次は，「綜合展示」と「総合展示」についての違いについて触れ「人間生活は，決して自然と切り離すことのできない関係にある」との観点から「人間と自然との係り合いを展示」することの重要性を説き，「総合」は人文科学部門と自然科学部門を単に集合（gazer）したものだが，「綜合」は，人文科学部門と自然科学部門を組織化（organize）する点に意義があると，

その相違を明確に説いている（加藤，1977）．近年では，「綜合」「総合」の厳密な意味での使い分けはなされることは少なく，国立歴史民俗博物館のように「総合展示」の使用が主流になっている．

●**展示学が牽引する「博物館」から「博情館」への流れ**　前述のとおり，大阪万博のプロジェクトに参画した梅棹は，民博の建設に際し，「見る，聴く，触れる，語る，嗅ぐ，食べる」などの五感を媒介とした展示手法の開発や膨大な情報リソースをコンピュータなどの活用によって学術研究の成果を飛躍的に高める先端技術とのコラボレーションを図った．そうした梅棹らの提唱する「展示学」は，それまでの博物館の機能や役割を基本から見直すものであった．博物館機能の基本的な資源であるコレクションの社会的存在や価値を「モノ（物象）から情報」へと拡げ，高めることで「博物館」はモノの館を超えた情報の館を意味する「博情館」となるべきだとの構想は，コンピュータの普及を背景に教育をはじめ社会や都市を「工学」的視点からとらえ直そうとする機運のもと，展示学は「人間工学」「情報工学」「芸術工学」などを強く意識した科学として，また社会が当面する諸課題に学術的見地から向き合う「社会工学」の側面をあわせもつ科学として取り組まれるようになっていった．

現在では，個人の情報端末機器にもICT技術の成果が積極的に取り入れられ，情報の双方向性の確保とともにSite（場）とLine（インターネット）とのコラボレーションのもとで，場を超えた新たな交流の枠組みが拡大し，例えば博物館の展示の場でのフォーラムスタジオ化が進むことで，場と場，人と人，人とコト，コトと場，現在と過去などを結び，新たな社会的価値を創出，演出する多様な展示デザイン手法の開発が予見される．

●**民博の展示への取組みと構造展示**　「展示」を学として取り組むことは，それまでのムードやイメージに依存しがちだった構成や演出のあり方に，明確な理念と方法論を提示することになった．梅棹はそれまでの博物館学が保存技術への偏りが強く「公衆の面前に資料を展示するということについては，じゅうぶんな検討あるいは方法が展開していなかった」また，「従来の博物館学では，展示についての原理的あるいは技術的研究が不十分」であったことを指摘し，「展示学誕生により，従来の博物館学を多少とも補強できることになる」と述べている（いずれも梅棹，1989）．

「展示学」の構築を目指した民博の「展示」は，研究対象とする「文化人類学」の視点から，「構造展示」とよばれ

図4　民博の構造展示とグリッドシステム

る展示理念を概念化し，同時にそれを表現する展示什器のシステム化に着手した．その展示什器は，格子を構成のモジュールとしていることから「グリッドシステム」とよばれ，独自に実用化された（図4）．グリッドシステムは，スイスのデザイナーが，1950年頃に提唱し日本でも建築やデザイン界に大きな影響を与えたデザイン様式スイススタイルの骨子となる手法の一つ（☞項目「タイポグラフィとスイススタイル」）である．

表1　共通指針

- 生態的展示や状況再現的展示を避ける．
- 荘重で格調のある空間づくりに努める．
- 常に成長していく研究成果と増加していく資料に対応する展示器具のシステム化（グリッドパネル）を図る．
- 展示物の配置は「モノ」-「背景（写真）」-「展開（関連資料）」の関係を展示の基本構成のパターンとする．
- ヒト型人形の容姿には具体的な目鼻立ちを描かない（民族の顔形の固定化を避ける）．

（出典：「国立民族学研究博物館創設準備会議部会のまとめ」1974年1月）

　そして，民博が独自に提起した構造展示の考え方は，従来の博物館展示の目指した方向とは異なる視点が多く見られ，従来の展示論への見直しが進む結果となった．民博が提唱した「構造展示」の指針は以下のとおりである（表1）．

　①展示の一つの方法として，生態展示というべきものがある．マネキンや蝋人形を使ったり，パノラマ（ジオラマ）をつくったりして，一目で理解させようとする方法である．しかしながら，蝋人形やパノラマはしばしば，芸術的感動を与えず，かえって生々しさが過ぎて嫌悪感さえよび起こすことさえある．学術的にも信憑性を期しがたいことが多い．

　②一般に展示があまりにもリアリスティックであり，あまりに説明的であることは，必ずしもよいことではない．むしろ一目見ただけでは，ある種の感銘は受けるが，内容は直感的には明快ではない，というくらいのほうがよい．内容は，直感的というより，構造的に理解されるように配列されていることが重要である．

　これらの考え方は，「一目見て直感的に理解できる展示」「モノが機能し，また生き物が生息していた状況をそのまま再現する展示」などこれまでの博物館展示が目指してきたものとは基本から異なるものだった．そこには，実証科学としての「学術性」を優先させ，ムードやイメージに依存しがちなアトラクション的演出展示，学術的な信憑性に疑問を生じさせかねない再現展示，見る者の思考的発展を阻害しかねない生態展示などは除外された．

　展示の基本形に一定のスタイルを設定し，理解の過程をシステムとしてとらえ，構成する諸要素の最適な組合せを体系化した．例えば，主題（民族衣装）に基づく実物展示の背景に「主題の環境」（婚礼衣装なら儀式の全体など）をジオラマやパノラマなどでなく写真で紹介し，それらの関連事象の展開要素をパネルや実物資料により構成する．すなわち，「モノ」-「背景」（写真）-「展開」（関係出席者の衣装や小間物など）の関係配置を展示の基本パターンとした．さらにいえば，資料とその背後にある文化との関わりを重視し，資料と資料との間に存在する意味的関係に手がかりをもたせた．構造としては，全体を分解して提示し，それらの個々の関わりを通して，見る者に全体の再構成をうながす手法である．　　　　　　　　　　　　　　　［髙橋信裕］

展示の用語

　現代の展示は，産業としての市場化が進み，商業や観光，教育，文化など多様な分野にわたって社会のニーズに応えている．その展示の一義的目的は，ある意図のもとに観念や情報，知識を不特定多数の人々に，より印象深く，より効果的に伝え，広めるという広報・宣伝の役割を基本的に担うものであり，そこにさまざまな職種の人々や組織が介在し，専門的なスキルを通して社会の価値を高めている．

●**博物館とミュージアム**　博物館の展示は，その目的や対象の広がりから，参入する専門家や組織，団体が学際的で，さまざまな専門家とのコラボレーションが一層強く求められるようになっている．加えてモバイル端末の普及なども手伝って「情報デザイン」の領域が飛躍的に拡大し，「出来事」や「経験」までもデザインの対象となっている．

　本事典では「展示」を社会的・公共的性格の強い博物館を扱う場合，いわゆる「博物館法」に規定される博物館にとらわれない，広範かつ多様な視点で今日的・未来的志向の施設も取り上げている．その意図から，従来の概念を超え，開かれた活動や事業を展開する博物館等施設を「ミュージアム」という名称で概念化している．

●**「博物館」と「美術館」**　欧米では Musée du Louvre（ルーヴル美術館）や The Solomon R. Guggenheim Museum（グッゲンハイム美術館）などのように「Museum（ミュージアム）」を館名に使用するものの，日本語ではルーヴル博物館やグッゲンハイム博物館とはいわず，「美術館」と訳してきた．棚橋源太郎の『博物館教育』（1953，創元社）では，博物館の種類を専門博物館として歴史博物館，科学博物館，美術博物館をあげており，いわゆる美術館も美術専門の美術博物館としている．ルーヴル美術館も本来ならば，ルーヴル美術博物館となるところであろう．わが国で博物館と美術館の区別と使い分けが明確になったのは，戦後西欧の美術作品を招来し国公立の美術館が各地に開館するようになってからである．戦前に美術館的なコレクション（東洋，日本の古美術品）を所蔵し，展示する博物館は，宮内省（当時）所管の東京帝室博物館などが代表的で，国管轄の美術館はなく，大阪市（当時）や東京府（当時）に公立美術館がみられた程度で，むしろ民間の大原美術館が美術館として異彩を放っていた．戦後，泰西名画が数多くわが国にもたらされ，西洋美術をコレクションの中核とし，展示公開する博物館を美術館と呼称することが一般化し，現在，国立の施設で独立行政法人により運営されている博物館群も美術館と博物館とにグループ分けされている．

　そこでは，東洋や日本の歴史，美術資料を扱う施設を博物館とし，西欧の美術資料を扱う施設を美術館とする区分けがみられる．

　また欧米では，絵画などの美術品を展示することから，「美術館」を「Gallery

（ギャラリー）」と名付けている大規模な館もあるが，わが国では「美術館」のなかの一展示室を「ギャラリー」とし，公募展や市民文化祭などの展示会場にあてる事例が多い．

●「動線」と「導線」 また「展示」は，建築と緊密な関係にあり，空間の配列やボリューム，利用者の順路などが建築計画と連動して設定されていく．この配列やボリュームの位置付けを「ゾーニング」といい，順路を「動線」という．建築計画，展示計画ともに「導線」を用いることは少ない．

利用者の観覧行動は，強制的に制御する移動とは捉えられず，自然な動きによる自発的な誘導が，計画した順路と重なることが望まれる．動線計画で配慮される点は，管理職員と利用者動線の分離，収蔵・展示資料と利用者の交差の回避などがある．設計時において利用者の順路を規制する誘導サインの計画案が建築設計者に阻まれることがよくあるのは，利用者が観覧順路を求める結果，運営サイドにより無粋な誘導規制サインが至る所に設けられることから生じる軋轢である．設計意図と利用者行動のTPOを適合させるためには，多くの目に見える誘導サインが導く「導線」の設置が必要になり，設計者が理想とする利用者の無意識による自然誘導，目に見えない「動線」設定は，建築および展示空間の機能的合理性を評価する重要な指標になっている．

●「もの」と「モノ」 一方，「展示」の対象とする事物・事象は，さまざまにわたり，いわゆる一次資料（実物）に限っても，歴史・考古系博物館の「文化財」，民俗系博物館の「民具」，自然系博物館の「標本」「剥製」，美術館であれば「作品」とその性格も形状もまちまちである．一方，模写，模造，ジオラマ，模型など人工的に製作された二次資料があり，これらを総称して「もの」と表記される．

ただ，博物館展示を語る場合，博物館資料を一次資料と二次資料に区別する都合から一次資料を「モノ」，二次資料を「もの」として便宜的に使い分ける事例がみられ，それが徐々に波及していった．確固とした定義があるわけではないため，「モノ」が二次資料をさすものであったり，「もの」が一次資料をさすものであったり，まちまちな使用例がみられるが，同じ学術性の高い博物館資料であることから，本物（実物）と人工製作物の違いを明確にし，「もの」と「モノ」を使い分け，互いの存在意義を強調する用語使用として一般化している．

●「見る」と「観る」 展示の鑑賞行為である「見る」は，学校の国語では常用漢字として定められている．展示を見る行為には，古くから「展観」の用語が用いられてきたこともあって，展示を「観る」という表記や表現をよく見かけるが，学校教育では「見る」が正しいとされる．

もともとわが国の文字文化は多様性に富み，「見る」一つを取り上げても「観る」「診る」「看る」「視る」などTPOに合わせた用字・用法があり，博物館や美術館の展示では静的・平面的なイメージの強い「見る」に代えて見物・鑑賞する意味をもつ「観る」の表記や表現が人々の関心を引く情動的な鑑賞行為として受け入れられている．

「来館者」の表記も「来観者」とする事例が戦前の公文書などに散見されるが，現在では使用されていないようである． [髙橋信裕]

展示の構成

　展示を構成する主な要素は，目的にかなう担い手，モノ，仕組み，場である．そして，展示構成のあり方は，担い手が特定の場（空間）で，実際的な形態のもと，モノをより効果的に活用し続けて目的の到達に向かう，コミュニケーション・プロセスの手法であり，技術である．

●**総合技術としての展示**　主に博物館での展示要素の内容としては，目的は当該博物館の理念や使命，意図の実現であり，担い手は利用者とモノの作者，そして展示活動の専門家としての学芸員とその職務の関係者の三者であり，モノは博物館資料，仕組みとは構想や計画，書き換えのできる筋書き，表現のデザイン，機器の設計や運用マニュアルといった内容に関わるソフトな側面と，それらを効果的に，しかも美しく具現化するケースや展示台，ジオラマ，演示具，照明，説明・解説パネル，映像・音響機器，情報端末などの機器，装置などの，変更に柔軟に応じることができる組合せ，そしてそれらの効率的な経営であり，場はそうした目的を実現させるにふさわしい動線・配置計画に基づいて建築された建物，展示場，参加体験用スペースであり，広くは担い手を相互に結ぶネットワークなどである．

　展示は，こうした可変性を含む多様な要素を合理性と美的調和感をもとに効果的に組み合わせて具体化し，運用運営する総合的な情報応用技術である．計画の初めから，利用者やモノの作者が学芸員を軸に各種専門家とともに参画する緊密な共同検討を必要とするチームワークであり，目的に向けて完成後も継続する関係を築くことになる．博物館は参加し体験を伴う学習的側面が強い施設であるので，展示には，利用者の属性に応じる体制のもと，ことに学際的な学術研究の裏付けが必要である．

●**展示を支える学術成果**　日本の展示は，1970年に大阪で開催された日本万国博覧会（略称，大阪万博）を大きな契機にして，従来の，保存に重きを置いて，むしろモノを並べて見せるだけの陳列から，利用者が理解できるように表して見せる展示・公開へと質的に転換したとされる．その動きを先導した梅棹忠夫は，1977年に国立民族学博物館を開館させ，1982年に展示の学術的研究の必要性とその普及を唱えて「日本展示学会」の設立に寄与し，初代会長を務める．

　梅棹は，展示は総合的なコミュニケーション・メディアであり，学際的研究領域での，芸術と工学が一体化した応用的情報科学の技術学であると主張する．「博物館の「物」という字は誤解をまねきやすいので，博情報館，あるいはちぢめて博情館といったほうがいいのではないか」（梅棹，1987）とこの用語を積極的に支持し，「展示とは，公衆に対する体験的情報伝達のひとつの方法」であり，「実物，音響そのほかの手段をもちいた立体的，多角的な編集作業である」し，展示をする人は演劇の演出家が「舞台装置，音楽，それから俳優による演技というさまざまな要素を全部ひとつ

にまとめて，総合的な伝達方法へもってゆこう」とする役割と同じだと説明する（梅棹，1991）．

展示学という分野を学問的に確立させ，展示の科学的な裏付けを保証しようとしたのである．梅棹の考えは今日でも有効であり，ことに担い手の双方向的な対話と相互作用の働きは，より一層，その重要性が増している．

●**対話と連携の展示**　目的を一方的に伝達し，教育するという日本の従来の博物館のあり方は，1980 年代からの生涯学習社会に向けてのうねりによって変貌する．欧米の動きにも呼応しつつ，例えば，伊藤寿朗の『ひらけ，博物館』（1991），財団法人日本博物館協会の『「対話と連携」の博物館─理解への対話・行動への連携─市民とともに創る新時代博物館』（2001），同『博物館の望ましい姿─市民とともに創る新時代博物館』（2003）の両報告書などは，博物館に市民の参画を謳い，博物館は市民の視点に立ち，市民とともに新しい価値を創造する，とまとめる．展示の担い手に即してみれば，学芸員中心から，利用者やモノの作者を含めた担い手全員で築き上げていくという構造的な切替えである．博物館の本来あるべき姿勢を確認しただけとの見方もできるが，展示に携わる者には思想的に影響を及ぼし，今日の担い手への視座となっている．

なお参考までに，上記両報告書は，21 世紀を見通した博物館像をまとめたもので，その内容は博物館の全般に及んでいる．そして，その成果の一部は，「博物館法」（平成 20〈2008〉年の改正法），文部科学省による「博物館の設置及び運営上の望ましい基準」（平成 23〈2011〉年の告示）と日本博物館協会による「博物館の原則」「博物館関係者の行動規範」（ともに 2012 年）などに反映されている．また，日本学術会議は博物館法そのものを抜本的に改正すべきであると提言（2017 年）している．

●**新技術の応用**　展示利用に効果的と考えられるものに，近年，めざましい進展をとげている情報通信技術（コンピュータ技術の活用，ICT ; information and communication technology）や人工知能（コンピュータで人間と同じような知能を実現させようとする技術，AI ; artificial intelligence）の応用があげられる．

ウェブやソーシャル・ネットワーキング・サービス（SNS）などを含む，インターネット上で展開される情報メディアであるソーシャルメディアの活用は，ことに展示の担い手の広範囲にわたる相互交流，連携や啓発を支援しうながしてくれる．展示場で応用しやすい技術は，コンピュータ上につくられた環境を体感する人工現実感（バーチャルリアリティ，VR ; virtual reality）の領域だろう．実現が難しい事物を表象したり，人の動きに対応しつつモノと解説情報を結び付けてくれたりもする．モノに通信機能をもたせる「モノのインターネット（IoT ; internet of things）」や，「人もデータも含むすべてのモノがインターネットにつながる（IoE ; internet of everything）」技術は，ワークショップを含む参加体験型の展示に限らず，資料データの処理，保存など博物館の活動全般に性能を発揮するに違いない．クラウドやビッグデータの活用も視野に入ってこよう．博物館の多様で大量な情報が国内外で集積でき，簡単に利用できるようになれば，便利でその効果も飛躍的にあがると期待される．

●**博物館におけるモノ**　博物館における展示の構成要素としてモノを博物館資料としたが，日本の「博物館法」で定められている「博物館資料」とは，歴史，芸術，民俗，産業，自然科学等に関する，「博物館が収集し，保管し，又は展示する資料（電磁的記録（電子的方式，磁気的方式その他人の知覚によつては認識することができない方式で作られた記録をいう．）を含む．）」（第2条第3項）で，その具体的内容は，博物館の事業で述べている箇所から読み取ると，豊富な「実物，標本，模写，模型，文献，図表，写真，フィルム，レコード等」（第3条第1項第1号）である（博物館法最終改正，2014）．

「博物館法」の2008年の改正で，博物館資料に括弧書きで電磁的記録が追加されたが，しかし，具体例には個別記載がいまだ付け足されていない．文部科学省が2011年に告示した「博物館の設置及び運営上の望ましい基準」では，実物等資料のほかに，複製，模造，模写，模型を複製等資料と区分している．また，資料について，通知の留意事項として，改正前の条文において規定していた「現象に関する資料」についても本規定の対象として扱われるべきものとして補足している．博物館資料は，漢字からの印象もあろうが，法的には実物や標本に実在する物体的な側面に価値をおいているように見受けられる．

●**情報としてのモノ**　博物館という言葉が示すとおり，確かに博物館は芸術品をはじめとする文化財や学術資料である「物」を収蔵し，それを活用する施設であり，「物」がなければ博物館ではない．しかし，「物」とは何であろうか．博物館資料に関して日本語でmonoを表記する場合，漢字の「物」，平仮名の「もの」，片仮名の「モノ」とさまざまであり，事実や現象も含めて表現する際に「もの」や「モノ」を使う例が多いようである．しかし，用語の内容があまり明確ではないので，本項で使う場合のモノの概念について筆者なりの整理をしておきたい．

「実物」とは，まずは，実在する，形のある，ありのままの物体である．この「実物」は博物館資料となり得る対象のうちの実体のある物体である．そして，当該博物館の理念や使命にかなうものとして制度的・組織的に認定，登録された，明確な計画性のもとに選別された「実物」だけが「実物資料」となり，それが漢字の「物」である．ここでは，行動に影響を与えるすべての事象，事柄についての知らせ，知識を情報としておくが，この「物」には，調査・収集者が見出したという意味で，「認識された『実物』」という情報が人為的に付加されたことを始まりとして，属性，周辺事実，関連事情といった多様な情報が付与されていく．「実物」と「物」は，外観は同じように見えるが内容的には大きく異なり，質的に変換していて，「物」における「実物」性は，むしろ情報の物質的な部分といえる．追加されていく情報は「物」に物理的に付けることはできないから，別の媒体で記録し保管する仕組みが必要となる．これが博物館資料の情報データ部分となる．

しかし，「実物」，つまり実際に存在する物とは，形のある物体に限るものではない．実在する，ありのままの事実や現象，事柄も示している．非具象であることも多く，時間や空間，情報に関わる変化や事象の部分である．博物館資料となり得る対象

のうちの事実や現象，事柄も「実物」であり，博物館資料として認定，登録したこの実物資料を，平仮名の「もの」と表記することにする．この「もの」は内容の多くが物体ではなく，むしろ情報の塊である．所作や技術，歴史や文化，原理などを例にとれば，「もの」の分野の広がりやその重要性は明らかである．そして，この博物館での物体からなる実物資料である「物」と現象や事象を示す実物資料である「もの」を合わせた全体を片仮名で「モノ」と表記し，説明的に「情報集合」と名付けることにしたい．つまり本項でのモノとは，物質も非物質も含んでの情報の集合体であり，博物館資料の情報性を重視する見方を支持している．

ちなみに，博物館と博物館専門家からなる国際的組織である国際博物館会議（ICOM，通称アイコム）では，その規約の 2007 年の改定で，博物館資料を「有形，無形の人類の遺産とその環境」（ICOM 日本委員会）として，物的証拠という表現から対象内容を拡大している．

●**音楽を展示する例** 博物館に展示されている資料は物体が圧倒的に多い．人の五官による知覚の割合は視覚器官が 80% を超すというから，博物館が主に視覚に作用する資料を使うことは理にかなっている．だから，例えば音楽の展示では，楽器を配置するだけといった展示も現れてくる．しかし，それは楽器の展示であって，聴覚に作用する音や音楽の展示とは少し異なる．モノをどのような仕組みで表現するの

図 1 国立民族学博物館の音楽展示の一部（著者撮影）

か．国立民族学博物館の音楽展示を例にとると，展示場では音楽自体はスピーカーで，演奏具は楽器で，実際の演奏法や演奏している状況・風景，文化的な背景は解説・写真パネルとビデオ映像とで，多様なメディアを総合的に組み合わせ，機会が許す限り公演も開催するというかたちで音楽という文化を紹介している．長期にわたる調査研究をもとに実施する映像取材や演奏家を招いての公演開催だけを取り上げてみても，その実施には多大な運営努力が求められている．モノを的確に，しかも継続的に表象していくということは，それに応じた仕組みをもつことでもある．

博物館の種類は多種であるうえ，その目的も多様なので，博物館資料の性格もさまざまにならざるを得ない．モノの鑑賞を重視する館では鑑賞に適したモノを博物館資料とし，それで展示を構成する一方，参加体験性を大切にする館では活用に適したモノを利用することとなる．もちろん実際には，その折衷形が多くを占めるだろう．各館の博物館資料とは，つまるところ，その館の理念や使命に合致する属性を有する資料のことなのである．　　　　　　　　　　　　　　　　　　　　　　　[小林繁樹]

参考文献 財団法人日本博物館協会『「対話と連携」の博物館』財団法人日本博物館協会，2001

展示の社会性

　展示という活動は人のために構成されているので，人に関わる社会性の論点は展示にとって最も基本的な部分となる．博物館での展示の場合，人はその担い手となる，利用者とモノの作者，展示活動の専門家である学芸員とその関係者の三者である．この三者がどのような社会的関係性を帯びるのか，ここではコミュニケーション，観光，教育の側面について述べていく（☞項目「政治・権力と展示」）．

●**コミュニケーション**　コミュニケーションは，人間の間で行われる知覚・感情・思考，つまり情報の伝達で，互いに理解し合うことで成立する．博物館展示でのコミュニケーションは，モノを通して，担い手である三者間での交流から生まれる相互理解や啓発となる．具体的には，学芸員からの情報の一方的な伝達，教育的手法ではなく，対話し理解を深め，さらに新たな意味や思考を創出していく学習過程の実現である．ここでは学芸員は，いわば教師ではなく学習支援者であり，展示はそうした学習の場，学び楽しみを生み出す機会を約束するメカニズムの一つである．

　博物館資料について，その真正性（真実性，オーセンティシティ）が問われることがある．本当のモノか，偽りのない高い信頼性が保たれているのかの評価については，まずは資料の登録に関わる学芸員の責任は重い．しかし，評価は相対的なものであるうえ，誤りも生じ得る．こうした場面で，ことにモノの作者との対話は決定的に重要である．展示は，ややもすると自分本位な，あるいは自文化の基準に基づく解釈に陥りやすい．担い手相互の交流や対話は疑問を解決し，誤りを正し，また別の視点を提示してくれる直接的で最も効果的な機会となる．

　とはいえ，現状では，ことに利用者との対話は十分ではないようである．いわゆるコミュニケーターの役割を担う人材の増員は，ますます重要となってくる．新たな価値の創出は利用者同士や，モノの作者本人や学芸員との人的な交流のなかから，コミュニケーションを通して得る場合も多い．　　　　　　　　　　　　　　　　［小林繁樹］

●**観光**　博物館学者の伊藤寿朗は，博物館を目的別に，①地域志向型，②中央志向型，③観光志向型の三つに分類している（伊藤，1993）．このうち③の観光志向型博物館は，地域の情報を地域住民に提示する社会教育の場と違い，主に観光客を対象にしており，周辺の史跡などとともに観光資源の一つとして利用されることが多い．観光志向型博物館の展示や教育活動は，観光資源の希少性や人気性を重視したものとなる．

　現在は，教育委員会から首長部局へと所管が移り，観光やまちづくり施策の中に位置付けられる博物館も多くなっている．また，政府の「観光先進国」に向けての取組みが進むなかで，博物館も訪日外国人旅行者の受入れ態勢を充実させることが求められている．観光客が展示をより理解し評価する内容や方法に変更するよう行政などから指示・通知されることがあり，展示の中立性や表現の自由，学問の独立などが以前

にも増して担保されにくくなることがある．一方で，首長部局に移ることで，より市民や観光客の感覚に近い展示内容に変更が可能となるといった肯定的な指摘もある．

全国には多くの観光志向型博物館が存在する．テレビ番組のほか人気小説やアニメの舞台となった地域に，期間限定の展示施設を含め，多くの観光志向型博物館が設置されている．こうした博物館では，すべての展示がレプリカや実物大の復元模型などといった場合もある．一方，歴史上の人物やアニメのキャラクターに対して利用者が抱く憧れのほか，番組や小説の人気度やドラマに出演する俳優陣の知名度などによって創出されたブランド力が，展示の魅力を支えている場合もある．

●**教育**　国際連合教育科学文化機関（UNESCO）の『ミュージアムとコレクションの保存活用，その多様性と社会における役割に関する勧告』（2015）では，博物館の根本的な使命が以下のように説明されている．博物館は「客観的真理が拘束を受けずに探究され，かつ，思想と知識の自由な交換によって，文化の広い普及，正義・自由・平和のための人類の教育，人類の知的および道徳的連帯の創出，すべての人のための十分で平等な教育機会などへの貢献等を共有するもの」である．ここでは，博物館が多様な価値観や権利に配慮しつつ，市民の学習や研究の自由および思想と知識の自由な交換を保障することで，創造活動を促進する重要性が謳われている．

博物館は学校や図書館などほかの教育機関などと違い，展示という教育手段を有している．そして展示は，「学芸員」と「来館者」と「展示される側の人々やモノ」をつなぐ媒体であり，来館者に対してメッセージを発する，博物館にとっての最大の教育ツールであるといってよい．来館者は，展示室の中でさまざまな体験をするが，その際，展示が発するメッセージに対して，新たな学び，他者理解，自己理解，記憶の回想，地域課題の発見や設定，展示から触発された新たな創造などという形で反応する．また，そうした反応に伴って出てくる来館者の疑問や要望，社会変革のための行動といったものを博物館が受け止めることで，展示室における双方向のコミュニケーションが生まれる．このようにして，博物館は地域社会に対して一定の役割を果たすことができ，また組織としてさらに成長することができるのである．

コミュニケーション・ツールとしての展示をより充実した媒体にするためには，エデュケーターの存在が重要となる．エデュケーターのいない館では，エデュケーター的な知識・技能やマインドをもった学芸員等職員の存在が必要となる．エデュケーターなどの職員は，学芸員の専門知識を展示という媒体や教育プログラムという手段を通じて来館者に橋渡しする専門家であり，展示企画でも重要な存在となる．

また，展示企画の初期段階から「展示される側の人々」が参加するケースも増えている．これは，市民からの要望で形成された，「市民参画型の展示づくり」という側面もあるが，民族学博物館などの展示の主たる対象となってきた非西洋の諸民族の側の「自己の文化」や「自己の歴史」に対する覚醒の動きに伴った，従来の一方的な民族文化の展示のあり方に対する異議申し立てによるものもあり，今後より重要な視点・論点となるだろう．

［五月女賢司］

参考文献　吉田憲司『文化の「発見」』岩波書店，1999

展示・建築・都市空間

　展示の概念は限りなく広い．展示と建築の関係を考える場合，展示物を中味，建築はそれを収容する容器，という捉え方が一般的であろう．いわゆる博物館，美術館，科学館などの展示施設としてのミュージアム建築という概念であり，これは暗黙知に近い．ミュージアムの語源ともいわれるムセイオン（ミュゼイオン）も，古代アレクサンドリアの研究型収蔵施設であった．しかし同時に，建築も何かを伝える表現機能をもつ実体としてみれば，それは外部環境，庭園，都市のなかでは展示物そのものとなる．ミュージアム建築に限らず，あらゆる建築がその対象範囲に入ってくる．

　さらに容器としての建築であったとしても，建築物の内観，外観は，収容される展示物に対しなにがしかのデザイン的関係を結ぶ，ということもよく知られたことがである．空間造作や展示造作が重要になる所以である．ここでは，単に容器としての建築という一般的捉え方を超えて，展示の概念的広がり，展示物体験の空間的ありよう，そして建築のもつ展示機能の形態などを示していくことにする．

　●**展示概念の萌芽とその展開**　古典古代から，ものを見せる，露出する，という営みは世界各地で行われてきた．場所そのものを名所化した展示環境としてめぐるツーリズムも古くから定着していた．しかし明確にものや空間をもって語らしめる「展示」という概念がある種テーマとなって生まれたのは，啓蒙時代，17世紀後半から18世紀の西欧であったと考えられる．端緒はニコラ・プッサンやクロード・ロランらの聖書の文学風景を描いた絵画である．彼らは絵画のなかにさまざまな意味を生産する要素を構成し，その全体をもってメッセージを形づくり虚構の風景を展開した．要素は洞窟であったり，樹木や岩であったり，神殿であったり，廃墟であったり，多種多様を極める．冒頭の展示と建築の一般的な捉え方との比喩でいえば，これらの要素は展示物であり，絵画全体の枠組が建築ということになる．

　この要素は絵画世界でファブリックとよばれた．ファブリックは背後の見えない意味を語りかける窓であり，ファブリック同士のさまざまな関係によって物語を構築することが可能となる．そして当初のそれは聖書の物語であった．絵画を読む行為は展示物を体験することと同義だといってよい．その後これらのファブリックは絵画の枠から飛び出し，まず庭園で，次に都市空間で現実的に展開される．多種多様を極めるプラットホーム上では，珍品鉱石から美術品，工作物，建築物，人工自然などが等価に扱われる．つまり万物が展示物なのである．もちろん象徴機能や意味作用の強度がその資質となる．ミュージアム建築が民事施設として制度的に整備されたのは19世紀だが，それはファブリックのための天蓋付きの館にすぎないというべきものだろう．

　●**博覧文化**　ミュージアム建築を生んだ19世紀は，博覧性の夢を追い続けた世紀でもあった．かつてのバロック期の驚異の部屋ヴンダーカマーを祖とするジョン・ソー

ン住宅博物館のような密室型の博覧博物館はあるものの，この時期，ツーリズム熱と相まって博覧性の受け皿ともなる社会に開かれた公開施設が世を席巻した．たかだか150年くらい前のことである．水族館や動物園，植物園，蠟人形館，ジオラマ館，パノラマ館もそうだし，商品を展示物とした百貨店や現代でいうVMD（ビジュアル・マーチャンダイジング）が繚乱するパサージュも誕生した．図鑑流行は当時の現象だが，これは誌上展覧会の趣きももっている．地図や百科全書という俯瞰性をもつメディアも大量に流布した．各所に造営された展望台は，風景そのものを博覧的な展示物へと変換する．

そのようななか，第1回万国博覧会が1851年ロンドンで開催された．万博はまさしく世界を一望のもとに見る博覧性の聖地だといってもよい．以後，テーマや動員される技術は無論のこと，さまざまにその形態を変容させながら，この情報環境は現代まで続いている．容易にうかがい知れるように，万博ではパビリオンという建築が展示物であり，さらにその建築内部に展示空間が設けられる，という入れ子状の関係が成立している．現代ミュージアムでも基本的にはあまり変わらない性格である．

さらにそこにウェブ上のサイバー展示が重合され，展示環境は複合的な様相を呈している．これはディズニーランドなどのテーマパークにおいても等しく共有されているものである．シンデレラ城と太陽の塔もその意味では差異はない．もちろん建築と内部展示環境の重心の置き方もさまざまに異なる．昔のニューヨークの慰安所コニーアイランドでいえば，ルナパークは前者に，ドリームランドは後者に力点がおかれていた．万博会場もテーマパークもファブリックの溢れる18世紀の庭園の伝統を正統に継承していると言い換えてもよい．exposeとは「外へ置く」から転じて「露出する」という意味になるが，EXPOはまさに展示の，そして展示様態の祭典でもあるということが可能である．

●バルセロナパビリオンとユダヤ博物館　1929年バルセロナ博覧会で建築家ミース・ファン・デル・ローエが設計したバルセロナパビリオンは近代建築の名作だが，建築の展示機能がいかんなく発揮されているものとして考えることができる（図1）．この鉄骨パビリオンは単純なフラットルーフの形態，周囲をガラスで囲んだ内部の開放性，流れるような空間のつながり，美しい壁面のテクスチャー，広い屋外テラスや水面との豊かな関係，シンプルなディテーリングなどで知られているものだが，外部に若干の彫像，内部にミース自身が設計したバルセロナチェアや家具が置かれているだけで，通常の展示物は一切見当たらない．これがドイツ館の出展と

図1　バルセロナパビリオン（1927）
（出典：Sembach, 1971）

なる．すなわち建築自体が展示物である究極の姿を見せている．あるいはウォークスルーできる実物大の展示造作物というべきか．現在は再構築されバルセロナに存在するが，まさしく万博パビリオンとして「近代性」を訴求した金字塔にほかならなかった．同じくミースがプロデュースしたシュトゥットガルトの「ヴァイゼンホフ・ジードルング」という直前の住宅博覧会でも，近代様式の生活を表現する建築，内装，家具，そして街並みが展示物として現実化された．通例的な展示物はなにがしかを縮小したり模造したり抽象化したりするが，ここでは現物が展示物になるわけである．

一方，前世紀末に完成したベルリンのユダヤ博物館は，ユダヤの歴史関係の展示物のある普通のミュージアムといってよいものだが，その建築はまったく普通ではない．隣接する古典的な付属博物館と異様な対比を見せ，あたかも市街地を浸食していくような身振りまでもっている．建築家のダニエル・リベスキンド設計のこの博物館は，稲妻型のプランに壁面はズタズタに切り裂かれた衣服のような様相を呈し，内部は廃屋のような巨大な空隙が連なる．まるで深い闇の洞窟であり，ホロコーストの記憶すら暗示させるこの空間性が，不幸なユダヤの歴史を類推させる展示の基盤かつ展示そのものになっている．これもまた実物大かつ現物の展示の一つの立ち現れ方だと考えられるだろう．

●都市に布置される展示建築　都市的な環境に布置されたり，時として可動的なものと化す展示物は，とりわけ工作物のかたちをとるものが多い．初期的には庭園のキオスクや望楼といったファブリックが都市へ移設され情報案内や誘導，ときには発信の役割などを担っていたが，爆発的にその展示機能ないし広告機能，さらに言えば煽動機能を突出させたものが，ロシア構成主義の多彩な仮設工作物である（図2）．これらはある意味ストリートアート的なものでもあり，タイポグラフィーやイコノロジーを多用

図2　ロシア構成主義の都市芸術（1920年代前半）
（出典：Tolstoy et al., 1984）

しながら革命の物的形態を模索したプロパガンダでもあった．

有名なものとしてはロシア構成主義の代表的建築家の一人ウラジーミル・タトリンの第三インターナショナル記念塔のモデル展示物＝工作物で，これは実際に構想されていた400mのタワーの1/100模型であり，可動的に都市内公共空間を移動するものである．こうした例は数多く，布地やバナーに煽動言語を描いたものからオブジェ志向のもの，飛行船を活用したもの，さらにグラフィズムに彩られた舞台装置やポスターなどの広告メディアが加わる．後にその手法はナチス第三帝国の宣伝ツールや米国のスペクタクル産業のイベント・建築の演出にも援用されることになる．基盤は都

市空間であり，それゆえに都市芸術ともよばれた．その意味では建物を飛び出し都市を舞台とする現代アートの祖型でもあり，すべて展示という概念に括り得るものである．

これほど煽動的ではないが，パリのラ・ヴィレット公園内に布置された工作物は，都市型の新規の文化空間を形成した．1980年代から整備され始め，現在でもいくつかの増設工事が行われているこの公園内に，格子状に規則正しく布置された真っ赤な工作物は，建築家のベルナール・チュミによって設計され「フォリー」とよばれている．フォリーは紛うことなくファブリックの一形態といってよい．これも内部に一般的な展示機能をもちながらフォリー自体が展示物であるという二段構えの構造であり，その間を縫う多種の動線空間，すなわちプロムナードを回遊・逍遙することで多様な意味を生産する機構となる．

同時期，同地には，よりミュージアム的な都市施設転用による展示空間化もある．1900年パリ万博の電気列車ターミナル駅としてつくられ（つまり実用機能をもつパビリオンでもあった），1986年美術館に転用されたオルセー美術館である．市街地のランドマークとしてセーヌ河畔のタウンスケープを形成しながら，19世紀芸術が駅内部の動線構造を活かしながら展開された．そこにはパリという首都が栄華を極めた「19世紀」が，展示物においても建築においても等しく称揚されている．

●交通工学　展示物体験において重要なことは，観覧者・参加者と対象物との関係であり，特に専横的にその鍵をにぎるのは動線環境である．劇場の舞台装置も展示物だが，劇場体験と異なり，展示物体験は観覧者・参加者が動く主体であるということにそれは起因している．通例のミュージアム設計に関しても，客船やホテルの設計と同じく，動線のプランニングがきわめて重要である．表と裏の動線分離だけでなく，体験動線の巧拙が問われる．古典的なミュージアムが部屋の開口部を介して連続していくのに対し，近代的なそれは独立した動線環境をつくる場合も多い．あたかも閉鎖的な街区の連鎖からなる歴史的旧市街と，道路が循環する近代都市との対照を思わせるようである．

ミュージアムにおいて動線を基盤として展示物を体験するのであれば，都市空間では街路が基盤になって建築物を展示物として体験する．タウンスケープは展示風景以外のなにものでもない．この場面で君臨するのは交通工学である．交通の制御が体験の優劣を決めるといっても過言ではないだろう．フォリーの間を縫うプロムナードにしてもしかりである．交通工学における断面交通量の算定や水理学にも似た流れのパターン解析は，ミュージアムにとっても都市空間にとってもベースとなる計画である．建築家・都市計画家のル・コルビュジエは都市内の「めぐる」機能を重要視したが，彼のミュージアムに頻繁に見出せる斜路は，レベル差を活用しながら回遊する装置「建築的プロムナード」であった．この最終形はジュネーブに構想された世界美術館（ムンダノイム，次頁図3），100m角の底辺をもつバベル状の建築である．バベルは螺旋動線をそのまま形象化した形態であり，起点と終点，つまり物語の始まりと終わりを控え目に肯定する．建築家のフランク・ロイド・ライトによるニューヨーク

のグッゲンハイム美術館をはじめ，数多くのこだまを世界中に見出すことができる．体験の一方向性はテーマパークで使われるライドシステム，すなわち機械式の強制動線システムにも顕著だが，これをアトラクションに初めて織り込んだウォルト・ディズニーによれば，都市街路を車で運転中にフロントガラスのフレームを劇場のプロセニアムアーチとして認識したことが発端だそうである．しかし建築が展示物となる都市空間には一方向性の体験は希薄である．迷路的体験もあるし，物語もリニアランで進むとは限らない．ライトのニューヨークと同じく，建築外観的にも際立ち街のランドマークにもなっている建築家のフランク・ゲーリー設計によるビルバオのグッゲンハイム美術館では，脱リニアラインとでもいえばよいのか，内部動線の循環構造は複合的に創造され，館内交通の多様性による都市空間的体験の豊穣さの獲得も試みられている（図4）．

図3 ル・コルビュジエの世界美術館構想（1929）
（出典：Le Corbusier, 1964）

●**多様な展示物体験**　継起的連続性をシークエンスという．シークエンスはいわばシーンの系であり連なりである．動画を想起してもらえばよい．体験の一方向性の優位点は，体験者の時間が一方

図4 ビルバオのグッゲンハイム美術館（1997）
（出典：Guggenheim Magazine, 1997）

向的に流れるという基本原理から由来する．しかし一方向性に限らず，体験を自在につくる技術が建築空間において前世紀中葉より登場し始める．実は，都市では広場が歴史的にその機能をもっていた．ミュージアムの場合でいえば，フレキシブルスペース，フリースペースとなる．多くの企画展示空間にみられるタイプである．このスペースは施設的にみれば中央市場の空間性に近く，全天候式の大空間，大平場という人工環境に展示インフラを敷設し展示物を設置する方式である．空間それ自体にはあまり特性がない．その意味では平場舗装や開放性以外特性のない広場と似ている．広場の場合はそれを取り囲む建築群が独自の風景をつくるが，展示体験施設の場合にはそれすらも希薄であり，建築的形姿もその機能のなかに昇華・合体されることも多い．ベルリンの新ナショナルギャラリーやパリのポンピドゥー・センター，多くのメッセ会場にみられるこれらのバザールタイプの可変型展示空間は，都市広場に出自をもつといってもよい（図5）．

　一方向性か，迷路体験か，ランダムアクセスか，という問題は空間的制約もさるこ

とながら，キュレーションあるいは展示体験という仮想的な経験を，そして物語性をいかに構築していくか，ということに関与的である．展示と建築という話に引き戻せば，基本的に空間的制約が大きいだけ展示文脈での両者の関係性は深まる．逆にいえば，フレキシブルスペースになればなるだけ関係性は希薄になる

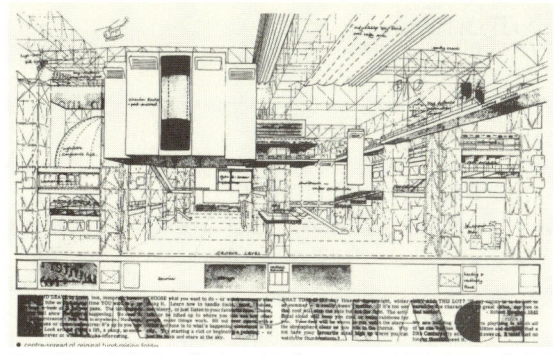
図5 建築家セドリック・プライスによる「ファンパレス」可変型空間のプロトタイプ（1964）（出典：Price, 1984）

か，別種の文脈が必要になるということなのである．同時にそれは展示環境の恒久性や仮設性，すなわち時間運営とも関与的な問題ともなる．

●**可視化すること**　ミュージアム内の展示には聴覚展示や触覚展示など五感を活用したものももちろん多く存在するが，ここではある概念や原理，法則，精神といったものを現前化することを，広義の可視化と捉えておこう．不可視のもの，例えば情念とかイデオロギー，さらに歴史とか科学原理などを可視化すること，それこそはまさに展示であり表象化と言われるものにほかならない．その媒体がオブジェであるのか，部屋であるのか，建築であるのか，ランドスケープであるのか，あるいはウェブサイトであるのかは本質的に関係ない．ヴァチカンのサンピエトロ大聖堂がもつ壮麗な外観，内部空間，祭壇，光のありようも，不可視の神なるものの可視化である．都市広場に立つ騎馬像は英雄の偉容を訴求しつつも，馬に仮託されたすべての根源的な力である「速度」という不可視の概念の可視化である．見えない気流を芸術的に体感させるメディアアート展示も，現象科学の可視化である．

　不可視の情報を可視化する例は枚挙に暇がない．ファブリックを操るかつての風景画家のように，日常では見えない物語を体験する者の前に差し出す．可視化することによって，新たな価値が多産されるからである．

　しかしさらにいうなら，不可視を可視化するだけでなく，可視的なものを別次元で可視化すること＝見せ方を変換すること，あるいは可視化されているものを不可視化すること，もしくは不可視のものを不可視のまま温存することも，広義の可視化の概念に入れてよい．正倉院のように非公開という人為的な不可視化によって物的な保存の持続性を実現し，古来よりの「開かずの間」のような神話性を高める例も人間文明には数多く存在する．その地平では，展示と建築は概念的にも融解するばかりか多元的なメディアの混在郷が実現する可能性もある．

　だが実際的に考えれば，展示設計・制作と建築設計・施工という二つの規範領域だけをとってみても，プロフェッションも業界も現実化の手立ても異なっている．融合を現実化するうえでの課題も少なからずあるといわざるを得ない．　　　　［彦坂　裕］

展示技術者

　展示が出版や放送，通信によるコミュニケーションメディアと基本的に異なる点は，実空間をコミュニケーションメディアとする点にある．人間は長い間この現実空間をコミュニケーションメディアとして，知識や事物，観念を伝えてきた．ものを売る，飾る，見せる，語る，演じるなど，そこでは視覚から触覚，聴覚，嗅覚，味覚など五感を通じた感覚的で直接的なコミュニケーションがなされ，人間的な情動や理解をもたらしてきた．現代では，この空間メディアに出版や放送，通信といった今日の情報化社会を支える技術や成果が取り入れられ，社会の進展とともに機能や領域を拡大する展示の現代性に，今後ますますイノベーションへの期待が寄せられている．

　一般に展示の市場は，営利目的のコマーシャル市場と非営利のノンコマーシャル市場，そしてその中間に位置する公共性の強い宣伝・広報施設などに分けられる．コマーシャル市場にはデパートやショッピングセンター，専門店などの商業施設があり，ノンコマーシャル市場には博物館，美術館，科学館などの文化施設，宣伝・広報市場としては企業のショールームやPR施設，見本市などがあげられる．現在，これらの市場が拡大し，オープンエアの町並みや景観，都市づくりにまで発展しているのが現状である．

　それぞれの展示市場の特性に沿って固有の職能がみられるが，調査から構想・計画，設計，制作・施工，設計監理，運営という一連の過程のなかで，特に展示に関わる専門技術者について取り上げる．

●**プロデューサー**　プロジェクトを推進し完成させるにあたって，人員体制から企画，設計，制作，予算，工程管理などの全体を取り仕切る役割を負う．プロジェクトによっては，設置者サイドのオーナー的人材が務めることもあるが，委託された外部組織や団体の実績あるスタッフが設置者の意向を受けてプロデューサーを務める例が多くみられる．国立民族学博物館（1977年開館）では，設置者サイドの梅棹忠夫館長（当時）が展示のコンセプト，企画・構想，会場構成，展示システムなどの全般にわたって主導的な役割を果たした．

●**ディレクター**　プロジェクトの全体を代表し施主との予算調整や品質管理，対内外の評価などに責任を負うプロデューサーに対し，展示という作品あるいは商品づくりに主導的に関わり，机上での企画，デザイン業務はもとより多岐にわたるクリエイティブスタッフらに指示などを与え，展示を完成に導く責任者．設置者から外部へ委託した組織・団体などのクリエイティブスタッフ（プランナーやデザイナーら）が務めることが多い．

●**マネージャー**　予算管理や契約などに携わる，いわゆる営業担当者である．予算内で最大の効果をあげるために契約図面と見積書との整合，調整に手腕が求められる．

設計過程での仕様変更，それに基づく追加工事予算の提示と承認，保守および別途予算の確認など，開館に至るまでさまざまな業務が錯綜する．

●**展示プランナー**　プロジェクトのコンテンツに関する知識，情報を調査・分析し，施主サイドの意向や市場ニーズに沿う施設づくりに貢献する．クライアントを説得するプレゼンテーション力，文章表現力などのスキルが求められる．特に，プロジェクトが博物館などの場合，学芸員と同レベルかあるいはそれ以上の学識が，提案や成果につながり，館側とのコラボレーション業務も円滑に推進し，プロジェクト全体として社会的評価を高める．ある意味で，受託サイドのプチ・プロデューサー的役割を担う．

●**展示デザイナー**　プランナーと同じくディレクターのもとで展示計画の構成や演出などの実務を担当する．展示計画には，物理的な空間を情報空間とするゾーン配置計画や動線の設定をはじめ，展示構成される作品や商品，文化財などの知識の研鑽が前提として求められ，それらを効果的に収める展示ケース，またゾーンやコーナーの位置を表示するサイン，それぞれのゾーンやコーナーで企図した情報を体系化し解説するグラフィックパネル計画，情報を仮想現実に立体造形化し観覧者の興味，関心を引くジオラマや模型などの造形計画，情報や知識を動画や映像により触発し，イメージに訴え，かつ詳細にわたる知識や情報を理解と感動に導く視聴覚機器などの演出デザインが展示計画の構成要素としてあげられる．それらを総合的に図面化し，工種別に業務分担する打合せのための総合図が，展示デザイナーによって作成される．この総合図によりそれぞれの専門職能間で展示計画の共有化が図られ，その管理を展示デザイナーが取り仕切る．

●**職能別デザイナー**　展示デザイナーのもとには，グラフィックデザイナー，立体造形デザイナー，映像作家，音響演出家，照明デザイナー，メカニカルエンジニア，コンピュータシステムエンジニア，ケース設計家らが職能別に配置，組織化される．また商業施設では，商品知識の豊富な展示専門家をディスプレイ・エキスパート（DE）と位置付けたり，顧客の購買心をそそる手法や演出に取り組む展示のプロ，すなわちビジュアル・マーチャンダイザーらが職種化されている．博物館施設では，展示物の取扱いは館の学芸職員に委ねられているものの，学芸職員の美的なセンスの養成と向上および展示技術の習得が博物館展示の課題の一つになっている．

●**制作担当者（現場代理人）**　展示計画では，制作・施工段階に移行すると，設計者は制作・施工を監理する立場になる．設計図面や契約事項に基づく品質管理，予算管理，工程管理に従事する．一方，制作・施工を請け負った企業は，工種別に施工図を起こし，設計者の承認を得て施工に入る．現場工事に入ると現地に事務所が設けられ，展示の制作担当者が現場代理人として常駐し，工程，搬入，協力社間の調整などにあたる．現場代理人は展示の進捗状況，出来栄え，納まり具合などを把握するとともに変更，障害などの課題に対応し，予定どおりに竣工検査，引き渡しを迎える．現場では予期せぬトラブルが発生しがちで，展示の制作担当者である現場代理人の経験・知見が現場の前線で力を発揮することになる．　　　　　　　　　　　　　［髙橋信裕］

梅棹忠夫

梅棹忠夫（1920-2010）は，日本展示学会の創立者の一人で，初代会長を務めた．京都帝国大学理学部で主に動物生態学を学び，大阪市立大学助教授，京都大学教授を経て，1974年6月，国立民族学博物館が創設され初代館長に就任（1993年3月退任）．1994年文化勲章，1999年勲一等に叙せられ瑞宝章を受章．

●**文化人類学から比較文明学へ** 梅棹が展示学を構想するのは，国立民族学博物館の創設に携わって以後のことである．それまでの梅棹の主な学術活動は，動物生態学から始まって，モンゴル牧畜民の民族学（文化人類学）的研究，さらには諸民族の比較文明学へと展開する．

図1 梅棹忠夫（1980年撮影）

大学で動物学を専攻する梅棹は，旧制中学校時代から博物同好会や山岳部で活動し，第三高等学校時代には当時の朝鮮半島，樺太などの探検調査に参加している．大学に進むと学術探検をめざし，今西錦司を中心とするグループを結成し，その後長年にわたって，ミクロネシア，アジア各地，アフリカ，ヨーロッパの学術調査に参加し，『文明の生態史観』（1957）をはじめ数々の業績を残している．

こうした世界各地の自然と社会に直接触れるフィールドワークの積み重ねが梅棹の学問研究の基礎をなしているといえよう．個々の学術調査による見聞と研究による知識の膨大さは，同時に比較というふるいにかけられて，次々に新しい視点を生起し理論化される．

前述の『文明の生態史観』の場合，そのきっかけはアフガニスタン，パキスタン，インド行である．この調査旅行で，梅棹の思考は限りなく研ぎ澄まされ，東洋と西洋のはざまの中洋の概念を創起し，日本文明の位置付けを思考する．その後に，東南アジア各地を調査旅行し，「東南アジアの旅から—文明の生態史観・つづき」が生まれる．

●**国立民族学博物館と展示学の構想** 梅棹は1968年，日本民族学会の民族学研究博物館設立促進委員（後の博物館問題担当理事）になるが，その前年には文部省の専門委員（大学設置審議会）として九州芸術工科大学（現九州大学芸術工学部）の開学を支援し，展示学を構想していた多比良穣教授らと交流する．そして1970年に大阪・千里で開催された万国博覧会のための世界民族資料収集を企画・実行し，万国博覧会終了の翌年，当時の文部省内に調査会議が設置されるとその委員の一人となり，さらに創設準備室長を経て，国立民族学博物館の創設を果たす．

博物同好会からスタートし，世界各地を広く調査旅行した梅棹は，1950年代から各地でさまざまな博物館を訪れ見学を重ねるうちに，日本にも人類学・民族学の博物館がほしいという夢を抱くようになった．そして1971年の調査会議のとき，ヨーロッパ諸国の民族学博物館の実情視察に派遣されたが，おそらくこのときに民族学博物館の具体的イメージを固めたのであろうと思われる．

梅棹は，国立民族学博物館の展示計画については，野心的で強固なイメージを抱いていた．それは，民族学博物館の展示物（収集品）は，それぞれの民族の生活用具を中心にしたものであって，もちろんなかには貴重なものもあるが，基本的にそれらは「ガラクタ」であるから，ガラスケースの中に並べるのではなく，可能な限り露出展示を基本とするという点である．モノがあって，その名称だけが示されているような展示はいけない，「ガラクタ」といえども，産みだされた背景や現実社会での使われ方などの情報を観る人に伝えられるような展示でなければならないと主張した．

こうして国立民族学博物館は，創設から3年後の1977年11月に開館する．この頃，全国的に地方自治体で文化行政が関心を集め，博物館施設の設立計画が相次いでいた．国立民族学博物館の開館がちょうどそのよいモデルとなったのである．全国から見学者が訪れ，梅棹にいろいろな相談をもちかけるケースも多かった．考えてみれば，当時は展示を専門にする部署など地方自治体のどこにもなかった．そうした主に地方自治体の相談を受けているうちに，梅棹は展示学を体系化し普及する必要性を痛感したのである．

●**日本展示学会の設立**　初めは公開型の研究会を開催してはどうかとの案もあったが，学会設立の方が運営しやすいと考え，国立民族学博物館の設立・運営に関わった人々が中心になって，1982年5月に国立民族学博物館において日本展示学会設立総会を開催し，同時に第1回研究大会を行った．

このとき，梅棹は初代会長として，「展示学の課題と方法」と題する記念講演を行っている．その冒頭で，個人的な体験とことわりながら，国立民族学博物館の創設にあたって「博物館づくりの勉強にかかった」が，「新しいさまざまな技術的発展にみあった展示というようなものをどうするべきか」「現代的な博物館の運営はどうするべきかというようなことについてかかれた本は，まず皆無の状態でした」と述べている（梅棹，1984）．

日本展示学会の設立の原点は，まさにこの梅棹のことばに示されている．当時においては，なぜ展示なのか，あるいは展示学なのかとの問いの背景には，何といっても映像や音響，照明などのめざましい技術的発展があり，展示がそれらと無関係ではあり得ない．著しいテクノロジーの進歩を背景に，展示学はまず技術学，なかでも情報の伝達技術学の側面からのアプローチが必要である．また，現代のような大衆知識社会では，展示というものは常に社会の動向とともにあり，展示学は情報工学，芸術工学と同時に社会科学でもある．そして，梅棹は「たいへん必要なことは，理論的研究」とともに「つねに現場人の意識，現場の人間だという意識」をもち続けることであると述べている．

[端　信行]

大阪万博（日本万国博覧会）

　最初の万国博覧会は 1851（嘉永 4）年のロンドン万国博覧会である．大阪万博は 1970（昭和 45）年，正式名称「日本万国博覧会」（国際博覧会条約では，当時は「Ⅰ種一般博」，現在は「登録博覧会」）として，大阪の千里丘陵で 3 月 14 日から 9 月 13 日までの 183 日間行われた（図 1）．会場面積は 330 ha，参加国 77 か国，4 国際機関．万博史上，ヨーロッパとアメリカ大陸以外での初めての開催であり，入場者数は 6,421 万人を超え，日本および世界史上，最大級の画期的な文化の祭典となった．当時，日本は高度成長期の真っただ中であり，世界は米ソ二大強国の宇宙開発競争の時代である．万博の基本テーマの設定は 1933（昭和 8）年のシカゴ博覧会からであるが，大阪万博では「人類の進歩と調和」がうたわれ，最新の産業・科学技術の披露だけではなく，楽しませる万博という要素が全面に押し出され，ファンタスティックな空間，遊びの空間演出や参加性が大事にされた．プロジェクト（特にテーマ館）の推進においては，当時，画期的なプロデューサーシステムが導入された．

●**建築，展示技術，空間演出の実験的試みの一大ページェント**　万博は，会場計画をベースに広場のデザインや設計，パビリオンの建築，パビリオン内の展示空間，広場のデザインにはそれぞれの分野の人間が力を発揮し，さながら巨大見本市のオンパレードである．その頃，日本の建築界では，日本独自のデザイン思想「メタボリズム」（1960 年に日本で開催された世界デザイン会議で発表され誕生）を掲げ，メタボリズムグループの建築家たちが，都市や建築を成長・変化し新陳代謝する生命体として捉え，新しい技術を積極的に取り込み，具現化に挑戦した．まさに，実験的なパビリオンが出現し，以後の建築界に大きな影響を与えた．一方，展示および空間演出においては，最先端技術の成果はもとより，実物，製作物，グラフィック，映像，照明，音楽，そして水や霧までも一つのメディアとして，そしてそれぞれがメディアミックスされてアッセンブルされ，各国の経済，産業技術，文化・芸術などがアピールされた．最先端技術には，「参加・体験」が導入され，未来への希望，夢を抱かせるには十分な効果が発揮された（ワイヤレスフォン，テレビ電話，動く歩道など）．映像においては，1966（昭和 41）年のモントリオー

図 1　大阪万博会場風景（出典：中和田，2005）

ル博覧会に続き，360°全天周スクリーン映像・アストロラマ，霧や水蒸気に投影する映像，また映像と実演をコラボレーションしたアトラクションが話題を呼んだ．しかし，何といっても実物資料の醍醐味を発揮したのは，アメリカ館の「月の石」である．入場者のほとんどが目指した展示である．まさに"モノ"のもつ意味，モノ自身の存在感，情報量の多様性，イマジネーションの啓発と，見る人へのメッセージ力がいかに大きいかを証明した．以後，博物館計画，展示のプランニングに多大な影響を与えた．

●レガシーとしての《太陽の塔》，そして国立民族学博物館の創設　現在も市民に親しまれている岡本太郎作品《太陽の塔》は，唯一，大阪万博の遺産として残されたものである．「人間の根源に戻りたいという欲求から生まれたもの」という彼のメッセージは現在も色あせてはいない．塔の内部には，中心に高さ41mのオブジェ「生命の樹」がそびえ，五大陸を表現したとされる5色

図2　《太陽の塔》テーマ館地下「過去―根源の世界」
（出典：川崎市岡本太郎美術館，2000）

図3　国立民族学博物館　日本展示「まつりと芸能」の露出展示
（写真：トータルメディア開発研究所）

の幹と枝が伸びている．そして上・中・下と3層からなる，人間の未来，現在，過去を表象するテーマ館となった．地下に設けられた下層「過去―根源の世界」（図2）は"いのち"と"ひと"の空間で構成され，さらに"ひと"の空間は"ちえ""いのり""であい"で構成，世界中から集められた仮面や神像などが露出展示という大胆な手法で並べられた．生の迫力，モノの訴求力を見る者に改めて認識させた．これら仮面や神像などの民族資料は，泉靖一，梅棹忠夫両名が率いる世界民族学資料調査収集団によって集められたものである．これらの民族資料は万博終了後，跡地に創設された国立民族学博物館（1976年開館，日本最初の民族学博物館）に寄託され，万博での衝撃的展示手法を受け継ぎ，初代館長梅棹忠夫によって，博物館展示としては初めての露出展示思想が貫かれた（図3）． ［岩城晴貞］

参考文献　梅棹忠夫編『民博誕生』中公新書，1978

日本展示学会

　日本展示学会は1982年5月に設立され，博物館施設の展示を中心にひろく商業施設の展示や地域景観・まちづくりをも包括する，社会のさまざまな展示現象を研究対象とする，わが国における唯一の研究団体である．デザインや建築をはじめ人文社会科学の諸分野までさまざまな専門分野の研究者，博物館施設に所属する専門家や職員，展示制作関連企業の技術者，国や自治体の専門家や職員などから構成されている．

●**学会設立の背景**　日本展示学会の設立総会および第1回研究大会は，開館から5年を経た大阪・千里の国立民族学博物館で開催された．

　国立民族学博物館は，梅棹忠夫初代館長の指導のもとに，伝統的な博物館の展示形式にとらわれない，世界の諸民族の生活用具や儀礼用具などに来館者が手で触れることのできる露出展示を実践し，さらにそれらの展示物がどのような文化的背景から産まれたのか，またその社会ではどのように使われているのか，といった展示物をめぐるさまざまな情報を来館者に伝達することを重要視した．

　こうした博物館展示の新しい試みは，1970年代後半から1980年代にかけて全国的な文化行政の高まりのなかで，各地で立案・計画されていた博物館施設の格好のモデルとなった．開館直後から全国の自治体関係者の見学が相次ぎ，博物館施設の計画や設置に助言を求められることも多かったのである．そこで梅棹は，主に国立民族学博物館の建設計画や運営にたずさわった人々に声をかけ，その知見を展示学として体系だて，広く普及を図るために学会設立を提唱したのである．

　事実，こうして産声を上げた日本展示学会の初期には，学会員にかなりの数の自治体職員の参加がみうけられた．これらの人々は，研究大会に参加することによって，研究発表や討論を聞き学ぶだけでなく，研究者や展示制作企業の技術者などと交流し，人脈づくりという重要な役割をも担っていたといえるだろう．

●**学会30年の歩み―研究大会と機関誌『展示学』**　こうして日本展示学会は発足したものの，展示学がもともと他の既存の学問分野と対比できるような明瞭な体系だったものではなく，学会員もさまざまな分野から構成されており，学会としての存在意義は「研究対象はあらゆる展示現象である」という一点にあったといえる．

　そしてその展示現象にしても，博物館施設の展示から商業施設や娯楽施設にいたるまで，実に社会に広く展開している．これをどう体系化するのか．当然，学会内では，展示学とは何か，をめぐって論議が展開することになった．設立の翌年の第2回研究大会では，「いまなぜ展示学か―ショーウィンドウから都市づくりまで」が大会記念シンポジウムのテーマとなった．

　日本展示学会は，全国各地を訪れその地の展示現象を見聞しながら，年1回の研究大会を開催してきたが，学会設立当初は開催地の課題を考慮しつつ，「知覚の座標

「博覧会と博物館」「伝統と創造―都市の展示学」「暮らしの中の展示学」「場の展示学」といった大会テーマを掲げている．

日本展示学会の機関誌は『展示学』と名付けられて，設立から2年後の1984年に第1号が発刊され，2018年現在までに54号が発行されている．1989年発行の10号までは，梅棹が初代の会長を務め，数号にわたってさまざまなテーマの鼎談を掲載している．11号からは，川添 登（かわぞえのぼる）が会長を務め，『展示学』は表紙デザインも変わり，年2冊発行することになる．1992年に発行された13号では，理事研究会記録抄として4回にわたる「展示とは，展示学とは」と題する，理事による討論会の議論が掲載されている．これらの議論が基礎になって，わが国で最初の『展示学事典』（ぎょうせい，1996）が出版された．その後の研究大会でも，「環境の展示学」「観光の展示学」「産業と展示」「展示とエンターテイメント」「風土を展示する」などのテーマが取り上げられている．

そして，第20回大会（2001年）は大きな節目となった．一つは，展示学会賞を創設したこと．今一つは，展示学講座の議論をまとめた『地域博物館への提言―討論・地域文化と博物館』の刊行である．そして，研究大会のテーマを「展示が街をつくる」という大きな課題をもったうえで，具体的なサブテーマを研究大会ごとに求めるというものである．第20回大会では「展示が街をつくる―ウォーターフロント」，翌年は「雪国」，以下「"まんが"とまちおこし」「産業遺産とまちづくり」などが続き，第25回大会で「最近の展示を総括する」と締めくくっている．

その前年に，会長が端信行（はたのぶゆき）に交代し，機関誌『展示学』のリニューアルが企画され，第47号から，現行のA4版，年1冊スタイルに変更し，新『展示学』のなかに特集テーマを反映させる方針をとることになる．これまでの記録型から論考型へ大きく編集方針を転換した．「現代展示の成立をめぐって」「10のキイワードで語る"博物館展示の未来"」など，最新号では「災害と展示」を特集している．また，新しい展示技術の出現や大部でないハンディな参考書をとの要望に応えて，2010年には『展示論―博物館の展示をつくる』（雄山閣）を発行した．第4代会長，高橋貴（たかはしたかし）のもとでは，日中韓における展示学の協定を結ぶなど，国際交流にも力を入れた．2018年現在は，第5代会長を若生謙二（わこうけんじ）が務めている．

●**日本展示学会の事業** 日本展示学会は事務局を千里文化財団内におき，学会員による年1回の総会および研究大会（例年6月下旬）を開催している．また秋季には，随時，見学会や研究集会を実施し，さらに不定期ではあるが，展示学の普及をめざして展示論講座を開催している．

出版活動としては，前述『展示学』を継続して年1回発行している．主な内容は，特別企画による特集，会員の投稿論文や展示作品，研究大会の発表梗概，前年の全国各地からの展示データなどで構成されている．その他の出版については，随時検討している．

また，日本展示学会賞を3年ごとに顕彰している．分野は，学術賞，作品賞，論文賞，功労賞の各分野で，すでに5回の学会賞授与を行い，展示学の普及に努めている．

［端　信行］

模　型

　模型は，一般にモノ（実物資料）を模して製作された造形物のことをいい，図面をもとに厳密に縮尺し製作される．デフォルメされたもの，玩具などはおもちゃであり，模型とはいわない．人形，フィギュア，一部のプラモデルも模型の範囲外である．模型の価値は，実物資料だけでなく，現実に存在しない過去や未来の出来事あるいは抽象的な事象を視覚化するところにある．それによって専門家でない人々や図面を読めない人々でもモノの形や複雑な原理などを簡単に理解することができる．時には電飾すら表現できる．

図1　模型の例．製作縮尺は90分の1なため詳細表現が難しいが，本例は縮尺20分の1ほどで製作したかのような品質精度である（『旧村山家再現』中之島香雪美術館）

　模型は，博物館，科学館，民俗資料館，企業PR館，展示会等で使われる歴史模型，建築模型，科学模型，分子構造模型など多様である．国立民族学博物館には住居の10分の1模型がある．この縮尺は模型製作にあたって初代館長梅棹忠夫が深謀遠慮したもので，屋根材や庭木の細部まで精細に復元されている．可動模型は，一部が動いて内部構造を見せることができる．屋根が動いて間取りが見られるようになった町屋の模型などがある．点灯式模型もある．模型上のライトを点滅させてモノの流れや移動を表示したり点灯させて場所を表示したりするもので，歴史や科学の展示にしばしば使われる．展示模型には工業製品の試作品なども含まれる．運搬不可能な新製品を模型にして展示し，販売促進に用いることも多い．

　①工業製品開発の模型：車，機械等の新製品開発にあたっては設計段階で必ず模型がつくられる．これによって製品の形状や色などのチェックが行われる．またモックアップとよばれるものもある．営業活動，宣伝などにも多くつくられる．

　②建築，土木，プラント模型：設計図の内容をよりわかりやすく説明するために縮尺して製作される．設計段階で三次元空間を目で確認することができ，設計ミスを防ぐこともできる．

　③鉄道模型：GゲージからZゲージまで5種類ほどの規格があり，精確な縮尺で製作される．すべてが完全な縮尺でつくられるわけではないが，趣味の範囲であり，問題とはならない．このような出来具合の精粗はどの種類の模型にも共通する．

　④実験模型：水理実験模型では，海，河川，ダムなど水に関する施設の模型を製作し，実際に水を流して地形状況や施設設計の確認をする．水は水理学的相似性が高いので信頼度が高く，津波の実験も可能である．風洞実験模型は，建築が地域に及ぼす影響を調べるために，実際の風洞で実験をする模型である．　　　［亀井　隆］

2章 展示の類型

展示の類型（概観）————————————————40
文系分野の展示————————————————42
理系分野の展示————————————————44
総合系の展示—————————————————46
展示場所———————————————————48
展示空間———————————————————50
展示物————————————————————52
展示期間———————————————————54
生態展示と構造的展示—————————————56
展示主体———————————————————58
生活の展示——————————————————60
施設①人文系博物館——————————————62
施設②自然系博物館——————————————64
施設③野外博物館———————————————66
施設④エコミュージアム————————————68
施設⑤美術館—————————————————70
施設⑥現代美術館———————————————72
ホワイトキューブ———————————————74
インスタレーションとパブリックアート—————78
施設⑦文学館—————————————————82
施設⑧動物園—————————————————84
施設⑨水族館—表現——————————————88
施設⑨水族館—技術——————————————90
施設⑩植物園—————————————————92
施設⑪プラネタリウム—————————————98
施設⑫テーマパーク——————————————100
施設⑬博覧会—————————————————102
施設⑭メッセ—————————————————104
【コラム】イメージと展示———————————106

［編集担当：可児光生・草刈清人・若生謙二］
＊五十音順

展示の類型（概観）

　本章の前半では，まず「具体的な種々の事例をひろげて示す」という広義の「展示」を想定し，各分野のテーマと空間，時間による類型の総論を試みる．後半では，狭義の意味でのいわゆる「博物館展示」に関し，施設や形態ごとでタイプ分けしたうえで，それぞれの展示特性やスタイル，近年取り組まれている展示の特徴やポイントなどを各論として概観する．

　過去の研究において，広義，狭義の展示に関しその分類，種類についてさまざまな整理がなされているが，今回は，展示機能を成立させる要素という側面からそれを検討してみたい．展示は，①送り手側，②展示現象，③受け手側があり，①の送り手は②を計画・実施し，③の受け手は②に参加することによってその機能が成立するとされる（森，1996）．これを踏まえ，①②③それぞれについて，その類型を考えてみたい．

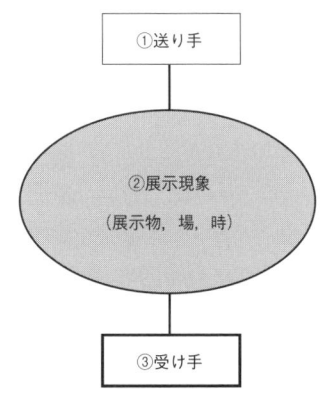

図1　展示機能の成立要素

●**送り手に関して**　展示とは，明確な目的に基づいた情報伝達の一手段であり，言語，文学などと同様のコミュニケーションの一つのかたちであり，送り手側に目的があることが基本である．送り手の主体が個人であるか組織や団体なのか，ねらいや意図が明瞭なのか不明瞭なのか，プロパガンダや政治性はあるのかないのかなど，展示を企画計画する主体と目的，意図や方向性によって類型化することができる．

　展示の基本として，送り手と受け手が別のように思われがちだが，個人や家族生活における展示，例えば室内の美術品など，プライベートな空間における展示物は，多くは送り手と受け手が同一である．個人生活における展示は，みずからが展示しみずからが鑑賞し楽しんでいるのである．

　また最初はプライベート空間であってもそれが発展し，外部からの視線を意識して行われていることも見受けられる．庭先の花壇や植栽，玄関先や軒下の展示，庭園の公開やクリスマスのイルミネーションなど，個人の範囲を超えて積極的に受け手を意識し，公開・アピールをしている場合もある．

●**展示現象に関して**　展示現象のうち，ⓐ展示物，ⓑ展示の場，ⓒ展示の時の三つの要素に注目し，それぞれの項目においてその実態やあり方の類型化をすることができる．

　ⓐ展示物：展示物には「実物と，複製品や模型などのような実物の形態という属性

を情報として伝えるモノ」（倉田，1997）がある．この実物と二次資料は，展示行為における一つの媒体としてどんな特性や違いがあるのか，さらに両者の関係性について，そして送り手と受け手のそれぞれがどのように意識しているかを改めて考えてみる．

ⓑ展示の場：展示は，意図的に区画されたスペースで行われる場合と，そうでない場合がある．博物館でいうと展示室内か，それに限定されず，もしくはそれを包含するかたちで構成される展示がある．屋内，屋外，野外それぞれの意味合いの違いを考えてみたい．さらに近年さまざまな展示がみられる現地保存型展示や展示としてのランドスケープの位置付け，エコミュージアムなど一定の地域エリアを設定しての展示空間についてもその特性を考えてみたい．

ⓒ展示の時：一瞬で終わるものから恒久的に展示されるパーマネント（半永久的）なものまで，展示が行われる時間はさまざまである．その時間の長短は基本的に送り手の意図により決められるものであるが，そこでの展示物はそれぞれどんな特徴や意味があるのか，また受け手としてはそれをどのように認識しているのかを考えてみたい．

●受け手に関して　送り手の明瞭な意図や目的のないところで，受け手が感性で反応する場面も多く存在する．

例えば空き家に展示される現代美術作品を見るとき，その空間や残されている調度品などがむしろ気になることがある．どこまでが作家の意図した展示物なのか，そうでないのか，外からの陽の光は偶然なのか意図的なのか，作品の存在する空間構成はどこまでなのか，その境界は曖昧である．送り手としても空間をつくり上げるさまざまな偶然性を大切にしている面もある．受け手は，意図したものと本来意図されていなかったものを複合体として，混然一体として受け入れるのである．建物の外壁にからまる美しいツタ（図 2），真っ赤になった炭火の熾，それらは単なる自然現象にすぎないが，思わず見入ってしまうこともある．人為的なものであれ生命の営みの行為であれ，そんな展示にも受け手は驚きをおぼえるのである．「見慣れたモノ，ありふれた日常のなかにこそ，じつはドキドキするものがたくさんある」（岡本，1996）というように，受け手の見方や姿勢

図 2　空き家に展示される現代美術（作品と室内に入り込んだツタ）

によって観察や鑑賞の行為が深まる．情報を再構成する受け手側としては，送り手の意図だけに左右されることなく，自由な感性を大事にして展示現象と対話をすることが望まれる．

[可児光生]

文系分野の展示

　展示とは，品物を並べて一般の人々に見せることである．並べられるものは，原物であれ複製品であれ，また図象や映像であれ，形さえあればその表示方法は問われない．閉ざされた私的な空間ではなく，広く一般に公開されているか否かが重要である．これは，博物館の起源を考えるうえでも重要な視点である．
　博物館法第二条の定義によれば，博物館は「歴史，芸術，民俗，産業，自然科学等に関する資料を収集し（以下略）」と書かれている．「等」の一文字が添えられることで，ありとあらゆる分野のモノやコトが博物館資料となり得るし，展示の対象となる．
　話を進めるうえで，これではあまりに漠然とし過ぎている．とはいえ，文系分野と理系分野の明確な線引きが可能か否か，さらに類型化とは何か，同じ対象であっても，切り口次第でまとまりは変わってくるので，ことは厄介である．
　まず収蔵品の種類でくくれば，法第二条に書かれているように，文系分野には歴史，考古，民俗，美術，文学などがある．展示の仕方ではケース内か露出か，実物中心か複製品，ジオラマ，映像の併用か．陳列型か体験型か．屋内か屋外か野外か．さらには学校や地域との連携など，分類する研究者の数だけ多様な類型ができる．

●**文系博物館と理系博物館**　文系と理系を比較すると，理系では理工系であれ自然系であれ，車両や船舶，工作機械，恐竜化石や動植物と重厚長大な資料が多い．文系においても民具など大型のものもあるが，概して小ぶりで室内の展示室やケースに収まる．また，体験型・参加型の博物館活動が多くなって久しいが，文系分野よりも理系分野により活発で，満足度も高いものが多い．
　こうした体験型・参加型が進み過ぎると，大型娯楽施設との境界が曖昧になる．水族館におけるイルカやアシカなどのショーは，彼らの学習能力や身体能力の高さを研究し，その成果をわかりやすいかたちに構成して見せているが，見る側はそうした背景は知ろうともしない．昨今，科学系の博物館でのアニメや SF 関連の特別展示を目にする機会が増えたが，こうした企画も娯楽性が強いといえる．

●**文系博物館の類型**　博物館活動の本質は，いくら IT 化が進んだとはいえ，実体のあるモノを収集・保管し，調査・研究し，成果を展示し，教育的効果を上げることにある．そのため文系博物館では，モノが主体の考古や民俗の分野が強みを発揮する．出土品をあえて接合しきらないで内側まで見せると，外見だけでなく製作技法さえも展示することができる（図1）．また，展示内容に合わせた発掘体験や土器づくり，石器づくり，勾玉づくりなど体を動かす行事や講座が一般化し，定着している．
　民俗分野では，実物資料や複製品を使って，少し昔の炊事や洗濯，遊び，機織り，農作業などさまざまな生活体験をすることができる．このとき年配のボランティアの存在は大きく，利用者との世代間交流が進み，地域の文化や伝統が継承されてゆく．

一方，文字資料が中心の歴史分野は，同時代の美術工芸品やジオラマ，創作映像を組み合わせたりするが，古文書の類いそのものの展示方法は，原本（複製）と読み下し文と並べて置くなどに限定される．中近世の展示関連で参加できる催しとしては，復元された着物や甲冑などの着付け体験もあるが，定番の講座として古文書の読書会がある．また文学の分野では，朗読会なども行われている．

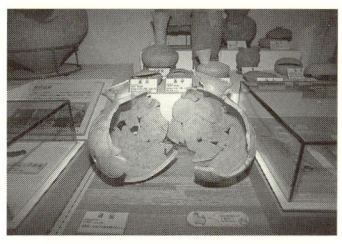

図1 出土品の内面を展示（美濃加茂市民ミュージアム）

美術分野は，日本の文系博物館のなかでやや特異な位置にある．一般の人はもちろん，博物館関係者ですら「博物館や美術館」と，まるで別物のようにとらえている．法第二条を読めば，両者は並置するのではなく，概念の上下関係になるのは明らかだ．

美術館の展示は典型的な陳列型で，しかも自前の館蔵資料をもたない巡回展中心，貸しギャラリー的な施設がある．その一方で，学芸員らによる作品鑑賞会や，特別展に合わせた模写や作画の体験会が積極的に行われるようになってきた．なかでも子ども向けの各種体験会が盛んだが，本人の希望以上に親の働きかけによる参加がみられる．それでもこれをきっかけに，着実に次世代の利用者を育てている．なお，現代アートでは，作品そのものに参加型が多い．また，展示内容に合わせ，ロビーやホールを使ったコンサートなども行われている．

このほか文学，哲学，思想などは文字中心で，刊行物，解説や写真パネル，関係者ゆかりの品々を添えたとしても，展示に変化をもたせるのは難しい．

こうした状況を踏まえて文系分野の展示を類別すれば，まずは扱う資料による歴史，考古，民俗，美術，文学など従来型の区分がある．それをさらに展示室の形態，展示手法などを組み合わせて細分することもできる．ただし，各施設はさまざまな面をもっており，簡単には割り切れない．分類のための分類にならないように心掛けたい．

●**展示と解釈**　人は初めて出会ったモノやコトが一体何か，これまでの自分の知識や経験を総動員して判断する．もし答えが見つからなかった場合，不安や恐れを感じる．これは，博物館の展示物を見る場合も同様である．一切解説をつけず，すべて見る側の解釈に委ねる展示は少々不親切といわざるを得ない．

そんなとき，キャプション（写真や図に添えられた説明文）や解説チラシ，音声ガイド，学芸員やボランティアの展示解説はありがたく，それを見聞きすることで展示物が理解でき，安心感を覚える．こうした手助けは，一見よいことだが，特定の見方，解釈を押しつけることにもなりかねず，見る側（受け手）を思考停止状態に陥らせる危険性もある．例えば美術作品の場合，解釈や評価が定まっている古典には有益だが，現代アートの場合は難しい．懇切丁寧な解説であっても，展示対象によって効果の違いがある．

［齊藤基生］

理系分野の展示

　人間は，人工的につくり得ないものを収集・研究し，また森羅万象を司る原理現象を研究してきた．さらにその研究過程で知り得た知見をもとに人間生活に有益となるものを技術として取り入れ，巨大な文明を築いた．

　理系分野の博物館が扱う領域はこのような分野であり，自然系博物館と称される場合が多い．自然系博物館は，「自然界を構成している事物若しくはその変遷に関する資料又は科学技術の基本原理若しくはその歴史に関する資料若しくは科学技術に関する最新の成果を示す資料を扱う博物館」(「公立博物館の設置及び運営に関する基準」第2条, 昭和48年11月30日文部省告示第164号〈現在廃止〉)と定義された．この定義の前半部分「自然界を構成している事物若しくはその変遷に関する資料」に該当するのが自然史系博物館（地学，化石，鉱物，生物，天文など，動物園や水族館も含まれる場合もある）であり，後半部分の「科学技術の基本原理若しくはその歴史に関する資料若しくは科学技術に関する最新の成果を示す資料」に該当するのが理工系博物館（科学技術，産業など）である．

●**自然史系博物館**　具体的なモノを資料として扱う場合が多く，しかもその多くは自然界からの「採集」「発掘」といった行為により収集される場合が多い．扱う資料の性質上，普通標本（実物そのまま），液浸標本（主に硬い外皮をもたず，腐敗しやすい実物をホルマリンやアルコール溶液に満たされた瓶などに入れて浸し，密封），乾燥標本（実物を乾燥），剥製標本（内臓や肉を除去し，皮膚のみ防腐処理を施し，外形を保存），埋没標本（樹脂の中に実物を封入），樹脂浸透標本（実物に樹脂を浸透），遺構移築標本（遺構などを保存可能な場所に移設），地層剥ぎ取り標本（接着剤のついた布を直接地層に貼り付け，剥ぎ取る），プレパラート標本（実物を顕微鏡で観察するため，実物の一部または全体をプレパラート上に保存）に分類される．

●**理工系博物館**　過去から現在にいたるまでの産業技術の進歩を物語る，具体的なモノを資料として扱う産業技術史博物館と，物理・化学などの原理現象を我々が認知できるような装置を製作し，展示する科学博物館に大別できる．産業技術史博物館の場合，交通機関（鉄道や自動車，船舶など）や食品（日本酒や即席麺，調味料など），情報技術（パソコンや電話，家電製品など），インフラストラクチャー（電力やガス，水道など），医療（製薬や診断器具など）といった，我々の日常生活に欠かせないことを主に扱っている．それらの資料は，企業や消費者が保管していたものを博物館に寄贈や寄託される場合が多い．科学博物館の場合，研究成果などが記載されている文献や論文などから，利用者に物理・化学などの原理現象を認知できるような展示を製作することがほとんどであり，具体的な「資料」を収集することはほとんどない場合が多い．

●**展示・保存環境**　自然系博物館が扱う資料のなかで，生物もしくは生物由来の物質でできている資料の場合，資料を取り囲む温湿度や空気環境，昆虫や菌類による食害，光による劣化がある．したがって，照明や空調を調整することにより，劣化を抑え，食害を防ぐための環境をつくることが求められる．一方で岩石や鉱物，化石といった資料の場合，比較的劣化しにくい資料であるので，劣化に対して最低限の措置ですむ場合が多い．一方，産業技術史博物館が扱う資料の場合，さまざまな物質が組み合わさって資料が構成されている場合が多い．その場合，最も劣化しやすい物質の劣化を避ける展示・保存環境を設定する．科学博物館の場合，基本的に展示するために資料を製作する．

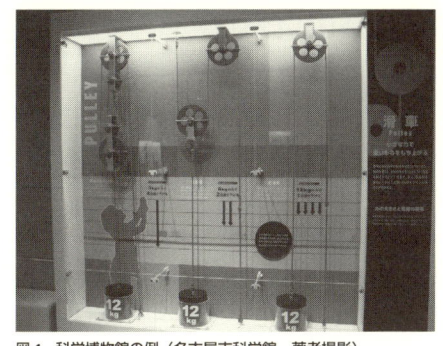

図1　科学博物館の例（名古屋市科学館，著者撮影）

　また，自然系博物館では，鉱物結晶のように，資料そのものの美しさを伝える掲示型展示がみられる．その一方で，理工系博物館では，物理・化学の原理・現象を解説し，利用者の知的欲求を満たす説示型展示がみられる．さらに，それらの原理・現象を視覚以外の感覚器官を通して利用者に伝えるための展示装置を製作する場合もある．その際，展示装置が利用者によって乱雑に扱われたとしても，安易に壊れることなく，かつ安全に利用されることが求められることから，それらの展示装置は劣化や保存を前提としていない場合が多い．

●**教育活動**　自然史博物館と理工系博物館共通の特徴として，自然系・理工系博物館が扱う情報が，多種多様な価値観をもつ利用者にとってどのように解釈されるのか，その手助けとなる活動を行う科学コミュニケーターや学芸員，そして博物館が扱うテーマを主体的に学び，その成果を博物館活動に還元するボランティアといった，人を介在とした教育活動がみられる．彼らは，展示されている資料に込められたメッセージが，利用者にどのように受け取られているのかを把握し，興味・関心をさらに深めるべく，利用者の興味・関心に沿った展示解説活動を行う．そのほか，資料を採集・発掘した現地に出向き，その場所でそれらが存在する必然性を理解するための観察会，展示されている資料を稼働し（動態展示），その技術や背景にある原理現象を解説する実演，物理・化学などの原理現象を再現する実験ショー，実験教室などを企画・運営している．また，ミュージアムショップなどにおいて，一般家庭で用意できるものを用いた実験キットや物理・化学の原理現象を用いたグッズの企画・販売（例えば，日本科学未来館でのDNA抽出実験キット）のほか，ミュージアムレストランにおいて，展示のメッセージを反映したメニュー開発・販売（例えば，滋賀県立琵琶湖博物館レストラン「にほのうみ」にてオオクチバス〈ブラックバス〉を食材とした料理）なども，展示や教育活動の一環として重要視されている．　　　　［江水是仁］

総合系の展示

　博物館の展示の特性を捉えるにはさまざまな切り口がある．そのなかで総合系の展示を考えるうえで重要なものとして，分野（歴史・自然史・産業など）と地域（世界・国・県・市町村など）という切り口がある．前者は展示の材料となるモノの性質による類型で，博物館の館種を規定する．後者は対象とする地域の広がりに関する類型である．また，年代を軸として事象（コト）を通して扱う立場もある．

　日本では総合展示という表現はしばしば県または大きな市の博物館に用いられているが，これはその地域のいくつかの分野のアイテムを包含する．また，それより小さい範囲（市町村）での郷土博物館にもこのかたちがみられる．一方，一つの分野（例えば自然）で地球全体や地域的に広い範囲を対象とする総合展示もあり得る．

●**包括的展示**　総合展示とよばれている多くの展示は，実際には総合であることが少ない．県レベルなどでみると，いくつかの分野，例えば，自然・歴史・民俗・産業などを縦系列で並列していることが多い．本来は有機的に関連しているはずのアイテムが，それぞれ独立して展示されているのである．

　包括的展示の概念はいくつかの先進的博物館の展示（パリ自然史博物館，滋賀県立琵琶湖博物館など）に啓発されて構築された（糸魚川，2009）．包括的という用語は「一つに合わせる，ひっくるめる」という意味である．英語ではcomprehensiveである．類義語として総合的といった用語があるが，これまでに博物館に関して使われているので，区別するためにこの用語が選ばれた．総合系展示に対してこの包括的展示を使用する．

●**包括的展示の意味**　①考え方：ⓐ三つの基本要素「もの―見る・楽しむ」「こと―知る・学ぶ」「包括―理解する・考える」からなる．ⓑ基本理念は「つなぐ―まとめる―包み込む」．ⓒソフトとハードの両面でバリアフリー．ⓓ多様な・多数の・異なるレベルのアイテムを包括する．ⓔ収斂的であり，放散的である．ⓕ立体的ネットワークである．

　②展示の実際：ⓐ内容・規模・難易について，三つのランクを設ける．ⓑ展示空間の大きさは1000 m² 前後，2～3の複数でも可．ⓒ動線をつくらない．ⓓ単純で明るい色彩構成．ⓔモノ主体の多様な展示手法．ⓕインタープリター，音声ガイドを利用．

　③効果：ⓐ誰でも理解でき，面白く・楽しく，レベルアップできる．ⓑリピーターが増える．ⓒ総合館・郷土館に向いているが，その他の単科の館・複合館にも適する．ⓓ企画展にも使用できる．ⓔ「考える」ことを広める．

　包括的展示の基本的パターンの例を図1に，一つの案を図2に示した．

●**包括的博物館**　包括的という概念はさらに拡張して博物館活動全部に及ぼすことができる．博物館としての基本的な活動を行い，その活動が，結ぶ・まとめる・包む，

包括的である場合である．単に一つの博物館にとどまらず，他館・他機関・市民との協働活動が行われる．「立体的ネットワーク博物館」という表現が適当であろう．21世紀の，未来を展望できる新しい博物館のあり方として捉えることができる．

●**エコミュージアム（ecomuseum）** 1970年の初め，フランスで誕生したエコミュージアムの考えはその後日本へ移入され，さまざまなかたちで存在している．エコミュージアムはecoとmuseumの合成語で，「生活・環境博物館」と訳されている．住民が参加して地域の自然・文化・産業の三つの遺産を現地保存する活動が行われる．かたちとしては，領域(地域)，コア博物館，サテライト施設，

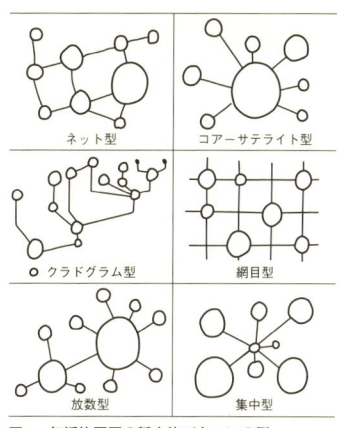

図1　包括的展示の基本的パターンの例

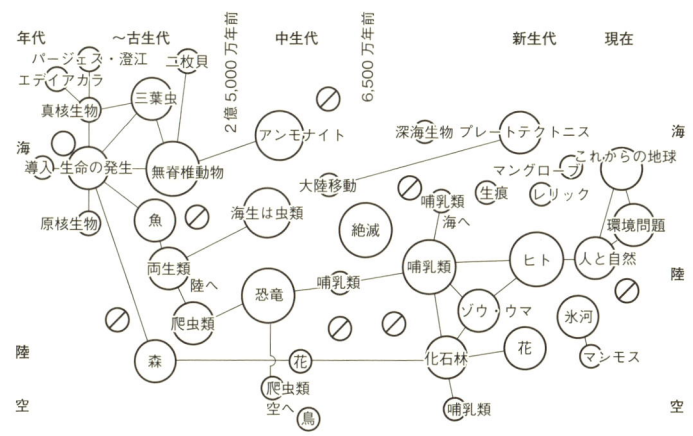

図2　「地球の歴史」展示案
（出典：糸魚川，2010）

発見の小径，の四つの要素からなる，新しいかたちの博物館である．展示の面でみれば，単にコア施設にある展示のみでなく，野外にあるさまざまなもの（サテライト施設を含む）が対象である．この博物館活動は，まさに包括的であるといえよう．

●**博物館と他機関の連携（MLAC）** 廣瀬（1985）は，MLD（博物館・図書館融合）という考えを提示している．近年，図書館・博物館・文書館の連携を模索する流れがある（石川他編，2011）．デジタル化の時代への対応として捉えることができる．これをさらに発展させて，四つの機関を連携活動させるという考えがMLACである（博物館，図書館，文書館，コミュニティセンター）．これらの機関の多くの活動は関連することが多く，博物館活動の幅が広がることは間違いない．展示ではいわゆる出前展示が各所で行われ，また各機関の所蔵品が博物館で利用されることもある．「包括」が行われる，連結の場として注目される．　　　　　　　　　　　［糸魚川淳二］

展示場所

　展示が行われる場所は，施設の「屋内」と「屋外」，そして「野外」とに大きく分類することができる．それらの場所が展示専用の目的をもった施設であるか否かに関わらず，展示物は鑑賞者である人々が往来する導線と，その視線に配慮して設置されるべきである．展示場所は，さまざまな文化施設の個性的な建築空間において多様化し，展示・保存技術の進歩によって，さまざまに拡大している．

●**博物館における屋内展示**　屋内において，展示物は主に「壁面」や「床面」，あるいは「中空」に配置される．平面作品や資料，つまり絵画やパネルの場合は，壁に専用の金具やワイヤーを設えて展示される．立体作品や模型，実物資料などは展示台の上に，あるいは床面に直接据え置かれる．さらに天井からワイヤーやテグス糸などで吊って中空に浮かばせる場合もあり，屋内空間は大きく，壁面，床面，中空に分類することができる．特に展示専用の博物館施設においては，ロビーや建築の吹抜け空間なども，展示導入の重要な場所として位置付けることができ，さらには渡り廊下やピロティなどの半屋外空間も，展示の場所として活用が図られる．

●**遺跡保存の展示**　施設の屋内に対応する言葉として屋外を位置付けると，物理的には屋根の有無がその差異を示す．展覧会で作品の大きさや性質によって，屋外が相応しい場合や，恒久設置のパブリックアート作品が建築空間の導線上で適宜，屋外に配置される例も少なくない．それらは，往来する人々の視覚体験を豊かにするものとして計画される．

　また建築空間の特性においては，半屋外という境界は存在するが，もともと野外にあったものを保存し，展示するために屋根を付けて，屋内もしくは屋外の展示物とするというような遺跡の現地保存の事例もある．例えば，仙台市富沢遺跡保存館（図1）は，1988年に発見された2万年前の森林跡と旧石器人のキャンプ跡を現地で保存公開するために1996年に開館したテーマミュージアムである．現地で発見された資料などから当時の環境と人類の活動をよみがえらせる展示が意図されている．まさに「地底の森ミュージアム」と称されているように，旧石器時代の遺跡面である地底が公開されている様相は圧巻である．この施設の建物には床がなく，遺跡を囲むコンクリートの厚い壁面が地下20mまで突き刺さっている特殊な建築構造によっ

図1　屋内展示施設（仙台市富沢遺跡保存館）

て実現された．

●**現地保存型の展示**　野外展示には，資料を野外に集めて展示する「収集保存型展示」と，現地にある資料をその場所において保存展示する「現地保存型展示」に分けることができる．前者は，野外彫刻やパブリックアートの事例が端的で，野外において自然環境をテーマに彫刻が展示されたり，都市環境のなかでの機能や装飾的な意図を託したパブリックアート作品が設置されたりする．これらは野外であることを前提とし，恒久的にせよ一時的にせよ，不特定多数の人々の目にとまる公共的な性格が求められることになる．なおこの例においては，単体の彫刻のみならず，公園そのものが作品であるような例に注目することもできる．養老天命反転地（岐阜県養老町）やアルテピアッツァ美唄（北海道美唄市）もアーティストによる総合的な場所の創作として，優れて個性的な事例である．パブリックアートでは，ファーレ立川（東京都立川市）に代表されるように，都市の再開発にアート作品設置を計画的に導入する事業があげられる．

さらに，建築物そのものが展示物であるという観点から，建築物の集合体としての野外博物館もこの例に入る．それらの建築物は内部空間も屋内の展示場所ともなるが，施設全体として野外の収集保存型展示といえる．博物館明治村や野外民族博物館リトルワールド（ともに愛知県犬山市）は建築物の保存のみならず，レジャー施設としての機能も併せ持ったテーマパークである．同様に現地保存が不可能な文化的価値の高い歴史的建造物を移築し，復元・保存・展示する野外博物館として，江戸東京たてもの園（東京都小金井市）や川崎市立日本民家園（神奈川県川崎市），四国村（香川県高松市）や北海道開拓の村（北海道札幌市）もその例である．

●**現地保存型展示と遺構**　一方，後者の自然そのものを生態系の展示と捉え，ジオパークを野外展示の類型の一つとすることも可能である．ジオ（地球）に関わる，例えば地層・岩石・地形・火山・断層などのさまざまな自然遺産を「地質の宝物」として，自然豊かな公園として保全していくものである．

さらに前述した半屋外展示の系列として，兵庫県南部地震で出現した国指定天然記念物・野島断層についても触れておきたい．北淡震災記念公園（兵庫県淡路市）には，野島断層保存館として断層をありのままに保存し，地震の凄まじさと脅威，地震に備える大切さを伝える施設が建設された．公園内には，神戸市長田区若松町の公設市場の延焼防火壁として昭和の初めに建てられ，第二次世界大戦中の神戸大空襲（1945年）にも耐えて，阪神・淡路大震災においても倒壊することなく残った「神戸の壁」が移設されている．遺構としてのこの壁は，震災から得た教訓と防災に対する意識を発信するモニュメントでもある．

東日本大震災を経て，災害に関わる遺構の扱いは今後ますます展示における重要な場所の要素となるであろう．また，展示が「場所の記憶」を喚起する行為であるという意味で，近年盛んに実施される地域資源を活用したアートプロジェクトにおいては，屋内と屋外，そして野外という類型には収まりきらない，複合事例や施設が誕生していくであろう．

[高橋綾子]

展示空間

　展示が行われる空間は，展示施設内においては，壁面，床面，中空，さらに床下（地中，水中など）として便宜的に分類することができる（☞項目「展示場所」）．本項目では，物理的かつ空間的な性格の違いによって区別すると同時に，展示専用施設の展示壁や展示ケースでの資料主体の展示のほかに，「空間」を展示そのものの要素として含み込んだ方法（インスタレーション）にも注目して紹介する．
　個性的な建築空間と展示演出において，特にマルチメディアを駆使した映像技術の発達を背景に，展示空間はますます拡張し多様化している．
　●**博物館展示における床面空間の効果的活用**　屋内において展示物は主に，壁面や床面に据えられ，適切な照明を施され，その作品（資料）の存在が鮮明にかつ美しく観察できる状況を呈することが望まれる．特に博物館施設においては，壁面や中空において資料が金具やワイヤー，テグス糸などで固定されるのが展示の中心的な仕様となる．人々は壁面と一定の距離をとりつつ，順路に沿って移動しながら鑑賞することになる．また床面での展示は，資料の大きさによってその基底となる展示台が用意され，その上に置かれる．恒久展示のものは，建築時に基礎が施工されて床面に直接固定されるものもあるが，展示替えを前提とするものは展示ケースの中に，あるいは直接床面に置かれたりする．
　なお近年，博物館の常設展示において，施設の床面の魅力的な活用が注目される．主に展示室への導入空間の床に，その序章としての位置付けが意図された演出がなされている．例えば，東京のNTTインターコミュニケーション・センター（ICC）では，床面にメディアの発達史をテーマに，実物などを取り込んだ「アート＆サイエンス・クロノロジー」と称した展示ケースが施されている．ICCのテーマである芸術文化と科学技術の関わり合いを年表形式で，足下を見ながら歩んでいく趣向を呈した．こうした試みは博物館に限らず，むしろ商業施設などの空間演出にも展開されている．
　●**空間の芸術─インスタレーション**　資料を主体とした展示に対して，空間を主体とした展示は，インスタレーションとよばれる．主に美術作品において，固有の空間に据え付けて成立させる方法であることから，彫刻や絵画の複合的な展示方法の拡張としてみなされることもある．さらに，音や光など形体のない要素を施す方法や，映像を加えた表現などは，観客がその空間の中に入って体感することが主眼となる．このような展示手法では，既存の場所を主題としてその空間と融和あるいは異化することが意図されており，近年盛んなアートプロジェクトにおいては，歴史的建築物や廃屋で展開される事例も少なくない．また製錬所跡地を生かした犬島精錬所美術館（ベネッセアートサイト直島，岡山県犬島，図1）やそらち炭鉱の記憶アートプロジェクト（北海道三笠市）などは，強い場所性が発揮される産業遺構が舞台となっている．

なお既存の場所や空間を主題にすることから，景観デザインの領域からのアプローチも可能となり，建築物のライトアップも展示の一例となる．機能的なデザインの手法を超えて，アートのスペクタクル性が顕示される場面では，光は重要な要素となっている．

● **マルチメディアによる展示空間**　景観デザインのライトアップから，アーティストによるライティングインスタレーションまで，高性能の照明機器やコンピュータ制御技術，さらには高精細の CG 映像によって，光と映像の空間展示は，よりサイトスペシフィック（その場所に帰属，固有）に展開することが可能になった．建築物の外壁に映像を投影するプロジェクションマッピングは，建築物の形状を利用したもので，迫力のある音響も重要な要素となる．投影される建物の歴史や記念的な意味によって，祝祭的な一回性のイベントとして企画制作されることが多い．

図1　柳幸典「ヒーロー乾電池/ソーラー・ロック」犬島精錬所美術館は，銅の製錬所であった遺構を建築家と美術家が再生した（犬島精錬所美術館，2008 年，撮影：阿野太一）

例えば，2012 年に東京駅丸の内駅舎保存・復原工事完成を祝う記念イベント「TOKYO STATION VISION」は最新鋭の映像スペクタクルショーとして話題となった．また，博物館の特別夜間開館と展覧会とのコラボレーションの事例も，展示空間の拡張の事例として捉えることもできる．2013 年の東京国立博物館においては，特別展「京都―洛中洛外図と障壁画の美」の開催に合わせて 3D プロジェクションマッピングが用いられている．

● **展示空間としてのプラネタリウム**　既存の建築空間を利用した展示に対して，まったく独立して新規の空間そのものが創出される例もある．その例として科学博物館におけるプラネタリウムをあげることができるだろう（☞項目「プラネタリウム」）．ドーム状天井の曲面スクリーンに投影された星空の再現は，高精細で迫力ある音響システムが駆使されることによって，体感型のシアターとなる．プラネタリウムの規模はドームの大きさで測られるが，解説の方法やプログラムの種類などで，それぞれの施設の特徴が表れる．例えば日本科学未来館では，全天周立体視映像とプラネタリウムが楽しめるドームシアターガイア（112 席）があり，ナレーション付きの立体視プラネタリウム作品を鑑賞することができる．また，体感型の展示ドームとしては，国立科学博物館の「THEATER36〇」が特徴的で，直径 12.6 m（実際の地球の 100 万分の 1 の大きさ）のドームの内側すべてがスクリーンになっている．この装置は，2005 年に開催された愛・地球博の「地球の部屋」を移設して常設展示としてリニューアルしたものであるが，科学館のオリジナル映像を駆使した教育的なアトラクションといえる．

[高橋綾子]

展示物

　展示行為のなかで，媒体が実物そのもの，あるいは実物ではないものかは，さまざまな特性や効果，制約などもあるなかで，展示の送り手にとって大きな選択となる．本項では，前者を「所有する資料」として位置付け，それらの適切な保存・活用などを行うばかりでなく，後者にも重きを置いてきた博物館の考え方や姿から検討する．

●**一次・二次資料**　「公立博物館の設置及び運営に関する基準」(昭和48年11月30日文部省告示第164号〈現在廃止〉)や博物館学では，一次資料を「直接資料・実物」とし，それを写真・レプリカなどで新たに作製したものを二次資料「間接資料・記録」とよんだ．ただし，前述の「基準」による用語などは，「博物館の放置及び運営上の望ましい基準」(平成23年12月20日文部科学省告示第165号)により，変更されている．両者は，優劣関係ではなく，それぞれが相まってはじめて，より大きな価値が発揮されると考えられてきた．とはいえ近年，二つの関係性やバランスに変化が生じてきたように思われる．

　①一次資料のもつ特性：明治時代より「ものを見せる」のか「もので見せる」のか，つまりは「資料を使って学術情報を伝える行為であること」(青木, 2000)への検討がなされてきた．その一方で，実物それ自体は何も語ることはなく，「無言の資料の声を聞くことができるのは，資料の語りかけを聞く能力を持っている専門家や知識を持った限られた人達」(里見, 2014)である点は否めないという文脈もあることから，一次資料は二次資料による補足のうえで，提示されることも多かった．この場合の展示情報は，展示の送り手によって，すでに一定の記号化や定型化がなされていることも多い．

　②二次資料の技術的な進展：3Dプリントで一次資料のレプリカを積極的に製作できるようになった．材料などの自由度の高さは，従来の「見るための」レプリカではなく，手触りや重さの点でも，実物を触るかのような体験の可能な展示物開発につながっている．また，一次資料の超高精細デジタル画像化によって，絵図をはじめとする詳細なレプリカなどが制作されている．いずれも一次資料のデジタル情報化が基礎となっており，「意味的特性」(森, 1996)において，二次資料の内容や価値が従来よりも一段と高まっている．

　③展示の受け手の姿：近年，商業施設などでは，限定的要因(参加者・開催期間など)にもかかわらず，商品や企業ブランドを伝えるための展示企画が増えている．なかでも，2015年ミラノ国際博覧会日本館の展示では，四季折々の水田の姿や生きる生物などの複合的な構成が，プロジェクションマッピングを用いて紹介された．来場者は自由に，他者とともに展示を体験できるようになっており，展示とのインタラクティブ(相互作用)な構造が特徴的である．

そして大塚国際美術館（徳島県鳴門市）は，陶板による原寸大の複製作品で構成されている．来館者は展示室の天井や壁の「天地創造」などを，実際に現地へ訪れた人々がおそらくそうするように，見上げ，そこにたたずむ．そして，現地の厳かな空気感などを想像することができる．

南山大学人類学博物館（愛知県名古屋市）では，実物（考古・民族・民俗資料）を一定のマナーのもとで全面的に触ることができる露出展示が採用された．膨大な資料群が間近で圧倒的に並ぶ展示室は，大学が世界各地の遺跡などで収集してきた資料の研究室のように感じられる．来館者は研究者のように石器や土器を手にして観察し，また，弥生人のように土器を持ってみる，精霊仮面を装着して，儀礼を行おうとしたバヌアツの人を思い浮かべるといったアクティビティ（活動）を可能としている．

図1　南山大学人類学博物館の常設展示
（写真：南山大学人類学博物館）

●**実物の力**　国立民族学博物館初代館長の梅棹忠夫は，「世界中の人間がそれぞれにつくりだした手づくりの道具が生命をもつもののようにわれわれにかたりかけてくる．みる人はそれをうけとめ，対決しなければならない．異文化との対決は，かなり「きびしい体験」であるかもしれないが，そのかわりにそこにひじょうな「たのしさ」がうまれてくる」と述べ，同館の実物展示を通じて「ものとの対話」を示した（梅棹，1977）．

このことをコミュニケーションとしてとらえてみる．その際，受け手の基本要件としては，全体像が示されたが（寺沢，1996），その実態は，受け手の個人的・主観的な感覚や活動がベースであることばかりでなく，展示の場を共有する他者との関わりまで含めて，さまざまに，相互に影響し合うため，適切に把握することは難しい．そのため，送り手が発するメッセージを受け手が受信するといったような，一方向の単純な構造のみを想定することはできない．すでに前述の展示事例などのとおり，展示物から自由に思いを馳せ，自身の思いを表現・発信したり，誰かと共有・伝え合ったりすることもできる場では，受け手がこれまで以上に主体的に展示と関わり合ったり，展示物の価値付けをしたりするようになってきているのである（稲庭，2015；広瀬，2012）．

このとき，特に「実物」がもつ力（あるいは実物を主体的・能動的・自由に感じ，捉える活動そのもの）は，送り手の意図や制作そのものにとどまることなく，そのコミュニケーションを促進させるうえで，大きな役割を果たすことだろう．［藤村　俊］

📖 **参考文献**　加藤勇次『博物館学総論』雄山閣，1996／内川隆志他「博物館における二次資料」『博物館研究』日本博物館協会，2018

展示期間

　展示を類型化する見方の一つに展示期間がある．展示期限の有無は，展示が固定か非固定かということでもある．期限がなく固定的なものは恒久展示，長期展示，常設展示，平常展示などと表現され，主に不変性が高い情報の伝達を目的としている．一方，あらかじめ期限が設けられ非固定的なものは仮設展示，短期展示，企画展示，特別展示などと表現され，一過性の情報伝達を目的としている．こうした表現は展示の場面ごとでさまざまな呼び方があり，提供する側のポリシーにより定義も異なる．

　また，恒久か仮設か法令による視点では，「建築基準法」第85条第5項において仮設建築物の期間を1年以内と定めている．博覧会展示はその代表例であり，このあたりも展示期間による類型を整理するうえでの一つの目安といえる．本項目では，恒久展示と仮設展示とに分類し，各展示の代表的な場面別にその目的や考え方について記すものとする．

●**恒久展示の考え方と種類**　恒久展示は，期間限定ではないが効果を図るうえで大まかな期間を想定し，目的，テーマ，対象，表現方法，展示名などを明確にしたうえで内容を構築していく．耐久性，安全性，視認性，屋外では景観，メンテナンス，ランニングコスト，ユニバーサル対応，法令確認が必要とされ，情報の劣化を想定した検証も必要といえる．したがって，それらの検討期間や官公庁への申請期間なども考慮したスケジュール計画が重要となる．

　①商業施設（百貨店，専門店，複合商業施設など）：施設に必要な機能やフロア構成，通路やレストスペースなど共用部の空間環境，ファサード部をはじめとする演出，サインシステムなど，商業施設において恒久展示は広く展開されている．来店者の滞留を促し購買に導く空間と，販売効率を高める構成がポイントといえる．

　②広報PR施設（ショールーム，広報施設，普及啓発施設）：恒久展示をベースにした空間内で，情報の更新性と観覧による訴求効果が求められる．広報の提供元と社会をつなぐ空間ともいえる．そこでは，企業や製品の広報情報や，官公庁による防災や環境など普及啓発を図りたい情報を来館者に効果的に伝達する手法が求められる．

　③ミュージアム（博物館，科学館，美術館，水族館，動植物園など）：常設展示で提供される情報は不変性の高い内容が多い．展示の基本部分は長期使用を見込んだ計画を行いつつ，部分的な情報更新が可能な展示手法や資料の寸法・数量の変更を想定した拡張性の高い展示システムが定着しつつある．資料の公開には保存環境の視点から温湿度，照度など数値基準による展示技術が定着しつつある．過剰仕様にならない限り，検討を行いたい．

　④レジャーアミューズメント施設（テーマパーク，レジャー施設など）：テーマパークや遊園地などの施設も恒久展示に属す．オリジナル感のあるアトラクション効

果が高い展示による集客がポイントといえる．上演までの待ち時間を有効活用したショーや観覧後のグッズ販売まで，展示を軸にした集客システムを構築している．

⑤まち空間・地域づくり（都市再開発，エコミュージアム，観光まちづくりなど）：まち機能の配置や景観づくり，地域活性化施設においても恒久展示の考え方や手法が取り込まれ，交流を促すメディアの役割を果たしている．市民を和ませ地域のランドマーク機能を果たすオブジェやモニュメントなども本分野の展示に該当する．

●**仮設展示の考え方と種類**　仮設展示は，情報を提供する側も受け取る側も一過性のテーマに特化した企画に期待している．展示の簡略化を図る部分はあるものの基本的な考え方や制作過程は恒久展示と同様で，コストとスケジュール管理は最重要といえる．イベントとの連携など集客をねらった仕掛けも仮設展示に欠かせない要素である．

①商業施設（ウィンドウディスプレイ，催事会場，VMD，POPなど）：販売戦略や季節感などを踏まえた展示に商品を組み込み，視覚的な効果をねらい販売につなげることが求められる．ここでの展示は，施設と来店者とのコミュニケーションツールともいえる．販売ターゲット層に向け商品と関連性のある情報をテーマ化し，店内各所に展開し，1年を通し季節や暮らしの歳時記に合わせた情報を提供する．また，メディアと連携した展開を図ることなども展示効果を高めるためのポイントといえる．

②エキジビション（展示会，見本市，フェア，博覧会など）：展示により情報交流を図る場として提供する側も受け取る側も展示会場や出展ブースなどの限定された空間と滞留時間，出展規定のなかで効果が得られる差別化された展示が求められる．リユース，リサイクルといった環境配慮への取組みも進む．博覧会では，近未来の展示技術が試験採用され，建築自体が基本1年以内の仮設展示物でありながらも会期数か月間の絶え間ない利用に応える耐久性と安全性の確保が求められる．

③ミュージアム（企画展，特別展，巡回展など）：研究成果の発表，文化財など公開期間への配慮が求められる貴重資料の展示，時事に対応した展示，学校の長期休暇に向けた展示，常設展示の補完展示などがある．短期間でありながら資料の劣化防止や破損，防犯への対策を怠らない計画が必要といえる．また，展示への関心を高めるための参加体験型の展示やワークショップの開催なども観覧効果を高めるうえで有効な方法である．

④フェスティバル・セレモニー（イベント，祭事，カーニバルなど）：仮設展示の源流といえる分野．古代から継承されるきわめてシンプルな展示から，近年のオリンピック式典で繰り広げられる音楽・映像・光・噴水・煙・花火・キャラクター・演舞などを複合化したストーリー性が強く魅力ある最先端手法のものまでみられる．

⑤まち空間（バナー，デジタルサイネージ，イルミネーション，プロジェクションマッピング，AR，アートトリエンナーレなど）：まち空間を楽しませてくれる展示はその手法や展開される場面に広がりを見せている．そこにはユニバーサルに配慮した情報発信も多く，人々の交流を円滑にする役目を果たしている．一方で情報の氾濫による都市景観への悪化危惧もみられ，整理する仕組みも求められている．

[岡本靖生]

生態展示と構造的展示

　展示の目的は，意図を伝えることである．いかに意図を伝えるのかが展示の姿を決める．博物館の展示は，標本展示から標本間とその背景との全体の関係を展示するジオラマ展示として発達し，生物系の博物館では，それらは個体の剥製の標本から生息地の生活を表現するものとして生態展示，あるいは生態的展示とよばれてきた．これに対して1977年に開館した国立民族学博物館では，民族学の展示として構造的展示という概念を提唱してその展示を行ってきた．

　本項では，博物館の展示から動物園の展示にも展開してきた生態展示とその対概念として提起された構造的展示の関係から，展示の意図を検討する．

●**生態展示**　わが国において生態展示という言葉は，ロンドンの大英博物館の分館であるサウスケンジントン博物館で1870年代に英国の鳥類を取り上げたジオラマ展示に対して用いられたものであり，主に自然史博物館で剥製を使って動物の生活を展示するジオラマ展示に対する用語として定着してきた．これらのジオラマは商業的意図で展示されるジオラマと区別され，生息地での動物群集のくらしを再現するという意味で，欧米ではハビタットジオラマやハビタットグループとよばれてきた．

　米国では，1936年にニューヨークのアメリカ自然史博物館で体系的なジオラマ展示が完成する．同館の展示デザイナーのカール・エークレーによって完成されたこのジオラマ展示は，透視画法で精巧に描かれた生息環境のなかで剥製の動物が展示されており，その写実的な精巧さだけでなく，ジオラマ展示を生態学的に体系付けたものとして意義があり，全米から世界の博物館展示に影響を与えた（図1）．

●**構造的展示**　民族学の展示では，自然史博物館で発達したジオラマを用いた生態展示が主流であった．前述した国立民族学博物館では，次のような理由から民族学の展示に生態展示を行わないことを決めた．

　民族学は文化の展示であり，そこでは文化の構造的理解が求められる．ある場面を設定してその状態をあるがままに再現する生態展示の方法であるジオラマは，一瞬にして全体像を把握することができるが，それ自体で完結して

図1　ニューヨーク自然史博物館のジオラマ展示「ロッキー山脈のオオツノヒツジ」（著者撮影）

いるために，モノとモノとの関連や場面以外のつながりをつかむ糸口が失われてしまうことが起こる．具体的であることは，イメージの固定化につながり，想像の芽をつみ取ることにつながり，イメージの抑制に働く．

これに対して，文化の構造的理解を図るために構造的展示という概念を提唱し，これを具体化した．例えば，葉巻は単体として存在することに意味があるのではなく，パイプ，マッチ，灰皿がセットとなり，一つの構造として喫煙がなされる．紙巻は別のセットとして存在する．構造的展示はモノの世界の内的関連を表現するものであり，モノを要素に分解し，再構成してある意図を立体的に編集するものであるという．

このような考え方に基づいて国立民族学博物館では，構造的展示が実現することになった（図2）．こうした意図が観客に理解されているかどうかは構造的展示の課題である．大量の一覧的展示から何らかの関連性をイメージし，モノの世界の内的関連への理解を図るには，展示の立体的構成にそれが反映され，文化の構造である「文化の文法」が立体的に展示されていることが必要になるからである．

図2 国立民族学博物館の構造的展示「ヴェーダ祭式の用具」
（著者撮影）

●**全体像と機能化** 生態展示と構造的展示の関係は，全体像として伝えるか，機能化して伝えるかの違いでもある．ジオラマは具体的であるために，イメージの固定化がなされ，想像の芽をつみ取るという．ジオラマのような総覧的な生態展示においても，すべてを展示することは不可能であり，ある視覚から切り込んでいくことになる．展示とはある意図を伝えるために，ほかの情報を隠蔽して，伝えることを明確にする編集的空間である．イメージの固定化は，全体の中であるシーンを切り取らざるを得ない生態展示の宿命であり，これをいかに縮めてゆくのかが展示技術の課題である．

展示の意図を全体像として伝えるか，機能化して伝えるかは，動物の生息環境や集落のような全体性のあるものから，集落の中のモノとモノの関係のように展示対象をとらえるオーダーにもよる．全体像として伝える生態展示では，そこに伝えるべき情報の要素が集合体として組み込まれている必要があり，機能化して伝える構造的展示では，目指すべき文化の構造への理解が織り込まれている必要がある．展示における構造化とは，メッセージのモデル化といえるからである． ［若生謙二］

📖 **参考文献** 若生謙二『動物園革命』岩波書店，2010／梅棹忠夫（編）『博物館の世界―館長対談』中央公論社，p 46-55，1980

展示主体

　モノを並べることは，我々はすでに幼児の頃から行っている．ぬいぐるみやミニカーなど，みずからが最も愛着をもっている物を固有の意図をもって並べた．そこに観覧者が意識されることはなく，存在もしない．しかし，棚（場所）が用意され，「見せたい」という意識が芽生えたとき，それは展示になる．

　では，展示と飾るは違うのか，ということになる．飾るとは，何かしらそこに飾られる主体があり，その根底にあるのはその主体を「良く（美しく）見せたい」という意思である．陳列は，ある対象に対して，目的をもってモノを「見せる」ために並べることである．並べられた物相互に与えられた連関はなく，それぞれのモノに意味があるのみである．

　展示は，並べられたモノ相互に連関があり，そこから派生する新たな意図がなければならない．その意図を与えるのが，展示する主体である．

●**展示の主体**　展示は，見せる対象があって目的が決まるものである．目的もなく並べるとすれば，それはモノを置いているにすぎない．展示を見せる対象は，展示する主体が置かれた立場とシーン（時と場によって構成された空間）によって変わる．さらに，主体と対象が置かれた立場や場所によって手法も変わるのである．表1は，身近にある展示を主体，場所，対象，目的で整理したものである．

　このなかで，生活（生きること・暮らすこと）に密着しない展示が，各種の博物館が行う展示なのである．

表1　展示主体で変わる対象と目的の例

展示主体	場　所	対　象	目　的
個　人	家・車	自分・家族・来客	心と暮らしのゆとり
店主・店員	商店（商業施設）	来店した客	販売促進
教員・生徒	学　校	児童・生徒とその父兄（家族）	成果の提示
学芸員	博物館（広義）	来館者	学芸員が意図する「こと」の普及

●**博物館における展示の類型**　広義に博物館といっても，扱う時代や作品が異なる多様な美術館，人文系博物館（歴史博物館・サイトミュージアム・民俗館など），自然系博物館（自然史博物館・動物園・水族館）など多種多様であるといえる．扱う資料，調査研究方法，展示の手法も決して一つではない．そして，それらの展示を鑑賞する観覧者の意識や嗜好性も多種多様であるといえる．

　さらに，場や目的に呼応して客体である観覧者が変化する．例えば，動物園や水族館の観覧者に小中学生が多いのに対し，美術館は一般（大人）の観覧者が多い．図1に示すように，それらのすべてを包含する展示もあり得るし，観覧者も存在する．

●**設立母体による類型**　博物館の設立母体は，国，県，市町村，財団，企業，NPO，個人などさまざまである．規模や目的も多様で，公立博物館だからこのような目的で展示をするということはない．ただし，公共性が担保されるべきであることは明らかであり，「公立博物館の設置及び運営に関する基準」（昭和48年11月30日文部省告示第164号〈現在廃止〉）にあるように，設置にかかわる望ましい基準はあった．しかし，例えば東京国立博物館と国立民族学博物館では両者とも国立でありながら，その成り立ちも設立目的も異なっている．博物館や美術館そのものがもつ設立の経緯こそが歴史であり，その館園の展示の方向性を位置付ける指針になっているのである．それらを度外視することは，展示企画の画一化につながり，多種多様な博物館が各地に存在する意義を否定することとなる．

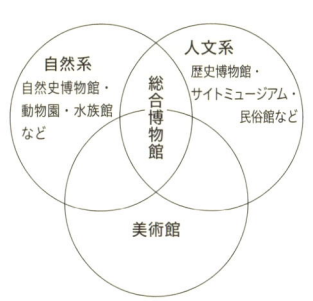

図1　博物館の種類と観覧者の重なり

●**博物館を超えた展示の類型**　日本においては，市町村立博物館（資料館なども含む）の学芸員が，市町村教育委員会の文化財担当者であることがある．本来は，仕事の内容も目的も異なる職種でありながら，扱う分野や資料が重なり合うため，二足の草鞋を履く学芸員は少なくない．一方で，そのことが展示に大きな強みをもたらしているともいえる．

図2　写真1枚から表現する「空襲で焼失した石刀祭更屋敷車」（撮影：今枝昇一郎）

　例えば，無形民俗文化財を守り未来への継続支援をするには，祭礼や芸能の保存会と協力し，それらの存在を広く普及する必要がある．さらには，保存会員が誇りをもって今後も練習に励み継続できるよう，祭礼や芸能の歴史，意味を明らかにし，注目を集める必要がある．これには，動態展示ともいえる祭礼や芸能そのものと，使われる道具類を間近で見られる博物館展示は，両者がともに観覧されることによって相乗効果をもたらすのである．残された写真1枚ですら，展示主体の意欲によって，そこにある「こと」を具現化するエネルギーをもつ（図2）．展示という枠を越えて，地域社会に対して博物館と文化財行政が，役割分担をしながら主体的に関わりをもっていくことが，地域の人々の誇りにつながっていく．

●**展示における類型**　博物館展示は，その主体によって単純に類型化できるものではない．展示主体によらず，分野や設立母体，規模という枠組みを超えて，展示は個々の主体がもつ方向性によって企画される．そして，意図する，あるいは意図とは異なるところで観覧者がその展示を楽しみ，評価し，考える．展示の手法はさまざまだが，観覧者が自由に考える余白と発見する楽しみを残しながら提供される展示が，自分が観覧者であったら「見に行きたい」という意欲に駆られるであろう．［久保禎子］

生活の展示

　ありふれた日常の事物を観察し，そこから現代の生活とは何かを考える．その手法として「考現学採集」（川添，2004）がある．ペンとノートを持って身近な町や村を見て歩くのも生活観察の第一歩である．むろん，一人歩きもよいが，ここでは複数の人々と共同研究して互いに知的な刺激を受け，視野が広がることを期待している．旅は道連れである．

●**ミュージアム・ボックスと共同研究**　町を歩いて見聞した事物を一つずつ，フィールドカード（梅棹，1969）に記録し数多く集める．そのカードをそれぞれの人と交換し討論する（カード作業①）．ある程度の枚数（例えば，100～300枚）が集まったら，その内容を各自で分類しテーマを選ぶ（分類と整理作業②）．①と②の作業を終えたら，次のミュージアム・ボックスの制作にとりかかる（展示作業③）．

　ミュージアム・ボックスとは，A2判サイズの木箱（蓋付き）である．この箱をミュージアム（博物館）と想定し，分類したカードを大まかに並べてみる．ハガキ判サイズならば16点程度が入る．さらに多く入れるならば，カードを縮少してつくり替えて並べる．また，資料が不足なら再度，観察・採集をして増やす．作業は①から②→③へ進むとは限らない．フィードバックしながらボックスの中身を充実させ，構成していく．

　ミュージアム・ボックスを思いついたのは平田哲生（転用のデザインの研究者）である．某旧家の引越しで古い戸棚・机の引出しの中から，家主も忘れていたような古い鍵・古時計・栓抜き・万年筆……さまざまなガラクタが詰まって出てきた．ちょうど子どものオモチャ箱をひっくり返したような興奮があったという．この感動がミュージアム・ボックスにつながって，A2判木箱（420×596 mm）の，持ち運びできるトランク型100個の制作となった．観察・採集者十数人に手分けされ，それぞれのテーマと技法でボックス展示となった（1996年制作）．

●**移動博物館のように**　平田らは各地のギャラリーや店舗のショーウインドウ，郵便局のロビーから博物館・美術館の空きスペースまで，このボックスを持ち寄って展示した．ま

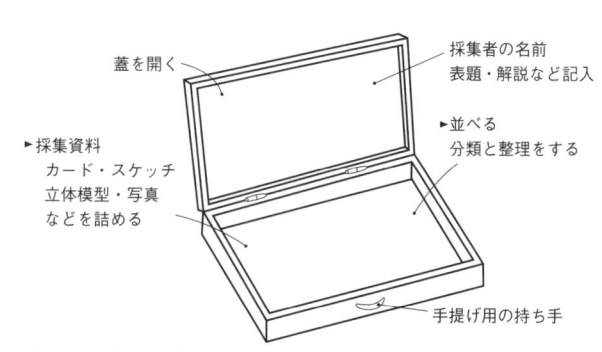

図1　ミュージアム・ボックス（A2判トランク型木箱の例）

た，採集した現地で即興的に展示してみると，現地の人々の意見も含まれることになるし，ボックスを前にして観察者が解説する紙芝居的発表や人々が集まる場所へ出かけ，移動博物館的展示も可能にした．さらに，これまでのA2判トランク型フォーマル式のほかに，より小型で軽量なA4判紙箱（ミニボックス）をつくったり，不用となった菓子箱，ギフト用の空き箱・容器などを転用して展示する観察者も現れた．

図2　ミュージアム・ボックス．雑貨屋の店先を写真撮影して縮小し，紙箱に貼ったもの（制作：佐藤英治）

箱の中身は，カードを中心とした文字・図絵・写真など平面的なものが多いが，現実感が強くリアルなものとなると，立体的な模型，おこし絵式の表現をしてみたくなる．現物の一部，破片を切り取って箱に詰める，昆虫採集のような標本箱をつくる観察者も現れた．これは，現実の事物を観察した者にとっての欲望かもしれない．観察者が展示まで一貫作業することで，ミュージアム・ボックスの展示と意義は深まるに違いない．

●「軒下」で共同研究する　冒頭の共同研究で大切なことは，テーマについて考えることである．「分類と整理」作業②では十分な時間をかけて討議をする．展示作業を急ぎ過ぎると混乱が起きやすい．例えば「生活とは何か」を考えたとき，家の「軒下」を共通テーマとした．それは町や村を見歩くとは，その道の両側にある建造物や家々を見ている状態であり，おのずから家の戸口・壁・窓・門柱……を観察することになるからである．

「軒下ミュージアム」は佐藤英治・嶋村博はじめ十数人のチームで共同研究を開始した．そこでは家の表札・牛乳箱・郵便受け・ごみ箱・物干し・植木鉢など107件の事物を対象に観察した（佐藤・山田，2009）．同じごみ箱を見て，同じ写真を撮っても，観察者によって認識，意味付けが違うことがある．その差異がどこからくるのか，議論してみると，観察者本人の暮らしぶりと結び付くときがある．共同研究の面白い点である．

図2は「軒下に何があるか」をテーマにしたボックスの事例である．某店舗の写真をパソコンに取り込み，プリントして切り抜き立体的に再現したものである．店先にある陳列棚や看板・空き箱・貼り紙・植木鉢・はき物などの一つずつの物の配置を確認することで，店主の暮らしぶりがわかる．ボックスの中で物の並べ方を再構成してみることは生活のあり方（ライフスタイル）研究を行ううえで，きわめて有効な手法である．

[岡本信也]

施設①人文系博物館

　人文系博物館とは，「公立博物館の設置及び運営に関する基準」（昭和48年11月30日文部省告示第164号〈現在廃止〉）第2条二において，「考古，歴史，民俗，造形美術等の人間の生活及び文化に関する資料を扱う博物館をいう」と規定された．つまり，人文系博物館とは，歴史系博物館と造形美術系に大別されている．表1のごとく，歴史系博物館は一般的には歴史博物館，考古学博物館，民俗博物館，民族博物館などが対象となる．大まかには，本項で人文系博物館という場合，造形美術系を除いた人文の専門性の高いテーマ型博物館（歴史系博物館）をイメージしている．

表1　展示内容による分類（出典：日本展示学会，2010）

人文系博物館	造形美術系	美術館，古美術館，現代美術館，デザインミュージアム，彫刻館
	歴史系博物館	歴史博物館，考古学博物館，民俗博物館，民族博物館

●**展示の特性とスタイルの発展**　歴史系博物館の展示の特性は，①資料の存在と価値を重視した展示，②資料と資料の関連性を重視した展示，③あるテーマの地域における意味や影響の広がりを明らかにする展示，④あるテーマや地域の歴史を時間軸のなかにおいて過程を明らかにする展示，と捉えることができる．これらは，考古学や民俗学の展示においてもおおむね同様である．こうした展示のストーリーの実現と具体化は，展示手法や技術の発達とともに，独自のスタイルを発展させてきた．

　博物館のディスプレイデザインの画期は，大阪万博（1970年）と国立民族学博物館の誕生（1977年）と東京ディズニーランドの開園（1983年）にあるとされる．時代や社会の節目となる象徴的なイベントや施設の登場を背景に，映像メディアやシステム的な展示の導入，疑似空間や疑似体験の楽しさを取り入れるといった四つの系譜，すなわち①装置の系譜，②空間の系譜，③ドラマの系譜，④テーマパーク（環境）の系譜の発展に分類整理される．このうちの三つの系譜は，人文系博物館の展示スタイルとして，実物を補完する装置の開発や複合的な展示手法の発達（装置の系譜），空間に情報をもたせて情景再現を行うなど五感で楽しませる方法の発達（空間の系譜），ここでしか得られないドラマ的体験の視覚化の発達（ドラマの系譜）として大きな要素を占めている．特に空間の系譜については，時代の風景や街並みを再現するなど人文系博物館のテーマと親和性があり，代表的な展示の特性となっている．

　これらに加え，1992年のWWWの開発を契機として，Macintoshや1995年のWindows 95の発売などから，誰もが手軽にパソコンに触れてインターネットに接続でき，大容量のデータを取り扱う時代が到来した．展示手法としても，インターネットや独自サーバーと接続することで，運営側のデータの更新性や来館者の展示へ

の参加性が飛躍的に増した．過去の歴史事実や詳細な情報の提供など，利用者の意志で展示から情報を任意で引き出す展示が確実に増えている（図1）．

●**近年の展示動向**　具体的方法論は，「6章　展示のテクニック」に譲ることとし，本項目では若干の事例をあげておく．

第一に，デジタル技術の進展とともに，従来の造形手法と組み合わせた手法が増えている．模型や立体物にプロジェクターで映像を投影して，テーマの背景やプロセスなどを解説するプロジェクションマッピングは，多くの博物館で取り入れられている．例えば，人文系博物館の場合，民俗博物館の原点ともいえる遠野市立博物館では，民俗と歴史の融合を目指すリニューアルに際して採用され，豊かな風土を背景に，伝説や民話を基礎としながら土地の成り立ちを示す昔話が浮かび上がるイメージが演出として表現されている（図2）．

第二に，従来の人形造形展示についても，物語性や地域性を加味した新境地が生まれている．山梨県立博物館では，400体の緻密な人形造形ジオラマで近世の甲斐国の生活が表現され，壱岐市立一支国博物館では，160体のうち42体に壱岐市民の顔モデルを採用して弥生時代の暮らしを演出するジオラマ制作を行っている（図3）．

こうした技術の進展は，従来の技術の発展形や組合せ型のハイブリットであるが，従来では伝えにくかった情報を展示のなかで積極的に表現するものである．ただし，技術の発展に伴い，実物資料のみでは語り得ない伝えるべき情報が一体何かを考えることの必要性が，逆に増しているともいえるだろう．

図1　携帯アプリを使って多言語対応やスタンプラリーができる展示（写真提供：山梨県立富士山世界遺産センター）

図2　土地の成り立ちの昔話が湧き上がる地形ジオラマスクリーン（写真提供：遠野市立博物館）

図3　市民の姿が採用された表情豊かでリアルな人形造形（写真：壱岐市立一支国博物館）

［井戸幸一］

📖 **参考文献**

高橋信裕「展示のイメージ化―事物から事象へ」『ミュージアム＆アミューズメント DISPLAY DESIGNS IN JAPAN 1980-1990』六耀社，1992

施設②自然系博物館

　自然史博物館は，自然史に関する資料（実物標本）を主体に展示する．自然史は，ナチュラルヒストリー（Natural History）の訳語で，地球をつくる鉱物，岩石，地層，大地に暮らす生物を対象にする．「公立博物館の設置及び運営に関する基準」（昭和48年11月30日文部省告示第164号〈現在廃止〉）第2条三の「自然系博物館」には，「自然界を構成している事物若しくはその変遷に関する資料又は科学技術の基本原理若しくはその歴史に関する資料若しくは科学技術に関する最新の成果を示す資料を扱う博物館をいう」とある．自然史系博物館を展示内容により分類すると，表1のようになる（水嶋，2010）．

表1　展示内容による分類

自然史系博物館	自然史系	自然史博物館，河川博物館，生態園，動物園，植物園，水族館
	理工系	科学館，科学技術館，天文系博物館，産業技術博物館

　ここでは，動物園（飼育する動物が65種以上）・植物園（栽培する植物が1,500種以上）・水族館（飼育する水族が150種以上）を除く自然史博物館，および自然史部門をもつ総合博物館を対象とする．

●**展示の特性とスタイルの発展**　自然史博物館は自然物全般を対象とする総合館と，個別の自然物を対象とする単科博物館に区分される（糸魚川，2009）．自然物には岩石・鉱物標本，化石標本，貝類・甲殻類・昆虫標本，植物・蘚苔類の乾燥標本，動物の剥製・骨格標本，封入・液浸標本などがあり，博物館の基本理念により対象の自然物が異なる．これらは，学芸員が収集活動や調査研究活動の成果として作成したものである．実物資料は，ケース内・展示台にラベル，文字解説，写真，映像，音声，さらにレプリカ，模型などとともに展示される．標本展示に加えて，生体展示，体験展示，野外展示との組合せや展示方法により，展示表現が多様となり，博物館の特性となる．大型資料は，博物館のシンボル展示ともなり，ホール中央を占有するギャラリー方式の配置もある．日本の自然史系博物館で発案された展示方法としては，主に以下のものがある．総合（生態）展示（一般向）と分類展示（研究者向）をフロアーで区分する「二重展示」（新井，1958），利用者ニーズに応える「広く，包括的で，わかりやすい」を意図した「包括的」展示（糸魚川，1999，☞項目「総合系の展示」），収蔵庫と展示室の中間に資料整理や標本作成の場を設ける「ミドルヤード」（洪，松本，石田，2008）の構築がある．展示コーナーに大人と子どもの視線の位置に合わせて上下に分けて展示する「二段展示」や，別のコーナーや展示室の展示物を関連付けて理解を深め，来館のたびに新たな発見につなげる試みの「複合交差型展示」（松岡，2008）がある．「デジタルミュージアム」は，保管・管理面で常設展示化に適さない

収蔵庫の資料をデジタル化し，それらの情報を公開するものである．インターネット接続環境下ではWi-Fiにより「環境解説Web」や，VR（virtual reality）技術による3次元CGにより仮想空間を形づくることも可能にした．

●体験・体感できる展示　理工系博物館では普通の実験・実演に加えて，標本作成，レプリカ作成，封入標本作成などの体験コーナーがある．視覚や聴覚による「もの」の認識から，入館者が能動的に「もの」に触れ，発見を伴うハンズオン展示が，数と量ともに増えている．展示室に設置された「リサーチ・テーブル，ディスカバリープレイス」は，標本，模型，虫眼鏡，顕微鏡で微細な化石・動植物の観察，恐竜の骨格組み立てが体験できる．貝類，甲殻類，昆虫，魚類，両生類などの生息環境に近づけた水槽展示（アクアリウム）は，動物の生態が観察できる．生きた昆虫の暮らしが四季に応じて観察できる生体展示室もある．博物館により名称が異なるが，三重県総合博物館の「こども体験展示室」，国立科学博物館の「コンパス」，ふじのくに地球環境史ミュージアムの「キッズルーム」は体験型展示室である．

ジオラマ展示は，音と光，映像，動く模型，香りなど五感を使い，360°体感できるものや，ストーリー性のあるものもある．また，展示室全体が定時に映像と音声の演出が始まる劇場型や，ジオラマ仕様の体験・体感空間となったものもある．

●野外の展示施設　岩石園・地学園，生態園（野鳥観察舎，植物分類園，ビオトープ，自然観察路）は，博物館の敷地内ないし隣接した場に整備されている．千葉県立中央博物館には隣接して動物の生態が観察できる「生態園」があり，その中の池には野鳥観察舎がある．ミュージアムパーク茨城県自然博物館は，菅生沼（自然環境保全地域）とその周辺の豊かな自然を生かしたネイチャーガイド，バードウォッチングや化石の発掘の機材貸出拠点である「自然発見工房」を備える．滋賀県立琵琶湖博物館には，「太古の森」「生態観察池」「田んぼと畑」など模擬的な自然として観察会や体験学習に利用できる屋外展示がある．瑞浪市化石博物館には，地層観察地と許可性により化石採集のできる野外学習地がある．濃尾地震の断層面を見せる根尾谷地震断層観察館（国指定特別天然記念物の根尾谷断層，1952年），北伊豆地震による丹那断層の跡地を公園として整備（国指定天然記念物の丹那断層，1930年），淡路島の北淡震災記念公園内の野島断層保存館は，1995年の兵庫県南部地震で派生した野島断層，被害状況の記録映像や揺れを体験する展示室がある．実物大の恐竜模型を配置した恐竜ランドや化石の産状模型，地層模型などを設置している博物館もある．大鹿村中央構造線博物館，フォッサマグナミュージアム，天草市立御所浦白亜紀資料館などでは，ジオパーク拠点として館内にジオサイトの事前学習になる地形地質などの解説があり，屋外には岩石園や化石を探索できる施設がある．

自然公園・環境保全地域やラムサール条約湿地には，ビジターセンターやネイチャーセンターといった展示施設があり，その中に野外を結ぶ豊富な展示がある．エリア内の動植物についての基本情報のほか，環境保全を促す展示がある．年を通してトンボの観察ができる四万十市の四万十「トンボ公園」や，室堂平一帯を「ライチョウ王国」として，野外の自然と一体化するエコミュージアムに位置付けた富山県立山センターがある．

[松岡敬二]

施設③野外博物館

　日本では便宜的に野外博物館と称されているが，世界的にみるとその用語は統一されておらず Open Air Museum，Outdoor Museum，また最古の野外博物館にちなんで Skansen と表記される．一方，日本では実現はしなかったが路傍博物館，戸外博物館などの名称が用いられた時期もあるが，戦後になって，一般的に野外博物館と称されるようになった．広義ではフランスが発祥のエコミュージアムを含むこともあるが，多くの場合，屋外に建造物を移築し，それらと人間との関わりを総合的に展示するものである（☞項目「施設④エコミュージアム」）．しかし，野外博物館の使命は館によって異なるため，展示の中心となる集中する建造物の種類は多岐にわたる．

　スウェーデンの野外博物館研究者ステン・レンツホグは「野外博物館は人々が想像している以上に文化や教育の中心機関であり，観光産業にとっても魅力的な存在である」「野外博物館を見学することで見学者は知識を得，五感を通した体験ができ，かつ過去と現在，精神的なものと物質的なもの，文化的なものと自然のものを結びつける機会」(Renzhog, 2007) となると著している．

　博物館明治村の創設者の一人で建築家の谷口吉郎は「建築は歴史の証言者」という言葉を遺しているが，建築史家・藤森照信はさらに踏み込んで野外博物館の使命について「目的のひとつは，そうした，普通の人が暮らした住まいを保存していくことにある」「また，その建物の建築史とともに，生活史に目を注いでいくことが重要」さらに「建物は生活の器として人間にとって最大のもの，最も時代を映す鏡といってよい」(広岡, 2000) と野外博物館の存在の重要性を述べている．

●野外博物館の歴史　野外博物館の嚆矢は，スウェーデンのストックホルムにあるスカンセンである．スカンセンは，教師アルトゥール・ハーツェリウスが，産業革命の影響を受け失われていくスウェーデン各地の民家や生活道具などを集め，1891年にストックホルムのジュールゴーデン島に開館した．ハーツェリウスはそれぞれの地域の服装・風俗・年中行事など建物と人に関わるすべてを再現し，建物・時代・季節などに見合った衣装を着用したスタッフによる解説を見学者に供することで，スウェーデンの歴史のみならず，生活文化，地理，動物など幅広い理解までもうながすことを企図した．

　その後，野外博物館はルンド（スウェーデン），オスロやリレハンメル（ノルウェー），コペンハーゲンやオーフス（デンマーク）など北欧を中心に発展し，世界各地に設立された．少しデータは古いが 1918 年までに設立されたヨーロッパの野外博物館は 104 館，さらに 1982 年までに設立されたものは合計で 2,000 館を数える．

　ヨーロッパではヨーロッパ野外博物館会議（Association of European Open-Air Museums）が国際博物館会議（ICOM）の分科会として組織されており，2年に1

回活発な会合が行われている．

●**日本における野外博物館**　日本初の野外博物館は，1956年に大阪豊中の丘陵地に開設され4年後の1960年に一般公開された日本民家集落博物館である．これは，飛騨白川郷の合掌造りの民家がダム建設に伴い水没することになり，これを移築保存しようとしたことが契機となった．この後，急速な国内の高度経済成長に伴い，失われていく文化価値の高い貴重な文化財を救うべく

図1 「博物館明治村」2丁目レンガ通りに建ち並ぶ歴史的建造物（著者撮影）

博物館明治村（図1），川崎市立日本民家園が1960年代に相次いで開館し，その後1983年に北海道開拓の村，1993年に江戸東京たてもの園など，大規模な館が開館している．

　2016年8月現在，国内の野外博物館の組織としては「全国文化財集落施設協議会」がある．しかし全国に30以上の該当施設があるが，予算的な問題もあり，そのうちの12館が加盟しているに過ぎない．

●**野外博物館の抱える諸問題**　野外博物館の多くが直面している悩みは，主な展示物である建造物の維持・修理である．建造物によっては，創建時には日常的に存在した材料や技法であったものが，今日では，衛生的安全的な面から法的に使用が禁止された材料があるなど，調達が不可能となったり，需要の少なさから職人が途絶えてしまったものも少なくない．どのように真正性を保ちながら，修理を行っていくのかは大きな課題である．

　また学校で建築を学ぶ機会が少ない日本では，見学者に野外博物館を理解してもらうには，スタッフによる解説など，人に負うところが多い．昨今の博物館を取り巻く経済事情では，潤沢な人材を確保することは容易ではないが，野外博物館の本質を伝えていくうえではきわめて重要であるので，ボランティアを活用するなど，この課題を克服していく必要がある．

●**野外博物館の展示の可能性**　人間は自分が途切れることなく生きてきたという，時間的なアイデンティティを確立するために，自然や街並み，建造物などの周りの環境，すなわち「変わらないもの」を必要としていると前述の藤森は言う．そのニーズに応えられるのが野外博物館でもある．

　したがってその可能性は，単に建築の様式や意匠・技法，生活道具などの紹介展示にとどまるのではなく，それらすべてを包括的にかつ建造物に関わる人々の歴史とともに見せることで，見学者が自身のアイデンティティを確立することに寄与できる貴重な博物館といえる．　　　　　　　　　　　　　　　　[中野裕子]

参考文献　広岡祐『たてもの野外博物館探見』JTB，2000

施設④エコミュージアム

　エコミュージアム (ecomuseum) は，フランスで誕生した écomusée（エコミュゼ）の英語訳であり，公式に発表されたのは，パリで1971年に開催された第9回ICOM（国際博物館会議）大会である．日本では1974年11月，「全科協ニュース」vol. 4, 8 に，鶴田総一郎が ecomuseum（環境博物館）の紹介記事を掲載したのが始まりである．1987年には新井重三によりその実態から「生活・環境博物館」と意訳され，日本国内ではわかりやすく「地域まるごと博物館」としても普及している．

　エコミュージアムの言葉は，エコロジー（ecology：生態学）とミュージアム（museum）の造語で，エコロジーはエコノミー（economy：経済学）と同様に，ギリシャ語のオイコス（oikos：家，家族，家庭，生活の場）が語源である．「家」を媒体にその環境も含めて展示する形態を示すエコミュージアムを，新井は博物館の分類の中で，現地保存型野外博物館として位置付けた．生活の記憶をもつ「家」の保存だけではなく，人間とその環境との関係性を探究し展示していく博物館である．

●環境と人間との関わりを探る博物館　エコミュージアムの理念は，「ある一定の地域の人々が，自らの地域社会を探究し，未来を創造していくための総合的な博物館」（丹青研究所，1993）である．そして，人々の生活と，その自然，文化および社会環境の発達過程を史的に探究し，その遺産を現地において保存，育成，展示することを通して，当該地域社会の発展に寄与することを目的としている．1971年にエコミュージアムが公表されてから，概念についてはさまざまな推考が重ねられてきた．住民参加を基本とし，過去を表現するだけではなく，人々の活動により地域の発展に寄与していく姿勢について記述された部分の要約をいくつか紹介する．

　① *museum* No. 148（ICOM, 1985）：エコミュージアムは，生態学の概念を基盤とすること．生物を人類に置き換えて，人類と環境との関係について研究する領域の学問である．地域特性（鉱山地帯，農村地帯，湖畔集落，工業地区など）が明瞭であり，建物や施設に集約されるものではなく，地域に点在する．住民と共同して，自身の歴史の研究・記載・展示をすることもテーマであり，住民と深く関わりながら地域の発展に寄与する．

　②「エコミュージアムの発展的定義」（リヴィエール，G. H., 1980）：エコミュージアムは，行政と住民がともに構想し，具体化し，活用する手段である．地域の自然そして住民が培った文化，産業，習慣などを探究し解明していくことにより，地域および生活者の姿を明らかにする．時間の流れの中で人々の生活をとらえ，未来の展望にも通じている．

　③「エコミュージアムの組織原則」（フランス文化省承認，1980）：エコミュージアムは，住民の参加により永久的な方法で行う文化機構である．研究，保存，展示，生

活環境，生活様式の代表的な文化と自然の調和を図り活用する機能をもつ．業務は地域団体，公共機関，合同組合，協会，財団が管轄し，運営組織としては，学術委員会，利用者委員会（住民参加），管理委員会の三つの委員会からなる．

●**住民参加により常に成長し，地域の発展に寄与する博物館** エコミュージアムが通常の博物館と異なる点として，地域の発展に寄与するという目的を明確に示していることがあげられる．収集・保存，調査・研究活動の成果が，地域における産業，経済，観光，文化，レジャーなどの分野の創造を担っている．

フランスの事例を一つ紹介する．フルミ・トレロン地域エコミュージアム（Eco-musée de la région Fourmise-Trélon）は，かつて羊毛織物とガラス産業で栄えた地域の歴史と人々の生活を後世に伝えるために，商工業高等学校の元教師カミュザが住民に呼びかけ1981年に設立された．運営は住民参加が原則であり，学術委員会は地域外の専門識者も参加している．コアミュージアム機能をもつ「フルミの織物と社会生活の博物館」は織物工場を保存活用し，「繊維工業の発展の歴史と人々の暮らしの変遷」を展示している．既製服の工房，町で初めてのクリーニング店，洗

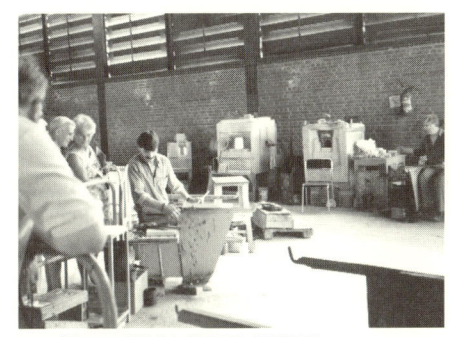

図1 「ガラスの博物館」実演展示（著者撮影）

濯機の変遷など，それらの展示品は住民から寄贈された．サテライトミュージアムは羊毛の原料となるヒツジの放牧場，ガラス工場を保存したガラスの博物館，発見の小径，自然景勝地のベヴェ山などがある．ガラスの博物館ではガラス工芸の実演展示がある（図1）．カミュザは各サテライトの自治を尊重し，コアは上位組織ではないと説明した．エコミュージアムと従来の博物館との違いは，住民が参加した展示を強調していた．1990年博物館ヨーロッパ賞を受賞し，訪れる人が増えたことにより，住民が地域の誇りを回復し，未来へ語り継ぐという新たな創造が生まれている．

行政と住民が一緒につくりあげるというエコミュージアムの姿勢は，地域がもつ記憶の収集や持続する活動において欠くことができない要素である．エコミュージアムの展示は統合博物館としての観点から，地域の人々が生活環境を見直すことが活動の始まりである．重要なキーワードである「記憶の収集，記憶を前へ」という言葉が示すように，時代の変遷と人々の暮らし，自然環境との関わりを探索し，地域の姿を示している．日本の事例としては，山形県の朝日町エコミュージアムでの生涯学習のまちづくりをはじめ，千葉県南房総市の富浦エコミューゼのビワ産業活性化によるエコノミーとエコロジーの共生，兵庫県豊岡市のコウノトリ翔る地域まるごと博物館におけるコウノトリの野生復帰をシンボルにした活動などが推進されている．［大山由美子］

📖 **参考文献** 『ECOMUSEUM』丹青研究所，1993／*LA MUSEOLOGIE*, l' Asscociasion des amis de Georges Henri Rivière, Dunod, 1989

施設⑤美術館

　美術館は，美術品の収集，保存，展示公開のための施設である．美術品は，一般的には美的価値と唯一性（または希少性）をもち，歴史的価値，市場価値などを複合的にもつ資料といえる．素材は石，金属，布，紙，土，等と幅広く，サイズも多岐にわたる．映像，インスタレーション，音声など近年は新たなメディアも収集と展示の対象になっている．優れた美術品を選別して後世に伝えるという保存の機能からみれば，鑑賞者に公開するための展示機能には相反する面がある．展示には，作品の劣化を進める要因（開梱・梱包，移動，温湿度変化，照明照射など），作品にリスクを与える要因（破損，盗難など）が生じるからである．しかし美術館は鑑賞者なくては成立しない施設であり，劣化とリスクを最小限に抑えたうえで，美術品のもつ複合的な価値を伝える展示を行わなくてはならない．

　作品の保全は最も優先される．監視要員の配置と教育のほかに，結界の設置，アクリルやガラスによるカバーやケースの使用が一般に行われている．免震台，転倒防止のための作品固定，重量を支えるための金具や養生など，作品の形状や素材に合わせた保全策は，十分に吟味された技術により実施すべきである．ところが保全策は美的効果と相いれず，鑑賞の妨げになる場合も少なくない．美術作品は本来，夾雑物のない露出展示を想定して制作されている．

　個々の美術作品の備える美的効果を最大限にするため，技術的および学芸的工夫が要請される．まず，照明は作品の照度や色感を変えるだけでなく，質感やたたずまいなど見え方を変えて，視覚芸術の根幹に関わる．近年，LED照明への切り替えが実施され，消費電力削減と，発熱量軽減に加え，微妙な色温度の使い分けも可能となった．どのような照明で展示するかは，技術的な習熟とともに，作品特性の知識と解釈をもとにした学芸的判断に委ねられる．展示担当者は，個々の作品における作家の制作意図を理解し，それが鑑賞者に伝わるよう配慮する必要がある．作品の技法，材質，制作意図，目的，制作背景の事情，過去の展示記録写真などの情報があれば展示に活用できる．作家とコミュニケーションをとり展示への要望を採集保存することも有効である．かなわない場合，作家立会いのもとに行われた展示，特に初出の展示状況の情報は，立体作品やインスタレーション作品展示において不可欠となる．

●展示構成　美術館建築の特性に合わせて，個々の美術作品にふさわしく，かつ展示室内に調和をもたらす空間をつくることが，来館者にとっての最大の展示効果になる．室内で個々の作品の空間と色彩が互いに共鳴し合うよう，展示室内の壁面構成と作品配置を配慮する．各展示室の関係性のなかで，展示内容と空間をどのように展開させるかの策定自体が展覧会の実体をつくることになり，学芸責任となる．展覧会の個々の展示物が，物理的な展示構想のなかで選ばれ，吟味されることも必要である．

例えば展示室内の順路は，現実に空間のなかで展覧会構成を示すことである．出品作品の歴史的および美学的な関連とネットワーク，企画者の意図などを展覧会のストーリーとして鑑賞者に示す過程が，順路なのである．展覧会というメディアにおいては，バーチャルではなく，実際に鑑賞者が現場に出向いて作品と直接に向き合うため，美術作品の美的効果をあげると同時に，個々の作品の関連やそれが同じ展示室に並ぶ必然性が視覚的体感的に理解できる空間構成こそが必要である．

　一つの美術館のなかでも，収蔵作品からなる常設展示と拝借作品の多い企画展覧会では，空間構成の成り立ちや予算規模も異なる場合が多いが，その両者の関係は，美術館としての姿勢を示す重要な要素でもある．どのような作品をどのような解釈で選択・所蔵し，それを根幹としてどのような企画展を世に問おうとしている美術館であるか，常設展と企画展の構成の関係が表すからである．

●**鑑賞のための情報**　視覚芸術鑑賞の補完のため，文字情報も求められる．展覧会では，挨拶パネル，作品キャプション，作家，作品，章解説など解説パネルが一般に使用される．パネル類は作品と同じ壁面に並べるものであるから，デザイン性も重視し来館者の読みやすさにも配慮する．鑑賞者の流れを止めることもあるため，長すぎる解説は避ける．鑑賞者に作品情報を提供する方法の一つに音声ガイドもある．作成には経費と手間がかかるが，鑑賞者の作品を見る行為と文字パネルを読む行為が分断されがちなのに対し，音声を聞きながら作品鑑賞を継続できるというメリットもあり，普及している．鑑賞のための情報提供として，資料の展示は近年重点を置かれている分野である．一次資料とよばれる，作家によるメモ，ノート，書簡などの資料にはオリジナル性があり，直接的に作家の息吹が伝わるため，作品に準ずる扱いで展示されることが多い．また，二次資料とよばれる印刷物の，雑誌や新聞などの記事，カタログやパンフレット，書籍においても，年代のあがるものや稀少なものは一次資料同様，鑑賞対象として展覧されるケースが増えている．印刷物はデザインや材質などに時代性，作家やデザイナーの意図が示される．美術館で印刷物が作品として扱われることはすでに一般的である．作品と資料との区別はすでに流動的であり，両者の比較や連結が研究されることで，今後も同等に扱う傾向が進むだろう．

　また書籍などの冊子展示は，従来のケース展示では見開きしか見せられないため，全ページをスキャンして，データをスライドショーなどでデジタル機器上またはプロジェクションで展示するケースも増えている．作家インタビューやパフォーマンス記録などの動画資料も同様に展示に組み込まれ，講演やインタビューなどの音声のある資料もヘッドホンなどで視聴できる機会も増えた．解説もパネルではなくプロジェクションや動画で行われるケースは今後も進むことが予想される．

●**美術品の主張**　美術作品は作家や時代，国などのものの見方，世界観，思想を反映するものである．それらを展覧公開する美術館はその責任を負うが，すべての作品の思想の代弁者になる必要はない．来館する公衆の全員が作品の思想のすべてに肯定的でなくとも，パブリックな立場として美術館は異質な価値感と多様な思想があることを肯定する立場をとるべきである．　　　　　　　　　　　　　　　　　　[光田由里]

施設⑥現代美術館

現代美術の領域は，絵画，彫刻，写真，映像，音響，インスタレーションなど多岐にわたる．観客を巻き込むワークショップや作家たちが共同制作するコラボレーション作品も増え，建築，デザイン，漫画，アニメ，メディアアート，アウトサイダーアートなども，現代美術展で見ることができる．また，グローバルな世界情勢を反映し，問題提起力と社会性に満ちた資料的な作品なども広く展示に供されている．

世界の動向，社会状況，時代感覚などに鋭敏に反応し，造形表現を行うアーティストにとって，制作と同時に重要なのは発表である．キュレーターがテーマを決める展覧会への出品は話し合いから始まるが，まだ価値の定まっていない現代美術をどう展示するのか．スイスのベルンにおいて，作品を収集しない美術館（クンストハレ）で1969年に開催された「態度が形になるとき」展では，館長として活躍したスイス人のハラルド・

図1　ハラルド・ゼーマンによるキュレーション（Kunsthalle Bern）("Live in Your Head : When Attitudes Become Form" 展，1969，©Getty Research Institute）

ゼーマンが，絵画や彫刻といった従来の芸術の枠にはまらない写真，映像，泥によるインスタレーション，音響，パフォーマンスといった新たな表現を展示した（図1）．当時はまったく理解されず，ゼーマンは辞任に追い込まれたが，参加作家の多くは戦後美術を代表する芸術家となり，ミニマルコンセプチュアルアートの動向を歴史に刻んだ．ゼーマンの一連の活動によって，欧米ではキュレーターの仕事が，アーティストに匹敵するクリエイティブな営為であると意識されるようになった．

●キュレーター　作品の収蔵や研究，展覧会の企画に携わる専門職をキュレーターとよぶ．収蔵品の管理を専門とするレジストラーなどがいる海外の美術館と多分野の仕事をこなさねばならない日本の美術館の学芸員はやや役割が異なるが，学芸員を英語に訳すとキュレーターとなる．運営の権限をもつ主任学芸員をチーフキュレーター，館外から招聘されて企画の実現にのみ一時的に責任を果たす専門家をゲストキュレーターという．なお，美術館に属さずにフリーランス（インディペンデント）で企画を手掛けるキュレーターも増えている．

1989年以降，広島，水戸，東京，金沢と，現代を専門とする美術館が開館し，さらに1999年に福岡アジア美術トリエンナーレ，2000年に新潟で大地の芸術祭越後妻有アートトリエンナーレ，翌年ヨコハマトリエンナーレが始まり，世界各国から大勢のアーティストを招聘する現代美術の大型国際展が日本各地に急増するにつれて，キュレーターの役割もより重要になった．

　アーティストの選抜や優れた作品の選択だけではなく画期的な展覧会を企画して新たな価値を創出し，みずからが伝えたいストーリーを空間化するレイアウトもキュレーターが責任を負う．

　キュレーターはコンセプトを提案するだけではなく，予算を管理し，採算性のもとに実現執行するマネージャーであり，資金不足を解決するプロデューサーとして，助成金や協賛を得るなど，近年はスポンサーを探す資金調達（ファンドレイジング）も不可欠な仕事になっている．

●空間　現代美術展は廃校など，ホワイトキューブの美術館ではない場所での展示も多い．先鋭な発想によるアーティストの作品を実現するには，地域のリソースや人脈を活用し，展示では観客とのギャップを埋め，感受性を広げられる体感的空間を演出する．作品の種類によるが，大画面の絵画や大型スクリーンなどは天井の高さが確保された美しいボリュームのある空間だと展示しやすい．紫外線防止ガラスや間接光による自然光の導入も，観客の感受性を刺激し，生き生きとした変化のある展示を可能にする．

　アトリエやスタジオで制作した作品を展示する方法以外に，展示室を制作現場として日常品やオブジェを構成するインスタレーションがあり，空間に則した作品が生み出される．各国のアーティストが参加する国際展などでは，映像機器，照明，レーザーなどの進歩と多様化とともに，複数のスクリーンや高性能高画質モニターの設置による映像鑑賞が近年とみに増え，鑑賞時間や空間の明暗のバランスを考慮する必要がでてきた．

　高精細モニター，特殊な高品質プロジェクターとスクリーンを使用すれば明るい場所でも映写は可能だが，通常は完全に遮光ができる暗い部屋が好ましく，隣接する作品に影響を及ぼさない遮音性のある仮設壁の構成，ベンチや椅子の配置によって快適な環境づくりを行う．

　作品に即した導線を確保して観客が先入観なく作品と出会えるために，作家名や作品タイトルを明記する簡易なキャプションだけではなく，作家の出身地や活動地なども記して社会的文化的な背景を示したり，展示品やテーマの解説パネル，プリント，オーディオガイドなどで，作家の立ち位置や制作意図を解説するのも親切だろう．制作過程を映像化し，教育普及を担当するエデュケーターと協力して，企画展に対しても創造的鑑賞の新たな試みに挑むことが大切である．　　　　　　　［岡部あおみ］

📖 **参考文献**　住友文彦・保坂健二朗・編集部（編）『Next Creator Book キュレーターになる！―アートを世に出す表現者』フィルムアート社，2009／難波祐子『現代美術―キュレーター・ハンドブック』青弓社，2015

ホワイトキューブ

　ホワイトキューブ（白い立方体）とは，その名のとおり，四方の壁が白い展示空間の呼び名である．壁の白さは，白が固有の表情をもたない中性的な色とみなされるため選ばれた．また絵画を念頭に置くなら，展示される作品は通例，上下の中心が観る者の目の高さとほぼ一致するように設定され，左右の作品が視界に入ってこないだけの間隔をとって配される．観る者は，一切の雑音を断った環境で，一点一点の作品とまっすぐ対面することができる．

　ただし，このような展示空間のあり方は抽象化された理念であって，実際の展示ではさまざまな要因が介入せずにいない．そもそも観る者の視線や身体も決して停止しているわけではあるまい．とはいえ具体的な展覧会場を思い浮かべれば，希釈されたかたちではあれ，こういった展示方法が今日でも基調になっていることも事実だろう．その意味でホワイトキューブは，現在も美術作品に接する際の基本的な枠組みの，少なくとも一つであり続けている．

●**ホワイトキューブ以前**　こうした展示形式は一般に，1929 年に開館した MoMA ことニューヨーク近代美術館などによって定着したものとされる．図 1 は MoMA に先立つ 1908 年の「クリムト展」会場だが，壁面の装飾を除けば，今日展覧会場で出会うのとほぼ変わらない眺めを見ることができる．これが当時必ずしも常態でなかったことは，1926 年の「ベックリーン展」会場（図 2）と比べればうかがえよう．何より，隣との間をあまりあけずに展示されている．個々の画面の独立性を保証するのは額縁である．

　そもそも美術館や画廊における展示自体，決して自明のものではない．ヨーロッパに限っても，教会や宮殿の壁画・祭壇画など，絵画はあらかじめ設置する場所が定められており，建築空間に合わせて制作されることが永らく前提だった．歴史をさかのぼれば，先史時代の洞窟壁画はおくにしても，古代エジプトの墳墓における壁画や副

図 1　「美術展 1908」中の「クリムト展」会場（1908）
（出典：Eva Mendgen et al., 1995）

図 2　ベネチア・ビエンナーレ中の「ベックリーン展」会場（1926）（出典：Eva Mendgen et al., 1995）

葬品のように，人目に触れることを想定しない制作さえ見出すことができる．ヨーロッパも含めて近代以前には，今日言うところの美術作品は，多くの場合何らかの宗教的な機能を担っていた．もっとも古代ローマの軍人，政治家で博物学者でもあるプリーニウス（大）の『博物誌』が伝える古代ギリシャの画家たちについての逸話からうかがえるように，技術面に重点を置くかたちではあれ，表現そのものを評価する視点が欠けてはいなかった点に留意しておこう．

●ホワイトキューブ成立の条件　プリーニウスが報告する古代における絵画の競技会や，近世に至るまで宝物や作品展示の機会であった祭礼・行列などはおくとして，近代のホワイトキューブが成立するには，まず，作品がそこに持ち込まれて展示される空間，あるいは逆に，持ち込めるような作品の形式が必須だった．絵画に絞れば，壁面と一体化するフレスコ画以上に，移動可能な板絵，次いで板以上に材料の調達・輸送が容易で，大きさも自在に設定しやすいキャンバスが15世紀以降普及したことがこの点で寄与した．その際画面を枠取る額縁の果たした役割を見逃してはなるまい．作品が可動性を帯びるとともに，それを蒐集するコレクターも登場する．1617〜21年頃に医師で建築家のマンチーニによって著された『絵画論考』には，蒐集品の展示について論じた部分が含まれていた（岡田，1994）．加えて作品を流通させる市場も15〜16世紀の南ネーデルラントには成立していた（平川，2004）．

　展覧会という形式に関しては，イタリアマニエリスム期の画家，建築家であるバザーリが『美術家列伝』で伝えるダ・ヴィンチの例が示すような工房での展示とともに，美術アカデミーが成立すると展覧会が制度化されることになる．フランスでは1648年にアカデミーが創立，1650年の規約に展示会開催が定められていたが，定着したのは18世紀半ば以降である．

　18世紀後半はまた，博物館がヨーロッパ各地でつくられるようになった時期でもある．1793年に公開されたパリのルーブル美術館はその代表の一つだろう．それまで王侯貴顕が蒐集してきたコレクションを一般市民に公開するという，市民社会の発展に呼応した啓蒙主義の理念がその背景にある．

　ところで実態そのままではないにせよ，「愛好家の陳列室」を描いた17世紀以来の画廊画や，官展やルーブルの展示室を描いた図像を見ると，近年の展示とは異なり，壁一面に何段も絵を掛けるのが通例だった．図3の1855年のパリ万国博覧会における「ドラクロワ展」会場もその例にもれない．他方同じ19世紀半ば，英国の美術評論家ラスキンは，作品を一段に掛け，目線の高さに合わせることを提唱していた（堀

図3　1855年の万国博覧会における「ドラクロワ展」の会場
（出典：Francis Franscina et al., 1993）

川，2006)．

　さて，19世紀後半以降，理念的な主題を描く歴史画の地位がリアリティを減じるとともに，他の理念や対象の再現に依存しない自律した美術固有のあり方が追求されるようになり，ついには20世紀初頭，抽象美術に達すると物語られる．これがホワイトキューブ成立の近因である．制作の次元だけでなく，美術史研究の領域においても，19世紀末から20世紀初頭にかけて，学問としての自律を保証するとみなされたのは，文化史など時代背景に回収されることのない美術固有のあり方，すなわちその視覚的形式だった．

●**ホワイトキューブに走るひび割れ**　展覧会・美術館の確立とともに，かつて教会や宮殿，あるいは市民の住居に飾られるべく制作されてきた作品は，展覧会場，ひいては美術館を行き先と見定めて，あるいは逆に反発することで制作されるようになる．他方ホワイトキューブは，作品をそれが産まれた文脈から切り離してしまう．この点に対する批判は，美術館草創期の18世紀末から19世紀初めにすでに，建築家で著述家のカトルメール・ド・カンシーによってなされていた（岡田，1994）．相通じる美術館批判は詩人，小説家で評論家のバレリーの「博物館の問題」(1936)を経て，美術家のオドハティーによるホワイトキューブ批判などにつながっていく（O'Doherty, 1976）．

　また近代の美術は，一方で純粋で自律的な形式を探求しつつ，それと裏表をなすように，19世紀後半のデザイナーで詩人のウィリアム・モリスのアーツアンドクラフト運動などをはじめとして，芸術と生活を一体化するというユートピア主義的願望に取りつかれてきた．他方展覧会に既成の便器を出品しようとした美術家のデュシャンの《泉》(1917)は，美術作品が展覧会という枠組みによってこそ成立することをあらわにした．デュシャンのレディメイドが観念的に呈示した制度性は，1960年代のミニマルアートにおいて，視覚形式の純化の果てに現れる．固有の要素でないとされる一切を削り取った後に残った幾何学的な形態は，それが作品として受けとめられるために，自律したはずの作品のあり方それ自体のうちに，観る者の存在を組み込まずにいなかったのだ．

　そもそもホワイトキューブの理念においては，作品が純粋な視覚の対象に還元されるのと同じように，観る者も純粋な目に還元される．この目と作品の関係が，建築家で芸術理論家のアルベルティが『絵画論』(1435)で述べた，線遠近法において視点と眺望が構成するピラミッドと同型である点に留意しておこう．遠近法が額縁によって枠取りされることでその空間を保証されるのと同じように，近代の美術は，ホワイトキューブに枠取られることでその居場所を保証される．ホワイトキューブとは，個々の絵の額縁を入れ子としつつ，額縁を桁上げしたフレームにほかなるまい．

[石崎勝基]

●**フレーム／額縁**　絵画空間を保証する展示装置としての額縁に再度着目すると，それは外部に対しては内部に属し，内部に対しては外部に属しながら，その二つの空間を媒介する両義的な存在であることが確認できる．絵画を家具＝動産として意識する

際には額縁は鑑賞者の前に明確な姿を表すし，逆に鑑賞に集中した場合に額縁は意識の外側へと追いやられてしまう．こうした当然とも思われる絵画と額縁の関係が成立するためには，建築物の壁画や教会の祭壇画として特定の場所に据え置かれていた絵画が物理的にもまた意味のレベルにおいても移動可能になることと同時に，画面がイリュージョンの奥行きをもつ透明なスクリーンとしてとらえられることが条件となる．換言すれば，絵画をはじめとする美術作品をコレクションとして，ある視点に立って体系化し所有するため，そして，画面を「自分が描こうとするものを通して見るための開いた窓であるとみな」し（アルベルティ，三輪，1992），これを通してその向こうに広がる空間を切り取っていくために絵画の額縁は要請されたといえよう．これら額縁の成立と関係する数々のキーワードは，遠近法というルネサンス期に発明された作図法，世界認識の方法によって一つに結ばれる．つまり，遠近法というルネサンスに端を発し19世紀にまでつながる絵画の空間表現，ひいては世界観を陰から支える存在として絵画の額縁は誕生したともいえるのである．

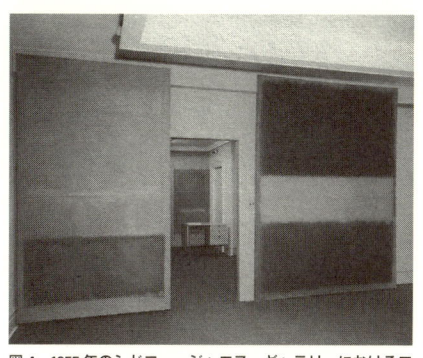

図4　1955年のシドニー・ジャニス・ギャラリーにおけるロスコ個展の会場写真
（出典：DIC川村記念美術館監修, 2009, 写真：National Gallery of Art, Washington）

　それゆえ，遠近法的な空間表現を乗り越えようとしたパブロ・ピカソらのキュビズム，再現的なイリュージョンを排した抽象絵画という20世紀以降の絵画潮流において，額縁という存在は徐々にゆらいでいくことになる．抽象絵画の始祖の一人である画家のピエト・モンドリアンは晩年のインタビューで，自身を額縁から絵画を取り出した最初の人間であるとし，額縁を付けるのは三次元の感じを生じさせるため，額縁なしの方が効果的であると語っている．

　さらに，抽象表現主義の代表的な画家であるマーク・ロスコやバーネット・ニューマンらカラーフィールド・ペインティングの眼前いっぱいに展開される大画面の限界部分は，周囲の空間から作品を限定したり囲い込んだりするために機能するのではなく，文字どおり場を形成するのであるし（図4），支持体の形状を同語反復的に繰り返すミニマルアートの画家フランク・ステラのストライプペインティングでは，支持体（地）とイメージ（図）の関係が完全に霧散し，あらためて枠取ることを無意味と化すのである．このように考えると，額縁とはある特定の絵画に対して必要な装置であり，それはすべての絵画にとって自明なことではないことが了解されよう．

[丹羽誠次郎]

📖 **参考文献**　ポール・ヴァレリー（著）渡辺一夫・佐々木明（訳）「博物館の問題」1936『ヴァレリー全集10　芸術論集』筑摩書房，1967／ゲオルク・ジンメル（著）川村二郎（訳）「額縁」1902『芸術の哲学』白水社，1999

インスタレーションとパブリックアート

　近代以降の美術は，ホワイトキューブという抽象化された空間のなかで純粋性，自律性をめざしつつ展開されると同時に，美術のあり方自体を問う傾向を増していく．そうした自己言及的なアプローチは，自身の存在を保証してくれる展示空間，展示作法であるホワイトキューブ自体へも向けられていくことになる．

●ホワイトキューブの中で――インスタレーション　展示空間自体を支持体とし，そこに作品を設置する展示方法を総称してインスタレーションという．絵画の額縁や彫刻の台座がその意味を失効し，展示室の白い壁面と絵画が，床面と彫刻が直接関係するようになって以降，あるいは表現の多様化によって絵画や彫刻といったジャンルで区分できない作品が現れて以降，インスタレーションという用語で多くの作品が包括されるようになっていく．そのため，インスタレーションの歴史を一つの流れとしてたどるのは困難だが，その早い事例として，建築家，写真家としても知られるロシアのデザイナー，エル・リシツキーが「大ベルリン美術展」に出品した《プロウン・ルーム》(1923) を見ることができる．リシツキーは1919年から開始したプロウン絵画においても絵画と鑑賞者の固定された関係を否定したが，《プロウン・ルーム》はまさにその中に入って歩き回り，経験する作品であった．同時期よりドイツの芸術家クルト・シュビッタースが自宅の内装を木と石こうにより構築し続けた《メルツ・バウ》もまた絵画でも彫刻でもない空間そのものの作品化といえよう．

　このほかに美術作品と展示をめぐっては，1960年代米国における現代美術作家ドナルド・ジャッドやロバート・モリスらのミニマリズムの動向を確認する必要があろう．彼ら自身がスペシフィック・オブジェクトあるいはユニタリー・フォームとよぶ極限まで切り詰められた表現，内容をもたない形だけが残った作品群は，作品の外部，すなわち鑑賞者の存在および作品と鑑賞者を関係付ける展示空間に多く依存しているために，批評家，美術史家のマイケル・フリードによって演劇的（シアトリカル）であるとの批判を受けるのであるが，ここにおいて，展示空間はたとえホワイトキューブであれ，作品の自律性を保証するためのニュートラルな空間としてではなく，作品の意味内容や成立に対し大きく関与する環境として現れることになる（図1）．

図1　1964年のグリーンギャラリーにおけるロバート・モリス個展の会場
（出典：アーナスン，H.H. 1995，写真：Courtesy Leo Castelli Gallery, New York）

●**ホワイトキューブの外へ**　1960年代後半にいたると，当時の社会，文化的状況と呼応するように，美術市場のあり方や近代の美術館制度を否定したオフミュージアムの動きが活発化する．そこではミニマル・アート，あるいは現代芸術家のアラン・カプローや日本の具体美術家協会の行ったハプニングによって顕在化してきた環境と作品の関係がより具体的に扱われることになる．美術館の外へ作品展示の可能性を求めようとするロバート・スミッ

図2　ロバート・スミッソン《スパイラル・ジェッティ》(1970)
(出典：アーナスン，H.H. 1995，写真：Courtesy John Weber Gallery, New York)

ソンの《スパイラル・ジェッティ》(1970，図2)，マイケル・ハイザーの《ダブル・ネガティヴ》(1969) などアースワークとよばれる一連の作品は，従来の美術展示のあり方を大きく逸脱するスケールで，米国の自然環境の中に大規模な構築物を設置するものだった．作品が特定の環境と密接な結び付きをもち，移設不可能な性格をもつことで，アースワークを動産として美術館へ回収されることを拒む作品形式とみることもできよう．ただし，そうしたアースワークも美術の文脈のなかに定位するために，写真や記録という形式を取り，美術館に収集，展示され，結局は美術館の制度の中に取り込まれていくことになる．

また，制度として確立された展覧会を相対化しようとする試みも枚挙に暇がない．高松次郎，赤瀬川原平，中西夏之により結成された前衛グループであるハイレッド・センターが内科画廊で行った「大パノラマ展」(1964) は展覧会初日に画廊を封鎖して最終日に閉鎖を解除，オープンしクロージングパーティーを開くことによって展覧会自体を反転してみせた．それに6年先立つ1958年には現代芸術家のイヴ・クラインがパリのイリス・クレール画廊において，不可視の絵画的雰囲気，環境をつくり出すために何も展示しない「第一物質の状態における感性を絵画的感性へと安定させる特殊化展」を開催している．

さらに，フランスの作家アンドレ・マルローによる空想美術館 (1947) の概念は，現実の場に依拠しない，複製による美術鑑賞の可能性を提示したが，これもオフミュージアムの一つのかたちとしてみることができるかもしれない．写真や映像といったメディアの発達と普及は，収集，展示することが困難な作品を美術館に収集，展示するための手段として用いられる一方，コンピュータ技術，インターネットなどの通信技術と相まって美術館の外側に作品の展示と鑑賞の場をもたらした．あるいはそれら自体が，そもそも美術館の制度に組み込まれていなかった自由さをもって，メディアアートという新しい美術の表現として美術作品の可能性を拡張している．

[丹羽誠次郎]

●**パブリックアートとまちづくり**　まちなかの公共空間のために設置される芸術作

品をパブリックアートという．そのためパブリックアートはその公益性をその旨とし，市民の意見や価値観を十分に反映したものであることが望まれるが，モダンアートにおける，常に新しさを追究するアバンギャルドの精神や純粋性，自律性を求める傾向はそもそも大衆の価値観とは相容れない性格をもつものであった．

米国においては，連邦政府による「連邦政府の新設建築における美術プログラム」と，連邦政府内に創設され

図3 リチャード・セラ《傾いた弧》(1981)
（出典：アーナスン，H.H. 1995，写真：Susan Swider, New York）

た NEA（全米芸術基金）による「公共空間アートプログラム」という二つの政策によって，1960年代以降，公共の都市空間へパブリックアートの設置が本格的に進められることになる．しかし，市民への教育と都市の魅力向上を目的としてそこに設置されたのは，専門家の選定によるパブロ・ピカソ，アレクサンダー・カルダーなどのモダニズムの抽象彫刻であった．市民にとって突然降ってきたように立ち現れたことから「プロップアート」と皮肉られたこれらの彫刻は，「都市の文化的歴史とは無関係の"都市のアートコレクション"」であったといえる．

続く1970年代になって，米国のパブリックアートは変化を見せ始める．ミシガン州グランドラピッズ市美術館の女性委員会が開催した「台座を離れた彫刻展」(1973)に出品することになったロバート・モリスは，自然浸食された丘にその土地を再生すべく2本の小道を丘の中腹でX線状に交差させその頂上に人々を導いていく作品をつくり，それは多くの市民に受け入れられた．この《グランドラピッズ・プロジェクト》(1974) は，公的援助を受けたアースワークの最初の事例となり，それまで環境との関係が考慮されてこなかったパブリックアートを，サイトスペシフィックな，すなわちそれぞれの場所に帰属するような作品のあり方へと方向付けた．

ニューヨーク連邦ビル前広場に設置した現代彫刻家リチャード・セラの《傾いた弧》(1981，図3) を巡る論争とその撤去事件は，パブリックアートそのものを根底から問う契機となった．高さ3.7 m，幅37 m，厚さ6.35 cmの鉄板をやや弓形に反らせて広場の中央を分断するように設置されたこの作品は，設置直後から市民からの抗議が多数寄せられ，裁判所に撤去の訴えが起こされた．セラは，この作品は設置場所との関係において成立するもので，作品の移転はすなわち作品の破壊を意味することであり，撤去は表現の自由の侵害であると反論したが，結局1989年に設置者である連邦施設管理局が解体，撤去した．この論争のなかで浮上したのは，公共空間における作品を選定する際の市民の役割と，その際に考慮されるべき市民とは誰か，すなわちパブリックとは何かという問いであった．

●**社会化するアート**　社会的・政治的問題に関心のあるアーティストたちは，その

問いに敏感に応えていった．コミュニティと深く関わりをもつ，コミュニティアートとよばれる実験的な取組みが1990年代になって盛んになる．そこでは都市開発によって失われた土地固有の文化や場の記憶を取り戻す，あるいは，コミュニティにおける社会的問題を顕在化させ，地域住民を巻き込んだ新たなネットワークを形成することがめざされた．それは単なる空間としてのサイト（場所）のみでなく，そこに住む人々やそこで起こっている問題へ，アーティストの着眼点が変わっていったことを示している．

図4　越後妻有アートトリエンナーレにおける廃校でのインスタレーション展示
（クリスチャン・ボルタンスキー＋ジャン・カルマン《最後の教室》2006，著者撮影）

　もはや美術は物質的なものだけには留まらなくなった．モダニズムからポスト・モダニズムへと美術の概念が変化していくことによって，例えばアースワークにおける記録やコンセプチュアルアートにおける写真や指示書の展示などでドキュメンテーションが鑑賞者に示されるといったように，物質的なメディウムであった美術作品が非物質化し，アーティストの言説や行為がアートとして提示されるようになった．さらに作家・作品と鑑賞者の間につくりあげられる関係性を重視したインターラクティブアートやコミュニケーションを土台とする作品も多く見られるようになり，性差，階級，人種の問題をテーマとするなど，アートは社会化する傾向を強めていく．
　こうしたアートが果たす社会的な役割に着目し，地域再生の手段としてアートを活用するアートプロジェクトとよばれる試みが2000年以降日本の地方自治体において盛んに行われている．「大地の芸術祭 越後妻有アートトリエンナーレ」（2000～，図4），「瀬戸内国際芸術祭」（2010～）など脱都市型，地域再生型のアートイベントでも地域住民を巻き込んだプロジェクト型の作品が数多く設置されている．こうした芸術祭に内外から招聘されたアーティストたちのなかには，地域に長期滞在して，地域住民と交流，地域の歴史や文化をリサーチすることで作品を完成させていく者も多い．
　かつて美術とされたものらがアートと呼称されるようになっていく過程で，アーティストの役割も変化し，作品とその展示の可能性はますます拡張していった．特に，物理的な形をもたない作品の，その代替物であるドキュメンテーションが作品として展示されるという現象，さらには社会のさまざまな場面にアートが遍在する状況において，アートとは何か，アートの展示とは何かという問題が改めて問われることになる． ［伊藤優子］

参考文献　マイケル・フリード（著）川田都樹子・藤枝晃雄（訳）「芸術と客体性」『モダニズムのハード・コア』太田出版，1995／工藤安代『パブリックアート政策─芸術の公共性とアメリカ文化政策の変遷』勁草書房，2008

施設⑦文学館

　文学館は，文学に関する資料（初版本や掲載紙誌，直筆原稿，創作メモ，日記，書簡，遺品など）の収集，整理，保存，展示を主に行う，専門図書館と博物館両方の性格を併せもった施設である．文学館の歴史は比較的浅い．もともと個人の作家を顕彰する記念館は先行して各地にあったが，文学資料の散逸を危惧する文学者・研究者らの提言で，1967（昭和42）年，わが国最初の文学館である日本近代文学館が開館した．以降，全国にも文学館が設置され，その数，公立・私立の文学館，記念館，図書館などに付属する文庫なども含めると，700館以上を数える（2015年10月現在）．

　本項では，これらの施設における展示について，一人の作家に焦点をあてた場合と，複数の作家や作品を取り上げた場合とに分けて考えてみたい．

●**個人作家の展示**　個人記念館の常設展や，一人の作家にフォーカスした企画展では，編年体による展示が最もオーソドックスな手法として採用されている．解説パネルや文学資料をもとに，作家の生涯を辿りながら，業績や作品世界を紹介するスタイルである．作家について詳しく知らない観覧者にとってもわかりやすい展示ではあるが，単純に生涯を追っただけでは，平面的な展示に留まり，印象に残らない．そこで，展示全体を貫くコンセプトやストーリーの設定が重要となる（図1）．

　一方，作家や作品をより深く掘り下げる展示を目的とするならば，テーマ展示が有効である．特に個人記念館では，常時同じ展示では観覧者に飽きられてしまうため，さまざまな視点で作家を紹介するテーマ展のようなものが求められる．例えば，一つの作品のみに焦点をあてる，作家が文学運動のなかで果した役割を考察する，作家の趣味やライフスタイルを紹介する，などのテーマが考えられる．また，最近はオーソドックスな編年体展示にはこだわらず，ある側面をクローズアップさせることで，作家の魅力を伝えようと試みる展示も増えている．あるいは，編年体型とテーマ展示を組み合わせて構成することもある．

図1　作家の日記をキーワードに生涯を辿った企画展「島尾敏雄展～Diary of Toshio Shimao」（かごしま近代文学館）

●**複数の作家を取り上げる展示**　多くの地域文学館では，ゆかりの作家や文学作品を網羅的に紹介する常設展をもつ．展示には文学資料や解説パネルのほか，ジオラマや造作，映像などの視聴覚装置がしばしば活用される．しかし，ジオラマや視聴覚装置は一度設置してしまうと展示の更新が容易ではないため，これに偏り過ぎるのは危険

である．リピーターを確保するためには，文学資料による定期的な展示替えが可能なフレキシブルな展示スペース，設備が必要である．

　また，テーマに基づいて複数の作家や作品を取り上げる企画展もさまざま企画されている．例えば，地域の文学史，文壇における文学流派，歴史小説やSFなどの文学ジャンル，作家の交流など，テーマは数多くある．近年，全国文学館協議会の提案により，「3.11文学館からのメッセージ―天変地変と文学」という統一テーマで，全国の文学館が共同展を開催するという試みもなされた．これは，2011年3月11日の東日本大震災を契機として，今そこにある問題として震災を考え，その記憶を風化させないようにと，取り組んだ企画である．

●**文学館のキャプション**　文学館における展示の主体は文学作品である．しかし，観覧者が必ずしもその作品を読んでいるとは限らない．例えば美術館においては，美術作品それ自体が人に感動を与え得るが，文学館では作品を読んでいない人に，初版本や肉筆原稿の展示だけで何かを伝えることは難しい．詩や短歌，俳句でない限りその場で作品を読んでもらうことも現実的でない．そこで，キャプションによる補足が必要となってくる．

　文学館のキャプションは通常，作家名，作品名，出版社や出版年などの書誌情報，解説文，所蔵先などの情報で構成される．解説文は，資料の特徴や背景，作品のあらすじや関連エピソードなどの情報を盛り込むが，このとき，展示全体のコンセプト，ボリューム，ストーリー，そしてその情報量が観覧者に与えるストレスなどを十分に考慮して執筆される．

●**展示資料の変化**　文学館の目玉資料はこれまで作家の肉筆資料であった．しかし，電子機器や通信機器の普及により，手書きで執筆する作家は激減，直筆原稿はおろか創作メモの類も残さない作家も増えている．出版業界自体も電子書籍が急速に普及するなかで，原稿や初版本など一次資料の展示が困難なケースも発生している．今後は見る展示から，魅せる展示，あるいは観覧者が参加でき，作品世界を体感できるような空間の演出が必要となってくる．

　例えば，作家の書斎の再現や着用していた衣服など，肉筆資料以外の展示は作家への興味関心を喚起するのに有効である．また，造形物やデジタル技術を効果的に活用し，作品を視覚的に

図2　「ことば」の造形による展示（大岡信ことば館〈2017年閉館〉）

表現した展示（図2）は，作品世界を追体験できるばかりでなく，作品を読んでいない人へのガイダンス的役割も果たしてくれる．広く文学普及という観点に立てば，時代の変化に応じて，一次資料以外の展示の導入も求められる．　　　　　　　　　　［吉村弥依子］

参考文献　全国文学館協議会（編）『全国文学館ガイド』小学館，2013

施設⑧動物園

　動物園は，野生動物を中心とした動物の展示を通じて，動物や自然に対する理解を育む場である．かつて娯楽施設としての側面に人気を得，遊園地が配された時代もみられたが，近年では，生物多様性への理解を育み，種とその生息環境を認識し，それらに対する保護のメッセージを伝える場としての役割が期待されている．

●動物園の展示配列　動物園の展示には，園全体の展示テーマをもとにレイアウトを構成する動物の展示配列と個別の展示のデザインがある．全体の配列については，その展開にそって系統分類学的，動物地理学的，生息地別の各配列として進展してきた．このほかに，遊泳，飛翔，夜行性などの動物の行動をテーマとする行動学的テーマに基づく展示や，動物の人気を基準にしたレイアウトもみられてきた（Curtis, 1968）．

　近代動物園の起源とされるパリの自然史博物館附属動物園やロンドン動物園が開設された18世紀末から19世紀初頭には，動物学は分類学の祖カール・フォン・リンネが大成した分類学が主流であった．そのため，動物園では系統分類の秩序に沿った配列が中心であり，霊長類，ライオンやトラなどの大型ネコ科，偶蹄類や奇蹄類などの草食動物などに区分して展示された．その後，博物学者アルフレッド・ラッセル・ウォーレスにより動物地理区の考え方が提唱され，20世紀には動物園の配列は動物地理区に対応して，園内をアフリカ区，オーストラリア区，南北アメリカ区などに区分する動物地理学的配列が主流となる．生態学が進展し，環境への対応が焦点となる20世紀後半になると，サバンナ，熱帯雨林，砂漠などの生態学的な地域概念であるバイオーム（biome）を単位とする生息地別の配列が登場し，今日では多くの動物園にこの配列が普及している．

●展示の進展　園全体の配列のもとに，動物に向き合う個別の展示があり，そこでは動物を一定の区域に囲いながら，それぞれの動物が展示される．系統分類学的配列では，動物の種の特徴を比較して見せることが中心であり，動物を囲うための障壁として檻や柵が用いられ，近い距離で動物の形態や特徴が眺められてきた．しかし，檻や柵は見えにくさとともに，視覚的な幽閉感を伴うことが課題であった．

　1907年にドイツのハーゲンベック動物園では視覚的な見えにくさを解消するために檻や柵を廃して，空堀で動物を囲い，草食動物のシマウマとその捕食動物であるライオンを視覚的に連続して見せる，ハーゲンベック・ビスタとよばれるアフリカの動物のパノラマ展示が開発された．これにより，堀を用いた無柵式の展示とともに，動物を生息地との関係で展示する生態的展示が普及してゆき，動物地理学的配列への道を開いた．1920年代から1930年代にかけては，岩礁のある海に生息するアシカを展示したアシカ池や氷壁の地に生息するホッキョクグマの擬氷のグロットなどととも

に，キリンやシマウマなどの草食動物を空堀で隔てて草原に展示したアフリカ園などが欧米や日本の各地の動物園につくられた．ヨーロッパでは，アフリカの岩場に暮らすヒヒの岩山を堀で展示したことの影響を受け，わが国ではニホンザルを堀の岩山に展示するサル山が展示の様式として普及してゆく．

　一方で，ハーゲンベック・ビスタの流れとは異なる，ガラスを活用し，室内で生息地を再現した展示の取組みもみられるようになる．米国のアリゾナ・ソノラ砂漠博物館の砂漠の地中の展示（1956年），小型哺乳動物での生息環境の再現をめざしたドイツのフランクフルト動物園のエキゾタリウム（1957年）などとともに，米国のブロンクス動物園では湿地に生息する鳥類と環境のかかわりを展示する水生鳥類館（1964年）が，また，鳥の世界の展示では，多様な環境に生息する鳥類を展示するために，降雨林の樹冠や灌木林の様子がジオラマの手法を応用して再現された．これらは動物の生活を生息地との関係で展示したものであり，また，昼夜を逆転して夜行性動物の生活を展示する夜行性館（1961年）が開設され，生活と行動の展示への途を開いた（若生，1999）．

　1970年代末から1980年代にかけて米国シアトルのウッドランドパーク動物園では，野生動物の生息環境への理解を図り，その保護のメッセージを発するために，サバンナや熱帯雨林等の生息地をテーマとし，それらの環境の再現をめざす展示が行われてきた．これは生息地に分け入ったような一体感で動物を観察するというもので，ランドスケープ・イマージョン（landscape immersion）とよばれており，生息環境一体型展示，あるいは生息環境体験型展示とも訳すことができる．その後，この手法は各地に広がりをみせ，さまざまな切り口で生息環境を再現する展示が展開されてきた．

　わが国では，1950年代に多摩動物公園が動物地理学的配列の動物園として，また，犬山市の日本モンキーセンターが霊長類を専門に展示する動物園として開園された．1970年代から1980年代にかけては，動物地理学的に配列され無柵式を基調とした展示が各地に開設され，1999年には横浜市のよこはま動物園ズーラシアが生息環境展示として開園された．また，その後，旭川市の旭山動物園では，動物の行動の誘発に焦点をあてた展示を行い，これを行動展示と称した．同園では，ペンギン，アザラシなどの水生動物の行動をガラスを隔てて多角的な視野から展示している．大阪市の天王寺動物園では，アフリカサバンナ，アジアの熱帯林において，生息地調査を踏まえて展示空間を構成した生態的展示の手法である生息環境展示を行っている．

●**生態的展示，生息環境展示，行動展示**　今日における動物園展示の課題は，動物の生息環境の再現を図り，本来の行動や習性を発揮させて展示することである．動物の生息環境（habitat）とは，森や草原や水辺などであり，動物はその環境で，それぞれの行動を発揮する（次頁図1左）．生息環境の再現を図るとは，図1の右下のようにこれらの場をつくることである．動物はこうしてつくられた場で，図1右上の示すように，彼らの本来の行動や習性を発揮する．生態とは生物とその環境との関係である．環境には動物や植物などの生き物だけではなく，生きる場である大地や岩場，川や湖水等も含まれる．動物は文字どおり動く生き物であり，その生活とは居住地としての生息

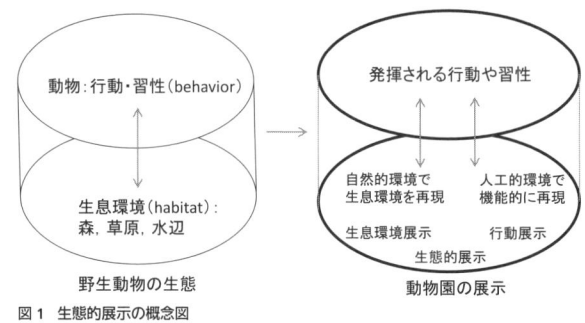

図1 生態的展示の概念図

地とそこでの行動からなる．動物園における生態的展示とは，可能な範囲で再現した生息環境のもとで，野生状態での生態としての行動や習性を発揮させる取組みである．

　生態的展示は，動物を生息地との関係で展示するものであるため，旧来のアシカ池なども含む，図1右の上下の関係の展示をめざす包括的な概念である．旭山動物園の行動展示は，行動を誘発するために人工的環境をいとわず機能的に生息環境の要素をつくるものであり，行動に特化した生態的展示であるといえる．これに対して，生息環境展示は地形の変化や植物などの自然の素材を用いて生息環境の再現に力を注ぎ，その環境のもとで行動を引き出すものであり，自然を活用して展示空間を構成した生態的展示の手法と位置付けることができる．

　旭山動物園のチンパンジーは，樹上性を表現するのに，人工的な鉄塔で展示されている（図2）のに対して，ズーラシアでは樹林と擬木のなかにチンパンジーが展示されており（図3），行動展示と生息環境展示の対比をみることができる．

●世界の動物園展示の動向　20世紀末に米国では生息環境を再現する展示が急速に進展してきたのに対し，欧州では人工的な素材で機能的に生息環境の要素をつくりだすことが行われていたが，近年では植物を多用した生息環境展示の独創的な多くの事例が生みだされている．

　シアトルのウッドランドパーク動物園は，園全体の配列を生態学の考え方でサバンナや熱帯雨林，温帯林などに区分し，体系的にその景観の再現をめざした最初の動物園である．「アフリカサバンナ」に続く「北の小径」では，温帯降雨林という降水量の多い地の利を活かし，針葉樹林を配してタイガとツンドラを表現しており，森の小径を通りぬけてエルクやオオカミに出会い，深い樹林を背景にした川辺でヒグマに遭遇する．

　すでに1960年代から，ジオラマの手法を用いて多様な鳥類の生息環境を展示してきたニューヨークのブロンクス動物園では，1980年代以降に生息環境を再現したさまざまな事例がみられるようになる．テングザルやマレーバクとともにシロテテナガザルがくらすアジアの熱帯雨林の環境を再現した室内展示「降雨林の世界」や，ユキヒョウやレッサーパンダがくらす「ヒマラヤ高地」，ゲラダヒヒとヌビアアイベックスの生息環境を再現した「エチオピア高地」の展示などがあり，1990年代に完成し

図2　旭山動物園「チンパンジーの森」
（著者撮影，以下同）

図3　ズーラシア「チンパンジーの森」

たオカピとローランドゴリラやアカカワイノシシなどが暮らす森を再現した「コンゴの森」では，ゴリラの生息地で住み場所としての森林が減少する現状を放映する映像メディアを鑑賞し，幕が上がるとガラス越しに森に暮らすゴリラが現れるという手法で，保護のメッセージを効果的に伝えている．

熱帯雨林の展示では，広大なドームで気温を調整した環境で雨林を再現する手法が行われ，オランダのバーガー動物園，オーストリアのシェーンブルン動物園などでは広大なドームでの展示がみられる．

ドイツのハノーファー動物園に2010年に完成した，カナダの港と奥地の平原を展示する「ユーコン湾」では，環状の遊動域を走り川辺に現れたオオカミの群れが遠吠えをし，奥の丘にトナカイが姿を見せるシーンを見ることができ，捕食関係にある動物を視覚的に同一空間に生息しているように見せる通景の展示がみられる．

スウェーデンのスカンセンの動物園は丘陵地にあるため，ヒグマの展示では堀とガラスを併用して，森の岩場に現れた様子を奥の森を借景として観察することを可能にしている．また，長野県の飯田市立動物園では，扇状台地の高台にある地形を利用して，奥に広がる南アルプスを借景とし，アルプスの岩場に生息するニホンカモシカの生息環境展示を行っている．

ニホンザルの展示では，森林性のニホンザルを空堀の岩場に展示するサル山がながく定着してきたが，熊本市動植物園では築山を視認性の高いネットで囲い，生息地の熊本県相良村の森と農家を再現した展示を行っている．山口県宇部市のときわ動物園では霊長類を中心とした全園の生息環境展示を行い，「中南米の水辺」の展示では流域の樹林の上を移動するジェフロイクモザルと水辺で遊泳

図4　ときわ動物園「中南米の水辺」

するカピバラを同じ場で眺め，シロテテナガザルの島では，樹林を飛び交う姿を観察することができる，行動を誘発する生息環境展示が行われている（図4）．　　［若生謙二］

参考文献　若生謙二『動物園革命』岩波書店，2010

施設⑨水族館―表現

　博物館など展示による社会教育施設が，国民への教育というスタンスから，教養や知識を大衆に供するマスカルチャーへの道をたどってきたと考えると，水族館は日本の社会教育施設のなかで最も普遍的な人気のある大衆文化施設であるといえる．大衆文化には娯楽の要素がある程度必要であるが，レジャー要素の強い水族館では，レジャーに対する正負の考え方によって，長らく大きく二つの展示方針があった．

　一つは，レジャー的要素を強く打ち出し，海獣ショーなどのエンターテイメント施設としての魅力を中心にし，集客を第一義に考えた展示と運営．そして今一つは，レジャー的要素を薄め，生物学の情報を伝え教育する自然科学系博物館であるべきという，展示概念をもつ展示と運営である．むろん，この両者の概念が一つの水族館に共存していることも少なくない．

　この二つの展示方針は両極端でありながら，対象者を子どもとしている点で同根である．子ども連れのレジャーか，子どもへの教育かという展示の考え方である．それが大きくシフト転換し始めたのは1990年代だった．1990年以降にリニューアルや新設された水族館は，リゾート文化の導入と水槽の巨大化によって対象者を大人に向け始めた．レジャーでも教育でもない，知的好奇心を誘い刺激する展示への移行である．そこで必要とされたのは，大衆を魅了する水中世界を表現する展示技法と，大衆文化としての自然科学にとらわれない展示理念であった．

●**水族館における展示物とは水中世界**　博物館の展示物はおおむね，社会や歴史，自然界より切り離されてきた単品の集合である．あるいは，動物園の動物は自然の生息環境から単種類で切り離されて飼育されている．しかし水族館で展示される生物は「水中」という環境そのものの一部であり，さらに近年では複数種の混合展示が主流となってきている．つまり水族館における展示物という概念は，生物にあらず水槽そのものと考えるべきなのである．

　それは利用者の側からすれば，海や川といった自然の水中に潜って，水中の疑似体験をしている感覚に近い．この疑似体験感覚こそが水族館の特殊性であり，水族館が大衆文化として利用されている最も大きな要因となっている．

　水中の疑似体験の結果，利用者は生物学や自然科学にこだわらない発見をし想像力を膨らませることができる．例えば，食との関連によって民俗学的な発想をし，群など生物の行動によって社会学的な知的好奇心が刺激されるのである．ゆえに近年の水族館の展示には，自然科学系博物館としての情報よりも，人文学系博物館としての情報の方が多いといっても過言ではない．この利用者心理を理解することが，現代水族館において魅力的な水槽展示を開発する基本であるのは言うまでもない．

●**環境展示を超える「水塊」展示**　近年，水中環境を擬岩や擬木などで再現する技

が革新され，水槽の巨大化ならびに自由な成形が可能になり，さらに造礁サンゴや水草海藻の育成が盛んとなったことで，環境展示や生態展示と称される水槽展示が進化し続けている．なお，革新的な動物園によっていわゆる「行動展示」という概念が提唱されたが，行動展示が意味を成すのは，展示物たる動物が静止しているか寝ていることの多い動物園における定義であり，常態的に生物が水中を泳ぐか漂っている水族館においては，ほとんどの水槽展示がすでに行動展示であったといえる．

図1 ラグーンを切り取った水塊（サンシャイン水族館）

水槽展示の進化は，前述した水族館の展示物が生物単体ではなく水槽全体であることと強く結びついており，言い換えれば，水族館の展示物の特性は水中世界の状況を再現することであると認識する必要がある．

こうして発展してきた展示物たる水中環境は，利用者に対して，知的好奇心の刺激に加え，水中という非日常環境の体験による新たな感動を与えることができる．水中世界の非日常性を具体的に示すと「海川の不可視的広がり」「水中の浮遊感」「水による清涼感」「泳ぎ続ける生物による躍動感」などで，それらを感じる利用者の感覚はしばしば「癒し」という言葉で表現される．

この水族館における非日常体験と，前述の水中疑似体験を得ることのできる水槽展示を総称し，筆者は「水塊展示」と定義した．水塊とは，水中世界の一部を切り取って再現することであり，生物を単体で展示することでは得られない現代水族館特有の展示概念である（図1）．そして水塊展示こそが，近年の水族館利用者に大人を増加させ，総利用者数を押し上げた最大の要因である．したがって，現代水族館の展示開発において水塊展示の追求は，利用者を増加させる意味でも，利用者の好奇心や満足度を高めるうえでも，最も大切な要素であるといえる．

●解説を必要としない展示の開発　展示とは大衆への情報伝達手段の一つであるが，水族館の展示の現場では長らく，伝達すべき情報とは「生物学的な文字情報」であると誤解され，水槽展示に付属する解説を強調することが主流であった．しかし近年，水塊展示など観察意欲を刺激される展示が開発されることによって，解説を不可欠の情報とする考え方は改められつつあり，水槽の展示に関する解説は少なくなるか種名板だけのものが主流となってきた．つまり，解説がなくとも誰もが理解できる展示の開発こそが重要なのである．

一方，わずかながら，読みたくなる解説を開発することによって，解説そのものも展示物として成功させている水族館もある．成功の要因はハード的な革新ではなく，情報をより生活に密着したものにするなど人文学系要素を入れたり，展示者みずからの体験や感想を語る表現あるいは芸術的な表現にするなど，展示者が自然科学から一歩踏み出した教養を提供していることによっている．この現象もまた，水族館を自然科学系博物館として縛ることの不合理さを証明している．

［中村　元］

施設⑨水族館—技術

　水族館は，水族（水生生物）を飼育展示して市民の展観に供する施設で，その社会的な役割はレクリエーション，教育，研究，自然保護の四つとされる．これらの役割をバランスよく果たすことが理想であるが，設置者や設置目的によって強弱がある．

●**展示から始まった**　博物館の展示は，自然史博物館などの知的理解を目的とした説示型と，美術館に多い鑑賞を目的とした提示型との二つの要素から成り立っている．水族館は水中の世界を紹介する説示型要素と，色彩や形態の変化に富んだ生物を展示する提示型要素をともに備えて，現在，最も幅広い年齢層の市民から親しまれる文化施設となっている．

●**展示水槽の発達**　水族館における展示は，展示装置となる水槽，水生生物を飼育展示するための水処理技術，展示生物の飼育技術の三つの側面から成り立っている．

　展示水槽は当初，鉄のフレームに板ガラスをはめた卓上水槽から始まった．その後，レンガなどで水槽の周壁をつくり観覧通路側にガラスをはめた壁水槽がつくられた．この方式は，当初，同じサイズのガラス面が並び，汽車窓式水槽ともよばれた．壁水槽はその後，観覧面にアクリルパネルが使われるようになって，サイズや形状は一様でなくなってきたが，現在も水族館の主要な展示水槽となっている．

　コンクリート製のプール型大水槽を建造し，その側面にはめ込んだガラス越しに観覧するオセアナリウムが1950年代後半にできた．しかし，観覧面が小さいこと，水槽の奥まで十分観覧できないことなどから，普及には至らなかった．その後，1960年代半ばにつくられた，環状水路の外周をガラス面とした回遊水槽は，遊泳力の強い魚類の群泳を効果的に観覧することを可能にし，短期間のうちに全国に広がった．

　1960年代後半から強化ガラスの代わりにアクリルパネルが大型水槽に使用されるようになり，それまで大きさ高さが制限されていた観覧面が拡大し，水量600 m^3，水深6 mを超える大水槽も建設された．水路型の回遊水槽に対してブロック型水槽とよばれ，2002年には7,000 m^3の水槽が登場した．1980年代になると，ブロック型水槽のなかにトンネルをつくり，天井はアーチ状のアクリルパネルとして水底から水中を見上げるトンネル型水槽が出現した．当初は複数のアクリルパネルを鉄枠でつないでいたが，その後，全面1枚のアクリルパネル製になり水中臨場感を強めている．

　上述のように，近年の水族館の展示水槽は，陸上とは異なる水中の世界の臨場感を演出するための大型化と，見学者を観察窓（水）で囲む包囲化を進展させてきた．

●**水処理技術の発展**　飼育水には，水族が生息できる良好な水質と観覧に耐える透明度が求められる．飼育法には，常に新しい水を水槽に供給する流水式（開放式）と，同一飼育水を繰り返し循環させる循環式（閉鎖式）がある．流水式飼育法は良質な飼育水が得られる適切な立地環境が減り，さらに，生物に合わせた水温調節が困難で飼

育生物の種類が限定されることから一般的でなくなった．

循環式飼育法で用いられる濾過槽には，水中のゴミを濾し取る物理的濾過と，濾過バクテリアの働きによって排泄物中の毒性の強いアンモニアを無毒の硝酸に酸化する生物的濾過の二つの役割がある．1950 年代後半に濾過理論が明らかになり（佐伯，1958），循環濾過による魚類飼育は支障なく行えるようになったが，飼育水の長期使用が硝酸蓄積による pH の低下や飼育水の着色（黄色）をもたらす問題が残った．

水槽の大型化が進むと，水中懸濁物のさらなる除去と脱色が必要になり，1990 年頃から，酸化力の強いオゾンや塩素を飼育水に注入する処理法が普及した．これらとは別に，水中に放出した微細気泡の表面に粘液や懸濁物を吸着させて除去する泡沫分離装置（プロテインスキマー）も使用されるようになった．

従来の濾過バクテリアによる水処理では，どうしても水質の悪化が進行するため，例えばイシサンゴ類の飼育は困難であった．イシサンゴ類の飼育には，嫌気性の脱窒細菌による脱窒作用や藻類による光合成作用を利用したナチュラルシステムが採用されるようになった．魚類飼育においても海水の使用期間を延長するために，循環系の一部に，嫌気性細菌が働く脱窒装置を組み込んで脱窒処理を行うようになった．

●**飼育技術の発展** 1950 年頃，わが国の水族館では感染力の強い原生動物繊毛虫の寄生による白点病が蔓延し，魚類に大きな被害が出ていたが，その後，硫酸銅水溶液を使う治療法（堤，村田，村田，1963）が 1960 年代前半に普及して被害は大幅に軽減した．水槽の大型化と輸送能力の向上によって，外洋性魚類飼育への挑戦が始まった．1970 年に水産庁がマグロ類増養殖試験を始めたが，水族館で本格飼育に成功したのは約 20 年後であった．1970 年代後半に水槽内に透明ビニールシートを張る手法が開発され，従来 1 か月程度であったマンボウの飼育期間が大幅に延長し，1985 年には 1,300 日を超えた．ジンベエザメの飼育は 1980 年に沖縄の水族館で始まり，1982 年に長期飼育に成功した．1990 年開館の海遊館は 5,500 m^3 の水槽にジンベエザメを展示して好評を博し，その後，沖縄美ら海水族館では 7,000 m^3 の水槽に雌雄の個体を収容し繁殖を目指している．

●**ガラスの向こう** 映像技術の発展は，それまで水族館が独占していた水族の生きた姿を TV を通して茶の間に届けた．水族館はもともとガラスの向こう側に展示しており TV 画面との近似性が高く，選りすぐられた情報を提供する TV 映像と競合関係にある．TV 映像との差別化のために水槽の大型化が図られるほか，視覚以外の感覚である触覚に働きかけるタッチングプールなど体験型展示が盛んになっている．

●**自然からの使者** 水族館で展示する生物の大部分は野生生物で本来ならば自然界で一生を全うしている水生生物である．その水族が発する情報を受け止め（観察），理解（研究）し，その成果をできるだけ観覧者に伝える努力（展示）が大切で，使者を敬う姿勢が求められる．生物多様性や種の保存が求められる現代において，楽しみのためにだけ水族（野生動物）を展示することは許されなくなっている．［西　源二郎］

参考文献 鈴木克美・西源二郎『新版水族館学』東海大学出版会，2010

施設⑩植物園

　展示とは，種々の物品を陳列して人々の観覧に供することと定義するなら，植物園の主要機能の一つが植物の展示である．園芸スタッフが丹念に育成した美しい花々や珍奇な植物，さらに研究スタッフが収集した貴重な植物は，植物園のスタッフに学芸員とデザイナーが協力して，有効に入園者の観覧に供されることで，理想的な植物の展示ができる．

　植物園における常設展には，温室内の生態系の展示，屋外では並木，ロックガーデン，薬用植物区，生態園などがある．博物館の特別展と企画展に相当するものとしては，植物園ではフラワーショーがある．これらの展示について以下に述べる．

●並木　日本の植物園には並木をもつところは少ないが，ヨーロッパ，米国，東南アジアの植物園には立派な並木のある植物園が多く，パリ植物園のスズカケノキの並木（図 1），ニューヨーク植物園のユリノキの並木，ボゴール植物園のカナリヤの木の並木，シンガポール植物園のショウジョウヤシ並木などが見られる．並木の多くは園の入口近くにつくられ，並木道の先に花壇が開ける構造が多い．並木道を歩んで行くうちに，心が和む効果があるほか，左右対称の木立は幾何学的で美しく，ボゴール植物園の並木は日除けの役割もしている．

●花壇と花木園　植物園の展示の大部分は芝生に花壇である．温室が植物園の一つの顔とすれば，花壇は二つ目の顔といえる．花壇は芝生の中に幾何学的につくったフラワーベッド（床）で，そこに主として花卉類を植えるため，緑色の芝生の中に千差万別の色の花が映える（図 2）．したがって，年間を通じて花が絶えないように花卉類を選択して組み合わせ，カラー・コーディネーションや花床のデザインを考えてつくる．

　花壇によく採用される花卉類としては，チューリップ（図 3），早春のスイセン類（含ラッパスイセンなど），スノードロップ，ムスカリ，アマリリスや双子葉類のパンジー，サルビア，ペチュニア，インパティエンス，マリーゴールド，ベゴニアのほかに，丈が高くなるカンナ，ダリア，コスモス，ヒマワリ，デルフィニュームなどがある．草本類に加えてイブキビャクシン，ネズなどの丈の低い裸子植物やコトネアスターなども常緑の要素として用いられる．ドイツのチュービンゲン大学植物園では，斜面に多くの一年生の種子をランダムに混ぜたものを吹き付けて，開花させ面白くて美しい花壇を造成している（図 4）．年々植物種の組合せを変えると目新しいものができる．欧米の植物園では，芝生に動物を象った針金のフレームワークをツタなどの籐本で包み「緑の動物」とした，トピアリーとよばれる植物を展示するところが多い．

　西洋では，美しい花を着ける植物は宿根草，多年草，一年草などの草本性の花卉類が主体であり，東洋にはモクレン類，ウメ，花モモ，サクラ類，ツツジ・シャクナゲ類，ムクゲ類などの美しい花木類が多く見られる．そのため，東洋には北京植物園の

図1 パリ植物園のスズカケの木の並木(筆者撮影,以下同)

図2 ブッチャート・ガーデンの一年草と水生植物の花壇

図3 ニューヨーク植物園のチューリップ花壇

図4 ドイツのチュービンゲン大学植物園の吹付け花壇

図5 高知県立牧野植物園のツツジ園

図6 ニュージーランドのウェリントン植物園のバラ園

梅園,花桃園,高知県立牧野植物園のツツジ園(図5),アジサイ園などに見られるような花木園がある.花木園で最も人気のあるバラ園は世界中の植物園に見られる.パリのバガテル・バラ園は品種を多く揃えて有名であり,ニュージーランドのウェリントン植物園のバラ園には古典バラの品種が多く(図6),ブッチャート・ガーデンのバラ園にも非常に大量のバラが見られ,バラ園,バラの垣根,バラのトンネルなどと見る人々を喜ばせる工夫が見られる.

●温室—グラスハウス 温室は植物園のなかで最も人気のある場所である.温帯から冷帯地方の植物園では,熱帯や亜熱帯の植物を保存育成するために暖房した温室がつ

くられており，コペンハーゲン大学植物園では極地の植物を保存するための冷室が設けられている．熱帯地方の植物園では，湿度や日照をコントロールするためのオーキッドハウスとよばれるガラスの建物がつくられている．

冬に木の葉や草の緑がなくなる地方では，緑への願望が強く，「冬に緑を」ということが温室の動機であり，ローマ人は早くも1世紀に，雲母板を大形

図7　ニューヨーク植物園温室のクリスマスショー

の円筒に載せ中にキュウリなどを栽培していた．16世紀になり，本格的な植物園がつくられるようになると，暖かい地方の植物を冬期に枯らさないようにするため，イタリアのパドヴァ植物園では，屋根に雲母板のフレームを設け，その中で植物を越冬させる方法をとり，そのフレームをラテン語の「緑の場所」を意味するビリダリウムとよんだ．温室の英語名の green house はこの語に由来すると考えられる．16世紀から17世紀にわたり，ヨーロッパでは暖房のある温室をもつようになった．初期の温室は赤レンガ造りに窓のある建物で，隣接した機関室から石炭を燃やして暖めた空気を床下に送って暖めるオンドル式がみられた．オランダのライデン大学植物園や英国のオックスフォード植物園につくられたこのタイプの温室は，香辛料植物やオレンジの栽培用として重要であり，オランジェリーともよばれ，その大形の例はパリ郊外のヴェルサイユに今でも見られる．温室は，17mを越える高い屋根のヤシ室，常設の生態展示用の区画と企画展やフラワーショーを行う区画の三つのエリアをもつことが理想である．

ニューヨーク植物園の大温室は，中央にドーム型の屋根のヤシ室があり，熱帯の丈の高いヤシ類を中心に栽培している．ドームの片側の袖には，温度・湿度・土壌などを変えた米国やアジアの熱帯多雨林室やサボテンなどの多肉植物室を配しており，他の袖では，球根植物や花木中心とする春のイースターフラワーショー，夏の観葉植物ショー，冬のクリスマスショーなどの特別展やテーマ展が随時催される（図7）．ニューヨーク植物園の温室では，水生植物区は温室の袖に囲まれるコートヤード形式の屋外展示（企画展）となっているが，英国キュー植物園やドイツのベルリンダーレム植物園では温室の一つのエリアが水生植物園となっており（常設展），ベルリンダーレム植物園では温室に地下部分があって水生植物のテーマ展が見られる．

図8　ミズーリ植物園のクライマトロン内の熱帯雨林常設展

図9 ロングウッドガーデンの温室内の庭園展示　　図10 コペンハーゲン大学植物園のロックガーデン

　進化した温室の例として，米国で案出されたクライマトロン（climatron）がある．1962年にシアトル万国博覧会で紹介された後，米国ミズーリ植物園他各地に建設された（図8）．温室内の各室は，植物に合わせて，温度・湿度・日照・土壌などの環境が制御され，冷室も設けることができる．日本の多くの植物園の温室では，熱帯植物を同居させているが，アマゾン，コンゴ盆地，インドネシアなどなどと特例的な熱帯雨林植生を現出すると，日本全体として熱帯植物の多様性が見られて望ましい．

　巨大な温室の例として米国のロングウッドガーデンがある（図9）．超大形のアトリウム式の温室は，庭園となっており，米国北部の寒い冬場でも緑の庭園を散策できる．

●ロックガーデン—高山植物区　ロックガーデンは屋外展示のなかでは比較的人気が高く，多くの植物園がつくっている．ヨーロッパのロックガーデンの多くは，アルプスをイメージしているが，英国キュー植物園ではヒマラヤ山地の植物をとり上げ，パリの植物園のロックガーデンは小規模ではあるが，中央アジアのコーカサス地方の植物を中心に集めている．日本では，日本アルプスや北海道の大雪山とともにアルプスやヒマラヤの植物を混栽している．コペンハーゲン大学植物園やニューヨーク植物園もこのスタイルで，ヒマラヤ，アンデス等の植物に加えて，北米ロッキー山脈の人気の植物も混栽している（図10）．

　よく見られる種としては，ヒマラヤユキノシタ，クロユリ類，チョウノスケソウの仲間，エーデルワイスとその仲間，高山性トリカブト類，イブキトラノオの仲間，高山生のサクラソウ属，シオガマギク属などがある．

　ロックガーデンでは高山の雰囲気づくりと，植栽した高山性植物が生育する環境づくりが必要である．高山帯を表すため，周囲に北方の針葉樹などを植えて外界から遮断している例が多い．東大日光植物園では，日光や足尾の山々を借景とし，自然地形を巧みに利用している．自然の斜面や築山に岩を組み，夏季に地面を涼しく保ち，冬季は排水を良くするために，砂岩質の岩が選ばれる．築山の地下には，レンガや岩を埋め込んで水はけを良くしている．植物は岩の間のわずかな土に根を下ろすため，土は肥沃で，排水のねらいで粗い砂も配する．春から秋まで花が絶えないように植物が選ばれ，岩がもつ砂質の土壌を保持するために，ウシノケグサ類のように根が密生す

るイネ科植物を植えることも多い．

ニューヨーク植物園にはロックガーデンに隣接してヒースガーデンがある．ヒースとは，北ヨーロッパからアフリカ東南部の高山に分布する小形のツツジ科植物のエリカやカルーナ属の非常に小形の木本で，みずから桃色の小さい花を無数に着け美しい．ヒースガーデンは，花崗岩の砂などの貧栄養の土壌をつくる．

図11　ニューヨーク植物園の生態園

●**生態園**　生態園という区画は，植物の生育する環境を楽しむところで，2通りの造成法がある．第一は，造成の際に，その植生に手を入れずに残して一帯を園地に取り込んだもので，その好例がニューヨーク植物園内の温帯性落葉樹林である（図11）．ここは約200年前，植物園がこの地に移転したときに手をつけずに残した林で，アメリカブナ，カシ属などの高木やアメリカヤマボウシの下にシャクナゲ類などの低木があり，bloodroot（タケニグサの仲間），イチヤクソウ科，エンレイソウ属の草本類も多く見られる．東京都立神代植物公園内の武蔵野の雑木林やシンガポール植物園内の熱帯雨林もその例で，後者は，元ブキテマ高地の一部分を園内に取り込み，そのまま保存している区画である．密林は5層構造となり，高木にはさまざまな種のフタバガキ科が見られ，蔓性のヤシの籐も多い．オーストラリアのブリスベーンシティー植物園では，汽水域のマングローブを園内に取り込み，生態園としている．こうした生態園は，生息地内（in situ）生態系保護という観点からも大変重要である．

第二の型は人工林を育成したもので，好例は高知県立牧野植物園の土佐の生態園である．ここでは，伐採後の地中に保水のためのコンクリートの地盤をつくり，森林土を客土し，高知の山地から採取した樹種と下植生を現地の植生のように忠実に植えている．この生態園は，人工林のため，生態系保護の面では，地域外保護というカテゴリーにはなるが，保全する生育地の現地の土を客土し，群落的には現地の生え方や植物種の組合せを，樹木とともに下植生の草本類まで忠実に再現しており，19年を過ぎた今では，昆虫類や鳥も来るようになり，現地の自然植生にほとんど一致する状況になった．こういう現地植生に同様の状況になった生態園での植物の保護を準地域内保護といいたい．

上記の1と2のカテゴリーを合わせた状況がスイスのグリンデルヴァルトに近いシーニゲプラッテの高山植物園やアリゾナのサボテン植物園である．双方とも，現地の生態系にほかの高山植物やサボテン類を加えて展示種の多様性のアップをはかっている．

●**ハーブガーデンと薬用植物区**　入園者の多くが，立ち寄るところがハーブガーデンである．ツゲなどの常緑低木の垣根で周囲を囲み，その中にハーブ類を植え込んでい

る．温帯の植物園では，ディル，フェンネル，キャラウェイのようなセリ科植物，ローズマリー，バジル，タラゴン，ハッカ，タイムなど多くの食卓で見られる植物を栽培する．スパイスはハーブと同様に人気が高いが，ショウガ科，ニクズク，チョウジなど，多くは熱帯性で温帯の野外では育たないため，スパイス・ガーデンは温室内で展示する．薬用植物はスパイス植物に非常に近

図12 イタリーのパドヴァ植物園の古典的な薬用植物園

く，例えばユエンドロやニッケイのように生薬植物には同じ種のものも少なくない．日本の植物園の薬草区によく植えられている木本はキハダ，ニッケイ，ツル植物ではアケビ，カギカズラ，草本はチョウセンニンジン，オオレン，センブリ，シャクヤクなどと数が多い．

　日本の植物園の大多数と中国の植物園の大半は，この薬用植物区をもつが，ハーブガーデンはポピュラーではない．これは漢方薬の関連によるものである．逆に欧米の植物園にはほとんどの園にハーブガーデンがあっても，薬用植物園はあまり見ない．ハーブを多く使う西洋食との関係であろう．歴史的にいうと，研究型の植物園は中世の薬用植物園に由来する．その古いかたちの植物園がイタリーのパドヴァ植物園として保存されている．往時の薬用植物園では，花壇は高い塀に囲まれた秘密の園で，その中心に泉があり（図12），個々の薬草が同心円状の小さな花壇の区画どおりに植えられていた．これらの薬用植物の同定研究から植物分類が生まれた．

●分類花壇　植物分類の科の配列に従って，各科の代表的な種を植える区画を分類花壇という．垣根に囲われた区画に多くの方形区を設け，例えば，キク科から始まってキンポウゲ科へ，さらに単子葉植物，次いで裸子植物というように，あるいはその逆に，分類順に植物を植えている．主目的は大学教育などへの教材の提供である．立派な分類花壇は，キュー植物園，パリ植物園（école de botanique とよぶ），コペンハーゲン大学植物園，ウプサラ植物園に見られる．日本の植物園には分類花壇をつくっている園は著者の知る限り存在しない．日本の生物学教育で，植物分類学への関心がきわめて薄い証拠と思われる．

●庭園展示　庭園を植物園内につくるので，広い面積をもつ米国の植物園に見られる．好例はニューヨークのブルックリン植物園やセントルイスにあるミズーリ植物園の日本庭園である．同じく米国のロングウッドガーデンには立派なイタリー庭園がある．植物園につくられた外国庭園は栽培植物の来歴と同定が確かなので庭園モデルであるのみならず，植物の生きた標本も含んでいるのが特徴である．

　日本の植物園は気候条件からいうと中国庭園，フランス庭園，英国庭園をつくることは可能である．これは日本の植物園の将来的課題であろう．　　　　　［小山鐵夫］

施設⑪プラネタリウム

　プラネタリウムは天球を模した半球形のドームスクリーンに星空を再現する装置である．施設中央に設置し，恒星や惑星などを投影する装置がプラネタリウムの本機であり，本機のほかにも日食，月食，オーロラや流星などの天体現象を投影する各種補助投影機，色彩や配光を考慮した青空，都市光，夕焼けなどの照明装置，半球形のホールに適した音響装置などを組み合わせ，総合的に天体現象や情景を再現することで演出・教育効果を高める．「星空を見ることができる施設」全体をさしてプラネタリウムとよぶことも多い．

●**プラネタリウムの発明**　プラネタリウムは1923年，ミュンヘンのドイツ博物館から発注されたカールツアイス社が開発した．星座を形づくる恒星は遠方にあるために地球から見た相対位置は変わらないが，太陽系天体の惑星は位置が変わる．この見かけの動きは複雑で，その再現するために惑星軌道を縮小した小型太陽系機構をつくり，そこに投影機を搭載することで地球から見た惑星の位置を正確に再現した．特定の日時の恒星，太陽，月，惑星を忠実に再現できるようになり絶賛された．プラネタリウムという言葉は，ラテン語で惑星を表すプラネタ（planeta）の形容詞の中性系から「惑星が入っている場所」の意味である．日中，施設内のドームスクリーンに星空と惑星を投影し，その動きも表現できるプラネタリウムの完成であった．その後，装置全体を回転させることで，地球上のあらゆる場所（緯度）から見た星空を再現できるようになった．この世界各地の星空を再現するプラネタリウムが各地に設置され，多くの人がいつでも室内で星空を見られるようになった．

　1937年，日本で初めて大阪の電気科学館（大阪市立科学館の前身）にカールツアイス2型のプラネタリウムが導入された．第二次世界大戦後，1956年に東京・渋谷の天文博物館五島プラネタリウム，その後，明石市立天文科学館，名古屋市科学館にカールツアイス製の装置が導入されたが，同じ頃，千代田光学精工（現コニカミノルタプラネタリウム）や五藤光学研究所によって同規模のプラネタリウムの製造が始まり，その後は日本製のプラネタリウムも世界へ輸出されるようになった．

●**プラネタリウムの二つの方式**　1983年に米国のエバンス＆サザーランド社がコンピュータ映像（CG）を，魚眼レンズでドームスクリーンに投影するシステムを開発．CGで星空を再現する「デジタル式プラネタリウム」の始まりである．これに対し，従来型の装置を「光学式プラネタリウム」とよぶようになった．

　光学式プラネタリウムは，1980年代になると惑星投影機を本機から独立させ，コンピュータで投映位置を制御する方式が開発される．また，投影する恒星の数は肉眼で見える約9,000個から，観測によって得られた恒星データを用いて数百万個の星や天の川を再現することも可能となり，メーカーの仕様や導入する施設の方針で選択で

きる幅が広がった．光学式プラネタリウムは自然な星空の再現に優れている．

デジタル式プラネタリウムは解像度や光度差が映像システムの性能で決まる．そこで複数のプロジェクターを組み合わせて全体で1枚の画像として表現することで画像の品質をあげ，現在では4Kや8Kの高解像度映像の投影が可能となっている．CGで，例えば宇宙空間を移動する動画など，光学式プラネタリウムではできなかった映像を投映できる点で優れ，星空以外の幅広いコンテンツも用いられている．

このように異なる二つの方式のプラネタリウムは，それぞれ特徴をもっており，両方のシステムを備え，同時に，または切り替えて星空を投映する施設が増えている．

図1 プラネタリウム投影機（光学式）（写真：名古屋市科学館）

●**水平床と傾斜床および座席配置の分類** 水平床のほか，床とドームスクリーンを傾斜させる施設も多い．それによって前方に舞台などを設けることが可能となり多目的に使用できる．一般に，傾斜したドームスクリーンでは前方の水平線下まで景色などを投映できるが，反対側の後方スクリーンの見切り線が高くなるため低い場所の天体が投影できない，水平線がないので天体の高度を正しく見せることができないなどの問題が生じる．

水平床では座席をドーム中心に向けて同心円配置する場合と，一方向配置する場合がある．傾斜式ドームでは必ず一方向配置である．同心円配置は，解説スライドなどで文字を使った場合など，座席の向きによって読みにくくなるという欠点がある．

●**プラネタリウム番組** プラネタリウムは閉じた空間で一定の演出を観る．それを「番組」「ショー」「投映」などという．職員が最初から最後まで操作，説明・解説をする場合から，ナレーションも映像もすべて自動（オート）で行う場合もある．一般的には一施設で複数の番組を用意しており，学校向け学習番組，未就学児や子ども対象の番組，大人対象の番組などターゲット層を絞るケース以外に，幅広く一般向きに制作される番組もある．また，番組は職員が制作を行う場合もあれば，番組制作会社から供給される番組を使う場合もある．担当する職員は学芸員だけでなく非正規職員の場合もあり，施設によって番組も運用方法もさまざまである．

●**プラネタリウムの展示** 長年の使用で機械のギヤなどの摩耗が生じ維持が難しくなった場合，また，コンピュータ制御のオペレーティングシステム等のサポートが終了した場合などは，継続的に使用できなくなることがある．新しい機器に更新された場合，もとの装置を「保存のため」「機能の説明のため」に改修して展示するケースがある．こうしたプラネタリウムは展示室で見ることができる展示品となる．

●**多様化するプラネタリウム** 星空を再現するプラネタリウムは，コンピュータおよび映像機器の進化によってより多彩な表現が可能となった．日本には300館ほどのプラネタリウムがあり，設置目的も利用者層もさまざまである．幅広い利用者の多様なニーズに対応できる運営・コンテンツがますます重要となっている． ［鈴木雅夫］

施設⑫テーマパーク

　テーマパークの定義は，人や論述する目的によっても変わってくる．本項ではテーマパークという言葉が日本に伝わり，事業・施設のスタイルとして定着し，従前のパーク（公園）や遊園地などの施設との違いが顕著化したものを，また当該施設を計画設計するうえでの関わりが深い内容を中心に扱う．

●**テーマパークとは**　『ブリタニカ国際大百科事典』には，「歴史，あるいは架空のキャラクターや企業のイメージなど，あるテーマに統一してサービスを提供するレジャー施設であり，1955年に建設されたアメリカ合衆国のディズニーランドがその原型といわれる」とある．また，『日経リゾート』誌の「用語の解説」では，「遊園地の中でも『地域』や『時代』といった特定のテーマにそって園内の環境を非日常的な雰囲気に作り上げた施設」と記されている（黒川・宮・西村，1990）．

　ディズニーランドをイメージしてもわかるように，一般的な遊園地やレジャー施設との違いは，特定のテーマ・非日常性があり，排他的ともいえる，コンセプトに沿った施設導入や運営に徹したパークである．

●**国内外の代表的なテーマパークとその変遷**　テーマパークの代表格は1955年開設のディズニーランド（米国）であるが，そのほかにもナッツベリーファーム（1940年，米国），シーワールド・サンディエゴ（1964年，米国），同オーランド（1964年），ユニバーサル・スタジオ・ハリウッド（1964年，米国），同フロリダ（1990年）などがある．また，ウォルト・ディズニー・カンパニーはフロリダに四つのパークを相次いでオープンさせ，ウォルト・ディズニー・ワールド（1971年）を構成したほか，日本，欧州，香港と他国にディズニーランドを展開している．アジアでは韓国・ソウルのロッテワールド・アドベンチャー（1989年）などが誕生した．テーマは多様であるが，共通していえるのは，特定のテーマ・非日常性・排他的ともいえるコンセプトに沿った施設展開である．

　日本では1983年の東京ディズニーランド，長崎オランダ村の登場を機にその潮流が生まれ，スペースワールド，東京セサミプレイス，サンリオピューロランド（いずれも1990年）などが次々と登場し，長崎オランダ村ハウステンボス（1992年），志摩スペイン村（1994年）などの大型パークも誕生した．また，地方では登別マリンパークニクス（1990年），グリュック王国（1989年），ゴールドパーク串木野（1988年），倉敷チボリ公園（1990年）などが開設され，その後，淘汰や再編も起こった．

●**テーマパークの計画・設計における特徴**　テーマパークには人の心を掴んで楽しませる工夫が随所になされている．その一つは，日常と隔絶し非日常の空間を徹底するための工夫である．一例がディズニーランドでの会場（パーク）へのアプローチであ

る．ウォルト・ディズニーは，パークのゲートを抜けてお城のある「ファンタジーランド」に行くための「メインストリートUSA」を日常の世界から非日常の世界に移入する場としてその仕掛けにこだわり，移入のための最適な距離を設定した．パーク内で日常的な修景が目に入らないことも重要であり，そ

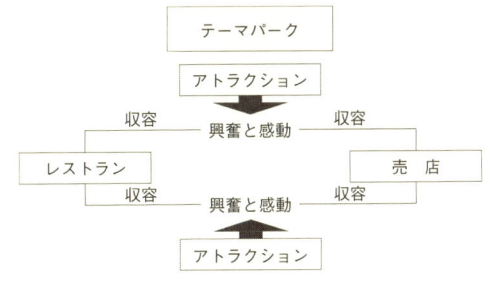

図1　テーマパークにおける施設構成の例

の点は日・米のディズニーランドでは徹底されている．

　次にあげるのが，この排他性をもったテーマ空間で人を楽しませる施設構成の工夫である．テーマパークはアトラクション，ショップ，レストラン，売店，パーク内イベントなどで構成されていることが多い．映画を観終わった後の興奮や余韻は誰もが経験しているが，それらを非日常・排他的なテーマ性の高い環境で徹底させることで滞在中の楽しみを増大させている．アトラクション体験後の感動や興奮が冷めないうちに関連の売店で買い物し，さらにはテーマ性の高いレストランで飲食をする，散策しているとキャラクターが登場するパレードといったイベントに遭遇するなど滞在中のテンションを持続させることに留意している（図1）．アトラクション展示においてもストーリーやテーマとなる世界への没入感を高めるために工夫がなされている．キャラクターがロボット仕掛けで動くショー，乗り物に乗ってテーマの世界を満喫するライド，シアター観覧のシートが動くシミュレーター，これらは非日常の世界に浸るための仕掛けである．近年では4Dと称し，立体映像（3D）に水しぶきや空気，肌触り，匂いなどの体感要素を加えたシアターのほか，ライドにシューティング演出を加えた参加型演出のものなど，先進的技術の開発で，よりエンターテインメント性や臨場感を高めるものが登場している．

●**テーマパークの多様化と今後**　テーマパークはそれぞれのテーマやコンセプトに基づき多様な進化を遂げている．ディズニーランドと並んで，世界的に人気が高いユニバーサル・スタジオはテーマが「映画」であるため，修景は映画セットのような人工的造作をベースとしており，ディズニーランドのように日常との徹底的な隔絶は行っていない．また統一的な修景や演出というより個々のテーマ，アトラクションの訴求効果に重きを置いているような違いもうかがえる．

　わが国では国土の小ささや不安定な気候から屋外に広大な敷地をもつものの実現が難しいこともあり，ナンジャタウン（池袋，1996年）のようなビル内に導入した都市型のパーク，大型ゲームセンターの性格をもつ東京ジョイポリス（1996年）など，スタイルも多様化してきているほか，長崎ハウステンボスのようにリニューアルによって最新技術を前面に出したアトラクションも生み出されている．　　　［洪　恒夫］

参考文献　能登路雅子『ディズニーランドという聖地』岩波新書，1990

施設⑬博覧会

　25か国が参加したロンドン万国博覧会（1851年）が最初の国際博覧会とされている．日本からは，第2回パリ万国博覧会（1867年）に幕府，薩摩藩，佐賀藩などが個別に出展した．明治政府となった後は，ウィーン万国博覧会（1873年）に初めて日本国として公式参加している．

　現在国際博覧会は，国際博覧会事務局（Bureau International des Exposition：BIE）に登録または認定される必要がある．国際博覧会を開催するには，BIE加盟国のうちで開催希望の政府がBIEに申請し総会で承認されなければならない．規模，テーマ，開催間隔・期間などにより，登録博覧会と認定博覧会に大別される．また，ハーグにある国際園芸家協会（AIPH）に認定された大規模な国際園芸博覧会およびミラノ・トリエンナーレのうち，BIEが認定したものは国際博覧会と称することができる．初めて日本で開催された国際博覧会は，1970年 日本万国博覧会（大阪万博）で，その後，1975～76年 沖縄国際海洋博覧会（沖縄海洋博），1985年国際科学技術博覧会（つくば科学万博），1990年 国際花と緑の博覧会（花の万博：国際園芸博覧会），2005年 2005年日本国際博覧会（愛知万博）の計5回が開催された．

　なお，2018年11月 BIEの総会において，2025年の万国博覧会を再度大阪で開催することが決定された．

　●**内国勧業博覧会から地方博覧会へ**　明治時代に入ると政府主導の第1回目内国勧業博覧会（1877年）が上野公園を会場に実施された．第4回（1895年）は京都で「建都1100年記念事業」として開催，京都の観光都市としての基礎がつくられたといわれている．第5回は1903年，大阪で開催されたが，欧米などから十数か国が出展するとともに，産業振興より娯楽的要素も強く，現在の博覧会に近いものになった．

　戦後の地方博ブームの契機となったのは，神戸市が1981年に開催した神戸ポートアイランド博覧会（ポートピア '81）で，約6か月間の開催期間で1610万人の入場者があった．地方博の多くは自治体が中心となって会場を整備し，自治体や企業などの出展を誘致したうえで，入場料収入（前売り）で運営経費を計画するという事業モデルで実施される場合が多い．企業にとっては地域貢献や商品等の宣伝広告という利点があり，自治体にも観光振興や閉幕後の都市開発等にメリットがあるため，目的やテーマがあやふやなまま実施されるケースもみられるようになった．結果，大幅な決算赤字が生じ，首長の責任問題や訴訟合戦に発展したケースもある．

　こういった状況を踏まえ，通商産業省（現経済産業省）はJAPAN EXPO（ジャパンエキスポ）とよばれる「特定地方博覧会制度」を創設した．これは博覧会開催の効用を認めたうえで，「地域の自主性，主体性に基づく適切な企画の裏付けのある博覧会が今後とも開催される」よう持ちまわり方式による実施を推進するとあり，安易な

企画による開催防止や各地同時開催での競合乱立を抑制する目的があったと考えられる．この制度に則り1992年から2001年まで計12回の地方博が実施された．

●**博覧会と展示**　博覧会の多くは先進的な科学技術や国家，地域の文化紹介，参加企業の活動成果などを広く大衆に知らしめることが目的であり，「物品や資料などを収集して一般大衆に公開（＝展示）する催し」と定義されている．そのため，初期の国際博覧会や内国博覧会においては，政治的な観点から国威発揚のプロパガンダや産業振興に直接結び付けるような展示が強く打ち出された．特に，第二次世界大戦前には，帝国主義的世界観を背景に，植民地の習俗，生活を展示する目的で「人間動物園」といった，おおよそ現代の人権感覚ではあり得ないような展示も行われた．

しかし，近年の国際博覧会では政治的色彩が後退しつつあり，地球規模の環境保全や多様性確保などがテーマとして設定されることが多い．国内の博覧会においても，産業振興的な側面よりも観光振興，地域振興的な要素が強くなっている．

一方で，観覧者からは先端技術の展示や付属遊戯施設に人気が集まる傾向があり，非日常体験への期待が大きい．ただし近年は，東京ディズニーランドなど，体験レベルの高い常設遊戯施設などが充実してきており，祝祭の場としての博覧会への期待度は低下している．

また，博覧会では，主催者が専門家（プロデューサー）にテーマ設定，施設・展示企画立案や運営監理などの業務を総合的または部分的に委嘱するケースも多い．ノウハウを有した専門家が主導するため，安定的な開催が見込める反面，主催者の主体的関与がないとテーマ設定や演出などが画一的になる危険性を有している．

●**博覧会展示の変化**　博覧会では閉じられた空間やパビリオンで展示品を有料観覧する場合が多いが，1999年に開催された南紀熊野体験博は，基本的に無料で既存の歴史・文化資源や自然景観といった地域の観光資源を巡る内容を中心に実施された．これを嚆矢として，2006年の長崎さるく博，2010年の平城遷都1300年祭（図1）など，もっぱら地域の資源を再編集，再演出して新たな価値創造を行い，「歩く」

図1　「平城遷都1300年祭」復原遣唐使船前のにぎわい（著者撮影）

や「巡る」をキーワードにして体験中心の展開を図る例が増えている．これは，時間（歴史）と景観（自然，建造物）と住民といった，地域社会の構成要素を丸ごと展示とみなし，観覧者もその一部として参画するという，従前の博覧会とは異なる切り口で企画，運営されている．

また，近年の博覧会では，専門家集団による運営に加え地域住民を主体とするボランティアの参加を促進し，案内や誘導はもとより，地域の魅力を伝えるインタープリターとしての活躍の場を提供する動きも活発化している．　　　　　［石井一良］

施設⑭メッセ

　メッセ（独 messe）とは見本市（国際的あるいは常設）のことである．見本市は米語では exhibit（英語では exhibition），また見本市は英語で trade fair という．大規模見本市は exposition, show という．
　ドイツの AUMA（独見本市協会）は見本市（messe）と展示会（ausetellung）と区別している（独商法）．また UFI（国際見本市連盟）は，見本市（trade fair）と展示会（exhibition）とを分けて定義している．つまり，見本市は主に事業者対象に見本品をもって「商談」することに特徴があり，展示会は主に一般大衆を対象に「販促活動」を目的に製品販売や製品情報の提供を行う催しとしている．わが国では展示会と見本市を区別しないので，本項では「見本市・展示会」と表示する．
●**意義**　メッセの語源は，教会のミサ（ラテン語の聖体拝領を行う典礼＝聖祭）であり，古代エジプト，ギリシャ文明，ローマ帝国にその源がある．商人は市場やバザール（商店の大売出し）の場で，商品（もの）の交換や流通，最情報のやり取りを行っていた．いわばわが国の「市」と同じような機能をもっていた．
　ローマ時代には見本市は，巡回する方式から固定された場所で開催する方式になって，フェアというようになる．さらに 18～19 世紀にかけて，フェアは直販だけの場所から，幅広い商品と情報を展示する場所へと変化する．19 世紀後半～20 世紀の初頭に，見本市・展示会の形態をとりながら国際的な規模になると，万国博覧会へと発展していく．
　マイクロソフト社創業者のビル・ゲイツは，見本市・展示会について「トレードショーは効率的なマーケティング・メディアだ」と述べている．見本市・展示会の国際的にかつ直接的にアピールできる点を評価している．見本市・展示会は産業界の成果としての開発製品のコンペティションの場でもあり，企業にとっては自社の自主製品のプレゼンテーションの重要な「場」として評価が高い．
●**規模**　世界の展示会会場規模の拡大ぶりは著しい．展示会場の個別の比較によれば，第 1 位はハノーバー（独）49.5 万 m^2，2 位はフランクフルト（独）とミラノ（伊）がともに 34.5 万 m^2，4 位は上海（中国）34.0 万 m^2，5 位はケルン（独）28.4 万 m^2（2010 年 AUMA 独見本市協会データ）である．
　近年，アジアの展示会場の大規模な新設も著しい．特に中国の大型展示場は世界の 30 位のなかに四つの会場がランクされている．アジアに限らず，世界中で膨大な数の見本市・展示会が商談目的で開催されている．こうした展示会会場の拡大傾向は続いていて，今世界は展示会隆盛の時代といえるのである．
　わが国の展示場面積最大の東京ビッグサイトは，オリンピックを前に増築して約 11.5 万 m^2（東館 5.1 万 m^2＋東新館 1.5 万 m^2＋西館 2.9 万 m^2＋南新館 2.0 万 m^2）．

それでも世界ランキングで30位前後である．各国の国土面積や人口の違い，経済規模など差異があるので単純な展示場面積比較は意味がない．しかし，わが国の世界における経済ランクからいっても，問題の多い状況といえる．これも展示会産業を国策ではなく，地方公共団体の東京都が東京ビッグサイトを建設し，実質的に管理しているので限界があると思われる．

●**種類**　見本市・展示会は次の3種類がある．①一般に公開する「完全開放型展示会」．②招待・関係者と報道関係者だけに向けて公開する「商目的に特化したタイプの展示会」．③登録すれば無料で入場できる「セミ公開型展示会」．

見本市・展示会の出展経費は，参加企業にとっては「マーケティング投資」である．その内訳の主なものはⓐ会場の展示小間レンタル費，ⓑ展示企画・デザイン料，ⓒ会場設営費（照明・装飾工事），ⓓ連絡諸経費（インターネットサービスなど），ⓔプロモーション用パンフレットなどの制作料，ⓕ試供品や粗品進呈，ⓖ清掃・維持費，ⓗ係員の交通費・滞在費などである．

また，大型の見本市・展示会の開催に伴って，関連する国際会議やシンポジウムを併催する例が多い．congress & exhibition あるいは convention & fair として開催し，展示内容を深く掘り下げる見本市・展示会企画が多くなっている．

わが国の本格的かつ大規模展示会は1954年（昭和29年）に始まる．大阪国際見本市委員会主催「日本国際見本市」が最初であり，同年の自動車工業振興会（現日本自動車工業会）主催「東京モーターショー（当時・全日本自動車ショウ）」が東京・日比谷公園で第1回が開催され，当時すでに54.7万人の来場者があったと記録にある．それより以前はビジネスシヨウ（1949年）や全日本オーディオフェア（1953年）があるが，いずれも小規模なスタートであった．

●**可能性**　見本市・展示会は，近未来の製品や見本などの展示を通じて，その後の商取引を円滑に推進するメディア（手段・方法・媒体）として重要である．見本市・展示会は通信による間接的な情報伝達とは違って，展示会場という「現場」で，製品などの「現物」を通じて，体験・五感による「直接的情報交換」を行うことに大きな特徴がある．つまり見本市・展示会は人と人が直接出会って行われるライブ・コミュニケーションメディアであり，展示の特性をよく示す場ともいえる．

なお，大規模の見本市・展示会を「コンベンション」といい，この語には集会の意でもあり，国際会議やシンポジウムなどを併催する場合が多い．こうした国際会議や博覧会，見本市・集会を開催するのを可能にする都市を「コンベンションシティ」という．見本市の先進国のドイツのフランクフルト，スイスのジュネーブが有名である．日本でも東京や京都をはじめ，コンベンションシティといえる都市が増えている．近年の地域開発では必ずコンベンションホールの建設が計画される．その理由は，見本市・展示会に国の内外から参加する多くの参加者のために必要な交通機関の整備，諸サービス施設（ホテル・観光施設など）などのインフラ整備，さらに「もてなし」というソフトなど，開発項目が多い．このようにメッセは，見本市に限らず，「展示」を総合的に展開する都市（シティ）の実現の可能性を秘めている．　［寺澤　勉］

イメージと展示

わが国の博物館展示は，近代に西洋から移入した博覧会が源流となっている．博覧会を契機に自然系，人文系の文物が収集・保管され，それらを常時公開する施設として博物館が設置される．草創期の博物館に殖産興業の色彩が濃いのは，博覧会を主導した農商務省（現農林水産省，現経済産業省）の管轄下にあったことによる．やがて教育施設としての性格が強まり，文部省（現文部科学省）の管轄に移っていく．そこでは通俗（社会）教育とともに学校教育との関係が重視され，師範学校などとの連携のもとに教育博物館が設置される．さらに，コレクションは人文系と自然系に分けられ，人文系は宮内省（当時）の所管する帝室博物館（現東京国立博物館など）に，自然系は文部省が所管する東京博物館（現国立科学博物館）に分離独立した．帝室博物館を源流とする展示は，文化財的価値のある宝物をガラスケースに美しく装い置き，同時に保存環境を重視するタイプの展示を基本としている．一方，文部省の所管する自然系の博物館は，一般大衆への教育・啓蒙を目的としたことから，わかりやすく，一目で展示の意図が伝わるスタイルが考案され，教育効果をあげていった．その人気を呼んだ展示スタイルの一つとして開発・導入された事例に「生態展示」があげられよう．状況を再現するジオラマ展示である．

戦後の博物館展示もこれを継承し，情報伝達技術の発達を背景に1960年代以降の博物館建設ブームへとつながっていく．いわゆる「総合展示」といわれる展示スタイルで，資料や情報メディアを組み合わせて，意図する展示テーマをビジュアルに，かつ一目で理解させる展示スタイルが博物館展示の主流を占めてきた．

1970年代，この展示手法に疑問を呈したのが国立民族学博物館（民博）初代館長の梅棹忠夫である．民博の展示を構想するにあたり「宝物鑑賞主義」やジオラマといった，ある一面だけの事象を具体的，象徴的に視覚化する展示手法に関して，多様な文化に価値を見出す文化人類学にはそぐわないと主張し，イメージを固定化しない新しい展示の概念を打ち出したのである．民族資料の多くを文化財的価値の乏しい生活財であるとして，展示ケース内にお宝のように装い置く方式は取らず，多くの関連資料とともにオープンに展示する露出展示を採用，また文化に優劣はつけず，未開，文明を等価値に扱い，思考を束縛するジオラマ展示や再現展示などを排除した．民博が採用した展示手法は「構造展示」とよばれ，「物」とその「背景にある文化」を重視し，モノとモノの機能的・構造的連関を示すなど，モノや事象を分解して示し，見る人が頭の中で自由に再構成できる展示スタイルを採用した．さらに，増築，成長を想定した建築様式に沿うかたちで「グリッド（格子）システム」という建築と展示のモジュール（空間単位）を共有することで建築空間と展示空間の融合を図った．この展示の概念「構造展示」とハードとしての展示システム「グリッドシステム」は，民博の展示デザインの基礎となり，その後の博物館の展示に大きな影響をもたらした．

[髙橋信裕・松本知子]

3章 展示の歴史

項目	ページ
商行為①歴史	108
商行為②展示行為とマーケティング	110
信仰と宝物	112
祭礼と観光資源	114
冠婚葬祭と飾付け	116
娯楽①見世物からパノラマ館	118
娯楽②エンターテインメント	120
文化・啓蒙①本草学と博物学	122
文化・啓蒙②博物館	124
文化・啓蒙③博物館法と事業	128
顕彰①モニュメント	132
顕彰②文化政策・戦略	134
宣伝・広告	136
広報	138
芸術・芸能①日本の伝統美	140
芸術・芸能②美術館	142
アイデンティティ①ふるさと	144
アイデンティティ②町おこし	146
教育と科学①黎明	148
教育と科学②発展	150
【コラム】まんがと展示	152

［編集担当：髙橋信裕・松本知子］
＊五十音順

商行為①歴史

　商行為とは「営利に関する行為，物品の売買・交換・仲介・賃貸などの営利を目的にした，意識的な行動」である．文字どおり金銭的な利益を得ようとする所為のことであり，商売は商品を仕入れて売りその差額利益（利鞘）や売買差益金（マージン）を得ることである．

　商売をする人，つまり商う人を「あきゅうど」（あきびとの転）または「あきんど」というが，商人は商法上，①固有の商人と②擬制商人の2種がある．固有の商人とは自己の名をもって商行為をなすことを業とする者であり，擬制商人とは商行為を業としないが，店舗その他これに類似する設備によって物品の販売を業とする者をいう．商人の特性は，まず高値を言って次第に引き下げ，客は最初安い値をつけて次第に値を上げて歩みよる，これが売買の駆け引きであり，駆け引きばかりで商人が不誠実な場合のことを「商人の空誓文」という．

　商売のやり方を規定しているものに「商法」がある．商法は1899（明治32）年に公布され，総則・商行為・海商の3編で構成され，2005（平成17）年の改正により，会社編は会社法として独立している．商法のなかで商行為について三つに分類・規定している．①その行為の性質自体が商行為とされる絶対的商行為，②営業として行われることにより商行為とされる営業的商行為，③商人が営業として行うことにより商行為とされる付属的商行為である．

●**商行為と展示**　ではなぜ，展示学で商行為を取り上げるのか．展示には博物館のような文化空間だけでなく，商空間で商行為が円滑に進めるための企画・計画・デザインの仕事があるからだといえよう．例えば商業を生産者と消費者の間の商品流通を円滑に行い，利益を売る事業とすると，そのための空間，大型の商業施設や小店舗においては，展示（ディスプレイ）の仕事が存在する．商業施設の展示ワークは，展示関係者にとって最も利益を生むので，無視できない存在である．

　企業活動は，営利の目的で継続的・計画的に経済行為（生産・販売など）を行う組織体が行う働きを指す．企業は「事業を企てる」の意であり，企業活動で外せないのは，常に起業，新しい企業，進取の気性，冒険心，ベンチャー，企ての要素であり，その心構えである．

　営業利益は企業の主たる営業活動から生じた利益，つまり売上高から売上原価や販売費などを差し引くことで求められる．収益資産は収益を生み出す資産だが，特に銀行が所有する資産のうち貸出金，有価証券投資などであり，金融商品の利回りの高さ，安全性・流動性とともに，金融商品購入の際の判断基準となる．

　生産に直接関与せず，それ以外の場で労務・便宜を提供する職業をサービス業という．サービス業は製品などの生産に直接関与せず，それ以外の場で労務・便宜を提供

時代	奈良 平安 鎌倉 室町	安土桃山 江戸	明治 大正 昭和前期	昭和後期 平成		未来
西暦年	AD 500	1573　　　1603	1868　　　終戦	1945　　1989　　1996		2001（21世紀）

		●展示メディアの発生とその変遷, 現代の展示会メディアの多様化に至る系譜				
展示会の目的	1) 交易 取引 販促	軽の市 210 海柘榴市 499 東西市＝官市 （平城京） （平安京） 肆（イチクラ）	①見世棚 楽市楽座 1567〜 町屋 商家 店蔵 → ④本草会　→ ④物産会	①見世　見世棚 ②勧工場 1878〜 ③百貨店 ⑤初期の博物館 （初期の博覧会）	店舗 百貨店 複合商業施設 展示会・見本市 博物館	現代・展示メディア・多様化	→ 新しい 販売空間 の模索 → 新しい 展示空間 の模索
	2) 情報の 交換と 保存	市					
	3) 交歓 交流 娯楽	神域 和合の場	⑥見世物　→ ⑦開帳 機拠戯場	⑧菊人形　→ ⑧ジオラマ ⑧パノラマ	博覧会 アミューズメントパーク テーマパーク		→ 複合的 知的遊び空間 の模索

産業	農牧生活 休暇 なし	農業改革 休暇 年 2 回	産業革命 技術革新 休暇 月 2 日以上	ハイテク隆盛 意識改革 休暇 週 2 日以上	休暇 週 3 日
史実	大化の改新 645 平城京 710 国府・国分寺創設 平安京 794	織豊時代 関ヶ原の戦 江戸幕府 鎖国政策 荘園制　文化文政の文化	明治維新 日本帝国憲法 第一次世界大戦 第二次世界大戦 原爆の投下 敗戦	無の日本スタート 経済成長 三種の神器 3C 時代 自分中心 中流意識 納得ライフスタイル	→インフォメント・ ライヴメディア盛隆 →ネオ・ジャパニーズ ライフスタイルの模索

図1　展示メディアの発生としての「市」と進展の系譜

する職業. 例えば広告・医療・娯楽・教育などが主だが, 展示事業も情報産業としての産業分類にサービス産業に位置付けられている.

商行為はみずからの利益だけを追及はもちろん, 受容する生活者の利益をも考え, ひいては社会への利益の還元を忘れない, つまり「三方芳し」の心構えが重要である. みずからの儲けだけを目的にしないという商売の哲学を大切にしたい.

商行為は「展示行為」の一つともいえる. 人間としての行動哲学に基づいて一定の方針（ポリシー）にしたがって法商目的の活動をすることが大切である.

経済の元になる語に「経世済民」や「経国済民」があるように, 経済は世を治め, 民の苦しみを救い, 安定させることもある. 商行為としての展示活動も経済活動と同じように, 世のため人のために役立つものでありたい. そうした観点が展示文化と展示文明に正常な発展に必要なことであろう.

●**市と行商**　商行為のルーツとしては「市」と「行商」があった. 図1は, 市から現代の展示空間にたどり着くまでの経緯を概観したものである. 当初の市は, 原始的な商行為として物々交換の場であった. やがて商人の登場, 貨幣の出現, 生産物の複雑化などを経て, 商行為としての展示空間へ発展する. わが国の歴史上では古代に「軽の市」, 平城京と平安京に「東西市」があり物々交換のために多くの人が集まるようになる.

「市」は当初は単なる交易・取引の場であり, 情報交換, 交流・交歓が行われるようになる. つまり人と人の出会いと和合の場（娯楽）として, その時代の人々にとって欠かせない楽しみの場になり, 重要な機能をもつ展示空間へと発展する.

［寺澤　勉］

商行為②展示行為とマーケティング

　企業は，商行為の集合体である．一般に営利の目的で継続的かつ計画的に経済行為を行う組織体を企業という．つまり企業が利益を目的に活動するには複雑な利益計画をたてる必要があり，端的には売れる仕組みをつくること，つまりマーケティング活動は企業にとって不可欠である．

●**市場拡大と販促活動**　マーケティングは，企業などが円滑に販売できる体制を整えるための一連の「企業活動」をさす．企業などは消費者の期待に応えるために，何が顧客にとっての課題かを調べる「市場調査」，価値あるものを提供するさまざまな戦略，顧客を含む社会との「良好な関係を構築する計画と実行」が，マーケティング活動となる．

　企業によるマーケティング活動は，商品・サービスを調査し，商品開発と効率的な販売方法によって市場拡大を図り，販売活動の方法などを決定することである．言い換えれば，商品・サービスを市場へ流すための企業の活動をさし，生産者から消費者への流通を円滑にする活動をいう．展示活動においても，広告宣伝，市場調査などを含む総合的な企業活動，つまりマーケティング活動は欠かせない．

　ビジュアル・マーケティングは，そうした流通をスムーズにするために一般消費者の視覚な訴求，インパクトある視覚効果を考えた空間デザインなどが重要な役割を担う．人々に確実にアピールするには，視覚効果を重視した仕組みが重要である．

　また，特定の顧客との間で長期的な関係を維持するリレーションシップ・マーケティングがある．それは，新規の顧客獲得を重視する従来のマス・マーケティングと異なり，興味や関心がすでに高いと見込まれる自社商品の購買経験者の満足を高めることを目標に戦略が構築される．現代は通信によるコミュニケーションが簡便に行えるようになった結果，企業のマーケティング活動に多大な影響を与えている．

　人の口から口へと個別的に伝えられるコミュニケーション，つまり「口コミ」はマスコミに対峙させた造語として1960年代後半に登場している．オピニオン・リーダーの意見や家族や友人との会話，世間のうわさ話などが口コミの発信源である．また，通信技術の発展によるコミュニケーションサービスの代表にSNS（ソーシャルネットワーキングサービス）がある．これは会員制のサイト上で写真や文章などを公開し，会員同士で交流できる機能を提供するサービスである．口コミとSNSは，現代のマーケティング活動において無視できない影響力をもつ．

　SNSには次のようなサービスがある．① Twitter（自分のつぶやきを短い文章で書き，メッセージを交換し交流し合えるサービス）．② Facebook（実名で登録し，2004年アメリカの学生同士のつながりから始まった世界最大の会員数のSNS）．③ LINE（スマートフォン向けの通話，コミュニケーション用のアプリ）．

　これらは口コミの発信源になっていて，SNSによる情報交換の前提なしに現代

マーケティングは語れないといってよい．

　現代の消費の主流は，モノからコトへシフトしている．モノの所有よりも体験による時間を楽しみ，思い出づくりが重視される傾向が主流になりつつある．そうした市場を刺激するための施策の具体案が多面的に検討され，商行為として実行されている．一方SNSの普及により多くの人とつながった状態では，自分の所有物が他者と重ならないことが不可能なことを自覚し，物欲が希薄になっている人々が増えている．なかには，可能な限り自分の持ち物を削り，厳選したものだけで日々の生活を豊かに暮らすことを志向するミニマリストといわれる人々も増えている．それはスマートフォンなどの情報通信機器やインターネットによる情報を必須のアイテムにするために，自分の部屋にモノを増やさない傾向が，近年の日本のマーケットの特徴である．所有欲よりもサービスを中心にした「コト消費」は，体験型コミュニケーションを特徴とする展示メディアにとっては良好な傾向といえよう．

●**経営方針とマーケティング**　パナソニックの創業者の松下幸之助は「人間は磨けば輝くダイヤモンドの原石」と述べ，人の無限の可能性を信じて，素質を磨き上げ，人を生かしてこそ真の経営者だと述べている．また1960年の経営方針発表会では「国際競争に打ち勝つためには，一人ひとりの能率を2倍にも3倍にも上げ，欧米の一流企業と立派に商売をやって，一歩もひけをとらない，という姿に持っていかなくてはいけない」と述べている（日本経済新聞「私の履歴書」より）．また「トヨタの敵はトヨタ」であると言い「何も変えないことが最も悪いこと」と言ったのは，トヨタ自動車をグローバル企業に成長させた現相談役の奥田碩である．働き方と会社経営は，こうした素直な心とありのままに物事を見て判断しようとする姿勢をマーケティング思考の参考にしたい．企業の名言や箴言・教訓や警句のなかに，企業のマーケティング活動の真意と理念を読み取ることができる．例えば「先義後利」（大丸の店是）は，利益は顧客・社会への義を貫き，信頼を得ることでもたらされる．また「利益三分主義」（サントリーHD）は，利益は事業への再投資だけでなく，取引先へのサービス，社会貢献にも役立てるという意味だ．さらに「三つの喜び」（ホンダ）は顧客の感動「買う喜び」，顧客との信頼「売る喜び」，期待を超す商品「創る喜び」の三つだという．ユニークな社是に「水に浮かぶ石」（大塚HD）があるが，これは大きな石が水面に浮くモニュメント，つまり常識にとらわれず発想転換の大切さを問うという．

　商行為が現代の展示メディアに息づいているものとしては専門店，百貨店，量販店，複合商業施設，ショッピングセンター，コンビニエンスストア，キオスク，ショールーム，ショーウインドウなど多岐にわたる．商行為のマーケティングの考え方は，文化・教育を目的とする施設計画，例えば博物館，水族館，植物園，動物園などの展示論にも応用できるものである．

　商行為は単に金銭的な利益だけではなく，顧客や株主の共感，社会への還元を含めた「三方芳し」を前提にした企業活動でありたい．また生活文化の活性に役立つという原理を踏まえること，さらに認識論（論理学），実践論（倫理学），感性論（美学）などと自分自身の経験から得られた基本的な考えが重要になる．　　　　　　［寺澤　勉］

信仰と宝物

　信仰は時代ごとに変化し，縄文時代における自然崇拝に弥生時代の祖霊信仰が加わり，神道が形成され，飛鳥時代に仏教思想と神道の融合による神仏習合，土着化による民間信仰，明治時代の廃仏毀釈による分離など多様な変遷をたどっている．神社の神宝となる祭祀具も多種多様で，皇位とともに伝わる草薙剣・八咫鏡・八尺瓊勾玉は三種の神器といわれ，伊勢神宮や熱田神宮，宮中祭祀において信仰の対象とする神体として扱われている．神社における神宝とは神の依り代とする神像のほかに由来のはっきりとした考古遺物や術具が含まれ，祭神に由緒の深い宝物や調度品，装束類が主なものとなっている．

　また，仏閣において信仰の対象となるのは釈迦如来，阿弥陀如来などの仏像のほか，如来像，菩薩像，天部像，明王像，祖師像などの仏教関連の仏像である．これらは信仰の対象であるとともに寺宝とされる．そのほか，釈迦の入滅を描いた涅槃図や密教法具，地元の有力者の寄進状など多様な資料が寺宝には含まれる．

●**開帳と宝物館**　現在，寺社仏閣の宝物の多くは，近隣の博物館に寄託または境内の宝物殿や宝物館で保管，展示されている．宝物館の誕生は，わが国の博物館誕生とほぼ時を同じくし，1873年に建設された鎌倉宮行在所（現鎌倉宮宝物殿）がその初源的施設とみることができる（西牟田，1982）．それ以前は，日頃厨子の奥に安置秘蔵され，霊験あらたかに何年かに一度の法会や縁日に合わせて公開されていた．開帳の起源は，『明月記』のなかで1235（文暦2）年間6月19日の条に，善光寺仏を移した三尊仏の京都での開帳を記しているとおり，鎌倉時代までさかのぼることができる．その後は周知のとおり，開帳によってもたらされる参詣者の散銭・金品の奉納など収益面で寺社の経済基盤を支えることとなり，江戸時代の中期に最盛期を迎える．『古事類苑』によれば，開帳の目的は「要スルニ，開帳ハ衆人結縁ノ為ニスルモノナレド，徳川幕府ノ時ニ於テハ，多クハ堂塔修理ノ用途ヲ得ルヲ以テ，其目的ト為シタリシガ如シ」というように次第に衆人の教化や結縁のためから寺社諸堂の修復費のためとなり，開帳の宗教行事としての純粋性が損なわれていくこととなった．また，その開帳の種類とその開催日数について「開帳ニハ居開帳，出開帳ノ二種アリ，居開帳トハ，其寺ニテ行フヲ謂ヒ，出開帳トハ，他所ニ出デヽ行フヲ謂フ（中略）開帳ノ年期ハ，大抵三十三年ニシテ，一タビ行フヲ以テ普通ト為シ，ガ如シ，而シテ開帳間ノ日数ハ，徳川幕府ノ時ハ，三十日ヲ以テ普通トシ，或ハ五十日，六十日ニ渉ルモノアリキ」とあるように，みずからの境内で行う居開帳と他所に移動させて行う出開帳があり，33年を周期としておよそ60日間を期間として行われていた．現代の博物館で置き換えるならば居開帳がいわば特別展で，出開帳がその巡回展示と言い表すことができよう．その開催場所は，開帳の収益面を優先して江戸の回向院をはじめ京・大阪と

いう人口の密集した都市の宿寺を選んでいた．

●開帳と見世物　一方，江戸時代の人々は最盛期になると「近年の開帳は……何方も肝必目ざす開帳仏の天行にあらず，種々の造り物仰山なる，奉納の品々又は珍しき見世物等有て評判広ふなり，……開帳へ参詣するは，畢竟見世物の序に参拝するに同じ」(『遊歴雑記』1916)とあるように開帳の魅力により参詣者が集まるのではなく，その眼目は奉納物の珍しい造作を見ることや，見世物小屋をのぞいたり，茶屋や料理屋などでの飲食の楽しみに移っていた．その見世物のなかでも，開帳を視覚的にパロディ化した「とんだ霊宝」(図1)は江戸の盛り場である両国広小路で初めて行われ，大評判となり，後に「おどけ開帳」の名で大

図1　「とんだ霊宝」の三尊像と不動明王
〈出典：『新板観音開帳　三宝利生初竹』1777〈安永6〉〉

阪にまで流行した．これは細工見世物の一種で，例えば不動明王であれば，頭はサザエ，顔は鮭の頭，手足と体は鮭の塩引，衣は干蛸，袈裟は昆布，手に持っている鈎(かね)は刺身の包丁，縛の縄，火焔は鎌倉海老，岩座はサザエとアワビでできているといった具合であった．さらに特筆すべきは，「とんだ霊宝」の会場では絵入りのパンフレットが売られ，ただ模倣した造作物を展示しただけでなく，観覧者に口頭で滑稽な解説を加えていたことである．本来，開帳とは神聖な宗教行事でありながら，公共の場かつ同じ場所，同じ期間に公然と「とんだ霊宝」が開催されたということは，江戸時代の宗教や宗教行事に対する自由な態度と収益面に加えて，教育的な効果の高さを表しているのではないだろうか．今日の専門家向けと一般向けの展示のように知識の差があれば，理解度が異なるため，高等な知識がなくても理解のできる「とんだ霊宝」と開帳とは相互補完の関係が成り立っていたことと推察される．この「とんだ霊宝」のように，物をあるがままに見せるのではなく，創意工夫をして対象を思いがけない材料で見立て，それによって見る者に驚きと発見を与えるということは，今日の展示学の基本であるコミュニケーションの手段として展示に通じるものがある．

●絵馬殿と展示　また，開帳とは別に今日の展示の祖型をたどれるものとして，神社に奉納された絵馬を展示した絵馬殿がある．絵馬奉納の起源は1012(寛弘9)年の北野天神の奉納が最古の記録とされ，その後の絵馬集積に伴う保管施設から展示施設としての絵馬殿が設えられることとなったと推察される．建築様式も土間もしくはきわめて低い床を張り，四方吹き放ちの構造で，明らかに絵馬を掛けた空間を人々が往来しやすいつくりとしているところに特徴がある（青木，2003, p 33)．岩井宏實が「絵馬堂は，さながら芸術のコンクールの場となって，画廊的役割を果たしたのである．この絵馬堂の公開的開放的性格は，いっそう大衆とのつながりを深め，江戸時代における芸術の大衆性を助長させる大きな契機にもなった」(岩井，1974)と指摘している．つまり，先の開帳と同様に博物館という展示施設誕生以前から，信仰の対象である施設を中心として人々は展示に慣れ親しみ，展示行為をコミュニケーションの手段の一つとして受け入れていたことがうかがえる．　　　　　　　　　　　　［下湯直樹］

祭礼と観光資源

　祭礼とは祭祀と同義であり、祀るとは神を祀ること、またはその儀式をさすものである．祭祀の際には神霊に対して供物や行為などを奉げ、儀式が執り行われる．この祭祀のなかでも見せることを目的としていない天皇みずからが行う皇室神道（宮中祭祀）がある一方で、見せることを目的として神輿や山車、太鼓台などの屋台を賑々しく出す祭りが存在する．

●見せる行為と祭り　地域の信仰では神体を見せることを目的としているものも多く、神輿や山車は山や神殿などから、より身近な場所に神霊を降臨させる臨時の依り代としてみなしている．この神の依り代である神輿を激しく振ったり、神輿同士をぶつけ合う行為はあくまでも神の霊力を高める儀式で露払いの役割がある．また、祭りにはお囃子や沿道での神をもてなす賑やかな催しが行われるのがつきものである．これらは民俗学でいうところのハレ（非日常）の演出であり、信仰する超自然的存在や祭神への祈願、感謝、謝罪、崇敬、帰依、服従の意思を視覚や聴覚などの五感に訴え、示す行為であり、展示の祖型といえるものである．

　現在でもその祭祀の多くは年中行事や通過儀礼と関連して、風物詩として定期的に行われ、地域の伝統文化を継承していこうとする共同体意識のなかで営まれ、共同体のなかで自己のアイデンティティを確認する場として機能している（☞項目「アイデンティティ①ふるさと」「アイデンティティ②町おこし」）．しかし、古くからの宗教的な祭礼であっても現代人の宗教心の薄れから、山車の曳行や芸能の披露といった華やかさや娯楽性が追求されるとともに、観光資源としての活用が図られ、祭礼を行う者と祭礼を鑑賞する者との分化が進んでいる．これには 1970 年代後半以降、祭りが無形文化財と観光資源という二つの文脈で重層的に資源化されてきたことに起因し、地方の民俗文化を地域住民のみならず、国民共通の誇りとして国民の共有物への転換が図られてきたことが大きく関わっている．

●観光化された祭り　江戸時代の旅とはお伊勢参りや善光寺詣でに代表されるように信心の旅とそれに伴った物見遊山が主であり、気軽にどこにでも行けるというものではなかった．しかし、現在は交通網の整備や交通手段の発達、ガイドブックやインターネットといった情報の入手方法、ライフスタイルの変化に伴い、世界的な規模での観光が可能となっている．このことから国内外の観光客誘致を狙い、祭礼自体をまちおこしや地方活性化の事業の一つとして取り組んでいる自治体は多い．その成功例として青森県青森市で 8 月 2〜7 日に開催されている「青森ねぶた祭り」がある．平安時代の征夷大将軍であった坂上田村麻呂の人形を使った敵のおびき出し作戦を由来とし、1980 年に国の重要無形文化財にも指定された．最大のものになると幅約 9 m、高さ約 5 m、奥行き約 8 m、重さ約 4 トンという巨大な像の載った山車が市内の大通

りを練り歩くものである．公認衣装を着用すれば誰でも参加できる祭りとあって，国内外から6日間に，延べ300万人以上という観光客が集まる．荘銀総合研究所によると2007年の経済波及効果は497億円と試算されている．

　一方で，このようなまちおこしや地域活性化，観光客誘致への期待が高まることによる課題も発生している．例えば長崎市の観光資源として活用されている日本三大くんちの一つである「長崎くんち」は370年以上の伝統を誇り，市の諏訪神社の祭礼として旧暦の重陽の節句10月7日から9日までの3日間催され，約25万人の来場者で賑わう祭りである．当該日程の間，長崎市内の小中学校では昼から休校措置をとるなど地域に密着した祭りであることは言うまでもなく，異国情緒あふれる祭礼を一目見ようと訪れる観光客は後を絶たない．そうした観光資源化する流れのなかで神事である奉納踊りとくんちの期間を延長するか否か，観光客向けに公演を続けることに抵抗を示す「神事としての性格を重視する」側と「観光復活に果たす役割を重視する」側とで信仰か観光かの論争が起こっているのも事実である．

●**イベント化された祭り**　地域が誇る産業や伝統を大切にしながら，明治以降に祭りとして地域住民や自治体が新たに誕生させた祭りがある．例えば，陶磁器の生産地として名高い，佐賀県有田市や愛知県瀬戸市などでは陶器市などのイベントが開催されている最中に地元の陶磁器業界代表者が支援し，陶祖を祀る陶祖祭りを行っている．また，女子のすこやかな成長を祈る節句の年中行事である「雛祭り」は本来家々で執り行われていた儀式であったが，江戸期の自慢のひな人形を見せ合う「ひな合わせ」が転じて，現在では町をあげてお祝いするイベント化された祭りとなっている．そのあり方は多種多様で，家庭で使われなくなり全国から送られてきた多くのひな人形を展示するイベントから，当該期間，町内の家を開放してその家々または地域独自のひな人形を散策しながら見物してもらうなどがある．

●**新しい祭り**　近年他地域が模倣し，その地域の新しい祭りとして定着しつつある祭りがある．例えば，札幌の「YOSAKOIソーラン祭り」「桐生の八木節まつり」「東京・高円寺阿波おどり」「浅草サンバカーニバル」など，規模を拡大し続けている．また，社会的なブームを巻き起こした事象にあやかる祭りも多く，『ゲゲゲの鬼太郎』の生みの親である水木しげるの功績や『妖怪ウオッチ』のブームにあやかった妖怪祭りが日本全国で頻繁に行われ，地域の妖怪に関する文化資源が見直される契機となっている．

図1　『江戸名所図会』（天保年間）にみる神田明神祭礼

　その一方で，江戸三大祭りである「神田祭」を主宰する神田明神は遷座400年目の神田祭に際して（図1），近隣の秋葉原という地域の文化産業であるサブカルチャー，人気アニメとのコラボレーションを展開するなど新たな祭りのあり方を示しているといえる．

［下湯直樹］

冠婚葬祭と飾付け

　わが国には冠婚葬祭というハレ（非日常）の場面を演出するための多種多様な「飾り」が存在する．「信は荘厳より生ず」という言葉には，堂の立派な装飾を見て信心が啓発される意があるように，みごとに配置すること，美しく飾ることは信心をも啓発する視覚的な効果が認められており，ハレの場面に現在ある展示の祖型を多くみることができる．ケ（日常）のなかでも，荘厳さを求める傾向をみることができ，仏教伝来以前には季節の花や供物を捧げて祖霊を祀る魂棚を，室町期に浄土真宗が民衆に広がると仏画を掛ける床の間や厨子を起源とする仏壇を，そして江戸時代初期に「お伊勢参り」が流行すると伊勢神宮の神札を安置する場所として神棚が祀られた．またそれらは単なる箱物としての棚や壇ではなく，配置される仏像や掛け軸，位牌には精根入れが行われることで礼拝の対象となった．さらに装飾においても仏壇は仏堂のきらびやかな須弥壇（内陣）のごとく金で装飾し，神棚は伊勢神宮の正殿のごとく茅葺き屋根の白木造りで設えるなど，本物と遜色ない縮小模型そのものであった．床の間も茶の湯によって室町時代の香炉・花瓶・燭台の三具足を並べたものから，あらかじめほかの部屋よりも一段高い押し板や採光のための付書院，床脇棚などが設えられるなど座敷飾りの荘厳化が進んだ．

　このように日常のなかでも荘厳さを求めながら，ハレの場面では一層その趣が強かった．特に冠婚葬祭に関する飾りは祖霊崇拝の神道または仏教行事に由来するものもあれば，地域独自の風習からなるものがあるなど多様である．以下，その例として冠婚葬祭に関する「飾り」を順にみていく．

●婚姻と飾り　①結納飾り：婿側の結納の使者が贈る品々を玄関に並べ，それらの目録を渡すとともに，受け取った嫁側がすべて床の間や座敷に飾ることをさす（図1）．現在は，小笠原流や伊勢流などの体系化された儀式となり，贈答物には熨斗が施され，真・行・草とさらに上中下の9通りに分類する礼法に則り，白木の三宝や漆の盆などの上に陳列された．荘厳さを増すために贈答物の背面には床の間であれば慶事の掛け軸が掛けられ，床の間のない座敷であれば金屏風が華を添えた．

　②床飾り：明治時代以前は宗

図1　川原慶賀「人の一生〈祝言〉」（長崎歴史文化博物館蔵）

教的な儀式としての色合いが薄く，人前式つまり祝言が主流を占めていた．祝言は吉日の夜間に行われ，婿方は祝言の床の間に白絹を敷き，同じ生地の水引を掛け，奈良蓬莱，二重台，手掛台，置鳥，置鯉，三盃，銚子，提子を飾り，ほかの居間，寝所にも飾付けを行った．

結婚披露宴は，江戸時代以前には供食信仰の慣習から婿と嫁の両家で簡素な酒肴をともにする儀式であった．江戸時代後期の有職故実『貞丈雑記』のなかで，江戸中期に結婚式が新郎の自宅に身内の者が集まり，高砂の尉と姥の掛け軸を床の間に掛け，鶴亀の置物を飾った島台を置き，その前で盃事をして行うものだと明文化された．

● 葬儀と飾り　①枕飾り：通夜前に故人の枕元に置く飾付けであり，弔問客の礼拝空間をなすものである．通常とは逆に行う逆さ事を基本とし，荘厳さを演出する屏風も上下逆さまにする．飾付けは神式の場合，白木の八脚に洗米・塩・水・お神酒，常緑樹の榊を生けた花瓶などを供え，仏式の場合は白木に香炉・花瓶・燭台のほか，鈴，枕飯，枕団子，浄水などを置き，花瓶には樒または菊などを生けた物を供える．

②祭壇飾り：葬儀場における荘厳さを求めた飾付けであり，仏式の葬儀の場合は祭壇の前には経机を，キリスト教の場合は十字架を，神式の場合は神饌物や幣帛を設置する．近年では伝統的な白木祭壇から花祭壇が選択されている．

③後飾り：四十九日の忌明けまで遺骨を安置する祭壇で中陰壇ともいう．祭壇は二段または三段で，神式，仏式，キリスト式に則った供物や飾付けを行う．玄関に近い部屋もしくは人が集まりやすい場所に設置し，弔問客の礼拝空間となすものである．

④盆飾り（精霊棚・盆棚）：忌明け後，初めて迎える初盆は，僧侶をよび法要を執り行うなど故人の霊を手厚く供養する．飾付けも十三佛の描かれた掛け軸に，ナスやキュウリでつくられた精霊馬，季節の野菜や果物，故人の好物，霊が迷わず戻って来られるように目印として盆提灯などが飾られる．

⑤正月飾り：休日の原則である「正月三日に盆二日，節供一日，事日半」という言葉は祖先神を祀る正月とお盆，氏神様を祀る節供や祭りをさし，いずれの休日も祭祀と関係深いものである．折口信夫も年末の正月事始めから三が日を⒜身を清めて神を祀る，⒝神様が来る，ⓒ忌み期間となるという過程であると示唆しているため，正月飾りは祖霊や年神様を迎え入れるための飾付けとなる．例えば，正月飾りの代表である門松は年神様が宿るための依り代または年神様が降りてくるための大切な目印として，鏡餅は年神様への供物として，注連縄には邪悪なものを阻止し，神を招き入れる意味合いがある．また，正月飾りとして床の間には１年の幸福を願い，鶴亀や日の出，七福神など吉祥文様の掛け軸が掛けられる．

以上，冠婚葬祭に関連する「飾り」をみてきたが，物には人々の営みのなかで醸成されてきた明確に配置される理由が存在し，さらにそれらを一つの集合体＝「飾り」とすることでより荘厳化する，つまり展示として組み立てていることをみてとることができる．

[下湯直樹]

参考文献　菊地ひと美『お江戸の結婚』三省堂，2011／八木透「婚姻儀礼の変遷と現代」『明治聖徳記念学会紀要』明治聖徳記念学会，2003

娯楽①見世物からパノラマ館

　見られる側と見る側との間にすみ分けが進むことによって，見られる対象には洗練さが加わり，見る者を意識した「芸」「技」へと進化していく．
　神社や寺院の境内で奉納される盆踊りや相撲などは芸能の源流の一つとして引合いに出されるが，村という共同体を守護する神仏への寄進には，見られる者・見る者の別はなく，等しくこぞって舞い踊り参加した．社寺には本来，賽銭箱はみられない．村人すべての守り神に対して個人の喜捨は無用だからである．ところが，市場経済の進展により富を私有する層が出現し，個人の願望の成就のために寄進が行われるようになった．一方，喜捨としての賽銭は，神仏の前で演じ，見られる者たちへの糧となる．その舞台はさらに社寺域の外へと広がった．見る者たちをもてなす専用の桟敷席が設けられ，見せる者との絶妙な互恵関係が興行化を促進した．これが見世物の起源といえよう．

●**商売としての見世物（興行）**　上述したような，見る者を意識した見世物とは，感動や驚きという情動をそそる演出や仕組みに，珍奇，驚愕，絶倒，好奇といった挑発的・触発的な要素を取り込んで，視覚的・立体的に構成し展開するものである．その主体が人間であれば芝居や曲芸，大道芸などとなり，サルや犬などの動物も仕込まれた芸を見世物とする．一連の見世物は江戸期に隆盛をみた．
　その多様な様子が挿絵集『古今百風　吾妻餘波』（岡本経朝編，森戸錫太郎出版，1885）の中の「東都見世物圖寄」に紹介されている．そこには，珍獣や鳥類などを見世物とし，店先での呼込み口上で客を招き入れ，湯茶の接待を業とする，動物園の前身のような花鳥茶屋などが exhibitions for money，すなわち見世物（興行）として描かれている．近代（明治時代以降），欧米の思想や文化が流入し exhibitions for money としての見世物の市場が一層拡大した．その動きは，伝統的な日本文化にも影響を与えた．例えば，菊細工の栽培技術と活人形（本物そっくりにつくり込んだ人形）の造形技術を融合させた，機械仕掛けの菊人形が旧来の見世物に新機軸をもたらしたのである．

●**大衆娯楽としての菊人形とパノラマ館**　菊人形は，明治期の国民的な文豪である夏目漱石（1867-1916）の作品にしばしば登場するほど，ポピュラーな存在であった．例えば『三四郎』（1908）には，菊人形の小屋掛け興行が千駄木の団子坂で毎年秋に行われていたことが描かれている．はためく幟や，木戸番（客引き）が「どんちゃん，どんちゃん」と囃す声などで賑わう情景が，三四郎にとっては「騒がしいといふよりは却って好い心持である」と印象を表現している．この菊人形はさらに見世物化し，活人形師・大柴徳次郎や安本亀八らの菊細工職人による菊細工生き人形の創案につながった（図1）．当時の評判役者を生写しにした精巧な人物再現展示のアトラクションを団子坂や浅草公園の花やしきに展開したのである．なかでも花やしきでは，

当時関心が高かった活動写真（幻灯機，映画）や蓄音器など最新技術の導入を試みたり，ライオンやゾウ，トラなどの動物展示，山雀の演芸など，多様多彩な催しで大衆を魅了することに力を注いだ．この浅草花やしきは，わが国の遊園地のルーツともされている（図2）．

当時の大衆娯楽を代表するものとしては，パノラマ館もあげられる（図3）．円形状の平面の周囲を展示空間とし，中心部分の床を高くもち上げて見学者用の望楼とした建物だ．周囲の壁面には写真のようなリアルさで遠景シーンを描き，床面には人形やスケールに見合った大きさの家屋や造形物を配置した．そこにガイド（案内人）の口上のほか擬音や効果音を重ね，その場に居合わせたかのような臨場感と没入感を観覧者に体験させる装置であった．西欧から移入された見世物という目新しさもあってのことであろう，パノラマ館は東京の上野，浅草，神田，飯田町などにも設けられ，続いて大阪や日本の主要な都市へとその活況は波及した．

軍医として，また文学者としても名高かった森鴎外（1862-1922）は晩年，宮内省帝室博物館の総長に就任し，終生その職にあたった．展示に対して強く関心を抱いていて，なかでもパノラマ館は，展示テーマが戦争を取り上げたものが多く，軍人としての立場からも注目したようだ．パノラマ館の設計について，知人に詳しく紹介した一文「パノラマの事に就きて某に與ふる書」（『森鴎外全集』第22巻）が残されている（☞項目「文化・啓蒙②博物館」）．［髙橋信裕］

図1　団子坂の菊細工生き人形
（出典：広告ビラ「菊細工活人形大道具大仕掛舞台せり出し」団子坂植梅，人形師　大柴徳次郎，1902）

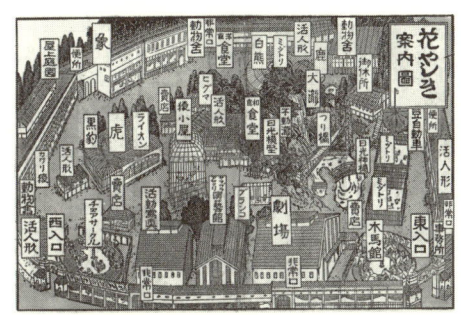

図2　花やしき案内図（広告ビラ）

図3　パノラマ館の外観と内観
（出典：『風俗画報』123，1896）

参考文献　加藤秀俊『「見物」の精神』PHP研究所，1990／木下直之『美術という見世物』平凡社，1993

娯楽②エンターテインメント

　見世物は，そこに何らかの仕掛けが仕組まれているとしても，ありのままの現実世界の姿で，感覚的，体感的に見る者の心をワクワクとした気持ちに引き込む．テーマパークは，日常の現実世界を意図的に虚構としてつくりあげた夢の世界の精密な再現である．虚構の世界ではあるが，形態や色彩，音響，臭覚，味覚などがリアルに体感され，そこに足を踏み入れ，身を置く人々にとっては，まさに現実に展開する「正夢」なのである．

　定められ，囲い込まれた場や席で見世物的な仕掛けや道具立てによって，見る者に感動や驚きを演出するパノラマや芝居，ショー，映画などに加え，見る者が，つくり込まれた町並みや景観を自由に移動し，その散策や回遊までも楽しみ味わうことのできるエンターテイメント性を意図した「場の仕掛け」が，展示産業の市場として大衆社会に受け入れられていく．ディズニーランドがまさに，その典型である．

●**動物園と場の仕掛け**　こうした人工的につくり込まれた空間をコミュニケーションメディアとして，またエンターテイメントメディアとして「展示」が，その有効性を発揮し，新たな余暇市場をひらく一方，わが国の遊園地の歴史を紐解くとき，動・植物園，水族館などの施設が，大衆娯楽の「場の仕掛け」に取り込まれてきたことに気付かされる．「浅草花やしき」（1877年開園）がそのよい例である．わが国の遊園地は，乗り物を主とした遊戯施設のイメージが強いが，娯楽に知的で教育的な一面を求める国民性から，動物園や水族館は娯楽施設に取り込まれることが多かった．現代では，動物園や水族館は社会教育施設（機関）として法制度上で博物館と定められているが，実際に訪れる大衆の意識は，教養や教育的充足を求める「見学」というよりも，むしろ娯楽，遊興と結びついた「見物」の意識が強く，その一方，学びや教育を目的とする見学施設としては，史跡・遺跡や景勝地，伝統的建造物群地区（宿場町や城下町など），文化的景観（棚田や里山など），世界遺産などがあげられ，近年のテーマパークは，この見物，見学という性格を融合し，その現場にわざわざ足を運ぶことで，初めて味わうことのできる体験，すなわち「訪れた価値」が実感でき，繰り返し訪れようとするインセンティブに満ちたワクワク感の創出を展示のパフォーマンスが請け負っている．そこでは，印刷物や放送，ネット通信などの情報メディアでは得られない生の体験が，観客を魅了する．展示には，そうした生の体験を意図的にデザインするスキルが要求される．生き物を展示する動物園を例にとれば，檻の中に閉じ込め「生態を公衆に見せ，かたわら保護を加えるためと称し，捕らえてきた多くの鳥獣・魚虫などに対し，狭い空間での生活を余儀なくし，飼い殺しにする，人間中心の施設」（『新明解国語辞典』1991）といった語釈が「動物園」にされるように，動物にとっても，観客にとっても，また飼育展示者にとっても，適切とは言えない生息環境

の常態化がみられた．こうした生物への負荷に対する改善策が展示によって試みられ，多くの人々を引きつけている．動物の生活習慣（習性）が観客の目の前に自然なかたちで展開するこの展示方式は，行動展示とよばれ，北海道の「旭山動物園」（旭川市）で取り入れられたことで広く知られるようになった（図1）．人工飼育の環境のなかで，寝食や排泄，採食，給餌，求愛などの日常行動が観客の間近に自然に展開されるよう，それぞれの動物の行動習性に合わせて展示デザインする手法である．

●**生物展示と生体への配慮**　水族館では，大型水槽の開発と採用により，魚介類や海獣などの展示があたかも自然の海中に生息しているかのような環境復元のもとで展示構成され，観客は水平移動，垂直移動などの設定動線に沿って遊歩しながら鑑賞する展示デザインが一般化している．近年では，水槽全体をプロジェクションマッピングといった特殊映像効果の導入でアトラクション化し，観客の注目を集めたり，カラフルな照明と水槽とのコラボレーション効果の導入で魚類展示のアート化もみられるようになっている（図2）．こうした生物展示には，生体に対する負荷への配慮が求められ，生き物を見せる，保護するといった展示と公開のジレンマへの取組みに，美術品や作品，標本，文化財などとは異なる次元の知識，ノウハウとそれを展示デザインするスキルが要求されている．

図1　旭山動物園のシロクマ展示．
シロクマの獲物であるアザラシなどと観客を見まがうレイアウトがなされており，岩場からシロクマが観客めがけて飛びかかる（著者撮影）

図2　新江ノ島水族館のクラゲファンタジーホールのプロジェクションマッピング．
クラゲの幻想的な動きを照明と映像による特殊効果の展示でアトラクション化した（著者撮影）

●**テーマパークと展示の可能性**　ディズニーランドに代表されるテーマパークでは，最先端のIT技術などを取り入れたライブでインタラクティブなコミュニケーション環境の演出が図られ，例えば「夢と希望」「冒険に満ちた」「どこにもないここだけの世界」が現代人の心をとらえている．テーマパークは，非空間系のインターネット情報社会にあって，実空間（場）を媒体としたマスメディアとしての，展示の可能性と多様性を大きく拡げ示した．　　　　　　　　　　　　　　　　　　　　[髙橋信裕]

文化・啓蒙①本草学と博物学

　18世紀中頃から後半は，幕藩体制の衰退に反して，前野良沢と杉田玄白による『解体新書』の刊行や平賀源内がエレキテルを完成するなど，学術・科学が広く社会に浸透した探究の時代であった．中国明時代の医師で本草学者であった李時陳が，1596年に集成した『本草綱目』は，わが国へは少なくとも1604（慶長9）年に伝えられ，その後和刻され何度も刊行されてきていたが，貝原益軒により1709（宝永6）年に『大和本草』が上梓されたことにより，江戸時代中期に本草学に関する研究は急激に進展することとなった．

●**本草学と展示学**　生物学であり農学であった本草学の学術研究が発展するなかで，博物学・名物学・物産学などの分化が認められたが，これらの諸学の間には学問としての明確な概念規定は認められるものではなかった．ただ，本草学は渡来時より薬品学をあくまで踏襲したのに対し，博物学は本草学を基本としながらも動物・植物・鉱物を広く対象とした．一方名物学は，自然および自然現象や人事などに関する名称の確定を目的とした．さらに物産学は，本草学・博物学と同様に自然の産物を対象としながらも，さらに人工産物を含めた研究である点を特徴とした．18世紀中葉のこれらの諸学の研究が隆盛するなかで，実物資料を展示したのが薬品会，本草会，物産会，博物会，産物会であった．薬品会・本草会の初期の会は，研究者間の学術交流を目的とする集会であったのに対し，次第に一般の参会者にも観覧を許すようになり，学術情報を広く啓蒙する学術展示の様相を帯びていった．また，薬品会を含めたこれらの諸会を総称して「物産会」ともよんでいる．

　本草会は，1751（宝暦元）年頃，津島恒之助（如蘭）が大阪の戸田斎（旭山）所有の「百卉園」で開催したのが嚆矢とされる．本草会が一般化するなかで，当然のことながら品目は「薬」を専門とするところから，その名称も「薬品会」へと移行した．

　薬品会の起こりは，1757（宝暦7）年に本郷湯島において平賀源内の企画で平賀の師にあたる本草家田村元雄（藍水）が主催した薬品会であり，これが江戸における広義の物産会の始まりとなる．出品物は約180種を数え，参加者20名であったという．翌1758年にも同じく田村が会主となり第2回薬品会を神田で開催し，その出品数231種，参加者36名であったという．さらに，翌1759年には，平賀が会主となり湯島で第3回を矢継ぎ早に開催した．第4回は，松田長元が会主となり開催している．

　平賀が会主となった第3回の薬品会の名称は，従来の薬品会ではなく，物産会と命名しているところに特徴があった．以上の薬品会と物産会を合わせた3回の展示会に出品された薬草・薬品の目録と出品者名を記録した『会薬譜』を，平賀は田村とまとめている点も学術視座の現れと看取できよう．さらに平賀源内は，1762（宝暦12）年に，第5回に相当する「東都薬品会」を湯島天神前の京屋九兵衛方において開催

ている．開催翌年の1763年には，過去5回の薬品会・物産会のまとめとして，出品物の中から舶来品も含めて360種の天産物を選出して『物類品隲』6巻を作成し，各資料を学術的視点で解説した．

江戸時代の博物学者は，総じて動植物の実物資料を保存することよりも，それらを写生など，いわゆる二次資料の制作に重きを置いたことは事実であり，平賀源内が『物類品隲』に爬虫類の液浸標本図を掲載して以後，類画が熊本藩主細川重賢の『毛介綺煥』，秋田藩主佐竹曙山による『写生帳』などに散見できる．

図1　尾張医学館薬品会の図
（出典：『尾張名所図会 前編巻2』1844）

●物産会と「尾張名所図会」　江戸では，1781（天明元）年以降は，田村藍水の長男で1791（寛政3）年に博物誌『豆州諸島物産図説』を著した幕府医官の田村元長（西湖）とその門人たちが中心となり，同じく幕府医官で内科担当であった多紀躋寿館や幕府の医学館で，幕末まで毎年定期的に物産会を開催している．また，小野蘭山から本草学を学び『本草図譜』を著した岩崎常正（灌園），本草学者で医師であった阿部将翁の孫にあたる阿部喜任（櫟斎），福井春水らも不定期で開催している．

名古屋は本草学の中心地であり，19世紀初め頃より水谷豊文，伊藤圭介，大窪太兵衛らがもちまわりで開催していたが，その後，水谷豊文が中心となり「嘗百社」と命名し，盛んに物産会を開催していた．なかでも，1827（文政10）年に伊藤圭介が開催した薬品会では一般人にも公開した点が大きな特徴である．

1844（弘化元）年刊行の『尾張名所図会』は，江戸の昌平黌で学び本草学の名古屋学派の中心人物であり，尾張藩奥医師でもあった浅井薫太郎（紫山）が，尾張藩医学館で開催された薬品会の賑わいを描いている（図1）．当該薬品会は，「毎年6月10日にして，山海の禽獣虫魚，鱗介草木，玉石銅銭などのあらゆる奇品をはじめとし，竺支・西洋・東夷の物産までを1万余種集め，広く諸人にも見ることを許し，当日見物の貴賤老弱，隣国近在よりも奏ひて群をなす」と記されているところから，学術的意見交換会を離脱し，一般にも開放されていたことが理解できる．

一方，京では，儒医のかたわら小野蘭山から本草学を学び，京都本草学の中核であった山本亡羊，榕室父子が薬草園を備えた家塾の「読書室」で，1808（文化5）年から60年間にわたり通算50回の本草書，医書などの講義を行い門弟を養成している．

地方における物産会は，基本的には民間人が中心であったが，富山藩主の前田利保や福岡藩主黒田斉清らによる赭鞭会は大名が主催した会として注目される．

［青木　豊］

文化・啓蒙②博物館

　明治時代に入り，日本の展示事情が大きく変わる．博物館の登場である．幕末に始まる欧米への各使節団の博物館，博覧会の見聞によって急速に博物館の理解が進み，その結果も受けて博物館という施設が整備され，単に見せるという行為から，教育，または啓蒙という意義を深めていくこととなる．

●**幕末の使節団と博物館事情**　日本人が最初に西洋の博物館という施設に触れたのは，漂流者による見聞である．大黒屋光太夫，津田夫のその見聞録が残るが，それはあくまで漂流の結果という偶然の産物であり，その後の日本の博物館事情に影響はなかった．やはり幕末以降の動きが今につながると考えるべきである．

　開国後初の使節団として，1860（万延元）年，新見豊前守正興を正使とする遣米使節団が派遣され，以降海外渡航の実例が急増するのであり，そのなかに文化・啓蒙施設，すなわちパテントオフィスとスミソニアンインスティテューションの見聞記録がある．数々の日記類が残されており，名村五八郎元度の『亜行日記』は，「当所博物館ニ至リ，其掛リ官吏ニ面会諸物一見ス」と，わが国における「博物館」という用語の初出例として引用される．そして「玻璃中ニ納置アリ」と，ガラスケースにて展示していることが記されている．

　1862（文久2）年の竹内下野守保徳を正使とする遣欧使節団は，パリ市内やロンドン万博などを視察．通訳として随行した福澤諭吉により書かれた『西洋事情』（1866）は，福澤の3回の渡航歴での見聞によるものだが，当使節団に随行した際の記録にあたる「西航手帳」が『西洋事情』の柱となっているといわれている．その『西洋事情』は，初編で「博物館」の項が立てられ，「博物館は世界中の物産，古物，珍物を集めて人に示し，見聞を博くする為に設るものなり」と，博物館という言葉とその意味の普及に大きく貢献した．その後も，1867（慶応3）年の徳川昭武を正使とするパリ万博使節団が派遣され，第5回万博（2回目のパリ万博）という博覧会の様子を子細に見聞するとともに，ルーブル，ジャルダン・デ・プランテ，パノラマ館などを見学したことが伝えられる．特にパノラマ館は，ほかよりも子細な記録が残るほど，その異質な施設に対する驚きの様子がわかるものとなっている．

　なお，幕末に新鮮な眼で博物館という施設，博覧会という大イベントに多々出会った日本人であり，展示に触れたわけだが，それは，「○○を展示している」や「○○が珍しい」といった類のもので，「どういう風に展示している」とか，理解しやすいどのような工夫がなされているかといった指摘はほとんどなかった．しかし，それも言わば当然と思われ，展示しているモノそのものに興味が向かったのは致し方ないのである．

●**岩倉使節団と『米欧回覧実記』**　岩倉具視を大使とした岩倉使節団は，1871～1873（明治4～6）年の約1年10か月間で12か国を訪問，ウィーン万博なども視察してい

る．その報告にあたるのが，久米邦武の著になる『特命全権大使　米欧回覧実記』(1878) 全5冊という大冊である．博物館など文化・啓蒙施設を多数訪れており，関連記述は42巻68件に及ぶ．これだけ詳細に海外の展示事情を示した当時の記録はないといっても過言ではない（図1）．

例えば，第23巻「倫敦府ノ記　上」には「南「ケンシントン」ノ博覧館ヲ一見ス，（中略）常博覧会ナリ，（中略）印度貴人ノ偶像ヲ刻シ，之ニ衣被粧飾セシメテ，其著用ノ何状何用タルコトヲ知シメタリ」

図1　「ケンシントン之常博覧会」内景（銅版画）
（出典：『特命全権大使　米欧回覧実記』1878, 久米美術館蔵）

とあり，博物館を「常博覧会」とする．装飾品の装着の様子を示すことの効果を述べ，モノを置くだけではなく，人形を使用して理解をうながす展示のあり方を記している．また，第43巻「巴黎府ノ記二」には「「コンセルワトワル」ニ至ル，（中略）螺旋ヲ以テ機関ノ枢ヲ捩レハ，（中略）即チ局調シ音発シ，宛トシテ活ルカ如シ」というように，機器のネジを回せばピアノが演奏を始める仕掛け（展示）は，参加型展示の一形態である．また，溶鉱炉の模型が分解したり組み立てたりできるという記述も続き，それらはハンズオン展示の紹介といえる．つまり，モノをただ並べることだけが展示ではないことを明示している．

もちろん展示資料の種類などの具体的内容の記述もないわけではないが，「○○を展示している」や「○○が珍しい」といった類を超えた洞察力の鋭さが随所に認められるのは確かである．そしてこの『米欧回覧実記』は，少なくとも3,500部以上が世に出たとされ，多くの識者の眼に止まったものと思われる．そこに詳述されたことによって，陳列ではない展示という技術的な意味，展示方法論としての認識の発生に貢献し，その後の展示の世界に影響を及ぼした可能性が少なからずあると考える．

●博物館の誕生と内国勧業博覧会　1872（明治5）年に，日本に博物館が誕生する．それは，文部省が実施した湯島聖堂大成殿における博覧会を，その人気ぶりから常設展示化したものであり，決して博物館を意図したものではなかったが，日本の博物館史の幕開けとして記録される．その博物館こそ，現在の「東京国立博物館」の前身である．なお，開催されたその博覧会は，翌年のウィーン万博に明治政府として参加することが契機となって実施されたものであり，日本の初期の博物館が博覧会と無関係ではないことを示し，その後も相互の関係のなかに博物館が発達していく様子がすでに確認できるのである．

1877（明治10）年には，教育博物館が開館する（☞項目「教育と科学①黎明」）．開館にあたって館長補の手島精一らの献身的な努力で資料が蒐集され，1881（明治14）年には，『教育博物館案内』という解説書も発行されて，その充実ぶりがうかがわれる．しかし，1888（明治21）年，「列品淘汰の訓令」により博物館自体が大幅に

縮小となる．その後息を吹き返すのは，1906（明治39）年以降の棚橋源太郎の関与を待たなければならず，つまり，明治も末期に入ってのこととなるが，1912（大正元）年には「通俗教育館」を設置．さらにその後関東大震災の影響を受けながらも，1931（昭和6）年に「東京科学博物館」として再出発し，現在の「国立科学博物館」へとつながる（☞項目「教育と科学①黎明」「教育と科学②発展」）．

一方，地方の博物館も発達していく，その嚆矢としてお雇い外国人のホーレス・ケプロンが1871（明治4）年10月9日付で開拓使に対し開拓にあたっての必要事項を建言したそのなかで，「教導ノ道ヲ開ク」には文房（図書館）と博物院（博物館）が必要であるとその設立を提案し，それがやがて開拓使仮博物場から札幌・函館の博物場開設へとつながった事例がある．

そして，第1回内国勧業博覧会が1877（明治10）年に東京・上野公園で開催される．殖産興業化をめざす近代日本の姿を写し出すものとして大久保利通が推進したこの博覧会は，1881（明治14）年の第2回，1890（明治23）年の第3回が上野で開催され，1895（明治28）年に京都・岡崎公園で第4回が，1903（明治36）年に大阪・天王寺公園で第5回が開催された．それら5回の博覧会は，国内の産業育成，そしてその振興に大きく寄与したのは間違いない事実である．

なお，第1回内国勧業博覧会では，日本初の美術館が誕生する（図2）．そしてさらに第2回には英国人建築家ジョサイア・コンドルの設計で建設され，博覧会翌年に農商務省の博物館として機能していく．まさに博覧会から博物館の図式がみて取れる．

図2　日本初の「美術館」（出典：『明治十年内国勧業博覧会列品写真帖』1877, 尼崎市教育委員会蔵）

●**帝国博物館の展示**　九鬼隆一は，1878（明治11）年，パリ万国博覧会に派遣され，教育諸般の事務を掌るその任務を遂行するかたわら，欧州各国の教育・美術事情を視察して翌年帰国．そして1884（明治17）年に特命全権公使に任命されて，その後4年間を米国で過ごす．そのような海外の経験を経て，1889（明治22）年になって「帝国博物館」の総長に任命される．帝国博物館を整備していくなかで，九鬼が与えた影響の大きさは『東京国立博物館百年史』に明記されている．その整備の際の官制のほかに「帝国博物館事務要領ノ大旨」があり，そこからは当時（1890年前後，明治20年代前半）の博物館事情を知ることができる．特に「展示」という視点は，以下の一文に始まる諸分類に示されている．

　　一　陳列ハ蒐集ノ目的ニ拠リ類別ノ精神ニ照シ物品ヲ整理シ門ニ入リ場ニ登レハ一目瞭然其巧妙ヲ鑑識シ沿革ヲ理解スルヲ得ルノ裨益アルヲ主トセサルベカラス之ニ就キ注意ヲ要スルモノ大略左ノ如シ

その「注意ヲ要スルモノ大略」としてあげるのが，第一　館内場所ノ選択（展示室・展示の場所），第二　光線（採光計画），第三　配置（展示プランニング），第四

距離，第五　高低（視線計画），第六　表装（資料の誂え），第七　列品箱ノ構造（展示ケース），第八　空気ノ流通寒暖乾湿ノ適度（空調，温湿度計画），第九　説明札ノ書キ様（付札，パネル）であり（括弧内はいずれも筆者），その念の入れようがうかがわれる．これはあくまで大略であって，さらに展示そのものの詳細には，九鬼の考えるところもあったと思われる．それは諸外国を見聞した九鬼ほどの人物であるから，言葉の上での「展示」は意識せずとも，ただモノを並べるだけではない展示を考え，その一端が上述の大旨に表れたと考えられる．なお，帝国博物館はその後帝室博物館となり，宮内省の管轄，つまり皇室の博物館としての啓蒙施設へと変貌していく．

●**パノラマ館と展示の熟成**　パリにおいて，幕末から明治初期に渡航した日本人によるパノラマ館の視察は数多く行われていたが，日本にパノラマ館が登場するのは，しばらく置いて1890（明治23）年のことであった．見せ方としてはすでに多くの海外渡航経験者には周知され紹介されながら，その構造も展示技法も特異な施設の設置は，なかなか実現しなかった．しかし，無意識に「陳列から展示へ」と認識が変化し醸成されるなかで，このパノラマ館ができてきたと考えてよいだろう．上述の帝国博物館の整備と軌を一にし，さまざまな意味で1890年前後は文化・啓蒙という意識が発展した時期であり，展示が熟成していく段階における好例といえる（☞項目「娯楽①見世物からパノラマ館」）．

●**坪井正五郎の展示実践**　明治時代の展示史のなかでは，坪井正五郎の論説が卓見として評価され，啓蒙実践としての展示事業も行った．1904（明治37）年の「東京大学人類学標本展覧会」である（図3）．坪井自身による「人類学標本展覧会開催趣旨設計及び効果」の解説があり，展示の意義，すなわち「期する所は人類学標本の真価値を示すに在るので有りますから，標本其者を陳列すると同時に其価値有る所以を明にする設備をも工夫しなければ成りません」と述べ，さらに動線を考慮した展示（配列）も確かめることができる．

図3　人類学標本展覧会会場（出典：坪井，1904）

もっとも坪井は1889〜92（明治22〜25）年の間，仏英に留学，『東京人類学会雑誌』で逐一報告しているが，そのなかでパリ万博を見学し，その「人類学部物品陳列」を「此専門の部にして物品陳列の法が理学的で無いとは如何なる訳であるか」など，展示法に批評を加えている．つまり「陳列」ではなく「展示」を意識した発言が随所に認められ，その成果が実践として現れたのである．

1923（大正12）年，帝室博物館や教育博物館など多くの施設に多大な影響を与えた関東大震災は，その後の文化・啓蒙施設の再編に皮肉にも一定の役割を与えることとなる．さらに棚橋源太郎の尽力で，日本の博物館界が統合し発展していくこととなるが，それは日本に博物館が登場してから半世紀を経てのことである．　　　　［山本哲也］

文化・啓蒙③博物館法と事業

　1928（昭和3）年，現在の日本博物館協会の前身にあたる博物館事業促進会が発足（1931年に日本博物館協会と改称）．日本に博物館が誕生してから約半世紀が経ち，博物館界における最も大きな動きが起こったといえる．まだ学芸員という制度もなく，法的根拠もないなかで，博物館自体の団結が認められたのである．会誌『博物館研究』も創刊され，当初から博物館展示が多く語られ，活発に議論され，後の文化・啓蒙に大きく影響を及ぼしている．しかしその後の太平洋戦争は，博物館界にも暗い影を落とした．本項では戦前の新たな事象から戦後を見渡すこととする．

●**新たな展示手法や新機器の導入**　戦前の動きのなかで特筆される事柄に，ジオラマとプラネタリウムの導入がある．

　ジオラマは1924年の「英国ウェンブリー博覧会」での導入以降，アメリカ自然史博物館など世界に波及し，日本においては1926（大正15）年の「樺太庁主催産業博覧会」での導入のほか，博物館においては1931（昭和6）年の東京科学博物館（現国立科学博物館），日本の統治下における樺太庁博物館などで採用され（図1），新たな展示手法としての存在感を示した．

　プラネタリウムは，1937（昭和12）年開館の大阪市立電気科学館，翌38年開館の東日天文館（図2）と，相次いで導入された．プラネタリウムという機器自体はドイツで1923年に開発されたもので，その最新機器は大阪での初導入以前にも，さまざまな関心が寄せられていた．そして戦前の段階で世界に26機しかなかったところ，日本に2機も導入されていたというのは目を見張る事実である．今や米国に次ぐ世界第2位のプラネタリ

図1　東京科学博物館のジオラマ
　　（出典：『坂本式動物剥製及標本製作法』1931）

図2　東日天文館開館を伝える東京日日新聞
　　（1938年11月2日）

ウム大国となるその基礎がつくり出されていたといえよう．東日天文館は戦災に遭うが，大阪市立電気科学館は戦禍を潜り抜け，1989（平成元）年まで約半世紀の間，プラネタリウムが映し出す星空が市民の目を楽しませた．

しかし，そういった種々の明るい話題がある一方，文化面における戦禍といえるのが動物園での殺処分である．空襲の影響で猛獣が脱走することを避けるためなどの理由から，薬殺や餓死処分が行われた．また啓蒙という面では戦意高揚のために博物館が利用されるという場合もあった．戦争は，すべてにおいて負の側面をもたらせるのである．

そして終戦．GHQ（連合国軍最高司令官総司令部）の指導などもあって，文化・教育面にも新たな動きが生まれる．

●「博物館法」の制定と展示　敗戦後，日本の法令が整備されるなかで，教育関連法令が次々制定されていく．「教育基本法」(1947〈昭和22〉年)，「社会教育法」(1949〈昭和24〉年）の後，「図書館法」(1950〈昭和25〉年)，「博物館法」(1951〈昭和26〉年）が次々と公布された．

「博物館法」は，博物館の機能として収集，保管，調査研究とともに「展示して教育的配慮の下に一般公衆の利用に供」することを明示した（第2条）．しかし，そこではいわゆる「展示」の詳細（理論）に及ぶ内容が含まれることはなく，それを博物館関連法令の類に求めると，1973（昭和48）年の文部省告示「公立博物館の設置及び運営に関する基準」まで待たなければならない．同基準は当時の公立博物館に対して示された「望ましい」基準であり，現在の文部科学省告示は「博物館の設置及び運営上の望ましい基準」となっている．そのなかで展示は以下のとおり条文化されている．

> 第六条　博物館は，基本的運営方針に基づき，その所蔵する博物館資料による常設的な展示を行い，又は特定の主題に基づき，その所蔵する博物館資料若しくは臨時に他の博物館等から借り受けた博物館資料による特別の展示を行うものとする．
> 2　博物館は，博物館資料を展示するに当たっては，当該博物館の実施する事業及び関連する学術研究等に対する利用者の関心を深め，当該博物館資料に関する知識の啓発に資するため，次に掲げる事項に留意するものとする．
> 一　確実な情報及び研究に基づく正確な資料を用いること．
> 二　展示の効果を上げるため，博物館資料の特性に応じた展示方法を工夫し，図書等又は音声，映像等を活用すること．
> 三　前項の常設的な展示について，必要に応じて，計画的な展示の更新を行うこと．

もちろん，これらをもって博物館展示をすべて論じることは不可能である．したがって，法令はあくまで一つの基準とするものであり，各施設の理念や特性によって，それぞれの展示が展開されるものとなっているのである．

●博物館世代論と展示　博物館は単なる展示施設ではなく，「博物館法」にも認められるごとく，教育施設である．といって，法整備がなされてそれ相応の進展があるなかで，博物館も様変わりをみせていく．その姿を理論化したのが博物館世代論である．

博物館世代論を具体化したのが伊藤寿朗で（第三世代の博物館像），伊藤は博物館のその目的から，第一世代を保存志向型，第二世代を公開志向型，そして第三世代を参加・体験志向型とし，さらに専門職員，建物，調査研究，収集・保管，公開・教育，運営と細分化して，各世代の特徴を描出．第三世代をめざすべきという，理論化を図った．例えば，展示の内容は，第一世代が単品の価値中心，第二世代がテーマ中心・AV機器の活用，第三世代が資料の多様な見方が可能（観察力の育成をめざした比較資料の充実），といった具合である．

　さらに伊藤は，地域博物館論を提唱．博物館を地域志向型，中央志向型，観光志向型と分類し，地域志向型博物館を「地域に生活する人びとのさまざまな課題に博物館の機能を通してこたえていくことを目的とするもの」，中央志向型博物館を「人びとの日常的生活圏などのフィールドをもたず，全国・全県単位などで科学的知識・成果の普及を目的とするもの」，そして観光志向型博物館を「地域の資料を中心とするが，市民や利用者からのフィードバックを求めない観光利用を目的とするもの」とした．

　その博物館世代論をさらに現代的課題に即して整理，深化したのが滋賀県立琵琶湖博物館の布谷知夫である．布谷は，同館での実践をもとに，参加型博物館論を提唱．利用者が博物館の諸事業に参加する姿を説く（図3）．それは調査研究事業への参加，事業計画の協働などのさまざまな参加をいう．展示を見る，講座を受けるといったレベルのごく単純な利用者ではなく，博物館側と利用者側がともに博物館をつくり出していくことになり，それこそが利用者にとっての最高レベルの生涯学習ということになるのではないか，ということである．

　つまり，文化は享受するだけではなく，創造するものであり，そのために展示が果たす役割は今後も多様化していくべきである．

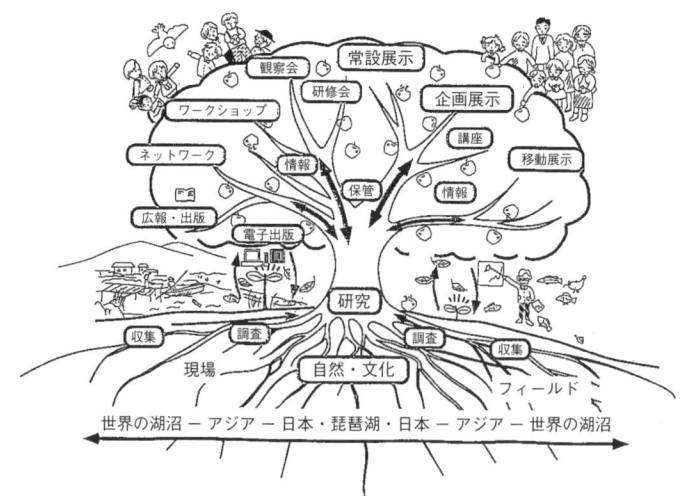

図3　参加型博物館の概念図．目に見える成果（果実）は，見えない地下の根の活動があって存在している（出典：滋賀県立琵琶湖博物館）

●展示手法の進化　21世紀を迎えるにあたって，新たな時代に向けた展示手法の導入は，さまざまな姿をみせている．特に映像分野では著しい発展を遂げている．また，ハンズオン展示も盛んに取り入れられ，見るだけではない新たな手法が次々と導入されている．

　戦前大きな期待をもって迎えられたプラネタリウムは，単に星空を見せるというだけではなく，各種映像との組合せ，または全天映像の上映などが効果的に取り入れられている．機器自体も進化を遂げ，投影できる星の数は今や億単位となった．

　ほかにも映像展示は常に検討，開発がなされ，随時改良が加えられている．ハーフミラーを利用し，実物や模型などの三次元の実景と映像の動きを合成して見せるマジックビジョンの導入はその一つであり，1990年代に隆盛．さらに近年，映写される対象の形状などを生かしたプロジェクションマッピングの導入もある．映像展示の進化は著しく，それによる文化・啓蒙での効果向上が進んでいる．しかし逆に，さらなる進化が前段階の映像展示の陳腐化を招き得ることも，認識しておくべきである．

　ハンズオン展示は，もとはハンズオフ，つまり触ることを禁じることに対する言葉であり，展示においては「プリーズ・タッチ」と表現し供される場合もある．視覚に訴える展示だけではなく，触ること，さらにそれを超えてあらゆる知覚に訴えることで，情報がより多角的にとらえられることになる．それは，ユニバーサルミュージアムの概念のなかで導入されることが多いが，さらにより多くの情報提供のかたちとして，今後導入が求められてくると思われる．

●事業の多様化　近年，「開かれた博物館」という言い方をよく耳にする．文化というのはある特定の人々のものではなく，あらゆる人に開かれているという意味である．そして，文化を享受するためには，堅苦しい雰囲気のなかですべての事業が行われるべきではなく，そのきっかけをいかにつくり出していくかを考えなければならない．そのために，さまざまな事業展開がなされており，ミュージアムコンサートの実施例の急速な増加などは，その好例である．

　プロジェクションマッピングは，時に施設の建物を活用して行われることがある（図4）．それは直接の博物館展示ということではなく，文化施設に対する意識改革として認識すべきであり，あくまできっかけを生み出すものでしかない．しかし，そういったさまざまな事業が展示を享受するきっかけへとつながるものとして活用されることに，期待が高まっ

図4　施設建物を利用したプロジェクションマッピング（新潟市歴史博物館，著者撮影，2015年5月）

ているのである．そしてまた，それら各種事業も広義の展示であり，それを含めて総合的に展示となっているとも考えられるのである．　　　　　　　　　　［山本哲也］

📖 **参考文献**　長浜功（編著）『現代社会教育の課題と展望』明石書店，1986／布谷知夫『博物館の理念と運営―利用者主体の博物館学』雄山閣，2005

顕彰①モニュメント

　顕彰とは，権威に限らず一般市民の間でも顕彰館や顕彰塔，顕彰碑，顕彰像などを建立し，広く持続的にその栄誉や功績を称える行為である．顕彰の目的や対象は，権威者がみずからの業績を称えるものや権威者が下の者に政治的な目的で崇賢，顕彰の意を表すもの，門生や弟子，故吏（こり），子孫が故主の生前の徳を称えるものなど多岐にわたる．なお，類義語である表彰とは，国家や地方公共団体，企業など一定の権威性と社会的影響力を有する主体が式典などの場を設けて一時的に対象者の栄誉や功績に対し，贈与物を与え称える行為である．

　顕彰方法には，古代であれば広場や墓に配置された木柱や石柱，石塔，石碑があり，現代であれば単独の施設として設えられた記念館や公園内に配置された銅像などがある．前述のとおり，顕彰自体が広く持続的に行う行為であるが，脆い（もろ）素材であればあるほど後世に残る可能性が少ない．より剛健な物に置き換わることで耐久性が向上され長期間残る可能性が増し，顕彰をより持続的なものとしてきた．

　また，これら顕彰の意義が示されたモノやそこに残された碑文自体が当時の出来事を鮮明に伝える歴史考古学的，言語学的に非常に重要な資料となっていることは言うまでもない．世界的にはダレイオス1世が自己の業績を記したベヒストゥン碑文やプトレマイオス5世の徳を讃えたロゼッタ・ストーン（図1），ダルマを統治理念としたアショーカ王の石柱碑・磨崖碑（まがいひ），中国唐代の大秦景教流行中国碑，唐と吐蕃（とばん）とが国境を定めた唐蕃会盟碑（とうばんかいめいひ）などが著名である．

●文字誕生以前の原始・古代の顕彰行為　顕彰行為と断定することはできないが，世界各地で原始時代から多様な類似行為自体が行われていた．例えば，新石器時代から鉄器時代頃までに建造された英国のストーンヘンジに代表されるストーンサークル，メンヒル，ドルメンなどの巨石文化は，そこで生活していた集団の記念物，モニュメントとして建造されていたことが明らかである．また，巨石記念物とは石組みの構造で区別されているエジプトのピラミッドも権威者の威光を示す記念物の一つであることは間違いない．わが国における縄文時代の盛土や環状列石，木柱，弥生時代の墳丘墓，古墳時代の古墳も記念物の一種と考えられる．そして特筆すべきは，秦始皇帝陵および兵馬俑，ならびにわが国の前方後円墳は，兵士や馬など多種多様な俑や埴輪を配置することにより，それ以前の大小

図1　ロゼッタ・ストーン（紀元前196年出土，大英博物館原型蔵）

けんしょう①もにゅめんと　133

という基準ではなく，より具体的に権威者の威光を示していることである．

より具体的な顕彰は文字の発達や普及によって可能になり，大掛かりなモノの配列による記念物の必要性が次第に薄れ，顕彰行為が一般市民にも容易なものとなったと考えられる．

●**文字による顕彰行為**　角谷（2008）によれば，中国の後漢時代における優遇や顕彰の方法は，官爵（かんしゃく）や贈与物を与えるのが一般であるものの，本人が亡くなっている場合，官爵は子孫に与え，子孫のない場合は後嗣（こうし）を探して祭祀を継続させ，本人に対しては，墓を舞台に顕彰が行われた．また，顕彰を示す記念物となる立石場所は，墓や道路（功績の地）の近くや任官地とさまざまで，石の形状も，摩崖や長方形の板状のもの，円首をもついわゆる碑の形など多様であった．しかし，いずれも顕彰を目的とすることだけは共通し，そしていずれも「表」と自称した．「表」とは名前などを書いた単純な表示板の如きものとはまったく異なり，単に「明らかにする」だけではなく，為政者が認定する価値や評価を社会に向かって表示する，いわば社会的・政治的意義をもちはじめたことを意味するものだという．そして，さまざまな要因から，功業は広く顕彰し，記録し，万歳に残すべしとする風が強まると，墓に刻石を建てる顕彰行為も，為政者が吏民に対して行うだけでなく，下から上への方向が増え，素材は木から石に変わり，顕彰の文章は長くかつ美しくなる．さらに名誉は人に知られなくては意味がない．だからこそ刻石や図画という人目にふれる手段が選ばれ，名誉を贈与するという顕彰方法は広く皇帝の権威を示すことになり，「人材発掘」「権威の誇示」，皇帝権力の維持強化に繋がった，と角谷は結論付けている．

以上のように，中国の一時代を切り取っても時代とともに，表木から立石，石碑へ変遷をみることができる．

●**近代以降の銅像による顕彰行為**　近代以降に登場した銅像は，その多くが人物像であり，人々が集まり，目に触れる機会の多い広場に設置された．また，1702年にルイ14世の栄光を称えるために敷設されたパリのヴァンドーム広場には現在でもナポレオン1世がアウステルリッツの戦勝を祝賀して建てたコラム（円柱）が残っており，人物だけでなく事績に対する顕彰も行われている．

わが国では，飛鳥時代から金銅仏が制作されていたが，人物をかたどった銅像が建てられることはなかった．そのため，江戸時代末期，米国に渡った万延元年遣米使節村垣範正が胸像をみて「代々の大統領の首なるよし我国の刑罰場に見るにひとし」と『遣米使日記』に記録している．日本初の西洋式銅像は，1880年に建てられた兼六園（石川県）の明治紀念之標・日本武尊の銅像で，熊襲退治のために九州に出向いた日本武尊と西南戦争で従軍した郷土軍人を重ね合わせた慰霊碑であるといわれる．

このように今日まで続く顕彰行為は，素材の変化による耐久性や記念物としての大きさや美麗・荘厳さによる視覚効果，具体化や文字解説による受け手の理解，立地による集客力，といった諸要件が時代とともに変遷している．顕彰とは，初源的な在り方である「表」が，社会に向かってその意図を表示する装置であったように，設置者が観る対象を意識して，改善を重ねてつくり出した展示行為の一種といえる．[下湯直樹]

顕彰②文化政策・戦略

現代における顕彰行為は，古代から近代にかけて連綿と行われてきた顕彰行為と多くの部分で共通するものの，国や地方自治体などによる文化政策や文化戦略にかかわる比重が増している．また，顕彰の形態も屋外に設置する石碑や銅像といったものから，顕彰する対象となる人物や事績に関連する建築物や資料を伴う記念館，建物内に付設された記念室，包括的に保存される遺産など多様性が増している（☞項目「顕彰①モニュメント」）．

例えば，世界遺産の暫定リストに含まれている「長崎の教会群とキリスト教関連遺産」では，教会のほか，弾圧・殉教にまつわる場所は「信仰の奇跡」という出来事の顕彰だけではなく，そこで命を落とした人々への鎮魂・慰霊も兼ねている．教会は祈りの場所であるとともに「集合的記憶」を形成し，折にふれて想起させる「記念碑」（monument）として建設され，それ自体が聖地あるいは生活空間の「聖なる中心地」という意味をもち続けている．社会学者の小川伸彦によれば，この「集合的記憶」とは「出来事を，証拠品としてのモノによってではなく，より直接に保存するために意図的に構築された記号」「モノと記憶の保存」（2002）と言い表される．

●**地域活性化事業としての顕彰行為**　教会は貴重な文化財として信者の生活の中心である「生きた教会」として保存される一方で，近年のツーリズムの発達に伴い「観光資源」として地域活性化のために活かすという，互いに矛盾対立するような課題も突き付けられている．また，ツーリズムの発達と地域活性化の旗印として世界遺産登録がブランド化されるなか，日本では全国的に近代化産業遺産への新たな価値づけを見出す傾向にある．この流れは，行政の積極的な関与に起因し，地域力の創造・地方創生という取組によるところが大きい．

地域力とは，地域に根ざしたさまざまな力をいう．例えば，地形・地質・動植物や景観，人物，事績などであり，その土地に生きる人々にとって愛着と誇りとなり得るものである．つまり，人物を顕彰する記念館の建設や事績を顕彰する近代化産業遺産の推進は，観光客誘致はもちろんのこと地域の文化の芽を育てる施策として，地域のもつ魅力の再発見や再評価，人々の郷土愛や誇りをもたせる手段として行われているといえる．

なかでも近年は，特に先人顕彰に目が向けられている傾向にある．景気悪化や箱物行政への批判から，20世紀

図1　高知市立龍馬の生まれたまち記念館

を境に博物館の建設が下火になったが，2001年大阪府東大阪市に「司馬遼太郎記念館」が建設され，2004年高知県高知市に「高知市立龍馬の生まれたまち記念館」（図1），2012年東京都文京区に「森鷗外記念館」，2015年大阪府堺市に千利休と与謝野晶子を記念した「さかい利晶の杜」，2017年には東京都新宿区に夏目漱石の業績を顕彰する「漱石山房記念館」など，その建設は今なお目覚ましいものがある．

このように先人の再発見とその顕彰は地域活性化の目玉となっている．また，顕彰行為による地域活性化の推進は，記念館の建設に留まらず，市や町をあげて行う祭り，さらには複数の行政区域に跨り複数の行政組織と関連団体が連携して行う大型のイベントにも見受けられる．前者の例でいえば，富山県高岡市で行われている「前田利長公顕彰祭」や山梨県山中湖村での「信玄公遺徳顕彰祭」があり，後者でいえば，静岡県内で徳川家康にゆかりの地である静岡市，浜松市，岡崎市といった行政と久能山東照宮，各市の商工会議所が連携し，2015年の年間を通してさまざまなイベントを開催した徳川家康公顕彰四百年記念事業がある．徳川家康公顕彰四百年記念事業の狙いは，徳川家康薨去四百年という記念の年に，家康が礎を築いた「世界史上，例をみない平和国家」で「究極の循環型社会」，また「文化の成熟期」でもあったとされる徳川時代を再考し，その知恵を未来の日本，そして未来の世界へ発信する事業である．あわせて世界的な偉人である「家康公」について，ゆかりの地に住む市民・県民が改めて誇りを感じることにより，地域の魅力向上と活性化につなげていくというものであった．同イベントは，顕彰行為と地域活性化が結び付いた好例といえよう．

●イメージアップとしての顕彰行為　企業の記念館や記念室および私立大学の記念館の設置は行政主導のものとは異なり，創業者の顕彰，社史や大学史を紹介し，在籍する社員や学生に帰属意識や愛社精神を求める傾向が強い．

例えば，明治大学アカデミーコモン地階1階に所在する阿久悠記念館は，2011年10月に大学の卒業生である阿久悠の業績をたたえるとともに，その遺産を次世代に継承していくため開館された．同大学の誇るべき卒業生，阿久悠はだれもが知る多数の歌謡曲を手掛けた日本を代表する作詞家・作家であり，この人物に対する顕彰行為を展示によって行うことにより，大学関係者の愛校心の向上とともに，大学のイメージアップにつながっている．

一方で，創業者を顕彰した記念室として2016年に出光興産の創業100周年を機に展示が全面改装された出光創業史料室がある．当記念室は，出光興産の創業者である出光佐三とゆかりの深い門司港レトロ地区に自身のコレクションが展示される出光美術館に併設されたものである．記念室での展示は，出光の社員や販売店から「店主」と呼ばれ親しまれている出光佐三の生涯の軌跡を紹介し，創業者の経営観や人生観を伝えているものとなっている．この創業者に対する顕彰を通じた展示行為により出光興産の社員の帰属意識や愛社精神の向上，企業イメージの向上に繋がっている．

このように顕彰行為は，時代とともにかたちを変えながら多様性を増し，展示効果を増幅させることでメッセージ性を強め，我々の生活のなかで連綿と行われ続ける行為となっている．　　　　　　　　　　　　　　　　　　　　　　　［下湯直樹］

宣伝・広告

　宣伝とは，情報の送り手が各種の媒体（メディア）を通して伝達・訴求する展示活動である．伝えることを広義の概念として，実際にメディアを通すことから，宣伝，広告（advertisement, ad, アド），宣伝広告，広告・宣伝などといい，広告は，宣伝の一形式と解釈するのが一般的である．また，宣伝の訳語にラテン語の propagare（繁殖させる・種をまく）に由来するプロパガンダ（propaganda）があるが，特定の主義・思想を押しつける宣伝をさすとして近年は区別されている．本項では，これまでの展示学研究の文献を参考にして，宣伝・広告の歴史について，次項では宣伝・広報の歴史について概説する．

●**宣伝とメディアの歴史**　宣伝・広告の歴史はメディア技術の革新とともに変遷してきた．まだ本格的なメディアが成立する前の江戸時代は，商人たちが木と紙の媒体を使い，競って店の軒先に看板を掲げていた．看板の由来は平城京や平安京の官市に掲げられた「標」とされるが形状は定かではない．さまざまな形状の看板が掲げられるようになるのは江戸時代になってからである．なかでも，酒屋の看板の酒ばやし（杉玉）は優れた宣伝メディアとして今も見られる．青い杉の葉を束ねて丸く刈り込んだ酒ばやしを軒下に吊るして新酒入荷を知らせていた（図1）．今日では，「メディアとメッセージが一体化した最も広告らしい広告」（藤谷，2010）と評されている．

図1　酒ばやし．新酒ができたことを知らせるシンボル的な看板

　江戸時代中期は，引札が広く配布されるようになっていた．引札は商店，問屋，製造販売元などが宣伝のために木版印刷技術で一枚摺りした広告チラシで，始まりは1683（天和3）年に越後屋が呉服の宣伝に「現金安売り掛け値なし」という引札を十里四方に出したといわれる．当初は単色摺りだったが，その後，多色摺り木版画の錦絵に店名や商品名の広告を刷り込むなどしたものが盛んに出まわるようになった．引札とはお客を引きつける札からきており，チラシの語源は引札を「まき散らかす」からきている．引札は江戸時代以降，石版印刷技術が登場してくる大正時代まで続き，今のポスターやチラシの原型になっている．

　また，人の集まる街頭や店先の壁などを掲示板に飛羅・絵びらという貼紙の商品広告が掲示されよく読まれた．江戸の人々の識字率が高かったからともいわれる．暖簾のルーツは，寝殿造りなどの設えで蔀戸（板戸）を解放した際，風や陽射しを遮るために冬は厚手の布（暖簾）を掛け，夏は涼しげな竹や葦を編んだもの（涼簾）を

掛けた．一方，暖簾は室町時代以降，次第に商店の営業の目印になるようになり，屋号や商標などを染め抜いたもので信用や格式を表し，「暖簾分け」などの言葉も生まれた．一方，涼廉の語はあまり使われなくなり，廉として現在に至っている．印半纏は暖簾同様に，半纏（半天，袢纏）に名字，家紋，屋号などの印を背中や衿に白抜きに染め抜き仕立てたもので，出入り職人の仕着せ，職人頭が弟子や小僧に制服として支給していた．職人たちが印半纏を着て歩く姿は動く暖簾（広告）として宣伝効果があった．似たものに法被があるが，半纏は単衣の筒袖の短衣で衿が折り返っていなく職人や庶民が日常着用したのに対し，法被は衿の折り返った短衣で，武士が家紋を染め抜いた法被を着たのが始まりとされるが，江戸時代末頃には半纏との区別はなくなっていたとされる．明治時代には官員の生活に受け継がれ，代表的なものに消防団員の制服がある．

高札場は，幕府や領主が決めた法度や掟書などを高札（木の板）に書き，人目につくように高く掲げておく場所で，人の往来が多い目抜きの場所に設けられた．起源は782（延暦元）年の太政官符が掲示を命じたとされ，以後の武家政権でも継承され，全国的な制度に確立したのは江戸幕府および諸藩であり，1874（明治7）年に廃止決定がされるまで続いた．高札場の文章は寺子屋の書取りの教本にも推奨されて，庶民教育に役立っていた．武者行列の原型は，江戸時代の参勤交代の大名行列になる．時代考証に基づき扮装類を復元して行う行列であり，歴史祭り，時代行列などといわれる．戦後，地域振興と郷土の歴史を伝承するために全国の地域で見られるようになった．武者行列を模型にした再現展示も地域の博物館などで見られる．武者行列にはさまざまな装束や半纏，飾り物があるが，これらは収蔵・保存に必要な復元・修復技術の伝承につながる貴重な文化財である．

●**宣伝・広告活動の近代化と印刷** 明治時代（1868〜）になると，日本初の活版印刷伝習所が開設（1869）し，翌年には横浜毎日新聞，続いて東京日日新聞が発刊された．ニューメディアとしての新聞，雑誌の登場は，引札やチラシなどの木版印刷から活版印刷へとメディアの形態を変えた．安価で大量に印刷される新聞は，多彩な情報を広く，効率よく伝達できる広告メディアとして中心的な地位を獲得し，新聞広告を取り次ぐ広告代理業の発達をうながした．また，新しい石版印刷メディアを用いた彩り豊かな絵びらや錦絵から発展したポスター（宣伝のために掲示する大形のビラ）などが登場した．オフセット印刷や写真版も可能になり，大手の衣服・煙草・薬商などが企業イメージや商品広告を競い大量のポスターが出まわるようになった．大正時代（1912〜）に入ると経済の発展とともに都市化と生活の西欧化が進んだ．新しく三越百貨店（1904）ができ，電波メディアのラジオが登場して，読むから聞く宣伝が増えていった．昭和時代（1926〜）に入ると消費の高度化・大衆娯楽の成立を背景に商業美術も発展し，図案家（グラフィックデザイナー）やコピーライターが活躍するようになった．やがて，戦時色が強まり宣伝・広告活動は制限されていったのである．

[花見保次]

参考文献 橋爪伸也「ディスプレイの源流」『ディスプレイの世界』六耀社，1997

広　報

　広報は広く知らせるという意味で宣伝と同義語である．第二次世界大戦までは対象分野により言葉も異なり，特に行政機関では一方向性な公報や弘報を用いていた．戦後（1945年～）になると，GHQ（連合国軍最高司令官総司令部）の民主化政策からもたらされたPR（public relations）を，行政では双方向的な意味の広報と訳して使用し，一般企業では主にPRを使用した．PRとは，「企業体または官庁などが，その活動や商品などを広く知らせ，多くの人に理解を高めるために行う宣伝活動」（『広辞苑』第6版）である．また，報道機関などへニュース素材を提供する活動にPRと同義語のパブリシティがある．「政府・企業・団体がマスメディアを通じて望ましい情報の伝達をめざす活動」（『広辞苑』同上）であり，多くの組織体では部門名に使用している．

●**消費社会の進展と宣伝・広報活動の近代化**　1950年代に米国からマーケティングの理論が導入された．マーケティングとは，「商品の販売やサービスなどを促進するための市場活動」（『広辞苑』同上）をいい，主な活動は，宣伝活動，市場調査，販売促進（sales promotion, SP, 販促）がある．SPとは，人的販売と広告活動やパブリシティ以外のディスプレイ，ショー，イベント，店頭実演，屋外広告など展示分野が深く関わるプロモーション活動であり，これらは宣伝・広報の主要なメディアになっていった．宣伝がマスメディアを通した一方向性のメディアとするのに対して，SPは，常に情報の受け手がその場に臨席する双方向性がある「場」の展示メディアでもある．この時期，NHKテレビ放送の開始（1953），民放も開局しテレビCM（commercial message）第1号は精工舎の時報スポットであった．カラー放送（1967）になりお茶の間の中心はテレビになり，テレビCMの時代に入った．

　全国主要都市にはネオンサイン（屋外広告塔）が林立し，夜の景観を左右する存在になっていた．また，スーパーマーケット理論が導入され，ダイエーが開店（1969）して以降全国に広まっていった．続いて，ファストフードのマクドナルド1号店が開店（1971），コンビニエンスストア（CVS）のセブンイレブンが開店（1974）した．それぞれにマーケティング戦略を用い，旺盛な宣伝・広報活動を展開していった．約6,400万人を動員した大阪万博（1970）は，そうしたマスメディアとSPメディアがそろった様相を見聞できる機会になったと同時に，引札やチラシの時代から，ポスターやPOP（point of purchase, 購買時点広告）などの印刷メディア，ラジオやテレビCMなどの電波メディアとSP・展示メディアが全盛の時代に変化したことを示した．

●**IT社会と広報活動の高度化**　1980年代に入るとパソコンが普及し始め，高度情報化社会が到来，メディアの変化が進んだ．企業は情報発信に対しその社会的責任を果

たす行動が求められるようになった．CSR (corporate social responsibility) といい，組織体の区別に関係なくアイデンティティが求められるようになった．CI 活動はそうした傾向の一つである．CI (corporate identity) とは，「企業などのイメージ統一．企業戦略の一つで，シンボルカラー，文字デザインなどの視覚的手段を通じて，企業イメージを従業員，顧客にアピールする」（『広辞苑』同左）である．1930 年代に米国で始まり，日本には 70 年代に導入された．マツダ，ダイエーなどの企業が取り組み，その成功に多くの企業が続く CI ブームが起き，CI デザインの重要性が認識されるようになった（図1）．ショールームは，高度経済成長期に多くのメーカーが主要都市に設置していった SP メディアである．自社製品を展示し，その価値や効用を示すために一般向けに公開するとともに，販売代理店や社内研修の場としても活用した．

図1　コーポレートシンボルのスタイル/CI．CI は経営戦略の柱，CI シンボルは多くの情報が凝縮された記号である（出典：中西，1996）

　同時に，国公立博物館づくりが続くなか，企業の周年事業の一環として企業博物館づくりがみられるようになった．企業博物館は企業の理念や技術，歴史資料などを一般に公開するものと，創業者の個人的趣味から収集した美術工芸品や骨董などを展示公開するタイプがある．また，企業メセナによる研究型ミュージアムもある．そこでは事業に関わる広報活動，製品展示，販売促進活動，教育・文化活動の場として活用を図っていた．

　21 世紀に入り，宣伝・広報専門の博物館が誕生するようになった．印刷博物館（凸版印刷）が印刷メディアの歴史資料館として開館（2000），アドミュージアム東京（吉田秀雄記念事業財団）が広告とマーケティングの総合資料館として，日本で唯一の広告図書館を付設して開館（2002）し，宣伝・広報の研究拠点ができた．一方，行政機関においても CSR を参考に広報を重視するようになり，双方向性を重視した行政情報プラザなどが全国の行政単位で開設するようになった．行政情報プラザは情報公開法（1999）に基づく情報サービスを中心に運営している．　　　　[花見保次]

参考文献　稲垣博「企業による PR 施設」『展示学事典』ぎょうせい，1996／吉田秀雄記念財団『広告は語る―アド・ミュージアム東京収蔵作品集』吉田秀雄記念財団，2005

芸術・芸能①日本の伝統美

　日本には古来より海を渡ってさまざまな文化が渡来した．それらの文化は四季の豊かな地理的環境のなかで特有な自然観に育まれ日本化されてきた．その特徴を抽出して観覧者へわかりやすく表現して見せることが重要である．

●仏像と展示　日本の仏像といえば，我々はまず飛鳥，白鳳，天平，弘仁の諸仏を思い浮かべる．6世紀半ばに，仏教とそれに伴う美術が輸入され，飛鳥に根をおろし仏像や寺院がつくられた．そして次の白鳳文化，天平文化を生んだ奈良時代は，飛鳥時代の唐様式の荘重な美しさから，優雅な表情，肉付けの微妙さ，衣の襞の真に迫った美しさへと変化している．かつての奈良の博物館は，寺の保存環境が悪かったこともあり，寺々の傑作を一堂に集めて展示していた．和辻哲郎は当時「博物館の陳列の方法は何とか改善してほしい」と述べ，国宝鑑賞に相応しい美術館展示のあり方を『古寺巡禮』のなかで訴えている（和辻，1919）．

　今では各寺に収蔵庫や展示施設ができてそれらの多くはもとの寺に帰って展示方法も見直されている．お堂の中に安置された仏像を拝することは，それらを芸術的に鑑賞したり，学問的に研究したりする場合には必ずしも完全とはいえないが，信仰の対象として美しい仏を拝するためには最も相応しい展示である．展示室での場合は，仏像と仏像が互いに邪魔をしない空間を確保し，ガラスケース越しの観覧方法はできるだけ避け，展示室ならではの照明や色彩を駆使した演出を図り，より感動的に特徴を美しく際立たせる展示を試みるべきだろう．

●家と障壁画　平安時代は日本独特な表現様式の創造期であり，日本人の美に関する感覚はこの時期に育まれ，磨きをかけられた．平安朝人の生活のなかに季節感が深く意識されていたことはよく知られている．当時の美的理念の一つとして「もののあわれ」という言葉がある．これは無常観的な哀愁やしみじみとした情趣であり，移ろいゆくものに美を感じる感性であって，以降の時代にも影響を与えている．

　邸宅の仕切りとして，実用と装飾を兼ねた障壁画（屏風，襖，衝立，杉戸など）は，最初の唐風の主題による唐絵から日本風のやまと絵（倭絵・大和絵）に変わっていった．四季絵は，季節感に名所や年中行事を結び付けた絵が描かれている．障壁画が多彩な発展を示したのは，安土・桃山時代である．大規模な殿舎の築造において，豪華な装飾が施され，倭絵の濃彩法をとった華やかな金碧障壁画が描かれ，豊かな装飾美を発揮した．

●茶と展示空間　鎌倉時代の禅僧により抹茶が日本に薬としてもち込まれ，室町時代に禅と深く結び付き茶道が完成した．茶道は，華道，茶室建築，陶芸，庭園，絵画，工芸品など，日本のさまざまな芸術文化にも影響を与えることになった．奈良称名寺の僧，村田珠光が茶会のあり方を，亭主と客との精神交流を重視することと説い

た．これが，わび茶の源流である．わび茶はその後，千利休によって安土・桃山時代に完成する．茶道は禅宗と深く関わり「わび・さび」という精神文化を生み出した．また，茶道の目的として「人をもてなす際に現れる心の美しさ」が重視され，相手に最善をつくすという心を大事にする「一期一会」の考えを生んだ．

　茶道の精神を実現するために茶室の外部・内部空間にはさまざまな工夫が凝らしてある．打ち水された露地を通り待合から茶室へ向かう風情は，日常世俗の世界から茶の世界へ導かれるという印象を深めるように造園されている．また，茶室内部の空間は，対称なものは心の動きを固定するとし，非対称の配置空間の中で常に心の動きを喚起させる意図がある．また，無意味な繰り返しは避け，室内に花を飾るときには花の絵は置かず，黒い茶碗を使う場合は黒い棗は使わないなど，取合せ，付合せを考え，主客の一体感が生まれる展示空間づくりを大事にしている．

●**舞台芸術と展示空間**　舞台芸術は，モノの展示とは異なる時間芸術であり，展示とは質的にも異なるものであるが，視聴覚コミュニケーションの視点からは学ぶ点が多い．能は雅楽の武家文化ともいうべき独自の芸術を樹立した．正方形の舞台の上で三方からの観客を意識しながら，無駄をそぎ落とし，円を描くような演出の動きにも特徴がある．「動く彫刻」といわれるように，あらゆる視点からの鑑賞に堪えねばならない．能楽の立ち方，膝を曲げ，腰を入れて重心を落とした体勢，ハコビ（運足）とあわせ，日本の武術の身体技法の影響も大きいと考えられる．

　能の舞は型の連続である．型は常に流れ，連鎖反応を起こしながらそのリズムが大きなテーマにつながっていく様は，展示構成の重要な視点である．シンプルな軌跡を描く静的な印象が一般的だが，序破急とよばれる緩急があり，ゆっくり動き出して徐々にテンポを早くして，ぴたっと止まるよう演じられる．しかし，静止ではなく回転時のコマが静止して見えるように，身体に極度の緊張を強いることで，内面から湧き上がる迫力や気合いを表出させようとする特色をもっている．能は象徴芸術だけに抑制され簡素な造形や身体芸から観覧者のイメージを無限に引き出しており，象徴展示の切り口を示唆してくれる．

　歌舞伎は近世の初頭，京都において出雲の阿国という巫女の念仏踊りをもって現れた．戦いに明け暮れた時代から太平の世の中になった江戸期の文化は，あか抜けのした「粋」の飾りを志向した．庶民社会では歌舞伎がもてはやされて時代の美意識と様式をつくった．歌舞伎の見得について社会学者の加藤秀俊は，ドラマのなかでの決定的瞬間として，「連続のなかにある突然の，そして瞬間的な停止，そこに歌舞伎の型の本質があるのではないか」と述べている（加藤，1965）．大向うから声をかけるツボもこの瞬間にある．

　造形展示もある瞬間を切り取って心に残る表現を行い，観覧者に提示する．歌舞伎は，物語の要所に型が決まる瞬間を見せる美学として，共感・感動といった展示の芸術的表現にも影響を与えている．

［里見親幸］

📖 **参考文献**　大久保喬樹『岡倉天心「茶の本」』NHK出版，2015／土屋惠一郎『風姿花伝―世阿弥』NHK出版，2015

芸術・芸能②美術館

　ミュージアムの語源は，古代ギリシャの芸術・芸能の神であるムーサ（Musa）を祀った神殿という意味である．パルテノン神殿裏には，ピナコテーク（Pinako-Thek）という絵画室の存在が伝えられ，また，アクロポリスの丘の神殿にはポエキレ（画廊）もあったといわれており，美術を陳列する施設の起源のようである．

●**日本の美術館の推移**　日本における美術館の萌芽は，近代化を進めた明治政府による殖産興業の一環として，1872（明治5）年，湯島聖堂における文部省博物館主催の美術工芸品陳列にみられる．そして「美術館」という名称が現れるのは，1877（明治10）年の第1回内国勧業博覧会である．当初の美術館は博覧会の性格を色濃く反映し，工業製品まで含むものであった．明治後期にいたり奈良国立博物館（1895年開館），京都国立博物館（1897年開館）などによって美術品陳列が本格化した．

　美術館誕生の主なものをみると，最初の国立美術館は東京国立近代美術館（1952年開館）である．そして，民間が開設した初の美術館は，大倉集古館（1917年開館）や西洋近代美術を公開する大原美術館（1930年開館）がある．第二次世界大戦後，公立美術館設立のさきがけとなったのが，神奈川県立近代美術館（1951年開館）であり，日本で初めて近・現代美術を扱う専門の美術館として，以降の公立美術館運営に大きな影響を与えた．

　美術館はコレクションの蓄積が展示と並んで重視される．コレクションが充実している代表的存在であるフランスのルーブル美術館は，常設展示に重要な作品が展示され，国内外から多くの人が訪れている．一方，展示を中心とする施設にはアートギャラリーがある．企画展に特化した東京都美術館や国立新美術館は，ギャラリーに近い施設といえよう．ただし，この美術館とギャラリーの境界はあいまいで，中間的な施設も多い．日本の美術館は1955（昭和30）年頃から始まる高度経済成長期に日本各地に誕生した．美術館設立がピークを迎えたのは，1970年代後半から1980年代にかけての時期である．都道府県よりも小さい行政単位での美術館建設も盛んになった．このように数が増えて飽和状態になったなかで，独自色を出すために専門分野に特化した美術館として現代美術を専門に扱う広島市現代美術館や町田市立国際版画美術館などが誕生した．

　その後，バブル経済の崩壊とともに美術館にも不況の波が押し寄せた．スポンサー頼みの大きな展覧会の開催は難しくなり，企業がメセナ活動の一環で設立した私立の美術館やギャラリーの多くが閉鎖・撤退を余儀なくされた．

　美術館展示は，従来型の静かに鑑賞する形式にとどまらず，コミュニケーションの一つとして実物を用いた教育効果を重視する展示が広まってきた．1970年代以降には，ある特定の室内や屋外に作家の意向に沿って空間を構成し，作品に全身を囲まれ

て空間全体を体験する芸術であるインスタレーションによる展示が始まった．また，1990年代前半から作品も完成品を見せるだけでなく，アーティストが住み込み制作過程そのものを作品とするアーティストインレジデンスに関心が高まり，日本でも普及するようになる．これは観覧者にアートの芽吹きを見せ，新しい価値を生み出す場をまちに形成し，地域づくりにも貢献するものでもある．

●アートセンターの新しい展開　近年は新しい文化振興の拠点としてアートセンターが注目される．美術館を中心に演劇，ダンス，音楽の公演など総合的に行う機能をもっており，文化創造の担い手が集う場としての役割も大きい．また周辺地域に多くの芸術関係者を呼び込み多彩な芸術イベントが行われ，アートセンターは，芸術とさまざまな分野がコラボレーションし，地域の中で創造的で新しい価値を生み出し育む場になっている．

NTTインターコミュニケーション・センター（ICC，1997年開館）は，「コミュニケーション」というテーマを軸に芸術と科学技術の対話を促進し，アーティストやサイエンティストを結び付けるネットワークや情報交流の拠点となることを目指している．主な活動は，「オープン・スペース」と名付けた長期展示，ICCキッズ・プログラム，企画展，さまざまなイベントなどが行われている．

展示活動では，バーチャル・リアリティやインタラクティブ技術などの最先端テクノロジーを使ったメディア・アート作品など，従来の形式や分類を越えた企画展を開催し，実験的な試みや新しい表現，コミュニケーションの可能性を開く活動を展開している．

山口情報芸術センター（YCAM，2003年開館）では，目まぐるしいスピードで進化する今日の情報化社会を，人類が今まで体験したことのない変化ととらえ，身体感覚やリアリティ，創造力にも影響を及ぼすとし新しい表現を模索している．

YCAMにおける活動は，国内外のアーティスト，研究者，エンジニアが滞在しながらメディア・テクノロジーを応用してインスタレーションやパフォーマンス作品を制作発表する「オリジナル作品の制作」「メディア・テクノロジーを繋ぐ教育プログラムの提供」「地域の課題や資源とメディア・テクノロジーの融合」の3点を重視した，新しいスタイルのアートセンターを目指した活動がなされている．

以上のような美術館展示の変化は，個々の作品という「点」から，さまざまに繋がった複数の作品に囲まれる空間，あるいは地域という「面」へ広がりを見せている．これは日々の生活とは無関係だと思っていた美術館を人々の日常生活に結び付けていく可能性をもっている．

芸術・芸能には，私たちの心の中にあるものを，外にイメージとして表現し，現実に生み出す力がある．人間が本来もっている感性を呼び起こし，本人が自覚していない自らの心の未知なる領域を刺激し創造的な行為をうながしてくれる．また，その人の内面の美しさを引き出し，精神性を高めるのに大きな効果を果たしてくれる．[里見親幸]

参考文献　倉田公裕『博物館の風景』六興出版，1998／里見親幸『博物館展示の理論と実践』同成社，2014

アイデンティティ①ふるさと

　アイデンティティ（自己同一性）とは，自分を自分として認識するもの，という意味であり，対象は個人から集団までを含む．自分らしさや集団らしさを主観的に認識するものをさすが，本項では集団らしさを中心に述べる．例えば地方から大都市に出てきた人たちが，故郷の料理や酒を出す居酒屋に集まり，方言を語り，民謡を一緒に歌うのは，自分たちらしさを再確認するものとしてそれらが大きな役割を担っているということである．これは都市に出てきた際に再確認されるものであるが，もともとは長い年月のなかで形成された日常であり，それが環境が変わるなかで，らしさを特徴付けるものとして選び出されたものである．

●**ふるさととアイデンティティ**　ふるさと（故郷）という言葉は，大正期から昭和期にかけて生まれ，都市からみたステレオタイプのふるさと像がメディアを通して広がっていた．川崎市にある川崎市立日本民家園は1967（昭和42）年に設立されたが，戦後都市に出てきた地方の人々が故郷を思い起こす場所としてつくられた．こうした茅葺き屋根に木造の家という共通のふるさと像がつくられていった，その背景には個々の人が体験した地元があり，アイデンティティとは身体性をもった共通認識であるということができる．

　展示をディスプレイ（誇示）の意ととれば，日常的なものが，長い年月のなかで，あるいは突然に誇示するものとして自他ともに認識するようになるということである．

●**祭礼とアイデンティティ**　継承されてきたアイデンティティを取り上げると，信仰，生産生業，地域，自然とさまざまな分野に広がる．信仰の対象としての神社仏閣，あるいはそこで繰り広げられる祭り，生産生業は地域の農林水産業，地域の素材を活かした産業による産物，地域は江戸時代の藩主であったり，歴史を示す建造物，自然は山，川，湖などの自然そのもので，信仰の対象になっている場合が少なくない．そのなかで信仰の延長にある祭礼を取り上げ，具体的な自分たちらしさをどこに見出しているかを述べる（☞項目「祭礼と観光資源」）．

　民俗学者の柳田國男は，祭りを神事と祝祭に分け，都市の祭りはこの両者があるが，農村の祭りは前者だけであるとしている．その違いは，都市の祭りは祭りを見る観客がいて，そのための山車やパレード，祭りのクライマックスが形成されてきた，と書いている（柳田，2013）．

　秋田県仙北市角館町の角館祭りを例に，祭りのなかにどのようなアイデンティティが埋め込まれているのかをみてみよう．この祭りは1991（平成3）年に国の重要民俗文化財指定，2016（平成28）年無形文化遺産として登録されたが，国内の多くの祭礼のなかで勇壮な祭りとして知られている．9月初めの3日間にわたって繰り広

げられる祭りは，二つの社寺と江戸期からの藩主である佐竹家への上覧を目的として，巨大な山車を動かすものである．その山車（ヤマ）を動かすための規則があり，その重要なものとして町中を移動する場合，各丁内に設けられた張り番とよぶ関所の許可を得なくてはならない．山車が対面する状況では参拝，上覧に向かう山車が優先する．これらを基本に山車運行をするために，一つひと

図1　角館祭り佐竹家上覧の場面（著者撮影，2013年9月8日）

つ儀礼的な交渉がもたれ，交渉が決裂した場合にはぶっつけとよぶ山車同士のぶつけ合いとなる．角館の町はこの3日間，自動車の交通規制が行われ，町全体で山車十数台と各丁内張り番による壮大なゲーム状態になる．

　地元の人たちのアイデンティティという観点からこの祭りをみると，まず3日間の祭り全体が角館だという意識をあげることができるが，さらに具体的にみていくと，構造物の山車自体がアイデンティティであることがわかる．地元の人たちは，生きヤマ，死にヤマとよぶ．生きヤマはヤマの中に控えるお囃子が曲目を演奏していて，夜には提灯が灯っている．死にヤマは音曲が止まり，提灯が消えている．つまりお囃子は動いているとき，ぶっつけをしているときは音を出し続けなくてはならない．また，ヤマの動きと曲目が対応しているため，町の人は今このヤマは参拝に向かうのだとか，帰りだとか，これからぶっつけるといったことがわかる．ヤマがメッセージを出し続けていると思えばよい．もともとヤマは山の神が天（山）から降りてきて，祭りの間中，丁内の人と一緒に遊ぶのだと地元の人は考えている．そのため，祭りは，神が天から降りてくる初日の夕刻から，3日目は夜の12時を過ぎ4日目の朝まで，夜明けとともに神は天（山）に帰る，と地元の人は異口同音に語り，慣行は継承されている．こうしてみると，角館町全体のアイデンティティとして祭り全体が位置付けられるとすれば，ヤマは各丁内のアイデンティティを示すものだといえる．

　ヤマは構造物としてだけでなく，象徴的なもの，さらに言えば生きものとして認識されているのである．

●**アイデンティティと展示**　全国の祭礼山車や鉾はどれも同じように象徴的なものであるといえる．そして，アイデンティティが形成されるということは，何がしかの関係する人々の行動が伴っているといえ，広く一般の人々に対して展示を行う際にもこうした象徴的なものを見せるとともに，人々の行動に配慮した構想が必要である．アイデンティティとは主観的かつ身体性をもった認識態度であり，展示では計画段階でそれをまず発見し，そのうえで具体的な表現方法を考える必要がある．　　　［坪郷英彦］

　参考文献　坪郷英彦「角館祭りヤマの継承と変化—ヤマの象徴的役割の視点から」『道具学論集』，道具学会，2012

アイデンティティ②町おこし

　現代のアイデンティティは，地域で暮らしを続けてきた人たちが培ってきたものから，さらに進み第三者が新たなものをつくり出す状況も生じている．現代の地域おこしがその代表であり，行政主体で行われることが多くなってきた．農林水産業の産業おこしから，歴史文化を再認識する文化財化がその代表的な手法である．こういう動きは，農林水産業では食料・農業・農村基本法が施行され始めた1999（平成11）年からである．また，歴史文化に関する文化財化の始まりは，世界遺産が大きく取り上げられるようになってからであり，その流れを受けての文化的景観が文化財として位置付けられるようになった．これらは，各県や市町村の行政が主体的に動くことであり，併行して「地域資源」という言葉がよく使われるようになった．ここから醸成されるアイデンティティは行政主体ということもあり，住民の主体的らしさとは別に行政でつくられたものも多い．

●文化的景観　文化的景観は2004（平成16）年に国の文化財の項目として新たに取り上げられたもので，里山や棚田が好例である．自然も実は人々の営みの結果として生み出されたかたちであり，いつも人の手が入っているからこそ，変わらない安定した景観をかたちづくっているという考え方である．これらは農業という人の営みにより生まれたかたちであるが，高齢化や過疎化のなかでその農業すなわち景観の継承が危ぶまれている．そのような状況のなかで文化財という新たな価値付けを行い，景観を維持しようとする動きも生じてきている．行政を含めた第三者の価値付けを経ての地域おこし，地域資源化である．

　行政が主体となってアイデンティティづくりを行った例として，埼玉県小鹿野町の農村歌舞伎（図1）と中国地域のたたら製鉄がある．

図1　小鹿野歌舞伎の上演（写真：小鹿野町教育委員会）

あいでんてぃてぃ②まちおこし

●**行政によるアイデンティティづくり**　埼玉県北西部秩父地方に位置する小鹿野町は畑作地帯で養蚕の盛んな土地であった．江戸時代文化文政の頃，坂東彦五郎が江戸歌舞伎をこの地に伝え，やがて，村の若者が養蚕，畑仕事の合間に集まり歌舞伎をみずから上演するようになった．町内では5地区にそれぞれ伝承されており，地元の神社の祭礼にその氏子が中心となって上演することが基本となっている．戦後の頃の話であるが，祭りの前になると，畑仕事が終わった後に若者が集まり，その練習をした．練習場所は蚕室であった．娯楽の少ない頃の若者の楽しみとして歌舞伎があった．現在個々の地区ごとに行われた歌舞伎を一つにまとめ，対外的な上演や全国大会の企画をするのは町教育委員会である．1984（昭和59）年には村全体の歌舞伎が一堂に上演できる小鹿野文化センターがつくられた．いわゆる町民の晴れ舞台ができたわけであり，「町中が役者」という合い言葉もつくられ，町民全体がその言葉を共有している．歌舞伎がアイデンティティと位置付けられ，具体的にそのかたちを表すのは，1年間の上演スケジュールと子供歌舞伎から大人歌舞伎の上演までを組み込んだ各地区の組織的活動においてである．そして，アイデンティティにまとめあげたのが，すなわち各地区の活動から町の活動としたのが行政といえよう．

中国山地沿いにはかつては砂鉄から鉄を生成するたたらが多く設けられていた．その技術の歴史をもとに三つの地域でのアイデンティティづくりが行われている．島根県仁多郡奥出雲町では1977（昭和52）年に昔ながらのたたら製鉄法を復活させ，現在は日本美術刀剣保存会の委託を受けて日刀保たたらの名で続けられている．日刀保たたらは国の選定保存技術に選定されており，昔ながらの技術が継承され，これに付随して文化，観光施設が設けられている．島根県雲南市吉田町には国の重要文化財となっている菅谷たたらの建造物があり，これを核として鉄の歴史村がつくられている．この村では「日本に唯一残る菅谷たたら，日本の製鉄の歴史と文化の拠点」というコピーが打ち出され，菅谷たたら山内地区，鉄の歴史博物館，鉄の未来科学館なども設けている．岡山県新見市では「中世たたら製鉄復元」を合い言葉に有志で結成された備中国新見庄たたら保存会が活動を続けている．中世の製鉄法の復元を目的とし，その過程を学ぶ場として新見庄たたら学習を行っている．三つの例はいずれもかつてはその土地で実際に行われていた産業を現代に受け継ぐことをアイデンティティとして活動が行われているのであり，いずれも行政が町おこしとして重要な役割を果たしている．

●**世界観のディスプレイ**　文化的景観は，現在主たる対象となっている農林業の分野だけでなく，歴史的都市や運河，道にまで広がり，その根本には人々の生きた自然，空間を包括的に保護しようとする視点がある．これを展示の立場からみれば，視覚的に訴えかける対象のディスプレイだけでなく，その背景にある社会や世界観を展示することの必要性を論じているのである．これまで，それぞれの学問分野で個別に行われていたことを一つの対象のもとにまとめることであり，形あるものの背景にある自然，歴史，政治，社会組織，産業，信仰，世界観を重層，複合したものとして示すことである．

[坪郷英彦]

参考文献　吉田伸之・伊藤毅（編）『伝統都市』第3巻，東京大学出版会，2010

教育と科学①黎明

　2015（平成27）年度の文部科学省社会教育調査によると，日本には科学博物館が449館（館数は博物館と博物館類似施設の合計，以下同様），動物園が94園，植物園が117園，水族館が84館，動植物園が21園存在する．そのほか総合博物館，野外博物館などにおいて自然科学を扱う博物館もある．これらを合わせると800以上の博物館が，自然科学に関する教育を担っている．また自然科学に関する資料の展示と教育活動を主体とする科学館も自然科学に関する教育を担っている．

　さらに自然科学に限らず，人文，社会領域において科学や産業の歴史的発展を資料として扱い，科学的な考え方や研究手法によって学術的な成果を展示している博物館を含めると科学を学ぶ機会は多い．

　日本において明治維新後に教育博物館によって始まった博物館教育は，学校教育から通俗教育への広がりをみせ，科学博物館を中心に実物教育，ハンズオン展示，ジオラマ展示などの手法を取り入れながら大衆への科学知識の普及に努めてきた．

●**博物館教育の始まりと学校教育**　日本における博物館教育の始まりは，1877（明治10）年の教育博物館（国立科学博物館の前身）の設置である．その設立に関わった文部大輔の田中不二麿は「広く教育上の公益を図るを目的として，教育博物館と称し，殊に教育者の研究に供し，又広く公衆の縦覧に便せり」とし，教育を第一の目的にした専門博物館として教育博物館を設立した（国立科学博物館 1977）．

　教育博物館では，教育上必要な内外の物品を集めて，教育に関わる教材，校具，動植物・鉱物標本を陳列した．また1878（明治11）年には当時学校教育に不足していた理化学機器の学校への有料の配布を行い，1881（明治14）年には博物標本を製作して各学校に配布することが教育博物館の事業となった．

　当時の館長手島精一は，通俗講演会を企画し，一般社会人や未就学者（1877年の就学率は39%）を対象に講演を行うことを考えたが，実現しなかった．教育博物館は，実物による教育の必要性を背景に教師の再教育の観点から，1884（明治17）年に学術講義を開催し，実験器具や博物標本を活用した教授法の研修を行った．その後各地に教育博物館が設立され，また小学校の郷土科の授業に東京教育博物館の利用があげられるなど，教育博物館が学校の授業として利用されていた．

●**通俗教育館における科学教育**　1906（明治39）年に教育博物館の主事になった棚橋源太郎は，教育博物館の目的を教育者の知識を深めるための施設から，科学知識の普及を目的とする民衆教育のための博物館へ転換する意図をもっていた．1912（明治45）年に各種の社会教育活動を発展充実させることを目的に，東京教育博物館内に通俗教育館（図1）が設置され，棚橋の考えた博物館像が実現していった．

　この通俗教育館は1912（大正元）年より一般に公開された．その展示手法は，ま

ず水槽を置き，昆虫や魚類に関する生態が理解しやすい展示を行っている．自然の情景のなかに剥製を配した現代のジオラマに相当する展示を試行し，機械類は来館者に触らせ，実際に動かし実験を行う，わが国最初のハンズオン展示の試みを行っている．また展示資料を観覧して，興味や関心をもった来館者が図書室に移動し，そこで文献調査や読書を通じて，展示資料の確認と知識の定着を進める手法を採用している．これは実物による教育と文字による言語活動を組み合わせた学習によって教育効果をねらったものであった．

図1　通俗教育館の様子（1913年頃）
（国立科学博物館蔵）

　展示資料は教育に関わる教材・教具から自然史，理工学，産業といった科学に関する総合的な展示となっていた．教育博物館は，大衆のための特別展覧会を開催し，その目的は社会教育へと変容していった様子がみられる．コレラの流行を踏まえた公衆衛生の知識を高める「虎列拉病予防通俗展覧会」，時間を厳守し有効に活用するための「時展覧会」や災害防止の展覧会など，社会教育を推進する取組みであった．現在でいえば一般の人々を対象にした科学リテラシーの涵養をめざした展示内容であった．

●**実物による教育**　実物による教育活動は，棚橋らによってその重要性が指摘されている．棚橋は「博物館教育の特色の第一は，博物館が観覧者の眼に訴えあるいは手を触れしめて，直接実物から確実な知識を獲得させていることである」（棚橋，1953）として，実物による教育が博物館教育の特徴であることを認めている．博物館展示における実物にはさまざまな情報が含まれており，来館者が実物を観察したり，触れたりすることにより，その情報を経験的に獲得できる．

　博物館における実物による教育の効果は，近年さまざまな研究者によって検証されている．学校ではできない実験や手に触れることのできる実物標本などインパクトのある事象が記憶に残りやすいことを明らかにしている．それらの記憶は強烈な個人的体験が長期記憶として残る可能性があるとされている．一方，体験活動だけでは，知識，概念については必ずしも記憶されない事例もあり，通俗教育館で実践されたような体験活動と文字による言語活動を組み合わせ，知識の定着や概念の理解をうながす方法も必要である．現代においても実物による教育は博物館教育，科学教育において有効な教育方法の一つといえよう．　　　　　　　　　　　　　　　　　［小川義和］

📖**参考文献**　椎名仙卓「博物館発達史上における「通信教育館」の位置」『博物館学雑誌』第1巻2号，p 11-19，1976

教育と科学②発展

　明治期の学校教育に特化した教育博物館は，大正期の社会教育を主とした博物館運営へと，大衆に科学知識を普及してきた．昭和期は次第に社会教育施設よりは学術研究の施設としての色合いが強くなった．通俗教育館は戦後，国立科学博物館となり，1985（昭和60）年には参加体験型展示である「たんけん館」が開設された．この展示はジオラマ展示，ハンズオン展示の手法のほか，子ども博物館のインタープリターによる指導方法を導入しており，自然や科学に興味関心をもたせることが目的であった．

●**科学教育の現代化と科学館**　日本では，1960年代から，科学博物館・科学館の建設ブームが起こり，主要な都市に科学館が誕生した．背景としては米国においてスプートニクショックにより，現代的な科学教育に重点を置かれるようになったことがある．急激に進む科学技術の進展に対応した科学教育の必要性が議論され，学校だけでは体験できない科学技術の原理を理解する場として科学博物館の役割が期待された．

　このような国際的潮流と日本の高度成長期の科学技術振興方策が相まって，その後も科学館の開設が続いた．科学博物館は科学技術の発展をテーマにした展示で，収集保管された歴史的資料をもとに構成されているのに対し，科学館（サイエンスセンター）は来館者に科学技術の原理を理解させることを目的に製作された展示資料が多い．

●**ハンズオン展示**　科学館では科学技術の原理の理解を助けるために，展示資料そのものに工夫を加え，来館者が資料を触ったり，実験装置を自由に動かしたりすることのできるハンズオン（参加体験型）展示を展開している．1969年に開館したエクスプロラトリアム（サンフランシスコ）は，科学，芸術，人間の知覚に関するミュージアムであるが，その展示製作方法を解説し，本にまとめたクックブックやその簡易版であるスナックブックの普及などの影響もあり，ハンズオン展示を行う科学館としてのコンセプトが受容され，日本の科学館展示の発展に寄与した．

　従来，博物館の展示では展示資料がガラスケースの中にあり，触ることのできない状態であったのに対し，ハンズオンは，展示資料や標本に触ることができる展示形態である．この展示は，来館者の自然や科学に対する興味関心を高め，原理を理解することに主眼が置かれている．現在，多くの科学館や子ども博物館などにおいてハンズオン展示が導入され，子どもたちが展示資料を動かしたり，触ったりして，楽しみながら学べる展示室が設置されている．しかし，理解や思考を伴わないハンズオン展示だけでは十分な教育効果がないとの指摘もあり，ハンズオン展示で高まった人々の興味関心を持続させ，理解や思考につなげていく工夫が必要である．

●**ジオラマ展示と発見の部屋**　ジオラマ展示は自然史博物館に多い展示手法であり，自然を描いた背景画とし，その前に草本や樹木などの自然環境と動物の剥製などを配

置し，本来の自然環境を立体的に復元した展示手法である．本格的なジオラマ展示は，剥製師のカール・エイクリーによって製作されたアメリカ自然史博物館の「アフリカンホール」である．この展示はアフリカの自然をジオラマで表現したもので，1930年代に公開され，その後の自然史博物館展示のモデルとなった．展示は自然史資料がもとになっており，自然を理解するための情報が含まれている．臨場感のある展示で人々が自然に対して興味関心をもち，理解を深めようとするものである．ただ一般の人にとって自然史資料から情報を引き出すのは難しく，何らかの工夫が必要である．

　展示資料から情報を引き出し，その特性を理解することを助けるのが，展示に関連する教材が入った「学習キット」や「発見の部屋（discovery room）」である．発見の部屋は，来館者が調べたり，実習したりできるさまざまな種類の資料で満たされた情報資源の部屋である．そこには展示とともに学習キットがあり，決められた時間に教育活動が実施される．発見の部屋は，来館者が資料に触れる体験と探究することを重視している．

●**対話を重視した科学展示**　国立科学博物館は1999年に「発見の森」を開設した．この展示室は，地形，樹木や動物を配して，関東地方の里山を再現し，その里山のジオラマの中を来館者が歩行し，さまざまな自然を発見できる仕組みであった．ここはジオラマ展示の手法を用いながら，発見の部屋のように学習キットが用意され，来館者が展示に関連する資料・教材を活用し，ボランティアとの対話を通じて自然のさまざまな見方を発見していく過程を重視した展示室であった．この教育方針と運営方法は2015年にオープンした親子向け展示室「コンパス」（図1）や全展示室で展開して

図1　親と子のたんけんひろば「コンパス」（写真：国立科学博物館）

いるボランティアによる対話活動に生かされている．

　近年，狂牛病や原子力発電所のリスクなど，啓蒙や科学知識を大衆に普及する方法だけでは，解決できない課題がある．現代の科学教育では，科学と人々をつなぎ，課題に対し関係者間での対話を通じて解決を試みるサイエンスコミュニケーションが重視されている．博物館には現代的な課題を扱うこと，その解決のために人々に科学知識を普及する方法からコミュニケーションを重視した活動への転換が求められている．またその担い手であるコミュニケータの養成と社会における活躍も期待されている．

[小川義和]

参考文献　小川義和・岩崎誠司「科学系博物館の参加体験型展示及び探究型教育施設における教育活動の実践」『日本ミュージアム・マネージメント学会研究紀要』2, p 35-40, 1998

まんがと展示

展示があるストーリーをもつ場合，その意図されたコンテンツを伝える手法として，伝統的にグラフィック表現が用いられてきた．グラフィックによる展示構成は，展示者が伝えたい内容を体系立てて説明するには容易で，デザイン的にも配置的にも展示者の意図する空間構成がかなえられた．

反面，観覧者が関心をもって向き合うには，魅力に乏しい展示になりがちで，文章レベルも読み手によっては難しすぎたり物足りなかったりし，そのため文字解説には伝えたいポイントがきちんと簡潔に伝わる文章力とビジュアル的にも関心がもたれる表現力が求められてきた．

一方，この伝達手段は空間が介在しない出版，印刷物にも共通していえることだが，展示の場合は現実の実空間を媒介に実物資料や情報伝達メディアを構成，配置し，公開する点に特色がある．あくまで展示者の意図のもとに情報や知識の物象を空間（場）に配置，構成し，その価値や意味にグラフィック等の情報伝達メディアがつなぐといった多様なメディアの相関作用がそこに仕組まれている．

図1　北海道立総合博物館の「アイヌ文化の世界」展示．まんが化された家族のキャラクターが展示の解説を担う

また，展示は，より多くの人々に利用され，受容されることで意味をもつ．近年わが国のまんがが日本を代表する優れた文化の一つとして社会現象化しているが，展示においても，まんががグラフィック表現のなかで，テキストをしのぐビジュアルな解説として採用される事例がみられるようになっている．まんがによる解説は，展示が目指してきた「見ればわかる」「一目でわかる」と共通したものがあり，展示の解説計画のなかでまんがが採用されるケースはますます多くなっていくものと思われる．

まんがの採用で特記すべき展示例に北海道立総合博物館の「アイヌ文化の世界」（図1）があげられる．民族，人権といった社会的にセンシティブなテーマを取り上げ，歴史や背景，課題に迫るコンテンツを，キャラクター化した家族の会話から浮き彫りにし，課題解決の本質に導いていく手法にまんが採用の利点が生かされている．

［髙橋信裕］

4章 情報とデザイン

- デザインとは ―――――――――――― 154
- コミュニケーションとデザイン ―――― 156
- タイポグラフィーとスイススタイル ―― 158
- 色　彩 ――――――――――――――― 162
- ピクトグラム ――――――――――― 164
- サイン計画 ―――――――――――― 166
- ダイアグラム ――――――――――― 168
- 空間デザイン ――――――――――― 170
- 環境デザイン ――――――――――― 172
- 自然光と空間 ――――――――――― 174
- プロダクトデザイン ――――――――― 176
- ディスプレイデザイン ―――――――― 178
- インテリアデザイン ――――――――― 180
- 共有化と標準化 ―――――――――― 182
- 原型とプロトタイプ ――――――――― 184
- エルゴノミクス ―――――――――― 186
- アフォーダンス ―――――――――― 188
- 持続可能性 ―――――――――――― 190
- ユニバーサルデザイン ―――――――― 192
- 【コラム】パルテノン神殿フリーズ浮彫り ―― 194

［編集担当：木村　浩・德田明仁］
＊五十音順

デザインとは

　デザインとは何か，知らず知らずのうちに使っている言葉である．日本では1960~70年代に多くの雑誌が創刊され，女性誌も登場した．このなかでデザインという言葉は，意味より先に，流行りのカタカナ言葉として使われ出した．特にファッション（特に被服）で使われることが多く，ファッションデザインがデザインの代名詞となっていた．そこからデザインは，造形物の技術力や表現力を「うまい」「へた」というように造形の出来映え評価に使われるようになった．しかし，現在では，デザインは，生活に必要なものを創意工夫し，計画・設計することとしている．

●**デザインの起源**　デザインの起源はどこにあるのか．グラフィック（視覚表現）デザインの出発点は，1450年頃のドイツのヨハネス・グーテンベルグの発明した活版印刷にある．印刷は，同じものが複数できるということが画期的であり，世紀の大発明となった．この活版印刷からマスメディア（不特定多数への情報伝達手段）が出現したのである．

●**近代デザインの出発点**　近代デザインの起点となったのは，英国のウイリアム・モリス（1834~96年）のアーツ・アンド・クラフツ運動とされる．彼は，産業革命がもたらした大量生産品や印刷物の粗悪さを嘆き，中世の手仕事による熟練した技術と美術・工芸への回帰を主張した．ケルムスコット・プレスという印刷工房を設立して理想の書物を出版したり，モリス商会を興して壁紙，染色プリント，家具，ステンドグラスなどを創作し，良質な製品を製造・販売した．

　アーツ・アンド・クラフツ運動は，19世紀末から20世紀初頭に，より装飾性が高く有機的な表現を追求したアールヌーボーへと展開した．さらに，より高品質な製品の提供を目指したウイーン工房の設立に至った．他方，手仕事を基本としたアールヌーボーとは対照的に機械生産を見据えた新たな動きが現れた．製品の質的向上を目的としたドイツ工作連盟が1907年に設立，そして1919年にバウハウスがドイツ・ワイマールに開校し，建築を核とするまったく新しい造形教育が展開された．

●**デザインの意味・役割**　新聞や雑誌のほか，日々使っている食器や電化製品などは，機械で大量生産されたものである．大量印刷，大量生産をする場合，その基となる原型（印刷では原稿版下など）を作成し，そ

図1　ドイツ博物館（ミュンヘン）で復元展示されているグーテンベルグの印刷工房（著者撮影）

れと同じものを複数つくる工程が行われる．この原型は，わかりやすく，使いやすく，美しいものが検討される．つまり，この原型づくりが，後にデザインとよぶ行為である．

　原型づくりの工程の重要性は，工業化が進むとより顕著になった．1900年代になるとモリスが嘆いた機械化の技術も進歩し，電気も普及したことから，電化製品が開発される時代となった．照明器具と扇風機に始まり，掃除機，洗濯機，冷蔵庫と開発された．米国のフォード・モーター社によりフォード・モデルT（通称，T型フォード）が開発・製造・販売されたのを筆頭に，自動車産業もこの頃から始まっている．こうした時代背景から，この新たな造形行為の重要性が理解され，デザインを必要とする時代を迎えることになった．

●**デザインという言葉**　グーテンベルグの活版印刷では，200部程度の複製であったが，近代化による大量生産では，数万以上の製品を生産している．前述したように，デザインという概念の基本は，大量生産用の原型をつくる行為である．しかし当時は，それを示す言葉はなく，原型をつくる行為をフランス語のデッサン（dessin）やイタリア語のディセーニョ（disegno）という語が代用され，それがデザインの語源になったといわれている．

　デザインとういう言葉が初めて表示されたのは，1919年のインダストリアル・デザイン（Industrial Design）という言葉が米国で登場し，1922年頃からグラフィック・デザイン（Graphic Design）という言葉が使われ出した．デザインという言葉が使われるようになってまだ100年ほどなのである．

●**デザインとは何か**　デザインの対象は，①人が生活するのに必要とするもの，②コミュニケーションに関わるもの，の二つに大別できる．

　①の「人が生活するのに必要なもの」とは，衣食住，身の回りの生活のすべてのものと空間が対象となる．被服や食器，インテリア，住居など生活空間や居住空間へと広がるものがデザインの対象である．インダストリアルデザイン，インテリアデザイン，テキスタイルデザイン，クラフトデザインなど多種多様であり，プロダクトデザインという概念がそれらを包括する．建築デザインやまちづくりなど広域な空間をとらえた環境デザインもある．ものから空間まで，それらを少しでも良いものに変えていこうと創意工夫する行為が，デザインなのである．

　②は，簡単にいえば，情報のやり取りをさす．印刷や出版またはインターネットのウェブサイト，パソコンや携帯端末などのインターフェース，地図情報，誘導案内やサイン計画，コーポレートアイデンティティ（CI）やブランディング，わかりにくいデータを適切にわかりやすくするインフォグラフィックス，博物館の展示，など枚挙に暇がない．デザインもグラフィックやビジュアル，展示，インターフェースと細分化されている．これらのデザインを包括するとらえ方として，情報デザインやコミュニケーションデザインがある．情報のやり取りをスムースにし，さらにわかりやすく，素早く，理解しやすく，確実に入手する方法を思考する行為である．

[木村　浩]

コミュニケーションとデザイン

　コミュニケーションとは，伝達行為のことである．「何か」を伝えるために伝達行為を行い，その伝達行為を確認した者が，その「何か」を理解するまでの一連の行為をいう．

●**コミュニケーションとサイン（記号）**　人がコミュニケーションを行う場合，直接対峙できる場合は，会話を中心に身振り手振りも交えて行う．場合によっては，資料や機材を用いる．そうできない場合は，電話を使う，またはメールや筆記など文字を用いる．これらコミュニケーションで用いる要素をサイン（記号）という．サインは，人間の意味活動を支えている要素であり，学習と体験により共通理解するものである．

　人が腰掛ける「椅子」を例にすると，椅子を見て「イス」といった場合，その言葉は，存在している物体に意味を与える意味作用の要素としてのサインである．また，椅子を描いたイラストは表象の要素としてのサインと理解し，言語記号の「椅子」と図像記号の「椅子のイラスト」は人と人とのコミュニケーションの要素としている（図1）．

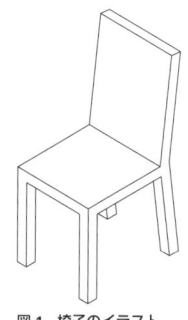

図1　椅子のイラスト

　コミュニケーションでサインを受け取ったとき，そのサインが示すデータを理解した時点で，データは情報となる．情報とは，それらデータやサインから意味するものを理解した時点で，データやサインは情報となり，必要としたときにそれらは知識となる．コミュニケーションでやり取りするこの「何か」は情報なのである．情報をやり取りすることがコミュニケーションであり，情報をやり取りする場や仲介するものが媒体（メディア）である．展示施設も情報伝達のメディアといえる．

●**情報の可視化は文字と数字と図像**　身の回りには，さまざまなサインやデータなどがある．例えば，出かける前に，外の気候や気温を，皮膚や目から感じ取り支度の参考にしている．人は，視覚，聴覚，嗅覚，味覚，触覚の五感，これらの感覚によって外界の状態を認識している．視力に支障のあるアザラシが，不自由なく子育てを行った記録がある．動物はそれぞれの環境に適した感覚を利用して生活をしている．人は，視力による情報収集に特化しており，情報の80％は視力からといわれている．

　コミュニケーションで使用する視覚情報は，文字と数字と写真や映像も含めた図像である．情報の可視化は，文字と数字と図像である．

●**アイソタイプとピクトグラム**　人は，情報をわかりやすく表すため，いろいろな方法を工夫してきた．ダイアグラムとよぶ棒グラフや折れ線グラフなどの手法が発展し

てきた．1925年に社会学者のオットー・ノイラートは，新たなダイアグラム表現としてアイソタイプ（ISOTYPE／国際絵ことば）を考案し，ウィーン社会経済博物館で展開した．当時のウィーンを取り巻く経済状況などの情報を公開する施設で，展示パネルでは，数値データをわかりやすく表示するためアイソタイプを用いた展示を行った．アイソタイプは，絵文字を用いた視覚化を行い，年齢や教育程度に左右されない理解しやすい表現として注目が集まった（図2）．

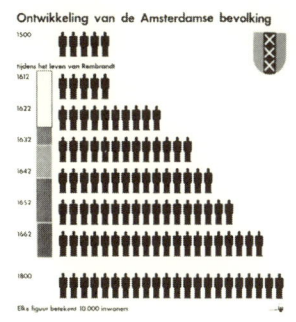

図2　アイソタイプ，デザインはゲルト・アルンツ（1930年頃）

アイソタイプが示したシンボル化した視覚記号（絵文字）は，広く理解されピクトグラムとして利用されるようになった．ピクトグラムはノンバーバルコミュニケーション（言語以外の情報伝達）の要素として交通標識や交通機関などで使用されるようになった．

●**インフォグラフィックス**　鉄道の路線図は，ダイアグラムとしてわかりやすくする工夫が行われてきた．1933年にロンドン地下鉄の路線図でハリー・ベックは，路線を水平垂直45度の線で表示した．この方法は，路線図の見本となり，世界中の路線図の多くは，この手法で描かれている．

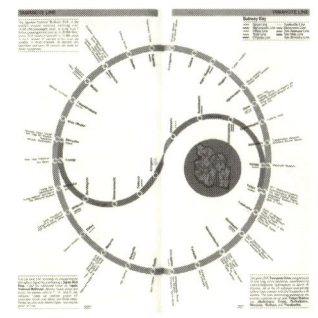

図3　『東京アクセス』「山手線」のインフォグラフィックス

情報，データ，知識ダイアグラムを用い伝えたい事柄がわかりやすく理解しやすい視覚表現を，インフォグラフィックスとよんでいる．1984年のリチャード・ソウル・ワーマンの『東京アクセス』は，インフォグラフィックスが美しく展開されたガイドブックであった（図3）．

●**コミュニケーションデザイン**　コンピュータとインターネットの発達により，膨大な量の情報が存在している．いかに必要とする情報を必要とする人に伝えるのか，コミュニケーションのデザインが求められた．ワーマンは「情報選択の時代」（1990）などにおいて，情報の整理と分類することが，わかりやすさの基本であるとして，インフォグラフィックスを用いたデザインを展開し，情報デザインとして提示した．情報を伝達するメディアは，グーテンベルグの時代から文字や写真や図などを構成し，情報を伝達するデザインとして機能してきた．

コミュニケーションに関わるメディアにICT（Information and Comunicaion Technology）という概念が加わり，グラフィックデザインをも包括し情報デザインやコミュニケーションデザインとよばれるようになった．コミュニケーションとはわかりやすく伝達することであり，伝達行為をデザインするのは，コミュニケーションデザインである．　　　　　　　　　　　　　　　　　　　［木村　浩］

タイポグラフィーとスイススタイル

　タイポグラフィーとは，元来活版印刷をさす言葉であったが，活字とその形態や概念などをとらえる用語となり，書体選びやレイアウトまで活字を用いたデザイン表現全般を意味するようになっている．フォントを設計する人をタイポグラファーという．

●**活字，書体，フォント**　日々の生活のなかで，コンピュータを利用することが増え，手書きすることが少なくなった．コンピュータで文章を書き，体裁を揃えプリントアウトする．そのときに使う文字は，コンピュータに搭載されている書体から選び使用している．このように，同じ形の繰り返し使える文字を活字といい，フォントとよんでいる．フォントとは造形的な同じ特徴をもつ一組の活字のことをいう．また，同一の造形的な特徴をもち，太さの違い，イタリック（斜体），コンデンス（文字幅を詰めたもの）など一連のフォント群をファミリーという．文字の特徴の様式を書体といい，書体は大まかに分けると2種類に大別できる．和文書体では，明朝体とゴシック体である．フォントは，ヒラギノ明朝やMS明朝などである．欧文書体では，ローマン体（漢字の明朝体相当）とサンセリフ（漢字のゴシック体相当）である．ローマン体の代表的なフォントはタイムス・ニュー・ローマン（Times New Roman），サンセリフは，ヘルベチカ（Helvetica）である．

●**ローマン体**　ドイツのヨハネス・グーテンベルグの活字は，ゴシック体であった（図1）．ゴシック体は，ブラックレターともいい，ドイツで好まれた書体である．活版印刷の技術がイタリアのベネチアに伝わった際に，ブラックレターではなくローマン体の活字が望まれた．イタリアでは，古代ローマ時代の碑文の文字が好まれ，特に113年ローマに建設されたトラヤヌスの記念碑の碑文の文字が美しいと評価が高く活字化の見本とされた（図2）．1469年のイタリアのスピラ，1470年にイタリアのニコラス・ジェンスンが開発した活字はベネチアンと分類される活字で，ここからローマ

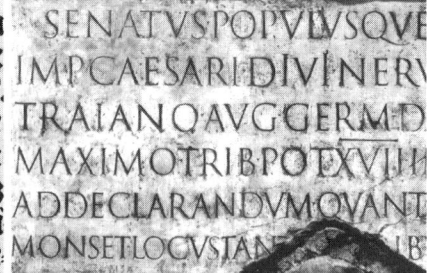

図1　グーテンベルグの42行聖書（1452～55年）　　図2　トラヤヌス記念柱（113年）の碑文

ン体の活字が始まった．

　ジェンスンの活字は，イタリアのアルドゥス・マヌティウスに伝わり，マヌティウスは 1495 年にベンボー（Bembo）を設計している．フランスのクロード・ガラモンはベンボーをもとに，1530 年に自作の活字を印刷に使用した．ベルギーのクリストファー・プランタンがアントワープに開設した印刷工房は，1549 年から 1867 年まで出版事業を行っていた．プランタン印刷工房は，活版印刷に関わる多くの活字や工具・印刷物の収集を熱心に行い，ギャラモンのパンチ父型や母型も収集し，活版印刷に関わる膨大な資料を有する工房であった．その工房が，1876 年に市に売却されたことによりプランタン・モレトゥス印刷博物館として公開され，2005 年にユネスコ世界文化遺産となっている．

●**新聞書体タイムスの誕生**　イギリスのタイポグラファーのフランク・ヒンマン・ピアポントは，プランタン・モレトゥス印刷博物館で調査研究を行い新しいローマン体の活字を設計した．特に，ベンボーやガラモンをベースに新しい活字を設計し，プランタン（Plantin）と名付け 1913 年にリリースした．

　イギリスのタイムズ社から新聞用書体の開発を依頼されたスタンリー・モリスンが，このピアポントのプランタンをベースに設計したのが，1932 年公開のタイムズ・ニュー・ローマン（Times New Roman）である．一般的にはタイムスとよんでいる活字で，現在最もポピュラーなローマン体のフォントである．

●**サンセリフの登場**　ローマン体と比べるとサンセリフの歴史は非常に浅い．1800 年代に印刷業が盛んになり，見出しに使うインパクトのある活字が求められた．ローマン体を太くし，セリフ（文字の起筆と終筆にある小さな飾り）を強調したエジプシャンとよばれる書体が 1815 年に出現した．その後，エジプシャンからセリフをカットした書体が出現した．1832 年にイギリスの活字制作者ビンセント・フィギンスがサンセリフと名付けた活字を製造したことから同じような特徴をもつ書体をサンセリフとよぶようになった．

●**アクジデンツ・グロテスク**　1896 年にドイツの活字会社バーホールド社が，サンセリフの活字「アクジデンツ・グロテスク（Akzidenz Grotesk）」を発表した．バランスが良く評判のよいフォントであった．さらに，造形的な同じ特徴をもちウエイ

トラヤン (Trajan)．
トラヤヌス記念柱（113 年）の碑文．
1989 年にデジタルフォント化

ABCDEFGHIJKLMNOPQRSTUVWXYZ
1234567890

ギャラモン（Garamond）
1530～40 年代．
デザイン：クロード・ギャラモン

ABCDEFGHIJKLMNOPQRSTUVWXYZ
abcdefghijklmnopqrstuvwxyz1234567890

タイムズ・ニュー・ローマン
(Times New Roman) 1932 年．
デザイン：スタンリー・モリスン

ABCDEFGHIJKLMNOPQRSTUVWXYZ
abcdefghijklmnopqrstuvwxyz1234567890

図 3　ローマン体（セリフ）書体

ト（文字の太さ）の違うフォント（Light, Roman, Bold, Black）を4種類開発した．このことも非常に画期的で，評価される要因の一つであった．今では，ウエイト（文字の太さ）の違うフォントやイタリック，コンデンスなどスタイルが違うフォントがセットとされファミリー書体とよぶが，その最初の書体は，アクジデンツ・グロテスクであった．

活字やフォントは，文字自体の形が主張せず，くせがなくバランスの良い美しさが求められる．文字は，意味や内容を伝えることが主目的で，文字自体の形が目立つ必要はない．視認性と可読性と判読性に優れていることが求められるのである．そうした面からもアクジデンツ・グロテスクは評価の高いフォントとなり，汎用性の高いサンセリフとして利用された．1910年代からサンセリフ書体は，ポスターや雑誌で積極的に使われるようになった．

●ヘルベチカ　スイススタイルが提唱するサンセリフ書体に新しいフォントが必要とされた．スイスのハース社が，アクジデンツ・グロテスクを元にした新たなサンセリフ書体をドイツ人タイポグラファーのマックス・ミーディンガーに依頼した．ミーディンガーは「完璧な物をつくりたい」とエドアルド・ホフマンと制作したのが，サンセリフの代表となる1957年のヘルベチカ（Helvetica）である．当初は，ノイエ・ハース・グロテスク（Neue Haas Grotesk）という名前であったが，1960年にヘルベチカと改名した．ヘルベチカとはラテン語で「スイスの」を意味する語である．

1950年代頃から，印刷は活版印刷からオフセット印刷への変換期を迎え，活字は鉛合金から写真植字（写植）へと大きく変化した．設計段階から写植文字としてデザインされ21種類のファミリーをもつ書体として1957年に誕生したのが，スイス人タイポグラファーのエイドリアン・フルティガーのユニバース（Univers）である．

●フルティガー　エイドリアン・フルティガーは1974年パリに開港したド・ゴール空港のためのサンセリフ書体ロワシィ（Roissy）をデザインした．この書体を元にファミリー化し1975年にみずからの名前をあてたフルティガー（Frutiger）として公開した．また，デジタルフォントとしても公開され，フルティガーは，これまでにない新しい特徴をもつ画期的な書体として，世界中のデザイン界に大きな影響を与え，Macでデザインする流れにも乗り，現在でも新しさを醸し出すフォントである．

アクジデンツ・グロテスク
(Akzidenz Grotesk) 1896年，
ドイツの活字会社バーホールド社制作

ABCDEFGHIJKLMNOPQRSTUVWXYZ
abcdefghijklmnopqrstuvwxyz1234567890

ヘルベチカ (Helvetica) 1957年，
デザイン：マックス・ミーディンガーと
エドアルド・ホフマン

ABCDEFGHIJKLMNOPQRSTUVWXYZ
abcdefghijklmnopqrstuvwxyz1234567890

フルティガー (Frutiger) 1975年，
デザイン：エイドリアン・フルティガー

ABCDEFGHIJKLMNOPQRSTUVWXYZ
abcdefghijklmnopqrstuvwxyz1234567890

図4　サンセリフ体

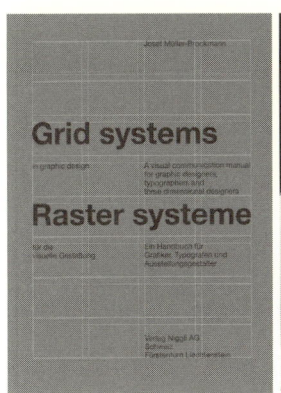  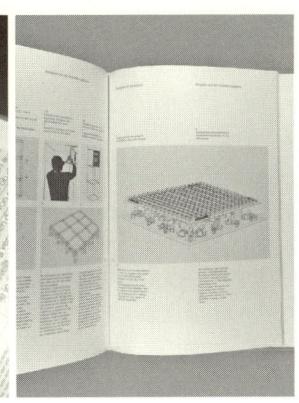

図3 『グリッド・システム』(1961)
ヨゼフ・ミューラー＝ブロックマンによるシステムの解説書

●スイススタイルとグリッドシステム　1950年代に，スイスのデザイナーを中心にスイススタイルとよぶグラフィックデザインの様式が現れた．特徴は，清潔感・可読性・客観性を追求したグラフィックデザインの様式である．スイススタイルは，国際タイポグラフィー様式ともよばれ，スイススタイルを実践するデザイナーをスイス派とよんだ．スイススタイルの中心人物は，エミール・ルーダー，アーミン・ホフマン，ヨゼフ・ミューラー＝ブロックマン，マックス・ビルなどである．

　スイススタイルは，①サンセリフ書体を使用，②構成（レイアウト）にグリッドを利用したグリットシステム，③左右非対称のレイアウト，④左詰め，⑤イラストよりも写真を使う，などを基本として定義している．グリッドシステムとは，ページ構成で，縦や横に目に見えない線を想定し，その線に合わせて，文字組の文字の出だしや写真などを揃えることである．シャープでクールでシンプルなデザインを目指していることから，サンセリフ書体は，アクジデンツ・グロテスクを推奨した．当初のスイススタイルでは，使えるフォントはアクジデンツ・グロテスクしかなく，新しいサンセリフが望まれ，1957年にヘルベチカ（Helvetica）とユニバース（Univers）が誕生した．

　このスイススタイルの解説書としてヨゼフ・ミューラー＝ブロックマンの『グリッド・システム』(1961)がある．エディトリアルデザインなどの分野で広く応用され，現在のホームページをはじめ，パソコンでの文書作成や文書編集ソフトなどの基本構造にも応用され，ホームページやスマートフォンの画面でも確認できる．

　スイススタイルはグラフィックデザインにとどまらず，サイン計画や展示計画などコミュニケーションデザインの分野，また環境や建築の空間デザインでもで広く応用されているデザイン様式である．　　　　　　　　　　　　　　　　［木村　浩］

色彩

　色を表すことは非常に難しい．手のひらに受けた桜の花びら，桜色，ピンク，淡い紅色，この色を正確に表し伝え記録することは容易ではない．
　五感の一つである視覚は，光のエネルギーが網膜上の感覚細胞に対する刺激となって生じる感覚のことである．色は，可視光の組成の差によって質の差が認められる色知覚（対象の色を知る機能）の情報である．色には，無彩色（色みをもたない色），有彩色（色みをもつ色）があり，明度（色の明るさと暗さの度合い），彩度（あざやかさの度合），色相（他の色と区別する特質，色あい）を色の三属性としている．

●**アリストテレスからニュートンの光学へ**　色とは何か，古代ギリシャの哲学者アリストテレスは，白と黒の混色から色が生まれるとした．しかし，近代になるまで，色について明らかにした者はいなかった．色について最初に科学的に表したのは，万有引力を発見した英国の物理学者アイザック・ニュートンであった．ニュートンは，太陽の光をプリズムに通すと虹の7色が現れるスペクトラムを発見した．これは，光がプリズムに入るとき，屈折という現象によって色が分かれて見える．これを色による波長の違いによるものとし，上から「赤，橙，黄，緑，青，藍，菫（R, O, Y, G, B, I, V）」と順序付けた．1660年代からの光学研究の集大成となる『光学』（*Opticks*）を1704年に発表した．同書は，色を科学的に明らかにした研究で，各方面に大きな影響を与えることとなった．

●**ゲーテの色彩論**　ニュートンに反論したのが，ドイツの文学者ヨハン・ヴォルフガング・フォン・ゲーテである．ゲーテは，約20年の歳月をかけて執筆した『色彩論』（*Zur Farbenlehre*）を1810年に刊行した．

　ゲーテの色彩論がニュートンの光学と根本的に異なる点として，色の生成に光と闇をもち出していることである．ニュートンの光学は，あくまでも光を科学的に研究していることから，闇とは単なる光の欠如であり，研究の対象になることもないとしている．だがゲーテにとって闇は，光とともに色彩現象の両極を担う重要な要素ととらえていた．もしもこの世界に光しかなかったら，色彩は成立しないという．もちろん闇だけでも成立しない．光と闇の中間にあって，この両極が作用し合う「くもり」のなかで色彩は成立すると，論述してい

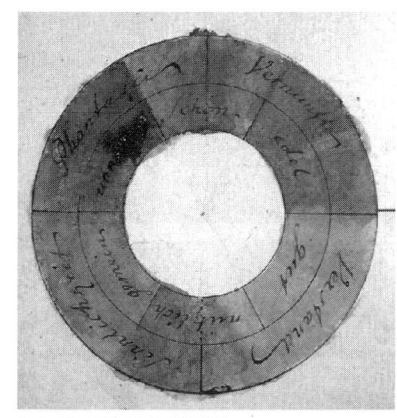

図1　ゲーテの色相環（1809年）

る．科学の視点ではなく，人の目，人が感じる色についてとらえようとしたと考えられる．

●色相環　色相を順序立てて円環に並べた図を色相環という．ニュートンは色の並びを円状に配置した記録があり，ゲーテは色相環そのものを描いている（図1）．色相環は，色相の三原色（シアン，マゼンタ，イエロー）を正三角形の位置に配置し，代表的な色相を系統的に環状に並べ，向かい合った位置にある色が互いの補色となる関係を表した配置図である．色相環の代表的なものに，バウハウスで色彩論を教えていたヨハネス・イッテンの12色環がある．

●マンセル表色系　アメリカの美術家アルバート・マンセルは，色の名前の付け方が曖昧で誤解を招きやすいことから，合理的に表現する方法を検討し，特定の色を数値やコードで表記する方法を1905年に考案した．このマンセルの方法を修正し，1943年に発表したものが現在のマンセル表色系で，色彩を色の三属性（色相，明度，彩度）によって表現するものであった．マンセルは，色相の基本色を五つとし，R（赤）・Y（黄）・G（緑）・B（青）・P（紫）に分け，さらに中間にYR（橙）・GY（黄緑）・BG（青緑）・PB（紺）・RP（赤紫）の五つを設けた．さらにそれらの間の色相を10で分割した計100色相で色を設定し，それに明度差を10段階に，鮮やかさの段階を決め，さまざまな色を一覧配置として表し，特定の色を，定量的に示す方法とした．これがマンセル・カラー・システムである．

●色見本帳　デザインの現場では，マンセル・カラー・システムは煩雑なことから，カラーチャート（色見本帳）を特定色の指定と確認に使用している．世界で広く使用されている色見本帳は，パントンである（図2）．日本では，DICカラーガイドを利用することが多く，建築業界では，塗料の色をカラーチャートとした日本塗料工業会発行の標準色見本帳を使っている．

●RGBとCMYK　コンピュータでは，光（加法混色）の三原色：赤（R），緑

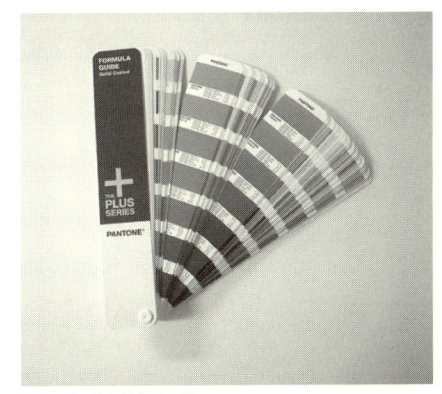

図2　パントンの色見本帳

（G），青（B）を基本として色をモニター画面に表示している．RGB各色それぞれが8ビット256階調の色をもち，三色分を掛け合わせた数が表示できる色数で，256の3乗の約1,677万色である．特定の色の表示には，RGB値を16進数で表している．

　紙媒体の印刷では，減法混合の原色であるシアン（C），マゼンタ（M），イエロー（Y）の三色に黒（K）を加えた四色（CMYK）のインクを使って印刷している．特定の色の表示には，四色（CMYK）それぞれの割合をパーセントで表している．

[木村　浩]

ピクトグラム

　ピクトグラムとは，事物を表す図記号の一種で，絵文字，グラフィックシンボル，アイコン，マークなどの名称でよばれることがある．視覚記号のなかでも言語の代わりとなる役割を担うものである．

●**ピクトグラムの特性**　ピクトグラムは具体的な対象を図材（モチーフ）として象徴化して意味を伝えるものである．そのため，語学のように学習する必要が少なく，生活や経験と照らし合わせながら，直感的に年齢や国や言語の違いを超えてその意味が理解できる．また，同内容を言語により表記した場合と比較して表示スペースが少なくてすみ，識別性が高いこともその特徴である．

●**ピクトグラムの礎石**　絵文字のルーツとしては象形文字，古代エジプトのヒエログリフまでたどることもできるだろうが，今日のピクトグラムの大きな礎石となった試みとしては，オーストリアの社会経済学者オットー・ノイラートが1920年代に考案したアイソタイプ（ISOTYPE：international system of typographic picture education）があげられる．彼は，アイソタイプを活用した図表（ダイアグラム）によって，子どもや市民に向けて当時のウィーンの社会状況を伝えた（図1）．アイソタイプ研究所で働き，漢字の表意性に感化を受けたチャールズ・K．ブリスは，ブリスシンボルを考案．世界の争いの元凶である言語の違いを解消し，意思疎通を容易にする図記号による世界言語を目指した．ブリスシンボルは，後年，障がいをもつ者のコミュニケーションに利用する試みが行われている．

●**催事での活用**　ピクトグラムはその特性を生かして，主に公共的な場における情報伝達のためのデザイン，サイン計画，ダイアグラムなどに用いられている．国際的な催事のサイン計画に活用された代表的な事例は，1964年の東京オリンピックである．ディレクターを務めた勝見 勝の提案により，競技シンボル，施設シンボルのピクトグラムが案内に活用された．日本でのオリンピック開催において，言語の壁を越え，家紋のデザインに代表される日本の造形を生かした提案となった．それはさらに国際的な催事のにぎわいももたらし，ピクトグラムの活用は以後のオリンピックの規範となった．その後も国際的催事におけるピクトグラムの活用は，1970年に大阪で開催された日本万国博覧会などに

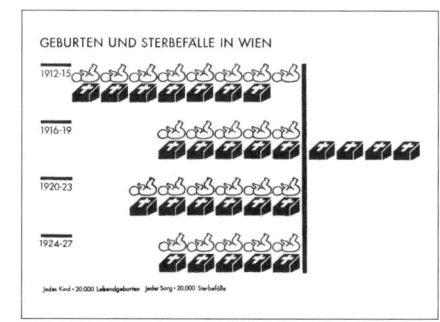

図1　アイソタイプ．ウィーン市の出生・死亡数（出典：太田，1987）

も受け継がれ，進展を遂げていく．

●**生活のなかでの活用** ピクトグラムは鉄道や空港，道路標識などの交通機関をはじめとする公共施設の案内・誘導に活用されている．なかでも米国運輸省とアメリカ・グラフィック・アーツ協会（AIGA）によるシンボルサインズ，国際標準化機構（ISO）の公共案内用図記号，そして日本の標準案内用図記号（JIS規格を取得，図2）は，その代表的なものである．1970年代に制定されたAIGAのピクトグラムは，公共的な場のサイン計画において日本でも広く普及した．その理由は，AIGAのピクトグラムが既存事例の収集と分析，理解度や可読性のテストに基づいて設計され，シンボルの相互関係についても優れたデザインの記号であること，また，著作権を開放したことも大きい．日本の標準案内用図記号は標準化への作業が進められ，2002年日韓ワールドカップや2005年日本国際博覧会の開催を控えた2001年3月に決定され，翌年JIS規格化された．それはAIGAを参考にしながら，道具などの形や記号デザインの表情がより同時代的なものであった．社会に広く長く貢献するアノニマス（匿名性）なデザインの重要性に対しての，デザイナーの取組みの成果である．

案内所 Question & answer　案内 Information　病院 Hospital　救護所 First aid
警察 Police　お手洗 Toilets　男子 Men　女子 Women

図2　標準案内用図記号（出典：交通エコロジー・モビリティ財団標準案内用図記号研究会，2001）

身近なピクトグラムの活用例としては，非常口サインがあげられる．日本が提案したピクトグラムが国際標準化機構（ISO）図記号専門委員会の承認を得たものであり，今日では，安心・安全のためのサインとして不可欠なものとなっている．また，表示面積の限られる機器の表示や操作パネルなどにも利用されている．特にコンピュータでは，GUI（graphical user interface）とよばれる情報技術によって，目的の操作を表すアイコンにより直感的に操作することを可能にしている．これらのアイコンは，携帯電話の画面や操作端末などにも急速に普及している．

この他，展示施設においては，施設案内はもちろんのこと，例えば動物園の動物の種類や案内図，展示パネルのダイアグラムなどに用いられている．入園者に展示内容に興味をもたせてわかりやすく伝えるためのグラフィックとして活用されている．

●**ピクトグラムの可能性** グローバル化が進み，交通機関やインターネットの発達により，国を超えたコミュニケーションがますます活発になるなかで，ピクトグラムは言語バリアフリーの手段として大きな役割を果たすであろう．また，コンピュータをはじめとする可変表示，動的な表示が可能な機器において，動くピクトグラムの可能性も注目されている．　　　　　　　　　　　　　　　　　　　[小泉雅子]

📖**参考文献**　アメリカ・グラフィック・アーツ協会，アメリカ運輸省監修『Symbol Signsシンボル・サイン国際統一化への34の提案』宣伝会議，1976

サイン計画

　サインには印，記号，署名，看板など表示物という意味がある．サイン計画とは，情報を伝える記号の仕組みを計画することで，具体的には施設や屋外空間に限らず，ある環境のなかで必要とされる情報を体系的に提供するシステムのことをさす．

●**サイン計画の目的と機能**　上記の必要情報とは，どこかに行く，何かを見出すなどを目的とした行動に関するものが中心となる．利用者が迷うことなく，安全に行動できるように情報をサインで提供して案内・誘導する．サインはその情報が果たす役割の目的ごとの機能により分類することができ，それをもとにサインシステムは構築される．サインの機能を分類すると以下のようになる．①記名系サイン（施設名などの名称を示す），②誘導系サイン（主に方向など移動のための情報を示す），③空間系サイン（案内図など空間の位置関係を示す），④説明系サイン（利用案内などの説明を示す），⑤規制系サイン（主に行動上の制約や注意を示す）（図1）．

　サイン計画の対象としては，催事（オリンピック，万国博覧会，各種イベントなど時限的なもの），交通機関（道路，鉄道，バス，空港ターミナル），企業空間（商業施設，レジャー施設，社屋，工場），公共的空間（街，公園，病院，図書館，博物館など）と多岐にわたる．これらの対象にサイン計画が導入される際には，施設特性に適し，利用者の立場で考えられたシステムが必要となる（図2）．

●**環境のなかでサインとなるもの**　日常生活において，熟知している場所であればサイン表示は不要であるし，既存の環境のなかの目印になる要素や人の流れなどがサインとなって誘導されることもある．しかし，前述したようなさまざまな施設においては，それでは十分な案内・誘導はできないため，サイン計画が必要となる．しかし，いわゆる表示板の設置は最小限として，必要な人に必要な情報だけが届くことが望ましい．そのためには，サイン計画で届けるべき情報を施設の特性と機能分類から整理する必要がある．また，空間の構造を明瞭化して特徴付けることにより，それ自体が

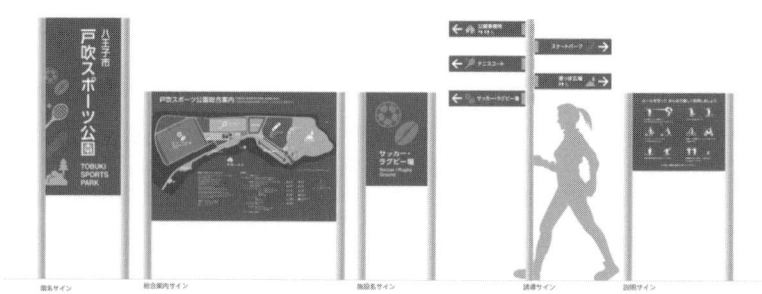

図1　スポーツ公園サインシステム図（高美，鈴木，2011）

サインの役割を果たすことを，施主や建築家とサイン設計者がともに検討することが重要である．さらに積極的に環境演出としてのサインの役割を考え，場の特徴をつくることが，対象施設のアイデンティティの表出とともに案内・誘導にもつながる．

●**サイン表示面の構成要素**　サインをデザインするには，本体の形状，サイズ，設置位置はもちろんのこと，コミュニケーションデザインという観点からは，文字，ピクトグラム，矢印，ダイアグラム，色彩，レイアウトなど表示面を構成する要素が重要となる（これらの特性の解説は別項目に譲る）．

加えてデジタルサイネージ（デジタル技術を用いた表示）では，表示内容が変化し，映像により情報が動き，音声も一緒に扱うことが可能となった．この新しいサインの手法の登場により，情報発信される場と，携帯電話などの情報端末との連携には大きな可能性が生まれている．必要な情報を必要な人に届けるという，今後のサイン計画の発展に大きく関わることであろう．

図2　床に設けたサインの例（写真：日本科学未来館，撮影：ナカサ＆パートナーズ，2001）

●**サイン計画の課題**　今日のサイン計画の課題としては，まず，多様な利用者について考えることがあげられる．さまざまなハンディキャップをもつ人々への対応となるバリアフリーサインにおいては，視覚，聴覚をはじめとする身体障がい者への配慮，外国人への言語バリアフリー対応だけでなく，高齢者や子ども，妊婦も対象となる．これらの取組みの背景には，社会全体のバリアフリーに対する意識の高まりがある．視覚以外の感覚に訴えるサインとしては，例えば視覚障がい者に対応する点字サイン，点字ブロックなどの触知サインをはじめ，その場所に固有の音を鳴らす音サインなどがある．さらに情報端末の発達により，個々の受け手にとって認識しやすい方法や条件を選択して情報を得られることもあげられる．

今後，サイン計画の基本が，できる限りユニバーサルデザインの視点に立つことが大きな要件となっていくだろう．例えば，水晶体が黄濁するなど視力に衰えが出る高齢者や色覚に障がいのある人にはとらえにくい色彩がある．識別や情報を読み取りやすい色彩を選択するなどの配慮，色彩と形態を組み合わせて情報を重ねることなどは，取組みを進めるうえでの代表的な視点である．

また，安全・安心のためのサイン，防災サインへの取組みも重要な課題である．今日，日本中に普及している国際規格をもつ非常口サインは，大規模なデパート火災などが契機となって見直しが始まった．近年の大震災の記録は，防災サインの課題に取組むことが急務であることを示している．　　　　　　　　　　　　　　[小泉雅子]

ダイアグラム

　ダイアグラムとは，図表，図解，地図などの総称である．例えば，道案内をするときに口頭や文章で説明するよりも，簡単な地図を描くことでわかりやすく確実に伝えることができる．言語による説明だけでは伝えにくい情報内容も，情報相互の関係を整理してマップ化，視覚化することにより，理解しやすく，興味をもちやすくなり，効果的に表現し伝えることができる．このようにダイアグラムにより情報を図化することは，ビジュアルコミュニケーションデザインの重要な要素・手段である．

●**ダイアグラムの種類**　ダイアグラムでは，数や大きさ，年月や時間，空間，階層，分類，構造などを表す情報を扱う．種類としては，①表，②グラフ，③チャート，④図譜，⑤図解，⑥地図があげられる．以下，それぞれの特徴を記す．

　①表：文字や数字による情報を表にしたもの．表組，時刻表，年表など．②グラフ：数値の情報とその変化の推移を量で表す．棒グラフ，折れ線グラフ，円グラフ，内訳グラフなど．③チャート：複数の情報の順番や構造，関係を図化したもの．組織図，工程図など．④図譜：音楽やダンスのように言語では表現しにくい変化を記号で表現したもの．楽譜，コレオグラフなど．⑤図解：図化して説明するもので，見えにくい部分なども示すことができる．解剖図，取扱説明図など．⑥地図：地表の全体や特定の部分の状況，空間の位置関係を扱う．一般図は地形図，地勢図の総称，主題図は特定の機能をもつもので路線図，観光図など．

　我々の生活のなかにはたくさんの情報があふれている．みずからをインフォメーションアーキテクト（情報の建築家）と称したリチャード・ソール・ワーマンは，情報を理解しやすく伝えるためにダイアグラムを活用した．彼は情報を整理する方法として，位置，アルファベット順，時間，カテゴリー，連続量をあげている．これらは前述のダイアグラムの種類とも密接に結び付くものである．

●**ダイアグラムの歴史的事例**　ダイアグラムの代表ともいえる地図は，古くから各時代における利用目的のために学問，技術の粋を集めてつくられ，また人々が世界をどのように捉えているのかも表している．19世紀半ばに世界初の地下鉄として開業したロンドン地下鉄は，CI（コーポレート・アイデンティティ）やサイン，書体設計など，交通機関のデザインを牽引した．なかでもロンドン地下鉄路線図は，ヘンリー・ベックが1931年に考案して，以後約30年間デザインを担当したものである．特徴は，路線を水平，垂直，斜め45度に整理して抽象化し，乗換駅や目的地までのルートを明瞭に示していることである（図1）．駅の間隔をほぼ統一し，路線や駅が多い都心部のスペースを広くとることで複雑さを軽減し，わかりやすくすることを意図している．路線図の利用目的が地理的な正確さよりもルートにあるという視点から，複雑な多くの情報を整理する方法を見出している．ロンドン地下鉄路線図はその

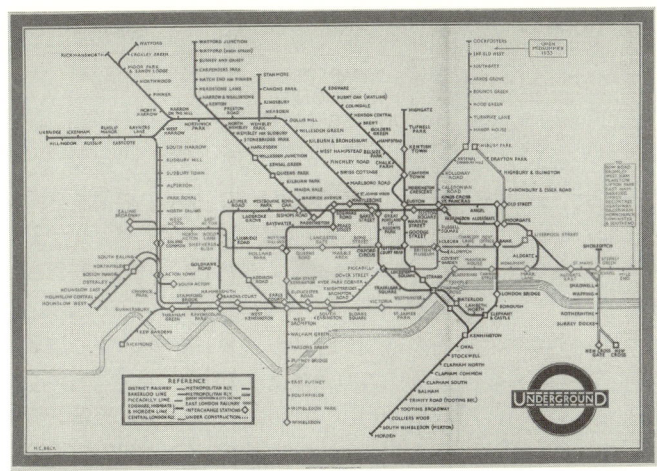

図1 ヘンリー・ベックによる1933年ロンドン地下鉄路線図（出典：Green, O. et al., 1995）

後の世界中の鉄道路線図の規範となるとともに，ダイアグラムデザインの代表的な事例として継承されている．

1953年に刊行された世界地理地図帳 *World Geo-Graphic Atlas* は，グラフィックデザイナーのハーバード・バイヤーが編集・デザインを手掛けたものである．地理，人口，自然，産業，歴史などの情報を編纂し，写真やピクトグラム，図表を用いて，地図で示される地域の生活や環境を伝えており，20世紀を代表するグラフィックワークといえる．

●今日のダイアグラム　今日，コンピュータの普及とインターネットの発展により，ヘンリー・ベックの時代からは想像できない膨大な量の情報を扱うことや，リアルタイムな情報をダイアグラムに反映することが可能となった．特にインターネット上やさまざまなデジタルデバイス上では情報が変化し，動きを伴うダイアグラム，クリッカブルマップのようにインタラクティブに双方向に情報をやりとりできる閲覧機能をもったものも活用されている．世界中を旅行しているような感覚が得られる地図グーグルアースはその代表的な事例である．一方で，スマートフォンでの健康管理のように，私的な情報をダイアグラム化することも日常となっている．また，グリーンマップでは，身近な環境を調べて，地図をつくるという行為を通じて環境問題を捉え啓発している．

いつの時代においても，技術の進歩とそれを生む新しい視点や世界観は，コミュニケーションを支えるデザインと密接な関係にある．ダイアグラムの発達も同様である．そのようななかでもコンピュータやインターネットの技術革新は大きなエポックである．昨今，インフォメーショングラフィックスという言葉でダイアグラムやサインなどを捉えることは，情報の編集とコミュニケーションという視点をより明瞭にしている．

[小泉雅子]

空間デザイン

　欧米の都市では，19世紀から鉄の工業使用が進み，生活の場は次第に重々しい壁から解放される．それとともに，20世紀の近代デザイン（モダンデザイン）運動では，目に見える部分だけでなく，物の不在としての空間それ自体をかたちづくる関心が育まれる．近代デザインにおいて空間はしばしば強調されてきた語の一つだった．確かに日本の古い木造建築をみると，量塊としての重量感がもとから欠落しており，開かれた空間がすでに実現されていたかにみえる．とはいえ日本においても，空間の語議論が盛んになるのは，1920年代に欧米から近代デザインの考えが持ち込まれて以降である．

●**人間の実感に基づく個々の具体空間**　20世紀の哲学のうち現象学などでは，自然科学で想定されてきた均質な抽象空間に対して，人間の実感に基づく個々の具体空間についての考察がなされてきた．すなわち，客観的空間，科学的空間，数学的空間，幾何的空間，物理的空間とは区別されるべき，体験される空間を明らかにする試みである．後者について問われたのは，身体との関係であり，知覚との関係であり，気分との関係だった．この空間は，身体との関係からすると，自己の周りの広がりである．横になった姿勢と，座っている姿勢と，立っている姿勢とでは，開示される空間もまた異なる．空間の知覚はまた複数の感覚器官の同調によるにしても，視空間・触空間・聴空間・嗅空間をそれぞれ区別できるだろう．体験される空間はまた一定の気分と結び付いている．空間の現れは人間の気分に左右されるが，空間の現れが人間の気分を左右してもいる．

●**外部空間・内部空間・中間空間**　外部空間は，建物などの外部の空間であり，上部に覆いのない空間である．内部空間は，建物などの内部の空間であり，上部に覆いのある空間である．公共の建物は，病院・学校・役所のように機能ごとに分かれる外部と内部の中間空間というべき空間もある．日本家屋の濡れ縁はそれである．

●**空間デザインの三つの基本要素**　空間デザインが実現するのは，人間の実感に基づく個々の具体空間である．その仕事は，身の回りから都市環境にまで連なるが，三つの基本要素を用いる．すなわちそれは，上方を閉ざす屋根であり，側面を閉ざす壁体であり，下方を閉ざす床面である．単純例をあげよう．相合い傘はそのもとに二人だけの空間をつくりだす．選手たちが円陣を組むとき内側には親密な空間が生まれる．花見の場所取りのために敷物を敷いたところは，誰も立ち入れない空間となる．

●**空間デザインの六つの基本造形**　空間デザインは，三つの基本要素を用いて，六つの基本操作によって進められる（図1）．①空間の閉鎖：屋根は特に上方を覆いながら閉じる要素であり，壁面は特に側面を囲いながら閉じる要素であり，床面は特に下方を塞ぎながら閉じる要素である．空間を閉ざす意味は，外界からの影響を遮るため

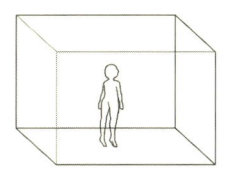
① 空間の閉鎖

③ 空間の開放

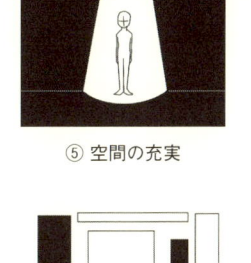
⑤ 空間の充実

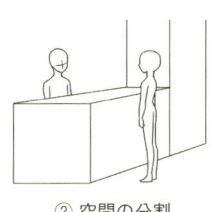
② 空間の分割

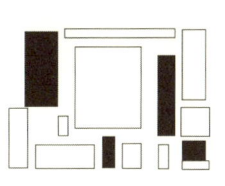
④ 空間の連結

⑥ 空間の構成

図1 空間の図（著者作図）

であり，活動を制約するためであり，内側にあるものを見せないためでもある．②空間の分割：強い分割は，向こうを見えなくしたり，向こうへの移動を妨げたりするが，弱い分割は，向こうを見えたままにしたり，向こうへの移動を許したりする．空間を分ける意味は，単調さを避けたり，機能を区別するためである．③空間の開放：窓などの開口部について，大小・形状・位置への配慮があるだろうし，光のみを透かしている場合から，何もなく空いている場合まで，開け方の度合いもある．空間を開ける意味は，通気・採光のためであり，見通しの改善であり，移動を可能にするためである．④空間の連結：道とは二つの空間をつなぐ手段であり，橋は特に障害をまたいで二つの空間をつなぐ手段である．空間をつなぐ意味は，移動を可能にすること，移動を容易にすること，移動を方向付けることにある．⑤空間の充実：個々の空間に独自の質を与えるために，採光・照明・音響について配慮したり，壁面の処理として，素材・色彩・装飾によって違いを出したり，家具などを置いて周囲の空間をかたちづくったりする．⑥空間の構成：諸要素を一つにまとめ，諸空間を一つにまとめ，空間全体に秩序を与える．空間を整える意味は，美しく見せたり，一体感をもたせたり，位置を把握しやすくするためである．人間は必ずしも単純な秩序を望まない．空間秩序の複雑さは，空間の懐の深さであり，魅力をもたらす秘訣にもなる．

●**空間デザインの課題**　近代社会において，各空間の合理性が追求された結果，人間の生活空間の機能分化が進み，役所・学校・病院・住宅・工場というように各空間はそれぞれ固有の役割を担うようになった．けれども機能分化した各空間は，人間の活動を制約して貧しくしたり，時代の激しい変化に応えきれなかったりと，問題をはらんでいる．展示の空間は，何かが提示される場であり，何かが感受される場であり，芸術との関わりが深かった．けれども展示の空間もまた，交流の場・教育の場・生産の場として，多様な役割を担うことが期待される．　　　　　　　　　　　［高安啓介］

参考文献　高安啓介『近代デザインの美学』みすず書房，2015

環境デザイン

　デザインの領域が拡大するなかで，特に環境デザインは「環境」をデザインするということから，その対象や領域，方法などが多彩，多種であり，内容がわかりづらいとの指摘が多い．環境デザインの概念および考え方，方法などがわが国に導入されたのは比較的最近のことであり，1970年代の前半頃とされている．当時は環境としてとらえられる具体的事例や研究対象は，もっぱら排気ガスによる大気汚染や工場排水などによる公害問題であり，デザインとしてとらえる内容ではなかった．しかし，新幹線の開通や高速道路の整備，余暇活動の向上などから，それらの場所のデザインの検討が行われるようになり，駅前広場，公園，高速道路の景観設計，多摩ニュータウンに代表される大規模開発のニュータウンなどに環境デザインの手法や方法が導入されることになった．

●**環境デザインの産声**　1970年代当時のデザイン手法や方法は，欧米のデザイン概念が一般的な方法として導入されていた．ただ，大学や研究機関においては「環境デザイン」を冠とする学部や専攻は皆無であり，それぞれの研究領域のなかでのゼミのような活動として産声をあげていた．そして1975年4月に東京芸術大学デザイン専攻において「環境造形デザイン」講座が文部省（当時）の認可を得て設立された．その折，文部省からは講座名称について「環境」は工学的研究領域なので，デザイン，芸術にふさわしい「造形」を付けるように指導された．現在ではあり得ないことだが，当時の社会的認知度を想像できるエピソードである．その後，1980年代後半には海外旅行の増加に伴い欧米の環境デザインの豊かさが広まり，建設省（当時）が土木分野に「デザイン」の導入を図り，「シビックデザイン」として全国的展開となっていった．その後，環境デザインはさまざまな専門領域から，多様なアプローチや方法論によって展開されるようになってきている．

●**環境デザインのコンセプト**　環境デザインの概念は1970年代に日本デザイン学会環境デザイン部会により「人・物・場の美しく快適な関係づくり」と定義された．その後，社会構造の変化から工業化社会から情報化社会，そして循環型社会へと変革するなか，その定義も変わってきている．現在では2014年に「ヒト・モノ・バ・コト・トキの美しく心地よい快適な関係づくり」（同学部）へと変わり，情報化社会や循環型社会構造の変化がデザインの概念や視点，領域にも大きく影響を与えている．また，さまざまな領域から「環境」へのデザインアプローチがされるようになってきている．都市計画，土木，ランドスケープ，造園，建築，プロダクト，グラフィック，メディアなどから多彩に展開されてきている．そしてデザインの原点的定義である創造とオリジナリティがベースにあることは変わらない．

●**環境デザインの視点**　「環境」という言葉は中国の古書『史記』に登場し，字のご

とく，環で囲まれた領域ということで，領域を示す言葉である．このことは，環境デザインの概念の基本となっていると考える．プロダクト，インテリア，エクステリア，広場，公園，ターミナル，街区，都市，農村，漁村，河川，海浜など，領域や目的を示すが，すべてにそれらの領域のデザインがあり，その視点が環境デザインである．インテリアにおいて，「テーブルの上にソーサーとコーヒーカップが置かれ，心地よい椅子に座り，天井からペンダントランプが下がり，美しい光が注いでいる．窓辺

図1 国営アルプスあづみの公園景観の創造．安曇野イメージを新たな場所に．景観の創造「らしさの具現化」（著者撮影）

には美しいドレープのカーテンがしつらえられ，美しい花も置かれている」と状況を表現すると，みなそれぞれにイメージが湧いてくる．それらは，人によってそれぞれに色や形，素材，レイアウト，空間が異なる．このことが環境デザインの原点であると思われる．その場所は一つしかない，その場所性が環境デザインの原点であり，その場所の潜在能力をどう引き出すかがデザインに求められる．

●**景観の視点** 近年は，景観の視点も環境デザインの重要な要素となっている．日本では「景観法」が整備され，地域がもつ個々の景観の重要性が再認識され，また人々の日々の暮らしのなかでの景観も生活権という視点から再認識されている．このことから環境デザインにおいて，景観を景色の創造という考えのもと，さまざまなスケールや領域によるデザインが求められている（図1）．景色のヒエラルキーの考え方も，従来から概念化されている近景・中景・遠景，借景に加えて，近年は触景という，より近い場所，プロダクトなども景観要素として，景色の構造化が検討されることになり，触ることのできるプロダクトも景色の要素となっている．このことから物も形体，素材，配置，色彩，機能，感触も含めて景観視点が求められる．また，色彩においても環境色彩の認知が進み，色彩が環境に及ぼす影響が大きいことから景観ガイドラインの中には色彩が多くを占めている．

●**デザインの領域** このように環境デザインは，シビックデザイン，トータルデザイン，パブリックデザイン，景観デザイン，スペースデザインなどと同義語と理解されることもある．それぞれのデザインは扱う領域やデザインプロセス，方法が異なるが，目指す目的は同じように思われる．特に日本においては，デザインを細分化する傾向があり，環境デザインの概念からは異なる方向性にあると思われるが，上述するように目的は同じであることから，一元化されることが望まれている．それぞれの領域をまたがるあり方，ありようが視点の特徴でもある．

●**これからの環境デザイン** 住宅と道路と広場，または橋と河川，街区と公園という関係性や総合性から場をとらえるとともに，風土や歴史，文化を認識しながら，時間と空間のなかでさまざまな環境構成要素を構築し，事や時を意識し，「創造することを目的とするデザインの方法論である」と定義すること．そして，関係する領域を一元化していくことがこれからの「環境デザインの方向性」である． ［長谷高史］

自然光と空間

　室内の光環境は昼光照明（自然光）と人工照明によって計画される．通常の建築計画では昼光照明を中心に考え，外部の光が室内に十分行き渡るように開口部を設けるが，美術館の場合には，紫外線から作品を保護するために展示室から自然光を排除し，作品ごとに照度を調整した人工照明によって光環境をつくるのが一般的である．しかし，近年では積極的に自然光を採り込む美術館がつくられるようになり，日射制御の工夫を施した開口部から採り込むことで，時間や季節が感じられる展示空間の創造が試みられている．

●無開口のホワイトキューブ　建築の光環境を研究する登石久美子によると，18世紀末に誕生した美術館の展示照明は，ハイサイドライト（側頂窓）やトップライト（天窓）などの開口部による昼光照明が一般的であったという（登石, 1999）．しかし，1950年頃に紫外線が有機物の劣化の大きな原因であると科学的に立証されると，これが美術館の分野においては展示物の保存運動につながり，これ以降に建設された美術館では自然光の排除が優先され，開口部をもたない展示室が主流となっていった．
　一方，展示空間そのもののデザインも新しい美術の動向と呼応してその様式を大きく変化させてきた．西洋における近代以前の展示空間は，壁面装飾や調度品などによって特定の様式にまとめあげられ，美術作品はこの様式の室内装飾の一部という側面が強かった．しかし，モダニズムに至り，美術作品はそれ自体が完結した存在とみなされるようになり，特定の展示空間に依拠しなくなった．1929年に世界初の現代美術専門の美術館として誕生したニューヨーク近代美術館（MoMA）では，こうした作品の自律性と鑑賞の純粋性を追求するために，展示室は無装飾の白く塗り囲んだ部屋，いわゆるホワイトキューブとしてデザインされた．これを端緒として無開口のホワイトキューブは，多様な展示に対応できる利便性とどんな条件でも計画し得る汎用性から，戦後の公共事業の急速な拡充とともに多くの展示施設で採用されていき，現在に至るまで展示空間の標準仕様といえるまでに普及した．

●自然光による固有の展示空間へ　今日では美術館は地方都市にも広く普及したが，人工照明で照らされたホワイトキューブの展示室はどこの美術館も大差なく，展示室自体に美術館の固有性を見出すことは難しい．このような単調さへの反省から，近年では再び展示室に開口部を設けて自然光を採り込む美術館が多くみられるようになってきた．この背景には，インスタレーション作品のように設置される場所と積極的に関連付けようとする美術作品が登場し，現代美術において無個性なホワイトキューブはむしろ批判の対象になったということもある．例えば，ルイス・カーン設計のキンベル美術館（米国，1972年開館）は，展示室に昼光照明を採用した先駆的な事例である（図1）．コンクリート打放しのヴォールト天井にはスリットが開けられて，そ

こから自然光を展示室に採り込んでいる．日射はスリット下部に取り付けられた半透明の板で反射してヴォールト天井を間接的に照らし，また，半透明の板を透過する光は適度に拡散されて，展示室は柔らかい自然光で明るくなるように工夫されている．レンゾ・ピアノ設計のバイエラー財団美術館（スイス，1997）

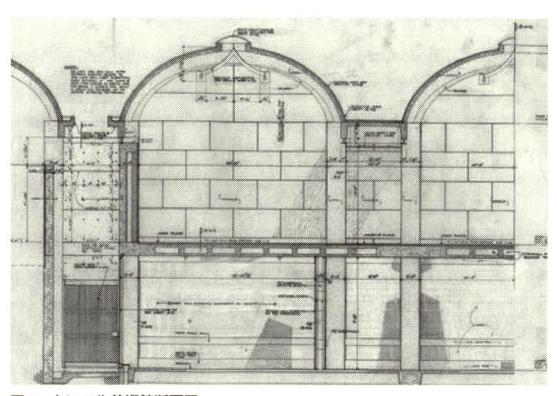

図1　キンベル美術館断面図

は，鉄骨フレームと複層のガラスレイヤーで構成された大屋根が架かっている．ガラスレイヤーには強い日差しをカットする工夫が巧みに施され，展示室の天井全面が開口部となっていて，来館者は自然光の下で作品を鑑賞することができる．また，庭園の池に面する壁面も全面が開口部となっていて，展示室には池の風景と呼応するようにモネの《睡蓮》の大作が展示されている．国内の事例としては，西沢立衛設計の十和田市現代美術館（2008）がある．設計はコミッションワーク（特定の場所のためにアーティストが委託されて新たに制作するアートワーク）の構想と協議して行われ，それぞれの作品には一つずつ独立した展示室が与えられている．一部の展示室には通りに面して大きな開口部が設けられているため，作品が街に対して展示されているような非常に開放的な構成になっている．このように，自然光を採り込み，開口部を通じて周辺環境と積極的につながろうとすることで，それぞれの美術館に固有の展示空間が創出されている．

●**昼光照明の手法**　美術館で昼光照明を計画する場合は，展示壁が極端に明るくなったり，あるいは逆光の陰になったりすることを避けるため，トップライトやハイサイドライトといった上部の開口部から自然光を採り入れる方法が一般的である．上述のとおり，展示物の劣化の原因となる日射が直接展示室に入らないようにするため，開口部には日射制御の工夫が不可欠である．

　代表的な日射制御の方法としては，ガラスを擦りガラスや乳白フィルム貼りとすることで透過する光を拡散させる方法，開口部にルーバーを取り付けて直射光を間接光に変換し採光量を可変とする方法，日射を天井裏などのバックスペースに採り込み間接光に変換する方法などがある．日射を採り込む際には，北側面から採光すると安定した自然光を得ることができる．　　　　　　　　　　　　　　　　［加藤　研］

参考文献　登石久美子「博物館・美術館の昼光照明計画」『照明学会誌』83-12, p 895-900, 1999／内田誠人他「現代の美術館におけるトップライトによる展示室への採光手法の形態的特徴」『日本建築学会計画系論文集』79-701, p 1553-1560, 2014／太田泰人他『美術館は生まれ変わる―21世紀の現代美術館』鹿島出版会，2008

プロダクトデザイン

　プロダクトとは何か．一般的には製品，生産物，成果などの意味であるが，ここでは，別項目に述べたデザインの語意（☞項目「デザインとは」）を含めプロダクトデザインをさす．プロダクトデザインは広く製品のデザインと解されるが，宣伝やコミュニケーションの媒体としても使われる，視覚を主とするビジュアルデザインと大別して考えられる．また，人間の生活における環境領域からすれば，便宜的に物・空間・情報と三つに分けることが可能であり，それぞれを対象とするデザイン活動は，プロダクトデザイン，スペースデザイン，コミュニケーションデザインと表される．しかし，現代の生活環境下におけるデザイン活動の対象の中には，古来より続いたデザインの活動領域においての物理的概念を超える新しい概念も生まれている．プロダクトデザインには，物と人との新たな関係の構築が期待される．

●プロダクトの領域　現在，専門的な職業として成立しているデザインの分野は多数存在しており，なかでも工業デザイン（インダストリアルデザイン），工芸デザイン，インテリアデザイン，建築デザイン，環境デザイン，服飾デザイン，ビジュアルデザイン，コミュニケーションデザインなどが知られている．また個人的に製作する手工芸や美術工芸の分野でも，当然デザインは行われている．これらのうち，一般にプロダクトデザインとして包括できるものには，工業製品のデザイン（インダストリアルデザイン），産業的な工芸品や手工芸のデザイン（クラフトデザイン），家具や室内のデザイン（インテリアデザイン）などが考えられる．また，現代ではプロダクトと称される製品概念が，本来の物の概念領域を超えてハードとしての建築や都市・環境などのデザインにも広がっており，さらに社会システムやサービスとの融合といったソフトウェアにまで及んでいる．プロダクトが有する人間生活のための実用に供するもののデザイン領域は，これまでの枠を超え，新たな物のあり方や未来について考える時代を迎えている．

●プロダクトの用と美　プロダクトを人間生活のための実用に供するものととらえるなら，そのデザインはまずその用に役立つように考えなければならない．また，人の願望は，ただ使用にたえるということだけでなく，気持ちの良いもの，見ても使っても快適で美しいものであってほしいということにある．つまりデザインは用と美の充足・充実を図るものであるといえる．用については，これを使ってみれば，それがよくデザインされたものか，そうでないものかは誰でもすぐわかることである．しかし，その美については惑わされることが多い．なぜならば，人間にとっては視覚的な刺激からの認識が，用に供するという機能面からの評価以上に強く影響するからである．しかし，本来のプロダクトデザインの美しさはその用とともにあり，用を高めることによって発揮される．

プロダクトデザインの用と美は，それが人間生活において使えることの物理的・精神的意味によって変わる．そしてその意味をどのようにとらえ，またその意味をどのように指向させるかによってデザインの方向が決められる．デザインはそのものがもつ意味に従い，用と美を充足・充実させるものであるが，一応使える，一応見られるということだけでなく，さらにその価値を高めることが大切であり，新しい価値を生むことが重要である．

●プロダクトデザインの条件　デザインが製品となるためには，どうしても欠かせない直接的条件と間接的条件がある．プロダクトは，何かの使い道に役立てようとしてデザインされるのであるから，まずその使い道に合ったデザインをしなければならない．その直接的条件のうち機能性には，主となる機能，従となる機能といった大切さの軽重がある．デザインするときには，その製品が使用の目的を十分に果たすために何が大切な機能か，またその主となるものは何かなどを，よく考えてそれを充足するように計画を立てていかなければならない．そしてそれが一応使えるという以上に，一層使いやすくする工夫をすることが大切である．また，使用の目的や機能によってどんな材料でつくるのが適当か，どんな材料でつくられるのかを確かめ，その材料でできる形や色，すなわち材料の特質や利点を生かすように考えなければならない．ほかにも製作方法や構造，あるいは機構などに順応して形を発展させてまとめることで，必然性を自覚し，さらに新しく可能な造形性を見つけるなどの積極的態度も大切である．

経済性からは，製品ごとに社会情勢や日常生活の経済状況からみた値頃感（価格帯）というものがあり，製品自体の価値と社会経済からみた適正な価格とのバランスが重要とされる．間接的条件としては，人間が製品を選択し購入・所有する行為において，製品に対し単に生活の便利さや物的効用，機械的な働きを求めるだけでなく，何かを語りかける意味をもった一つのサイン機能がある．そこにはステイタス性やファッション性，他人との差異，あるいは同じであることなどによる存在の意味性としての喜びである感情が構成される．

また，デザインは創造的な行為であって，そこに求められるのは何よりも美的な造形力であり，一般にまず期待されるのはイメージ性であろう．美的な造形とは，製品に求められたそれぞれの意味がふさわしいイメージで巧みに表現されることである．イメージは個人のものであるが，共通のイメージを探ることが，量産される製品のデザインにおいては不可欠な条件となる．

デザインにはもう一つ大切な条件がある．それはデザインするその当人だけがもつ理想である．この理想によってその他いろいろな条件も取捨され，判断され，指針が与えられるものである．すなわち，理想のもとにまとめられたものでなければ，デザインとはいえない．製品を通じて，そのものが人間社会にもつ本当の意味を理解し，人間の未来のために，人と社会，そして時をつなぐ道しるべとなるプロダクトとはいかなるものなのかを考え続けることで，プロダクトの存在価値は見出されるのである．

［德田明仁］

ディスプレイデザイン

　コンピュータの表示装置として必須のディスプレイ,家の庭先をイルミネーションで飾る手づくりのディスプレイ,お店のショーケースに並べられた商品のディスプレイ.これらをディスプレイという言葉で一くくりのものとして一般的には印象付けられている.大衆にとって最もわかりやすいイメージのみが浸透していった結果でもある.ディスプレイとはもともとどのような考え方か.例えば草創期にあたる1959(昭和33)年,合田清海が日本展示美術家協会機関紙にディスプレイデザインはどうあるべきかを語った言葉に,「ディスプレイ作家は建築家の構成力とグラフィックデザイナーの技術とコピーライターの説得力と服飾デザイナーの色彩感覚とインテリアデザイナー,インダストリアルデザイナーの造形感覚を併せ持つ位の力価と識見と勉強がぜひ必要になる訳です.大きく言えば現代の芸術を総合した上に立つデザイナーにならねばこの仕事はつとまらないということです」とあるように,さまざまなデザインジャンルを総合化した,より包括性の高いデザインアプローチを意識していたことがわかる.

●競争のなかで生き残るための方法「差別化」としてのディスプレイ　展示とディスプレイの言葉が意味するところは,展示は「ひろげてしめす」,ディスプレイはラテン語の「dis-plicare(折りたたむの反意語)」であり,結果としては展示と同じ意味である.したがって扱われるデザインの領域は同一であるが,そのアプローチには微妙な違いがある.ディスプレイの語源となった動物学では,動物が威嚇や求愛をする相手に対して,自身の身体のなかの目立つ部分を強調する,あるいは自分をより大きく見せようとする動作をディスプレイと言うように,強調や差別化を意識して試みようとするデザインである(図1).弱肉強食の自然界の摂理は人間社会にも同様に反映される.他者に比べてその優位性を誇示するために,宗教や権力の世界では「差別化」の手法であるディスプレイの発想がおおいに用いられた.また,動物が基本的には自分の身体を使うのに対し,人間は身体にないものを外から加える,つまり飾ることによって自己を表現しようとした.人間にとって,飾ることが「差別化」への創造的行為の第一歩であった.

図1　動物のディスプレイ(クジャクの雄の求愛行動)

　このような差別化を重要視したディスプレイデザインへの社会的認識が高まり始めたのは戦後のことであり,下記のようなエピソードが残されている.1950(昭和25)年,戦後初めての本格的な国際見本市(第1回米国見本市)に出品することになった

ときのことである．JETRO（ジェトロ）（日本貿易振興会〈当時〉）の担当者がブースの設営の立合いに現地入りしたが，ほどなく悲痛な電話をかけてきた．それは，「諸外国の各展示場での展示施工は，それぞれ立派なディスプレイデザインに基づき，あらゆる新素材を持ち込んで，天井，壁面，小間内に大々的な美術工作を施しており，商戦の前にまずディスプレイ合戦が始まっている．これに対し，陳列台方式の日本の商品展示は，はなはだしく見劣りがし，とうてい太刀打ちできない」というものであった．陳列からディスプレイへの新たな転換を垣間（かいま）見た瞬間であった．

● **飾るデザインとしてのディスプレイ**　人間はどのようなときに飾るのか．劇作家の山崎正和は『装飾とデザイン』(2007) のなかでこう述べている．「初期の農業生活の祝祭は収穫の終わった時期に限られることになり，その分だけこの特別の日の意味が重くなった．その特別な日を楽しむための食・衣服・祝祭は装飾に満ちている」．豊穣を祝う特別な日の食卓はごちそうとともに飾り付けをし，衣服は綿から見栄えのする絹へ，祭りの際には皮膚に特殊な色を塗り仮面も付けて神秘性を増すなど，特別な体験，つまり非日常化するための演出が施されるのである．人間は，労働の時間はより短くし，余暇をできるだけ増やそうとしてきた．余った時間を楽しむときこそが人間の幸せであり，ディスプレイデザインはその豊かさを共有できるものに可視化・体験化していった技術だといえる．山崎は芸術についてもこう述べている．「20 世紀の芸術論はついにそれがいっさいの物語の装飾であることを決然と否定した．だが歴史は大きく一巡して原点にもどり，(中略) あらためて芸術という造形はその本来の装飾性を回復しつつあるのかもしれない」．モダンデザイン一色に塗りつぶされたとき，単純化とは異なる様相ももちながら，崇（あが）めるもの，見つめるものなどの美的な対象物が視覚の空白を埋めていくという特徴をもつディスプレイデザインの表現が，アートとクロスする色合いが強いといわれるのはその点においてである．

● **空間そのもので感じ取るデザインアプローチへ**　日本の芸術でたとえるならば，安土桃山時代の茶人・千利休が成し遂げた一輪挿しに代表される簡素な美（図2)，同時代の画人・狩野永徳による障壁画にみる過剰ともいえるほどの美，どちらも「飾る」美であり，ディスプレイデザインにはこの美の両極をもち得る表現の幅広さがある．加えて空間であるがゆえに多くのメディアを操作できる包括性も備えている．またその分，メディア操作の熟練度が求められる空間系のコミュニケーションデザインである．これらの制御によって空間そのものが一人ひとりの五感を震わせ，メッセージを身体全体で感じ取れる豊かな体験性にまで高めることこそがディスプレイデザインの本来の役割だといえる．

図 2　一輪挿しの花（著者撮影）

［稲垣　博］

📚 **参考文献**　魚成祥一郎（監修）SD 選書『ディスプレイ デザイン』鹿島出版会，1996

インテリアデザイン

　インテリアとは，床，壁，天井などにより構成された建築物の内部空間をさす．デザインの対象は住宅をはじめ，物販店や飲食店，オフィスや医療施設など，その対象は多岐にわたる．また，椅子，テーブル，棚，照明など，我々が過ごす生活空間に配置される物も含まれる．

　さらにインテリアデザインでは，光や映像，音や香り，また植物や調度品など，有形無形問わず，さまざまなものを用いながら，その場所に求められた機能や役割を拡充することをさす．演劇の舞台セット，イベントのライトアップ，さらにインタラクティブに変化を伴うデジタルメディア表現を使った展示空間などをあげることができる．また，街の一部に施された植栽計画などもその一環としてとらえられることもある．

●**文明とインテリア**　スペインのアルタミラやフランスのラスコーなど，これらの洞窟壁画は狩猟がうまくいくことを願う呪術的な意味合いをもったものと考えられている．空間を演出することを目的としたものではないが，空間に関わる人類史を振り返るならば記憶にとどめておきたい．古代から始まる人類の空間づくりは，それぞれの地域がもつ気候風土に基づき，文明とともに形成されてきた．メソポタミア文明は，豊富な粘土とそれを乾燥させるための日差しに恵まれていたため，日干し煉瓦を使うことが主流となった．エジプト文明では，ピラミッドの存在からも明らかなように，自然石が使われてきた．また中国文明では，その後に日本に大きな影響を与える木材が中心となり，空間づくりが行われてきた．古代ギリシャ，そしてローマの文明は新たな建築スタイルを確立し，それと合わせてモザイクタイルの床材やフレスコ画といったインテリアを彩るものが花開いた．

　中世ヨーロッパを中心とした巨大化する教会建築造りは，ゴシック建築に代表される尖頭アーチが特徴である．上昇する視覚効果をねらい高さを目指したものであるが，インテリアの世界観を大きく変える要素となった．また教会建築には欠かすことのできないステンドグラスは，識字率の低かった時代において，宗教思想を広める絵解き聖書として重要なツールであったが，今では空間を演出する一つの要素としてとらえられることもある．

　18世紀に始まる産業革命では，壁紙やカーペットなどのインテリアに欠かせない内装材が機械生産でつくられるようになった．一方で粗悪なものを生み出す要因にもなった．19世紀末から始まるウィリアム・モリスのものづくりの実践は，インテリアの装飾に関連する商品を開発した（☞項目「デザインとは何か」）．

●**日本のインテリアの流れ**　地域のもつ気候風土が建築およびインテリアをつくるうえで影響したことは，日本も同様である．雨量に恵まれた国土は良質のヒノキを植生し，建物をつくるうえで優れた木造架構の技術を育んだ．加工性，耐久性，そして柔

軟性をもつ素材の性質は，インテリアにおいても利便性が高かった．さらに居住性を改善させるため，吸・放湿性に富む和紙やイ草などが用いられた．和紙の誕生とその流用は，インテリアに大きな変化を及ぼした．それまで外部と内部は蔀戸により区切られていたため，極端に言ってしまうと，空間は明と暗の状態にならざるを得なかった．しかしながら，和紙を介したことにより柔らかい光を室内に採り込むことができるようになった．また，寒気を防ぐ機能を持ち合わせたことにより，内部空間の快適性が向上したことが想像できる．そして木材を加工する道具や技術の向上により，空間を仕切る障子が徐々に身近なものになっていったと考えられている．

　江戸時代に入る前後の数十年間は，日光東照宮に代表される霊廟建築や天守閣をもつ日本の代表的な城郭建築がつくられた．インテリアの壁や襖には，金銀の箔や野毛などを使った障壁画が描かれた．一方でこの時代には，スケールや装飾の視点からはそれらとベクトルの異なる茶室建築が登場した．茶室のインテリアは国宝である待庵に代表されるように，藁寸莎を混入した荒壁や和紙で構成されており，豪華さを求めた霊廟建築や城郭建築のインテリアとは一線を画している．

●**現代のインテリアの独自性**　近代の日本のインテリアは欧米の影響を色濃く受け，それまでの住まい方といかに折り合いをつけるかが焦点になった．明治維新とともに，洋風建築の外観を含め多くの西洋文化が一斉に日本に流入し，インテリアにおいて椅子座の生活が根を下ろし始めた．しかし西洋のライフスタイルをそのまま受け入れることはできず，畳の上で椅子座の生活をするなど，混沌とした生活習慣が日本に定着した．第二次世界大戦後の日本は，米国から多大な影響を受け，女性の社会進出を後押しした．家事の負担を軽減させるための製品が開発され，インテリアの様相にも変化が起きた．集合住宅や戸建住宅の普及が国策となり，LDK（リビングダイニングキッチン）というインテリアのスタイルが空間の機能を推し量る指標として用いられるようになっていった．

　1960年代を機に，それまでと異なるインテリアデザインが始まった．それ以前は住居を中心に快適性を求めて建築やインテリアがつくられていたが，高度経済成長に伴い商業のための空間がインテリアデザインの対象に含まれるようになった．1980年代にはDC（デザイナー・キャラクター）ブランドブームをきっかけにファッションとインテリアが密接に関わるようになった．空間造形のみならず色彩や素材などの使い方に関して新たな試みが実施され，これまでにない空間が数多く出現した．

　インテリアデザインの領域は，経済活動に寄与するかたちで社会と関わっている．そのため，これまでのように経済偏重主義の視点で創造活動を続けていけば，自然環境に及ぼす影響は計り知れない．これからのインテリアを考えるうえで重要なことは，省エネルギーを考慮したライフスタイルの社会基盤の整備，素材の有効活用を含めた環境への配慮，さらに廃棄物の処理問題など，地球規模で多角的に思索することである．　　　　　　　　　　　　　　　　　　　　　　　　　　　　［藤原敬介］

参考文献　本田榮二『インテリアの歴史』秀和システム，2011／鈴木紀慶『インテリアデザインが生まれたとき』鹿島出版会，2015

共有化と標準化

　現代社会において展示は，広義に「大衆的情報伝達の方法」，いわゆるマスメディアの一つという概念が一般化した．ここでいうメディアには，情報や意味の伝達と感情や思想の共有（交感）の二つの働きがあり，特に後者の働きに着目すると，あらゆる事物が潜在的に感情や思想の共有手段となり得ることがわかる．人類だけが有する「意図をもって何かを企てる」という能力は，脳の内部に生じるイメージを意図的に実世界に実現させる活動である．人の知覚の対象であるあらゆる形態・色彩・材料や物と物との関係，情報と情報との関係などさまざまな要素が個々人のイメージとして組み合わされていくことで，物のデザイン（プロダクトデザイン），ポスターやタイポグラフィ，パッケージのデザイン（グラフィックデザイン），建築物のデザイン（建築デザイン），さらにはこれらすべての根底を情報というキーワードで貫き，人々のよりよいコミュニケーションを可能にする行為としてのデザイン（情報デザイン）などが具現化される．

　あらゆる事物はそれぞれに目的を有しており，最終的には人類の未来への提案がその命題となる．グローバル化した現代では全人類に向けた情報の共有化と多岐にわたる標準化という機能が不可欠である．共有化・標準化は，物と社会環境との関係をトータルにデザインし，国籍や人種，年齢や性別，障害の有無にかかわらず，すべての人々に快適かつ安全なものや空間を創造させ，より良いサービスを提供していこうという考え方を基軸とする．

●**モジュールの必要性**　有名なモジュールの一例として，建築家ル・コルビュジエが黄金分割と人体寸法とからつくった建築空間の基準尺度モデュロールがあげられる（図1）．モジュールは建築，住空間，家具，コンポーネントによる工業製品，活字や写植文字，本や雑誌の誌面のレイアウト，ディスプレイ上のインタフェースなどの設計や構成のうえで，ある一定の比例に基づいて基準単位を決め，その組合せによって全体を秩序付けるための基準尺度の概念としてあらゆる分野で使用される．また，「交換可能な構成単位」や「標準化（規格化）された要素」と

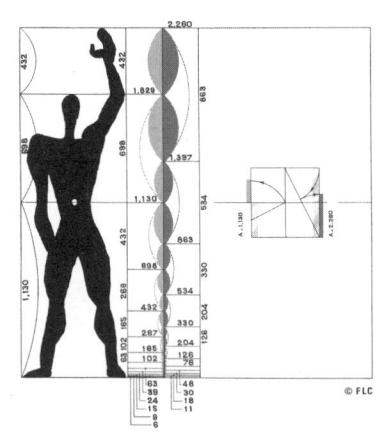

図1　ル・コルビュジエのモデュロール
（出展：Le Corbusier, 1950）

表現されるほど，経済的効率化を図った機械による大量生産に必要な均一性や規格化，互換性を生み出すためにも不可欠な機能の一つといってよい．モジュールの解釈は，国やその地域の人々の生活環境や文化・慣習などによっても大きく変化する．人間の生活動作に必要な基準尺度としてつくられ，主に工業製品の生産に利用されるモジュールであるが，それぞれ独自のモジュールが開発され，時代ごとのプロポーションを生み出すための指標としても活用され続けている．

●**すべての人々への共有基準**　日本では，2000 年に共用品推進機構によって「共用品・共用サービスの定義と原則」がまとめられている．共用品・共用サービスとは，「身体的な特性や障害にかかわりなく，より多くの人々が共に利用しやすい製品・施設・サービス」と定義される．その後，ISO（International Organization for Standardization, 国際標準化機構）に提案を行い，採択された．中心となった共用品推進機構では，「誰にでも納得してもらえる共用品の基準」を明確にすることを目的に，前述の定義とともに以下，五つの原則をまとめている．①多様な人々の身体・知覚特性に対応しやすい．②視覚・聴覚・触覚など複数の方法により，わかりやすくコミュニケーションできる．③直感的でわかりやすく，心理負担が少なく操作・利用ができる．④弱い力で扱える，移動・接近が楽など，身体的負担が少なく，利用しやすい．⑤素材・構造・機能・手順・環境などが配慮され，安全に利用できる．また，包括する概念を，①最初からすべての人々を対象に，適合するよう考える共用設計．②一般製品の利用上の不都合をなくす，バリア解消設計．③福祉用具がもとで一般化した福祉目的の設計，の三者とし，領域を定めている．ISO で進められている高齢者・障がい者配慮設計のガイド策定における定義付けに対し，日本からは「共用品・共用サービス」を体系的概念の一部として提案している．

あらゆる事物について，作り手，届け手，使い手の三者がともに考え，誰でもが使えるデザインを追い求めることが重要である．共用品・共用サービスをはじめとしたアクセシブルデザインやユニバーサルデザイン，バリアフリーデザイン，デザインフォーオール，インクルーシブデザインなどのさまざまな理念は，より良い社会をつくろうとする行動が伴った考え方にほかならない．

●**国際標準化機構 ISO の役割**　ISO は国際連合（国連）および関連のある国際機関，国連専門機関での国際規格の諮問を行う地位にある．会員は 162 か国（2016 年 2 月現在）で，会員資格は 1 か国を代表する 1 機関である．工業規格の国際的統一を促進することを目的に設立され，1947 年に正式に発足した．ISO は幅広い製品やサービスの国際交流，知的，科学的，技術的，経済的活動などの国際協力の充実を図るための国際標準化と関連活動の発展を目的としている．

国や言語が異なっても共通の視覚言語で判断し，連携できる産業の普遍性を確立しており，世界規模での平等で公正な産業の発展に貢献し続けている．情報を的確に伝えることで理解をうながし，品質を互いに保証し合う．これは ISO を中心とした多領域にわたる国際標準化の動きである．　　　　　　　　　　　　　　　　［德田明仁］

原型とプロトタイプ

原型とプロトタイプは，工業製品の開発過程における試作品のことをさす．細かくみれば，原型は主に形状のことをさし，製品開発における形状の評価や検討，大量生産のために形状を複製する際の雄型（元となる型）として用いられる．

一方，プロトタイプは，機能評価を目的とし，実際の製品と同等の機能を含んだ動作確認のための試作品をさすことが多い．プロトタイプを製作するための一連の過程をプロトタイピングとよぶ．

●**原型とは** 工業製品においては大量生産が前提となるため，製品の形状を大量に複製する必要がある．上述のとおり，この複製（雄型）となるのが原型である．複製の際は原型から雌型を作成し，金属の場合は鍛造やプレス加工，プラスチックの場合は射出成形を行い，原型と同様の形状を複製する．また，原型を三次元測定してデータ化し，3Dプリンターや切削加工機を用いて雌型とする，または複製を直接出力する方法がある．

図1　タイヤホイールの評価用原型
（写真：新日本創研）

図2　3Dプリンターによる原型の出力
（写真：KOIL）

原型はモデラー（原型を制作する専門家）によって製作されることが多いが，小型の工業製品においては，設計者がCADで製作した三次元データから，直接原型を出力するケースがある．原型は実際の製品と異なり，耐久性や耐候性を備える必要性がないため，製作のしやすさや複製の簡略化のために，加工性のよい素材や，後の工程に適した素材によって製作される．

自動車などの大型の製品開発においては，5分の1，または10分の1程度の小型の模型製作による評価を経て（図1），最終的には原寸大（長手方向で4m以上）の原型製作が行われる．人間の視野を超える大きさの製品においては，全体のボリューム

感や部品の細部について，縮尺模型での評価が難しいためである．車体の製作にはインダストリアルクレイを用い，グリルやタイヤホイールなどの小型の部品は木やプラスチック，ケミカルウッド（合成木樹脂），ABS樹脂などを用いる．これらを，粘着剤付きのフィルムや塗装によって，実際の製品と同様の質感になるよう加工し，スタイリングの評価を行う．

図3　レーザーカッターによる試作品の加工
（写真：KOIL）

●プロトタイプ（試作品）とは　製品開発の過程で，実験的に少数だけ製作されるものをプロトタイプ（試作品）とよぶ．工業製品の機能や構造の複雑化に伴い，スタイリングと内部構造との関係がより重要になっている．特に，小型化を目的とした製品開発においては，ミリ単位，グラム単位の設計を行う必要がある．このため，実際の機能を収めた状態で試作される．

　試作品は単純なスタイリングの評価だけでなく，携帯性，触感，重量などの使用感の評価や，操作性，機能部品との干渉，部品交換の容易さ，大量生産のしやすさ（部品点数の確認，組み立てやすさ）など，さまざまな評価を行う目的で製作される．試作品は原型と異なり，ある程度の使用実験を行うため，最低限の強度をもつ必要がある．実際の製品と同等の素材を用いて製作されることも多い．

●ラピッド・プロトタイピングと製品のアジャイル開発　工業製品が多様化，高性能化するにつれ，革新性をもった新製品の開発が困難になってきている．また，製品自体がインターネットに接続して動作するなど，単体の製品だけではその性質を評価できず，一連の動作を組み立て，実験を通してユーザーの体験（ユーザーエクスペリエンス）を設計することが求められるようになった．

　このため，プロトタイプの製作を簡略化し，評価実験を繰り返すことで製品開発を行う手法が盛んに取り入れられている．この試作品の製作をラピッド・プロトタイピング，一連の開発の流れをアジャイル開発とよぶ．アジャイル開発は，1990年頃からソフトウェアの開発分野で始まった手法である．目標の達成のために，実際に動作可能な小さい単位で開発を行い，それぞれの評価とフィードバックを行いながら製品を仕上げていくことで全体の品質向上を目的としている．工業製品の世界でラピッド・プロトタイピングが普及した背景には，3Dプリンターやレーザーカッターなどの，三次元データを直接出力できる加工機の普及と，Arduinoなどの汎用的な小型コンピュータや，センサーデバイスの制御が容易になった点があげられる．

　従来の製品開発においては，実際に動作可能なプロトタイプをつくりあげるのに多大なコストと期間を必要としていたが，設備・機材の発展により，低コストで試作品をつくりあげることが可能となった．

[山田博之]

エルゴノミクス

　エルゴノミクスとは「人間の能力にふさわしい用具・技術・環境の条件を知って，自然なかたちで実生活がおくれるようにすることを目的に，安全な製品や用具，快適な仕事場や住まい，高齢者にやさしい環境，使いやすい情報機器，ストレス防止対策など人の特性と効率のよいマッチングをはかること」（日本人間工学会）と定義されている．日本では，人間工学やヒューマンファクターと同等して扱われている．つまり，エルゴノミクスは，人が物を安全に正しく使ったり，人にとって最適化された設計を行うための学問である．

　つまり，本学問においては，人の特性を知ることが必須である．例えば，人が物やシステムなどを使うことを考える際，まず使えるかどうか，次に使いやすいかどうか，さらに使いたいと思うか，楽しく使っているか，使うことに喜びを感じているかというように，安全性や機能性を満足させた先に使いやすさ，さらには経験や楽しみ・喜びを満たすことが望まれる．

　従来の安全性や機能性を満たすエルゴノミクスとこれに経験や楽しみ・喜びを付加したのがヘドノミクスである（図1）．エモーショナルデザインに代表されるように，魅力あるということを感じるためには，楽しく使えることや喜びを感じることも必要であろう．楽しく使えると集中でき，いわゆるフロー状態をつくることができる．反対に，わかりにくかったり，怪我をしてしまいそうなデザインではその行為に集中できない．エルゴノミクスでは，人の特性を知るためユーザのエクスペリエンス（経験）を調べ，エビデンスデータとして明らかにしていく．その手法には，無意識的な状態を知るため，定量的に心電や脳波などの生体情報を収集する方法や，印象や気持ちを把握するため，定性的にアンケートやインタビューによりデータを収集する方法がある．本項目では，空間に関連した研究例を二つ紹介する．

●研究例①迷うこと　文化施設，博物館や駅など公共施設において，行きたい場所に迷わずに快適に行けることは施設を利用するうえで必要不可欠である．そのため，サインのような案内を適切に配置する必要があるが，目的地までの経路が複雑でわかりにくいと迷う状

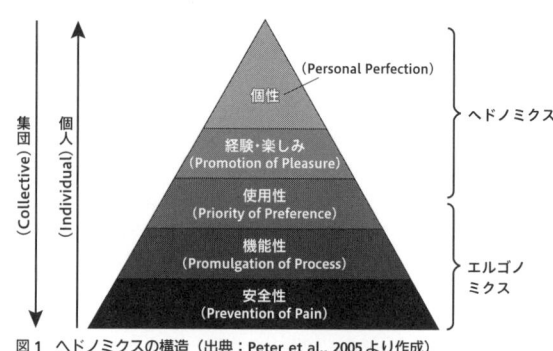

図1　ヘドノミクスの構造（出典：Peter et al., 2005 より作成）

態になる.

そこで，実験として，複雑な構造の駅において経路探索実験を行い，さらにその歩行時にどこを見ているか，ストレスを感じているかを調べた．どこを見ているかについては，視線計測をし，ストレスを感じているかについては，自律神経活動の指標として心拍変動を計測した．

その結果，わかりやすい経路では，視線が安定し，よそ見をする余裕が生まれ，ストレスも低く心理的にも安定していた．一方，迷いが生じた経路では頻繁に手がかりとなる情報を探している視線移動が認められ，ストレスが高い状態になっていた．

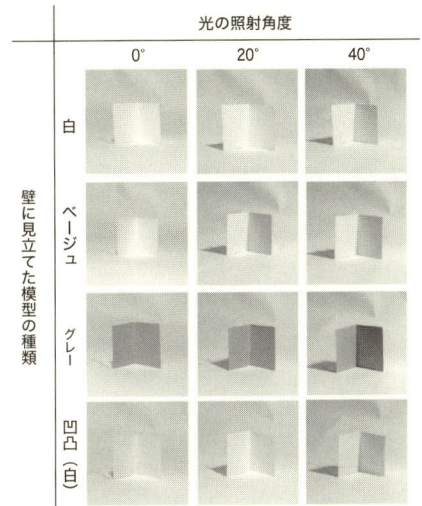

図2 壁に見立てた模型4種類と光の照射角度

これらのことから，わかりやすい空間では見ることに集中できるため，生理的にも心理的にも安定する．つまり，しっかりと見てもらうためには，空間のわかりやすさと目的に集中できる演出が必要である．演出によって得られるエクスペリエンスではなく，目的に合わせたエクスペリエンスが重要である．

●**研究例②障がい者の配慮のために**　加齢とともに視覚に障がいを抱える割合は増え，視覚障がい者の約73％が60歳以上となっている．高齢化が進んでいるという現状において，今後ロービジョン（見えにくい）ケアを必要とする人は増えていくと考えられる．ロービジョンのなかには，壁と床の違いや段差などといった空間の境の把握が困難で不自由をしていることがある．視覚という側面から空間を考えるとグレア（眩しさ）を含む適切な照明計画，壁や床などの素材，反射が空間把握に関係する．そこで，壁を想定した4種類の紙を用いて模型をつくり（図2），光の照射角度と色・素材による視認性の調査を行った．

光の照射角度が大きいと左右2面のコントラストが大きくなり，視認性が高くなる結果が得られた．つまり，わかりやすい空間把握のためにはコントラストを適切に配置する必要があり，光の反射はグレアを引き起こす要因にもなり，眩しさにより物を見ることができない状況を生み出してしまう可能性がある．そのため，生活環境においてだけでなく，公共施設，展示施設においても適切な照明計画と素材の配置が望まれる．

［笠松慶子］

📖**参考文献**　斎藤佑香他「ユーザエクスペリエンスマップを用いたサインシステムに関する研究―新宿駅を事例として」第7回多感覚研究会, p 10-11, 2015／大浦楓子・笠松慶子・相野谷威雄「照射角度と異なる種類の壁における視認性」日本人間工学会アーゴデザイン部会主催コンセプト事例発表会2015予稿集, p 9-12, 2015

アフォーダンス

　展示会場で矢印などを使って順路が示されることがある．展示内容をとらえやすくするための主催者側の意図によるものであるほか，混雑緩和の措置である場合も少なくない．また，大きな展示物にキャプションや解説文を付けるとき，どこに置けばよいか苦慮することがある．こうした問題を一気に解決するのは容易でないが，展示会場を設計する者の心得として知っておきたいことにアフォーダンスという用語がある．これは，知覚心理学ジェームズ・ギブソンが考案した身のまわりの環境全般にあてはまる概念であるが，展示空間に限っていえば，見学者が進むべき方向や展示物を見学する適切な順路を矢印などでわざわざ示さなくても自発的に進みたいと思える方向が順路にかなっていることや，展示物のキャプションや解説をあちこち探さなくても自然に目がいくところにそれらが貼られていることをいう．

●**アフォーダンスという用語**　ギブソンは，75歳で亡くなる年に，生涯あたためてきた生態学的観点に立つ視覚論をまとめた大著（Gibson, 1979）を上梓した．日本語の翻訳版は『生態学的視覚論』と題され1985年に出版されたが，訳者があとがきで「affordance など一語で訳すことができず単に言語を片仮名に直したものである」と記すほど，affordance は訳しにくい言葉である．afford という動詞は辞書にあるが，affordance という名詞は辞書にないギブソンの造語である．この言葉でギブソンが表そうとしたことを彼自身の例で説明する．道路がただの面ではなく「道路」として知覚されることは，その上に立ち直立姿勢をとることを我々に許すもので，だからこそその上を歩くことも走ることもできる．環境に存するこうした「価値」や「意味」は直接的に知覚されるものである．ギブソン自身，「これは大変大胆な仮説」だと言う．道路は，どの動物にとっても物理的には等しい存在だが，その上に載っても大丈夫という支えのアフォーダンスとしてはそれぞれの動物に固有で，抽象的・物理的特性ではない．

●**アフォーダンスをデザインの世界に**　アフォーダンスは大胆な考えであるがゆえに反発する研究者もいるが，この用語のもっている意味を高く評価する研究者も少なくない．それは，知覚研究を超えて心理学全般に広がり，特に認知心理学者ドナルド・ノーマンがアフォーダンスを環境デザインの基本に据えた書物（Norman, 1988）を著して以来，心理学を超えてデザイン論として発展した．ノーマンの基本姿勢は，「デザインとは見栄えのことではなく機能」であり，良いデザインにはアフォーダンスの特徴がうまく使われているとして，次のように記した．「複雑なものには説明がいるかもしれないが，簡単なものに必要であってはならない．単純なものに絵やラベルや説明が必要であるとしたら，そのデザインは失敗なのだ」（ノーマン，1990）．

　アフォーダンスという用語は，デザインに関わる者が心掛けるべき大切な要件を言

い表している一方，意味内容に誤解を生みやすいやっかいな用語でもある．とりわけ，ギブソン本来の考え方は理解されにくい．アフォーダンスをデザインに持ち込んだノーマンでさえ，みずからの理解に次のような修正を加えなければならなかった．「私は実際のところ知覚されたアフォーダンス（perceived affordance）について語っていたのであり，それは（ギブソンの言う）真のアフォーダンス（real affordance）とはまったく異なるものである」（Norman, 1999）．ノーマンにとっては，「アフォーダンスがもし利用者にとって見えない（知覚されない）ものなら，それはほとんど意味をもたない．デザイナーの仕事は，適切で望ましい行為が容易に知覚できることを保証することにある」（Norman, 1999）．真のアフォーダンスのもつ「アフォーダンスは対象に備わった特性である」とのギブソンが置いた要件は，ノーマンには収まりの悪いものであった．物事の本質を突く新しい概念が提案され，その価値を多くの人やさまざまな分野で享受しようとするとき，拡大解釈や意味内容の変容は起こりがちである．

●**わかりやすい会場マップの要件**　ノーマンは，展示会場などで「どう進めばよいか直感的にわかる」ことは「目に見える，知覚し得るアフォーダンスの力だ」（Norman, 2007）と言う．このことに関連して，展示会場などのマップづくりにおいて心掛けるべきことがある．会場マップのなかには，ある配慮を欠いているため，来館者へのサービスのはずが，かえって場所や方向を混乱させてしまうものがある．欠いてはならないその配慮とは，壁に貼られた（垂直に立てられた）地図を見る人にとって，地図上での上方向は見ている人がそのまま前方に進むことと心的に等価だという点である．この原理を認知心理学者のマーヴィン・レヴィーンらは，forward-up equivalence（前進‐上方等価性）と名付けた（Levine et al., 1982）．

図1はこの原理にかなった地図で，この地図を正面から見る人は，地図で見つけた目的地に迷わず進むことができる．ところが，この地図がもし90度回転した方向で描かれていたなら，見る人は混乱する．看板地図を見る人は，展示会場でマップを見る人と同様，あたりのことをよく知らないから地図を見るわけで，こうした不適切な地図がもし緊急時の避難経路図として貼られていたなら，パニック状態にある来館者は間違いなく困惑する．来館

図1　forward-up equivalence の原理にかなっている看板地図（吉村, 2002）

者が持ち歩くパンフレットに描かれた会場マップの場合は，この点において条件が厳しく，見る人がどの方向で見るかを特定することができない．その場合には，会場内の目立ちやすいランドマークを図のなかで強調し，それと関連付けて向きや位置をとらえやすくするのがよい．

[吉村浩一]

持続可能性

　持続可能性とは，大きな環境がみずからを持続させる力である．そしてその意味では，自然環境がひとまず想起されるが，社会環境について考える必要も出てくる．20世紀末から持続可能性がいわれ出した背景には，人間の活動によって人間の生存条件をなす自然環境がおびやかされて人間の活動そのものが危うくなってきた現実がある．
　社会の安定を揺るがすリスクも日に日に高まっているように感じられる．持続可能性は確かに人類の未来に向けて最優先すべき事柄を表しているだろうが，何が一体，持続可能であるべきか曖昧なまま話が進みがちだった．この語は人々を啓発するところはあるが，矛盾とともに曖昧さを許容している．この語はすなわち標語にすぎず，踏み込んだ議論に向いていない．

●**持続可能性の背景**　レーチェル・カーソン（アメリカの生物学者）の1962年の著作『沈黙の春（*The Silent Spring*）』が環境汚染を告発して大きな反響をよんだように，1960年代以降すでに環境保全への意識は高まっていた．けれども，持続可能性の語が広まったのは，国連のブルントラント委員会が1987年に提出した報告書からである．ここでは，貧困が特に環境破壊の原因となっており，途上国の経済成長が不可欠であると認識されている．持続可能な発展とは，未来の世代がその必要を満たせなくならないように今日の世代の必要を満たすような発展だとされている．すなわち，持続可能な発展のために，環境保全・経済成長・社会正義の三要件をともに満たしていく考え方が提起された．

●**持続可能性の要請**　持続可能性とは，大きな環境がみずからを持続させる力であるにせよ，現在それが危機に瀕しているので回復すべきだという倫理上の要請を伴う．人間の欲にまかせていたら人間の生存条件をなす環境はもはや再生不可能なまでに壊されかねない．現代人は，何らかの正義をもって対処しなければならない．自然環境については，森林破壊，気温上昇，汚染物質というように，切実な問題はすべて連関しており，自然に本来備わる自己再生能力を損なわぬよう人間の活動を見直す必要がある．社会環境については，以上の事情を鑑みても，単純にそのまま持続すればよいわけではなく，よい状態で持続しなければならない．
　人類を破滅に導く戦争はあってはならないが，過酷な日常を放置するわけにもいかない．社会に蔓延する貧困が，自然破壊の原因となって人々の生活をさらに困難にしているのなら，社会問題の解決を通して，よい状態が常に保たれる仕組みを考えなければならない．社会環境に関してよい状態とは一体何なのか．その考えは地域によって異なるだろうが，少なくとも，汚染・紛争・差別・貧困・危険のない状態であり，人々が幸福に暮らしていける状態であろう．

●**持続可能性の目的**　持続可能性の主張は時に，自然のうちに人間に侵されない権利

を認めて，自然の保全それ自体を目的とする．けれども多くの場合，持続可能性の主張は，人間本位な目的をもつ．持続可能性の主張がたとえ自然との調和を訴えるときも，本質においてそれは人類の生存のためである．自然環境のみならず社会環境をできる限りよい状態に保つことは，現代の人々が生存するためだけではなく，未来の人々がよりよい生活を享受するためでもある．

●**持続可能性の矛盾** 持続可能性はもともと持続可能な発展という言い方で知られるようになった．持続可能な発展というときは，自然自体はその発展の主体にはなり得ないので，人間中心の考えがより強く表れる．持続可能な発展とは，人間がおのれの生存条件をなすところの環境を損なわずに，人間がおのれの生存のために経済成長を遂げることである．けれども，自然の自己再生能力を損なっているのが人間の経済活動に他ならないのなら，持続可能性の概念はもともと発展の概念とは相容れない．持続可能な発展はそのかぎり自己矛盾をはらんだ言い方といえる．

●**持続可能なデザイン** 持続可能なデザインと略して言われるのは，持続可能性に配慮したデザインにほかならない．すなわち，自然の自己再生能力を損なわず，人々が幸福な生活を送り続けられるよう，最大の配慮を行うデザインである．持続可能なデザインというときに次の要請がある．

①生産に関わる要請：材料の生産においても，製品の生産においても，自然環境に大きな負担がかからぬようエネルギー消費を抑えて，廃棄物を出さないようにする．生産工程において多くの人々に雇用の機会が与えられるべきだが，労働者には正当な対価が支払われ，労働者の健全な生活が保証されなければならない．

②製品に関わる要請：エネルギー消費が少なく，消費者の健康を損なわない配慮が求められる．廃棄を考えて，再利用されやすい素材や，自然に分解されやすい素材を用いるべきである．

③消費に関わる要請：製品単体の環境性能がいくら高くても，大量消費をさらに喚起するようでは意味がない．流行の変遷によって必要以上に消費をうながす販売をやめて，必要なものを必要とする人々に届ける市場調査が求められる．自然環境に負担をかけないため，廃棄の総量を減らす仕組みが欠かせない．

④流通に関わる要請：材料の供給地，製品の生産地，商品の購買地，ゴミの処理地，以上の四つが近接しているのが好ましい．それは単に輸送コストの節約のためだけではない．一連のサイクルが消費者の目にさらされるなら，持続可能なデザインへの市民の自覚も高まる．持続可能なデザインの例として，阪神大震災の折に建築家の

図1　紙のログハウス 神戸（坂茂建築設計，1995）
（撮影：作間敬信）

坂 茂が試みた被災者向けの紙のログハウスをあげよう（図1）．紙管を使用しているので重機なしに組み立てることができ，解体後はすべて再利用され得る．[高安啓介]

ユニバーサルデザイン

　展示があらゆる人のものであるべきなのは，言うまでもない．それを実現するためにさまざまな理論が用いられ，さまざまな方法が試みられるが，その「あらゆる人」のものであることを考えるための理論として，ユニバーサルデザインがある．例えば博物館でユニバーサルデザインを取り入れる，すなわちユニバーサル化を目指して活動する博物館をユニバーサルミュージアムということがあるが，それはこのユニバーサルデザインの理論に基づく．

●**ユニバーサルデザインの七原則**　そもそもユニバーサルデザインの理論は，1980年代にノースカロライナ州立大学教授のロナルド・メイスが提唱し，障害者に対する施策の理論として考え出されたものであるが，そこからさらに，すべての人が使用できるデザインを目指すというのが，ユニバーサルデザインの考え方である．「ユニバーサルデザインの七原則」は，以下のとおりである．①誰でも公平に利用できる，②利用上の柔軟性＝自由度が高い，③使い方が容易，④理解しやすい情報，⑤間違いに対する寛大なデザイン（間違って使用しても危険がない），⑥身体的負担が少ない（長時間使える），⑦アクセスしやすい広さと大きさ（大きさ・姿勢・動きに関係ない）．これらは主に身体に障害のある人を対象としたものであって，ハードの意味であり，機能追求の理論であるが，そこから「みんなの」または「あらゆる人のもの」としてデザインを考える際の基本として使われることが多い．

●**ノーマライゼーション，バリアフリー**　障害者を対象とする理論としては，ほかにノーマライゼーションとバリアフリーがある．ノーマライゼーションは，デンマークの社会運動家バンク・ミケルセンが提唱した理論であり，障害者もいわゆる健常者と同様の生活ができる社会こそがノーマルな社会であるとする考え方である．それは，バリアフリーやユニバーサルデザインが具体的な施策に結び付くのとは異なり，あくまで社会のあり方を説く．その意味で，ノーマライゼーションの考え方のもとに，バリアフリーやユニバーサルデザインがあるといえるのであり，そのとおり，理論形成としては，ノーマライゼーションが先行し，バリアフリー，ユニバーサルデザインと続く．色覚特性のある人への配慮をカラーユニバーサルデザインというが，その根源はこのユニバーサルデザインであることは言うまでもない．バリアフリーという用語は，1974年に国連障害者生活環境専門家会議が出したバリアフリーデザインの報告書以降，広く使われるようになったと考えられているが，もとは建築用語として，つまり物理的障壁（バリア）の除去の意味でとらえられていた．その後，バリアを物理的障壁のみに限らず，制度的障壁，文化・情報面の障壁，意識上の障壁とともに四つのバリアとしてとらえることで，その意味を拡大してきた経緯がある．

　そして近年では，インクルーシブデザインという理論も登場している．これまでの

デザインプロセスにおいては，障害者，高齢者，外国人など，バリアが発生する対象をある程度見定めたうえで検討されてきたが，それらのなかに含まれず，経済，健康，技術などあらゆる要因により排除された対象をも包摂するものとして，今後注目されるべき理論である．

●**理論または施策としての有効性**　以上のうち，障害者理論形成の経緯を整理すると，ノーマライゼーション→バリアフリー→ユニバーサルデザインとなる．後出になるほど理論が成熟するという考え方にも一理あるが，それぞれに生かされるべきものがあるということもいえる．インクルーシブデザインはひとまず置き，バリアフリーとユニバーサルデザインを比較してみる．

端的にいうと，段差があるからスロープをつくるのがバリアフリーで，段差はもちろん，スロープもないフラットな面をつくるのがユニバーサルデザインである．同様の意味で，バリアフリーが問題解決型であり，ユニバーサルデザインは理想追求型といわれることもある．そのため，「バリアフリーよりもユニバーサルデザイン」であるとか，「バリアフリーからユニバーサルデザイン」などという表現でいわれることがあるように，ユニバーサルデザインがバリアフリーからの発展形のように思われている節もある．バリアフリーは，「最初にバリアありき」のものであるという消極的な理論ともとられかねないだろう．しかしユニバーサルデザインは，手段のための理論というより，達成目標としてのきわめて高尚な理念であると考えるべきである．まさしく「すべての人」の概念が存在するからである．ところが，世界各地でつくられてきた過去のさまざまな文化遺産や事象のなかに，ユニバーサルデザインの理念が達成されているものがどれだけあるかというと，ほとんどといってよいほどない．つまり，ユニバーサルデザインは，これからつくるものにこそ有効な理論であって，そのため，これまでつくられてきたものに潜むきわめて多くのバリアに対しては，間違いなくバリアフリーでの対応しか望めず，その有効性は今なお健在である．

つまり，ユニバーサルデザインにしてもインクルーシブデザインにしても，バリアを特定の人々に限定するのではなく，より広くとらえることによって，ユニバーサルへと導かれるのであって，「みんなのための展示」そして「すべての人に優しい展示」に近付くものと考えてよいだろう．バリアフリーとユニバーサルデザインは，決してそのどちらが優位にあるといえるものではなく，それぞれの立場で生かされるべきものと考える必要があるのである．

●**さまざまな感覚に訴える展示**　展示にユニバーサルデザインを取り入れるにあたって考えるべきことの一つに，今なお視覚に訴えることに重点を置いている展示への，視覚以外のさまざまな感覚（または知覚）の活用がある．それらのうち，視覚，聴覚以外も応用することは，ハンズオン展示や，五感に訴える展示という言い方がなされることがあるように，みる（見る・観るなど）だけでなく，触る，体験するといった手段の応用であり，それによってユニバーサル化は進む．ユニバーサルデザインによる展示をつくるうえで，人間の諸感覚にいかに訴えられるかを考えることはきわめて重要である．

[山本哲也]

パルテノン神殿フリーズ浮彫り

　図1は，ロンドンの大英博物館内の，パルテノン神殿装飾彫刻の展示室，図2は，そこに展示されているフリーズ浮彫りの一部分である．パルテノンは，前5世紀にアテネのアクロポリス丘に建立された女神アテナの神殿で，フリーズ浮彫りは，神室外側上端に取り付けられていた．「フリーズ」は，細長い帯状の画面をさす言葉で，フリーズ浮彫りは高さ106 cm，全長160 m，主題は，古代アテネで4年に一度挙行されたパナテナイア大祭の犠牲の行列を表現していた．図2は，祭礼行列に同伴したアテネ騎馬隊を表現している．

　パルテノン神殿の装飾を含めて，古代ギリシャの大理石彫刻は，もともと例外なく着色されていた．つまり，大理石の表面に顔料が塗られていたのである．原則として，男性の肌は茶褐色，女性の肌は白かクリーム色で塗られ，衣服も華やかな色彩と装飾が与えられていた．こうした男女の肌の色は，エジプト彫刻の原則と同様で，エジプト彫像の影響を受けたのだろうと思われる．ギリシャの神殿建築も，古代においては，決して白亜の大理石そのままの外観だったのではなく，派手な，青や赤といった色とりどりの原色と装飾で彩られていた．美術館では，コンピュータグラフィックスによって，往時の色彩をモニターに復元展示して紹介していることが多い．

　パルテノン神殿の彫刻は，フリーズ浮彫りを含めて，現在，大部分はロンドンの大英博物館が所蔵し，アテネの新アクロポリス博物館には少数のみが残されている．これは，19世紀に，当時オスマン帝国に支配されていたアテネから，英国大使エルギン卿がパルテノン彫刻の主要部分を持ち去ったためである．ギリシャ側は，20世紀になってから，幾度となく彫刻の返還を英国側に要求し，現在も学界と政界を巻き込んだ論争が続いている．背景には，1970年代から1980年代にかけて，外国の占領によって自国の文化財を失った国に対しては，文化財を返還すべきだという運動がユネスコを中心に盛んになったこともある．今日では，ギリシャの返還要求に賛成する意見も多く，英国においてすらそうした見解が表明されている．しかし，他の欧州の大美術館や大博物館と同様に，大英博物館はみずからを，世界のさまざまな文明の遺物を展示する「普遍的美術館」と位置付け，彫刻の返却には応じていない．文化財保護に関して，パルテノン彫刻は，今日なお難問題を投げかけている．

　　　　　　　　　　　　　　　　　　　［長田年弘］

図1 (a) 大英博物館のパルテノン神殿装飾彫刻の展示室，(b) パルテノン神殿フリーズ浮彫り（北面）（撮影：T. Kaneko, ©Parthenon Project Japan.）

5章 展示のプロセス

調　査 —————————————— 196
構想と計画 ———————————— 198
基本設計と実施設計 ——————— 204
製作と施工 ———————————— 210
保守点検 ————————————— 216
運　営 —————————————— 218
展示更新・施設改修 ——————— 222
評　価 —————————————— 228
人文系施設の実例 ———————— 232
科学系施設の実例 ———————— 236
自然系施設の実例 ———————— 240
美術系施設の実例 ———————— 244
歴史系施設の実例 ———————— 248
【コラム】サイエンスカフェ ———— 252

［編集担当：岡本靖生・丹治　清・本松浩司］
＊五十音順

調　査

　博物館や科学館などの文化施設の展示事業は一般に，調査，構想・計画，設計，製作・施工という段取りで進行する（項目「構想と計画」～「製作と施工」参照）．わが国においては，日本万国博覧会が開催された 1970 年代を起点に，一連の建築業務のプロセス（建築設計，建設工事）に準じるかたちで展示をつくる手順もつくりあげられてきた．ただし，展示業務においては，各展示の特殊性（取り上げるモノやコト自体）や，それらが有する情報の意味や内容，資料同士の関係性を来館者にわかりやすく伝え，共感を生み出すこと（ソフト面の構築）が使命であるとされ，この点がハード面を構築する建築の業務プロセスとは異なる．これらを調査事業ともいう．

　近年，展示の設立主体者（国や地方自治体，民間企業など）は先行の事例から，上述したような建築と展示の機能の違いを知ることとなった．それにより展示は，これまで以上に，専門的な内容をわかりやすく楽しく伝え，さらに観る触るなどの体験も通じて見学者の共感を得て，再来性をうながすということに主眼が置かれている．

●調査事業の大枠　設立主体者は公共・民間を問わず，文化施設の事業化を起案し，審議会や取締役会の承認を得て次年度の事業予算を計上し，展示の調査業務に着手する．設立主体者は，プロポーザルや入札など一定の手続きを経た後に，建築または展示コンサルタントを行う事業者を選定する．そして事業者は，設立主体者の基本的な考え方（設立理念や展開の方向性など）を受けて調査事業を開始する．調査事業とは，設計製作の事業規模や予算の概略を定めるための業務である．なお，この調査事業自体は，事業者によって「○○施設在り方検討調査業務」などとして起案される．調査の概要は，以下の五つに大別することができる．事業者は，これら多岐にわたる要件を調査し検討するのである．

　①事業目的：何のために展示をつくるのか（つまりコンセプト）を明確にする．すべての展示機能の根幹をなす重要な検討事項といえる．②施設規模：施設に必要な展示面積をさす．設立主体者からの訴求内容や資料の特徴，諸室機能なども踏まえて検討し，建築設計の根拠とする．③展示内容：訴求内容の妥当性（適切であるか否か）と資料の状況から大項目・中項目の構成を決めることをさす．学術的な基礎事項の確認や現代的なデザインの検討も行い，これが展示空間における根幹となる．④普及事業：教育普及と広報普及に大別される．いずれも，展示内容を広く伝えることを目的としており，ここではそのあり方を検討する．⑤運営事業：運用方法と組織体制，予算規模の概略をさす．来館者へのサービスを根幹として検討を行う．

●大規模な施設の調査　調査事業は，展示の設立主体や目的・内容により調査方法が多少異なる．例えば，展示の目的が学術調査の一環である場合，研究者や学芸員など専門家による長年の調査研究の発表の場としてかたちづくられる．特に，国や県が主

体の文化施設ではその傾向が強い．多くの研究者を有する施設はある程度方向性が明確なため，展示の構成はもとより，見せ方や伝え方，解説計画，集客をにらんだ運営方法などについての議論が主となる．また，特殊性の強い展示では，有識者検討委員会を調査業務のなかに組み入れ，数回の委員会を開催する場合もある．国際的・学術的・文化的な知見など，その特殊なテーマに見合った助言や提言を得て，展示の理念や方向性を見出す一助とする．必要に応じて海外の類似施設の視察調査も実施される．

他方，長年の資料収集や周年事業などの契機があいまって文化施設をつくる場合は，限られた予算と資料のなかで，展示の基本的な考え方を構築せざるを得ないこともある．その場合，展示の理念と具体的な展開にかい離がみられることもある．

なお，設立主体が地方自治体である場合は，一般に，教育委員会に事務局を置いて調査事業を推進する．ただし昨今，首長部局（知事や市長が直轄する部門）や商工・観光部局（現業の部門）が主体となり，文化施設のあり方を模索しつつ推進することも多くなってきている．

●小規模な施設・リニューアルの調査　地域の歴史的資産（文化や産業の特色）などを伝えたい小規模な人文・歴史系展示の場合は，実物資料を中心に情報を収集・整理し，展示の基本的な方向性を打ち出すことが多い．同じく，小規模な自然・科学系展示の場合は，小中学校の教育現場から一歩踏み出して，理科や科学の心を育むための展示を基本とすることが多い．例えば，地域の環境形成の要因や動植物の分布情報を資料としたり，学校の授業では体験のできない展示装置を開発するなどしている．いずれの場合も，常設展示や企画展示，ワークショップ活動，文化イベントなどを並行して開催することで「市民に開かれた展示」をめざし，見学者の再来をうながすことが，重要な調査課題として検討されている．また，展示の設立主体が企業の場合は，自社の事業を通じてどのような社会貢献を果たしているのかを伝える場合が多い．製品開発の歴史や日常生活における自社製品（システムも含む）の存在，得意分野，最新の事業紹介など，企業のアイデンティティを表現する展示が主である．

近年の公共系文化施設では，設立20年を目途に建築大規模改修工事を行い，同時に展示内容の見直しも行う場合も多い．現状の展示活動を行いつつ，改修事業の実施時期から逆算してリニューアルの調査業務を実施していることもある．リニューアルであればこそ，学術的・教育的・観光的な視点など，今日的な課題を立てて展示を見直し，あるべき姿をじっくりと検証することも可能である．

●調査の実際　調査業務は，上述のように，既存の他施設の展示活動なども鑑みたり，さまざまな機能分析を重ねて将来を予測する．ただし実際には，業務のプロセスとして明確に区別され，事業化される案件は少ない．一般には，構想・基本計画や展示設計に包含されることが多いといえる．このような事情があっても，展示の基本的な性格や方向性を確認することは，どの段階においても必要である．目的は何か，誰に向けて訴えるのか，どのように伝えるのかを常に振り返り，立ち戻るための指標づくりこそが，調査業務の目的なのである．　　　　　　　　　　　　　　　　[丹治　清]

構想と計画

「構想と計画」は一般に「基本構想・基本計画」と称され、調査段階に導かれた展示の目的や方向性、あるいは展示資料・情報等の特色・傾向などに基づき、設計業務に必要となる指標を定める業務である。構想・計画段階で必須となることが、展示設計を行ううえで必要となる展示室の大きさ（床面積・高低差）や形状などの物理的指標と、展示を通じてどのようなメッセージや情報を伝えるのかを定める心理的指標を導くことである。物心両面の指標が、次なる段階にあたる基本設計・実施設計への重要な与件となっていく。

なお、ここで用いている構想と計画の違いは、構想が理念面に重きが置かれたもので、計画は空間や体験などの具体性が高まったものを意味する。ただし、展示事業の現場では、構想と計画が別々に行われることは少なくなっているため、設計の前段階に行う業務を総称して構想・計画とよび、その内容を示すこととする。

●**構想・計画の要点となるコンセプト**　構想・計画は展示の特性を方向付けるものであり、理念や目的の設定が要となる。例えば、地方自治体が展示の主体となる博物館・美術館・科学館などの展示の場合は、行政課題の解決や住民サービスの向上など地域が直面する課題や地域経営の針路などを念頭において展示の理念・目的が設定される。一方、企業や個人などの民間が展示の主体の場合は、企業イメージの向上や商品特性の紹介など企業活動に利する展示の理念・目的が導かれるケースが多い。いずれにも共通するのは、展示主体が展示に期待する役割を多角的に検討し、描出することである。こうして描かれる理念・目的にあたるものが「コンセプト」である。コンセプトは、展示を通じて何を訴えるのか、あるいは利用者に何を体験してもらうのかを示し、言葉や図などで表される。コンセプトは、できあがる展示のあり方を関係者間で共通認識するときに役立ち、展示が提供する世界観・価値観を設計・制作過程を通じて統一させる効果をもつ。

コンセプトの描出に欠かせないことが、展示を運営する組織の活動内容を踏まえることである。例えば、活動内容として展示資料の収集や保存・修復が継続的に行われるのか、展示空間づくりに加えて展示案内するスタッフも配置されるのか、調査研究活動が並行して行われその成果が頻繁（ひんぱん）に示される展示なのか、商品特性の説明に加えて来館者の属性や嗜好（しこう）といったマーケティングデータを収集するのかなど、展示をとりまく事業のあり方を鑑み、コンセプトは考案・描出されなければならない。また、利用者（ターゲット）の設定は特に明快にしておきたい。博物館などであれば、未就学児や親子の利用、学校の団体見学や企業・行政の視察などどのような利用がメインとなりサブとなるのか、また、建物を飛び出し、館を訪れる人々に限らず、館外のさまざまな場所にいる人々のところへ出向く展示も行うのかなどによって展示のコンセ

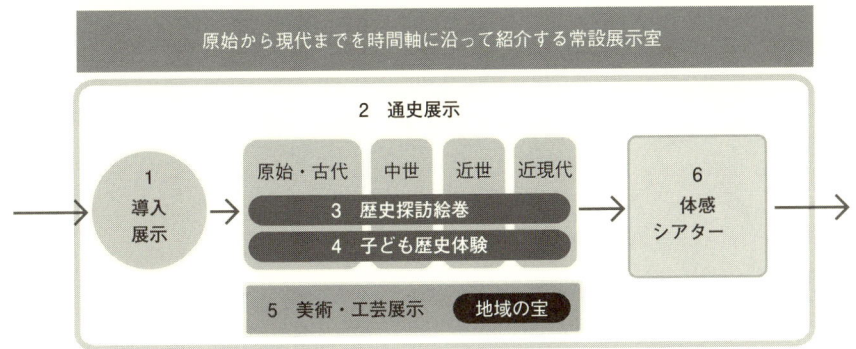

図1 時間を軸にした展示構成例（筆者作成）．地域の歴史を「原始」「中世」「近世」などの時間で展示構成した例

プトも変わる．

　ショウルームなどの企業の展示の場合は，BtoB（企業と企業の間の商取引）の展示か，BtoC（企業と消費者の間の購買やコミュニケーション）の展示かによって，展示の利用者像がまったく変わり，展示が担う役割や展示内容が大きく左右される．項目「利用者調査・展示評価」にまとめられた調査・評価は，構想・計画段階に取り入れることが望まれる有効性の高い業務で，展示のコンセプトづくりに重要な示唆を与えるものである．

●**構想・計画と設計をつなぐ展示構成**　展示構成は，展示空間をかたちづくる要素をいくつかの単位に括ったうえで，単位相互の位置関係や大小の差などを順序付けたものである．映像制作の分野で用いられるシナリオになぞらえ，展示構成を展示シナリオとよぶ場合もあり，展示資料や情報がどのような順番や配置関係で見られるかを表したものである．

　展示構成を検討するにあたり，展示の種類を設定することが先決になる．貴重な資料コレクションを大切に保管しながら公開する展示（コレクション・収蔵品展，常設展などとよばれる）や，時期を設定して特別なテーマ性から資料を集めて公開する展示（企画展，特別展などとよばれる），屋外展示などを種類として設定する．展示の種類は，展示の理念を実現する観点をはじめ，資料保存の観点，運営体制や運営人員など，展示の具体化と継続性の観点から検討することが大切である．

　続いて，設定した展示の種類のなかに設ける代表的な展示構成の例を示す．

　①時間を軸にした展示構成（図1）：進行・後退する時間の動きに合わせて展示内容を配置していく展示構成で，歴史系の博物館などで多くみられる．来館者が進む動線と，展示内容のベースにある時間の推移が同期する点は大きなメリットである．一方，古い時代から新たな時代へ，あるいは現代から古い時代へといった時間の推移に終始する展示になると，展示の展開を楽しむ変化が乏しくなるおそれがあり，工夫が必要である．

　②空間を軸にした展示構成（次頁図2）：展示の内容がもっている属性から，展示されるにふさわしい空間を導き展示構成するものである．生息・生育する環境ごとに

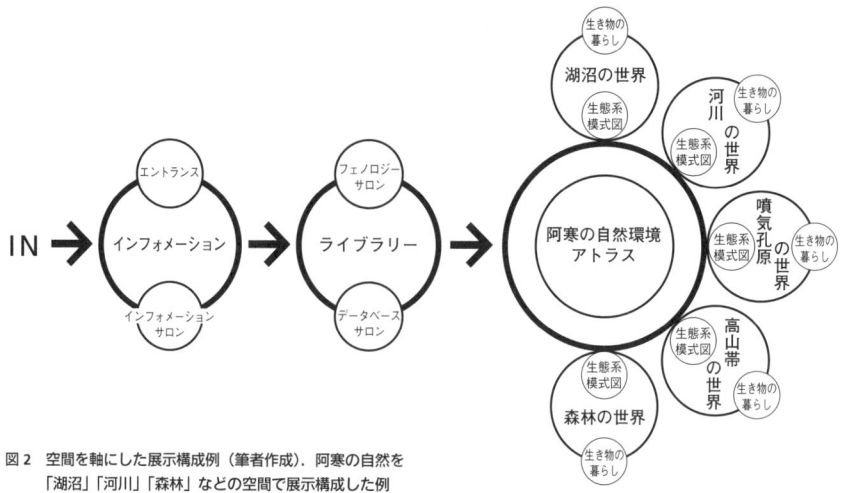

図2 空間を軸にした展示構成例(筆者作成).阿寒の自然を「湖沼」「河川」「森林」などの空間で展示構成した例

動・植物を分類した展示,使われる生活空間ごとに家電製品を分類して配置する展示などがこれにあたる.本が紙を,映像が画面を伴うことに特色があるとすると,展示は空間を伴うものということができる.こうした見方からすると,空間には展示というメディア特性を最も効果的に表す一面をもつ.江戸時代や昭和30年代の町並みや,熱帯雨林を模した展示空間などが具体例であり,来館者は全感覚を働かせて展示を体験することになる.

③主題を軸にした展示構成(図3):展示資料や情報を共通する属性や素材・機能で整理・体系化することで何らかの主題を設定して展示するものや,展示を通じて訴求したいこと＝主題を軸に構成する展示である.主題は,テーマとよばれる場合もある.例えば,たくさんの石を集めた展示の場合,石の組成や採集地で分類する主題や,カタチから連想されるモノに注目する主題など,企画者が訴求したい主題に基づいた展示構成が採用される.展示資料そのものを見てもらう展示に比べ,展示資料を通じて概念やメッセージを伝える展示に適した展示構成といえる.

④複数の軸を融合させた展示構成:実勢的に普及している展示構成は,上述した時間・空間・主題をはじめとする要素が組み合わされた複数の軸をもった展示である.例えば,展示空間の導入部には時間軸に沿った展示を設けて展示構造の柱をつくり,特に強調したい主題は訴求するのがふさわしい箇所(時間・年代)に目立たせ,規模も大きくして展示する構成などがある.具体例としては個人記念館の展示がわかりやすいだろう.展示対象となる個人の生い立ちを時間軸に沿って展示しながらも,個人を偉人たらしめた業績や人柄,さらには交友関係などを一つひとつの主題とした展示も設け,さらに生前に活躍した仕事場などの空間を移築する展示なども加えていく構成などがその例といえる.

●**動線・ゾーニング・諸室の規模と仕様の設定** 動線とは,利用者が展示を体験する

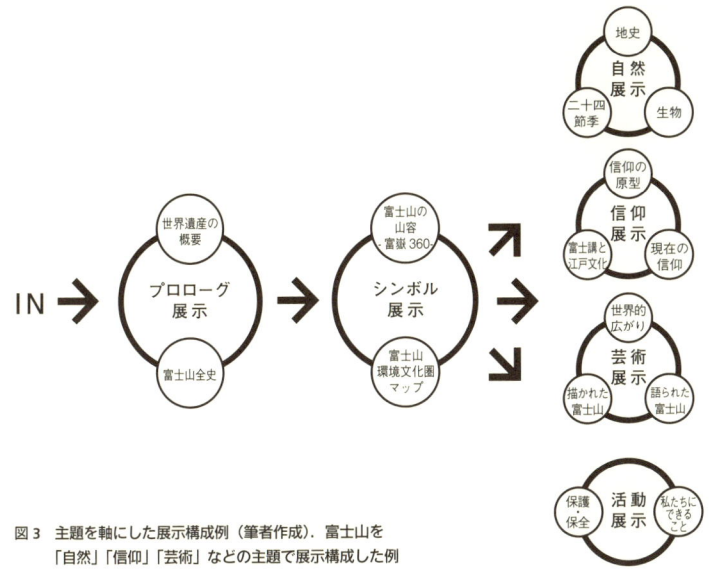

図3 主題を軸にした展示構成例（筆者作成）．富士山を「自然」「信仰」「芸術」などの主題で展示構成した例

順路である．ゾーニングは，展示構成で設定した展示の単位と利用者の動線に整合をとって展示資料と情報を配置していくことである．動線とゾーニングは，展示を見る順序を方向付けるもので，密接に関係し合っている．また，敷地特性などを視野に入れることも重要で，展示が置かれる前後関係や周辺環境の把握は欠かせない．動線・ゾーニングの検討は，コンセプトに表された心理的指標を具体的な空間に落とし込む重要なプロセスである．表現形式は設計図面とは異なり，考え方を文言で明確化するとともに，重視したい考え方を設定し要点を押さえた図としてまとめていく（図4）．

さらに，必要となる展示室の種類とそれぞれに備えるべき設備・機能面の特徴，床面積，天井高などを計画する．これらの展示室の仕様が設計段階の与件となっていく．

また，利用者の動線とともに，資料運搬と運営スタッフの動線も検討する．展示する資料が更新されることが前提にあれば，資料運搬が必須となり，その運搬経路上に資料劣化の恐れが生じない工夫を設計時に具体化できるよう計画しておく．運営スタッフの動線は，展示運営を円滑にする視点や利用者へのサービスが図りやすい視点から検討する．

●**重要性を増す情報計画**　展示の構想・計画は，従来，空間・設備設計につながる業務段階であったが，ICT（information and communication technology）が多くの人々の日常生活と密接な関係にある今，展示をとりまく情報環境を計画する重要性も高まっている．

具体的には，展示資料・情報などをデジタルデータ化していかに活用するかを展示演出・デザインの観点をまじえて検討する．展示体験におけるスマートフォンなどの通信機器の使用方法，通信環境の仕様設定などを検討する．ほとんどの展示には，文

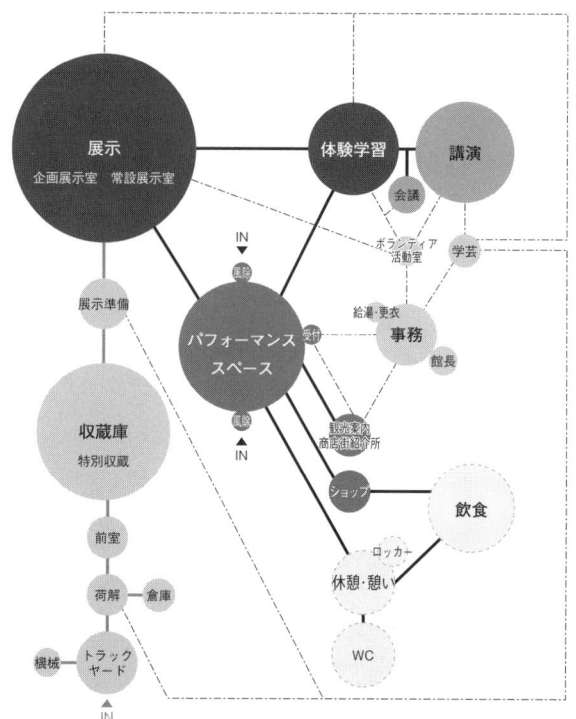

図4　動線・ゾーニング図（筆者作成）

字や画像による展示解説が行われる場面は多い．展示資料の名前や用途を示すものから，展示コーナー全体の主旨や内容を説明するなどがこれにあたるが，ここでいう文字や画像はパネルや映像などの制作物に印字されるのが通例だった．展示の枝葉末節のように見えて，実は来館者に最も接するのがこうした展示であり，展示を基礎から支えるものともいえる．文字や画像がデジタルデータ化されてきた今日では，展示資料の説明にも展示コーナーでの説明にも，デジタル機器を使った展示が普及している．デジタル化された文字や画像は展示に用いられるだけでなく，ホームページでの活用やスマートフォンのアプリにも汎用されていき，施設・組織が提供する事業活動の幅を広げている．こうした状況を踏まえ，デジタル化に対応する展示の姿を描くこと，つまり情報計画が構想・計画で重要性を増している．

●構想・計画段階に期待される，展示づくりに有効なストーリーブック　展示づくりには長い時間を要するケースが多い．設計・制作さらには運営まで，関わるスタッフの数は多く，専門性の範囲も広い．設計・制作段階に進むと，展示資料・情報の調査をする，文章をつくる，映像を撮影し編集する，巨大・微小な人形や自然環境をつくる，動・植物の世話をするなどの多様なクリエイターが一つの展示プロジェクトに関

わっていく．展示づくりは，幅広い専門家が異なるスケジュールで関与するため，具体化したい展示の世界観・価値観を一貫して共有できるツール＝ストーリーブック（図5）があると有効である．いわば，展示の「原作」にあたる役割をもつツールである．

伝えたいこと，体験してほしいことを明文化するとともに，どんな資料・情報をもって展示構成するかを，展示の入口から出口まで整理するものである．入口に置くものは何か（展示資料），それで何を語り（展示内容・解説内容），どんな理解をしてもらうのか（展示意図），入口から始めて出口までを文章化し，一冊の本にして，プロジェクトに関与するスタッフで共有する．

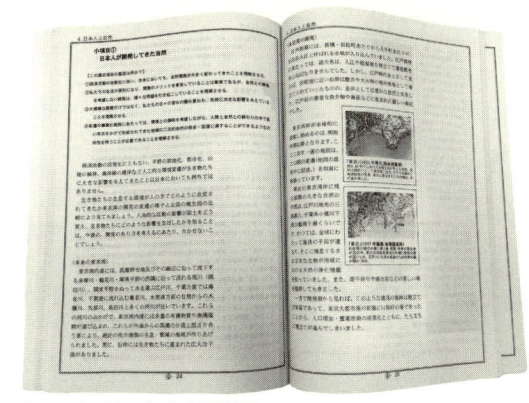

図5　ストーリーブック（筆者撮影）

展示空間が具体化していないなかで一種の物語づくりをする骨の折れる業務となるが，めざす展示の姿が多様なスタッフ間に工期全般を通じて共有されることが可能になり，展示づくりの精度があがるメリットは大きい．

●**構想・計画の進め方**　構想・計画はつくりあげる展示を大きく方向付けるものであるため，多角的な見地からの検討が期待される．そのため，多様な専門分野の知見を構想・計画に反映できる人的体制の構築は重要である．展示内容を熟知する学芸員や研究者などは必須であるが，展示内容を一般来館者に効果的に伝える技術に長けた人材や，持続可能性の高い展示の運営に通じた人材など，事業理念の実現につながる有用なアイディアを提供できる複数の人材を構成メンバーとして，会議体を編成するのが有効である．また，メンバー間のコミュニケーションも重要である．展示が「伝える」ことを目的にしている場合は，伝える展示内容を整理・編集・表現できる人材がいれば構想・計画は十分成り立つ．一方で，来館者に「伝わる」ことまでを展示の目的とする場合には，来館者の心理や思考などの利用特性を踏まえた展示を構想・計画する必要がある．来館者の展示への満足度を最優先した体制＝構想・計画メンバーがそれぞれの専門分野の知見をフラットに共有し合い，最適解を導こうとする意志が一貫した体制を敷きたい．

国・都道府県・市町村が設置する博物館などでは，基本構想委員会や基本計画委員会などの名称のもと，各専門分野の有識者を構成メンバーとする会議体が設けられ，1年から2年程度の時間をかけて基本構想・計画案を練りあげる．民間の企業などにおいては会社組織を横断して関係する社員を集めたプロジェクトチームを編成し，経営層による協議と決済を介して多角的な論議が行われ，構想・計画が具体化する．

［亀山裕市］

基本設計と実施設計

　展示施設は開設に向けて，調査，構想・計画を経て次のプロセス設計へと進行する．設計は，通常展示施設の設置者で設計業務を発注する立場にある委託者と，設計実務にあたる受託者との契約のもとで進められる．新築展示施設の場合，設計業務は建築設計と展示設計とに大きく分かれる．本項では，展示設計業務について解説する．

　展示施設の設計において建築と展示は双方が設計の進捗を把握し，設計を進めるうえで必要な情報の共有を図り，発注者を交えた協議を定例的に行いながら設計を進めていく．基本設計では，展示方針を立て企画のストーリー化を図り，スケール感の把握が可能な図面作成などを行っていく．実施設計では，それを製作・施工に導くための図面作成や，展示特有の映像や模型など特殊専門分野の設計，予算（設計価格という）算出，工程計画などを行う．また，関係法規の準拠確認，行政関係への申請手続きなども行う．

●展示設計業務の委託準備　設計業務の委託者は，業務の発注にあたり設計者に提示する次の準備を進める．
①委託先の選定方式（プロポーザル，コンペ，入札，総合評価方式など）の検討．
②開館までの年次予定，施設規模や概要（案），事業予算などの情報をまとめる．
③調査，構想・計画書や有識者委員会，内部検討の経過などがわかる報告書．
④収集資料の基本台帳をもとに作成され展示公開の優先度が示された資料リスト．
⑤展示室の区画や基本仕様が決定している場合には，建築設計図書を用意する．
⑥その他，業務の進め方についての要望や，展示資料の状態や学術的価値を示す資料を用意し，国や地方公共団体の補助金や助成金，交付金などを活用する場合はそれらの交付条件をまとめる．

●展示設計者の選定方式　展示が完成するまでの過程は，映画の製作や書籍の編集過程と同様だと例えられる．展示とは情報伝達機能の一つなので，構築されたテーマに対し，展示方法を計画，設計して完成させるという作業には一貫性が必要である．展示施設の整備にあたり，建築の設計や工事が先行して進められ，展示の区画が確保されている場合や，既存展示施設の展示改装が目的の場合，また，スピードが優先される民間の展示施設の整備にはそのような経過を踏むことが多い．計画から完成までの多くが一貫して行われる．

　一方，官公庁が発注する新築展示施設では，空間構成に向けた考え方や背景にある各種条件に対する整理と解決過程，完成までの工事に類する製作や施工を伴う工程などを考慮する．そこで，建築分野に準じた方式により設計，製作・施工それぞれの段階で異なる方式の選定を行い発注する場合もある．その場合，展示設計者の選定は以

きほんせっけいとじっしせっけい 205

表1 展示設計者選定方式の比較

	①設計プロポーザル方式 (技術提案) を選定	②設計コンペ方式 (設計提案) を選定	③競争入札方式 (価格競争) を選定
概要	委託者は複数の設計候補者に課題に対する業務の実施方針(技術・体制・実績など)を求めて審査	委託者は複数の設計候補者からイメージパースなど完成形がわかる具体的な設計案を求めて審査	競争入札による設計料の多寡のみによる選定
発注者の負担	基本計画程度の設計条件が示された書類と委託者の具体的な課題を提示	委託者が求める明確な設計の目的や設計条件をはじめ業務委意図の提示	業務目的や内容が明確に記され積算に適切な仕様書の提示
設計者の負担	技術提案書類の作成とヒアリングやプレゼンテーション対応に向けた準備	具体的な設計案の作成に伴う労力・時間・費用がかかる	特になし(価格算出のみ)
委託先の決定	技術提案書類の審査により最高得点者を設計者として選定する	最も優れた設計案を選定したうえで設計者として決定する	入札最低価格者を設計者として決定する
メリット	発注者は設計者の経験と能力を活かしながら共同による設計が可能	委託者は設計者の創造性・独創性を活かした優れた完成案の評価が可能	短期間での設計者選定と業務発注コストの縮減が可能
デメリット	委託者の明確な評価基準と適切な審査委員の選定が求められる	設計者は提案労力と時間を要し発注者は提案に拘束されやすい	設計者の技術力の把握と業務の仕様に対しての変更が難しい

(国土交通省大臣官房官庁営繕部発行設計者の選定資料をもとに作成)

下のように行われる.
①設計プロポーザル方式：類似実績や取組み体制などから設計者(人)を選ぶ.
②設計コンペティション方式(略称,コンペ)：設計案を選ぶ.
③競争入札方式：仕様書の事項をもとに算出した「価格のみ」で選ぶ.

　ただし，選定に要する労力や時間の節約，設計者の展示資料理解への信頼性などを考慮して，1者を特定して契約を進める方式(随意契約とよばれる)もある．表1に選定方式の比較を記す．
　公共建築分野の設計者の選定には，プロポーザル方式の技術提案と入札方式の価格競争のメリットを組み合わせた総合評価落札方式という方法もあり，展示設計の分野においても徐々に事例は増えている．展示固有の特殊専門分野の業務に関わる技術評価の方法や，多岐の設計領域に対する設計業務費用の適切な予算化が必要である．

●**展示設計の進め方と関係者の役割**　展示施設の展示設計は，資料が主役で，その資料がもつ情報(資料価値や特徴)をいかに整理して，資料と資料を関連付け，効率よく効果的に利用者に伝達していくかということを念頭に進めていく．そこには，研究職として資料を最も理解し，開館後は展示を活用してその施設が目標とする利用者への教育普及活動をはじめとする運営業務を遂行していく委託者側の学芸員の参加が鍵

となる．学芸員は，構想・計画段階にまとめられた展示の項目立てに従い，来館者に向けた展示の意図，展示資料についての基本情報，形状，数量，展示方法，資料を活用した参加体験型展示の可能性などを文章でまとめて設計者への伝達が必要である．

設計者側においては，展示施設の設置理念や趣旨を理解し構想・計画を踏まえ展示方針を立て，企画してストーリーづくりを行うプランナーと，それをゾーニング・平面計画・図面化していくデザイナーが共同で設計を進める．プランナーやデザイナーは，ディレクターという展示の設計と製作・施工の総括的な責任者として完成まで関わる場合もある．ほかにも基本設計から実施設計へと進む段階で，照明やグラフィック，特殊装置，模型，映像・音響のソフトや装置など特殊専門分野の設計も関わる．設計の節目には，製作や施工にかかる費用（設計価格）の積算技術者も関わる．

そのほか，展示以外の館内各所との教育普及機能連携（例えば，企画展示室，映像シアター，実習室，講堂など）や建築設備面の連関を展示設計に踏まえていくため，建築設計者との情報共有も行う．学芸員，展示設計者，建築設計者の3者による調整は，設計を進めるうえできわめて重要といえ，会議は定例化することが多い．

このように展示設計は，所属も役割も異なる複数の人員で進めていく．それぞれの立場と業務区分を明確にしたうえで進めることが設計遅延や設計漏れを防ぎ，設計業務を円滑にする．なお，官公庁が発注する展示施設では，基本設計期間中に有識者による博物館建設検討委員会への報告や，一般市民への意見公募手続「パブリックコメント」の実施，議会報告や承認が必要となる場合もある．設計者は，委託者が必要とするさまざまな事柄への検討や，承認決済に至るまでの対応や手続き，調整などの協力を行うとともに，それらの期間も踏まえて設計工程を組む．

●**展示基本設計業務について**　展示基本設計は，構想・計画のなかで示された展示施設の理念や展示の目的などを踏まえて，空間構成を組み立て図面として具体化していく業務が主体である．学芸員が選定した展示資料は，計画段階でまとめられた分野・テーマ・時代などの分類に基づく．そこに展示設計者が，設計理念にあたる展示の考え方を設定して，展示ストーリーを作成し，空間構成計画（ゾーニング）を行い，展示観覧の動線計画を組み立てる．このあたりの作業は，学芸員と展示設計者が考えを一つにして進める．

学芸員は，できるだけ多くの情報を資料ごとに優先順位をつけながら展示設計者に提供する．それにより，展示の位置付けや目標，個々の資料がもつ価値や評価などの情報，教育・普及活動を見据えた展示活用についての情報，光・温湿度・重量・触察の可否・実物の資料展示かレプリカ展示とするかなどの展示環境を検討していくための資料配慮に関する情報，このほかにも資料を取り巻く多くの情報を，プランナーやデザイナーと共有していく．設計者もこうした情報を正確にヒアリングして，空間の編集を行うことにより，精度の高い展示設計となる．

●**展示基本設計の実務**　日本ディスプレイ業団体連合会では，「展示施設・商業施設・文化施設等の企画・設計等の業務及び報酬基準」のなかで基本設計について表2のとおり定めている．このなかで，①設計理念の設定では，展示設計の方針が示され

表2　基本設計

基本設計は，委託者の意図及び企画の基本条件に基づいて，設計の基本方針をまとめ，基本設計図書を作成する業務であって，次の内容とします．
① 設計理念の設定
② 施設配置計画，空間構成計画，動線計画等の策定
③ 設備，装置，什器等の設計方針の策定
④ 情報伝達計画，環境演出計画
⑤ 基本計画のスケッチ等
⑥ 配置図，平面図，立面図，断面図等
⑦ 仕様概要書，仕上概要表
⑧ 製作・施工費概算書，日程計画書
基本設計図書が委託者の意図に合致したものとして承認を受けたのち，実施設計の段階に進むものとします．

表3　実施設計

実施設計は，委託者の承認を受けた基本設計図書に基づいて，製作・施工の実施に必要な詳細設計を行い，また製作・施工者が製作・施工費内訳書をつくり，工事請負契約が締結されるために必要で十分な実施設計図書を作成する業務であって，次の内容とします．
① 基本設計図書を補完する詳細図書
② 構造，設備に関する実施設計図書
③ 展示装置，什器等の実施設計図書
④ 情報伝達装置，造形等に関する実施設計図書
⑤ 商品・展示品等の配置，展示構成・演出等に関する詳細図書
⑥ 仕様書及び仕上表
⑦ 製作・施工費予算書，日程計画書
⑧ 関係法規，条令に基づく申請手続き等に関する協力
基本設計図書が委託者の意図に合致したものとして承認を受けたのち，実施設計の段階に進むものとします．

る．設計コンセプトと表現されることも多い．ミュージアムのポリシーにも関わる重要な項目である．展示設計を進めるにあたり，設計理念のもと展示ストーリーを組み立て，利用者の観覧訴求，教育効果を促すための，②の空間構成計画や動線計画を策定する．②〜④では，設計者の各項目の考え方とともにイメージ図や，事例写真なども委託者に示しながら内容を固めていく．設計者側では，プランナーとデザイナーが二人三脚で業務を進め，さらに③，④では後で示す特殊専門分野の担当も交えた作業になる．映像内容や機器構成，グラフィックとよばれる解説関係，体験装置，レプリカ・模型など展示手法の概略もこの段階から設計に組み込まれる．こうして展示内容と空間のおおまかな形状をまとめ，⑤で示されるスケッチなどにおいて委託者と設計者の共通した展示イメージが固まる．⑥では，資料配置や展示ケースや製作物の形状・寸法などがわかる展示室の平面図，立面図，断面図の作成，⑦では，製作時に使

表 4 特殊専門分野の業務

企画・設計に関連して，特殊専門分野の技術者等の協力を必要とする場合があります．特殊専門分野の業務は，通常の設計・監理業務とは別途に行う業務とします．その内容は次のとおりです．
① グラフィックデザイン
② 模型・ジオラマデザイン
③ 特殊メカニカル・システムデザイン
④ エレクトロニクス・システムデザイン，プログラミング
⑤ 映像計画（シノプシス，シナリオ，コンティニュティ等）
⑥ 音響計画（音楽，音響効果，ナレーション等）
⑦ 特殊照明計画
⑧ 特殊通信，情報システム計画
⑨ コピーライティング
⑩ 建築士の業務として行う建築物の設計及び工事監理
⑪ その他特殊専門分野の業務

用する材料の条件や機器・器具類の基準などが示される．そして，⑧では，製作・施工費概算書，日程計画書の作成までを基本設計の段階で行う．発注者が示した展示の完成期限に向けて全体スケジュールを記した日程計画書を組み立て，予算に見合った設計に収めるまでが基本設計段階における設計者の役目といえる．表2に記した以外にも，電気・空調設備設計への容量提示，大型展示物・重量展示物が展示資料としてある場合は搬入路の確保，建築強度や文化財保存環境の確保，科学博物館などでは展示機器，装置を計画する場合には建物に与える振動や隣接区画などへの音漏れの配慮なども，この設計段階で検討すべきことである．また，昨今の利用者の多様化に伴い展示設計においてもユニバーサルデザインへの配慮が求められている．様々な来館者を対象とする運営の立場を踏まえたこの設計方針についても，基本設計の段階で示しておくことになる．

●**展示実施設計業務について**　実施設計は，基本設計の内容を受けて製作・施工に必要な具体的な設計を行い，予算と日程計画を固めるまでの業務が主である（表3）．この段階では，展示資料の実測を行い，学芸員指導のもとで個々の資料の見せ方や設置方法について示した設計図面が作成される．文化財の展示で求められる温湿度，紫外線，耐震対策や，製作物の用途に選定された資材や機材が利用者への健康や安全性能を満たしているか，関連法規の条件も問題はないかなどの確認作業も設計者が行う．

近年，省エネ型照明器具の選定，設備・機器のイニシャルコストとランニングコストの比較に加え，製造から廃棄までにかかるライフサイクルコストを換算した設計検討，管理・運営を考慮した設計などが求められる傾向にある．

●**展示実施設計の実務**　実施設計は，表3に示したとおり，表2の基本設計を具体化するための内容である．基本設計が発注者との展示のイメージ固めや基本仕様の決定までが業務であったのに対して，実施設計は，どちらかといえば製作者・施工者に対し設計者として展示の意図を伝え，形にするための設計である．製作材料や資材の数

量算出が行え,設備関係の容量把握ができ,展示資料を固定したり支えたりするための演示具(展示パーツ)の形状や数量,映像やグラフィックの構成内容などの情報についても示されるのが実施設計である.

●**特殊専門分野の設計について**　特殊設計は,より効果的な情報伝達を行うための手法の設計として展示特有の専門分野である.表4に業務分野を記す.1970年代以降に開催された博覧会・大型展示会における映像や演出装置の展示の技術がこの分野の発展に大きく寄与した.各技術を生かし,技術を複合化することで展示効果を高める設計が行われている.資料の陳列から展示へ,そして,参加体験型展示という表現が一般化したのもこの特殊専門分野の力によるところである.

●**展示設計のこれから**　かつて「博物館法」に基づき設置された展示施設は,その機能を満たすための単独施設として計画されることが大半であった.展示設計者は,学芸員らから提供される資料の情報を空間的に整理し,編集して,最適な展示手法で来館者に伝達するための一般教養に類する知識や,設計者としてクリエイティブな能力が求められていた.ところが,地方自治体を中心に市民への生涯学習の機会を促し,施設の運営効率を高め,整備コストやランニングコストの軽減化を目的として,図書館や公民館などほかの社会教育施設との複合化が多くみられるようになってきた.また,地方の展示施設では,その固有の歴史や民俗,風土を紹介する観光交流を目的に,エンターテイメント性や参加体験機能を備えた集客施設として計画される例も増えている.

　官公庁が設置する展示施設でも,業務の発注面における変化がみられる.民間の資金,経営能力および技術的能力を活用した整備手法のPFI(private finance initiative)や,開館後の運営を民間が担う指定管理者制度の導入も改善が重ねられ,展示施設にふさわしいそれらの方法も定着してきた.展示設計者は,建築設計者やさまざまな専門分野の設計者,情報通信をはじめとする展示と関連性をもつ分野の設計者らが共同でプロジェクトに取り組むための調整力や専門技術者としての経験がさらに重要となっている.

　上述したように設計段階では,開館後,将来的な維持管理として必要とされるライフサイクルコスト縮減策,子どもから高齢者そしてさまざまな障がいをもつ方や多様な観光利用者への配慮が求められるユニバーサル設計,その実現に一翼を担うICT(information and communication technology)分野の展示システムへの応用など,技術面の設計力も重要である.運営対応としては,市民参加や学校教育との連携利用を想定した展示,多人数対応の展示や利用者の理解深度に応じた展示,アウトリーチにも活用できる展示など教育的効果への期待も展示設計には向けられている.

[岡本靖生]

参考文献　国土交通省大臣官房官庁営繕部『プロポーザルを始めよう！—質の高い建築設計の実現を目指して』2008／社団法人日本ディスプレイ業団体連合会『展示施設・商業施設・文化施設等の企画・設計等の業務及び報酬基準』2006／財団法人日本博物館協会『博物館の原則　博物館関係者の行動規範』2012

製作と施工

本項では,展示における製作物の製作承認プロセスとその検査方法について述べる.展示製作物として主に展示ケース,演じ具,サイン・グラフィック,映像ソフト,レプリカ・模型,照明装置,演出装置,実験装置などがあげられる.

●**使用材料** 材料の選定時には,公共工事標準仕様書ならびに特記仕様書に基づき仕上げサンプルを提示し,承認を受ける.合板材料,塗料,接着剤などは展示物および人体に影響を及ぼさないように,ホルムアルデヒドの放散量に適合したF☆☆☆☆材(エフフォースター)(1時間に1m²あたりの面積から発散されるホルムアルデヒドの量が,5μg(マイクログラム)〔0.005 mg〕以下の建材をいう)を使用する.また重要文化財などを展示するケースの使用材料に展示物に影響を及ぼすおそれがある化学物質が含まれている場合は,事前に報告し承認を得る.天然木,無垢材を使用した製作物材料には,博物館搬入前に専門業者による防虫処理が必要である.照明器具の選定は,設計書による.近年では展示資料の保護の観点から,長寿命で紫外線量の少ない発光ダイオードを光源とした照明器具が多く使用されている.

●**製作承認の方法** 展示ケースは,製作図による承認を受ける.演じ具は,設計書の展示資料リストをもとに,実際の展示資料を実測しながら製作図を作成し,承認を得る.レプリカや模型は,重要な部材のパーツサンプルを製作して,仕上げや大きさなどの確認を行う.設計パースや製作図だけではイメージを共有できない巨大造形・ジオラマ模型などは,スケールダウン模型による確認および承認を必要とする場

図1 スケールダウン模型による検証
(写真:丹波竜化石工房)

合がある(図1).映像ソフトは,設計原案に準じてシナリオや絵コンテ・資料写真などをもとに,打ち合わせを行いながら段階的に確認し製作に移る.

サイン・グラフィックは,通常原稿や写真資料など支給されたものをレイアウトしたデータにより確認し,製作に移る.特殊照明装置は,必要に応じて実際の展示場もしくは同等の場所で照明効果などの確認をして,最終的な器具の選定を行う.演出装置や実験装置などは,自然科学の原理・理論に基づく原理実験を工場などで行い,設計の意図が十分に反映されたものになっているかどうか製作前の事前確認を行う.

●**製作物の検査方法(工場内および製作段階確認検査)** ①展示ケース:製作図による承認を行ったうえ,中間検査・完成検査として工場検査を数回行う(図2).検査内容は,建具や鍵の開閉状況,内装材に関しては,仕様書どおりの材料が使用されているかどうか,特に合板,クロス,接着剤,ガラスコーキング材料には注意が必要で

図2　展示ケース工場検査
　　（写真：フォッサマグナミュージアム）

図3　造形物工場検査
　　（写真同左）

ある．エアタイト展示ケース（外気遮断型ケースのこと．ケース内の湿度を調湿材などにより一定の数値で維持できるように設計された密閉式ケース．特に木製や紙製の展示物の保存に有効）に関しては，工場検査および現場完成時において，煙による隙間検査などを実施してケースの密閉度を検査する．また第三者機関での窒素ガス封入による漏洩(ろうえい)検査を実施する場合がある．重要文化財などを展示するケース内に使用材料や外部からの付着による有害化学物質放散の可能性がある場合は，完成時および枯らし期間後に専門機関による測定を実施することが望ましい．

　②演示具製作：演じ具類は，展示資料との接点部分の保護，素材の強度，環境適合品（F☆☆☆☆材）であるかなど，それぞれの条件を満たしているかどうかを確認のうえ検査を行う．

　③展示照明設備：ケース内照明に関しては，調光の各段階における照度分布検査などを行う必要があり，各検査ごとに検査報告書を作成し，是正箇所，是正予定日を記入して，最終的な合否による承認を記録に残す必要がある．

　④レプリカ・模型：工場内製作途中の段階確認検査と工場内完成検査を経て，現場搬入組立て設置後の最終完成検査となる（図3）．

　⑤映像ソフト：映像ソフトの検査時期およびその内容には，各製作段階での中間検査があり，完成検査としてⓐ荒編集によるラッシュ試写，ⓑ本編集，ⓒナレーション録音，ⓓ完成試写を順に行う．ⓑⓒに関しては，専門的な画像や独特なナレーションの言い回しなどがあるシーンで，録音時に発注者と監修者の立ち合いによる検収が必要となる場合がある．

　⑥サイン・グラフィック：イラストや図版のラフチェック，テキストの校正，写真トリミングなどのチェック，メディアサンプル出力の画像の粗密度，色合いなどのチェックを経て本出力となる．

　⑦演出機器・実験体験装置：段階確認検査を経て，完成時に工場で出荷前の動作確認と効果などの最終検査を行う．

●監理と管理　次に，展示工事の施工管理方法について解説するが，その前に「監理」と「管理」の言葉の意味合いについて一言述べておく．「監理」とは，設計側（施主側）の立場で建築士などの有資格者が施主に成り代わって工事全体を把握し，

設計どおりに施工されるように行うことを意味する．「管理」とは，工事自体が工程内に品質や安全を含めて，円滑に収まるように工事を総合的に調整し推し進めていく施工側の立場のことを意味する．本項で取り上げるのは後者の「管理」，施工管理である．ではまず，施工管理の基礎となる施工計画書の内容について述べる．

●施工計画書の作成（施工計画書の中身）　施工計画書は工事を開始する前の段階で作成し，製作および工事概要，現場管理体制および施工体系図，工程表，施工要領・施工計画（仮設含む），品質管理，安全管理，各々の計画をまとめる（図4）．なお，以下の諸官庁への届や確認は現場に入る前に済ませておく必要がある．

①消防署：防火区画，消火栓，火災感知器，排煙装置，避難誘導灯などの配置，防火・防炎材料確認．

②警察署：屋外工事，工事資材搬入時などの車両駐車のための道路占有許可など．

③建築指導課：所轄範囲における内装制限の確認（使用材料の不燃性能，防炎性能）など．

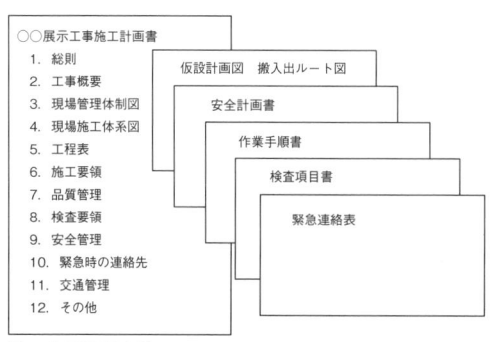

図4　施工計画書の例
工事の概要説明とともに工程・品質・安全に関してどのように工事を進めるか，具体的な図面資料や帳票を添付するなどして誰が見ても理解できるような計画書を作成する

●施工管理：①連絡調整会議　施工にとりかかる前，施工中において定例会議（必要に応じて関連工事との調整会議も設ける場合がある）を開催し，工事の進捗状況の把握および調整を行う．定例会の内容は，施工計画書，実施設計図書をもとに，工種別・コーナー別に施工に伴う確認事項を議題にあげ，不明点や曖昧な部分を明確にし，発注者と施工者間の認識を共通にしながら確認することが最も重要な項目である．定例会の議事録は，工事完了検査に必要なため関係者の確認印を押したものを複数作成し，お互いに保管しておく．

●施工管理：②工程管理　施工計画書に計画された全体工程をもとに，定例会議（月次，週間）を開催し進捗状況と直近の工事予定を確認する．製作図，施工図の承認時期，工場製作期間，現場施工期間を工種別にまとめ，関連工事との取り合いおよび全体の施工の流れがわかるように工程表を作成する（図5）．工場製作工程は，現場搬入時期から逆算で実際の工場製作必要日数，工場検査，手直し期間（予備）などを考慮し発注リミットを算出のうえ，製作図面の作成時期，図面の承認時期などを割出し工事全体として遅延することのないように発注者と打ち合わせを進めていく必要がある．工場の選定にあたっては生産能力や技術力を考慮し工程に遅れが生じる可能性がないように精査し決定する．また現場施工工程では，関連工事，特に建築工事，設備工事との工程調整が重要である．建築工事との調整項目としては展示側もしくは建築依頼工事としての先行工事，基礎補強，先行アンカー工事，天井インサート工事，床

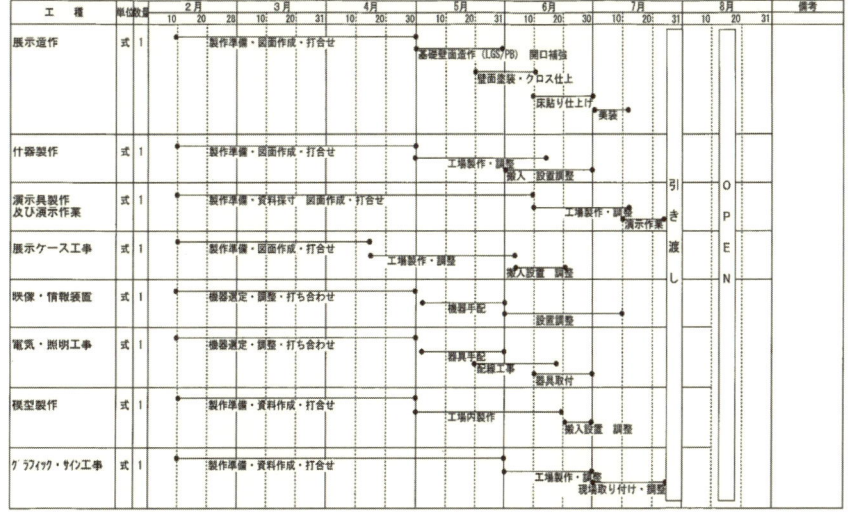

図5　工程表の例
工種ごとに他工程との兼ね合いや作業手順・環境などを考慮のうえ、出戻りや手直し作業が発生しないように各担当者間で充分調整したうえ全体工程を作成する

防水工事，搬入出ルートの確保，資材・製品仮置き場の確保などがあげられる．設備工事においては展示物の電気容量，給排水配管，弱電工事，防災設備工事など実施設計段階から細部調整のうえ，関連工事の現場工程に組み込まれて行くように連絡調整会議で打ち合わせ，調整を行う．これらの工事を進めるために建築設計会社，建築施工会社との確認および承認に要する期間，また，実験装置などの現場設置後のランニング調整期間も開館までの運営準備期間を含めて工程表に組み込んでおく必要がある．何らかの原因で，工程が予定どおりに進まない場合は，その都度工程調整会を開催し，工期内に完工できるよう，発注者と施工者が協議を行いながら対策案を検討し，工程調整を行う．日々の工程に関しては，現場レベルで関連工事との調整を含めて毎日時間を決めて工程会議を実施し，話し合いのなかで工程を調整する．工程管理のカギは，危険予知（経験値）と会話・対話（コミュニケーション）である．全体スケジュールのなかでどの工程が遅れる危険性があるのか．それを早期に洗い出して，遅れた場合の対処法や，工程を遅延させないための対策方法を見出すのは，実際の経験によるものが大半を占める．問題を抱え込まず経験豊富な専門家や協力会社と検討・協議を重ねていくなかで解決の糸口を見つけていくことが，最良の近道である．

●**施工管理：③品質管理**　製作図，施工図の承認を得たものは下記の内容で検査を実施し，品質の管理を行う（次頁図6）．工場製作物については製作工場で出荷前の検査を行い，是正箇所があれば是正後再検査による合否判定を経て出荷する．現場では，現場施工を要する工事の材料受入れ検査，各工程内での段階確認検査，完成検査の順で検査を行う．受入れ検査時は，材料のメーカー品質証明書，出荷証明書などを

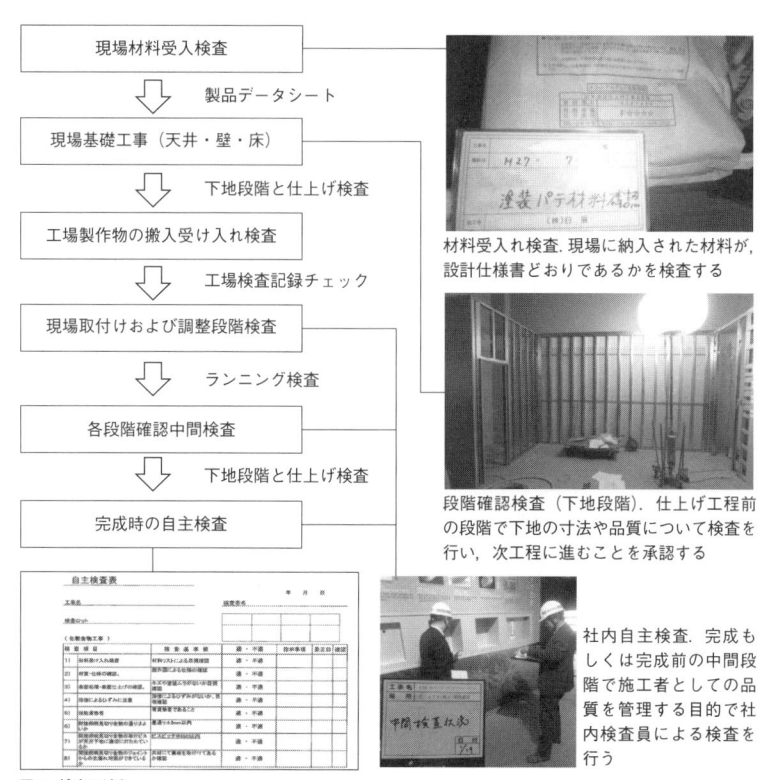

図6 検査の流れ

確認のうえ添付する．各工程内検査，完成検査の結果は，検査表とともに写真を添付する．検査表には，検査項目の合否，是正箇所の有無，是正予定日，再検査日などを記入する．

　以下のような隠ぺい部分は，隠れてしまう前の段階で，事前検査が必須である．①基礎：コンクリート基礎の中の配筋検査，天井や壁の断熱材やボードを張る前の軽量下地の施工状況など．②固定・接合：アンカー，溶接，ボルト，ナット締めなど．③下地処理：プライマー下地処理（密着性を高めるために下地材に最初に塗布する塗料），アースシール下地調整（下地仕上げのための速乾性パテ材料），錆止め塗装，下地塗装など．

　その他の品質検査としては，建具の開閉状況，鍵の施錠確認，造作物や什器の人的な接触箇所の安全性，アンカーの引き抜き強度検査，床材仕上げ工程前のコンクリート・モルタル含水率測定，壁面タイルの接着度検査，塗装の塗膜厚測定などがある．検査記録として報告書および検査状況写真などが必要である．実験装置や演出装置に関しては，発注者・設計者立ち合いのもと原理・原則的，効果的に当初設計の要求を満たしているか検査を行い承認を得る．段階的には工場製作，現場設置調整後の検査とする．また体験型実験装置の場合は，安全性，耐久性も含めて検査を行う．展示工

事完成後の展示室内の空気環境測定を施工者として実施する場合は，専門業者に依頼し測定結果が適応基準内の数値であるかどうかを報告書にまとめ提出する．

●**施工管理：④安全管理**　現場に入る前に準備するものとして安全衛生計画書の作成がある．現場に掲げる安全スローガンと安全衛生目標を達成するための安全衛生計画（月単位，週単位），各作業に即したリスクアセスメント・安全注意事項などの安全管理書類，緊急時の連絡体制表，安全衛生体制図などを作成し管理する．現場での安全ルールなどは事前の安全衛生協議会などで関係各社を集めて周知させ，現場に入る協力社の作業員に対しての送り出し教育を徹底するよう各社に要請する．また，日々の新規入場については朝礼，安全ミーティングの後，新規入場者教育を受けさせたうえで現場作業に従事させる．朝の朝礼から始まり安全ミーティングや安全工程会議，現場の安全パトロールなど毎日の安全サイクル（図7）を活用することにより安全管理を行う．また長期の現場では店社安全パトロールを月1回実施することで，施工会社としての安全管理を現場サイドとは別の角度で検証し事故が発生する要因を減少させるための指示を行うことが重要である．安全衛生は現場で働く人の問題だけではなく，工事に携わる会社の企業理念としても，世の中から評価される時代である．

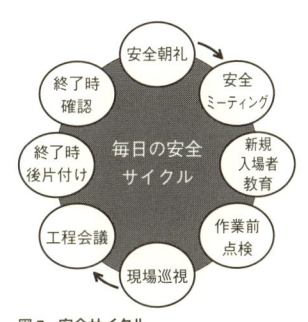

図7　安全サイクル

●**施工管理：⑤顧客所有物管理**　展示工事を進めるうえで，顧客所有物の管理に関し事前に取り決めが必要となる．借用や取扱い方法などの記載された書面により，物に対する責任の所在を明確にする．展示資料が損傷しないように十分配慮のうえ，特殊なものについては美術品運送の専門業者に運搬設置させる．

●**完了検査**　展示工事完成検査の前に官公庁検査（消防検査，建築指導課の検査など）は事前に終了させておくことが必要である．施工者側の自主検査の報告，発注者立ち合いによる段階確認検査の結果を踏まえて下記の最終提出書類の検査を行った後，現場において完成検査を取り行う．完了時提出書類は，工事完成図面，工事検査書類，製品データシート，出荷証明書，工事写真，機器一覧表および取扱い説明書，保証書，備品，消耗品一覧表・その他各官公庁届出書類などである．

●**取扱い説明および鍵引き渡し**　日々の施設維持管理が滞りなく行われるように，映像機器や照明装置などの消耗品の交換方法，トラブル時の対策方法などをまとめた取扱説明書を事前に作成する．施設の開館前に施主および運営スタッフに対し，取扱説明書をもとに現地で説明を行う．展示ケース，什器戸袋，バックヤード・ストックルームの鍵なども整理して引き渡す．竣工時の納入備品として予備品や消耗品（数量は打ち合わせによる）もあわせて納めるようにする．

　以上，展示工事の製作と施工に関して基本的な骨格部分のみを述べたが，展示工事にもさまざまな形態がある．より困難な展示でも，関係者が力を合わせながら展示環境をつくりあげていく楽しさが，展示工事の魅力の一つでもある．　　　［岡田弘人］

保守点検

本項では，展示施設の運営面からみた保守点検に関して述べる．展示工事のなかで，保守点検が必要な工種として，展示ケース，照明器具，映像機器などの展示装置が考えられる．展示装置やケースの性能を竣工時のレベルで維持していくためには，専門家による定期的な点検と初期段階での修繕が不可欠といえる．

●年次点検計画書，点検項目表　準備段階として，保守点検契約を締結するための年次点検計画書の作成から始める．点検が必要と考えられる項目をリストアップし，年間の点検回数・数量などを網羅した点検項目表にまとめる．

次に，点検項目書とその内容に応じた費用の算出をして，年間の点検費用をまとめる．部品の消耗に関して，設計当初から寿命のわかるもの（バッテリーやランプなど）には，年間の交換回数に応じた部品代，交換作業費なども算出のうえ計上する．

展示工事では受注条件として，通常1年間の瑕疵担保(かしたんぽ)期間が設けられることが多い．また装置のメンテナンスが予想される科学館などは，受注条件として2年以上の瑕疵期間が設けられる場合もある．ここでいう瑕疵とは，完成後に不完全な製作施工が原因で起こる，故障または事象のことである．瑕疵期間中の故障に関しては，外的要因による破損事故や，取扱いの悪さが原因となる故障は対象外だが，製作施工側の

定　期　点　検　報　告　書

実施日	平成　　年　　月　　日（　　）
作業時間	10：00　～　16：30
人　員	

■ 作　業　内　容

フロア	展示名称	器　具	ランプ名称	対　処	台 数	備　考
1F	○○古墳	演出スポット	200w ミラー付ハロゲン球	交換、シュート	36台	
		演出スポット	100w ミラー付ハロゲン球	交換、シュート	3台	
			100w ミニレフ球（集光）	交換、シュート	7台	
	小修羅（配線ダクト）	展示スポット	200w ミラー付ハロゲン球	交換、シュート	2台	
	展示照明	展示スポット		シュート	21台	
2F	○○寺伽藍	演出スポット	100w ミラー付ハロゲン球	シュート	8台	
	展示照明	展示スポット	85w ミニハロゲン球	シュート	6台	※内1台ランプ交換

■ 点　検　結　果

・ランプ交換（定期交換分）　～　上記項目分ランプ交換

・照明シュート

　→　展示物への照明照射の点検

　→　昨年度メンテナンス時に御報告させていただきました各展示スポット（配線ダクト）の一部フォーカスリングの経年変化による不具合が見られますので交換の必要があります。

・上記項目以外の問題点はありませんでした。

図1　定期点検報告書の例．
ジオラマ模型用天井演出照明のランプ交換および投射範囲や角度の調整などの保守点検作業が報告されている

要因による故障に関しては瑕疵の責任範囲となるため，展示装置などはランニング試験期間を長く設けて納品前に故障の原因を取り除くことが重要かつ必要である．

なお，点検作業は専門的な技術と経験をもつ者が行うことにより，故障の原因が判明する．点検方法については，目視点検，動作点検，打診点検，通電試験などがある．文化財を展示するエアタイト展示ケースについては，日々のケース内の温度湿度のデータをもとに，異常があった場合など，ケースの性能評価を証明できない可能性が出てくるため，改めて第三者機関による気密検査が必要になる場合もある．

●**点検および点検報告書**　保守点検業務契約は，通例，瑕疵期間の次年度から締結し，保守点検作業は計画書の内容に従って年間計画の回数分行う．作業日は調整のうえ施設の休館日を利用して行うことが一般的である．それらの点検結果を項目ごとに分類して点検報告書（図1）としてまとめる．報告書の内容としては異常の有無とともに，故障箇所があった場合，その原因と修理および対処方法を表記する．

また，早急に修理費用の算出を行い，見積書を提出後承認を受けたうえで作業を行う．修理作業後は作業報告書を作成し，修理の履歴を残しておくことが必要である．

●**展示装置（実験体験装置・演出装置）の点検保守**　装置や可動部分がある展示物の点検保守に関しては，第1段階として，日常の点検による異常個所の早期発見と修理を運営側で行うことが求められる．そのためには完成時に点検項目書，メンテナンス方法（消耗品の交換など簡易に行える内容）をまとめた説明書とともに運営側へのレクチャーが必要である．第2段階として，運営サイドでは対応できない故障に関して製作会社に点検と修理（専門業者，メーカー対応）を依頼し展示装置を保守していくことが必要になる．

●**経年劣化とプログラムソフトのバージョンアップ**　時間が経つにつれ，老朽化や色褪せにより素材自体の物質が変化し，本来の性能を維持できなくなることは，過去の実績である程度予想できることである．それに対して映像ソフトに使われるパソコンプログラムソフトがOS自体のバージョンアップにより使用不能になることや，映像メディアの開発により古いプレーヤーなどの映像機器自体が修理不能になっていくことは，竣工時には予想することが難しい．

竣工時のメディアはその時代の最新技術による最高のパフォーマンスであるから避けられないことではあるが，運営側からすると後に使用不能になる可能性があると認識しておかなければならない事柄である．もちろんコストをかければ最新のものに変換できる場合もあるが，それらをリニューアルするかどうかの判断は，最終的に運営側に委ねられているのが現状である．

●**最後に**　壊れるまで放置するのか，壊れる前に定期的に整備して交換するのか．展示物の内容や重要度によって保守点検や修繕の方針を決定していく必要がある．運営側の要望を聞き取り専門的な立場で，最良と考えられる保守点検のかたちを見つけ出すことが大切である．ただし，どの施設も運営コスト面でのウエイトが大きく，最終的には予算の範囲内で全体的にコストパフォーマンスの追及をした結果で判断しながら運営していくことが現実的である．

［岡田弘人］

運 営

　地方公共団体の設置する公の施設の管理運営は，従来，直営，委託の場合は，「管理委託制度」により地方公共団体が2分の1以上を出資する法人（財団法人，第三セクターなど），公共的団体（生協，農協，自治会など）に限定されていた．2003（平成15）年9月に地方自治法の一部が改正され，「指定管理者制度」が導入されたことにより，施設の管理運営の委託先は，個人を除く民間事業者やNPO法人を含め幅広く可能になった．

　新制度の導入後十余年が経過した現在，博物館や科学館などの文教施設の管理運営に関して，ほかの公の施設と同様に公民連携PPP（public private partnership）のあり方が検討され，指定管理者制度に限らず幅広い取組みがなされるようになっている．

●**公民連携PPPによる事業手法**　公民連携PPPにはいくつかの手法があるが，文教施設での管理運営では，部分委託，公設民営（指定管理者制度など），PFI事業（後述）が一般的である（図1）．

　この三つの手法の概要と特徴は表1のとおりであり，事業領域と期間に大きな相違がある．管理運営を民間事業者などに外部委託することで，委託者の創意工夫，ノウ

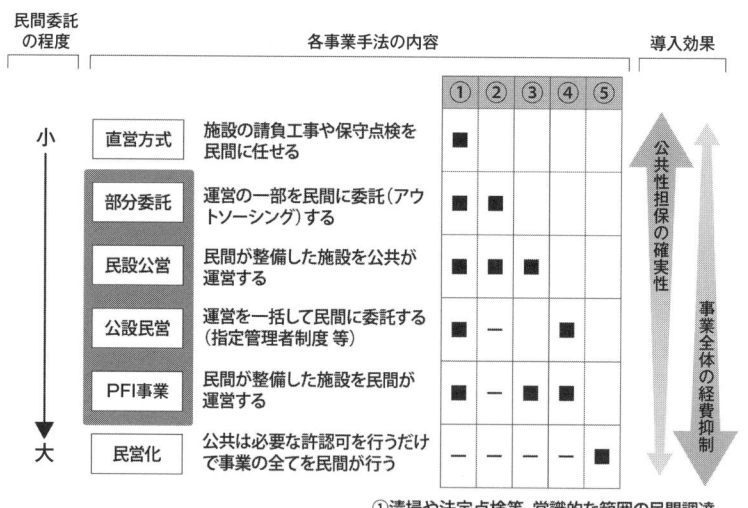

図1　公民連携PPPによる事業手法
　　（出典：内閣府民間資金等活用事業推進室HP．PFI導入の手引きをもとに作成）

表1 部分委託，指定管理者制度，PFI事業の比較

	部分委託	指定管理者制度	PFI事業
事業期間	1年 (複数年事例有)	3〜5年 (近年5年が主流)	10〜30年
事業領域	個別業務内容	維持管理・運営	施設整備・維持管理・運営を一括実施
契約	業務委託契約	基本協定 年度協定	事業契約 基本協定など
使用許可権限	無	有	有 (指定管理者制度導入時)
選定事務負担	対象業務の条件・仕様作成のみのため負担軽	条例制(改)定，詳細業務仕様など作成のため一般的に複数年に及ぶ負担	実施事業以外にも法務・財務など多岐にわたる条件設定をするため負担大

ハウを活用したサービスの向上や行政コストの縮減を図ることがねらいであるが，どの手法が適切であるかは施設個々の状況により異なるため，一般的な比較はできない．

●**文教施設における公民連携PPPによる管理運営のねらい** 公民連携PPPによる管理運営のねらいは何であろうか．文教施設以外では，有料事業の導入や複数施設の一括管理などスケールメリットによるサービスの向上や事業の効率化が上げられるが，文教施設では事業内容により深く関係したねらいとなっている．

　文教施設では従来から，設備や展示物の維持管理，清掃，警備，植栽管理などの基幹業務以外を外部委託していたが，その目的は専門業者への委託による業務水準（品質）の確保であった．公民連携PPPによる管理運営の場合，基幹業務の一つ「教育・普及」業務などの充実による，サービスの向上や利用促進が期待されている．このことは，博物館施設などでの「収集」「保管」「調査・研究」，いわゆる学芸・研究職による専門業務に関しては，従来どおり直営，財団など外郭団体にて継続，または指定管理業務とは分離して実施する施設が多数存在する傾向からもうかがえる．

　教育・普及業務などの充実とは，具体的にはコンテンツの企画開発，ワークショップなどの企画実施，外部連携によるイベントの企画実施，ボランティアなどの市民参画支援や人材育成，幅広いメディアを活用した利用促進・集客などである．これらの業務を通して，これまでの観覧，ハンズオンなどの展示体験やミュージアムトークより幅広い利用者へのコミュニケーションサービスの提供が期待されている．文教施設での部分委託，公設民営の代表である指定管理者制度，PFI事業に関して，その事業概要を次に述べる．

●**部分委託** 地方公共団体など公共直営施設において，管理運営の一部を民間に委託する方式である．個別の業務内容を仕様書に基づき定める，いわゆる「分割委託」「仕様発注」「単年度契約」が原則となる．

　従来は上述のとおり，維持管理業務が主体であったが，指定管理者制度導入と前後して，運営業務の一部に採用されている．博物館や科学館などでは，ワークショッ

プ，講座の企画・実施やプラネタリウムの番組企画・投影など，受託者の専門性の発揮によるサービスの向上をねらいとしている．

PFI 事業や指定管理者制度に比べ，条例の制定・改定や事業者選定などの手続きは大幅に軽減されることに合わせて，各施設における年次の状況に応じて仕様変更も可能であるため，導入は比較的容易である．しかし，本来仕様書に基づく成果物を納品する委託契約を，施設の管理運営に運用するため，現場での実情との差異も生じやすい．具体的には，単年度契約による人員の確保や，次年度以降の計画と準備が担保されないため，人材やノウハウが蓄積されにくいのが実情である．また，公共（委託者）と事業者（受託者）による管理運営体制や指示系統の二重構造が発生することによる課題も残る．

一方，特殊な事例として，複数年度にわたる契約が可能となる，長期責任委託という事業スキームも存在する．複数年度契約による費用対効果の妥当性などが求められるため，従来はごみ処理施設などの建設と合わせた管理運営に採用されてきたが，昨今では文教施設にも採用される事例もある．

●**指定管理者制度**　冒頭でも記したように，指定管理者制度の導入より，公の施設の管理運営は，個人を除く民間事業者や NPO 法人を含めて可能になった．しかしこのことは，業務の範囲が管理運営全般に拡大したという，管理範囲上の認識とは異なる．

その理由として，指定管理者制度の大きな特徴である次の2点があげられる．一つ目は，指定管理者は施設の管理代行者として管理権限が委任され，「施設の使用許可権限が与えられる」ことである．本制度導入前の管理委託制度での管理委託契約や一般的な業務委託契約とは，管理範囲だけでなく権限の上で大きく異なるものである．二つ目として，指定管理者は議会承認を経て「指定」されることである．指定とは一般には聞きなれない言葉であるが，地方自治法上の契約行為ではなく，行政処分の一種である．そのため契約に関する規定は適用されず，入札の対象ではなく，公募によるプロポーザル方式，または，非公募による特定団体指名方式（特命）での選定となる（☞項目「基本設計と実施設計」）．

次に，指定管理者として管理運営開始までの基本プロセスを記す．指定管理者制度導入に伴う条例の制定または改定，指定管理者の指定には議会承認が必要なため，少なくとも2回の定例議会を経る必要がある（図2）．一般的には，6月，12月の議会承認が想定される．そのため事前検討を含め，各地方公共団体では，指定管理者制度導入，指定に向けては前年度からの長期間を要しているのが実情である．

●**指定管理者の業務**　指定管理者の業務に関して，一般的な事例を述べる．

①業務区分：指定事業と，自主事業の二つに区分される．指定事業はさらに，管理運営の基準などの仕様書に記載された業務と，指定管理者による提案業務に区分される．自主事業とは，原則として必要経費を指定管理者が負担する事業をさす．自主事業も，施設の目的外使用か否かによって二つに区分される．

②業務内容：指定事業は，運営業務，維持管理業務，経営管理業務，その他業務に

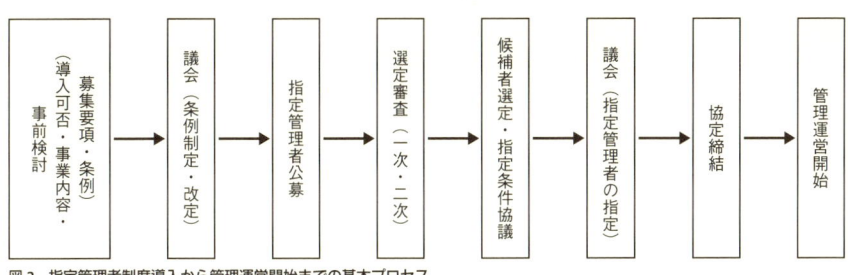

図2 指定管理者制度導入から管理運営開始までの基本プロセス

より構成される．自主事業は，飲食物販，特別企画イベントなどにより構成される．運営業務はワークショップ，講座の企画・実施などの普及業務，常設展示での利用者案内や企画展の企画・開催などの展示業務，広報業務，学校や地域への利用促進業務などである．維持管理業務は展示や設備保守，清掃，警備，植栽管理などである．経営管理業務は，指定管理者制度での特徴的な業務でもある．行政による指定管理者の監督に呼応して，指定管理者は事業の計画・報告を行う．各年度の事業計画書，報告書（収支含む）の作成，日・月報の作成，自己評価，委員会など外部評価制度への対応などである．その他業務は，ボランティア参画支援や公的外部資金調達による事業の実施などである．

指定事業は指定管理料のほか，入館料などの利用料金を財源とする．利用料金を収入とする場合は，条件などを募集要項などで定められる．自主事業は必要経費を指定管理者の負担とする一方で，収入も基本的には指定管理者となる．

●PFI 事業　PFI（private finance initiative）とは，公共施設などの建設，維持管理，運営などを民間資金，ノウハウを活用して公共サービスの提供を行う事業手法である．事業全体はその事業のために設立された，特別目的会社 SPC（special purpose company）が担うが，事業段階（設計，建設，維持管理・運営など）に応じて担当企業が実施する．維持管理・運営段階では，担当企業が主体となり実施するため業務や責任分担は明確になる．

PFI 法は指定管理者制度導入以前の平成 11 年に制定され，平成 30 年 3 月現在の実施方針公表数は，総数 669 件と公表されている（内閣府民間資金等活用事業推進室発表．平成 30 年 7 月）．教育・文化分野 220 件は総数の約 3 分の 1 に至るが，博物館・科学館などの実施件数は数件に止まっている．

PFI 事業において指定管理者制度を導入する際は，PFI 事業者は指定管理者としての指定を受けることとなる．その場合 PFI 法，地方自治法という二つの法に基づく管理運営となる．PFI 事業の場合，所有権の帰属先により PFI 事業者の立場が異なるが，広義の公の施設の管理運営として，市民視点でのサービス提供が求められる．

[牛村　守]

参考文献　三菱総合研究所地域経営研究センター『指定管理者実務運営マニュアル』学陽書房，2006／出井信夫『指定管理者制度』学陽書房，2005

展示更新・施設改修

　1950年代に始まり，70年代から90年代にかけて各地に次々と誕生したミュージアムの多くは，2000年代に入りハード・ソフトの両面からリニューアルの時期を迎えている．丹青研究所の調査によると，2007年度から2014年度に新設された博物館952館に対して，リニューアルを実施した館は1,228館となっている（丹青研究所，ミュージアム・データNo. 77～81）．開館年別にみると，1950年代までが9%（108館），60年代が7%（91館），70年代が12%（142館），80年代が24%（297館），90年代が28%（347館），2000年代以降が20%（243館）である．傾向としては，80～90年代が5割以上を占め，2000年代以降を加えると7割を超えている．

　その内容や要因は，「施設・設備の老朽化や新たな機能・役割への対応，開館後の資料・情報・研究成果の蓄積に基づいた更新，時代に即した展示内容・手法の採用，周年事業や記念年にあわせた取り組みなど様々であり，直近では東日本大震災で大きな被害を受けた博物館が修復を経て，再開した時期でもあった」（丹青研究所，同上）と分析している．

　これらは，かつて時代の勢いとともに建設されたミュージアムが，成熟の時期を迎え，多くの課題と役割に適応するためのリニューアルであり，それは次世代を担う人々を育成する場，生涯学習を担う場としてのさらなる充実，ひいては地域の活性化や文化観光に寄与する拠点化へ向けたリニューアルでもある．

　●リニューアルの背景と目的　長年にわたるミュージアムの活動において蓄積された資料や情報は計り知れない価値を有している．その価値を存分に活用し，さらに施設を発展させていくためにハード・ソフトともに充実を図ることがリニューアルの基本的な目的である．地域に根ざし市民とともに活動する場，集積した多くの情報を海外も含め広く発信する場への展開も求められる．

　ミュージアムにとって，文化財を収蔵し展示の環境を適正に維持していくことは，基本的な条件であり，老朽化した設備はリニューアルを実施する直接的なきっかけとなることが多い．空調設備の更新や照明のLED化は省エネ効果も高い．さらに，文化財も多大な被害を受けた阪神・淡路大震災や東日本大震災などの教訓を生かして建物の耐震補強や免震装置の導入，津波対策などを施すこともリニューアルの動機となっている．また，資料であふれた収蔵庫の増築，保存と展示の環境を高度に両立させた最新の展示ケースの導入，広くユニバーサルに情報発信を目指したICT機器の導入なども目的の一つである．

　一方で，かつてのような経済成長は見込めず，少子高齢化が進む社会において，行財政改革の一環として運営予算や人員の削減，平成の市町村合併に伴う施設の統廃合，指定管理者制度導入などミュージアムを取り巻く環境変化の影響も大きく，それ

らに適応させるためのリニューアルという側面も見逃せない．

●**リニューアルの現状と方向性**　上述のような背景を踏まえ，今世紀に入って実施されているリニューアルの基本計画や設計の傾向をみると大きく三つの点が重視されている．

　①活動：収集保存・調査研究し展示をするだけではなく，ワークショップや講座・研修，外部との共同研究，市民学芸員制度といった活動を支える場の確保や体制を再構築するリニューアル．利用者やボランティアなど市民が気軽に集い活動を実施する場の設計，それらを運用する館の体制を考慮した基本計画が数多く策定されている．

　②可変性：1970 年代から 90 年代に建設されたミュージアムが数十年にわたり運営されてきた結果として指摘される課題の一つに，常設展示室の固定化，変化の乏しさがある．利用者から「いつ行っても同じ展示」といわれるゆえんである．これらの要因として，運営予算の削減や人員不足があげられるが，展示の過度なつくり込みが更新を妨げている場合もある．新設時の展示方針で常設展示室を更新していく考えが少数派だった場合などにみられる．そこで近年の計画では，常設展示室の可変性を重視した方針を打ち出し，館内活動の一環として展示を容易に更新できるシステムが重視されている．こうした動きは，2005 年に 4 番目の国立博物館として福岡県太宰府市にオープンした九州国立博物館が，「常に可変し，進化していく博物館」を実現したことが大きな潮流となった．

　③体験性：ハンズオン展示に代表される体験性を高めた展示は，幅広い利用者の多様な興味を引き出し，理解を深めるために試行錯誤されてきた．リニューアルによりさらに体験性を高め五感に働きかける展示や，友だちや家族間の交流を促進することができる参加型の展示など，さまざまなテーマや手法が検討されており，近年の学校教育との連携や，生涯学習を目的とする利用者への動機付けとして有効なものになっている．最新の ICT 技術を活用した手法，従来型のアナログ的な面白さを追求した手法，人を介した体験交流など，概念だけにとどまることのないよう教育プログラムとしても具体性があり，実施する空間や人員配置なども検討する．

　こうしたリニューアルの三つの視点は，活動成果の発信，学校教育との連携や生涯学習基盤を高める場づくりなど，時代が求める流れであるといえる．

●**リニューアルの規模や方法**　行政や企業など設置運営主体の方針をもとにリニューアルのコンセプトや施設構成，規模などが検討される．ここでは，上述の調査結果（2007～2014 年度）を踏まえ，小規模なものから下記の 4 段階に分けて整理する（移転新築施設や取壊し新築施設は，新設館とみなして含んでいない）．

　①展示室改装：数か月から 1～2 年以内など比較的短期間に実現可能なリニューアルであり，毎年定期的に実施している館もある．展示室をテーマやゾーンごとに部分または全面更新する．比較的低予算で実施でき，継続的な進化にもつながる効果的なリニューアル方法でもある．上述の調査におけるリニューアル 1,228 館のうち，647 館で実施され全体の 53% を占めている．

　②展示室増設：既存の館内施設の一部を展示室に転用する方法である．基本的には

展示室改装に準ずる工程で進めることが可能であるが，防災設備や避難経路など設備や法的な対応が必要な場合がある．上述のデータでは 8%（104 館）の館で実施されている．

　③館内全面改装：老朽化した建築設備の改修，館内レイアウトや展示の全面更新，場合によっては耐震補強を行うなど比較的大規模なリニューアルである．建築躯体の耐用年数は鉄筋コンクリートの場合，一般的に約 65 年程度といわれる一方，設備はその半分以下の年月で更新する必要があり，これを踏まえたリニューアルにより施設全体のライフサイクルを延ばすことにもつながる．

　1980 年代以降に建設された築 20～30 年を超える多くのミュージアムにとって，建築設備の改修は必須となっており今後主流になるリニューアルである．上述のデータでは 11%（135 館）の館で実施されている．

　④新施設増設・増改築：リニューアルの要因の一つとしてあげた「開館後の資料・情報・研究成果の蓄積に基づいた更新」を実現するには，収蔵や展示・情報提供スペースの確保のための増床が必須で，大きな予算が必要となるため数年から 10 年以上に及ぶ中長期的な計画となる．上述のデータでは 17%（205 館）の館で実施されている．

　このように，展示室関連に絞られたリニューアル（①および②）が，6 割を占めているとともに，大規リニューアルとなる全面改装や増改築（③および④）も 3 割近くに達する．これは，1990 年代までに開館したミュージアムの多くで，建築設備を含んだ比較的規模の大きな改修が必要となっており，展示についても時代に即した転換を必要としている現れといえる．

　リニューアルの方法を大きく 4 段階にくくったが，実施にあたっては，ミュージアムそれぞれの理念やコンセプト，時代の要請，調査研究・収蔵資料の状況，ハードの老朽化対策など，多面的な視点から改修規模や計画推進方法を決める必要がある．また，共通していえることとして，適正な予算を確保する手立てと計画を推進する体制の構築が重要となっている．従来の事業を継続・維持しながら，並行してリニューアルの計画策定や設計・施工といった作業を実施しなければならない負担は大きなものとなる．ゆえにその工程管理も重要であり，事業活動への制約や収支に関わる閉館期間の設定を含め，初期の段階から計画的な推進が必要となる．

段階	基本構想・計画		設　計		制作・工事～開館	
期間	6 か月～1 年	6 か月～1 年	6 か月～1 年	6 か月～1 年	1～2 年	3～6 か月
業務	基本構想	基本計画	建築リニューアル基本設計／展示リニューアル基本設計	建築リニューアル実施設計／展示リニューアル実施設計	建築リニューアル工事／展示リニューアル制作 工場制作・現場制作	リニューアル開館準備／開館
ポイント	課題抽出，既存評価後方針立案	規模・機能を具体化	基本案の確定・展示資料確認	具体案の確定・展示資料確定	工期・制作内容の確定	円滑な運営体制の確立

図 1　リニューアルの進め方（例）

●**具体的な実施方法** 進め方は，基本方針やその規模などによって異なるため，比較的大規模なリニューアルにおける基本構想から制作までに必要な検討項目や期間などを記載する（図1）．

●**リニューアル効果と課題** リニューアルの効果の指標として入館者数の推移が注視されることが多い．上述の調査によると，2007〜2013年度にリニューアルを実施した406館の回答のうち，60%（242館）の館で入館者数が増加傾向にあり一定の効果がみられている．また，リニューアル実施年度をもとに530館の回答をみると6割以上の館（321館）で年間入館者数が10万人を超えている．

これは2007〜2013年度の新設館319館のうち，年間入館者数が10万人を超えたのが11%（36館）程度であることと顕著な違いがある．「こうした違いは，近年の新設館に比べ，入館者数の多い主要なミュージアムがリニューアルを実施していると考えられる．このような結果から国内の博物館は「新設の時代」から「リニューアルの時代」へ移行した」（丹青研究所，ミュージアム・データNo.77）と分析しているが，2018年現在でも同様な流れとなっている．

また，2007〜2014年度にリニューアルを実施している1,228館をテーマ種別でみると，人文系40%（489館），美術系13%（159館），自然系9%（110館），理工系15%（188館），動水植系23%（282館）である．全国に施設の多い人文系が約4割を占めているが，動水植系も全体の4分の1を占めている．さらに，2011年度と2012年度の両年度ともにリニューアルを実施した33館のうち，動物園が15館，水族館が3館，科学館などの理工系施設が8館を数え合計で8割近くに達している．こうした傾向からも「各地の動物園や科学館などは，中長期計画に沿った取組みによって効果的なリニューアルを実施していると考えられる」（丹青研究所，ミュージアム・データNo.79）とのリニューアル計画を推進するにあたって参考となる分析もある．

インバウンド効果といわれ訪日外国人旅行者が急増しているが，各地の文化や展示資料がもつストーリーを，外国の人々にもいかにわかりやすく伝えていくのかが大きな課題であり，展示やサイン，パンフレットなどの多言語化は，リニューアル時の必須条件である．解説パネルだけではなく，スマートフォンやタブレットなど最新のICT技術を活用した取組みも多く見受けられ一定の効果をあげているが，定期的な内容更新など運用上の負担が増えているのも事実である．

さらに，地域とのつながりを重視し，学校教育との連携，生涯学習への対応，文化交流の地域拠点としての活動といった役割の拡大や充実が求められているなか，これらの活動を活性化させるのはやはり人の力である．リニューアルによりハード的な充実を果たしても，それを運営する人員体制が伴わないとリニューアル効果は限定的とならざるを得ない．

このように多岐にわたる課題を見据えたうえで，効果を最大限に高めるリニューアルを実現するには，多面的に検討された基本方針・計画の策定と継続的な人員や予算確保が重要であることは言うまでもない．

●**リニューアル事例①石川県立歴史博物館** 1909〜1914年に陸軍兵器庫として建設

図2 重要文化財の建物をゆっくりと鑑賞できる「ほっとサロン」(石川県立歴史博物館、撮影：フォワードストローク)

図3 祭りの迫力を感じてもらって現地へと誘う「祭礼体感シアター」(同左)

図4 初年度に改装した導入部「くらやみ祭り」のコーナー（府中市郷土の森博物館、撮影：フォワードストローク）

図5 最終年度に最新発掘成果を反映した「国府から府中へ」の展示（同左）

された赤レンガ3棟の建物を活用したミュージアムである．外観は建設当時の姿を忠実に復元し，構造や内装は3棟それぞれの機能に合わせて再構築され，1986年に博物館としてオープンした．その後1990年に国の重要文化財に指定されている．

　リニューアル範囲は館内全面改装と増築である．2010年度に基本構想を策定後，2011～2012年に建築改修および展示の基本・実施設計を行い，2年間の施工期間を設けて，2015年3月の北陸新幹線開通直後（同年4月）にリニューアルオープンした．その特徴として，重要文化財の建物をゆっくりと鑑賞できるガラス張りの休憩スペース「ほっとサロン」を増築するなど，県民や観光客に気軽に立ち寄ってもらえるようフリーゾーンを充実させている（図2）．また，特別展示室・企画展示室を拡張するとともに展示環境や使い勝手を向上させた．さらに常設展示やフリーゾーンは，博物館で感じて知って，能登，金沢，加賀といった県内各地に足を運んでもらうことを目的とした展示演出になっている（図3）．

●リニューアル事例②府中市郷土の森博物館　多摩川沿いの約14万m²の広大な緑地公園内に位置するミュージアムであり1987年4月にオープンした．本館のほかに江戸期から昭和初期の建築物8棟を移築復元し公開している．

　リニューアル範囲は展示室のほぼすべてである．2005年に展示基本設計を行い，

図6 身体全体で遊び,体感するスペースアスレチック(ギャラクシティ足立区こども未来創造館,撮影:クドウオリジナルフォト)

図7 ワークショップで区民や子どもたちのニーズを聴き取る(同左,著者撮影)

一室の常設展示(約1,500 m²)を五つのゾーンに分け,年度ごとに一つのゾーンの実施設計と施工を繰り返す方式が採用された.2006〜2008年で二つのゾーン(図4)の実施設計と施工を完了した時点で,リーマン・ショックなど経済状況の変化により計画が中断された後,2011年に再開され,残り三つのゾーンを一体で整備し2014年10月にリニューアルオープンした(図5).

段階的に設計と施工を年度ごとに繰り返す特徴的な方式により,一室の展示室でありながら一度も全面閉室することなくリニューアルを実施し続け,最終的には全面リニューアルとなった.また,府中の歴史と文化を特徴付ける「くらやみ祭り」「古代国府」「近世府中宿」に重点をおいたメリハリのある構成とし,古代国府ゾーンは最終年度にリニューアルを実施することで,その遺跡の最新発掘調査や研究の成果を反映させている.

●リニューアル事例③ギャラクシティ足立区こども未来創造館　1994年に開館した足立区こども科学館をリニューアルした施設である.当初の大型シミュレータなどが設置されたやや高学年向きの科学館から,未就学児,小学生,中高生までをターゲットにした体験施設に生まれ変わった(図6).

リニューアルにあたり,各展示室やロビーからプラネタリウムまで,施設すべての機能を見直し再構成を行った.2009年度に基本計画・基本設計,2010年度に実施設計,2011年から制作を開始し,2013年4月にオープンした.

子どもの「たくましく生き抜く力を育む」ことを目標に,遊び・体験・体感を重視した施設を目指している.子どもをはじめ区民のニーズを把握するため,計画・設計・制作すべての段階で,区民参加型のワークショップを開催しその意見を反映するとともに,先端教育との連携を視野に,大学などとコラボレーションを図ることも重視し,開館後も継承している(図7).

リニューアル前,約36万人(文化ホール含む)だった利用者が,リニューアル後ワークショップを年間延べ4,000回以上開催することで,初年度148万人,2年目143万人,3年目の2015年度以降もその勢いを維持しており,日常的に利用される施設となっている.　　　　　　　　　　　　　　　　　　　　　　　　　　[和田明彦]

評 価

　目指すべき品質を実現しようとするならば，それが車であってもファッションであっても，その開発プロセスにおいて，試したり，実験したり，人々の反応を確かめたりなど，しかるべき評価を行うことが不可欠である．展示づくりもこれと同様で，目指すべき展示を実現するためには，展示が創られるプロセスのなかに，評価という営みを取り込むことが必要であり，実際にさまざまなかたちで取り込まれている．

　●米国でつくり上げられた高度な展示評価システム　米国は，展示評価の理論や技術・ノウハウが高度に発達した展示評価の先進国である．米国でつくり上げられた「展示評価」の手法は，展示づくりに評価をどのように取り込むべきか，その一つの答えを示しているといえよう．米国では，展示づくりのプロセスを企画・計画段階，設計・制作段階，展示の完成後段階の三つの段階でとらえ，それぞれに対応する評価の理論や手法が構築されている．さらに，これらの評価の前提となるものとして，利用者の実態を把握するための利用者調査も行われている（☞項目「利用者調査・展示評価」）．ここでは，米国において，展示づくりのプロセスに評価がどのように組み込まれているのか，以下の三段階に分けて述べる．

　①企画・計画段階の評価：企画・計画段階の評価は，展示開発のプロセスにおいて最初に行われる評価で，主に利用者に対する対面調査やフォーカスグループによって行われる．この評価の目的は，これから開発しようとしている展示の方向性を固めるにあたって，展示で取り上げようとしている題材や分野について，「利用者がどういうところに興味を抱いているのか，展示に何を期待するのか」といった利用者の指向性や，「利用者が何を知っていて，何を知らないのか，どういった誤認識があるのか」などの利用者の事前知識の状況を知ることにある．そして，調査の結果は，その時点で検討している展示計画案の適否を検証し，軌道修正の方向性を示すものとして生かされていく．

　②設計・制作段階の評価：設計・制作段階の評価は，展示の設計，制作といった，展示を具体化してゆくさまざまな局面で行われる評価で，展示づくりの途中段階においてその時点で考えられている展示の有りようを検証し，改善点を探ったり，より洗練させたりすることを目指して行われる．具体的な検証ポイントは，伝えるべきメッセージを効果的に伝えられるか，利用者を望ましい学習に導けるか，利用者は楽しく体験できるか，利用者が展示の使い方をすぐ理解できるか，展示デザインは利用者にとって魅力的であるかなどさまざまで，展示装置の機械的・機構的実現性の実験などもこの段階の重要な評価・検証の一つとなる．

　この段階の調査は，利用者にできるだけ展示案の具体に触れてもらい，利用者の反応や学習効果などを確かめることが重視される．実験展示や展示の実寸大モックアップなどがつくられ，それらに対する実際の利用者の反応や動きを観察する調査や，体

験後の利用者に対する聴き取り調査などが行われる．こうした調査を通じ，頭の中だけの検討や経験値のみでは得ることのできない有効な改善点やより効果的な展示方法を探り出している．

　③完成後・設置後段階の評価：この段階の評価は，文字通り完成した展示について行う評価である．調査の基本的なスタイルは，利用者が完成した展示をどのように活用し経験したのかを記録し，展示の目的は達成できたか，展示を通じて利用者が何を学び経験したのかを探ることである．調査方法は，展示を体験している利用者の観察，展示の体験前と体験後に実施する利用者に対する質問票や対面調査などがある．

　この評価は，世間一般のその後の展示づくりに資する一般的なデータを蓄積するためのものであるという定義と，完成した展示のさらなる質的向上を目指した修正や改善の方向性を検討するためのものであるという定義の二つの定義が可能である．

●日本の展示づくりにおける展示評価とは　わが国では，米国で行われているような体系的な展示評価システムに則った科学的・分析的な展示評価は普及していない．挑戦的・実験的に取り組まれる事例が散見される程度である．とはいうものの，わが国の展示づくりにおいて，評価がまったく機能していないというわけではない．「評価」という表現はなされていなくとも，さまざまなかたちで行われている．それらは，大きく三つの立場からのものである．設置者・つくり手によるもの，関連分野の専門家・有識者によるもの，利用者である市民によるものである．設置者・つくり手は，常に最善を模索しているわけで，実際に作業を進めるにあたって評価が繰り返し行われていることは当然である．以下，専門家・有識者による評価と，利用者である市民による評価がどのように行われているのかを述べる．

●関連分野の専門家・有識者による評価　わが国では，博物館を計画するにあたって関連分野の専門家・有識者によって構成される検討委員会が設置されることが通例である．わが国の博物館は，構想，計画，設計，製作・施工という流れでつくられるが，検討委員会は，構想段階，計画段階，場合によっては設計段階に設置される．博物館を新設する場合，学芸員不在のまま計画・設計が進められるというケースが少なくないが，こういった場合は，検討委員会が学術的なチェック機能も担うことになる．わが国の博物館展示の開発プロセスにおいては，この検討委員会が，専門的見地からの評価機能を担っているといってよいであろう．

　検討委員会の基本的な進め方は以下である．検討委員会は，基本的には博物館の建設主体（日本の場合その多くが国県市町村等の行政機関）が設置する．（まれに，計画業務を請け負うコンサル企業などが設置するケースもある）検討委員には，関連分野の研究者，博物館の専門家，先行事例の関係者，地元小中学校の教師，市民代表など，建設しようとしている博物館の性格に応じて，必要な専門知識や経験を有する人材が選ばれる．検討委員会を開催するにあたっては，まず，建設主体がコンサルティング会社や展示設計会社に業務を委託するなどして素案を作成する．そして，ケースバイケースではあるが，各期間中に概ね3〜5回程度の検討委員会が開催され，そこで，素案について議論がなされ，目指すべき方向性や修正を要するところなどが確認

されていく．そして，検討委員会の意見や議論の成果はその都度素案に反映され，回を重ねるごとに内容が精査・更新される．

以上のように，検討員会方式は，委員会を媒介とする，一つの評価機能としてとらえることができる．博物館等の設置主体がつくる素案に対して，各検討委員が有する専門知識や経験，知見などに基づく評価・検証が行われ，修正・改善・質的向上が行われるという仕組みである．

●**利用者である市民による評価—博物館の展示づくりにおける市民参加**　博物館計画や展示づくりのプロセスに市民参加の機会を設けようとする動きは，日本各地で見られるようになっている．これらの取組みには，利用者である市民の視点を博物館計画や展示づくりに取り込もうという意図がある．市民の行政参加の機会として積極的に位置づけたいという行政的意図も見え隠れしている．いずれにしろ，こうした市民参加の取組みは，市民が展示計画を評価し，市民の視点やニーズを展示計画や博物館づくりに反映させる貴重な機会になっているといえる．

具体的な市民参加の取組みとしては以下のようなものがあげられる．

①パブリックコメント（意見公募手続き）：パブリックコメント制度は，国の行政機関が政令や省令等を定めようとする際にあらかじめその案を公表し，広く国民から意見，情報を募集する手続きとして，2005年の行政手続法改正によって法制化されたものである．これを契機に，地方自治体においても同様の制度がつくられ，博物館などの展示学習施設の計画もその対象とされ，計画の参考として広く意見や情報を募るケースが多い．一般的なパブリックコメントの手続きは，行政機関が博物館等の計画案をホームページ，広報紙，指定する場所での閲覧または配布，説明会等を通じて市民への周知を図り，意見や情報を公募するという流れで行われる．

②市民ワークショップ：博物館などの展示学習施設の計画を進めるにあたり，市民を対象としたワークショップを開催するケースは，近年かなり一般的になっている．このワークショップが，利用者である市民から，計画段階の展示案についての意見や要望，アイデアを吸い上げる場，すなわち利用者である市民が計画段階の展示を評価する場として機能しているということができる．

ワークショップの一般的進め方は次のとおりである．公募などで集められた参加者をグループ分けしてそれぞれのグループにファシリテーターを置き，グループごとに計画案や関連するテーマについて議論を行う．その際，各々の意見をカードに記し，同じあるいは似た意見をグルーピングしながら模造紙に整理し，最後にそれを活用してグループごとに発表を行う．そして，ワークショップの成果は，ホームページや広報誌などを通じて公開され，可能な範囲で計画に反映されていくのである．気軽に意見を言いやすい数人から十数名程度のグループディスカッションという環境とファシリテーターの進行により，設置者・つくり手が読み取りきれない市民の本音，時には画期的なアイデアなどを引き出すことができるとともに，参加する市民が設置者の意図を理解し，合意形成を図る有効な場にもなっている．限られた人数しか参加できないことから，これをもって市民の意見を反映したとはいいがたいという見方もある

が，一人ひとりから深いレベルでの課題抽出ができる手法として有効といえよう．

③アンケート調査：完成後の展示の評価手法として，最も一般的な手法はアンケート形式の調査である．アンケート調査の手法には，自由記入式と面接方式がある．わが国では，面接方式はあまり一般的とはいえないが，館内にアンケート用紙と回収ボックスを設置し，来館者に自由に記入してもらうという調査方法は，手間も予算もあまりかけないで手軽にできることもあり，多くの博物館や展示学習施設で取り入れられている．しかしながら，この自由記入式の方法は，大抵の場合，回答者に敬遠されないような方向性で調査票が設計されるため，調査項目が絞られ内容もシンプルになりがちで，利用者の展示に対する感じ方，認識などの大きな傾向を把握することには有効でも，精緻に問題点などを明らかにしようとする場合には向いていないといえる．

また，近年では，自由記入形式のアンケート調査として，インターネットを使った方法も行われている．通常，専門の業者を通じて行われるこの調査方法では，回答者にインセンティブ（動機付けの特典など）を付与することで，館内で行う自由記入形式の調査票に比べて格段に詳密な調査票を使うことが可能である．しかしながら，基本的に自宅で回答してもらうため，展示の効果を探ろうとするとき，回答者の来館時の記憶が曖昧になっていること，回答者がパソコンを活用できる層に限られてしまうことなどが問題点としてあげられる．

以上，わが国における完成後の展示評価の機会として，アンケート調査の現状について述べたが，重要なのは，こうした展示評価の結果がどのように活かされるか，という点である．完成後の展示評価の結果が速やかに展示改善に結びつくことが望ましいが，実際には，現状把握のためのデータとして，あるいは広く一般的な展示づくりのための基礎情報として蓄積されるに留まるというのが，現状といえよう．

●**技術革新と評価** 昨今ではITなどの進展に伴い，展示や展示空間が与える利用者への影響を科学的に分析できる新しい技術が生まれている．例えば，センサーを活用して，利用者一人ひとりが展示空間のどこでどのくらいの時間を費やし，どのように動いたのかを記録する技術や，利用者の視線を記録する技術などがある．こうした技術革新によって，展示評価の可能性はますます広がっていくであろう．しかし，わが国において問題となるのは，いくら素晴らしい評価のノウハウや技術があっても，それらを活用して本格的な展示評価を行うことがなかなか難しいところである．市場で生き抜くために商品開発と同様のプロダクツレベルまでの評価が行われる米国に対し，わが国は概念レベルの評価に留まっている．その背景には，予算，時間，意識など，さまざまな問題や課題が見え隠れする．それでも科研費などを獲得して果敢にチャレンジする動きもある．それらの多くは国立や県立の博物館，あるいは大学の研究者たちに限られる傾向にはあるが，こうした取組みによって展示評価の有用性が広く理解されるようになることを期待したい． ［齊藤恵理］

参考文献 マックリーン，K.（著）井島真知・芦谷美奈子（訳）『博物館をみせる―人々のための展示プランニング』玉川大学出版部，2003／倉田公裕・矢島國雄（共著）「博物館展示評価の基礎的研究」『明治大学人文科学研究所紀要』33, p 269-290, 1993

人文系施設の実例

　国立民族学博物館（以下，民博）は，「世界でも最大級の博物館を擁する文化人類学・民族学の研究所として，世界で唯一の存在である．そこに集積された知識・資料・情報を迅速かつ的確に展示を通じて公開することは，国内外に向けての民博の枢要な使命である」と目的を掲げ，1974（昭和49）年に創設，1977（昭和52）年に開館した．

●**創設時の国立民族学博物館**　当時の日本は，国際化が進み始め，海外の諸民族，諸国民と密な接触をするようになった頃で，民博は国民が異文化を理解するための方法，教材を提供する場となる役目を担っていた．展示の基本構想は，「民族学の研究と，その最新の成果に裏づけられた民族資料などの体系的な展示公開とを一体的に行うことを使命とする」とし，研究博物館としてのあり方を明確に示したものであった．

　民博本館の常設展示の基本となる地域文化展示・通文化展示は，オセアニア，アメリカ，ヨーロッパ，アフリカ，西アジア，音楽・言語，東南アジア，東アジア（中国地域・朝鮮半島・アイヌ・日本）の地域に区分され，モノのもつ力を十分に尊重するため，解説やジオラマ，写真，音などのメディアの使用は制限された展示で構成されていた（図1）．

●**時代の変化に対応した新たな展示の必要性**　2007（平成19）年，創設から30年が経過し，民博を取り巻く状況も大きく変化し，創設時に予想もしなかった世の中の劇的な変化と，グローバリゼーションのなかで新しく展示を見直すため，「展示基本構想2007」としてリニューアルの考え方をまとめ，2008年から館の方針として，本館展示の刷新に着手した．ここでは，これまでのモノを中心とした展示を踏襲しつつ，加えてさまざまなメディアを駆使し，モノにまつわる人々の生きた姿を浮かびあがらせる展示，広範な人々の多様な要求に対応できる展示を目指している．この点が，これまでの考え方と大きく違う点であり，この展示の基本構想をもとに，各展示場の展示制作を展開したのである．

●**展示制作のプロセス**　展示ストーリーは，展示の根幹をなすものであり，このストーリーの出来によって展示の良し悪しが決定付けられる．ここでは，研究者が，研究活動のなかで今の世界の文化を感じながら，展示を構成するためにはどういう切り口がよいか，いろいろな取捨選択をしながらテーマを設定

図1　「日本の祭り」（国立民族学博物館，以下同）

し，研究者と展示会社が議論しながら展示ストーリーを固める．次にその内容を効果的に表現するための資料選定と展示配置を示した展示デザインを作成し，展示施工が行われ，展示が完成するプロセスである．以下，このプロセスをもとに制作した民博の日本の文化展示場を例としてあげる．

●**新たな日本の文化展示場の制作**　リニューアルを行うにあたり，まず「前の展示場が，どのような思いでつくられたのか」ということを，現資料をもとに分析している．分析の結果，民博展示場の構成においては，「オセアニア」の展示から始まることから，来館者はまず海外の文化に触れ，最後に日本展示場を見ることで，自分たち日本人が，改めて日本の文化を感じ，海外の文化と，どのような違いや共通性があるかを感じるために，日本展示場が最後の位置付けとしたということがわかった．世界のモノと，どう比較し，どう共有するかといった点では，日本人の伝統的な世界観の一つである「ハレ」(非日常)と「ケ」(日常)を軸として，儀礼や祭り，年中行事などのハレと，普段の生活であるケを表現することで「世界の文化と，日本の文化について考える」という展示構成だった．このため，今回の新構築においてもその考え方が踏襲された．

●**ハレの空間**　ハレの展示は，さまざまな地域の祭りを比較する展示を完全に踏襲するかたちで，大きくは変えず「祭りと芸能」セクションとした(図2)．ただし，以前の展示では，解説が少なかったため，各展示がどういう意図でつくられているのか，わかりやすく来館者に示すため，解説文の追記やレイアウトの変更によって地域性や形態の違いを感じられるよう工夫が施された．特に信仰・芸能を扱う空間は，ほかの地域の展示でも紹介されており，世界各地との比較がしやすくなった．

●**ケの空間**　ケの展示は「日々のくらし」セクションとし，新たに「全体性」「地域性」「現代性」三つのキーワードを柱に展示を大きく変更した．また，このキーワードを「日々のくらし」「沖縄のくらし」「多みんぞくニホン」という三つのセクションで表現した．「祭りと芸能」がハレという非日常的なものを表現しているのに対し，「日々のくらし」「沖縄のくらし」「多みんぞくニホン」では，現代の日常生活(ケ)を意識した展示が軸となっている．

図2　ハレの空間「祭りと芸能」セクション

ここではまず「日々のくらし」として，日本列島の生活空間について「里のくらし」「海のくらし」「町のくらし」「山のくらし」のコーナーを設け(図3〜6)，里は農業，海は漁業，山は狩猟採集，それぞれの環境のな

図3　「町のくらし」

図4 「里のくらし」

図5 「海のくらし」

図6 「山のくらし」

図7 「東北地方のくらし」

図8 「沖縄のくらし」

図9 「多みんぞくニホン」

かで特徴的に営まれている生業を題材に，代表的な地域文化に焦点を当てて，全体像を見せている．また，コーナーの冒頭に現代の様相を示す写真パネルを付与することで，伝統的な生活と現代の生活の比較ができるよう配慮した．

　以上のような展示構成は，初代館長の梅棹忠夫が提唱した，「構造展示」の思想を受け継いだものである．「構造展示」とは，展示物単体のコンテクスト（文脈）をなるべく排除し，複数の展示物を並べて見せることで，展示物と展示物の意味的関係性を提示する手法である．ここでは一つの生業を中心に地域を見せ，その生業全体を見渡すことで日本における日常の暮らし全体を示そうとしているのである．

●**新たに見出した「日本展示」の視点**　「地域性」という点で強く意識したのが，日本の北と南の文化の違いや共通点から見えてくる独自性と共通性である．日本の北の

文化として「東北地方のくらし」コーナー，日本の南の文化として「沖縄のくらし」コーナーを設け，その特徴を対比する仕組みを試みた（図7～8）．

また，「現代性」の視点については，在日外国人に注目した「多みんぞくニホン」コーナーを設けた（図9）．ここでは，さまざまなかたちで我々の近くに住んでいる外国の人々の存在を知り，彼ら自身が日本でどのように生活しているのか，あるいは，自分たちの母国の文化をどう日本のなかで意識しながら生きているかを示そうとしている．

図10 「日本の祭りと芸能」

●**展示資料の選定**　展示資料の選定においては，民博の資料をなるべく使いつつも，地域性を示すために，必要があれば地域博物館の協力を得て，地域に特化した資料を長期借用した．民博の資料は，世界中の資料をなるべく網羅的に収集するという理念があるため，国内の資料については，地域性にこだわった収集は多くない．そこで，これまでの研究ネットワークを生かした資料収集や資料借用という方法で，展示資料を充実させ，展示を構成している資料群がそれぞれ意味をもつように配置したのである．また，来館者の目に留まる高さや，レイアウトを意識して見やすい展示をつくっている．

ただし，「日本の祭りと芸能」の展示では，1点1点の資料がもつ情報ではなく，日本の祭りの多様性や豊富さを伝えたいという点で，高さを生かした見せ方をしている（図10）．このような展示をつくるときの思想には必ずしも明確な基準があるわけではなく，研究者や教員と展示会社がディスカッションしながら整理したり，つくった後にもう一度振り返ったりすることが重要である．つくり手側が展示を振り返らない限り，博物館展示のステップアップはあり得ない．

●**展示更新に向けた活動**　博物館展示を更新する際には時代変化への対応も求められる．まずは特別展や企画展として展開し，常設展にいつ組み込むかのタイミングを図ることが重要になる．時代変化のなかには残るものと残らないものがあり，これらをどのように精査していくのかには時が必要で，民族的展示はその繰返しである．次の展示を考えるときには，社会の変化・実情もとらえつつ，蓄積してきた特別展や企画展の情報を加味し，常設展のプランニングに入る．単に賞味期限が切れたから展示を更新するというのではなく，絶え間なく展示に関わってきた研究者・教員・展示会社など全員が新しい視点を見出していかなければならない．

ここで制作しようとする展示は，つくり手の思想を来館者に押し付けるものであってはならない．その思想のなかに来館者の見やすさを意識したテーマを設定し，展示を実現するのである．そして，制作した展示がつくり手の思想に適していたかどうか，来館者に理解しやすい内容になっているのかという評価をきちんとすることで，次なる展望が開けてくるのである．　　　　　　　　　　　　　　　［小川英樹・中村　嗣］

科学系施設の実例

　日本では，1980年代に入り科学館ブームともよぶべき建設ラッシュが相次いだ．

　この頃から科学館は，児童・生徒を対象とした理科教育のための施設から，幅広い層の人々が科学を遊びながら学べる，知的なアミューズメント施設としての性格をもっていった．1990年代に入ると科学館の扱う領域にも変化が訪れる．環境科学，情報科学，認知心理学（感覚・錯覚）なども科学展示のテーマとされ，現代的課題に対する学校教育課程の変化や生涯学習ニーズへの対応が図られていった．

　また，映像技術や情報通信技術の著しい進歩とあいまって，科学館の展示手法にも変化がもたらされ，これら環境科学や情報科学といった領域の展示表現を一層充実させてきた．「現象の展示化（情報化）」とともに，「概念の展示化」が，近年の特徴の一つでもある．

　一方で，「科学技術コミュニケーション」という考え方が1990年代の半ばからわが国でも盛んに導入され，議論されるようになってきた．先端の研究成果を一般の人々にわかりやすく伝え，科学技術リテラシーを高めることで，科学（技術）を一つの「文化」として日常生活との関わりの中に意識付けていくことがねらいである．1996（平成8）年に制定された「科学技術基本法」とそれに基づく「科学技術基本計画（第一次）」では，科学技術の理解増進手法の開発と普及，人材の育成がうたわれ，その担い手として科学館の役割が重視・拡大されていった．

　2001（平成13）年に，東京都江東区青海に設置された日本科学未来館は，その中心拠点としての役割を掲げ，最先端科学技術の理解増進を通じて，科学をわが国の「文化」として位置付け，より良い夢や暮らしを実現しようという理念を掲げた．同館は，最先端科学に展示のテーマを特化させた世界でも稀有な施設である．また，展示開発のための工房機能や，最先端の研究施設を内部にもつなど，ほかの科学館にはない独自の機能を有している．

　科学館設立の動きは，一層多様化し，民間の電力会社・ガス会社などのエネルギー関連企業をはじめ，電器メーカー，製薬会社などによる科学をテーマとした施設も増加・拡充している．

　こうした科学館の動きのなかで，2011年に大規模リニューアルを行った日本最大級の名古屋市科学館を題材に，科学館展示のリニューアルのプロセスを示す．

●**名古屋市科学館のリニューアル**　名古屋市科学館は，プラネタリウムと展示室をもった「市立名古屋科学館」として1962年に開館．2年後に，理工学の展示室をもつ新館を併設させ，天文館・理工館からなる総合科学館となった．その後，1989年に生命の科学・生活の科学をテーマとした新館を建設．天文館・理工館・生命館という三つの建物からなる日本最大級の総合科学館となり，名称も現在の「名古屋市科学

館」となった．そして築40年余りを経た天文館・理工館の移設・新築を行い，世界最大の内径35 m ドームによるプラネタリウムをもつ，総床面積約2万2,500 m²，展示面積約7,400 m²の施設として2011年3月19日にリニューアルオープンした．

図1　現在の名古屋市科学館全景（撮影：大東正巳，以下同）

1964年の時点から，理工館は物理，化学，工学などの学問上の分類でまとめたわけではなく，一般市民の暮らしに身近な科学技術の視点で構成されていた．1989年の生命館の増築にあたっては，理工館・天文館の展示を物質，通信，エネルギー，交通，宇宙などのテーマに分類し，フロアテーマの再構成を行った．さらに2011年のリニューアルでは，科学との出会いから，身近な暮らし，そして宇宙や地球全体へと興味を広げていくことをテーマに，また地球環境や生命科学など，科学リテラシーを育むことを意識した先端科学への視座も取り入れ，全館のフロアテーマの再構成を行い，現在のようになった（図1, 2）．

●**不思議から始まる知の探究**　新館リニューアルに向けて策定された「名古屋市科学館展示・プラネタリウム基本計画

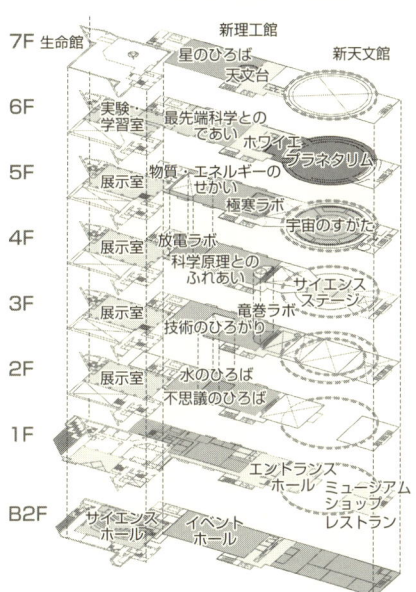

図2　同施設フロア図

(2008)」では，施設全体の基本方針として「科学の面白さを感じることができる科学館」「何度も行きたくなる科学館」「科学好きの子どもを育てる科学館」「地球環境時代の科学館」「連携する科学館」の五つが掲げられた．この方針に沿って，プラネタリウムは「限りなく本物に近い星空」を，展示は「サイエンスエンターテインメント」「興味・関心をステップアップ」「本物の体験」をテーマとして定め，計画が進められた．この科学館は，旧理工館の建設当初から，当時（現在でも）わが国ではあまりみられない，複数フロアにまたがるビル構造の科学館であったため，縦の層をつなぐテーマ設定やストーリーが求められた．上述の図2（2011年時点のフロアテーマ）にあるように，新しい理工館2階から始まる展示室は，子どもたちが科学に親しみ，科学への興味関心を掘り起こすことをねらいとした「不思議のひろば」から始まり，日常生活と技術の関わりを体験する「技術のひろがり」（3階），物理・数学を中心に科学の基礎的な原理原則を体験する「科学原理とのふれあい」（4階），化学分野を中

心とした「物質・エネルギーのせかい」(5階),そして最新の宇宙開発と地球深部探査をテーマとした「最先端科学とのであい」(6階)となっている.

さらに隣り合う天文館5階は「宇宙のすがた」と建物の横軸を意識したテーマ配置がされている.2階から6階まで上層階へと上がるにつれ人類の知の挑戦の深まり,来館者の科学的興味の深度を増しながら,科学技術と来館者との向き合い方を空間構成のコンセプトとした.

この試みは,各フロアのターゲット層やデザインの方向性を決定付けた.幼児・低学年層を主たるターゲットとする2階と,宇宙科学や天文ファンが集う6階や天文館5階に求められる空間性や情報のあり方は大きく異なる.空間デザインのテーマもフロアごとに意図的に不連続なものとし,フロアを上がるごとに科学への意識を高揚させることに一役買っている.「何を伝えるか」も重要であるが,科学館の展示計画においては「いかに伝えるか」を重要視すべきである,との見解のもと,現象や対象物の「巨大化」「分解」といった解読方法の極端化や,「美しさ」「好奇心」といったエモーショナルな訴えかけを取り入れ,特徴的な空間性を備えている.

●**地球環境のダイナミズムを体感する** こうした考え方を受け,この科学館のシンボルとなっているのが,四つの大型展示である.この展示は,巨大な地球環境そのものと向き合い,自然の神秘や美しさ,強大さを五感で感じる科学エンターテインメント体験として計画された.

水,光,虹,台風,竜巻,雷,オーロラ,極低温,無重力などの巨大な自然現象を本物の体験として展示化することがねらいであり,その実現性に向けてさまざまな検証や実験を行った.そして,水,雷,竜巻,極低温の四つが実現可能なテーマとして絞り込まれ,体験空間(装置)化が行われた.通常の展示装置のように縮小化されたモデルではなく,認識できる範囲での巨大な体験は,「本物の体験」として体験者に現象そのものの不思議さ,魅力を伝え,感動を湧き立たせている.この五感による地球ダイナミズムの本物体験こそが,この館の展示最大のポイントである.

①「水のひろば」:巨大な水の循環を体感する巨大装置群であり,天空の雲や雨,大地を流れる川,そして海という地球上の水の動きを体感するとともに,それぞれの場面(ステージとよんでいる)における水圧,表面張力,流体力学などの水の性質を科学的な体験として提供している.また,霧の演出と映像,照明,音響を組み合わせ,「地球の生命と水」というテーマでショーを展開している(図3).

②「放電ラボ」:ドイツ科学館(博物館)で初めて展示され,世界的に広がった放電装置であるが,これらはアーク放電を中心にした「落雷」を観賞・体験する装置であった.これに対

図3 大型展示「水のひろば」全景

し，この科学館では瞬間の落雷現象を見せるだけでなく，電気の光そのものが空中に放電され，激しくうごめく「稲妻」を見せることをテーマに，高周波・高電圧発生装置「テスラコイル」による放電実験を展開した．2基の大型テスラコイルを用いた放電実験装置により，2基のコイルの間4mの距離を空中放電し，まるで生き物のようにうごめき，光り輝く稲妻を体験することができる．稲妻によりオゾン化した空気中の酸素の匂いが五感を刺激する（図4）．

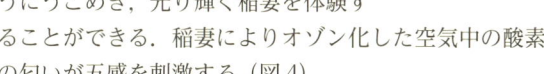

図4　大型展示「放電ラボ」全景

③「竜巻ラボ」：数メートルの高さの竜巻装置は珍しいものではなく，科学館の定番装置として全国に存在する．これを高さ9mに及ぶ世界最大級の竜巻発生装置とした．さながら竜のように渦巻く風が上空へとうねりを上げながら立ち上るさまは，非常に感動的である．この竜巻装置を舞台として，『オズの魔法使い』をテーマにショーアップした演出や，観客が竜巻のなかに身を置き，風の流れを全身で感じることができるなどの演出を展開している（図5）．

図5　大型展示「竜巻ラボ」全景

④「極寒ラボ」：常にマイナス30℃に保たれた低温環境のなかで，防寒着に身を包みながら，南極の氷や流氷に直接触れたり，昭和基地がどのような技術で建てられているかといった展示とともに，あたかも極地の天空のように天井に投映されたオーロラの神秘的な様子を映像体験することができる（図6）．

図6　大型展示「極寒ラボ」全景

●**これからの科学館展示とは**　名古屋市科学館の展示は，科学現象の本質をいかに興味深く魅（見）せられるかという点に最大のポイントをおいて企画・設計・制作された．学校の理科教育と深く関わって，教育現場の補完機能として設立された黎明期・発展期の科学館の展示は，いわば教材としての必要性と網羅性によって検討されてきた．科学館の展示には，「地域との関わり」を深くもつことが求められてきている．

地域ならではのコンテンツやメッセージを展示内容に盛り込み，街づくりと科学館を結び付けようとする動きもうかがえる．

今後，科学技術の発展や情報科学技術の進展，そして山積する現代の社会課題などにおいて，科学館が対象とする領域は拡大していくが，「何を伝えるか」とともに，「いかに伝えるか」という視点が一層重要である．　　　　　　　　　　　　［渡邉　創］

自然系施設の実例

　宮崎県総合博物館は大規模な増改築を行い1998（平成10）年にリニューアルオープンした．これにより展示面積は約3倍（2,645 m^2），展示資料も約10倍（約8,000点）となった．展示は「宮崎を体験し，宮崎を探求し，宮崎の未来を考える」を基本イメージとして自然，歴史，民俗の三つの常設展示室で構成されている．このほかに特別展示室，みんなの情報室，屋外の民家園がある．本項では，同施設の自然展示室におけるリニューアルのプロセスを解説する．なお，自然史展示室は844.2 m^{2}で，「宮崎の森」「宮崎の水辺」「宮崎の大地」「宮崎の生物」「ふるさとの自然」という五つの展示ゾーンで構成している．

●展示プロセスの概要　1951（昭和26）年4月に歴史民俗系の宮崎県立博物館が設置された．その後，明治100年の記念事業として新しい博物館の建設が決まり，1971（昭和46）年3月に自然史，美術も含む宮崎県総合博物館として開館した．このときの展示室は一般常設展示室が950 m^2，美術展示室が505 m^2，特別展示室が691 m^{2}であった．一般常設展示室は，自然史部門，歴史部門が各5分の2，残り5分の1がバックヤードという割合で，自然史の展示は約380 m^{2}であった．1989（平成元）年8月に博物館協議会に「今後の総合博物館の在り方について」の諮問があり，1991（平成3）年6月に答申が出され，リニューアル計画が動きだす．総合博物館になってから20年が過ぎたときのことである．答申を受けて，1993（平成5）年5月に再編整備基本構想策定委員会が設置され，8月までに4回の議論が行われた．さらに10月には常設展示基本構想検討ワーキング会議が設置され，1994年3月まで6回の会議が開かれ「常設展示基本構想」が決定された．これに基づき1994年には展示実施設計のためのコンペティション（以下，コンペ）があり，丹青社が設計者に決定した（筆者はこのコンペから展示のリニューアル計画に参加し自然系展示室を展示プランナーとして担当した）．

　1995年1月に展示基本設計が始まり，自然史，歴史，民俗の展示室ごとにプランナーとデザイナーのチームがつくられ，それぞれの部門の学芸員と展示内容を詰めて3月に終了した．引き続き5月に展示設計が始まり，12月に完了した．展示の基本設計は3か月，実施設計は8か月間であった．これと並行して建築の改修増築の設計が推進された．また再編整備の方向に従い，1995年10月に県立美術館が新設され博物館の美術部門は移管された．

　実施設計をもとに展示工事の入札があり丹青社が受注した．展示工事は1996年3月～1998年3月の25か月間，1998（平成10）年5月1日に総合博物館はリニューアルオープンした．工事期間は2年1か月である．

●展示基本構想からコンペまで　同館に自然史部門ができたのは1971（昭和46）年

の総合博物館開館時である．歴史・民俗部門よりは遅れたスタートではあるが，リニューアルの基本構想が検討され始めるまでの22年間にわたる博物館活動において調査や資料の蓄積があり，これが新しい展示の基礎となった．一方で，同計画のように新設にも等しい大規模な展示リニューアルでは，社会情勢の変化，学説の変化，利用者やニーズの変化，展示技術の発展などを考慮して，多くの場合，飛躍して展示を構想することになる．博物館の学芸員だけでなく外部の専門家も加わった委員会で新しい常設展示の構想が練り上げられ確定していく．展示基本構想では大きなストーリーや手法，主な資料などをまとめる．

　この基本構想をもとに展示設計コンペが実施される．応募した展示会社はコンペの説明会に参加し，説明を受け，展示基本構想や関係資料を受け取る．各社のデザイナー，プランナーはこの段階で初めて展示の基本構想や提出物を知る．書類と既存の展示，若干の質問以外は拠り所のない状態で展示展開案をつくるのである．ほかの応募者とは異なるユニークな企画デザイン，差別化などともいうが，何かアピールするポイントを盛り込むことも必要である．一般に博物館側から示された案は展示室の規模から考えると内容が多過ぎて入りきらないことが多い．構想は踏まえるもののメリハリはつけなければならない．例えば照葉樹林を重視し大きなジオラマを構想していることは読み取れたが，どの程度まで大きくするか，つまりほかの展示をどの程度縮小するのか．また，宮崎の自然を中心とした展示のなかに宮崎では発見されていない恐竜のティラノサウルスが出てくるが，これをどう扱えばよいかなどである．展示構想書，既存の展示を読み込み，宮崎の自然に関する参考資料を集め，展示案をまとめ，提出する．その後，プレゼンテーションを行い結果を待つ．博物館側では審査会を開き，提出された案や設計の体制・実績などを評価し，設計案，設計者を選定する．

●**展示基本設計・実施設計**　設計者に選定されると，初めて展示の原作者である学芸員とプランナー，デザイナーが直接打合せをする．一般にプロポーザルは設計者を選定し，コンペは設計案を選定するものだといわれている．しかし，コンペで設計案が選ばれても博物館との打合せのなかで大幅に変更されるものもある．上記展示室の場合はコンペ時の設計案がおおよそ受け入れられた．ただし，細かい点における認識の違いは学芸員からの原案説明を聞いて整理する．そうして構想書だけでは読み取れない部分や展示資料，入手の可能性など各展示コーナーごとに展示提案の検討を進めていく．

　展示の基本計画書と基本設計図にまとめたら，これに基づいて展示の制作経費を計算し調整を行う．建築設計への要望を出したり，調整することがこの段階で始まる．

　実施設計は基本設計をもとに細部を詰めていくが，展示の場合は内容との絡み，展示資料の入手の可能性の変更などもあり基本設計図から大きく修正されることが多い．同計画では基本設計の期間が短かったこともあり，ジオラマの野外想定地の確認などはこの段階で行われた．前述のように，自然史系資料の核である標本類の蓄積はあるが，展示用につくられていなかったり，これまでの活動を超えた展示計画をする

場合は，博物館にない資料は採集，寄贈，購入など入手方法の検討や可能性を詰めてリストにまとめ，設計に反映する．その後，積算，建築担当業者との詳細な調整を行い，設計が完了し，工事へと移行する．

各種の手続きを経て，展示工事の入札が行われ制作担当会社が決まると制作担当者がメンバーに加わり制作が始まる．工事期間の前半は学芸員とデザイナー，プランナーを中心とした内容詳細の詰めを行うとともに，展示パネルやレプリカ，展示ケースなどを工場で制作する．学芸員は展示パネルなどの原稿の作成，映像撮影の立ち会い，展示する標本の準備などを行う多忙期である．後半は現場での工事になる．開花期などで採集や撮影の時期が限定される標本，ジオラマ，映像などの制作作業は早めに開始される．同計画では建物の増築があったため，現場での展示工事までの期間は長かった．工事が終了した後に検査があり，展示を博物館へ引き渡す．この後，標本などの列品作業，運用の準備などが博物館を中心に行われ，オープンを迎える．

●ジオラマの構想　照葉樹林のジオラマを例に自然系博物館の展示プロセスの一端を解説する（図1）．照葉樹林は宮崎県を代表する自然林で，かつては県内各地に広がっていたが開発により減少した．宮崎県では1,000 m以下に分布し標高に応じてタブ林，シイ林，イチイガシ林，ウラジロガシ林と変化していく．減少したとはいえ，県民にとっては身近で重要な自然である．

図1　照葉樹林のジオラマ．手前にガラスの床がある

この照葉樹林を自然史展示室のジオラマのメインとして紹介することは，博物館側の展示構想で決定していた．展示プランナー，デザイナーはまずコンペの提案のなかでこれに取り組んだ．身近な自然は見慣れた自然でもあるので，あまり興味を引かれないことが多い．野外に行けば実物を見られるのにジオラマにする必要があるのかという意見もある．身近な自然林の面白さ，大切さを伝えるには，ダイナミックな演出や工夫が必要である．なおかつ，自然の展示として意味のあるものでなければならない．そこで，博物館側の原案より大きなジオラマとし，林床部，低木層，高木層，樹冠部など照葉樹林の垂直構造と，そこに生息する生物の多様性を伝えるような設計とした．利用者を垂直方向に移動させることは現実的ではない．そこで，斜面に生育する照葉樹林を想定し，そこを水平方向に利用者を移動させることにした．それにより林床部，低木層，高木層の樹幹部と同じ高さで見せることができる．床下にもジオラマをつくり覗けるようにして，植物の上部の様子も観察できる仕組みとした（図2）．体験型の展示を組み込むことでジオラマ展示での滞在時間を長くし，そこに組み込んださまざまな様子にも興味がわくようにしたのである．このジオラマの実現性は，造形専門のデザイナーも参加のうえ検証しコンペ案としてまとめた．

●ジオラマの設計と制作　このジオラマ案を基本として展示設計も進んだ．ジオラマを構成する樹種や動物，地形などを学芸員と詰め，実施設計の段階では机上の打合せだけでなく人為的な影響の少ない森林を探して現地調査を進めながら詳細を詰めた．その結果，シイ林，イチイガシ林，ウラジロガシ林と変化するような構成となった．隣接する「みんなの情報室」とのスペースを調整するなどの変更もあったが，良い展示を実現するためには調整が不可欠である（同事例においてはジオラマ部分の床を4m掘り下げるなど，大きな調整も発生した）．

図2　図1の照葉樹林ジオラマの断面図．床下も観察することができる（展示設計図より）

展示の制作段階ではジオラマに使う大木を早めに決め，伐採し，博物館に運んで現場での組み立てまでに十分に乾燥させ，燻蒸処理をした．樹木は照葉樹林を示すにふさわしい形をしていること，根の部分から切ること，搬出の際に樹皮を傷つけないことなど特殊な配慮が必要なので，学芸員も立会いのうえ，慎重に伐採した．伐採した樹木に合わせ設計図の調整も行う．低木層，林床の植物も採集する．林床部の落ち葉も実物に乾燥，燻蒸などの処理を施し，木の葉は採集した標本をもとにレプリカを制作した．博物館側でもジオラマに組み込む昆虫標本などを準備し，現場での組み立て，調整を繰り返して完成に至った．

●展示設計者は初めての観客　学芸員および展示委員会の意向を実現するために，展示会社のプランナー，デザイナーなどのスタッフは展示計画を推進していくのであるが，それは単に学芸員の展示案を図面化するということではない．プランナー，デザイナーは自然史の専門家である学芸員の意向を受けながら，利用者の中心である非専門家（特に同館では学校の団体利用）を重視していたので，小学生，中学生という若い利用者へいかに伝えるかを考えなければならない．つまり，プランナー，デザイナーは専門家の原案に最初に接する素人でもあるので，その視点で展示原案に評価を行い，より良くするための修正を提案する．また，限られた空間の中に展開するものであるので，必ずしも展示の原案のとおりにはいかない．相当の変更も必要になる．また，学芸員のなかでも意見が必ずしも統一されているわけではないので，打合せがかなり緊迫した場面になることもある．宮崎県総合博物館の場合も相当にやりあいながら計画が進められた．打合せの場では発注者，受注者という立場を超えた自由な意見の交換ができることが計画の成否を左右する．　　　　　　　　　　［草刈清人］

📖 **参考文献**　南谷忠志「〈リニューアル情報〉宮崎県総合博物館　魅力ある開かれた博物館をめざして—経緯と内容」『博物館研究』33 (7)，p 12-16, 1998

美術系施設の実例

　美術館は通常，常設展示と企画展を軸に展示活動を行うが，なかには所蔵品をもたず，外部から借用した作品で構成した企画展の開催を中心に活動を行う施設がある．一般に「クンストハレ」（ドイツ語の芸術〈Kunst〉とホール〈Halle〉を組み合わせた言葉）とよばれるこのタイプの美術館は，コレクションの収集機能をもたないという点でほかの美術館と異なる一方，コレクションにとらわれずに自由で斬新な活動を行うことができる点で，とりわけ西洋では美術館の一つのあり方として広く受け入れられている．国内においては水戸芸術館現代美術ギャラリーや国立新美術館（東京）がその代表的な例である．

●**企画展に特化した展示空間**　国立新美術館を例に，その展示空間について具体的にみてみよう．当初よりクンストハレ型の展示施設として構想された国立新美術館は，五つ目の国立美術館として 2007 年に開館した．国内最大級の展示スペース（1万 4,000 m^2）を生かし多彩な展覧会を開催するとともに，美術に関する情報や資料の収集・公開・提供，教育普及活動を通して「アートセンター」としての役割を果たすことが，活動方針に掲げられている．なかでも展覧会事業においては，国内外の新しい美術の動向を紹介する自主企画展，また新聞社や他の研究機関との共催展を通して幅広く美術を紹介する展覧会を開催すると同時に，全国的な活動を行う美術団体に発表の場を提供している．

　あらゆる展覧会企画に対応しやすいという理由から，展示室はいわゆる「ホワイト・キューブ」の空間となっている．装飾要素のない白壁に囲まれ，均一な光に満たされたニュートラルなこの空間は，可動壁や仮設壁で自由に区切ることができ，時には必要なケースやステージ，装飾要素を造作あるいは導入して，展覧会に合わせた展示空間が構成される．運用面に限っていえば，何もない空間ゆえの可変性と柔軟性が最大の利点である．2,000 m^2 の広さをもつ二つの企画展示室は，それぞれ 5 m と 8 m の天井高を備えている．一般に，現代美術の作品には大型の作品や広いスペースを必要とする作品も多く，また展示方法も壁掛けや台座に設置するほか，床に直置きする作品や天井からつるす作品，音響や大型スクリーンを必要とする映像作品などさまざまある．また屋外展示を前提とした作品などは，展示室以外の場所に設置されることもある．現代美術，とりわけインスタレーション作品においては，展示方法自体が美術表現の一部と考えられることから，安全面と鑑賞のための環境に配慮しながらも，作家と対話を繰り返し，可能な限りその意向に合う展示方法が模索される．

　展覧会は実際どのようなプロセスを経て実現するのだろうか．クンストハレ型の美術館の企画例として，国立新美術館において過去に開催されたタイプの異なる二つの展覧会について取りあげる．企画が展示として具現化する過程またその背景には，ど

のような思考が働いているのだろうか.

●「カリフォルニア・デザイン 1930-1965：モダン・リヴィングの起源」展　海外美術館との大規模な合同企画として，国際巡回展として開催された同展（2013 年 3 月 20 日～6 月 3 日）は，20 世紀デザイン史において重要な役割を果たしたカリフォルニアの「ミッド・センチュリー」デザインをテーマに，家具やファッション，陶器，グラフィック，建築写真，映像，車など，多岐にわたる作品約 250 点を通して「カリフォルニア・モダン」の全貌を紹介する企画であった（図 1）．ロサンゼルス・カウンティ美術館における長年の調査研究をベースに構想された本展は，「カリフォルニア・モダンの誕生」「カリフォルニア・モダンの形成」「カリフォルニア・モダンの生活」「カリフォルニア・モダンの普及」と四つのセクションで構成され，多くの作家や建築家，デザイナー，製造業者らによる作品が，当時の政治情勢や時代思潮を伝える解説とともに紹介された．

図 1　「カリフォルニア・デザイン 1930-1965」会場風景（撮影：上野則宏）

人々の生活により密着した作品，すなわち建築や家具，ファッションやジュエリー，食器や花瓶など，また時代を反映した映像や作家のインタビュー，音楽，グラフィック，また美術作品といった多岐にわたるジャンルの展示物を，企画を貫くテーマとともにいかに展覧会として構想するか，また展示としてその時代の空気を体感できるものとするかという点が，企画段階において重要な課題となった．同企画の立ち上げとなったロサンゼルス・カウンティ美術館の展示室は，部分的に外光を採り入れ，開放的かつスピード感を視覚的に表した流線型のもつ曲線が会場デザインの基本となっている．

それに対し，国立新美術館では，ロサンゼルス展に比べ倍近い展示面積が確保できること，また体感として当時のカリフォルニアの空気，すなわちミッド・センチュリー・デザインを生み出したカリフォルニア気質なるものを感じてもらいたいという意図から，展示空間の開放性という点を重視して展示プランが作成された．建築家とのコラボレーションも実現し，完成したプランとは，章ごとに個室を巡る展示ではなく，壁自体がおおよそ「コ」の字に配され，なおかつ部分的に開口部を設けることで各章からほかの章の展示物が垣間見られる構成となった．入口でカリフォルニアのライフスタイルと時代のデザインを反映したキャンピングカーに迎えられた鑑賞者は，壁の外周を巡りながらカリフォルニア・モダンの「誕生」と「形成」を歴史的にたどり，内周に入って「生活」の空間を体感，そして「普及」で外へと向かって進む．ま

た具体的な作品の展示方法としては，衣装をマネキンに着せず立体的な透明のサポートに着装し天井からつるし軽快に見せたほか，複数の家具や作品を組み合わせて生活空間としてアレンジ，また作家のインタビュー映像や当時の映画やテレビコマーシャルなど音声のある映像資料を多く用い，鑑賞者の理解を促した．

調査研究の面でも作品収集の面でも，国内では実現の難しいこうした内容の企画を海外美術館と合同で開催する同様のモデルは多くあるが，それを海外側の要望とあわせて日本の鑑賞者に向けて発信するための展示空間の創造という点で，広さのある自由可変な展示室ならではの工夫がなされた例であるといえる．

●「中村一美展」 現代美術を扱う美術館には，古美術や考古学資料を扱う美術館・博物館とは異なる展示のプロセスがある．なかでも，作品のつくり手である美術家とともに展覧会をつくりあげる現代美術の展覧会は，とりわけ性格の異なるプロセスであるといえよう．展覧会企画を実現する学芸員のほかに美術家という新たな立場の者が加わり，そのため学芸員の立ち位置も多少なりとも異なってくる．また企画が現代美術作家の個展か，グループ展か，また現代美術を扱うテーマ展なのかによっても，その関わり方は一様ではない．さらに現代美術の展示においては，作品そのものだけでなく，その作品の見せ方，すなわ

図2 「中村一美展」会場風景（撮影：上野則宏）

ち作品を提示する空間そのものがインスタレーションとして重要となる点にも留意しなければならない．ここでは，館独自の企画として開催された「中村一美展」（2014年3月19日〜5月19日）を例に，現代美術家の個展の一例をみてみたい（図2）．

同展は，1980年代初頭に本格的な絵画制作を開始し，現在に至るまで精力的な活動を展開してきた画家，中村一美（1956-）の芸術を，学生時代の習作から最新作まで約150点の作品を通して紹介する試みであった．「Y型」「斜行グリッド」「開かれたC型」「連差—破房」「破庵」「採桑老」「死を悼みて」「フェニックス」「存在の鳥」「聖」と，展覧会は作品を主要なシリーズごとにゆるやかな年代順に構成し，各部屋を巡ることで中村の絵画の展開が時代を追って概観できるよう構想された．

また，広さのある展示空間を生かし，3mや4mを超える大型の絵画作品も数多く紹介された．展示のハイライトは，深みのあるヴィヴィッドなオレンジ色の地にマットな金色のテープで仕上げられた斜行グリッドのウォール・ペインティングと，その壁に掛けられた大型作品からなる「存在の鳥」のインスタレーションである．幅16mの壁面に囲まれた正方形の展示室は，中村の作品に登場するあらゆる絵画的要素が集結した強烈な展示空間として実現した．ホワイト・キューブの展示室の中に装

飾的な壁面を造作し，そこに色鮮やかな絵画を重ねるという行為．それはくしくも，ホワイト・キューブの展示空間への挑戦的な試みとなった．

美術家の思考をもって初めてインスタレーションとしての展示が実現する．「存在の鳥」のインスタレーションは，学芸員が美術家とともにつくりあげる現代美術の一つの展示の例であると同時に，それは，同じ時代を生きる鑑賞者を圧倒的な迫力をもって迎え，臨場感のあるより直接的な鑑賞体験をうながした点で，現代美術ならではの展示効果が見出された例といえるだろう．

●**新しい鑑賞体験の場へ**　クンストハレ型の美術館には，あらゆる展示構想に柔軟に対応できるという利点がある一方，企画展という時間的制約から逃れることはできない．そうしたなか，常設のコレクションに斬新な仕掛けをして新しい展示のかたちを模索する試みを近年各地でみることができる．ルーヴル美術館が2004年に開始した現代美術家とのコラボレーション「コントルポワン」（複数の独立した旋律を同時に組み合わせる作曲技法「対位法」を意味するフランス語．ここではルーヴル美術館の所蔵品にインスピレーションを得て制作された現代美術家のインスタレーションが敷地内に設置され，コレクションと現代の反響として提示された）は記憶に新しいが，早くも1993年に大規模な改修を経て改装オープンしたオーストリア応用美術美術館（通称：MAK）の試みは，今なお刺激に満ちている．1864年の創立以来，工博物館としてヨーロッパにおいて主導的な役割を担ってきた同館は，1986年より「伝統と実験の間で」をスローガンに再編整備が進められ，新たに現代美術のセクションが設けられた．

既存のコレクションと現代美術の間に積極的な対話をうながし，過去の作品の現代的な意味をたえず問い直すこと，またそうした刺激をたえず発信することで，芸術創造に寄与する教育機関としての美術館の役割を再定義することがそのねらいであった．その具体的な方法として，世界的な現代美術家に常設展示室の各部屋のデザインを委嘱したのである．例えば

図3　歴史主義／アール・ヌーボー部門の展示室
　トーネット家具の展示では，一列に並べられた椅子の前に白いスクリーンを立て，裏から光を当て曲木家具特有の曲線をシルエットで見せている（デザイン：バーバラ・ブルーム，筆者撮影）

「バロック・ロココ・新古典主義」部門はドナルド・ジャットが，「歴史主義／アール・ヌーボー」の部屋はバーバラ・ブルームが携わっている（図3）．これにより作品展示はその空間そのものがインスタレーションとなるわけだが，鑑賞者は展示品そのものを注視する前に，まずその空間を新鮮な衝撃をもって体感するのである．そしてその体験こそが，ある一つのまなざしでモノをみる視点や概念といったものから鑑賞者を解き放ち，豊かな創造へと導く．こうした鑑賞体験には，美術館が可能とする発展的な展示活動のかたちをみることができる．　　　　　　　　　　［長谷川珠緒］

歴史系施設の実例

　歴史系博物館は通常，コレクションをもつ．それをどのように公開するかが，展示事業の始まりである．しかし，本項で解説する江戸東京博物館の建設事業は，生活文化の資料が関東大震災や第二次世界大戦の空襲で焼失し，さらに高度成長によって散逸が進む 1980 年に開始された．コレクションがないところから資料収集と展示が始まったのである．以下，プランナーの立場から同施設について述べる．

　同施設ではまず，来館者に臨場感を与える大型模型を導入した．また，学芸員から収集見込みの資料の情報を得つつ展示空間を構成し，展示監修者のアドバイスも受け，1993 年に開館した．開館から 20 年余過ぎ，資料収集や研究も進み，展示資料は充実している．一方で，大型再現模型をはじめ，さまざまな縮尺模型は，魅力ある資料として今なお人気が高い．

　近年新設される歴史系博物館では，さまざまな来館者層の利用を想定した展示体験が展開されている．一次資料の背景にある事象や物語を紹介する大型映像や CG 表現を駆使した高精細映像，わかりやすく五感に訴求する模型・映像・音響・照明などを組み合わせた複合演出装置，来館者自身の操作で理解をうながすインタラクティブ映像やハンズオン体験型展示などである．それらは一時資料では読み解けないことを来館者へわかりやすく紹介する展示であり，資料を中心としながら，各館はその展示室でしかできない観覧体験を目指し，展示空間をつくりあげている．

　博物館のリニューアルは，展示室を開室したまま，資料の入替えを行う小規模のものから，展示室全体を対象に，現場工事期間は閉館し，展示什器や照明なども対象に大規模に行うものまであり，後者は新館の展示をつくるのと同等の規模・プロセスで進行する．江戸東京博物館のリニューアル事業は，常設展示室全体を対象とし，改修工事の時期は常設展示室を閉室して行った．

●**歴史系博物館のリニューアルプロセス**　工学系博物館では科学・技術の装置，自然系博物館では標本類が展示物の多くを占めるが，歴史系博物館では文献史料，絵画資料，工芸品，生活用具が多い．それらは紙や木材などの劣化しやすい素材であることが多く，資料保存のためのケースやステージなどの展示什器，照明や空調による展示環境への配慮が求められる．

　また，一次資料の鮮明さが失われた画像や造形物では，一般の来館者がその制作意図や時代背景を想像するのが難しく，正しい内容理解につながらない．こういった場合は，グラフィックパネル・映像・模型などで補足解説する．一方で，それらが展示空間に占める規模も検討する．プランナーはまず，資料の内容を学びつつ補足する手法を企画し，その法量・状態を把握し，収める什器，模型や映像の設置スペースを図面化していく．

江戸東京博物館のリニューアルは，5段階で延べ4年間にわたり，構想段階のラフなスケッチから寸法入り設計図面，製作（工場）での部分試作品サンプル，原寸での試作へと進み，検討・作業場所も会議室から工場・現場へと移行した．以下，それぞれの段階での留意点をたどる．

●開館状態での動線変更工事　歴史系博物館は，ほぼ時代順に展示が構成されているので，観覧する順序（展示動線）が重視される．同施設では「リフレッシュ事業基本構想」で提議された動線の見直しを受け，開館中も可能な工事を行った．主に，第二特別展示室（企画展示のニーズに応え，旧通史展示室を改修済）への動線と江戸ゾーン・東京ゾーンをまたぐ展示室中央の「中村座」前で始めた「江戸寄席」などの観覧スペースの交差解消である．まず江戸ゾーンの展示項目最後にあたる中村座実物大模型内の展示配置を変え，出口を変更し，江戸ゾーンから第二企画展示への動線の重なりを解消した．また東日本大震災の経験から，資料保護と安全対策に免震台覗きケースを導入した．

●展示改修の基本設計・実施設計　設計段階においては，主要な展示資料も書き込まれた平面図や立面図をつくって検討を行う．展示什器や備品なども材質・形状，製品名などの設定と数量，大きさが決定し，製作・工事の予算が算出される．設計プロセスは通常，基本設計と実施設計に分けられる．基本設計で設定した内容について予算検証や建築や設備などの調整を行い，実施設計でそれらを詳細化することで，製作・工事の精度をあげる．

　基本設計の図面は，什器やグラフィックをパターンで表現するが，実施設計になると什器はほぼ全部，模型も寸法の図面表現を行う．映像やグラフィックも内容に踏み込み，後の製作・工事で作業範囲や手順がつかめるものとする．

　本事例のリニューアル設計における重点項目を以下にあげる（図1～4）．①大空間展示室で有効な展示動線，サインとすること．②資料や解説を見やすい展示什器・グラフィックとし，環境をバリアフリー化すること．③歌舞伎・浮世絵・サブカルチャーなどの外国人旅行者に人気のある項目を充実させること．④長屋をリサイクルし，玉川上水など学校学習に対応したコーナーを導入すること．⑤旅行者・学校

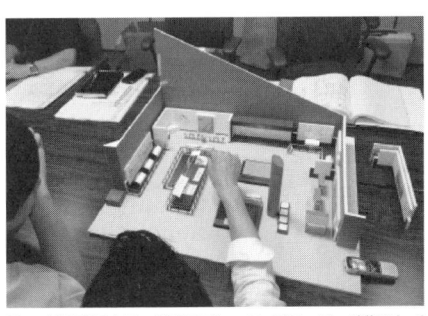

図1　展示室スタディ模型にてケース，ステージ，映像のレイアウト検討風景（撮影：トータルメディア開発研究所，以下同）

図2　既存改修模型は展示室で人形や小道具の配置確認にて演出を確認

図3 覗きケースの高さ調整台，新規手すりの高さは車椅子を使い展示室で検証

図4 各コーナーのサインは展示室でモックアップにて視認性，可読性を検証

関係者のニーズが高い体験展示，コーナーを増設すること．⑥幕末維新のコーナー，東京オリンピック以降のコーナーを新設すること．⑦新設・拡充対象の模型．

　なお，開館以来評価の高い大型模型も，来館者の反応やニーズ，展示における位置づけなどから，撤去・新設・拡充の検討がなされた．また，この段階で範囲寸法を明確化し，付属小物やディテールなどの調査を開始し，図面に反映させた．新規・改修設計された模型は，以下のとおりである．①新設：江戸城本丸・二丸御殿模型，玉川上水模型，大東京の成立，公団住宅模型．②拡充・改良：長屋実物大模型，銀座レンガ街模型，浅草六区．

●**工場製作と現場工事**　9,000 m^2 ある広大な常設展示室の改修は，設計図をもとに工事範囲と担当を区分し，建築・設備・運営関係者と入念に調整して開始された．製作・工事は，準備・工場製作・現場作業と三段階に分かれる．準備段階では製作・工事担当の施工図作成と現場作業への準備が行われ，施工図の承認を受けて作業が始まる．工場製作段階では，試作品やサンプルを工場や現場で確認し，机上の図面確認では難しい検討を行う．特に，歴史博物館は資料保護のために照明が暗く，解説内容も多いので，展示室での現場確認は重要である．

　現場工事は，展示資料の収蔵庫への移設，既存展示什器の撤去・改修，資料演示を行った（展示室閉室は4か月の短期間であった）．博物館側は，この期間内に常設展示で人気の高かった展示資料，体験物を1階の企画展示室に集めて特別展を開催し，サービス低下の回避とともに改修への期待感を高めた．

●**リニューアル時の企画ポイント**　展示設計者の立場から，本事例におけるリニューアルのポイントについて述べる．

　①新たな展示コーナーの新設：江戸ゾーンでは幕末維新の歴史を，東京ゾーンでは1960年の東京オリンピック以降〜2000年までの現代を展示して，対象年代を広げた．幕末維新の歴史では，両国にゆかりのある勝海舟に焦点を当て，東京ゾーンへ導く歴史の結節点とした．一方，東京ゾーンでは，高度成長期の大気汚染や水質汚濁，ゴミ問題などを通して東京都の取組みを紹介する都市環境問題の展示を設けた．また，1960年代，70年代，80年代，90年代，2000年代の東京カルチャーを象徴する資料展示とともに，年代ごとの東京の路線図や土地価格，高速道路網の変遷などを統計

データで表現し，東京の拡大と通勤エリア・経済圏の変化について紹介している．

②視認性・可読性を高めたサイングラフィック：サイングラフィックは，内外観光客や高齢者へ配慮したユニバーサルデザインの一環として強化し，視認性・可読性を高めた．江戸ゾーンと東京ゾーンの色彩計画をはじめ，各ゾーンでの大項目―中項目―小項目と情報階層に応じたデザインを重視し，現場での検証を重ね，来館者が迷わず観賞しやすいようにした（図4）．

図5　9,000 m²ある広大な展示室の改修は，展示室閉鎖からリニューアルオープンまで，4か月の短期間であった

歴史博物館に多用されるグラフや図版で構成する解説パネルには，その内容を要約した1行解説を冒頭に入れることで，短時間で内容が理解できるようにした．タイトルと1行解説には英語も表記し，日本語を解さない外国人でも把握できるようにしている．

③新たな模型製作：大型模型については7点の新規製作・改修を行った（図5）．特に江戸城本丸・二丸御殿模型は「江戸城そのものを見たい」という来館者のニーズがあり，また，古図面収集の成果と館外の城郭建築研究者の協力により実現した．また，既存の長屋改修でも，館外協力者の寺子屋研究成果を受け，リアルな授業の風景を再現するとともに，江戸時代の京橋の沽券図（屋敷割を示した絵図）をもとに，長屋周辺の再現も行った．一方，東京ゾーンでは，ひばりヶ丘団地（かつて西東京市～東久留米市に所在）を再現し，高度経済成長期の日本人が憧れた団地生活を実感できるようにした．実物大の団地を再現するには，部材の入手が鍵となるが，玄関扉，台所のシンク，ダイニングの手洗い器，トイレの照明などは，2013年春に解体が行われた実際のひばりヶ丘団地から確保したものである．

④映像手法：近年，展示の目玉に採用されがちな映像を，本事例では展示資料や模型資料展示の細部や裏側などを見せ，情報を補完するツールとして用いた．

⑤外国人対応の多言語解説：2020年に開催される東京オリンピック・パラリンピックや，近年の外国人観光客の増加などを考慮し，中国・韓国・フランス・スペイン各語に対応した多言語解説を導入した．常設展示室の展示改修前にも，ボランティアによる多言語解説を行っていたが，全コーナーに解説用端末を設置することで，より多くの海外旅行者への対応を可能にした．

●展示改修におけるプロセスのポイント　博物館のリニューアルは，開館当初の展示コンセプト・理念に立ち返り，展示を見直す大きな機会である．開館当初の関係者が少なくなると，当初のコンセプトをはずれ，集客性を重視して進められることが多い．上述の改修では，来館者のニーズを受け止め，開館当初のねらいに立ち返り，資料収集や研究の実績を生かし，展示のよい面を見出し伸ばすことが重視された．

［柴田雄二郎］

サイエンスカフェ

　サイエンスカフェは，研究者・技術者と社会とをつなぐ場として普及した活動で，日本学術会議によると「科学の専門家と一般の人々が，カフェなどの比較的小規模な場所で，科学について気軽に語り合う場をつくろうという試み」である．自身の研究内容を同分野の専門家に対して発表する学術講演会やシンポジウムとは異なり，科学の知識や情報を一方向的に伝える場というより，科学について気軽に話したり交流したりする場ということだ．

　日本でサイエンスカフェが広まった背景に，文部科学省『平成16年版科学技術白書』があげられる．「これからの科学技術と社会」と題された同白書では，科学技術と社会のコミュニケーションのあり方についての現状および課題が述べられており，コラム「科学者等と国民とが一緒に議論できる喫茶店～Café Scientifique～」が掲載された．フランスで開催されていた哲学をテーマに市民が語り合う試み「哲学カフェ」を模範とし1998年頃に英国やフランスで始まった活動が「Café Scientifique（カフェ・シアンティフィック）」である．ちなみに当時の英国では，遺伝子組換え食品の取扱いをめぐる論争やBSE問題などにより，科学に対する国民の不信感が高まっていた．この「Café Scientifique」の取組みが広く知られるところとなり，文部科学省や日本学術会議が積極的にサイエンスカフェの開催を促進した．以降，全国各地でさまざまな主催者が独自の工夫を加えながら実施し，広く普及・定着して現在に至る．

　国内では年間1,000件以上のサイエンスカフェが開催されているといわれ，形式は多種多様である．「Café Scientifique」にならい，少人数での対話を重視しスライドを使わない形式をはじめとして，小規模な講演会，トークショー，専門家の話の後でいくつかのテーブルに分かれてグループごとに話し合うワークショップなどもある．喫茶店，公共施設の会議室，イベント会場，オープンスペースなど，会場も実にさまざまだ．

　ただし，ややもすれば一方向の情報提供の場になりがちでもある．コミュニケーションを円滑に進めるには，ファシリテーター（進行役）が重要となる．サイエンスカフェに欠かすことのできない双方向の交流，すなわち，専門家と市民との橋渡しを担う役割である．専門用語や難解な部分があれば易しい言葉に言い換えたり非専門家や初心者でも発言しやすいよう気を配ったりする．堅苦しくない雰囲気や打ち解けた演出といった「場づくり」の工夫も鍵となる．

　2016年に策定された政府の「第5期科学技術基本計画」は，対話・協働の場の充実を指摘する．サイエンスカフェの成果に触れつつも，「多様なステークホルダーを巻き込んだ円卓会議，科学技術に係る各種市民参画型会議」などをさらに充実させる必要性が強調されているのだ．今後は，サイエンスカフェのみならず，新たな手法で対話・協働の場を創造していくことも求められている．　　　　　　　　　　［三村麻子］

6章 展示のテクニック

- 展示のコンポーネント（構成要素） ——— 254
- 建築計画 ——— 256
- 展示ケース ——— 262
- 展示照明・効果 ——— 268
- 実物資料 ——— 274
- 解説グラフィック ——— 278
- 模型・ジオラマ ——— 282
- レプリカと実物保存 ——— 288
- 演示具 ——— 292
- 実験・体験装置 ——— 296
- 展示映像・音響 ——— 302
- 情報端末 ——— 308
- 展示図録・ワークシート ——— 310
- インタラクティブ展示 ——— 314
- ハンズオン展示 ——— 318
- ユニバーサルミュージアムの展示手法 ——— 324
- 【コラム】展示における音 ——— 328

［編集担当：亀山裕市・齊藤克己・長谷川辰也］
＊五十音順

展示のコンポーネント（構成要素）

　展示は，実物資料をはじめ，解説グラフィック・模型・映像・体験装置など，多種多様な展示を構成する要素（コンポーネント）を効果的に組み合わせて情報を伝達する空間メディアである．本章では，特に博物館における展示の構成要素を個別に抽出し，その技術・手法（以下，テクニックとする）について解説を行う．

●**展示を構成する二つの面**　展示は，①その器となり空間を構成する建築物・展示室・展示ケースなどのいわゆるハード面と，②伝達情報を構成する実物資料・解説グラフィック・模型・映像などのいわゆるソフト面という二つの要素をもつ（図1，☞項目「建築計画」「展示ケース」「展示照明・効果」「実物資料」「解説グラフィック」「模型・ジオラマ」「レプリカ」「演示具」「実験・体験装置」「展示映像・音響」「情報端末」）．

　①ハード面には，長期使用に対する耐久性や信頼性，展示される実物資料の安全性，見学者が観覧しやすい環境の整備が求められる．同時に，さまざまな展示情報が容易に更新できる柔軟性や可変性（フレキシビリティ）も重要となる．

　これを実現するためには，建築物から展示室の内装設備，展示ケースに至るまで一貫性をもった計画が必要となる．良好な展示環境を整備するためには，学芸員が主体的に設計者や技術者と関わり，展示事業に適したハード面の整備を行っていくことが重要となる．

　②ソフト面は，開催する展示のテーマによって随時更新される要素である．企画展示ではもちろんのこと，常設展示であっても，情報の陳腐化を防ぐために更新性が重

展示空間を構成する要素：ハード面	展示情報を構成する要素：ソフト面
<要素> ・建築物 ・展示室 ・展示ケース，展示造作 ・展示照明 ・演示具（展示パーツ）　など	<要素> ・実物資料，レプリカ ・解説グラフィック（パネル・キャプション） ・模型，ジオラマ ・実験・体験装置 ・インタラクティブ展示 ・展示映像，音響 ・情報端末，音声ガイド ・図録，ワークシート，など
<配慮すべき事項> ・展示見学に適した動線，空間のデザイン ・展示資料の保存に適した環境 ・展示更新に適した可変性，柔軟性，など	<配慮すべき事項> ・展示の見やすさ ・情報の伝わりやすさ ・情報の更新性，など

図1　展示の要素

要となる．このために注意すべきは，ソフト面の情報更新があらかじめ計画されていることである．

　グラフィックや映像コンテンツを更新する仕組みがハード面も含めて検討されていれば，部分的な更新を行っても展示全体の統一感が損なわれることはない．しかし，無計画に情報更新を繰り返した場合は全体の秩序が損なわれ，見学者にとって見づらく内容も理解しづらい展示となってしまう．

●**博物館の展示と保存科学**　博物館では貴重な文化財資料を取り扱うことが多い．文化財を適正に保存し後世へ受け継ぐことは博物館の使命であるが，文化財は環境の変化に対して脆弱（ぜいじゃく）なものが多く，展示公開により資料が劣化する危険性がある．この劣化要因には，有機酸やアルカリ，揮発性化学物質などの空気質汚染，温湿度の変化，虫菌（ちゅうきん）やカビなどの生物被害，自然光や照明光，火災や熱，地震や水害などの自然災害，盗難や破損といった人為的被害などがあげられる．展示公開するにあたっては，文化財の材質や特性に合わせて，事前の綿密な計画によりさまざまなリスクを徹底的に排除しなくてはならない．よって，展示を計画する場合に保存科学の知識は最重要である．展示と保存が表裏一体の関係にあることを十分に理解してほしい（☞項目「展示と保存」）．

●**展示テクニックの進歩**　展示テクニックは，省エネルギーやサスティナビリティの技術，ICT（information and communication technology）をはじめとする情報技術など周辺分野の技術革新と連携して，日々変化を遂げている．例えば，展示照明器具の光源が白熱球や蛍光灯から，演色性が向上したLED（light emitting diode）を主体とするものへと変わった．また，解説映像の送出機器はデジタル技術によりサーバーやクラウドへと変化を遂げ，これらは時代に合わせて今後も変化してゆくと考えられる．

　利用者のニーズに配慮し，こうした新しい技術を常に取り入れて情報提供の仕組みを整備し続けてゆくことも，展示の陳腐化を防ぐ一つの手立てといえる．また，外国人観光客の増加をはじめ，障がい者や高齢者への対応など，展示のユニバーサル化に対する社会的要求への対応も求められている（☞項目「ユニバーサルミュージアムの展示手法」）．

●**体験型展示と展示ツール**　展示では見学者に対して，見る・読むといった受動的な情報提供だけでなく，体験・体感するといった，より能動的な手法も多用されている．例えば，見学者が興味をもって主体的に関わり，学ぶことができる双方向型の展示（☞項目「インタラクティブ展示」）や物に触れられる展示（☞項目「ハンズオン展示」）などは，人気の手法である．これらは，展示というメディアの特徴である三次元性を生かした手法であり，展示ならではの体験を提供しているといえよう．

　また，見学者の興味や学習効果を高めるための書込み用紙（☞項目「展示図録・ワークシート」）などの展示ツールもある．こうした多様な展示ツールを積極的に取り入れてゆくことも展示テクニックの見せどころである．

[齊藤克己]

建築計画

　博物館建築とは，博物館，資料館，美術館などの建築の総称であり多岐にわたるが，それらのうち，文部科学省の定める「公立博物館の設置及び運営に関する基準」に準拠した，展示空間と収蔵空間をもつものについて本項では述べることとする．

　博物館建築の目的は博物館資料を「収集」し，「調査・研究」し，「保存」し，「公開」し，そして教育的な「普及」活動をすることが主な目的である．収集の対象となる博物館資料は，国の重要文化財や地方自治体の指定する文化財などであることも多く，これらの資料を安全に保管すること，そして同時に広く公衆にその資料を公開し，あわせてそれらの資料のもとに教育普及活動を行うことが，博物館活動の意義を明らかにすることである．

　そのために建築計画では，資料を見せる公開性と貴重な資料を守る安全性の相反する機能をうまく両立させることが肝要となる．すなわち，資料の保存環境の検討，収蔵庫や調査・研究諸室などもあわせて，管理・運営にも十分に視点を広げて調査・分析したうえで，展示室などの公開される部分を計画する．

●**平面計画（ゾーニング）**　博物館は通常，以下の6部門から構成される．①導入部門（エントランス，ロビー，受付，案内など），②展示部門（常設展示室，企画展示室，特別展示室，映像展示室，展示準備室など），③収蔵部門（収蔵庫，特別収蔵庫，搬入口，荷解室，燻蒸室など），④調査・研究部門（研究室，学芸員室，資料室，写場など），⑤教育・普及部門（講座室，研修室，体験学習室，資料閲覧室など），⑥管理・共通部門（館長室，管理事務室，会議室，更衣室，機械室など）．各部門の諸室は館の規模によって兼用したり，備えなかったりするが，最も小規模な館でも，エントランス，展示室，展示準備室，収蔵庫，研修室，管理室などが必要である．各部門の関係を示すと図1のとおりである．

　これらの6部門のうち，見学者の視点からは展示部門が最も関心が高く，設計者も傾注したいところであるが，一般的な博物館の構成では展示室の面積は，先に述べた文科省の基準に従えば全体の30%程度である．博物館の華といえる展示部門は残りの70%の部門に支えられ，さらにそのうちの30%程度が保管・研究関係の部門である．円滑かつ安全に資料を展示・公開し運営するには，これら他の部門の機能をよく理解し，それらとの関係を整理し，計画上，破綻がないよう解いておくことが必須である．

●**動線計画**　各部門の相関関係を計画に反映するうえでのポイントは，見学者と運営者，研究者らの人の動きと，収蔵あるいは展示される資料の動きとに大別される二つの動線を理解し，計画に落とし込むことである（図1）．動線計画上，考慮すべき事項について以下に列挙する．

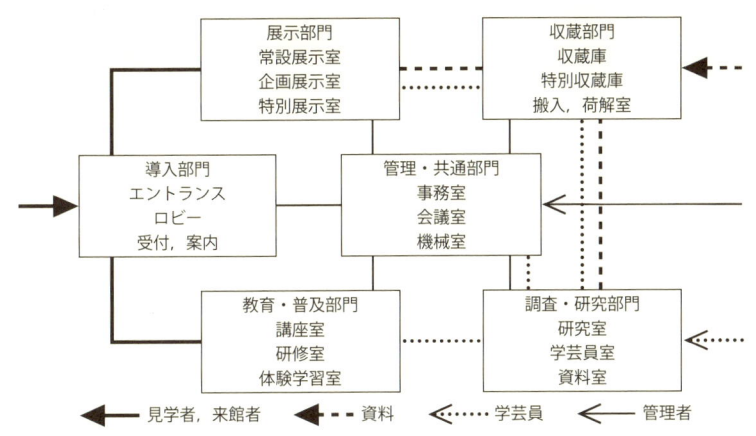

図1 各部門と動線の関係

①見学者の動線と資料の搬出入および移動動線を明確に分ける．
②見学者の入口から受付，展示室入口への動線をわかりやすくする．
③見学者動線は明快でわかりやすくするとともに，展示室が多岐にわたる場合は，目的の展示室を選択できるよう，ショートカット（近道）の動線も検討する．
④日本や中国の人文系で縦書きの解説がふさわしい場合は，展示室内の動線は，反時計まわり（左まわり）の動線がよい．一般的な横書きの場合は時計まわり（右まわり）がよい．
⑤展示室のテーマが変わる場所などに適宜，休憩場所を設け，見学者が疲れないよう配慮する．
⑥規模に応じて見学動線の前後にショップや食事のスペースを検討する．
⑦講演や図書資料室などの教育普及活動に利用する諸室への単独動線を考慮する．
⑧資料の動線は運営により多様な動きをするが，基本的にはそれらを受け入れから，開梱，燻蒸などの諸室を適切に計画し，資料が汚染されないようスムーズに展示室や収蔵庫，あるいは調査・研究部門などへ導けるよう計画する．
⑨資料のうち，埋蔵文化センターなどの発掘関係資料を扱う館は，埋蔵品の汚泥の除去などが必要になるため，それらの作業への配慮が必要である．
⑩資料の搬出入には大型車両が出入りするため，その動線と取りまわしについては，人の動線との交差や一般車両との錯綜がないよう十分に配慮する．
⑪管理・運営動線は各部門へ円滑に行けるよう配慮する．
　上述の動線上の配慮事項を各部門の相関図に落とし込むと，次頁図2のようになる．

●**環境的配慮**　博物館での計画は，動線の整理とともに個別の部屋についても十分な工学的配慮が必要であるが，ここでは展示室の工学的配慮について述べる．展示室は見学者が貴重な資料と対面する場であり，人と資料，双方の快適性と安全性に配慮す

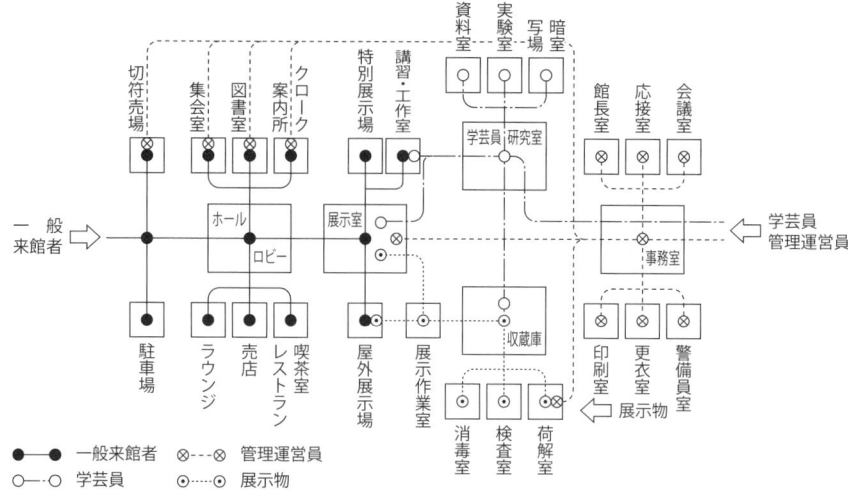

図2 動線と各部門の相関図（出典：日本建築学会，1981）

表1 材質に応じた温湿度条件（出典：三浦他，2004）

湿度条件		数　値	展示・収蔵品種別
温度		約 20℃ 21℃ 2℃	白黒フィルム カラーフィルム
湿度	高湿度	100%RH	出土遺物（保存処理前のもの，防カビ処置が必要）
	中湿度	55〜65%RH	紙・木・染織品・漆
		50〜65%RH	象牙・皮・羊皮紙・自然史関係の資料
		50〜55%RH	絵画
		45〜55%RH	化石
	低湿度	45%RH 以下	金属・石・陶磁器（塩分を含んだものは脱塩処理が必要）
		30%RH 以下	写真フィルム

る必要がある．すなわち，環境的配慮と防災的配慮である．

　博物館資料は重要な文化財資料を取り扱うことが多いため，環境から受ける影響が最小限となるよう配慮する必要がある．第一に，一般的な資料にとって外光の紫外線が有害であるため，博物館の展示上特段の理由がない限り，外光の差し込まない計画とするとともに，間接的にでも外光が入る場合は紫外線除去フィルムを貼るなどの対策をとる．一方，資料を鑑賞するには適切な人工光が必要であり，紫外線・赤外線カットの器具などにより資料の種類に応じて推奨される照度を確保する．従来，蛍光灯やスポットライトなどの光源では除去ができず，資料を守るうえで，光源としては難があったが，近年，進化が著しい LED によって，紫外線や赤外線を含まず，演色

表2 某博物館の収蔵庫の温湿度設定事例

室名称	夏期		冬期	
	乾球温度	相対湿度	乾球温度	相対湿度
工芸-染織	24.0±1℃	50.0±5%	22.0±1℃	55.0±5%
工芸-漆工	24.0±1℃	60.0±5%	22.0±1℃	60.0±5%
工芸-金工	24.0±1℃	50.0±5%	22.0±1℃	50.0±5%
工芸-陶磁器	24.0±1℃	50.0±5%	22.0±1℃	50.0±5%

一般的に館や学芸員との協議により温湿度は設定するが，この例は季節ごとに温度設定を緩やかに動かす「変温恒湿空調」設定である．

性も向上した器具の選定が可能になってきた（☞項目「展示照明・効果」）．

空気の汚染因子となるのは，酸やアルカリなどの揮発性有機物質（VOC）などである．酸は人の呼気のほか木などの内装材，アルカリは新築のコンクリート，揮発性有機物質は内装材や接着剤から発生するアルデヒド類が知られており，これらの使用に関してはその影響が発生しないよう十分に配慮しなければならない．空調は上述の汚染空気を浄化するとともに，資料保存のためには温湿度管理もきわめて重要であることから，空調システム構築にあたっては十分な検討が必要である．特に，湿度は各資料の材質によって適正湿度が違い，急激な温度変化は相対湿度を激変させるので確実な制御が必要である（表1，2）．特殊な資料に関しては，必要に応じてエアタイト展示ケースなどにより，資料個別の環境を構築する（☞項目「展示ケース」）．空調からの気流が資料に直接あたらないようにするなど，風速の設定や建築的な配慮なども重要である．

また，虫や微生物，カビなどからの生物被害についても十分に配慮する必要がある．特に微生物は素材を変色させたり，腐敗させてしまうので，環境の維持管理には細心の注意が必要である．

●**防災的配慮** 重要文化財など貴重な資料を展示しながら見学者を受け入れるため，防災上の配慮としては人的被害の抑制はもちろんであるが，資料の被災も防ぐ必要がある．基本的には展示室は防火区画で区画し，火災などの災害がほかへ伝搬しないように区画する．展示室は資料の水損を防ぐためにスプリンクラー設備ではなく，ガス消火設備を備えることが一般的となっている（次頁表3）．

ガス消火設備は人体に影響を及ぼすものもあるので，計画にあたっては十分な知識が必要である．放出に至るまでのフローと避難経路の確保など，建築計画と設備計画を合わせた検討が必須であり，また採用については所轄消防との協議が必要となる．

●**展示室の内装と設備** 展示室内装・設備展示室は，展示の目的や展示される資料によって，大きさ，天井の高さとともに，内装や設備などを個別に検討する必要がある．壁面には固定の展示ケースを設ける場合も多いので，展示計画と資料の性質によって，配置，大きさ，資料の搬出入ルート，あるいは空調の性能について十分に検

表3 ガス消火システム比較表

分類		フッ素ガス系		不活性ガス系		
消火システム名		ハロン1301	FM-200	イナージェン	窒素ガス	二酸化炭素
消火剤		ハロン1301 (Halon1301)	HFC-227ea (FM-200)	IG-541	IG100	CO_2
物性	化学式	CF_3Br	CF_3CHFCF_3	N_2:52% Ar:40% CO_2:8%	N_2	CO_2
	物理的特性	無色・無臭	無色・無臭	無色・無臭	無色・無臭	無色・無臭
	貯蔵状態	液体(N_2加圧)	液体(N_2加圧)	気体	気体	液体
	消火原理	燃焼連鎖反応抑制	燃焼連鎖反応抑制	酸素希釈	酸素希釈	酸素希釈・冷却
環境性	オゾン破壊係数 (ODP値)	10	0	0	0	0
	地球温暖化係数 (100yr, Gwp)	5,600	2,900	0.08	0	1
安全性	消火剤自体の安全性	安全	安全	安全	危険	危険
	放出後の安全性	有害な分解ガスの発生により刺激臭有	有害な分解ガスの発生により刺激臭有	酸素濃度低下(約12〜13%)短時間の活動(避難)は可能	酸素濃度低下(約12〜13%)短時間の活動(避難)は可能	非常に危険

討する必要がある．

●**展示室の壁** 壁は資料を直接かける場合と，背景とする場合があり，展示計画との調整が必要である．直接かける場合は，昨今は直接釘などで壁面にとどめるため，釘の効く下地（ベニヤなど）を石膏ボードの下に挟み込んで仕上げる．ただし，内装制限などがかかる場合はこのベニヤに代わって，不燃の人工木材などを下地に用いる．ピクチャーレールは現代美術などではあまり好まれないが，設ける場合は耐荷重について十分に検討する．

　背景として設ける壁の場合は，展示資料にさし障りのない素材，色彩を選ぶ．ただし，長期的にみて，展示室の改修が予想される壁は，躯体（くたい）（構造壁）ではなく，乾式の軽量鉄骨下地の壁とするなど，後々改修できる仕様としておく．いずれの場合も，壁の下地，仕上げは調湿性があるものが望ましい．また，先に述べたように，VOCの発生を抑える材料とすることも必須である．あわせて，壁面にはサーモスタット（温度自動調節装置），照明コントローラー，コンセントなど設備機器も配置されるので，それらも展示の障害とならないよう，十分に展示計画とすり合わせる．

●**展示室の天井** 展示室の天井は，展示資料にとって最も重要な光環境に配慮し，それが最適となるように計画を進める．照明設備の検討は固定のベース照明から，可動のアジャスタブルスポットライト（可動式のスポットライト），ライティングダクトとスポットライトの組合せ，場合によっては自然光を取り込むトップライト（天窓）

との併用など，さまざまな採光手法の検討とともに，展示計画に合わせた必要照度の確保やグレアカット（まぶしさの制御）など，技術的要件を充足するよう配置や器具選定に対して十分な技術的検証が必要である．同時に，照明計画に合わせて，防災感知器や非常照明，空調吹出口，ガス消火放出口，排煙口などの設備機器との取り合い（調整）や，場合によっては可動式の展示パネルのレールの配置や納まりについて，展示資料の鑑賞を阻害しないよう整理する．

●コンクリートの枯らし期間の確保　博物館は設計を終えてからも，施工期間も通して開館まで配慮することが多々あるが，基本中の基本である「枯らし期間」について述べておく．博物館は温湿度を一定に保つため，外部環境からの隔離や耐火という理由でコンクリート躯体の建物が多い．そのコンクリートの乾燥時に水分やアルカリが発生する．躯体のコンクリートを打った後，ただちに内外装を仕上げて，空気の循環を止めたまま資料を館に納めると，その影響を受けて資料が毀損するおそれがある．水分やアルカリの放出は長期にわたるため，少なくともコンクリートを打設してから二夏の乾燥期間は確保することが常識となっている．厳しい条件であるが，設計者はこのことを頭に入れておく必要がある．

あわせて，現場打ちのコンクリートではなく，プレキャストコンクリート（あらかじめ工場で製造したコンクリート製品）によって水分，アルカリの発生を抑える工法や，主構造を鉄骨造として乾式で機密性を保つ工夫をしながら打設コンクリートのボリュームを抑える方法などを検討することも（設計者としては）必要である．

●公開承認施設　国宝・重要文化財などの所有者以外の者が，該当する文化財を博物館や美術館などで借り受けて公開しようとするときはその都度，文化庁長官の許可が必要となる．しかし，事前に文化財の公開に適した施設として文化庁長官の承認を受けている場合は，届け出で済む．このような承認を受けている施設を公開承認施設という．

公開承認施設となるためにはまず，当該建築が文化財を公開するために適切な計画と構造，設備を有していることが必須条件となる．先に述べた建築計画の要点を網羅していることはもちろんだが，そのうえで，計画時に文化庁とよく協議をして，指導を受けておくことが重要である．新築の場合はそのうえで，施設の長や学芸員の要件，防火・防犯体制などの要件が課される．さらに，複数年にわたる重要文化財の公開の実績を積み重ねることで申請が可能になり，ようやく公開承認施設としての認定を受けることになる．ただし，移転新築などで，運営者がそのまま継続する場合は，一般的には計画上の指導を受けておけば，運営実績は従前の実績が有効で，ただちに認定を受けることができる．

以上，博物館建築の計画の要点について述べてきたが，大事なことは博物館設立の目的，博物館で実際に文化財を取り扱う館の長や学芸員の意見に合致した計画の立案，運営母体の経営基盤を見すえた維持管理費の設定など，末永く博物館活動を続けることができるしっかりした骨格をもった構造と，将来の変化に対応できる柔軟性を持った計画とすることが，最も肝要であることを伝えておきたい．　　　　　［安東　直］

展示ケース

　貴重な文化財を適切に保存して後世に伝えてゆくこと，社会の共有財産として展示し広く公開すること，この二つは博物館の大きな役割である．しかし，展示公開は文化財を破損・劣化させる危険性を含んでいる．仮に保存だけを優先するのであれば展示をせず，文化財を収蔵庫にしまい込んだまま動かしたり光にあてたりしないほうが安全である．文化財は公開・活用を通じて，人々が文化財に親しみ，その価値への理解を深めるようにすることが望ましい．保存と展示という相反する目的を両立させているのが展示ケースである．

●**展示ケースの機能**　保存と展示を両立させるために，展示ケースにはどのような工夫が施されているのかを解説する．

　まず保存のための条件としては，展示ケース内の温湿度を一定に保つこと，有機酸・アルカリなどの有害物質を基準値以下にすること，照度を低くし，紫外線・赤外線が出ない光源とすること，地震などの災害から守ることなどがある．文化財の劣化や破損を防ぐためのさまざまな技術が用いられている．加えて，運営側が展示する文化財を安全に出し入れするために，展示ケースの扉が開閉しやすい，照明の調整作業が行いやすいなど，使い勝手をよくしておく必要もある．資料の破損は，運搬中や列品作業中の人為的なミスに起因することが多いためである．

図1　空間のシンボルとしての展示ケース
　　（九州国立博物館）

　次に展示についてであるが，展示ケースには文化財が存分にその魅力を発揮し，来館者が鑑賞しやすいようにするためのさまざまな工夫が施されている．まず，それぞれの文化財は鑑賞しやすい高さや角度に置き，最適な照明をあてることが必要であるため，展示台

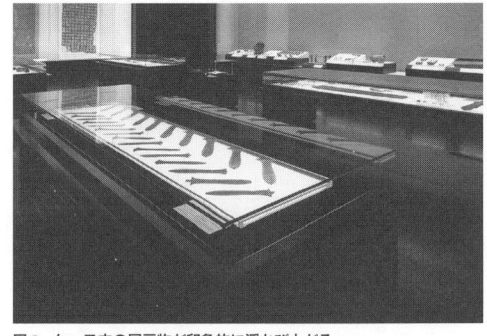

図2　ケース内の展示物が印象的に浮かび上がる
　　（九州国立博物館）

や照明は資料に合わせたフレキシブルな調整ができるようになっている．また，展示ケースのデザインも重要であり，例えば鑑賞の妨げとなるガラスや扉の枠をなくしたり，透過性が高く反射率が低いガラスを用いるなどしている（図1, 2）．ミュージアムのテーマや建築意匠に合い，展示空間と一体的になるデザイン性が追及される．

●**展示ケースの種類**　展示ケースには大きく分けて三つの種類がある．

①壁付けケース：床から天井まで立ち上げたつくり付けの展示ケース（図3, 4）．大小さまざまな大きさの文化財を展示でき，汎用性が高い．ケース内の壁面には掛け軸や絵画などを展示し，床面には彫像などの立体物を置くことができる．展示台などを用いて資料を見やすい高さ，角度に調整する．

図3　壁付けケースの例
　　（仙台市博物館）

図4　壁付けケース内の展示台で高さを調整している例
　　（龍谷大学龍谷ミュージアム）

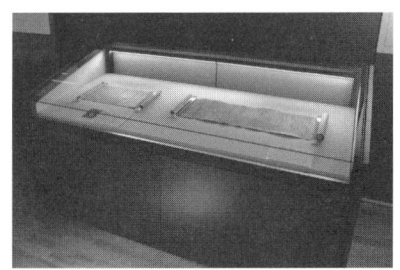

図5　覗きケースの例
　　（龍谷大学龍谷ミュージアム）

図6　横方向で連結する覗きケースの例
　　（龍谷大学龍谷ミュージアム）

図7　四方から鑑賞できるハイケースの例
　　（九州国立博物館）

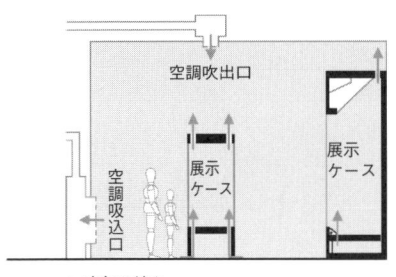
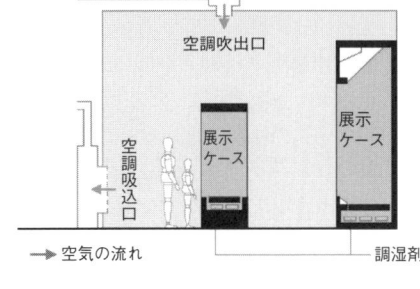

図8 自然循環式ケース（左）とエアタイトケース（右）

②覗きケース：文書などの平面的な資料や小さな資料を，近くで鑑賞することができる．可動式とすることが多い（前頁図5，6）．

③ハイケース：立体物の展示に適しており，資料を正面だけでなく2方向，4方向から鑑賞することもできる．可動式とすることが多い（前頁図7）．

●文化財の劣化を防ぐ保存機能　上述した展示ケースの機能について詳細を述べる．

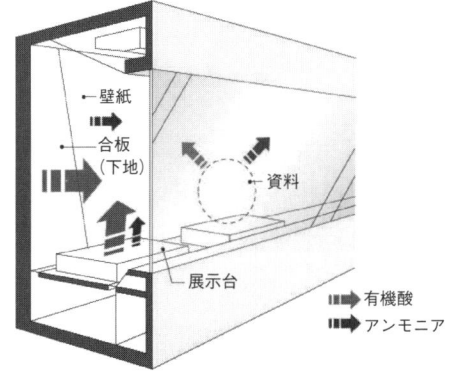

図9 有機酸・アンモニアの発生源

①相対湿度を一定に保つ：湿度の変化は文化財の劣化原因となるため，展示ケース内は資料に適した相対湿度を一定に保つ必要がある．それに対応するために，自然循環式ケースとエアタイトケース（高密閉式ケース）という2種類の機能つき展示ケースがある（図8）．自然循環式ケースは，展示室内の空気をケース内にも循環させる方式である．展示室全体の空調設備による温湿度環境に頼るため，来館者の出入りなどによる展示室内の温湿度の変化を受けやすい．一方，エアタイトケースは，ケースの密閉性を高めて展示室内の空気とケース内の空気が循環しないようにする方式である．密閉されたケース内に調湿剤を設置して湿度を一定に保つ．ケース内環境の安定性が増し，また文化財の材質に合わせて個別に湿度設定を変えることも可能である．

②有害物質の発生を抑制：上述のとおり，ケース内の空気に含まれる有機酸，アンモニアなどの有害ガスも文化財を劣化させる要因となり得る．これら有害ガスは，展示ケースに用いられている合板（ベニヤ）・壁紙（クロス）などの建材や資料自体から放散される場合もある（図9）．エアタイトケースは密閉性が高いため，放散した有害物質がケース内にたまりやすい．そのため，ケースに用いる建材は有害ガスの放散が極力少ない材料を選ぶことが重要である．また，ケース内に有毒ガスがたまった場合に放出できるよう，通気弁を設けておく，使用しない時はケースを開放して換気

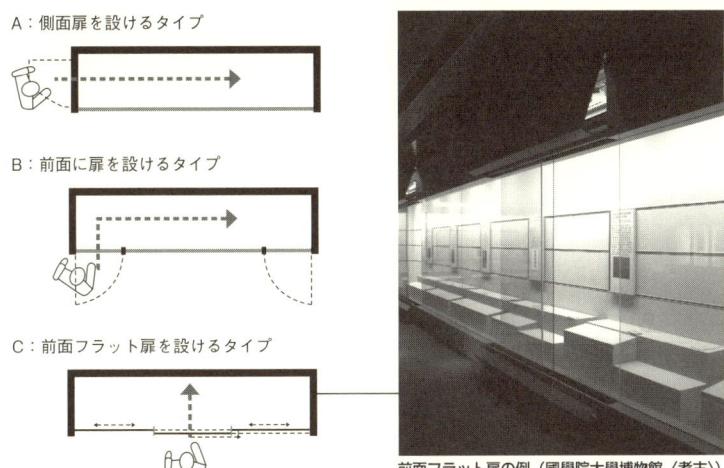

A：側面扉を設けるタイプ

B：前面に扉を設けるタイプ

C：前面フラット扉を設けるタイプ

図10 壁付けケースの扉の位置

前面フラット扉の例（國學院大學博物館〈考古〉）

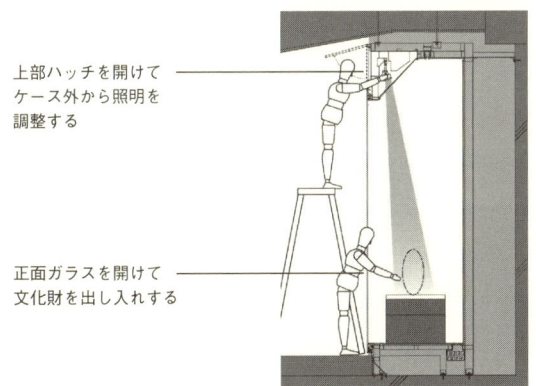

上部ハッチを開けてケース外から照明を調整する

正面ガラスを開けて文化財を出し入れする

図11 壁付けケースの断面

を行うなどの対策が必要である．

③文化財を劣化させない照明：光の成分である紫外線，赤外線，可視光線は文化財を劣化させる要因である．紫外線は文化財の退色を進め，赤外線は表面温度を上昇させるため乾燥などの要因になる．可視光線も曝露時間によっては退色などの悪影響を与える．これらへの対策はまず文化財にあてる光の量や時間を抑えることである．文化財の特性に応じた照度を守り，あらかじめ設定した曝露時間内で展示を行う必要がある．紫外線や赤外線をカットした光源を選ぶことも重要である．LED照明は適切な光源（きちんと制御されたチップ）を選べば近紫外線域，近赤外線域の波長成分を抑えることができるため，近年はLEDを利用した美術館・博物館の展示用照明器具が多く開発されている．LEDは近年演色性が向上し電力消費量も低減できることから，ケース用照明の主流になっている．

図12 通常のフロートガラス（左）と高透過・低反射ガラス（右）．ガラスの切断面（小口）を見ると，透明度の違いがわかる

④地震対策：近年は展示ケースの地震対策も重要視されており，ケース底部に免震装置を組み込んで免震ケースとする事例も多くなっている．また，ケース内に置く展示台に免震機構を設けることも多い．

⑤ケース扉：展示ケースには文化財や展示台などの出し入れ，照明の調整や各種メンテナンスのために扉が設けられている．文化財を破損させることなく安全に入れ替えるためには，扉開口部が大きく開く，ケース内の空間が広いなど，文化財の搬出入が容易で運営者にとって使い勝手が良いようにする必要がある（前頁図10）．つまり，資料を持った状態で狭いケース内を移動したり，無理な姿勢で作業をしなくてすむことが，資料破損のリスクを防ぐのである．また，ケースの上部照明は熱切りガラスでケース内と区画し，専用のハッチを設けると，ケース内の空気環境に影響を与えることなく照明の調整を行うことができる（前頁図11）．

図13 壁付けケース内部の照明器具

●**文化財をより魅力的にみせる展示**　次に，展示の観点からケースに凝らされている工夫を述べる．

①ガラス：来館者は，展示ケース内に展示されている文化財をガラスを通して見ることになる．そのため展示ケースのガラスは，できるだけ存在感を減らすことが望ま

れる．高透過ガラスは，通常のガラスのように青みがかっておらず透明度が高い．また表面に低反射加工を施すことで映り込みも軽減できる．これにより，視覚的にはガラスが存在していないかのようになり，文化財をより正確に鑑賞することができる（図12）．

②照明：前述のとおり劣化を防ぐ照度や光源を採用しつつ，文化財の美しさや存在感をより高める照明が必要である．

絵画資料は全面に均一な照明をあて，不要な影や光のムラがないように調整する．彫像などの立体物には，立体感を注出するスポットライトなどの照明をあてる．

図14　可動ケースと床面の電源ライン
（龍谷大学龍谷ミュージアム）

さまざまな文化財にフレキシブルに対応するため，展示ケースにはベース照明，スポットライト，アッパーライトなどを適切に配置する（図13）．それぞれの照明は調光式で照度を可変できるようにする．

また，色温度（光色の温かみ）も照明演出の重要な要素である．木製の像や和紙，金箔が用いられているものは色温度が低く温かみのある照明（暖色系）が適している．色温度が高い照明（寒色系）は，白磁やガラス製品など鉱物質のものに適している（☞項目「展示照明・効果」）．

照明の光を評価する指標として，演色性がある．最も色が正確に見える光を自然光とし，人口光である照明器具で，どこまで色が正確に見えるかを測る．従来は白熱電球が最も演色性が高かった．LED照明はこの点において課題があったが，近年は改善され，ミュージアムで採用される照明器具の主流になりつつある．

③フレキシブル性：覗きケース，ハイケースは可動式であることが多い．これらの単体ケースのメリットは，展示室内でケースのレイアウトが変えられることである．

照明を内蔵している単体ケースを採用する場合は，床面から電源を確保できるようにしておく（図14）．

④デザイン：展示ケースは，主役である文化財を守るとともに，その魅力や価値を高める役割を担っているが，同時に展示室の空間デザインにとっても重要な要素である．空間デザインとケースデザインの一体感を高めて来館者の気持ちを切り替え，集中力や高揚感を引き出し，文化財の鑑賞に集中できる環境とすることが重要である．

[綿引典子]

展示照明・効果

　1990年頃に始まった発光ダイオード（light emitting diode : LED）の開発から時を経て，さまざまなLED光源や有機ELなどを用いた照明器具や照明手法が増えた．今や照明の展示会などで，LED以外の照明を探す方が困難である．

　家庭や商業施設のみならず，ミュージアムでの採用事例も増え，そのことに伴うさまざまな成功事例と諸問題が指摘されるようになってきた．利点と問題点を整理すると，前者は「モノ」の明るさ感と素材感が向上して見やすくなったことである．また，器具の小型化と電気容量の削減もその一つといえる．従来の照明器具と比べて50%以上もの省エネ効果があり，それは照明器具を同一の空間でより多く使用できるようになったことも意味する．後者は，モノの見え方について「雰囲気が変わったのではないか」という言語化が難しい指摘と，器具そのものの初期不良や既存設備とのマッチングなど，主に電源や素子の不具合などの複合的な問題が多い．ここでは「LEDの光は青っぽくて美術館照明には向かない」という初歩的な認識はひとまず置いておく．昨今では，光源が白熱灯や蛍光灯からLEDに変更されたからといっても気付かれないことが多いくらいに，光学的または光学制御的に，従来の光源よりも優れた性能を有してきている．

　従来，ミュージアムで使用されてきた人工光源には，以下のものがある．①白熱灯，②ビームランプ，③ハロゲンランプ，④美術館・博物館用蛍光ランプ（業界標準的ともいえる）など．このほか，2005年頃には小型光源の技術開発最終形とも思えた光ファイバー照明もあったが，光源・光源装置ともすでにメーカーの在庫限り，といった状況である．従来の光源にも，それぞれの捨てがたい魅力がある．しかし，もはや世界のどのミュージアムもLED光源の台頭により時限的な設備・照明システムの切替え時期を迫られているといえる．

　照明デザインの基本目的は「対象物を照らして展示空間の居心地を向上させる」ということである．1995年頃，筆者は欧米の美術館・博物館照明ではトップメーカーとして知られるERCO社のカタログを初めて手にした．その冒頭には，表1に示す12の言葉が掲げられていた．一照明器具メーカーのカタログから拾った文言にすぎないが，ミュージアム照明の本質を示唆している．つまり「光は〈存在〉するもの」であり，「照明器具は見えない方がよい」という2点のことである．

　LED光源とその照明器具は，これまでの照明とはまったく異なる光学的な理屈を備え，新しい照明設計と感性が要求されるほどバリエーションに富んでいる．技術革新のスピードが照明の研究者や専門家でも追いつけないほど早い．しかし常に優先すべきは，照明によって空間を快適にし，モノの魅力を引き出す展示を実現する，その方法論の見直しと革新であろう．

表1　照明の基本（出典：ERCO社カタログ『ERCOの光——基本法則および思考法則にかえて』）

①光は"第四次元"における建築です．その基本は光が空間を解明し，知覚し得るもの，体得し得るものに変えてくれることにあります．
②光，それ自身には形はありませんが，モノを形あるものとして見えるようにしてくれる媒体です．
③光には，明と暗があり，どのコントラストにより，私たちは空間や物質を認識することができます．
④ある空間を一様に明るく見せるよりも，それを暗く見せることの方が，より多くの光源を必要とすることは事実です．
⑤近くおよび視覚における"光の質"は，照明設計に大きく左右されます．
⑥良い光の前提条件は，視覚的快適さです．つまり反射に起因するものも含め，一切まぶしさ（グレア）のないことです．
⑦一般に，水平面にあたる光より，鉛直面にあたる光の方が，視覚においては重要です．
⑧視覚は，ヒトの五感のなかで，最も重要な感覚であり，嗅覚，味覚，聴覚，および触覚に優先します．
⑨見るための光，眺めるための光，そして注目させるための光が，照明器具の開発および照明プランにおける三大要素です．
⑩照明器具は，ある用途に合わせた光を得るための道具であって，器具自体が審美的対象物でないことを銘記すべきです．
⑪あるスタイルをもった空間やインテリアには，同じスタイルの照明器具がマッチするものです．しかしそのスタイルのみにこだわることで，光の"質"そのものを忘れてはいけません．
⑫ある空間の照明を考える場合，光の"質"こそが重要であり，照明器具の形のみにとらわれてはなりません．

●**空間の質，そして感性**　「照明する」ということは，「光の絵の具」で空間というカンバスに絵を描く行為だといえる（図1）．展示照明のテクニックとは，絵画描法あるいは写真を撮ることと同様に，その技術（テクニック）を学ぶことと，どの展示空間をどのようにつくりあげるべきかを判断する感性（アイデア）の両面を磨く必要がある．次に，その「質」について解説する．

図1　光のイメージ図．「光の絵の具」で描く

　光源には色があり，その光色を絵の具のように混ぜて使うことができる．「絵の具の三原色」（色材の三原色，減法混色ともいう）は，赤（red）・青（cyan）・黄（yellow）である．三原色の絵の具のうち，どれか2色を混合すれば紫・緑・橙を生じるし，3色を混合すれば黒（black）になる．一方，「光の三原色」（加法混色ともいう）は赤（red）・緑（green）・青（blue）である．この場合は，3色を混合することにより白色光をつくることができる（次頁図2）．

　光の三原色（R・G・B）は，屋外の大型映像やLED内蔵のテレビなど，身近なカ

ラー映像の光源となっていることで知られる．映像があふれる現代では，常識的な知識の範疇かもしれないが，これが照明における基本中の基本であり，さらにLED照明の発光原理そのものである．電子回路におけ

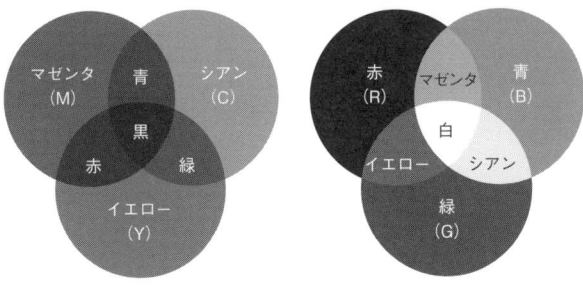

図2　色材の三原色（左）と光の三原色（右）

る電子の流れによって励起させた小さな青（または紫）の光を3色の蛍光体に混合させることで，白色光をつくり出し，それを制御するシステム（照明器具とテクニック）により照明空間をつくる．この制御システムを理解することが，すなわち照明を理解することであるといえる．

特に，色を自在に操る演出が必須な舞台照明において，かつて白熱系ランプを光源としていた時代には，多くの大判ゼラチンフィルターを駆使したり，3色（R・G・B）のランプを並べて組み合わせるなどでカラーライティングを行っていた．こういったことはLED光源を用いることで，ずいぶんと容易になった．それゆえ，ミュージアム照明においてもカラー演出が求められるようになってきたのかもしれない．

繰り返しになるが，光を制御するシステムとは，筆であり絵の具のことである．照明することで，モノに何か別の要素を加えるという意味ではない．あくまでも「光のかたち」をデザインすることが展示照明であり，モノの魅力や見所を素直に引き出すシステムこそが，優れた照明である．

●光を制御するシステムの種類選択　次に，実際に使われる代表的な照明システム・照明器具の種類と選定のポイントを以下に示す．

①照明設備システム：回路調光か器具調光かを選択する．回路調光とはライティングダクトなどを回路ごとに一括して調光する方法である．これを採用するか否かが予算調整の分岐点でもある．ライティングダクトなど照明器具を設置するシステムの設計の基本は，絵が掛かる壁面に対して入射角を30°に設定し，反射グレア（まぶしさ）や照度（明るさ感），額の影をチェックすることである．美術館では昼光を採り入れる場合も多いが，昼光とセンサーによる人工光の調光により組み合わせて調光させる．

②照明器具：自然な配光のスポットライトを選定する際は，数種の器具を比較するため，想定される展示作品またはそのモックアップ（模造・複製）を用いた実験に先立って，研究員とともに比較項目のチェックリストを作成することも重要である．特に高天井の展示室では，狭角配光（照射角度10°以下）の光のチェックリストにより印象評価を光の質を客観的な数値に置き替えて，見きわめる．狭角配光の基本を決め

たら，オプションのレンズなどによる，中角・広角・スプレッド，カッタースポット（フレーミングスポット），広い面積を配光できるウォールウォッシャなど，光のあて方を検討する．例えばウォールウォッシャとは「壁を舐めるように」などと表現される．

ホワイトキューブ（白い壁で構成された展示室）では，ウォールウォッシャ・スポットライトが必須である（図3，4）．これにより，できる限り均質な「光の壁」をつくること．不自然な光の円や楕円を描いてはいけない．なお，LED 照明器具は1灯でさまざまな色温度（光色の寒暖のニュアンス）の調色ができる．この色温度の調整により，モノの物質感や素材感を際立たせることが可能である．

●**照明制御の可能性** 前述したとおり，LED は光を取り出すための効率が良い（電力の変換効率が高い）ので，照明器具として用いれば，ミュージアムの電気的効率を向上させる．また，LED 照明システムは，既製品・消耗品であるランプ（光源，球）と器具とを組み合わせるものとは違い，電子回路の一部が発光するという原理を有する．一連の電子システムであるが

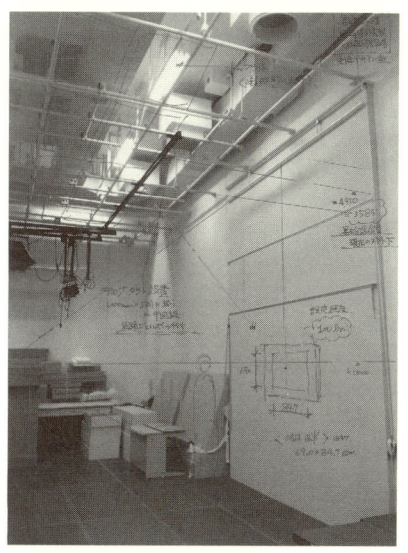

図3　実際の展示空間と同じ条件でスポットライトを比較検証する

図4　照度など光の条件を揃えていくつかのメーカー器具を比較する

ゆえに，発光原理を制御（コントロール）することも容易なのである．

そのため，例えば「素材感を強調する光」をつくることも，技術的には可能である．博物館・美術館における過去の照明は「モノが見える自然さ」を求めた．そのための評価基準として，演色性・演色評価数（平均演色評価数を Ra で示す．最高値を白熱電球の 100 Ra としており，これは昼間の自然光に近い）が存在していた．これに対し近年では，モノが「明るく見える性質」や「色彩の鮮やかさ」が評価され「モノがよりモノらしく見えること」を求める時代になった．従来の演色評価数は，今では目安としてとらえられている．

一方で，光色の温かみを示すものとして，色温度（単位は K ケルビン．数値が低いほど赤みが強く温かみがある）という数値がある．LED の特徴を色温度と演色性の関係からいうと，例えば同じ色温度で，黄みの強い光も赤みの強い光もつくることができる．つまり，Ra 値が低くなっても，モノらしさを強調するようなオーダーメイドの

図5 作品「智・感・情」(黒田清輝作) の照明イメージ. 作品の原寸モックアップによる照明手法・器具位置のチェック. 作品の大きさに合わせて器具の配光性能が適当かどうかを確認する

図6 作品「湖畔」(黒田清輝作) の色彩を効果的 (忠実) に見せるため, 背景に使用するクロスの素材・色を選定する

光をつくることが可能である. これにより, 生鮮食料品を売る店先では, 刺身や野菜を美味しそうに, かつより鮮やかに見せるということが可能になった.

2015年の国際照明委員会 (CIE) や日本照明委員会 (JCIE) の報告によると, 演色性評価の指標 Ra に代わる照明評価の国際標準への提案として, より厳密な Rf (アールエフ) (99色のテストサンプルに対する忠実度) や Rg (アールジー) (色域の広がり, 好ましさの値) の検討が進んでいる.

●ヒトの感性×モノの明るさ　こうした現状の一方で, モノを見るヒト (鑑賞者) の視覚的機能に変化はない. 明るさの単位は一般に, 照度 (lx) (ルクス) で表される. ヒトの目は, 黒いモノと白いモノにあたる光の明るさが仮に同じ 100 lx であっても, 違った明るさとして感じる. ヒトの視覚は光がモノにあたった反射光を認知しているためである. この反射光は, 輝度 (cd/m^2) (カンデラへいほうメートル) という単位で表す. 展示照明は照度のみではなく, 輝度も大切である. 照度管理は照度計に任せれば十分だが, 輝度管理は展示設計者の経験や感性に頼るところが大きいためである.

ヒトの目が感じる照度 10 lx 以下とは, 刻一刻と変化する夕暮れの空が夕闇に至る光を見分けることができるレベルである. 一方, 照度 (明るさ) が 1,000 lx・10,000 lx・100,000 lx を超えていくと, ヒトは数字上の比例ほどには明るさの上昇を感じ取ることができない. 本能的に視覚機能を守るため, 明るさへの制御装置が働くのだろう.

また, 多くの博物館・美術館では文化財保存の観点から絶対的な「照度×展示時間」の展示条件が決められている (表2). 東京国立博物館でいえば, モノ (絵画など) に対する展示壁面 (鉛直面) 照度は, 100 lx の範囲を基本としている. その場の 100 lx を体感的に覚え, その明るさを基準に, すべての展示や展示物周辺の明るさを調整するのである. もちろんその後, 照度計による測定 (鉛直・水平面照度の測定) も行う. 浮世絵版画や古写真なら 50 lx, 染織なら 80 lx を基準とし, 高照度と低照度部の測定をあわせて行う. 照明を調整する際には, 観覧動線 (鑑賞者の動線) の連続性, 明るさ・暗さに対する目の順応, 加齢に伴う視覚的機能の低下などを考慮す

表2 東京国立博物館における展示照度に関する指針（平成17年1月4日現在）

1. 光に敏感な素材が用いられた作品

作品分野	最大照度	年間あたりの展示期間	最大積算照度
浮世絵版画	50 lx 以下	4週間以内	10,800 lx·h
染織	80 lx 以下	8週間以内	34,560 lx·h
水墨，水彩を含む絵画	100 lx 以下	4週間以内	21,600 lx·h
図譜，地図	100 lx 以下	4週間以内	21,600 lx·h
書籍，古文書	100 lx 以下	8週間以内	43,200 lx·h
彩色彫刻	100 lx 以下	年3か月	64,800 lx·h

*ただし，実際の運用では，1年半に1回程度の展示とし，期間をその分延長する場合がある．

2. 光に比較的敏感な素材が用いられた作品

作品分野	最大照度	年間あたりの展示期間	最大積算照度
油彩画/漆工/木竹工/彩色のない彫刻/骨角牙貝	150 lx 以下	3か月以内	97,200 lx·h

3. 光の影響を受けにくい素材が用いられた作品

作品分野	最大照度	年間あたりの展示期間	最大積算照度
土器・陶磁器/石器・石製品/金属器	300 lx 以下	1年以内	777,600 lx·h

*ただし，刀剣は定期点検のため，年3か月以内(年間最大積算照度194,400 lx·h)の展示とする．
*積算照度は照度と照射時間の積で，1日あたりの展示時間を9時間として年間最大積算照度が見積もられている．

る．この照度調整に加え，光のリズムやメリハリを整えることでも空間の快適性をあげることができる．

　展示室における個別の明るさは照度基準に合わせて調整されるが，その全体の関係性を調整するための重要な作業が，照明のフォーカシング（シューティングともいう）である．優れた展示計画をするためには，このフォーカシングを陳列作業の準備時に段取りしておく．まず，あらかじめ展示意図について，設計者と学芸企画者との間で十分に協議・確認しておく．その際は，照明実験を必ず行う（図4, 5）．光は実際に見てみないとわからないことばかりで，想定外の現象も多い．

　なお，LED照明で最も難しいのは，色温度と演色性評価の考え方が，従来の光源とはまったく異なることである．色温度が同じ3,000 KのLEDを使用しても，緑みや赤みに感じるものがあるなど，LED素子の個体差もある．平均演色評価数の優劣に関わらず，モノが鮮やかに見える場合もある．比較する条件を均等にしたうえで実験を行い，照明の感じ方や見え方について，共通理解を得ておくべきである．

　照明手法や技術が年々進化している昨今，博物館では遠い昔に制作されたモノの価値の引出し方が多様化し，近現代美術館ではアーティストの要求もより高くなっている．展示空間を管理するには，それらに対応する装置や設備をフレキシブルに使いこなしてゆく必要がある． 　　　　　　　　　　　　　　　　　　　　　［木下史青］

実物資料

　博物館資料とは,「博物館法」第2条第3項において「博物館が収集し,保管し,又は展示する資料(電磁的記録〈電子的方式,磁気的方式その他人の知覚によっては認識することができない方式で作られた記録をいう.〉を含む.)」と定義されている.博物館の活動を支える要素の一つといえ,その質と量が活動の鍵を握っているといっても過言ではない.

　博物館資料は一次資料と二次資料に大別される.一次資料は実物資料である.これには,はく製や液浸,プレパラート,プラスティネーションなどの標本も含む.一方,二次資料とは資料の調査研究の際に撮影された写真や実測図のほか,模型やレプリカ,さらには実物資料を使用するにあたって記録された映像や音声などをいう.

　実際の展示においては,まず実物資料が優先される.実物のもつ力は,時に観る側を圧倒させる.また二次資料も展示において実物資料の情報を補足するほか,利用者(見学者)の理解を深めるために重要な役割を果たしている.

　博物館では資料整理や調査研究によって得られた情報を,利用者に対してより効果的に提示していくために,いくつか展示の手法を用いる.

●象徴展示　象徴展示とは,博物館の全体あるいは各展示のテーマを象徴的に示すような展示のことをいう(図1).この象徴展示には,展示のテーマを明示するための特徴的な展示物が不可欠であり,まずそれをどのように選択するかが重要である.その展示物は来館者の目を引き,存在感を主張できるような資料である.例えば,①著名なもの,②稀少なもの,③高価なもの,④巨大なものなど,来館者にアピールできるものを選択しなければならない.

　次に,これらの展示物をどこに展示するかを検討する.館のエントランスなのか,展示室なのか,そして展示する位置や手法にも工夫を凝らし,インパクトのあるものにする.

　また,象徴展示は実物資料に限らず,全身化石のレプリカや大型ジオラマ,あるいは大型映像などの映像展示もなり得る.

　図1は,考古学資料の展示の導入部に設置された縄文時代中期の火焔土器の展示である.現在の考古学では,旧石器から古代をはじめ,中世・近世,さらには近代以降までも

図1　象徴展示の例(國學院大學博物館〈考古〉)

が研究の対象となっている．そのなかで縄文時代を代表し，かつ一般にも知られた有名な土器を展示の導入部に象徴的に配置することにより，これから始まる展示に見学者を引き込む効果をねらっている．

●**単体展示**　単体展示とは，展示物を独立体で展示する展示形態のことであり，個体展示ともいわれる．博物館や美術館などにみられる展示の手法は，基本的にこの単体展示が用いられ，上述した象徴展示もこの展示形態をとることが多い．

　この展示の特徴は，一資料を熟覧することができることである．一般に，絵画のように正面から資料を見せることが多いが，展示物が立体物であれば，四方から資料を見ることができるように展示することもある．この場合，ライティングの仕方にも注意を払うことが肝心である．資料にどのように照明をあてるかによって資料の見え方が変わるため，資料1点ごとに強弱や角度を丹念に確認しながら，資料と来館者のいずれに対しても，最適な状態をつくらなければならない．

●**集合展示**　集合展示とは，単体展示に対する展示の手法であり，同一あるいは同種同類の資料を複数集めて展示するものである（図2）．そうすることで，量感をもって見学者に興味を喚起させるばかりでなく，満足感をも与えることができる．自然史や科学系の資料の場合には，比較的多く利用される展示手法の一つである．例えば貝や蝶，鉱物など生物学や地質学に関連する資料などでは，同種同類の資料を集めて展示し，その違いを見せるためにしばしば用いられ，分類展示ともいわれる．なお，自然史系の博物館の場合，植物学・動物学・鉱物学などの分野では，その分類について国際規約や基準ができあがっているため，日本においてもその基準に従って資料を分類展示することが一般的である．

　一方，人文系資料の場合は，同一あるいは同種同類の資料を集めることは難しいところである．しかしながら，例えば縄文土器の場合，同時期あるいは異なる時期の土器を集めてその違いを提示すれば，その多様性を伝えることができる．

図2　集合展示の例（国立科学博物館）

また，中世の備蓄銭の展示の場合は，出土した銭を銭種別に分類し1枚1枚明示すると同時に，出土銭を山積みにして展示するなども集合展示の一つである．出土銭の種類のみならず，見学者に全体量を実感させることで，当時の人々が蓄えた備蓄銭のイメージをより強調するねらいである．

このように集合展示は，ともすると単調になってしまう展示にインパクトを与える手法の一つといえるだろう．

●構造展示　構造展示とは，佐々木朝登・梅棹忠夫の両氏により提唱された展示手法である（図3）．実物資料同士を組み合わせ，その資料の相互関係から，自然発生的な情報を理解できるようにするものである．これは，動物のはく製や背景画などを用いて，動物がどのような場所に，どのように生息していたかを見学者が直感的にイメージできるようにする生態展示の対立概念として考え出された．

資料は，個々に使用方法や存在状況などの基本情報をもっているが，それをどのように展示して見学者に伝えていくかが課題となる．単体の資料だけの展示では，その情報を見る側に伝えることはなかなか難しい．そのため解説パネルやキャプションなどによる文字情報で補足する．しかし，単体では用途不明であっても，関係する資料を2点，3点と組み合わせれば文字情報がなくても全体像を伝えることができる．それが構造展示のねらいである．

例えば，擂り鉢を例にしてみる．昨今では家庭に擂り鉢がなくなり，その使用方法を知らない若者も多くなってきているが，このような場合，擂り鉢だけを単体で展示しただけでは何に使用されたものかわからない．そこで擂り鉢の中に擂り粉木を入れ，さらに擂り鉢の底に擂り粉木によって半砕された胡麻あるいは大豆が入っていれば，それを一瞥しただけでも擂り鉢と擂り粉木の使用方法，関連性がすぐに理解できるだろう．単に，擂り鉢，擂り粉木，胡麻・大豆を並列に展示しただけでは，その効果は希薄なものとなる．この例は最小単位の構造展示といえるが，台所を再現したなかに展示しておけば，さらに臨場感が高まることになる．

図3　構造展示の例（白根記念渋谷区郷土博物館・文学館）

構造展示は，このような生活道具や用具類の展示ばかりでなく，理工系の分野など，例えば電車や自動車など機械内部の構造などをわかりやすく提示するのにも有効な展示手法といえる．

●**組合せ展示** 構造展示が，一次資料である実物資料の組合せによる展示であったのに対し，組合せ展示は一次資料と二次資料を組み合わせることをいう．すなわち，実物資料と模式図や写真，模型，映像などを組み合わせたもので，博物館の展示手法において最も一般的といえる．

例えば民俗資料の場合は，民具などその資料を使用している記録映像があればそれを流すことにより，実際の使い方を具体的に理解することができる．さらにそれに伴う「かけ声」や「相づち」「歌」など音声も流すことでより臨場感のある具体的な展示となる．

●**収蔵展示** 収蔵展示とは，実物資料を引き出し式のケースに入れて展示する方法である．独立した縦型の両面あるいは片面の引き出しケースに実物資料を入れておき，来館者が自ら引き出して実見できるものである．またハイケースの下部に引き出しを設ける方法もある．この展示は，来館者が自ら行動を起こし，興味をもった分野の資料を見る点が特徴といえるだろう．

収蔵展示は，自然史系の標本などを効率よく見せたい場合によく使われる方法である．先にあげた集合展示（分類展示）でたくさんの種類の標本を提示するには展示スペースの問題が生じるが，収蔵展示ならば省スペースでたくさんの資料を提示することができる．

また，ケースごと入れ替えて資料の内容を換えることができる点もメリットの一つである．例えば展示テーマを月ごとに変えていけば，その展示を目当てに来る見学者，リピーターも増えることとなるだろう．なお，収蔵庫と同等の保存環境を整えて，実物資料を展示公開する手法などを「収蔵展示」と呼ぶ場合もある．

●**生態展示** 生態展示とは，生物同士または生物と環境との相互関係を，はく製標本や模型，背景画などを用いてジオラマ式やパノラマ式などの空間を再現する手法である．

その先駆けは1786年に開館したフィラデルフィア博物館である．それははく製の背面にその生物が生きていた景観を描いた展示物だった．日本では明治後半に至っても，欧米の博物館を視察し，啓蒙を受けた人々がやっとその事例を報告していたにすぎなかった．やがて1913年になって，棚橋源太郎が「通俗教育館」において動物のはく製と人工植物などを組み合わせた生態展示を登場させている．その後，生態展示は自然史博物館を中心に展示に採用され，現在はジオラマ式のものが主流となっている．

［柏谷　崇］

📖**参考文献** 梅棹忠夫（編）『博物館の世界―館長対談』中央公論社，1980

解説グラフィック

　解説グラフィックは，文字と図像（文章，グラフ，写真など）を使って展示の意図や個々の資料情報などを伝える，平面的な視覚表現の総称である．解説パネル，キャプション，ネームなどが含まれる．これらは，「もの」を主体に組み立てられる展示資料と観覧者との間にあって，観察・理解の架け橋になろうとするものである．

　解説グラフィックは，見学者の目を引きつけ，足を止めるデザインの力が必要である．解説グラフィックには二つのデザイン作業がある．一つは視覚情報をつくる仕組みを設計するシステムのデザイン．もう一つは解説パネル，キャプションなど具体的に目に見える視覚情報のデザインである．

●**システムのデザイン**　システムのデザインの要点は，①グラフィック・デザインの基本方針（コンセプト）をつくる，②解説項目リストをつくる，③解説文のルールをつくることの3点である．

　①基本方針は，展示テーマがもつ世界観をどう視覚化するか，想定する見学者層の興味・関心はどこか，デザインのスタイル，テイストはどうするか，などを検討し，決定する．これは展示主体者（学芸員ほか）とデザイナーの共同作業として，認識の共有化を図る．目的はメッセージの伝達効果を高め，美しく統一的な解説グラフィックを実現するためのものであり，これ以降の解説グラフィック・デザインの原理・原則となる．

　②解説項目のリスト化は，全仕事量の把握と管理のためのものである．項目の抽出は展示シナリオ（☞項目「構想と計画」）を基に行う．展示シナリオにはテーマのもつ意味とねらい，ストーリーと情報の流れ，資料の構成の考え方などが書き込まれている．そこからグラフィックで解説すべき項目と内容をリストアップする．リストは，項目ごとのサイズ，設置場所，制作条件，通し番号など記入できる欄を設け，原稿制作と進行の管理に使われる．常に更新され，関係者に同時的に共有されるものである．

　③解説文のルール化は，解説をするための基準をつくることである．具体的には，解説対象（子どもか大人か）を定め，文字数を決め，文体（「です・ます調」か「だ・である調」か）を揃えることなどである．

●**視覚情報のデザイン**　視覚情報のデザインは，通例，解説パネルのかたちをとる．解説パネルは展示ストーリーの流れ（＝動線）に沿って配置される．展示ストーリーは，おおむね階層的なツリー構造をとるので，階層ごとのレベルに対応した情報を見学者に提供していく．

　階層は，大きく①主題レベル，②論理展開レベル，③資料レベルと大別される．階層構造は展示の規模とストーリー展開によって変わる（図1）．

かいせつぐらふぃっく

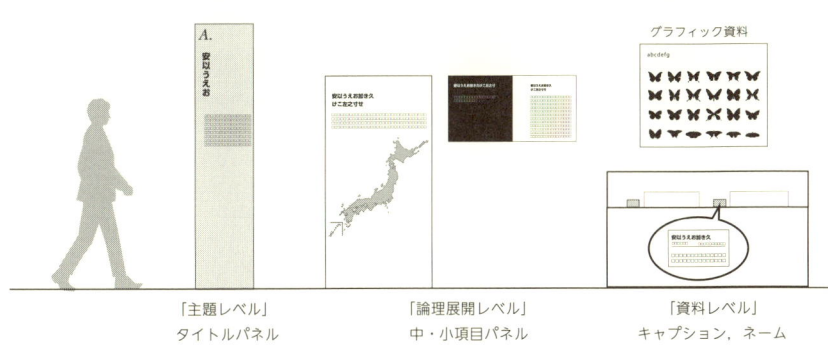

図1 展示ストーリーと解説パネル

①「主題レベル」のパネルは，タイトルパネルという．文字どおり展示のタイトルを表示する．タイトル表記のタイポグラフィとテーマを象徴するイメージが表現の主要素となる．展示への誘導サインでもあるので，視覚的な訴求力を高めるために比較的大型のパネルとなる．

②論理展開レベルのパネルは，「中・小項目パネル」という．よび方は館の慣習や人によってさまざまである．それらは展示の意図する主要なポイントを系統立てて説明するものである．基本的に文字（文章）が主体の解説である．しかし一方で，見学者は，解説パネルを熱心には読まないといわれる．

いかに，読んでもらえる解説パネルをつくるかは，展示者にとって尽きない命題である．要は，見学者の心を捕える生き生きとした解説文を書くこと，と同時に文字量をできる限り抑えて，視覚上も見やすくデザインしていくことである．文字量に関しては，しばしば引用される経験則として，基本は100〜200文字程度だとされる．それ以上になる場合は，ほかの解説メディア（手持ちシート，音声解説機器，電子端末など）との併用を検討すべきである．また，単なる文字解説を脱して，演出的，美術的なビジュアルボードや親しみやすいイラスト，漫画などを使った説明など，さまざま手法の工夫も必要である．

③資料レベルは，「キャプション」「ネーム」という．資料ごとに付けるID情報で，美術，歴史・民俗，自然科学など分野によって，記入項目のフォーマットが異なる．名称と関連年月日，出所などの属性のみの表記が最小型で，必要に応じて短い説明が付けられる．

●**文字（書体）**　解説パネルの主要素は文字である．どの形の文字をどう組むかによって解説文の見栄え（視覚効果）が違ってくる．文字の形のことを書体という（☞項目「タイポグラフィーとスイススタイル」）．和文書体は明朝体，ゴシック体，筆書体が主流である．欧文書体ではセリフ体，サンセリフ体，スクリプト体などがある（次頁図2）．

●**文字組み**　選択した書体でひとかたまりの文章を仕上げることを，文字組みという．重要なのは読みやすさと美しさである．ほかの印刷物にもまして展示空間では，見学者の「読むストレス」をやわらげ，読む気持ちにさせる工夫がいる．文字組みに

書体　明朝体（リュウミンM）　　　font　セリフ体（Times New Roman）

書体　ゴシック体（新ゴR）　　　font　サンセリフ体（Helvetica）

書体　筆書体（中楷書）　　　font　スクリプト体（Snell Roundhand）

図2　和文書体と欧文書体

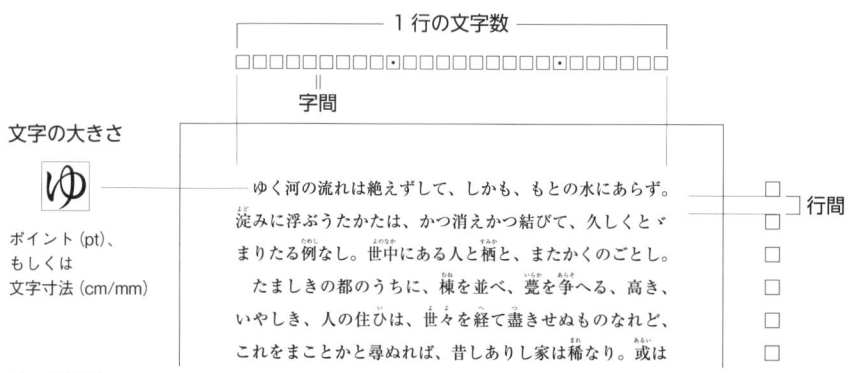

図3　文字組み

おけるポイントは，文字の大きさ，1行の文字数，字間と行間である（図3）．

これらはそれぞれに関連し合うので，一概に定数化できない．文字の大きさは，解説を読む距離や設置場所の明るさ，書体による認知性の違いなどさまざまな事項が関係する．そのため，サンプルをつくり，実際に目で見て判断する．読みやすさという点では，むしろ1行の文字数が重要な要因になる．1行18～25字前後が標準である．字間と行間は，つまり過ぎると目で追いづらくなる．また漢字にルビをふることも多いので，行間はルビが入るスペースにも配慮する．

●**解説パネルのフォーマット**　フォーマットとは文字や図像のレイアウトに一定の法則をもつ「型」のことである．さまざまな種類と数が必要になる解説パネルに「型」という一定の秩序を与え，同じ印象で揃えることで，見学者の理解をスムーズにする．

フォーマット化の典型的な手法に，グリッドシステムの考え方がある．モジュール化（基準とする寸法）したグリッド（格子）で版面を分割して，デザイン要素（文字・写真・イラストなど）のレイアウトを決めていく．また，グリッドを基準にしてサイズ違いのパネルを用意し，解説の階層に対応させる．このようにして，解説グラフィック全体に秩序と統一感をもたせることができる（図4）．しかし，この手法は

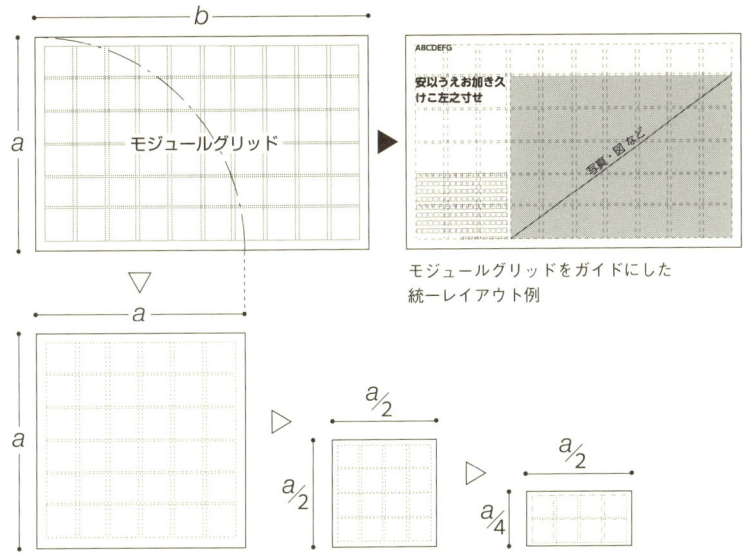

図4 グリッドシステムのイメージ

堅苦しさや退屈さにつながるという議論もある．グリッドの枠を外したより自由な「型」も当然あり得る．

●**コントラストと色のデザイン**　見やすさ，読みやすさの点では，コントラストの領域も重要である．つまり解説パネルでの文字と地色の関係である．基本的に，白地に黒い文字，または黒地に白い文字のようにコントラストが強いほど読みやすい．グレー地に対する黒い文字や白い文字はコントラストが弱いので見にくい（図5）．また，黒地に白い文字の組合せは，文字量が多いと目がつらくなる．文字量が少ない場合は，効果的に使える組合せであろう．文字や地に色を使う場合も基本的に明度の差の強い方が読みやすい．

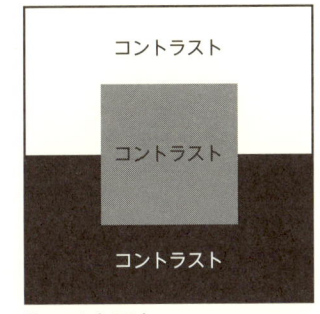

図5　コントラスト

色の使用については，色覚障がいをもつ人への配慮が提唱されている．日本では男性の約20人に1人，女性は約500人に1人の割合だとされており，特に男性は見過ごせない数である．

色の使用については，カラーユニバーサルデザイン機構（CUDO）のHP情報なども参考になる．　　　　　　　　　　　　　　　　　　　　　　　　　　　　　　　[安藤敏博]

参考文献　Dean, David（著）北里桂一（監訳）山地秀俊・山地有紀子（訳）『美術館・博物館の展示―理論から実践まで』丸善出版，2010／木村浩『情報デザイン入門』筑摩書房，2002

模型・ジオラマ

　模型・ジオラマとは伝えるべきことを立体的に可視化することで，来館者にわかりやすく多くの情報を提供する表現方法である．博物館の展示手法は，実物のコレクションをしっかり展示することが基本だが，実物資料だけでは理解できないさまざまな情報を伝達するために模型・ジオラマが多くの博物館で用いられるようになった．さらに近年はもっとわかりやすく面白く見せようということで，多様な映像表現やコンピュータ技術を取り入れた空間演出による展示手法やメカ装置技術を組み込んだものが見られるようになった．それに合わせて，模型も単独ではなく，他の展示手法と複合的に組み合わされたかたちでつくられることが多くなった．

●**模型**　模型の種類は，縮尺模型，地形模型，人形模型，原寸大情景再現模型，建築模型，仕組み模型などがある．概要は以下のようになる．

・縮尺模型：模型化する対象物の縮尺を決めて拡大や縮小をして制作した模型をいう（図1，2）．全体を模型化するほか，特徴をわかりやすくするため，部分的に制作することもある．

・地形模型：模型化する対象の地域を縮小して制作した模型をいう．地形図の等高線を積み上げて制作をするのだが，水平距離に対して高さ方向を1.5〜2倍程度に強調して制作することが多く，それにより自然な起伏に見える．かつてはアクリル板や厚紙を積み上げていたが，近年は等高線を含む地形データを制作し3Dプリンターで出力して制作したり，人工木材などを工業用機械で削り出して制作することが多い（図3）．

・人形模型：人間または動物，またはそれらの類を模したものをいう．形態は等身大，ミニチュアに大別できるが，展示目的により表現方法が異なる．自然人類学として人体を詳細に復元する場合や民族学として衣装や道具に重点を置き，人形は黒子として無装飾に制作する場合，または演出的に再現要素の一つとして制作するものなどがある（次頁図4，5）．

・建築模型：建物の完成予想の検討やイメージを共有するためにつくられ活用される

図1　石川県立歴史博物館，江戸時代の町並み（S＝1/40）屏風絵をもとに専門家が考証した

図2　茨城県自然博物館「土の中の生きもの」，拡大の世界．地表と地中の生き物を約100倍で制作した

図3 四日市公害と環境未来館
地形模型表面に地形情報と文字情報を投影した

図4 府中市郷土の森博物館,国司役人(等身大)
衣装,小道具も綿密に考証し制作した

図5 いすゞプラザ,生産ライン模型(S=1/20)
工場をリサーチし工作機械類を細かく制作した

図6 横浜都市発展記念館,近代建築
残された図面・写真資料をもとに制作した

模型のことをさすが,博物館では歴史的建物の外観や構造などを再現することに用いられている(図5,6).

●**ジオラマ** ジオラマは,当初模型制作技術や視覚効果を駆使して,額縁に収められた絵画を見せるように風景や場面をボックスの中につくり,一点から見たときの効果を狙った展示手法として制作されたが,現代では展示空間を効果的に活用したさまざまな形態のものがある.ジオラマは,全体像がわかりやすく,時間や空間を超え未知の世界に入り込んだような感覚で見せることができる.自然景観や街の情景などを展示したい場合や地形や建物などの仕組みや構造を理解するためにはこの手法は有効である.また,精巧でよくできた模型・ジオラマはそれ自身に見る人をひきつける魅力があり「見たい,覗きたい」という人間の欲求に対して立体物ならではのリアリティのある演示効果をもつ.以下に基本的なジオラマの種類を示す.

・ボックス型:ボックスのなかにつくられた情景を外側の一点から見る仕組み.背景画と模型により緻密に計算された遠近法の効果がある「額絵」としての静的なイメージがある(次頁図7〜9).

・オープン型:むき出しで設置されたジオラマを多方向から寄りついて観察することができる.枠外からなら来館者の観察視点の移動が自由である.

・ドーム型:来館者がジオラマの内部に深く立ち入ってさまざまな角度から観察することができる.建築設計の段階でジオラマ専用空間として計画しなければならない(次頁図10〜12).

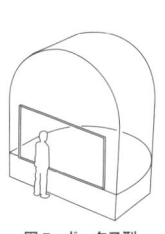
図7 ボックス型

図8 群馬県立自然史博物館，尾瀬ヶ原

図9 浙江自然博物館，白亜紀の世界

図10 ドーム型

図11 氷ノ山自然ふれあい館 響の森，ブナ林のジオラマ

図12 岩手県立博物館，イヌワシのジオラマ

図13 ウォークスルー型

図14 茨城県自然博物館「森の生態」，ブナ林・雑木林

図15 府中市郷土の森博物館，市内の自然環境

・ウォークスルー型：ジオラマ空間の内部に直接入って移動し観察ができる．来館者にとって本物の空間に立ち入ったような疑似体験ができる（図13〜15）．

●原寸街並み再現空間　先述したウォークスルー型手法によるもので，昔の街並みを再現し，そこで昔の暮らしのようすを体感する展示空間として演示効果がとても高く，しかもわかりやすく学べる．江戸深川資料館や大阪くらしの今昔館，浦安市郷土博物館屋外展示場などがある．映画美術セットの手法を取り入れ，限られた展示空間を上手く利用して展示空間を構成している．そのほか，国内では，屋外施設だが博物館明治村や府中市郷土の森博物館（屋外），川崎市立日本民家園，江戸東京たてもの園などが，古くて価値のある建築物の実物保存を目的としつつ展示公開されていて，昔の暮らしの体験ができる（図16, 17）．

図16 大阪くらしの今昔館，江戸時代の街並み
着物をレンタルしている

図17 浦安市郷土博物館屋外展示
漁業で栄えていた頃の町を再現している

図18 山梨県立リニア見学センター，鉄道ジオラマ
背景壁面が全面CGによる風景映像

図19 山梨県立リニア見学センター，鉄道ジオラマ
昼夜，季節の変化を背景映像で演出

図20 いすゞミニチュアワールド
ミニカーが同時に複数自走する

図21 いすゞミニチュアワールド
自走車は主に商用車

図22 リニア・鉄道館，鉄道ジオラマ
東京，名古屋，大阪間の景観を凝縮

図23 敦賀赤レンガ倉庫，鉄道ジオラマ
戦前から戦後にかけて敦賀の発展史を再現

●**ジオラマ演出の進化** 本来は静的なつくりものであるジオラマの演出を工夫する方法として，照明や音響などさまざまな技術やメディアによる演出を付加することで，より写実的で現実的な空間を動的に演出することができる．山梨県立リニア見学セン

ターの大型鉄道ジオラマでは，CG背景画映像を制作し，壁面に投影して，富士山の四季の変化，昼夜の変化などもつくり出し，照明の変化と合わせて演出している（前頁図18，19）．

　いすゞプラザの大型ジオラマでは，87分の1サイズのミニカーを自走システムにより制御し，走行演出をしているのだが，ヘッドライトやテールランプ，ウィンカーを点灯させ，停止，発進，加減速までも，まるで運転手が操縦しているように，しかも複数のミニカーが同時に自走する．これは，年々小型化されるICチップをミニカーに搭載することが可能となり，個別の車両ごとにプログラム制御することが可能になったからである（前頁図20，21）．

●鉄道ジオラマ　以前から国内の博物館にあったが，近年，新しく制作されるものは，ICチップを鉄道模型車両に搭載し，デジタル制御することで，個別の車両編成ごとに制御，自動走行させることが可能になり，走行演出の幅が広がった．以前は，1路線に1編成の車両模型を人が操作をしてスタート，ストップの動きの管理をせねばならなかったが，デジタル制御により，1路線に複数の編成の車両を走行させることができるので，鉄道の専門家の要望にも応えられる複雑なダイヤを組むことも可能になった（前頁図22，23）．

●実例紹介　新宿区立漱石山房記念館書斎再現：夏目漱石の終の棲家となった住宅の一部を外部，内部ともに再現制作をした．建物自体が現存しておらず，早稲田大学名誉教授の中川武監修のもと，建築設計事務所が復元設計を行った．建物は，その復元図面をもとに制作を行った．書斎の内部のようすを知る資料は遺された数枚の写真のみだったが，この写真によって，多くの書籍に文机が囲まれた書斎内部の特徴を知ることができた（図24，25）．

　しかし，壁紙は，大正6年の写真では不明瞭であり，昭和3年の写真では貼り替えられていた．生存中は別の模様の壁紙だったことが文献に記されていてわかったが具体的な絵柄について写真や図が現存していなかったので，漱石研究者の石崎等や神奈川県立神奈川近代文学館の協力を得て」デザインしてオリジナルの壁紙を制作した（図26）．漱石の蔵書の一部が戦前に東北大学附属図書館に移管されていたので，それらの背表紙を撮影し複製品を制作した．漱石書斎の写真を見て検討をした結果，和洋書合わせて約2,000冊用意することとした．設置する書籍の小口の部分が来館者から近い距離で見えるものについては，古本の洋書を用意し，それに複製品の背表紙を張り付けた（図27）．回廊から窓ガラス越しに小口が見えるものについては，箱状のつくりモノの書籍の小口部分に和紙を貼り，それらしく見えるよう制作をした．和書はすべて新規制作をした．小道具制作のうち文机，文箱，絨毯や机上の文房具なども，実資料を保管する同上の近代文学館より協力を得て，限られた写真を見ながら複製品を制作し，複製品の制作ができなかったものについては推定復元を行った．小物入れや硯箱といった箱状のものは多方向から撮った写真がなくても形状をある程度予想できるが，不定形の文鎮や筆洗などは一方向から撮られた写真だけで制作をしなければならなかったのでつくり手には想像力が求められた．

図24 昭和3年の書斎の写真

図25 再現制作した書斎

図26 壁紙の版下デザイン「銀杏鶴」紋

図27 古本を利用した背表紙の貼り加工前（左）と加工後（右）

図28 施主による小道具の工場検査

図29 庇のトタン貼り部分のエイジング作業のようす

　小道具は制作するだけでなく実物購入も行う．購入したものはそのまま使用する場合もあるが，ほとんどが，クリーニングや再塗装など一手間加えてある（図28）．建物はいったん工場で仮組みして施主，監修者の検査を経た後，解体して展示室へ搬入設置した．
　搬入設置後は，使用感を出すためにエイジングという加工を行う．エイジングは，一般的に塗装作業の仕上げ段階で「汚す作業」のイメージがあるが，生活感，使用感を表現するための方策である．工場で仮組みをした際に敷居や窓の手がかりの部分は，住人が日常的に踏んだり触れたりする箇所を想定して，サンドペーパーをかけて痛めたり丸めたりなどする作業も行う．漱石はヘビースモーカーだったので，室内の壁の入隅みや窓ガラスをヤニ色で汚したかったが，汚れの印象が強くなることを避けるため，最低限のエイジング加工仕上げとすることとなった（図29）．　　　［中井弘志］

参考文献　齊藤克己「ジオラマの普遍性」『展示学』49，p 62，2011

レプリカと実物保存

　レプリカの語源は，イタリア語で「繰り返し」を意味する．もともとは，実物標本から型取り成形された複製品をレプリカとよんでいた．しかし近年では，型取り成形をしない模造・模刻・模写から復元までも総称している．また，実物標本をそのまま保存することも行われている．各標本に最適な保存方法を検討し，多様な技術が展開されている．

　なお，レプリカ（複製）には立体と平面の2種類ある．立体の場合は凹型を取り成形し彩色を施す．平面の場合は撮影してデジタル出力し補彩を施す．いずれも，彩色以外の作業には人（個人）の感覚が入り込まない再現性の高い方法を取っている．

●レプリカ（複製）の利点　レプリカがあれば，大切な実物標本は収蔵庫の理想的な環境下で保存できる．レプリカ標本は熱・光・湿度などの影響を受けにくいため長期間の展示も可能である．軽量かつ強度があるため，大型の骨格標本なども理想的なレイアウトや展示構成することができる．さらに標本の欠損部の補修も自由である．豊富な標本を必要とする系統展示などにも容易に対応できる．近年は非接触型の計測器や3Dプリンターが発達してきた．そこから得たデータをインターネット上に公開することで，閲覧やダウンロードが可能になり容易に複製できる標本が増えてきている．

●立体レプリカの製作手順　①記録写真撮影：型取り前の状態を記録し型取り後と比較，検証するために写真撮影を行う．②錫箔貼り：型取り用シリコンの油分の移行を防ぐため，また脱型不可能な雌部に入り込まないように保護被膜として錫箔を貼る．③シリコン雌型（図1，2）：液体の型取り用シリコンを塗る．硬化後はゴム状になり標本の表面形状を正確に写し取る．④石膏やFRPによるバックアップ（図3）：シリコンはゴム状なので，硬くて変形の少ない素材で立体形状を維持させる．⑤雌型の脱型（図4）：標本から石膏をはずし，次にシリコンをはずし雌型の作業が完成する．⑥成型（図5）：シリコン雌型に成形用樹脂を貼り込む．強度を得るため強化繊維で補強しFRPにする．⑦成形品の脱型（図6）：FRP成形樹脂をシリコン雌型からはずし，成形品が完成する．⑧彩色：成形品の表面の汚れを落とし，アクリル系絵の具などで彩色を施す．

●平面レプリカの製作手順　①原資料の撮影と色取り：色取りとは，技術者が原資料を前にして色見本などを活用しながら各部分のもつ色味や表情などを記録し，レプリカ完成品の制作に生かすための作業をいう．原資料の所蔵先において，原資料の撮影をアナログ（大判8×10または4×5のポジフィルム）もしくはデジタル（3,900万画素以上）をもって撮影する（図7）．同時に製版および技術者が原資料から直接色取りを行い色見本サンプルを作成し記録する（図8）．②フィルム現像およびデジタル解析：アナログ撮影の場合はポジフィルムを現像し，さらにデジタル変換を行う．

れぷりかとじつぶつほぞん　289

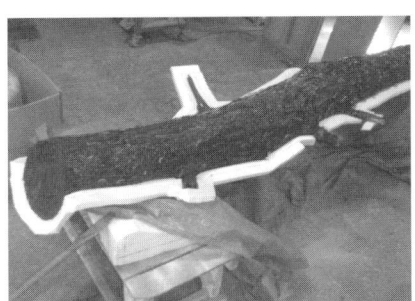

図1　標本（樹木）

図2　雌型（シリコン）

図3　バックアップ（FRP）

図4　脱型（シリコン・FRP）

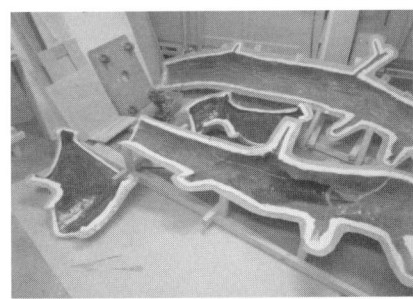

図5　貼り込み成型（FRP）

図6　成形品（FRP）

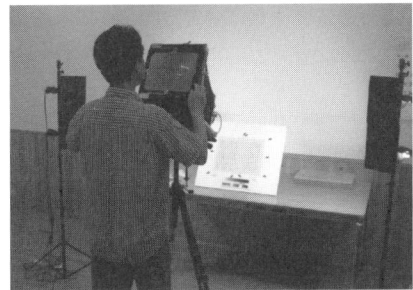

図7　撮影

図8　色取り

展示のテクニック

③製版（画像処理）：上記デジタル解析されたデータもしくはデジタル撮影されたデータをもとに，技術者が今後施される彩色を想定し製版を行う，もしくは，手彩色を行わない場合はデジタル上で出力を想定した画像処理を行う．④紙の選定：原資料に近い和紙や原資料の表情（絹本，木目など）を表現しやすい物を選定する．⑤印刷：彩色を行う場合は骨刷り（墨版のみ）を行う．この時点での複製の制作過程は全体の2～4割程度となる．デジタル上で色校正，補彩，修正を行った場合はこの時点で本紙は完成となる．⑥手彩色：原資料から採取した色取りデータをもとに，撮影時のデータと比較検討しながら細心の注意を払って絵の具で彩色を施す．⑦確認検査：所蔵先において原資料と複製作品の比較検討を行う．⑧体裁仕立て（形状摸像）：和製本，洋製本，折丁，古文書などの寸法・状態を確認し原資料の再現を忠実に行う．古文書などの虫食い，亀裂などもこの時点で行われる．

●複製以外のレプリカ　次に，複製以外のレプリカの特徴と注意点を記す．

①模造・模刻：標本の劣化が進んでいたり，シリコンなどによる型取り作業で破損する心配がある場合，また形状だけでなく材質・工法・構造なども重要な資料の場合に行う手法．同じ素材，同じ工法で，同じ形状に仕上げる場合もある．模刻は，主に木像彫刻や石像彫刻の場合の彫刻手法である．実物標本と同じ素材で復元できる．

②模型：標本を模倣し具像化したもの．例えば自然景観のような大きな物を理解・把握するために縮小したり（ジオラマ模型），同じ理由で小さなものを拡大したり，抽象的な概念を具像化したもの（概念模型）も含む．

③復元：欠損部があったり完全形でなかったりする標本から，推測をもとに再現したもの．古生物学で一部の化石から推測をもとに全身像をつくり出したり，失われた建造物を当時のように再生したりすることをいう．

●レプリカの課題　レプリカは，形状と表面凹凸をコピーしたものであり，成形素材は合成樹脂である．いかに精巧であっても本物ではなく本物に準ずるものというマイナスイメージが拭えない．しかし化石標本のように形状情報のウェイトが高い分野では有効な方法である．各研究テーマに最適な方法を追及し，実物標本とともに展示には必要不可欠な存在であることを明確化し認知を向上させていく必要がある．

●レプリカ以外の資料保存　次に，レプリカ製作以外で実物資料を守る処理方法を具体的に記す．その利点は，何よりも博物館展示の本来あるべき実物標本の展示が可能な点である．多様な情報を有している標本を，そのまま保存維持し，あらゆる学術領域からの研究対象としても存在できる．見る側にとっても実物のもつ価値観が伝わり，さらに審美感の育成にもつながる．

①実物保存処理：レプリカがさまざまな方法で実物を再現するのに対し，実物標本の腐敗や劣化を止め遺伝子レベルで保存する方法がある．例えば，プラスチネーションという技法は標本に含まれる水分を樹脂に置き換えることで腐敗・変形・劣化などを防ぐ．標本の自然な状態を保ち，観る人に本当の形や色や情報を伝えるための処理である．動物・植物・菌類など標本特性が多様であるため，処理方法もさまざまな方法が考えられ，行われている．

②乾燥：腐敗や劣化が懸念される標本を単純に乾燥させ標本とする方法．昆虫の多くは形状や色を比較的維持できるが，植物は変化が激しく色も残らないため，近年の展示には用いられない場合が多い．

③液浸：アルコールやホルマリンに浸けて固定保存する方法．あらゆる生化学反応が停止し形状維持が強化される．はく製と違い，内臓などの内部組織も保存できる．近年，ホルムアルデヒドへの懸念から展示を回避される傾向がある．

④包埋（封入）：透明な樹脂の中に標本を埋め込む方法．樹脂は変色や経年劣化が少なく透明性の高いアクリル樹脂・エポキシ樹脂・不飽和ポリエステル樹脂などが多く用いられる．標本の破損が少なく扱いが容易である．

⑤プラスチネーション：人間や動物の内臓に含まれる水分を合成樹脂に置き換え保存する技術である．細胞組織の構成を保ち，手に取って観察することも可能なため医学教育や研究に用いられた．形状変化が少なく，封緘させることなく展示できるため植物・昆虫・魚などにも応用されている（図9）．

⑥プレパラート：顕微鏡観察用としてスライドとカバーグラスの間に標本を封じ込める方法．封入液には簡易的にグリセリンを使ったり，恒久仕様としてシダーウッド油やバルサムなどを使う．

⑦はく製：動植物の表皮をはがし脱脂と防腐処理を施し，除去した中身の代わりに木毛，ウレタン発泡材，FRP成形品などに置き換え，外観形状を生きていた状態に復元させる方法．

⑧地層はぎ取り：地層断面にポリウレタン系樹脂を塗り補強用裏打ち布を貼り付け，さらにポリウレタン系樹脂を塗り重ね，水をスプレー散布し硬化させる．1時間程度の後にそれをはぎ取る．本物の地層を一層だけ採取した大地の標本である（図10）．

図9　プラスチネーション（盆栽）

図10　はぎ取り

●**実物保存処理の課題**　以上のような簡易な作業で研究対象としての保存は可能であるが，大きさに制限があったり変形・退色の欠点がある．標本がもっている情報を複合的に伝えるため，積極的に新しい技術を取り入れ展示効果の向上を図ること．また将来進化した保存方法にも支障なく対応（チェンジ）できるなどの可逆性も検討すべきである．

［中山　隆］

演示具

　展示資料を安全に支持して展示効果を高めるための補助具には，まだ定着した呼び名はない．「演示具」「展示パーツ」「治具」「展示具」「支持具」などさまざまに呼ばれているが，本項目では「演示具」という名称を用いる．演示具には大きく分けて2通りの要素がある．安全に支えたり受けたりといった機能的演示具，演出効果としての視覚的演示具，この2種類を使い分けることにより安全で効果的な展示が実現できるのである．

図1　卦算と巻き芯（演示具，展示品ともに京都国立博物館蔵，以下特記以外同）

●**演示具の種類**　演示具には実にさまざまな種類がある．土器をのせる五徳，巻子など紙資料を押さえるための卦算，巻き芯，敷板，屏風立て，衣桁，甲冑台，皿立て，刀掛け，ケース内に並べられる平台，斜台といった展示台やアクリルケース，資料の裏側を見せるための鏡，転び止めやずれ止めに用いる虫ピンやアクリルピンも演示具である（図1～4）．資料を展示するために必要な補助具のすべてを演示具と呼んでも差し障りはないだろう．

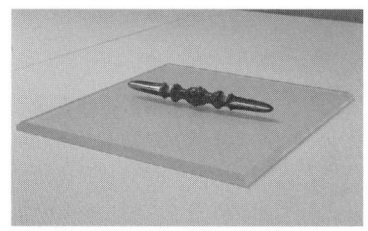

図2　敷板（金剛独鈷杵を展示．聖衆来迎寺蔵）

●**演示具の役割（展示効果と安全性）**　博物館において最も重要なのは展示資料である．その展示資料に過度な負担をかけず，安全に展示するためにあるのが演示具である．また，展示資料をより美しく見せることも演示具の役割である．環境の良いケースの中に安定よく展示することが大前提ではあるが，どんなに貴重な資料であっても展示方法によってはその価値が見る側に伝わらない場合もある．逆に一見何の変哲もない生活道具であったとしても，展示方法によっては価値の高いものに見せることができる．

図3　屏風立て

　演示具を考えるときにはまずどのように見せたいのか，どう展示したいのかを明確にし，展示ケースの形状や機能を踏まえ，展示資料の特

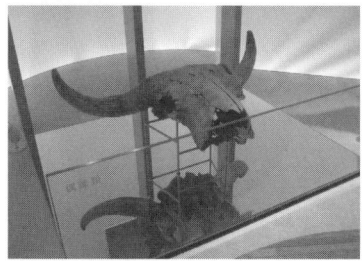

図4　裏見せ用演示具（バイソン頭骨化石を展示．豊橋市自然史博物館蔵）

徴，脆弱性などを考慮して設計に入る．例えば，石器や化石のように硬質感はあるが小さい資料を壁面に展示する場合，あまりに華奢な演示具で支えていたら強度不足となり見た目にも不安定な展示となる．しかし，必要以上に大きな演示具で支えてしまったら展示資料そのものが見えにくくなってしまう．安全策を講じるあまり，必要以上に大きな演示具で支えたり，何箇所もテグスを掛けるようなことは，展示資料より演示具が目立ってしまい，結果的には展示効果を損ねてしまう．だからといって，何の工夫もせずにただ置くだけでは，安全性の確保と展示資料の良好な観賞を両立することはできず，不適切な展示になってしまう．展示において，展示効果と安全性はまったく別方向の要素である．この相反する要素の橋渡しをして，展示資料の特徴を最大限に生かした展示を実現するのが，演示具の役割である．

例えば，1点の小さな展示資料をケースの中にそのまま置くのではなく，その下に敷板を1枚敷くだけでも独立感や高級感が生まれ，その印象はずいぶんと変わってくる．また，小さな展示資料であっても透明アクリル製の少し大げさに感じるくらいの演示具に展示すると象徴的な展示になる．複数点の場合は，個々の高さに変化をつけることで，ケース全体に動きが出て立体的な展示とすることもできる．このように，展示資料を強調し美しく見せる要素が，視覚的演示具である（図5，6）．

かたや，機能的演示具とは，展示資料の材質や強度，脆弱性を考慮し，支持する部位やその方法を十分に検討して，安全性を保ちながらも，過剰に武骨にならない黒子のような演示具のことである（図7，8）．しかし，あまりに目立たない演示具にして

図5　視覚的演示具（有舌尖頭器を展示）

図6　視覚的演示具（銅鏡を展示）

図7　機能的演示具（土器を展示）

図8　機能的演示具（銅鏡を展示）

しまうと，不安定に見えることもあるので，あえて意図的に「ここで支えている」と見せる場合もある．

●実測　実際に展示をするときにテグスをどう掛けるか，どこで支えるか，どう見せるかなど，演示具の形状を具体的にイメージしてから展示資料の必要箇所の計測をする．その計測値をもとに演示具を製作するための細かな寸法を決めていく．このように演示具を設計，製作するための採寸作業を実測という．

展示資料の特性や展示意図などを踏まえ，視覚的演示具と機能的演示具を融合させることで，完成度の高い展示を実現できるのである．これを実現させるために最も重要な作業が実測である．

小さい資料の場合，演示具があまりに華奢では，安全性を確保できず見る人も不安になるだろう．しかし，必要以上に大きく武骨な演示具で支持してしまったら展示資料が見えにくくなる．華奢と武骨との間にある適度な大きさを見つけるためにも，実測は欠かせない作業である．例えば，土器をのせる五徳の場合，土器が最も安定し，全体の形状がよく見える位置を探し出すために実測を行う．展示資料は支持する場所によって寸法が微妙に異なる．どこで支えるといちばん安定するか，資料自体の強度はどうか，どう支えるときれいに見えるか，など時間をかけて実測することが最終的にはバランスのとれた展示効果と安全性の両立につながっていくのである．図9に演示具を製作するにあたっての大まかな流れを示す．

ところで，汎用性の名のもと，実測をせずに機械的に大・中・小といった何パターンかにつくられた演示具を目にすることがあるが，これでは展示資料と演示具がフィットせずに展示資料に過剰なストレスがかかるような無理な取付けをすることになったり，逆にゆる過ぎて隙間に何層もパッキンを挟むことになったりする．これでは美観性も安全性も保証できない展示になり視覚的にも機能的にもあてはまらない中途半端な演示具ということになる．

●演示具の材料　演示具は木材・金属・アクリル・ガラスなどを用いて製作する．演示具の機能や形状を踏まえ，どの材料を使って製作するのかの検討も必要となる．演示台などの製作に用いる木材の場合，有機酸・アンモニアの放散を抑制した材料の選定が必要になるとともに，相応の枯らし期間の確保も必要である．また，展示資料に塗装面や鋭利な部分が直接当たらないように，シリコンシートを敷くなどの配慮も大切である．

●演示具のあり方　演示具の良し悪しで展示資料の見え方が大きく左右される．どこを見せたいのか，どのように展示したいのかを明確にする．絶対的に安全な展示を目指しながらも決して過剰にならないような演示具をつくる．そして何より来館者にとってわかりやすい展示になっているかを考えることが大切である．展示資料の特徴や形状を来館者にきちんと見てもらえるように展示することはとても重要である．

見やすい展示をするためには目立たない演示具をつくる必要がある．きれいに見せるためにはきれいな演示具をつくる必要がある．象徴的に展示するならば特徴的な演示具をつくる必要がある．何をどのように展示するのかを事前に計画して，時間をかけて検討し，きちんと実測をして設計することが演示具において最も大切なことである．

えんじぐ

図9 演示具製作の流れ

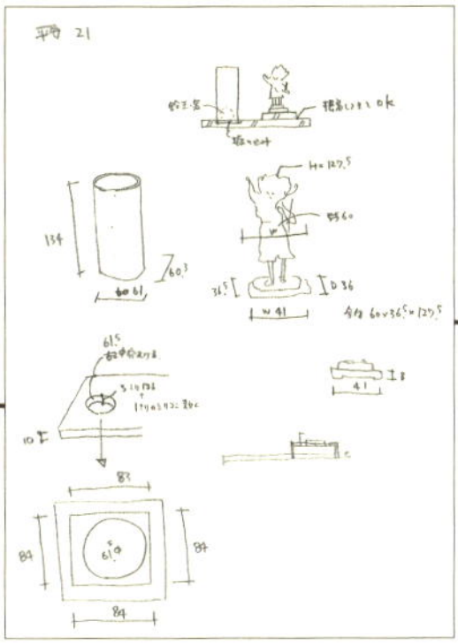

① 実測時のメモ 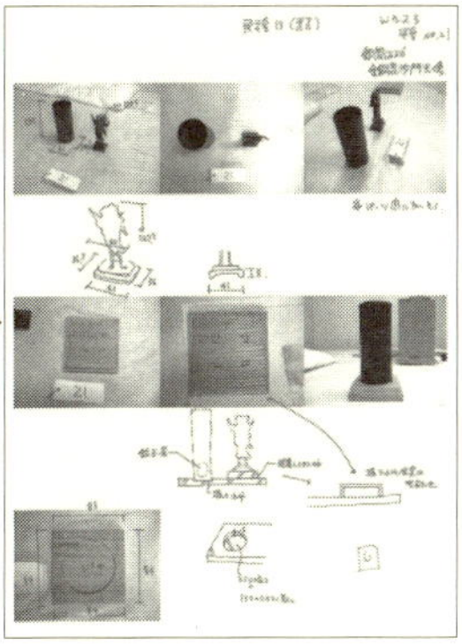
② 実測時のメモをまとめる
③ 演示具のスケッチ 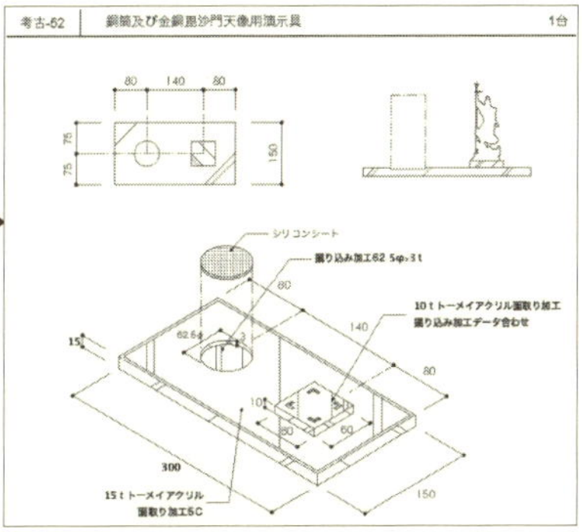
④ 演示具の図面を作成する

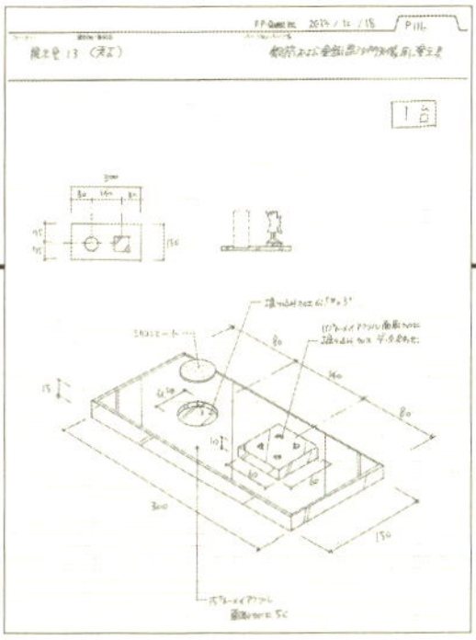

⑤ 完成
あまり高さもなく，重心も下にあって安定しており，展示ケースも免震構造なので，テグスなどの固定は不要と判断したが，ベースのアクリル板を削って資料を落とし込むことで安全性を高めた．ベースの素材を厚みのある透明アクリルにし，大きめに面取り加工を施すことにより，高級感が生まれ，また照明の光で小口が光る効果も得られた（銅筒および金銅毘沙門天像〈山城国花背別所経塚群出土品一括，文化庁保管〉を展示）．

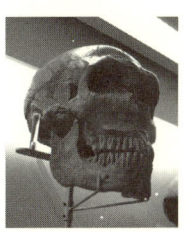

頭骨を展示する場合，大顎と上顎（上部）がバラバラになっている場合が多いので設置したときに不自然に見えないように，多少の高さ調節などができるようにする．頭骨＝顔という認識でできるかぎり目立たない演示具を用いる（ホモ・ネアンデルタレンシス頭骨を展示．豊橋市自然史博物館蔵）

　演示具は小さく目立たないが，博物館の展示において最も重要な役割を担うものは展示資料であり，その展示資料の一番近くで重要な演出効果を発揮するものが演示具である．　　　　　　　　　　　　　　　　　　　　　　　　　　　　　[渡辺珠美]

参考文献　水ノ江和同・渡辺珠美「展示効果と安全性—博物館における考古資料の展示について」『東風西声—九州国立博物館紀要』2，九州国立博物館，2006

実験・体験装置

　実体験を伴った演出によって，情報をより効果的に伝える展示手法を「体験型展示」，その概念を「参加体験性」とよぶ．1969年，米国ロサンゼルスに創設された科学博物館「エクスプロラトリアム」のハンズオン展示がその先駆けとされ，その後の科学実験装置や体験装置の手本となった．その根底には「目で見たり話を聞いたりするよりも，自分の体を通して実体験することが一番記憶に残る」という教育原理がある．

●**実験・体験装置の進展**　日本の科学博物館黎明記（昭和40年頃）の実験・体験装置は，「物理現象再現装置」といっても差し支えない．スイッチやレバーで作動する，実験室の機器を展示室へ持ち込んだような生っぽい装置であった（図1）．やがてエクスプロラトリアム装置をお手本に体験型の実験装置が考案され，単純なスイッチから試行錯誤を前提としたハンズオン展示（図2）が主流となって今日に至っている．

　現況を定義するなら，①手順に沿った操作，あるいは自由な試行で，②五感や感性に訴える装置的な演出・反応・結果を通し，③情報やメッセージを伝達する展示手法といえよう．

　一方，科学実験ではないが，顕著な体感・演出性そのものを特化した手法を体験装置とよび，実験装置と区別するようになった．実験装置が現象再現型であるのに対し，体験装置は状況体感型の傾向が強く（図3），利用者の視界や身体を包み込む没入感や，大掛かりな機構によるシミュレーション・擬似体験性が特徴となっている．

　体験装置は新たな演出技術を取り込んで進化し，例えば防災施設における地震体験装置やテーマパークのライドなど，科学博物館だけに限った手法ではなくなっている．

●**実験・体験装置の現状**　実験・体験装置の進化は最新テクノロジーに依存する．ほんの数年前まで「実験や体験」は「リアルな現象」を対象としてきたが，昨今のデジ

図1　昭和40年代頃の装置

図2　エクスプロラトリアムの展示装置（光のミキサー）

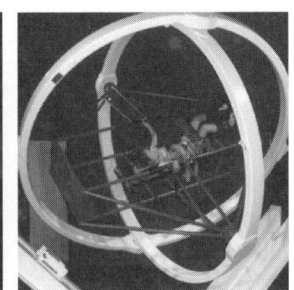

図3　宇宙ジャイロ

タル技術の進展に伴い，手法・表現の定義が急速に曖昧となってきた．本項においては，シンプルな機構や制御による「アナログ・メカニカルな演出装置」とし，いわゆる「仮想現実（バーチャル）」による映像演出とは区別する．

●**実験・体験装置の目的と作法**　実験・体験装置が目指すものは「驚きと感動」の創出である．非日常的で意外性のある体験が来館者の感性を刺激し，立ち止まらせて思考させ，メッセージを瞬間的かつ鮮明に記憶させる．優れた装置は，ゲームにみるエンターテインメント性・アートのエッセンスや，電化製品にみる明快な操作性を持ち合わせ，「驚きと感動」を生む効果的な作法を心得ている．以下はその事例である．

①装置の基本：リアルな体感性：優れた装置は，単純な日常体験を一瞬にして非日常に変える．図4は10 cm³の物質を比重順に並べた展示で，最軽量はヒノキの0.4 kg，最も重いタングステンは19.3 kgで大人でも持ち上げらない．頭でわかっていても，実体験による差異に驚愕させられる．体験型展示の最たるものだ．

図4　物質の重さ体験

②装置の生命線：操作性とレスポンス：優れた装置は，簡単な操作で，顕著な現象が，瞬時に確認できる．図5は，紫外線LEDで蓄光板に絵を描く装置で，簡単な操作とリアルタイムな反応が安定した人気を支えている．どんなに精巧な装置であっても，瞬間的に来館者を魅了できなければ，その場を立ち去られてしまう．

図5　光でお絵かき

③装置の演出：大きさと美しさ：現象の「大きさと美しさ」は「驚きと感動」との親和性が高く効果を最大化する．図6は，直径約3 m，高さ9 mの大型竜巻装置．水蒸気の旋回流・上昇気流によって竜巻が生成されるプロセスを，さまざまな角度から照射される照明が，美しく，かつダイナミックに演出する．

図6　大型竜巻

④装置を介したコミュニケーション：装置体験は利用者と装置の1対1の関係とは限らない．図7は，水循環を擬似的に体験学習す

図7　水循環モデル

る装置．水に例えた豆粒を循環コースに沿ってみんなで搬送し，最後は雲へ持ち上げて雨として落下させるアクティブなものだ．ゲーム性・チームワーク・コミュニケーションというというエッセンスが，装置の魅力を倍増させている．

●**実験・体験装置の構成**　電化製品と同様，「実験・体験装置」は複数のメディアが統合された機能複合体である．機能的で安全な造作デザイン，簡潔明瞭なグラフィックと操作性，優れた装置デバイスと演出性，それらによって生み出される質の高い感動と伝達効果の総体を「実験・体験装置」と捉える．

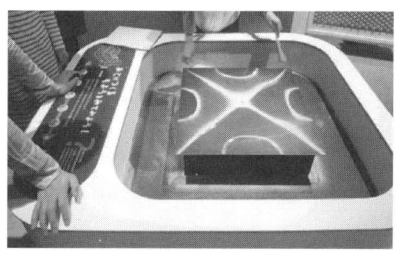

図8　クラドニ図形実験装置

図8はクラドニ図形とよばれる定在波を利用して不思議な模様を描く装置．以下に，操作部→制御部→機構部→演出部といった一連の構成要素とフローを解説する．

①操作部：表題・操作方法・観察箇所について，テキストやイラストを用いて表示するセクション（図9）．設計の初期段階からエンジニアとグラフィックデザイナー

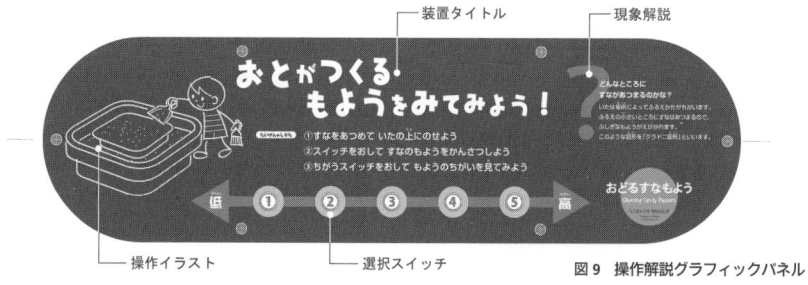

図9　操作解説グラフィックパネル

が協働し，操作部と演出部との位置関係や，スイッチ形状や色などを総合的に検討する．基本的に読解ではなく視覚的ユニバーサルデザイン（以下，UDとする）や，直感的な知覚認識（アフォーダンス）を重視して計画する．多言語対応や禁止事項も併記される．

②制御部：操作部からの入力を感知し，機構部の動作（起動・運転・停止）をプログラムによって制御するセクション（図10）．この装置では，周波数の異なる5種類の信号を切り替えて発生させ，タイマーにより演出全体を制御する．

③機構部：制御部からの信号を受け，実際に機器を作動させるセクション（図11）．この装

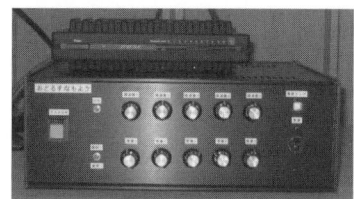

図10　システムコントローラー

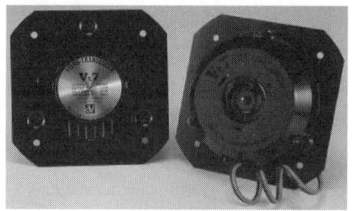

図11　ボディソニックトランスデューサ
（写真提供：体感音響研究所 小松 明）

置では，5種類の信号をアンプで増幅し，2台のボディソニックトランスデューサを作動させる．振動板の裏側に固定して信号を機械振動に変換し，振動板を共振させる．

④演出部：現象を表示するセクション（図12）．操作部の正面に演出部（振動板）を設置．周囲の砂溜まりからスコップで砂をすくい上げて振動板にのせると，定在波によって砂の粗密による模様が現れる．

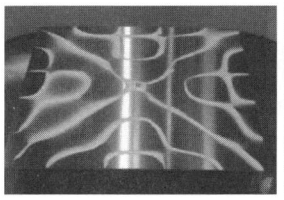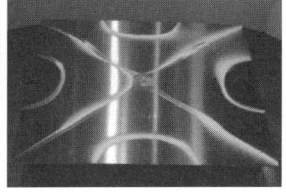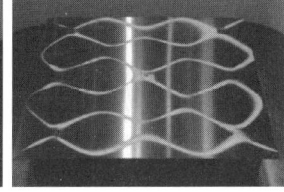

図12　振動板に現れる砂の縞模様

●**設計プロセス**　装置設計とは，性能規定（発現させる現象の程度を数値化して定める）を行い，その性能を発揮するハード・ソフトの設計図を作成することである．一般的には基本設計段階に，装置概要（デザイン・機器仕様・演出等）を協議・決定する．類似する装置の調査・予備実験・イメージスケッチなどの作成により，発注者と

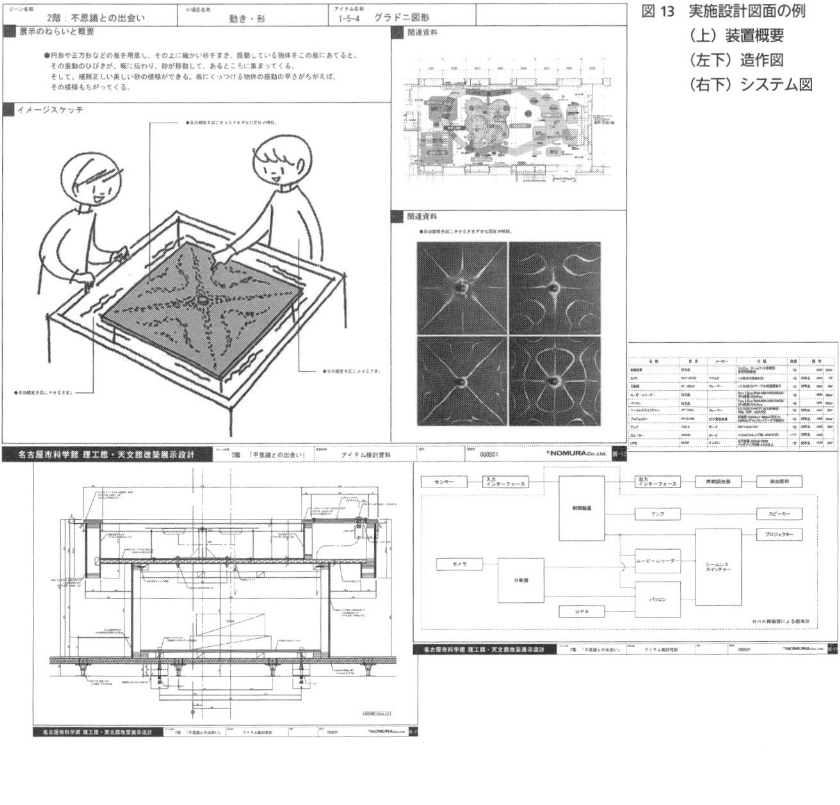

図13　実施設計図面の例
　　（上）装置概要
　　（左下）造作図
　　（右下）システム図

設計者間で実現イメージの共有を行う．続く実施設計では，各工種（造作・装置・グラフィック・造形）ごとに機能を分解して図面化を行い，関連する箇所に留意して総合的な定着を図る（図13）．

●**制作プロセス** どんなに精度をあげても設計とはやはり机上であり，1分の1のスケールで検証するとさまざまな課題や問題点が浮かび上がってくる．「装置は生き物」とよばれる所以であり，立派に産み落とす（制作する）には，あらゆる箇所でさまざまな検証や実験が必要とされる．

①装置の実験検証：実験検証は装置製作の要となる（図14）．この装置は，振動板の共振周波数の確認が優先課題であった．実験の結果 80～1,800 Hz まで 50箇所以上の共振ポイントを確認したが，砂紋の顕著さで5つを選択．また周波数によって振動板を揺らすパワーが異なるため，個別に音量を調整する回路が必要とされた．

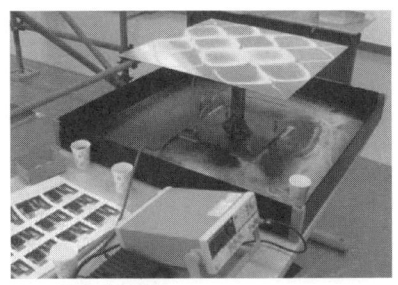

図14　装置の実験検証

②グラフィック：非日常的な装置の操作方法をどうやって子どもに理解させるか？　直感的理解の最短コースはイラストやピクトグラムである（図15）．シンプルな線画で描くことで，テキストを読む時間を極力減らし，「まずやってみることができる」を実現した．その先は，子どものトライ・アンド・エラーに委ね，さらなる自発的な試行錯誤へ導く．

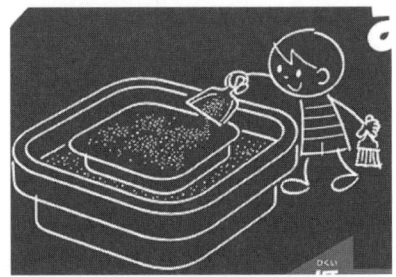

図15　イラストによる操作説明

③造作デザイン：大人・子ども・車椅子利用者・障がい者などあらゆる利用者に対して，ストレスない操作性・視認性，また堅牢性・安全性のある形状を実現する（図16）．検証すべき箇所を抽出して1分の1のモックアップを制作し，素材に関する最終決定・形状に関する最終調整など，さまざまな可能性を検証して本製作へ移行する．

図16　造作デザインのモックアップ検証

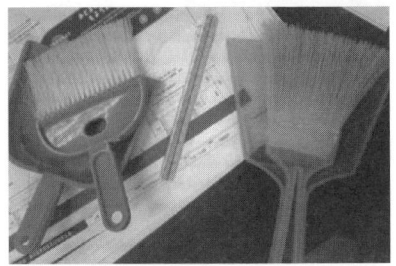

図17　小道具ほうきとちりとり

図18　佐賀県立宇宙科学館「スペースサイクリング」　　図19　名古屋市科学館「竜巻ラボ」

④小道具：この装置の小道具は「ほうきとちりとり」であった（図17）．装置と利用者の接点（インターフェイス）は，体験がより楽しい時間となるように，色・形・重さなどを熟考し，最適なモノを探す労力は惜しんではいけない．「これでよいだろう」が机上，「これ以外に考えられない」が検証と考える．

●**実験・体験装置の今後**　特筆すべきポイントが2つある．第一はデジタルテクノロジーの台頭だ．新しいセンサーやディスプレイを利用した「仮想現実（バーチャル）体験」は，展示施設のみならずエンターテインメントの分野で絶大な人気を博し，リアル装置の領域を脅かしているように見える．しかしリアル装置は，コンテンツ更新においては劣勢となったが，逆にリアルであることの価値を格段に高めた．

「リアルとバーチャル」は表現の両輪である．大切なのは情報やメッセージの訴求力であって，効果的な使い分けが求められるだろう．今後はむしろ融合し，新しい体験メディアを創造していくことを望む．

第二は製作現場における生産能力の低下である．一品受注生産の装置は，たいてい個人経営の町工場で製作される．技術者・技能者の高齢化や後継ぎ不足によって，工場を手放さざるを得ない経営者が増えている．残念ながら，今年は製作できた装置が，来年は製作不可能という状況も実際に起きている．

最後に，秀逸な実験・体験装置の具体例を紹介する．

①佐賀県立宇宙科学館「スペースサイクリング」：日本初，高さ4.5mの自転車綱渡りの原理はヤジロベエと同じで，全体の重心が支点より下にあるので転落することはない．しかし4.5mの高さに張られたワイヤーの上を自転車で渡るには，少々勇気が必要だ．2つのタワー間は9mだが，数字以上に遠く感じられる．最初の1歩がなかなか踏み出せない．走り始めれば，スリルと快感に魅了させられることだろう（図18）．

②名古屋市科学館「竜巻ラボ」：日本初，高さ9mの巨大竜巻．スイッチ一つで，巨大な竜巻が吹抜け空間を駆け上る．最初はゆっくりと渦を巻き，次第にまるで生きている竜のように力強く舞い上がる．竜巻の中に入って竜巻の目を観察することもできるという贅沢な装置である（図19）．　　　　　　　　　　　　　［成田英樹・鈴木俊幸］

展示映像・音響

博物館の最大の役割は，資料収集と，その研究である．展示映像は，その収蔵資料と研究成果の解説や補足を行い，来館者の鑑賞・学習を支援するための映像と定義することができる．展示資料の近傍に設置したディスプレイやプロジェクタを用いて解説映像を上映する展示映像は，映像機器の導入の容易化と映像制作技術の高度化により，博物館展示になくてはならない存在となっている．

●**展示映像の表現特性**　映像表現には解説パネルなどの言語表現とは異なる特性がある．展示映像を用いることで，実物資料やパネル資料だけでは難しかった展示が可能になる．映像表現と言語表現には，それぞれの強みがある．質の高い展示の実現には，その特性を理解することが重要である．

映像は動きの表現力に優れており，動作や変化などの伝達に力を発揮する．またカット（映像上の最小単位）をつなぐことで時間と空間を自由に移動できるため，短時間の映像であっても多くの情報を伝達することが可能である．大型映像は，その迫力により視聴者に臨場感を提供することができる．さらに，言葉を使わず映像表現だけでも多くの情報を伝えることができるので，異なる言語を話す人たちに共通の情報を伝達することが可能である．一方，映像には多義性があり，鑑賞者により解釈が異なる可能性があり，厳密な情報伝達には言語表現の方が適している．

映像には時間拘束性があり，展示映像は，見学者の一定時間を拘束する．最後まで視聴しないと内容の理解が難しい．一方，展示パネルなどの言語表現は一覧性に優れ，斜め読みでも一応の内容を把握することが可能である．以下に展示例を題材に映像表現の特性を解説する．

自然科学系の博物館では展示資料の発掘・採取の様子や生物資料の生態をビデオで紹介することで鑑賞者の理解を支援している．図1はロンドン科学博物館に展示されている英国人探検家ビビアン・フックスが実際に使用した雪上車（Tucker Sno-Cat号）である．その横では1958年の南極大陸横断の様子を示す展示映像が上映されている（図1）．

南極の氷の壁を乗り越える雪上車の映像からは，当時の雪上車のメカニズムや起伏の激しいなかを前進することの難しさを容易に理解することができる．また短時間の映像ではあるが，長期にわたる探検の様子や南極の広大さを想像することができる．

図1　南極大陸横断に使用された雪上車と展示映像
　　　（ロンドン科学博物館）

●**一次資料と二次資料**　博物館の使命は実物資料の収集，保管，研究，展示普及にある．したがって収集保管する実物資料は，その博物館の最大の財産である．一方，実物資料に付随する文献，図面，写真，模型なども博物館にとって不可欠である．それらの資料について博物館学者の青木豊は「博物館における一次資料とは実物資料を指し示すものであって，一次資料は別に直接資料とも称する．二次資料とはすなわち実物資料以外の，「記録」されることにより生じた資料を意味し，間接資料とも呼ばれるものである」(1997) と定義している．

1973（昭和48）年の文部省告示「公立博物館の設置及び運営に関する基準」第6条3項では「博物館は，実物資料について，その収集若しくは保管（育成を含む）が困難な場合，その展示のために教育的配慮が必要な場合又はその館外貸出しが困難な場合には，必要に応じて，実物資料に係る模型，模造，模写又は複製の資料を収集又は製作するものとする」として実物資料以外の有効性についても規定している．さらに同4項では「博物館は，一次資料のほか，一次資料に関する図書，文献，調査資料その他必要な資料（以下，二次資料という）を収集し，保管するものとする」として一次資料と二次資料の関係を明確にしている．

●**展示映像の資料価値**　実物である一次資料の資料価値は高い．一方，博物館展示においては実物資料を効果的に演出し，実物資料に関する補足情報を伝える二次資料もなくてはならない存在である．両者の資料価値が相互に補完し合うことで質の高い展示となる．

博物館における二次資料にはレプリカ（複製），模型，写真，実測図，拓本といった有形のものに関するものと，映像や音声のように無形のものを対象にしたものがある．二次資料のなかでも映像については，実物の保存が困難な無形文化財や自然現象などを記録保存することができるため，一次資料に近い性格を有しているという考え方もできる．具体的には民俗芸能や儀礼，あるいは自然現象や探検などの行動記録などがその例であるが，青木は記録映像，保存映像など一次資料と同等の価値を有する映像と解説映像のような展示補足的な映像を区別し「一次映像と二次映像」に分類することを提案している（青木，1997）．以下に青木の提案を参考に一次および二次映像を例示する．

●**一次映像**　①肉眼では視認困難なため，撮像技術や画像処理技術により可視化された映像（X線，ハイスピード，ミクロ撮影など）．②言語表現だけでは十分伝えることが困難な現象の可視化（プロセス，比較行為など）．③発生頻度がきわめて低い現象や観察しにくい現象の記録（自然災害，事件など）．④社会から消え去ろうとするもの（風化事物，経年破壊など）．⑤消滅の可能性があり，動態の伝承が必要なもの（無形文化財，伝統芸術など）．

解説映像，ガイダンス映像などに用いられる展示映像は上述の一次映像と区別する意味で二次映像とよばれる．その利用目的や手法はさまざまであるが，展示メッセージを最も効果的に伝える手法の選択が重要である．

●**二次映像**　①実物資料解説型（一般的な展示映像）：実物資料が本来存在していた

環境や関連した事象を解説・補足説明する．②資料映像解説型：一次映像として記録されたものに，解説を加え加工編集したもの．③復元解説型：学術的研究成果をもとに仮説，検証，推測のなかからその成果をCGなどにより復元映像として再現したもの．④知的好奇心喚起型：展示全体あるいは展示コーナーごとのコンセプトの伝達．エントランスなどに象徴映像として活用する．⑤ドキュメンタリー型：テーマ解説を主目的にしたストーリー性のある一話完結型の映像をいう．シアター形式の上映などで利用されることが多い．⑥感性重視型：来館者の感性を刺激し興味を喚起する誘発型映像をいう．展示という枠組みを超越する．来館者の知的好奇心を高めることができる．

●**映像表示の基礎知識**　映像の展示設計を行うために必要な表示装置性能の基礎知識について解説する．

①サイズ：映像装置の大きさは，その対角線の長さをインチ（1インチは2.54 cm）で表している．家庭用のテレビや大型のプロジェクタの縦横比は9：16であるので，例えば対角100インチ（254 cm）のディスプレイとは，高さが約49インチ（124 cm），横幅が約87インチ（220 cm）の大きさとなる．家庭用テレビのサイズは32～50インチが一般的で，博物館のシアターでは200～300インチのスクリーンが一般的である．

②表示画素数：表示装置が表示に使用する最小の点を画素とよぶ．1台の表示装置で表示できる画素数を表示解像度という．画面サイズが同じ場合，表示解像度が大きいほど，精細な映像の表示が可能になる．テレビの画面は縦に1,080，横に1,920の画素が並んでいる．4K（Kは1,000を表すキロの略）とよばれるディスプレイでは縦に2,160，横に3,840の画素が並んでいる．

③明るさ：表示装置の明るさは，展示設計を行ううえで非常に重要である．表示装置が暗い場合は周辺を暗くする必要があり，展示設計の制約となってしまう．また映像装置の表示が明るい場合は，漏れた光が展示照明のノイズとなってしまい，展示効果を損ねてしまうリスクがある．

ディスプレイ表面の明るさは輝度で表し，cd/m^2（カンデラ/平方メートル）という単位を使用する．用途によって異なるが250～300 cd/m^2程度のものが多い．またプロジェクタの明るさは照度で表示し，lm（ルーメン）という単位を使用する．シアター用のプロジェクタについては，数千～2万 lm のものが使用されている．

●**展示目的と表示サイズ**　展示コンセプトや映像資料の展示目的に合わせて，展示方法を選定することが重要である．展示映像は，その表示方法や表示サイズによりメッセージの伝達特性が異なる．博物館において展示や教育を企画・運営する際には，それらの特徴を理解し展示コンセプトにふさわしい展示方法を設計することが望まれる．博物館で利用されている映像装置を三つの表示サイズに分類し（表1），各サイズごとの展示特性を解説する．

①大型映像（100～300インチ）：主にプロジェクタを使用するものをいう．大画面のもつ迫力や，一度に多くの人が同時に鑑賞できることが特徴である．映像投影用ス

表1 博物館で利用されている映像表示装置

カテゴリ	サイズ(インチ) 表示装置	利用形態	対象人数 (人)
大型映像	100～300 プロジェクタ	独立上映スペース (シアター形式)	10～200
中型映像	10～100 ディスプレイ	展示資料と近傍 (固定)	1～10
小型映像	3～10 ディスプレイ	鑑賞者による携帯 (移動)	1～2

クリーンを設置するための大きな壁面や，これを鑑賞するための空間が必要となる．そのため展示室内で空間を確保することが難しく，特設のスペースで上映が行われることも多い．展示資料と分離した場所で使用する場合は，映像に加え音声を使用することができるため，表現力の高いコンテンツの展示が可能となる．利用形態としては一定間隔で映像上映を行うシアター形式が一般的である．プロジェクタの高輝度化・小型化と低価格化が今後も期待

図2 エントランス映像「インカ帝国展」
(主催：国立科学博物館・TBS他，画像協力：TBS，撮影協力：国立科学博物館)

できるため，博物館での大型映像の活用が増加していくと思われる．

図2は2012年に国立科学博物館で開催された「インカ帝国展」のエントランスの様子である．150インチのスクリーンに投影された大型映像によって展覧会のメッセージやインカ文明の歴史が提示されている．また，大型映像により博物館内部に時空を超えた空間を演出することもできる．

②中型映像(10～100インチ)：液晶ディスプレイや有機ELといった薄型の直視型ディスプレイを使用する．なかでも20インチクラスの小型ディスプレイは，スペースをとらず価格も安いので，それぞれの展示資料ごとに設置し個別解説として使用することもできる．40～50インチクラスのディスプレイでは，同時に10人以上の人が鑑賞することができるので，展示コーナー全体の解説に使用することも可能である．画面が大きいため，展示資料や展示空間の照明とのバランスや照明器具の映り込みには十分な配慮が必要である．動画の訴求力が大きいため，来館者のなかには展示資料より映像を中心に鑑賞する人も出てくる．展示コンテンツの企画や編集を行う際に，展示資料への視線誘導を考慮することはもちろんであるが，映像の展示位置などのデザインにも配慮が必要である．

次頁図3はパリの国立自然史博物館の「進化大行進」展示に使われている液晶ディスプレイの様子である．サバンナに生息する30種類の動物たちのはく製60体以上を

高密度に配列し，その多様性を表現している．シカやライオンのはく製の群れのそばに置かれた 42 インチ・ディスプレイではアフリカの草原を走るライオンの映像が紹介されている．

③小型映像（3～10 インチ）：タブレット PC やスマートフォン，携帯型ゲーム機などを利用した映像メディアである．4 インチ程度の液晶または有機 EL ディスプレイにより映像や画像

図 3 「進化大行進」展示で用いられている液晶ディスプレイ（パリの国立自然史博物館）

を提示する．イヤホンにより音声を再生するものもある．上述した大型や中型の映像装置は博物館内に固定して使用する．一方小型映像では鑑賞者がみずから携帯して使用する．その最大のメリットは鑑賞者が利用したいときはいつでもパーソナルに利用できることである．また鑑賞者の位置も自由に選択できるため，歩きながら利用することも可能である．これまでパネルで表示していた解説文，背景説明の図の表示や展示映像の再生，操作画面として，その表示能力が活用されている．

●**展示映像シアターのための映像技術**　近年，コンピュータや表示装置の高性能化と低価格化により，新しいかたちの展示映像シアターが増加している．今後の普及が予想される展示映像技術について解説する．

①大型超高精細映像：映像表示装置の大型高精細化により，従来難しかったリアルな俯瞰・鳥瞰映像や超クローズアップ映像などの展示が可能になった．現在の映像表示装置の表示画素数は HD（high definition：1,920×1,080 画素）が中心であるが，すでに 4K（4,000×2,000 画素）への移行が始まっている．そして，8K（8,000×4,000 画素）の開発も進んでいる．また表示サイズも 300 インチを超える大型化が実現している．

2015 年に国立科学博物館で開催された「大アマゾン展」では，LED ディスプレイ技術を応用した「アマゾン体感 4K シアター」により，アマゾンのジャングルをテーマにした展示映像が上映された（図 4）．来館者は 8 m×4.2 m の高精細大型映像によりアマゾン川流域の広大なジャングルや動物たちの生態を鑑賞した．

②没入感映像：大型スクリーンにより鑑賞者の視域全体が映像で覆われると，あたかもその映像の中に入り込んだような感覚を感じることがある．この感覚は没入感とよばれ IMAX シアターやテーマパークの大型映像で体験することができる．没入感映像は大規模遺跡群や北極大陸といった博物館では展示不可能な空

図 4　アマゾン体感 4K シアター「大アマゾン展」（主催：国立科学博物館・TBS 他，画像協力：TBS，撮影協力：国立科学博物館）

間の展示に有効である.海外では科学博物館を中心にIMAXシアターの併設が行われている.

　③バーチャルリアリティ（VR：仮想現実感）：没入感映像技術とリアルタイムCG技術の組合せにより，VRは，あたかも映像の中を自分の意思で移動している感覚を実現する．映画館と同等の大型高精細映像を解説者が操作しながら解説を行うVRシアターは，わが国では20年以上の歴史があり，鑑賞者の操作により対話的に映像生成を行うことができるため，来場者の希望や展示企画に合わせてコンテンツの内容や上演時間を柔軟に変更することが可能である．東京国立博物館ではVRの常設設備「ミュージアムシアター」において，ナビゲータによるライブ上映を行っている．

　④立体映像：2眼式立体映像を専用メガネで鑑賞する立体映像技術は，博物館での展示映像として長い歴史がある．遺伝子や古建築の構造や位置関係の把握などに威力を発揮する．劇場映画や3D液晶テレビの普及で，制作技術の洗練化や生理的な負担を軽減するノウハウなどの蓄積が進んでいる．立体映像技術を上述の大型超高精細映像，没入感映像，VRと組み合わせることで一層リアルで迫力のある映像展示が可能になる．

●**展示と音響**　博物館展示における音響資料は一次資料と二次資料に分類できる．音楽，楽器の音色，インタビュー，装置の稼働音などは，それ自体が一次資料となる．例えば国立民族学博物館ではフィールドワークによって得られた世界各地の音楽や楽器の音色を来館者に公開している．一方，実物資料や展示資料と組み合わせて展示されることも多い．展示解説のナレーション，展示資料の効果音や環境音などは展示メッセージの伝達になくてはならない二次資料である．学芸員や展示ナビゲータによるギャラリートーク，そしてジオラマや構造展示を演出する雑踏などの生活音は，来館者の展示への理解を深め，満足度の向上に寄与する．なお，映画やCMなどではBGMにより表現効果を高める手法が用いられるが，博物館展示の音響資料においては感情に働きかける過剰な演出は，できるだけ慎む．

　一方，音はその到達範囲が無指向性でパーテーションなどによる遮蔽（しゃへい）なども困難である．そのため，音響資料がほかの展示空間に影響を与えないような展示設計が必要になる．特定の鑑賞位置に対してのみ選択的に音響資料を提供するための技術に指向性スピーカーがある．天井あるいは壁などに指向性スピーカーを設置することで，指定のエリアにいる鑑賞者だけ音声資料が聞こえるという展示を行うことができる．

　特定の鑑賞者だけに音響資料を提供する方法に，オーディオガイド（音声ガイド）がある．鑑賞者が持つ携帯端末を介して，解説音声を提供する．鑑賞者自身の選択により解説が始まる仕組みなので，好きなときに好きな位置で解説を聴くことができる．オーディオガイドには日本でも30年以上の歴史があり，博物館の特別展などでは一般的なサービスとして定着している．音声だけで解説の意味が伝わるように同音異義語や難解な専門用語の使用は避けることといった基礎的なルールから，展示資料に視線誘導するためのストーリーづくりの方法論まで多くのノウハウが蓄積されている．

[西岡貞一]

情報端末

　情報端末は，情報に人が接するためのインターフェースとして介在する機器端末であり，パーソナルコンピュータ（PC：Personal Computer）や携帯情報端末（PDA：Personal Digital Assistant），携帯電話やスマートフォン，タブレット端末などをさす．博物館や美術館においては，音声ガイドをはじめ，聴覚と視覚に訴える方法が携帯端末の変化とともに進化し変容しつつある．

●**音声ガイド**　音声ガイド（Audio guide）は，聴覚に訴える解説支援で，あらかじめ録音した音声を端末に入れ，会場で貸し出す方法が一般的である．聴覚情報であるため，視線を常に展示物に集中することができる．欧米では携帯電話でキャプションに記載されている番号に電話を掛けることによって解説を聴くことができる解説支援も，博物館や美術館のみならず都市にあるパブリックアートにも利用されている．

●**超指向性スピーカー（パラメトリック・スピーカー）**　携帯型の音声ガイドはユーザーが携帯しみずから操作するのに対し，超指向性スピーカーは特定の狭い範囲にいる人だけに音声を提供できる場所を固定した解説支援である．二つのタイプに大別でき，一方は二つの超音波の周波数のずれを利用した方法であり，他方は超音波にAM変調やFM変調をかける方法である．いずれにしても音が拡散しないため，博物館や美術館での利用に限らず，商業施設や駅などの公共空間での利用も可能である．

●**ポッドキャスト**　ポッドキャスト（podcast）とは，Appleの携帯音楽プレイヤーであるアイポッド（iPod）と放送（broadcast）を組み合わせてつくられた．当初はウェブ上にRSSで音声データファイルをアップロードし，公開した情報をMP3形式で携帯音楽プレイヤーにダウンロードして視聴する方法であったが，その後MPEG 4やH. 264形式の動画データファイルも配信可能となり，現在ポッドキャストは聴覚情報のみならず視覚情報も含めた情報提供である．

●**キオスク（KIOSK）端末**　もともとキオスクとは簡易な建物といった意味があり，日本では駅の売店が馴染み深い．設置型の情報端末としてキオスク端末がある．我々の日常生活においても，金融機関のATMや図書館の検索などさまざまな場所に設置され広く利用されている．タッチパネルやボタンなどのインターフェースを操作して情報にアクセスする方法が一般的であり，博物館や美術館でも多く利用されている．

●**オリジナル情報端末（みんぱく電子ガイド）**　初期のオリジナル情報端末として，1999年に国立民族学博物館で開発された，みんぱく電子ガイドがあげられる．開発の契機は外国語による展示解説の必要性と来館者の疑問に答えるということであった．その目的は展示資料が本来生活のなかのどのような場所で，誰によって，どのように使用されてきたのかを伝えるものである．現在は市販の携帯型ゲーム機が利用され，多国語に翻訳され情報提供がされている．

じょうほうたんまつ

●**PDA** 携帯情報端末と訳され，1990年代に情報を携帯して持ち運べる小型機器として電子手帳の機能を担い登場した．カレンダーにスケジュールや住所録などの情報を携帯して扱う電子機器であった．2010年代に入ると，スマートフォンをはじめ，メディアプレーヤやタブレット端末などの携帯デバイスと融合した．海外ではゴッホ美術館（オランダ）やサムスン美術館（Leeum，韓国）など，国内では水族館や国立西洋美術館などでの実験や林原自然科学博物館 Dinosaur FACT Story や LOUVRE-DNP-MUSEUM LAB など，PDA を使用した解説支援は盛んに実施されたが，PDA が他のデバイスに吸収されるとともに連動し変化し続けている．

●**スマートフォン** 1985年に NTT からショルダーフォンが発売され，携帯電話は1987年に900gのものが発売された．1990年代には液晶ディスプレイが搭載され，1999年にはインターネットとの接続が可能となった．PHS 端末は安価だったため1995年に通話サービスを開始以来普及が進んだが，携帯電話の低価格化とともに減少した．2000年代に入ると第三世代携帯電話に入り，移動体通信の通信速度も向上した．2007年には Apple から iPhone が発売され，Apple の iOS をはじめ，Google の Android，BlackBerry や Windows Mobile を OS として，PDA と融合したスマートフォンが急速に普及した．

●**タブレット端末** パーソナルコンピュータの周辺機器として，タッチペンを使用し入力するインターフェースとしてペンタブレットや液晶タブレット，タッチパネル型のタブレットなどあり，代表的なものでは1998年に発売された Wacom の「Intuos」がある．入力装置とは別に電子図書リーダーとして Amazon が販売するキンドル（Kindle）や Apple の iPad などがある．現在は，Android タブレット端末や Apple の iPad が進化を続け，タブレットそのものがコンピュータの機能を内蔵し小型コンピュータというに等しい．

●**ウェアラブル端末** 身に付けて持ち歩ける情報端末のことであり，コンピュータとダイレクトに連動させたステージ衣装などのほか，腕時計型や指輪型，頭部に装着するヘッドマウントディスプレイなど，さまざまなタイプのものが登場している．メガネ型情報端末であるグーグル・グラスの登場や腕時計型である Apple Watch の発売開始により，急速に認知度が高まり，社会に浸透しはじめた．

●**メガネ型情報端末（ヘッドマウントディスプレイ）** ウェアラブル端末に含まれる．バーチャルリアリティ（VR：Virtual Reality）の第一人者であるアイバン・エドワード・サザーランド（1938～）によって1968年に開発された．三次元型（3D型）や二次元型（2D型）があり，目を完全に覆う「非透過型：没入型」と「透過型」に大別される．Oculus 社のオキュラスリフト（Oculus Rift：非透過型）やマイクロソフトのホロレンズ（HoloLens：透過型）が販売され，多方面で利用されている．

　情報端末は，一方向性の情報提供からユーザーの記録が残り蓄積されるものや参加型のサービスなど，進歩し続けている．情報端末というメディアはリアルに存在するが，なかに収められた情報はあくまでも情報でしかないため，その保存方法が課題である．また，個人情報の保護やセキュリティも課題としてあげられる．　　　［伏見清香］

展示図録・ワークシート

　展示は決まった場所で開催され，その場所でしか体験することができない．博物館などの常設展示を除けば，ほとんどの展示には開催期間があり，それを過ぎると利用することができない．展示図録，ワークシートなど印刷物は，インターネット上のサイトとともに空間と時間を超えて展示を利用できる媒体である．

●**展示と展示図録**　展示図録は展示資料の写真や図版を主に用いて，展示の内容や資料を解説した冊子である．展示の性格によって編集方針は異なる．展示される資料や作品自体を提示することの多い美術系の展示では「カタログ」「作品集」の色合いが強くなり，資料を通じて種々の事柄を説明しようとする歴史・民俗系や自然史系などの展示では「解説書」「ガイドブック」とよぶのがふさわしい内容となる傾向がある．

　美術系の展示図録では，展示資料・作品を個別に写真や図版で掲載し，作品名・作者・制作年・素材と寸法・所蔵者などの基本データとその作品の解説・解題を掲載するスタイルが一般的である．

　歴史・民俗系，自然史系の展示図録では，何らかのまとまりをもった複数の資料を同時に撮影した集合写真や資料の背景にある情報を示すことのできる図版（例えば考古資料では資料の出土した状態や遺跡の写真など，民族誌資料では資料が実際に使われている状態の写真など）をあわせて掲載し，資料そのものからだけでは読み取ることのできない情報を含めて記述される傾向が強い．

●**展示図録の制作**　展示図録の制作は「どのような展示図録にするか」という編集の方針と制作にあてられる経費（予算）を検討することから始まる．編集方針とあてられる経費のバランスを勘案して印刷仕様を決める．印刷仕様とは，判型・ページ数・印刷用紙・印刷方式・製本方法・印刷部数・入稿の方法と時期など「もの」としての展示図録のかたちと制作方法を示すもので，これを印刷会社に提示して支出する経費が算出される．図録制作の工程を模式的に示すと，おおむね以下のようになる（図

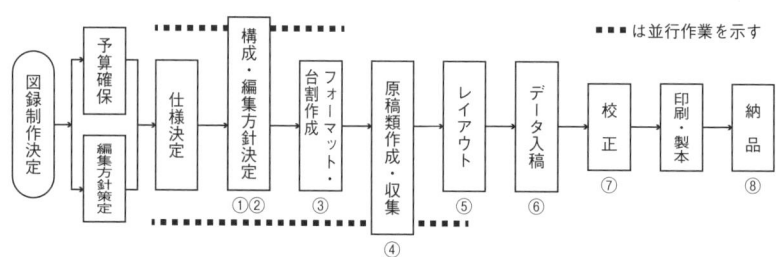

図1　展示図録制作のプロセス
（出典：川合，2014，図 3.64 を改変）

1)．
　①構成の検討：展示図録はあくまでも展示を補完する役割を担うので，展示自体の構成に沿って制作されることがほとんどである．したがって展示自体を組み立てていくとき，同時に図録の構成も組み立てられていくことになる．
　②編集方針の検討：展示の趣旨，ターゲット層を念頭において印刷物の特徴を生かした写真や図版の見せ方，解説の方法と分量などを検討する．
　③フォーマットと台割の作成：フォーマットとは，ページ内の版面（印刷される範囲），写真や図版を配置するルール，文字の書体やサイズなどを決めた「ページの設計図」ともいうべきものである．これを定めることにより全体として統一感のある印刷物となる．台割は掲載する原稿類をページごとに割り振った「印刷物の設計図」である．全体を見渡すことができるので，内容のバランスの検討や原稿類のチェックにも有用である．この工程は①②を具体化する作業である．
　④原稿の作成・収集：原稿には，文字・写真・図・表などがある．展示図録では写真の重要性が高い．
　⑤レイアウト：作成・収集した原稿をフォーマットに従って配置する作業をいう．レイアウトする際に InDesign などの PC 用編集ソフトを用いて，そのまま印刷できるデータをつくることも多い．
　⑥入稿：レイアウトが確定し，原稿が揃ったら，印刷会社に渡すことをいう．
　⑦校正：紙に刷られた「校正刷り」で写真の色味，文字情報などを確認すること．
　⑧納品：製本されたものを印刷所から受け取ること．
　各工程に必要な期間は，それにかかわる人数や印刷仕様などによって変わるが，博物館などで展示全体をつくりながら展示図録も同時につくっていく場合のおおよその目安は，以下のとおりである．
　①文字原稿執筆と写真・図版類の手配（新規撮影，借用など）などの原稿作成・収集期間：2～3か月（展示自体の準備と並行）．
　②フォーマット作成からレイアウトまでの期間：1か月程度．
　③入稿から納品までの期間：1か月程度（通常のオフセット4色印刷，100ページ前後，ソフトカバー，無線綴じの場合）．
　展示図録の制作工程は，一つの工程が終了したら次の工程に移るというものではなく，同時進行の工程も多い．また展示自体をつくる作業とも重なる．展示図録の制作工程だけを抜き出して説明したが，実際には展示での見せ方を検討するなかで展示図録での見せ方も考え，発想を得る．また，展示パネルなどを制作する過程で図録に掲載する原稿が作成・収集される場合も多いので，ここにあげた時間を合計した時間が必ずしもかかるわけではない．

●**展示図録の構成**　展示図録の構成に厳密なルールはないが，多くは以下のような構成である（表紙・裏表紙・見返しなどを除く）．
　①中表紙，②目次・凡例・主催者挨拶，③謝辞・開催情報，④概説（展示全体の概説），⑤関連図版（地図・年表など），⑥図版（展示構成に沿って章立て．章の冒頭

章全体の解説を付し，その後に資料の写真図版を配列し，その解説と関連情報などを記載する），⑦論考・解説（展示に関わる個別テーマの解説），⑧参考文献，⑨展示資料リスト，⑩奥付（書名，発行年月日，編集者，発行者，印刷者など書誌情報を記載した部分）．

⑤は⑦の前か後，③は⑨の後や⑩と同じページに配置される場合も少なくない．⑦の内容は⑥図版の解説のなかに分けて掲載されることも多い．展示図録の中心となるのは，⑥の図版とその解説（最も多くのページ数を使うはずである），④および⑦のテキストである．

●**展示図録と著作権** 著作権が制限される事例の一つとして，「美術の著作物等の展示にともなう複製」（「著作権法」第47条）があり，「美術または写真の著作物を公に展示する者は，観覧者のためにこれらの著作物の解説または紹介をすることを目的とする小冊子にこれらの著作物を掲載することができる」とある．

展示図録は，現在多くの展示図録に掲載されている「展示資料リスト」だけを印刷した小冊子から始まった．それに小さな写真が付されるようになり，やがてほとんどの展示資料写真が掲載されるようになる．カラー印刷が高価であった時代には，巻頭口絵として数点の資料がカラー図版で掲載され，本文には単色印刷の資料図版が掲載される構成のものがほとんどであった．この頃までの展示図録は，「著作権法」でいう「小冊子」にあたるとされていたのであろう．しかし，現在では印刷技術の進歩や展示図録が豪華なものとなり，市販の作品集と遜色がなくなっている．

かつて展示に出品された作品の著作権者が展示図録を制作した主催者を著作権侵害で訴える事案があった．これに対して裁判所は「カタログの名を付していても，紙質，規格，作品の複製形態等により，観賞用の書籍として市場において取引される価値を有するとみられるような書籍は，実質的には画集にほかならず，小冊子には該当しない」という判断を下した．

現在の印刷技術では小さなサイズであっても鮮明な写真を掲載することができる．著作権の存続している可能性がある作品・資料を掲載しようとするときには，権利の所在を確認し，著作権が存続している場合には著作権者の許諾を得る必要がある．

●**展示図録の役割** 展示図録は，利用者からみると展示理解のための参考書となるとともに，展示の内容を持ち帰ることのできる記念品となる．一方，企画者側からみるとより詳しい解説によって展示を補完すると同時に，開催期間が過ぎると消えてしまう展示を記録する役割をもつ．

展示に伴って制作される展示図録であるが，近年では国際標準図書番号（International Standard Book Number : ISBN）を付けた一般書籍として流通させて，展示終了後も書店で購入できる例が増えている．展示図録はいくつかの博物館で全国の展示図録を集めて販売しているが，基本的には開催した場所でしか入手できない．一般書籍として書店で購入できるのは利用者にとって便の良いことであろう．

また，単なる「情報の入れもの」としてではなく「もの」としての魅力をもった工夫を凝らした装幀や編集デザインのなされた展示図録も多くなり，記念品としての価

値を高めている．

●**ワークシート**　ワークシートとは，単に解説を印刷しただけではなく，何らかの作業をしながら展示を見ることによって，利用者の展示理解を深めることを目標に作成される印刷物である．小・中学生程度の年少者を対象として校外実習の利用を想定して作成されることが多い．

●**ワークシートの仕様と役割**　ワークシートの仕様は，A4 判のコピー用紙 1 枚に簡易印刷機で印刷されたものからカラー印刷で数ページの製本されたものまでさまざまである．どのような仕様であってもワークシートの役割は展示資料と利用者とをつなぐことである．つなぐ方法として二つの方向があると考えられる．

　一つは展示資料を利用者がすでにもっている情報と結び付けようとする方法で，例えば展示資料の用途を家庭にある生活用品から類推させるようなクイズを出題するといった方法である．もう一つは展示資料を観察するようにする方法で，例えば展示資料のスケッチをさせたり，その逆にワークシートに印刷された写真・図から資料を探させたりする方法である．

　前者の場合，学校教育の単元と博物館の展示テーマとを結び付けることによって，小・中学校からの団体見学の教材として使用される事例（見学前の事前学習，見学時のガイド，事後の復習など）がある．すでに多くの館が対応していて，インターネット上のサイトからワークシートをダウンロードできるように整備されている．

　児童・生徒を主な対象としてつくられることの多いワークシートであるが，現場で見ていると大人にも利用されているようである．ワークシートは展示を理解するためのツールとして欠かせないものとなっている．

●**展示用印刷物の今後**　展示の現場では PC やタブレット端末，スマートフォンなど IT 機器による情報提供手段が用いられるようになり，多くの成果をあげている．膨大なデータから必要なデータを検索する，画像を拡大して微細な部分を観察する，といったデジタルならではの利便性は何ものにも代えがたい．現在，展示図録やワークシートなどを通じて提供されている情報は，IT 機器を使用することによってより効果的に提供できる場合も多い．

　一方，印刷物は，特別な機器を必要とせずに見ることができる．手に取ってすぐに情報にたどり着けるその利便性は捨てがたい．また IT 機器を使用する場合と比較して安価で準備することができる．展示図録を展示の記録として考えるとき，（間違いも含めて）その時点での情報が記されるという印刷物の特性も有用となろう．「情報の入れ物」としての印刷物の活用方法は開発しつくされたとはいえないし，「もの」としての魅力をもたせる方法もさまざまである．展示図録，ワークシートをはじめとする印刷物には，展示を補助するツールとして多くの可能性が残されている．

[川合　剛]

参考文献　川合剛「展示図録」『博物館展示論』講談社，2014／川合剛「出版物」『博物館教育論』講談社，2015

インタラクティブ展示

　インタラクティブとは,「相互に作用し合う,対話型の,双方向の」といった意味をもつ.インタラクティブ展示とは,この特性を展示に適用し,情報の伝達訴求効果を高める展示方法の一つである.送り手から一方向的に情報を提示するのではなく,受け手の能動的な関与によって,参加意識を高め,実際に触れたり,操作することで,興味を高めたり理解をうながしたりすることが可能となる.

　インタラクティブ展示の特長を生かし,効果的な手法とするためには,展示と受け手の接点であるインタフェースという役割を持つことから,行動のきっかけとなる受け手の属性に合わせたわかりやすさ,敷居の低さや,反応の速さ,煩雑な手順を必要としない操作性,臨場感に関わる複合的な感覚へのフィードバックが求められる.また,受け手に対しては,興味を喚起するトリガー(引き金)提示や,能動的な関与に呼応した的確なフィードバック提示による,体験の振り返りや他者との比較による学びやコミュニケーションをうながす工夫が重要となる.

　コンテンツという役割からは,驚きや楽しさなどの情動に働きかける表現や,定められた答えを導き出すだけの操作に終わらせない,フィードバックや結果の多様性に配慮すべきであるが,伝えたい展示意図の枠組みから逸脱しない計画が重要である.

表1　インタラクティブ展示に関する検討項目

観点	目的	検討項目
インタフェース	行動のきっかけ	操作方法のわかりやすさ・敷居の低さ
	操作に対する反応	時間的ストレスがなく,双方向的であるか
	行動と反応の関連性	決められた手順を踏まなくても,フィードバック提示が得られる
	臨場感	囲繞(いじょう)感・複数の感覚刺激の同時提示
受け手	興味の喚起	自然な行動や,直感的で過去における経験の有無と関係なく,誰でも容易にアクセスできるトリガー提示
	学びの促進	体験を振り返ることができる
	活動を促す	能動的な関与・積極的な参加に呼応したフィードバック提示
	コミュニケーションの促進	比較・対比できる
コンテンツ	目的の明確化	展示意図の枠組み・メッセージ
	多様なフィードバック	結果が単一でなく,多様な成果が得られる
	多様な解の許容	あらかじめ決められた正解がない
	情動に働きかける	体験中,体験後に肯定的印象を与える

いんたらくてぃぶてんじ 315

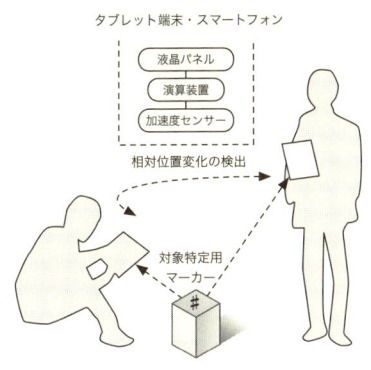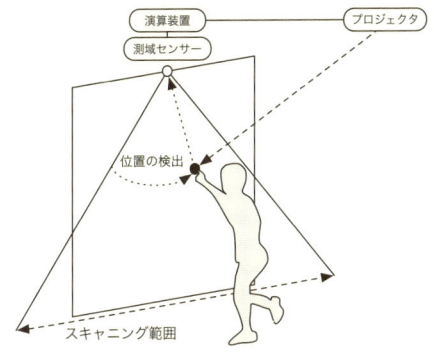

図1 インタラクションを実現するハードウェアの例

表1に，それぞれの役割において考慮すべき項目を整理した．

●インタラクティブ展示のハードウェア　インタラクティブ展示は，広義的には，ハンズオン展示と同様，受け手参加型，体験型展示の一つと考えられるが，一般にインタラクティブ展示とよばれるものは，ITを活用し，受け手の行動を各種センサーによって取り込み，直感的なインタフェースをもつものが多い．そのため，受け手の多様な行動を複数のセンサーで取り込み，処理し，遅延のない反応を実現するために，高速な処理が可能な演算機器が必要となる．また，受け手の自然な行動に即した変化を与え，臨場感を高めるために，大型，高解像度の表示機器が用いられる場合もある．

受け手の動作をデータとして取り込むためのセンサーとしては，受け手が装着または保持する接触型のものとして，GPS（位置測位システム），加速度センサーなどがあり，非接触型として，測域センサー，カメラを用いた画像処理などが用いられる．

表示装置としては，空間の広い範囲に映像を投影するプロジェクション型，あるいはゴーグル型で視野を覆い，受け手が単独で使用するものがあるが，近年ではそういったセンサーを内蔵し，表示装置を併せもったタブレットやスマートフォン端末を利用するものもある（図1）．これらの機器を使用する際に，ハード，ソフトの両面において，展示期間中，計画された機能が維持されるようなメンテナンス体制を確実なものにすることが重要である．

●インタフェースとして　展示と受け手のインタフェースとして，インタラクティブな展示に求められる要件としては，受け手の行動のきっかけとなるトリガーの役割を担う提示が重要である．受け手に興味をもたせ，単に眺め

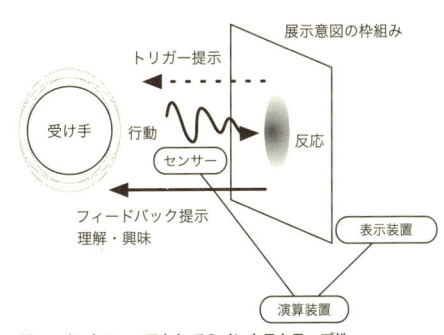

図2 インタフェースとしてのインタラクティブ性

るだけでなく，能動的な関わりをつくるトリガー提示には，受け手の自然な行動や直感的な操作で，反応するインタフェースが求められる（図2）．

AR（augmented reality：拡張現実）といわれる技術の展示への適用は，博物館や美術館に展示される現物と，それにまつわるさまざまな情報を関連付けることで，展示対象への興味や理解を促進させる働きが期待できる．VR（virtual reality：仮想現実）と大きく異なるのは，VRが仮想的な提示対象を現実に置き換えることを目的

図3　ARでコンクリート内部を表示する例
（出典：建築ITブログ）

とするのに対し，ARは，実際に存在する実空間や現物に情報を付加したり，関連する情報を編集・表示することで，受け手のとらえる現実を拡張することを目的としていることである．言い換えれば，VRは体験する場との関連性が低く，ARは体験する場や展示対象物との関連性が高いという特徴があるといえる．

受け手が展示対象物をどの方向から見るか，距離や光の当たり方など，展示物の置かれる環境との親和性が現実感を高める効果に寄与することから，鑑賞者である受け手の動作を相対的にセンサーで検知するだけではなく，対象空間・物との位置関係を明確にする必要がある．そのため対象物を特定するためにマーカーとして静止画像や二次元バーコードなどが用いられ，屋外ではGPSなどによる絶対位置を検出するセンサーを用いるものもある．

適用例としては，展示物にタブレットやスマートフォン端末をかざすことで，展示物内部の画像や解説が表示され，かざす方向を変えても実物の形状に合わせて見える内容も変化するものや（図3），実際の風景に歴史的な画像や解説を重ね合わせて表示するものなどがある．いずれも現物の置かれた実空間における受け手の自然な鑑賞行動が，違和感なく表示にフィードバックされる必要がある．

●共有体験として　展示を「空間を媒介とした情報伝達」と考えるならば，臨場感や受け手同士の共有体験も興味の喚起や理解の促進につながる重要な要素であるといえる．展示空間が「学びの場」であるとともに，展示内容に対して興味を抱くきっかけをうながす「動機付けの場」として機能するためには，臨場体験が肯定的に印象付けられる必要がある．「わくわくした」「不思議だった」「楽しかった」などは，内容の深い理解に至らなくとも動機付けとしては重要な情動的評価であり，それらは，決められた指示に従って行う操作や，煩雑な手続きによって阻害されてはならない．つまり，体験の印象付けには，受け手の自然な行動や，直感的で過去の経験の有無と関係なく，誰でも容易にアクセスできるインタフェースを備えたインタラクティブ展示が効果的であると考えられる．このようなアクセスビリティの高いインタラクティブ展示においては，同時に複数の受け手が共有する空間に，居合わせた個人個人が，行動の痕跡や成果を残すことで，それらのフィードバックがトリガー提示として別の受け

手への行動連鎖をうながし，直接，あるいは間接的なコミュニケーションを生起させる効果も期待できる（図4）.

適用例としては，チームラボアイランドにみられる．「お絵かき水族館」において，その場で子どもたちがみずから描いた生き物の絵をスキャナで取り込み，動画として海中に泳がすことができることで，ほかの参加者の描いた生き物と比較しながら，場を共有し，一つの展示作品をつくるプロセスを通して相互のコミュニケーションを生み出している．壁面全体に映し出される海中の映像によって臨場感が高まり，子どもたちが描いた海の生き物が画面を泳ぎまわることで，興味を引くトリガー提示となっている．受け手の動作に応じて逃げたり，エサに集まったり遅延なく反応するインタラクションは，参加性を高める能動的な行動に呼応したフィードバック提示である．また，それらの展示は，受け手自身が展示対象そのものをつくり出す参加性と，インタラクティビティにこそ創造性の源があることを，参加者に体験させる試みであると考えられる（図5）.

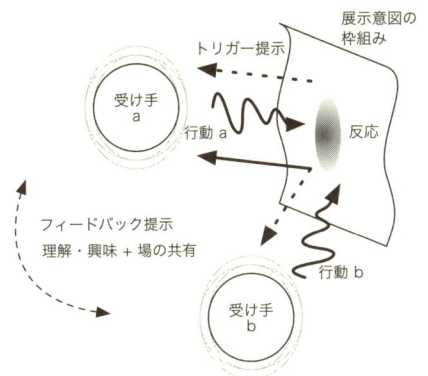

図4　共有体験としてのインタラクティブ性

図5　「お絵かき水族館」
（出典：チームラボアイランド HP）

また，床・壁に投影された映像に触れることで，力学的な物理現象に基づいた水面の波紋や変化をフィードバック映像として提示するタップトークとよばれるシステムでは，鑑賞者の能動的な参加意識の有無にかかわらず，いつの間にか自身を展示の一部のように感じさせる効果を生み出している．鑑賞者の周囲に投影される環境映像に，何気ない動作に応じた映像をフィードバックすることによって，次の動作を誘発するトリガー提示として，臨場感を高めたり，受け手の身振りなどの遊びの要素を取り入れ，集客などをねらったものもある．

いずれの場合も人が多く集まる場が生まれることから，場を共有する多数の受け手の属性によって，予想しなかったフィードバックが起きる可能性があるため，にぎわいの創出だけでなく，展示意図の枠組みと大きくはずれないフィードバック提示内容を事前に計画することが重要である．　　　　　　　　　　　　　　　　　　　　　［佐藤公信］

参考文献　コールトン，ティム（著）染川香澄他（訳）『ハンズ・オンとこれからの博物館—インタラクティブ系博物館・科学館に学ぶ理念と経営』東海大学出版会，2000

ハンズオン展示

　ハンズオン展示とは，最も原初的には，じかに展示資料や展示装置に触れて利用する形態の展示のことをさす．博物館の伝統的展示形態は，例えばガラスの陳列棚の中の資料や壁面の絵画作品などを視覚によって観察，鑑賞することなどを基本とし，触ることは許されないものであった．「ハンズオン」は，博物館展示において，「触れないで」という意味での「ハンズオフ」「hands-off」「Don't touch」といった用語と相対するものとして，手で触り体験する展示の手法をさす言葉として，生まれてきたものである．

●**ハンズオンという言葉**　ハンズオンという用語は，軍隊教育，コンピュータ教育，金融などの分野で用いられ，「実地の」「実践的な」といった意味をさす用語である．「実践的に学ぶ」という意味では，米国などで日常用語として使用されている言葉でもある．その際，教える側が理論や情報を知識として一方的に教えるのではなく，学ぶ側の理解の促進を考え，具体性をもって実践的な学習になるように重点がおかれるところに特徴がある．

　博物館でのハンズオンは，使われる文脈によって，さまざまなレベルや内容において用いられる．単に手で触れてみることができる展示手法として用いられる場合もあれば，利用者の主体性を重視する学習のあり方，身体感覚を通じて心理的な動きへとつなげ，学習者の関心や興味を喚起し，達成感を獲得する学習効果までも含む用語として用いられる場合もある．そのため，そのハンズオンが指し示す具体的な事物や用いられる文脈を整理してとらえる必要がある．

●**参加性の意味**　ハンズオンが展示に導入され始めた当初は，米国でも日本でも，ハンズオンや参加体験型の名称だけが独り歩きした．展示に取り付けられたボタンを押すと一連の動作をしていつも同じ結果になるような物理的に触るだけの展示では，十分に吟味し表現されていないために触っても学びが起こらず，触れる展示をつくることが目的化してしまい実際には機能していない展示も多く見受けられた．

　ティム・コールトン（2000）は「博物館のハンズ・オン系展示装置あるいはインタラクティブな展示装置には明確な教育目標がある．その目標とは，個人もしくはグループで学習する人々が，事物の本質あるいは現象の本質を理解するために，個々の選択にもとづいて自ら探求してみようとする利用行動を助けることにある」と述べている．展示への参加性とは，物理的身体的なことだけをさしているわけではないのである．

●**ハンズオンはマインズオン**　毎回同じ動きをする展示を受動的に見るような「ボタンを押すだけの展示」と，本来のハンズオン展示とを区別するために，手（ハンズ）だけでなく，心（マインズ）も動かす展示という意味で「マインズオン」という言葉

を用いることがある．利用者が不思議に思ったり納得がいくなど能動的な心の働きを誘発することをいう．この言葉はハンズオン展示が広く一般に知られ，名称だけが独り歩きしていた1990年代頃からよく使われるようになったが，現在では，博物館でのハンズオンはマインズオンも内包している用語として認識され始めている．ハンズオンというもとの言葉自体にそのような意味はないが，マインズオンであることの必然性を重視しなくてはならない．

●**インタラクティブ展示** インタラクティブ展示がハンズオン展示の同義として置き換えられることもある．「インタラクティブ」は「双方向的な」という意味をもち，近年ではコンピュータ用語としても多用されている．ユーザーが選択することで表示される情報や画面が変化し，従来の一方通行ではなくて，ユーザーが作用し影響できるなど相互作用が可能なことをさしているが，ハンズオンと異なり，インタラクティブ系展示は頭を使う相互作用という意味合いが大きく，身体的な相互作用がまったくない場合もある．

●**ハンズオン展示の歩みと広がり** ここで博物館でのハンズオンの具体的な歴史を振り返る．先駆的な試みとしては，1925年にミュンヘンのドイツ博物館で工業用エンジンの運転装置を動かしてみせたことや，1937年にパリの発見博物館で化学の実験の実演をしたことをあげることができる．同じく1930年代には，米国のシカゴ科学産業博物館の炭鉱の模型や，フランクリン・インスティテュートでの心臓の拡大模型がつくられ，内部に人が入り歩いてみることができる展示があった．

ハンズオン展示の草創期はこうした科学系の博物館が築いたが，大きなムーブメントは1960年代からのボストン・チルドレンズミュージアムやサンフランシスコの科学館であるエクスプロラトリアムから始まった（☞項目「チルドレンズミュージアムと展示」）．特に1960年代半ばにボストン・チルドレンズミュージアムで当時の館長マイケル・スポックが手がけた展示「What's Inside」（中身はなあに？）が展示のエポックメイキングとなる．展示としてつくられたマンホールのはしごを子どもたちは大騒ぎをしながら降りていた．それがこの展覧会の最初に出会う目玉展示だった．ほかには野球のボール，トースター，オウムガイの貝殻，池の水滴，などが半分に切断されるなどして置かれ，その中身がどうなっているのかを実際に確かめられた．なかでもグラジオラスの生花は人気が高く，毎日たくさん用意された．子どもは花から雄しべ，雌しべや花弁などの部分をつまんで外し，机上に備え付けてある花の各部分が描かれたワークシートにその該当部分をテープで貼り分けていく．

この「What's Inside」の展覧会は当初6か月もの間壊れずに展示し続けられるかと心配されていたが，壊れることなく人気の展示となり会期が5年間に延びたという．一般的に，利用頻度が高いと壊れやすいが，本質的で面白いものに対しては，利用者はその面白さに集中するので，利用目的以外の粗末な扱い方による想定外の壊れ方をすることが少ないのであろう．

この展覧会やスポックの活躍から，ハンズオン展示の効果が認められ，各地で導入が始まった．人間の認識や学習は感覚的経験を基本としており，生活経験との連続性

のなかで獲得されていくものとするジョン・デューイらの経験主義の教育思想を背景として広まっていった．

●**日本への紹介**　日本でも科学館や子ども用の展示室では実験装置の機能をもったハンズオン展示や触って遊ぶ展示が公開されていたが，ハンズオン展示として広く知られるようになったのは，米国で誕生したチルドレンズミュージアムが日本で盛んに紹介され始めた1980年代頃からである．文部省（現文部科学省）が1999年度から3年間実施した「親しむ博物館づくり事業」でハンズオンをキーワードとして公式に使い，ミュージアムでの子どもによる実践的な学びを支援する事業に委嘱金を用意し，ほかの館種のミュージアムにも一気に広まった．現在では，新しく開館するミュージアムやリニューアルする館のほとんどの基本計画などにハンズオン展示の設置についての記載があり，事前の住民へのインタビューやアンケート調査においても「参加できる展示」に対する要望があがるようになった．

●**ハンズオンを裏付ける学習理論**　ハンズオン展示がもつ教育的ポテンシャルを引き出したスポックは，子どもの頃にデューイの教育理論をベースにした私立の小学校に通っていた．みずから実際に受けたデューイの経験主義の教育思想を，ハンズオン展示やチルドレンズミュージアムのあり方に重ねながら発展させたのである．

コールトン（2000）は「インタラクティブ展示がその根拠をおく教育理論の多くは，ピアジェをはじめフレーベルやヴィゴツキーなどの発達心理学者の研究に端を発している」と述べている．

ハワード・ガードナー（2001）の個性を生かす多重知能の理論も注目される．学校での知能指数に応じた教育は言語や数学的スキルのみを重視しているが，人には言語的知能や倫理数学的知能のほかにも，音楽的知能，身体運動的機能，空間的知能など数種に分けられる潜在能力があり，それらを成長させるための教育的環境が重要であるとするものである．

利用者研究分野ではジョン・H・フォークとリン・D・ディアーキングが家族の博物館利用のインパクトを長期にわたりインタビュー調査し，米国内外から招聘を受け利用者調査に関する国家的プロジェクトを実施するなど，ミュージアム界にその成果を還元している．

近年では，ジョージ・E・ハイン（2010）らによって紹介された構成主義がミュージアムに浸透しつつある．これはミュージアムが一方的に知識を与え利用者が受動的に受け取るのではなく，利用者一人ひとりがあらかじめ知っていることと新しく出会ったことを関係付け，自分のなかで意味を構成していくという考え方である．利用者が「meaning making＝意味をつくり出していくこと」を可能にするために，ハンズオフやハンズオンの展示を準備するのである．

このように展示の内容が学術的に正しくタイムリーか，あるいは視覚的に魅力的かなどを考える一方で，利用者の状況について考察することがますます盛んになってきている．ただし理論の理解力と，機能するハンズオン展示の開発力や認識力は別の能力であり，理論と展示の安易な結び付けは避けたいところである．利用者のことを考

えて展示開発をしつつ，迷ったときや確認したいときに理論をひもとく手法の方が失敗は少ないだろう．

●ハンズオン展示の特徴　以下に，二つの視点からハンズオン展示の具体的な特徴をあげる．コールトン（2000）が，望ましい展示デザインとして，11項目に整理している．その重要な5項目を以下に示す．

①使い方が直感的にわかり，解説ラベルを読む必要が最小限ですむ．
②広範囲の知的レベルを満足させる．つまり幅広い年齢や能力に適している．
③友達同士や家族間の交流をうながす．
④対象とする利用者の既得知識や理解度に関する調査に基づいてつくられている．混乱をもたらすような情報を与えない．
⑤デザインが優れていて，安全．丈夫でメンテナンスが簡単．

ハンズオン展示を開発するのは，視覚だけを使って見る展示を考えるよりも難易度が高い．また，展示室に設置した後に利用状況を観察すると，さまざまな改善点が浮かび上がる．「展示は展示室に出したときがスタート地点である」という考えはハンズオン展示であればなおさら重要である．より良い展示をつくるためには，展示評価のステップは必ず取り入れるべきだろう．

次に，展示利用の状況からハンズオン展示の利点を6項目あげる．

①触るものが置いてあると，とりあえず触ってみようという気になる．
②見て通り過ぎるだけでなく実際に触る行為をするために，展示と関わる滞留時間が延びる．
③展示利用の時間が延び，さらにその反応が他者にも認識しやすいため，同行者やスタッフらとの間で，展示の内容に関する会話が起こりやすい．
④直接的に展示と関わることで，感じたり考えたりして学ぶチャンスが増える．
⑤展示に接した経験が印象に残りやすく，後日展示に関連するものを見聞したときに思い出しやすい．学び直しにつながる．
⑥人が触っているのを見ると触りたくなることで展示の利用度があがる．

以上のように，視覚だけに頼る展示とは異なる効果が期待できる．

●展示評価の大切さ　一般的な展示制作における展示評価の位置付けを図1に示す．さまざまな展示評価を導入し，ハンズオン展示を開発した事例として，兵庫県立考古博物館の取組みを紹介する．

展示案作成	評価設計	展示評価の実施	問題点の共有	設計・制作への反映
伝えようとするメッセージを明確にする	何を調べるのかを明確にし，最適な調査方法を立案する・メッセージと利用者との接点・展示の見やすさ，使いやすさ	スタッフの全員参加により調査を実施し，誰もが利用者である子どもの声を直接聞く・行動観察・定点観察・インタビュー	調査直後のクロージングミーティングにより，問題点をスタッフ間で周知する	メッセージ，展示方法，使用方法を見直し，問題点を改善する

図1　実施フロー（提供：乃村工藝社）

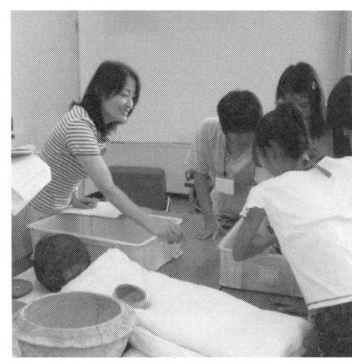

図 2 （左）「土器パズル」企画段階評価，（右）「発掘プール」企画段階評価（兵庫県立考古博物館，著者撮影）

　専門的な知識の提供に偏りがちな歴史展示を，子どもにも楽しく理解してもらうために，利用者となる子どもの声を聞き，企画に反映させる機会を設けた．5 年間にわたり，企画段階評価，制作途中評価，修正的評価を実施し，どの場面でどのようなハンズオン展示を導入するかも考察した（図 2）．テーマ展示室（常設展）のコンセプトと当該資料を題材に，隣接する郷土資料館において開催した先行企画展での調査の流れと具体的な結果の一部を記す．

●**実施内容と展示への反映の実例**　兵庫県南部の重要資料である瓦と須恵器を展示し，利用者と展示トピックの接点を絞り，展示の有効性を検証するために，企画段階評価を実施した．子どもに対して瓦についての知識や経験をインタビューすると，なかには瓦は屋根の上ではなくて博物館に展示されているものと答えた被験者もいた．これでは，学術書に掲載されるスケッチ図のルールと同じ方法で丸瓦と平瓦を展示ケースに並べても何のことかわからないし，瓦自体が地味なので見てもらえる可能性は極端に低いことがわかった．そのため瓦に特化したコーナーを設置し，瓦を屋根に葺く作業のジオラマを作成し，ミニチュアの瓦葺き体験コーナーをつくり，瓦の模様が浮き出るレプリカでフロッタージュをして瓦の観察を誘導しつつ資料を持ち帰れる工夫などを行った（次頁図 3）．

　また瓦の生産地という特色を活かすものとして，主要な瓦の生産地，運搬方法や道中の海難事故，京の都など納入先の情報が伝わるすごろくも開発し，何度も子どもに試行し事後インタビューもして改良を重ねた．当初は楽しくゲームとして遊んだものの，そのなかにかかれた瓦の運搬状況などは理解されていなかったが，展示開発チームでさらに議論と調査を重ね，ゲームとして楽しみながらも当時の瓦や地域とのつながりが伝わる展示手法として完成した．

　ハンズオン展示を開発するには，展示室で利用者がどのような行動をするかを，よく見て理解していることが重要である．兵庫県立考古博物館のように大がかりな展示評価ができる環境がなくても，来館者の利用状況をじっくり観察して蓄積し，改善の試行を重ねることで展示を成長させることができる．これらの取組みについては，同

図3 兵庫県立考古博物館のテーマ展示室「交流」瓦コーナー（兵庫県立考古博物館，著者撮影）

館の研究紀要にまとめられている．

●**ハンズオンがもたらすもの**　ハンズオン展示が脚光を浴びあたりまえに採用されるようになったことは，ミュージアムに大きな変革をもたらした．それは資料をどう見せるかが中心であった資料中心主義から，利用者にとって展示がどうあるべき

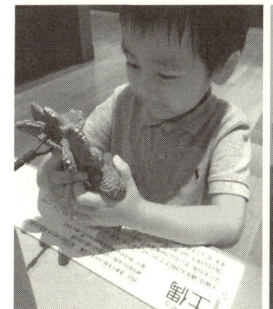

図4　（左）土偶のレプリカを手に取る3歳児（東京国立博物館，著者撮影）
　　　（右）「古代のまじない」を体験する成人男性（兵庫県立考古博物館，著者撮影）

かという利用者中心主義の考え方に重心を移したことである．それにより今まで抱えていたさまざまな課題に気づき，ミュージアムの進む方向が見えてくることもあった．展示は制作者の作品ではなく，利用者の学びの源であるという考えにもつながってきている．その対象は子どもに限らず大人をも含んでいる（図4）．利用者の学びの源とするためには，利用者研究は必須であり，利用者と相互に関連し合いながら展示を開発していくことがよりよく新しいミュージアムを育てることにもつながる．こうして豊かな学びの場がミュージアムにできることは，近年，注目を集めているアクティブラーニングの実践の場としてミュージアムが機能することにもつながり，ますます発展していくことが期待できる．　　　　　　　　　　　　　　　　　　[染川香澄]

📚 **参考文献**　ハワード・ガードナー（著）松村暢隆（訳）『MI―個性を生かす多重知能の理論』新曜社，2001／ティム・コールトン（著）染川香澄他（訳）『ハンズ・オンとこれからの博物館』東海大学出版会，2000／染川香澄他「実証・兵庫県立考古博物館の誕生―新しい参加体験型展示の模索」兵庫県立考古博物館研究紀要11，2018／ハイン，ジョージ・E.（著）鷹野光行（監訳）『博物館で学ぶ』同成社，2010

ユニバーサルミュージアムの展示手法

博物館はすべての人に対して開かれている，といわれる．しかし，すべての人とは誰をさすのか具体的に考えてみると，意外にも博物館は必ずしもすべての人が利用できるというわけではないことに気がつく．博物館を利用できない，あるいは利用しにくい人とは，例えば身体障がい者であったり，高齢者であったり，日本語を解さない外国人であったりするだろう．逆にいえば，博物館では，その国の言語を理解する健常者が，利用主体として暗に想定されているともいえる．

多様な人々が利用できるように博物館を方向付けたきっかけは，1960 年にユネスコの第 11 回総会で採択された「博物館をあらゆる人に解放する最も有効な方法に関する勧告（仮訳）」であったとされる．こうした動きに対して，博物館側では，視覚障がい者のために点字の解説や音声ガイドを用意し，車椅子対応としては施設のバリアフリー化が図られていった（☞項目「情報端末」「障がい者への利用支援」）．また，外国人向けには英語での解説も一般化しつつある．しかし，例えば，視覚障がい者にとっては点字解説があったとしても，展示そのものが鑑賞できるわけではない．つまり，本質的な解決策が提示されているとはいえない状況だったのである．

●ユニバーサルミュージアムとは　1985 年に，ノースカロライナ州立大学のロナルド・メイスは「できるだけ多くの人が利用可能であるようなデザイン」を基本コンセプトとした「ユニバーサルデザイン」の概念を提唱した．同大学のユニバーサルデザインセンターでは，ユニバーサルデザインの七原則を次のようにまとめている．

①公平な利用，②利用における柔軟性，③単純で直感的な利用，④認知できる情報，⑤失敗に対する寛大さ，⑥少ない身体的な努力，⑦接近や利用のためのサイズと空間．

ユニバーサルミュージアムは，これをヒントとして 1990 年代末に登場した概念であり，和製英語である．ただし，英語圏では，欧米で「百科事典的博物館」とよばれる大規模博物館をユニバーサルミュージアムとよぶことが多いという．ここで説明するユニバーサルミュージアムは，ユニバーサルデザインにヒントを得た博物館をさしている．

しかし，ユニバーサルミュージアムにはっきりした定義があるわけではない．本項では身体的・文化的な障壁を取り除き，すべての人が利用することができる博物館としておきたい．

●ユニバーサルミュージアムの方針　博物館がユニバーサルなものであるためには，博物館を利用しにくい人たちが利用できる状態にすることが優先されることになる．

高齢者に対しては，施設設備のバリアフリー化や案内表示などにユニバーサルデザインを導入することである程度対応することができるであろう（☞項目「歴史系施設

の実例」).外国人の場合には,当然ながら多言語表記による解説が不可欠となる.多言語表記はスペースを取るので実現が難しいが,タブレット型端末などを活用することも一案である.また,アナログな方法としては冊子にすることもある.この方法は,さほど費用をかけなくてもできるという利点がある.

　ただし,身体障がい者については,障がいのあり方によって,視覚障がい,聴覚障がい,肢体不自由などがあり,さらにはそうした障がいが複合していることもあって,そのすべてに万全な対応を図ることは難しい.本項では博物館を最も利用しにくい人たちである,視覚障がい者を当面の対象として説明する.

●**触る展示**　博物館において視覚障がい者が対象を認知するときに使える感覚は,触覚である.

　しばしば誤解されることだが,視覚障がいなのだから音声ガイドを使えばそれでよいということではない.音声ガイドを使うということは,視覚以外の四感のなかから,さらにもう一つの感覚を奪うことになる.視覚障がい者によれば,音声ガイドに耳を取られることで,周囲の状況を認知することが難しくなるという.また,展示

図1　触察実験（著者撮影）

室にはさまざまな音が同時に流れているので混乱するともいう.そして根本的な問題は,解説を聞かせるだけなので,解説されているモノがどのようなものであるのかを直接認知するわけではないということにある.こうしたことから考えると,視覚障がい者が博物館を十分に楽しめるようにする最善の方法は,触る展示を実現するということになる（図1,☞項目「ハンズオン展示」）.

　また,もう一つ重要なことは,視覚障がい者が日常的に博物館を利用することができるようにすることであり,一過性のイベントで視覚障がい者の利用を認めるということではない.

　触る展示と日常的な利用可能性という二つの点が,視覚障がい者の博物館利用にとって重要な要件となる.

●**触る展示の実際**　触る展示の実現とは,言うまでもなく露出展示にすることである.前提として,視覚障がい者が一人で来ても自由に展示を鑑賞することができるようにするためには,いくつかの点に留意する必要がある.

　①視覚障がい者が展示物にたどり着きやすいように工夫することである.そのために点字ブロックで動線を示すことは有効な手段であろう.だが,展示室内に点字ブロックを設置すると,高齢者が点字ブロックにつまずいたり,車椅子が引っ掛かったりすることがある.その代替案として,床の仕様をコーナーごとに変えて,足の感覚

でコーナーが変わったことを示す方法もある．例えば，廊下はフローリングにしておき，展示室に入るとカーペットに替えるなどである（図2）．また，触図を用いて展示室と展示物の配置を示すこともあり得るが，触図を持って歩けるわけではないので，そこに生じるタイムラグで配置を忘れてしまうともいわれ，注意が必要となる．

②展示物が何であるかを認識するために，展示物に点字のタグなどを付けることも助けになる．触察した展示物の名称などの基本情報を知ることは，学習としても大きな効果があるであろう（図3）．

③触察には時間がかかるので，なるべく楽な姿勢で，時間をかけて触察できるような工夫も必要であろう．具体的には展示している台の高さを調整したり，展示物の前に椅子を配置したりするなどである．

図2　床の仕様を変える（左側がカーペット，右側が床板）

④触察の際に展示物と接触することで，展示物が転倒したり，落下したりしないようにしておくことも大切である．ただし，転倒防止のためテグスなどで固定すると触りにくくなってしまうので，どのようなもので固定するのか，素材を検討しなければならない．

図3　点字のタグと椅子（著者撮影）

⑤さまざまな障がいのあり方に対応するためには，ハード面の充実だけでなく，人的な補助が必ず必要，ということである．

以上にあげたような点をはじめとして，さまざまな配慮をしていくことが望ましい．なお，ここでは点字による展示解説については当然の前提として説明を省略している．また，どのような資料を触ってもらうのか，それはどのように配列すればよいか，などにも相応な工夫が必要なことは言うまでもない．なお，色については，気にしなくてよいという視覚障がい者は多い．

●**情報提供**　視覚障がい者に対する聞き取りによれば，事前にその博物館にどのような展示物があるのかを知っていれば，より楽しめるのだという．そして，そのためにはウェブの活用が有効である．視覚障がい者は音声読み上げソフトを利用しているこ

とが多く，十分な情報を得ることができるからである．ただし，弱視の人の場合には，背景色が黒で文字が白抜きになるなどコントラストが強い配色で，しかも文字サイズを大きくすることが必要である（☞項目「解説グラフィック」）．最近では，通常の表記と弱視者用の表記とを切り替えることができるサイトもみられる．

だが，当然ながら視覚障がい者にはウェブに掲載された写真やイラストを見ることができない．つまり，晴眼者がイメージとして認識できるものを音声言語として提示しなければならない．これは簡単なようで，実はかなり難しい作業である．読み合わせなどを繰り返して，文章をブラッシュアップしていくしかないであろう（☞項目「展示のレベルアップ」）．

●**当事者に尋ねる**　視覚障がい者に対応しようとしている博物館も多いであろう．そのときに大事なことは，視覚障がい者がどのようなことを求めているのか考慮することである．博物館側の，そして晴眼者である学芸員の思い込みによってプログラムをつくることは避けるべきである．

●**ユニバーサルミュージアムの展示の課題**　ユニバーサルミュージアムはどこの博物館でも実現できるというものではないし，またそうすべきというわけでもない．現実的には，比較的小規模な博物館の方が実現しやすく，資料の保存を重視する美術や工芸の分野の博物館では実現が難しい．

管見の限りで，ユニバーサルミュージアム化に取り組む博物館は増えてきているようである．だが，誤解をおそれずにいえば，上述のような事情によって，どうしても小手先の対応に終始しやすい．ここで提案したいのは，博物館のコンセプト自体をユニバーサルミュージアムに適合するように見直すことである．もちろん，どこまで実現化できるかは，いろいろな取り巻く状況によって異なるであろうが，まずは博物館の理念をそこから立ち上げることを試してみてはどうか，ということである．

そうしたことを踏まえて，ここでは，ユニバーサルミュージアム実現のためにクリアしなければならない課題をあげておく．その一つは技術的な課題である．例えば，先に指摘したように，転倒・落下防止のため展示物を固定しておくことは必要であるが，固定すると同時に，それが自由に外せるようにしておかなければ触りにくくなる．このような，相反する条件を両立させる技術一つとっても，博物館ではまだ実現できていない．

また，触る展示には宿命的に資料の破損・劣化，そしてセキュリティの問題が伴ってくる．これについても有効で，かつローコストな方法を確立することが望まれるであろう．

展示技術の観点からいえば，実はユニバーサルミュージアムに固有の技術というものはなく，これまで博物館が培ってきたノウハウでカバーできることが多い．ただしそこには，通常の展示における見やすさの工夫に加え，触りやすさという次元の異なる工夫が必要となるのである．ユニバーサルミュージアムが博物館の新たな方向性であることは間違いない．その可能性をつぶさないためにも，その実現に向けて課題を一つひとつ乗り越えていかなければならない（☞項目「ユニバーサルミュージアムと展示」）．

［黒澤　浩］

展示における音

　音は心理的あるいは感覚的な効果をもつツールである．映画では効果的に音が使用されている．恐怖をあおりカタストロフィへの予感をつくり，一転して明るい未来のイメージをつくる．また，場面の転換に伴う心理的効果を高め，緊張感や高揚感を高める．暖かい音，冷たい音，涼しげな音，寒さを感じさせる音，都会の雑踏や田園風景を感じさせる音もある．優れた映画音楽は，その音楽だけで映画の場面を心に映し出す．

　環境的に使用される音楽もある．ホテルや百貨店，喫茶店などで何らかの音楽が流れていることを誰もがあたりまえに感じている．それは，にぎわい感をつくり，周辺の騒音をカバーして空間を柔らかくする効果をもつ．

　人は，音のない世界は耐えられない．日常的な生活のなかで音がないという状況が存在しないからである．いかに静かに感じられる空間でも必ず何らかの音がある．静寂とは無音を意味するのではないのである．

　展示空間においても，音は有効なツールである．音の使い方には次のような例がある．①音声・言葉による説明，②展示内容を補足，あるいは音自体も展示の一部となる，③展示物に時間変化のストーリーを与える演出的な音，④展示空間の環境的な演出，⑤映像による展示における，映像に付属した音，⑥PCを使用し専用のコンテンツを再生させるPC独特の音信号．

　歴史博物館では，実物大の民家や街並みを再現するような展示も多くあるが，その生活音を再現してよりリアルにするような手法もあり得る．音・音楽は，感覚的な起承転結，説明性をもつ時間変化を伴うきわめて有効な展示手法なのである．

　一方，最近の展示空間は，映像やPCが多用されることも多く，音声や音楽，あるいはPC独特の作動音や信号音を伴うことが多い．これらの音が混然一体となることで一種の喧騒感（けんそう）をつくりだし，それぞれの明瞭度も低くなってしまうようなことも考えられる．このような場合は，展示個々の問題としてではなく，空間全体の音の問題として把握し，それぞれの音の意味，重要性にかんがみて個々の音量・音質を調整する必要がある．

　音や音楽は展示を生き生きとさせ，想像力を増幅し，空間に緊張感，異世界の感覚，あるいは，リラックス感などを与えることができる．音を効果的に生かすには，設計段階において音のあり方・効果を考慮した音の設計・計画があり，それを実現するためのハードウェアの計画が必要となる．また，最終段階における音の調整は非常に重要で，残響の大きな空間においても明瞭性を確保する，定在波となる周波数帯域をできるだけカットする，計画段階におけるイメージに限りなく近いものにするなど，音質の調整・音量バランスに関する専門性を要する作業となる．　　　　［田中宗隆］

7章 展示と保存

博物館の展示場管理 —————————330
大型博物館の展示場管理——国立民族学博物館 —334
展示場の環境 —————————————338
展示ケースの環境 ————————————340
博物館の IPM ——————————————342
展示場の殺虫処理 ————————————346
展示場の空気質変動 ———————————348
展示照明と保存 —————————————350
免震と展示 ———————————————354
展示場と防災 ——————————————356
文化財の保存修復の理念 ——————————358
展示資料の点検 —————————————360
国宝・重要文化財の展示 —————————362
史跡の保存と展示 ————————————364
歴史的建造物の保存と展示 ————————368
梱包・輸送 ———————————————372
パノラマムービーによる展示記録 ——————376
【コラム】収蔵庫の見学 —————————378

[編集担当：栗原祐司・日髙真吾]
＊五十音順

博物館の展示場管理

　文化財の劣化と原因の関係を，症状が現れるまでに要する時間の長さで見ると，①長期的な作用によって現れる損傷・劣化の原因として温度，相対湿度，光放射，②中期的な作用によって現れる損傷・劣化の原因として生物劣化，汚染物質，修理材料，微振動，③短期的な作用によって現れる損傷・劣化の原因として自然災害，輸送，盗難，発掘などをあげることができる．特に展示に深く関係する原因としては温度，相対湿度，光放射，生物劣化，汚染物質，微振動，自然災害，盗難があり，これらについて統一的な考え方を用意して，文化財を展示する際の指針とする．安全で魅力的な展示を生み出すためには，上述の原因を排除または小さくする必要がある．そのためには，温湿度の設定レベルと変動，展示照明の光放射に関して照度および積算照度，有害生物の生息状況，空気中に含まれる汚染物質の濃度，地震・火災・水害などに対する防災対策，バンダリズム（破壊行為）や盗難に対する保安対策などについて具体的な目標値を設け，それを組織的に運用することが大切である（神庭，2014）．

●**劣化防止対策としての環境の指針**　①温度および相対湿度：温度についての年間の変動幅は 20〜24℃，相対湿度については 50〜60% とし，展示室内の日較差はそれぞれ 3℃ 以下，5% 以下，展示ケース内部は 3℃ 以下，2% 以下とするのが望ましい．夏季の温度は，近年の外気温の上昇に対応して，館内温度を従来よりも高めに設定する必要が生じている．館内外の極端な温度差による入館者の不快感を解消するためであると同時に，大型の施設に関しては冷房に費やすエネルギー使用量の軽減を考慮するためでもある．他方，相対湿度は四季を通じて一定の値を維持できるように調整することが基本である．工夫や努力にも関わらず一定の範囲内に収まらない場合には，40〜70% という比較的大きな変動幅に収まるように努力する．温湿度環境の測定には毛髪湿温度時記録計とデータロガーを併用するが，前者はその場で判断するため，後者は長期測定データを解析するために使用される．両者を併用することにより，単独の装置で行う測定に比較して測定値の信頼性がより高まり，環境の状態を正確に判断できる．

　②照度および積算照度：照度と積算照度に関する指針は，光放射に対する材質別の脆弱(ぜいじゃく)さに応じて作品の分野ごとに設定されている（神庭，2005）．いくつかの関係機関から類似の指針が示されているが，国指定品に関しては文化庁策定の指針とも整合性を保つようにしなければならない．光に対して最も脆弱な文化財に対する照度は 50 lx(ルクス)，陶磁器などの堅牢(けんろう)な文化財に対しては 300 lx を上限として照明の設計を行う．照度と照射時間の積である積算照度は，年間あたりの照射総量を規定することによって，その範囲内での照射時間に自由度を与えている．ただし，指針のなかで示される照度は許容される最大値であるので，時間を延ばす分だけ照度の値は小さくなる．浮世絵など最も脆弱な文化財に対する照度は 50 lx で，展示期間を年間あたり 4 週間，

1日あたりの照射時間を8時間とすれば年間あたりの最大積算照度は9,600 lx・hrになる．時に，同一年度内で規定を超える積算照度を必要とするときには翌年度分を使用し，先に使用した分は翌年度分から差し引くなど，展示公開の利便性を優先することもあるが，その運用は厳格に実施すべきものである．

　③有害生物の生息：展示室は来館者が多く出入りするため，さまざまな有害生物が屋外から一緒に運び込まれやすい環境であることから，展示室および収蔵庫などのバックヤードは定期的に清掃を行うことが基本である．そして，1年に複数回，全館内の生息調査を行うと同時に，日常的に職員からの虫発見情報をこまやかに収集することによって，異常の発見に努める．大量発生や具体的な生物被害などの異常が生じた場合には，文化財や発生場所の燻蒸（くんじょう），あるいは隔離を行い，発生や侵入の原因の排除や改善を図る．また，ゴキブリなどの生活害虫が発生する夏季には，館内バックヤード側にホウ酸団子ケースなどをこまめに設置して防除する．生活害虫の拡散を防止するには，館内の飲食スペースを限定することが大切である．また館内，特に展示室内には生花などの植物は持ち込まないようにする．そのほか，文化財害虫が展示器具や梱包箱（こんぽう），あるいは文化財とともに館内に運び込まれないように目視点検を行うと同時に，作品を展示室に搬入する前に展示ケース内の清掃を行って生物の排除に努める．生物の存在が疑わしい場合，または発見された場合には薬剤の設置や噴霧を行う．

　④汚染物質濃度：窓や扉，空調設備を通じて館外から侵入する大気汚染物質のうち，特に注目する必要があるものは窒素酸化物と硫黄酸化物であるが，日本においては脱硫装置の普及や燃料源の変化から，近年 SO_2（二硫化硫黄）濃度は低下しているため，その影響は小さいと考えてよい．排気ガスなどから放出される窒素酸化物である NO_2 の屋内濃度は屋外と比較して低くなるが，NO（一酸化窒素）濃度に関しては展示ケースや収蔵庫では屋外より高くなる傾向がみられる場合がある．その場合には，NO_2 濃度は一層低下する傾向にある．NO 濃度が高くなる現象は，たぶんに気密性と材質に依存していると考えられる．こうした場所では高気密性のゆえに HCHO（ホルムアルデヒド），CH_3CHO（アセトアルデヒド）などのアルデヒド類が残留しやすく，NO 濃度の上昇はアルデヒド類の濃度と関係があると考えられる．アルデヒド類の発生源は内装材料に使用される合板の可能性が高く，金属やタンパク質に強い影響を与えることから，できる限り不活性な材料を使用してそれらの発生を抑制し，ガスが放散されるようにケースの使用前には扉を開放し，さらに小型のファンで強制排気を行うなどの対策を講じる．

●劣化防止対策としての展示用具の指針　①地震対策：作品を転倒による破損から守ることが，地震への備えとして考えるべき最初の事柄である．壺（つぼ）などの器物には中に重りを入れて重心を下げ，揺れに対する安定性を高めることが基本である．次に，作品を展示台と固定し揺れにくくすることである．テグスを用いた固定は一般的な方法であるが，簡便である一面，作品鑑賞の面で難がある．また，重い作品や強い揺れの場合には，テグスが伸びたり，結び目が伸びたりして，役に立たないことがある．こうした問題は，作品の形状に合わせた金属製の支持具を用いて作品を保持することに

よって克服することができる．ただし，形状に合わせた支持具の製作には時間と，より高額な費用が必要である．

作品を展示台などに固定する方法としては，テグスのほかにワックスや粘着シートの利用が考えられる．しかし，それらを作品に直接塗布または貼り付けると，経年変化によって接着剤が作品に染み込み汚損するなどの可能性も考えられるため，作品の固定に用いるよりも，支持具などの固定に積極的に用いるほうがより安全といえる．

床に対して水平方向の XY 軸方向にのみ動くことができる二次元免震装置の使用は，作品の固定対策を最小限に抑えた状態で，揺れに対する安定性を飛躍的に高めることができる．免震装置に用いる指針としては，ⓐ阪神・淡路大震災クラスの地震を水平加速度で 100 Gal（ガル）以下に抑える，ⓑ積載重量に関わらず固有振動数が一定である，ⓒ偏心加重が性能に影響しない，ⓓ原点復帰に対する残留変位をできるだけ小さくする，ⓔ展示作業開始時には固定され，終了後は確実に固定が解除できる，ⓕ維持管理にかかる時間や経費が少ない，ことなどである．免震装置を使用する場合でも，作品自体の転倒限界加速度が 300 Gal 以下の比較的転倒しやすいものの場合には，免震装置上においても上述した転倒防止対策を施す．作品ごとの限界転倒加速度を精査しながら，対応にあたる必要がある．

②安全な展示ケース：展示ケースには上述したさまざまな劣化要因が集中しやすいことから，安全な展示ケースづくりのための東京国立博物館の指針「展示ケース十か条」を以下に示す．ⓐ安定した相対湿度環境を実現するために空気交換率は 0.1 回/日以下とし，気密性の評価には拡散や対流などによって生じる空気の換気量を測る，ⓑ調湿剤を設置するトレーは 4 kg/m³ の量の収納が可能なものとし，空気との接触量を多くするためにトレーの面積を広くする，ⓒ調湿を効果的に行うために空気循環を可能にし，送風ファンを使用する場合には風速を 0.01 m/sec 程度とする，ⓓ照明光源は調光可能とし，紫外線と赤外線を除去すると同時に，照明器具の熱はケース外に排除する，ⓔケースの材料は不活性な材質を使用するか，または対策を講じることで有機酸，アルデヒド類の放出を抑え，中性の環境をつくる，ⓕ展示物の転倒による破損を防ぐため，免震装置の設置ないしはケース内に転倒防止対策を施す，ⓖ安全に展示物の出し入れを行うために扉の開口率は高くするが，盗難予防のために保安性の高い開閉機構および施錠を設置する，ⓗ使用するガラスやアクリルは透過率が高く，表面の反射率のできるだけ低いものを使用することで見やすくし，不要な照明を減らす，ⓘガラスには飛散防止フィルムを貼るなど，破損した場合の対策が講じられている，ⓙ維持管理と取扱いを容易にするために簡便かつ単純な機構を採用する．

③作品の保全に役立つ展示支持具（神庭，2011）：「地震対策」の項でも述べたが，文化財の形状に即して製作された支持具は安全性を向上させるだけではなく，視覚的にも邪魔にならないという利点がある．さまざまな形態の文化財を展示する場合，展示によって文化財そのものが傷む可能性を小さくする努力と，文化財をよりよく鑑賞できる環境を整える努力の両方が必要である．展示される文化財は展示に堪え得る状態であることが前提であり，したがって展示を行う以前に，状態の点検と必要な処置

が施されていなければならない．そのような準備がなされていたとしても文化財の状態は千差万別であり，個々の状態に合致した支持方法の検討が必要となる．

金属製の考古遺物などのようにきわめて脆弱な材質の文化財を展示するとき，本体を均一に支え，本体にかかる力に偏りがないようにするための支持具を用意することで，破損などの事故を防ぐことができる．冊子状の和綴じ本あるいは洋本の場合，ページを開いた状態で展示をすると，大きな負荷が綴じにかかってしまい破損することもあるので，書見台のような支持具と，ページを固定できる透明で安全なテープを使用する．絨毯やサリーのような大型の染織品を吊り下げて展示するとき，ピンを用いて壁に部分的に固定するのは，ピン止めした箇所に大きな負荷がかかって裂けやひずみが生じる．吊り下げるためには，染織品の上部に布製の筒状の構造物を用意し，そこに物干し竿のような支持具を通して吊るす．

④保安設備：文化財を盗難やバンダリズム，あるいは不慮の接触などから守るために，警備員の配置，展示ケースなど開閉部分の施錠，監視カメラや結界（作品の前に張ったロープや床に引いたラインなど）の設置などの取組みが必要である．その一方，これらの取組みが観覧者に対して威嚇的なものであったり，鑑賞を妨げるような仕組みであったりするのは避けなければならない．また，火災などの非常時に際しては安全な避難誘導が確保され，小型消火器や消火栓など防災設備もわかりやすい位置に設置する必要がある．

● 特別展示における留意点

①ファシリティレポート：文化財を貸与する側の施設は，貸与先の施設に対して展示および保管環境の状況を確認できる資料の提出を求めることが多い．これをファシリティレポートという．記載する内容はこれまで述べてきたような環境に影響を与える要因のほかに，建物構造と材質，組織図，緊急連絡網，活断層との位置関係などが含まれる．常に最新の状況を報告できるようにする必要がある．

②展示・保管条件の協約：ファシリティレポートなどに基づいて，貸与条件として提示される事項のなかには，温湿度，地震，空気環境などについて常設展示場とは異なる値が求められる場合がある．基本的にはそれらを遵守することになるが，内容によっては協議を重ねて合意を形成することもある．合意に達した条件が協約書に盛り込まれ，その内容に従って展示場の環境を整える必要がある．

③梱包・輸送：梱包ケースが特別展示室に直接搬入される場合には，展示場の環境が協約書に記載された環境条件どおりに整えられていることが前提である．開梱は馴化に必要十分な時間をかけてから行わなければならない．返却時に展示室内で梱包を行う場合には，引き続き環境が維持されている必要があり，さらに害虫などが混入しないように注意する．

④コンディションレポート：開梱の後，文化財の状態を記録したコンディションレポートとよばれる調書に基づいて，貸与側と借用側の双方の立会いのもとで点検を行う．そのうえで，破損などの異常が見つからなければ展示する．状態点検の際も，展示室の環境は協約書どおりに維持されている必要がある．

［神庭信幸］

大型博物館の展示場管理
―国立民族学博物館

　1977年に開館した大阪府の国立民族学博物館（以下，民博）では，世界中の人々の暮らしについて，12の地域と二つの通文化（音楽，言語）の視点から展示場を構成している．また，展示手法として露出展示を採用していることから，観覧者は展示資料を直接見ることができ，展示資料の背景にある人々の暮らしをダイナミックに感じられることを大きな特徴としている．一方，展示資料を安全に管理するという面から露出展示を考えてみると，この手法は安全管理を難しくするという一面も持ち合わせている．観覧者に近いところに露出して展示される資料は，観覧者に触られることもたびたびあり，損傷事故が生じることもある．また，多くの観覧者が外から展示場へ訪れる状況と，展示資料の素材のほとんどが有機物であることを勘案すると，民博の展示場は常に虫害の危険性にさらされているといえる．しかしながら，民博では露出展示を否定するものではない．実際に，民博では観覧者が展示資料に触れることを禁止しておらず，虫害対策としてケース展示を導入するというように展示手法を切り替えていくことはしていない．あくまでも露出展示という展示手法を前提とした資料管理を行っているのである．そこで，本項では，民博における展示場の管理について，その事例を示したい．

●**展示資料を管理するための基本方針**　展示場に限らず，博物館で資料を管理するためには，資料を管理するうえでの問題点を明らかにする必要がある．すなわち，事前に問題点を把握したうえで，その問題が事故につながらないよう，予防しながら資料を管理していく予防保存という考え方である．

　露出展示を採用している民博の場合，そこで想定される危険要素としては，上述したような観覧者が展示資料に触れることによる損傷事故や虫害の発生といったことがあげられる．そこで，このような危険要素に対する有効な手段として，博物館におけるIPMの手法を2004年度から本格的に導入して展示場を管理することとした．博物館におけるIPMについては，項目「博物館のIPM」でその詳細が説明されるので本項では割愛するが，民博においては，展示資料の点検作業，生物被害対策，事故が起こった場合の事故報告書の作成を中心に活動を展開している．

●**点検作業**　民博における展示資料の点検は，日常的な展示場点検と，年に一度実施する展示資料の資料点検に大別される．これらの点検のうち日常的な展示場点検は民博職員による点検であるが，年に一度の資料点検は外部委託業務としている．

　日常的に実施する展示場点検は，休館日となる水曜日と土・日・祝日を除いた日の開館前に行うものであり，資料の損傷事故や虫害の早期発見を目的としている．民博では，12の地域展示場と二つの通文化展示場の展示図面をもとに展示場点検マップを作成し，1か月ごとに更新することとしている．展示場点検マップは，これまで虫

害が確認された資料および，植物素材や動物素材など虫害の発生が懸念される材質で構成されている展示資料について強調し，その日の展示場の状況をメモで記入するようになっている．

年に一度の資料点検は，展示資料を1点ごとに詳細に点検するものである．ここでは，資料の材質および材質ごとの異常を記入する点検カードに基づいて展示資料を点検し，さらに資料を固定している演示具のゆるみなどの点検も行っている．現在は，3年間かけてすべての展示資料が点検できるようにスケジュール管理を行っている．このように，定期的に展示資料や演示具の点検を行い，発見された異常に対応するという活動は，地震などの災害による転倒事故や損傷事故などの防止にもつながっている．実際，1995年の阪神・淡路大震災の際には，地震そのものによる展示資料の損傷事故は生じておらず，これは定期点検の成果であると考えられる．

●**生物被害対策** 民博の展示場管理で最も注意を要するのが虫害の発生である．これは民博が露出展示を採用し続ける限り，展示場管理における永遠の課題であるといっても過言ではない．そこで，民博では上述した日常の展示場点検や資料点検のほか，年4回の生物生息調査，資料を展示している展示ステージ下の清掃，防虫剤を利用した防虫対策，虫害が発生した場合の殺虫処理を行っている．

年4回の生物生息調査は，春夏秋冬の四季に合わせて1回ずつ実施している．ここでは，粘着シートによる捕虫トラップとタバコシバンムシのフェロモントラップの2種類を所定の場所に2週間設置し，捕獲された虫の同定や数の調査を行っている．次に，これらの結果を民博で開発した生物生息調査結果分析システムを用いて過去の生物生息調査の結果と比較するとともに，捕獲された虫の数や種類について，捕獲された場所のマッピングなどから分析し，実施すべき虫害対策を検討している．例えば，生物生息調査の結果，展示ステージの下を確認する必要が生じたことがあった．このような場所は日常的に清掃の手が行き届いておらず，その結果，来館者の落とし物などと埃が絡み合って害虫の生息しやすい環境となっていたことが明らかになった（図1）．この事例は，いくら日常的に清浄な環境づくりを意識し管理していても，見落としがあるということを示している．一方で，日常的に展示場を清浄に管理することに配慮しているからこそ，このような場所が発見できたともいえるのである．肝心なことは，現状の管理方法に満足せず，常に疑問と関心をもって，展示資料に及ぼす危険要素を洗い出していこうという心構えなのだ．

防虫剤による虫害対策では，ピレスロイド系の薬剤を用いている．ピレスロイド系薬剤の利用は，展示資料のうち，フェルトでつくられた移動用テントへの虫害対策として1987年に始まった．こ

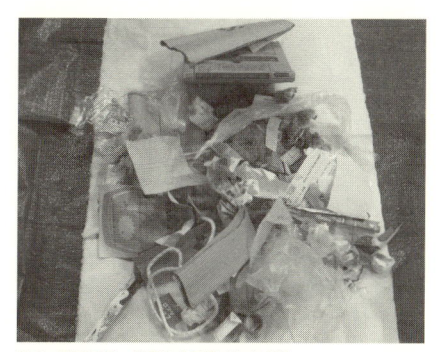

図1 展示ステージ下から回収されたごみ

の薬剤は,常温での蒸散性が高く,人畜毒性の点においても安全性に優れた薬剤である.現在は,年2回,定期噴霧しているほか,展示場内で虫害が発生した場合の緊急対応や,特別展示で展示する資料の演出作業前に噴霧処理を実施している.また,虫害が非常に懸念される資料にはピレスロイド系薬剤をしみ込ませた防虫シートを設置し,定期的に交換するなどの防虫処理も行っている.

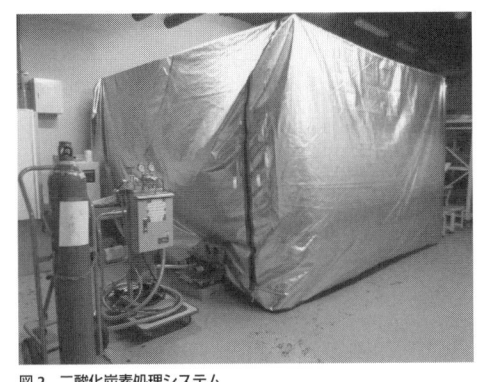

図2 二酸化炭素処理システム

以上のように民博では,虫害を発生させないよう万全を期した防虫対策をとっているが,それでも虫害が発生してしまう場合もある.そして,虫害の発生程度によっては,展示資料に殺虫処理を施さなければならない場合もある.その際には,速やかに展示場から資料を撤去し,通常は二酸化炭素による殺虫処理を行う(図2).

●**特別展で実施した虫害対策―高温処理の事例** ここまでは民博の常設展示が行われている本館展示場の資料管理について紹介してきた.ただし,民博の展示は常設展示だけではない.民博では,年2回の特別展示も開催される.民博の特別展示では展示手法や展示で使用する材料などにおいて,さまざまな新たな試みがなされる.その一つとして,2005年の特別展「きのうよりワクワクしてきた―ブリコラージュ・アート・ナウ 日常の冒険者たち」では,リサイクルの資材などを積極的に利用した試みが企画された.現代の使い捨て文化あるいは消費文化といったことにも焦点を当て,日常では気付かれない事象にも価値を見出し,新たな文化表現を試みた.一方で,虫害が懸念されるリサイクルの資材などについては,何らかの処置を施さなければならない.そこで,採用した方法が高温処理による殺虫処理である.高温処理法は,木材単体で構成されるものであれば,比較的,短時間で行える処理法である.民博では,すでに2004年に移動が不可能な大型の木造船を対象に,展示場内で高温処理を実施し,その有効性を実証ずみであった.

高温処理を行うためには,処理空間の温度を処理温度に到達させ,かつ維持できる断熱箱を製作しなければならない.そこで,全長2.8m×幅2.4m×高さ1.4m,体積9.4m^{3}の大きさの組立て式断熱装置を製作し,レンタルした熱風発生装置と組み合わせた(図3).殺虫処理を行うにあたり,あらかじめ高温処理に

図3 組立て式断熱装置の製作

よる資材の乾燥を防ぐために気密シートで資材全体を密封し，組立て式断熱装置内に設置した．また，資材の中心温度が処理温度に達しなければ殺虫効果が得られないため，ここでは直径約30cm，高さ50cmの丸太を気密シートで密封し，丸太の温度推移をモニタリングしながら処理温度達成の目安とすることとした．

　実際の殺虫処理では，熱風発生装置を70℃設定で稼働させ，丸太の芯温を12時間かけて55℃まで昇温させた．丸太の芯温が55℃に達してから殺虫処理を開始し，55℃の状態を8時間維持し，その後，熱風発生装置の電源を切り，12時間かけて常温に戻すこととした．その結果，高温処理による資材の変形や損傷もなく，殺虫条件を満たすことができた．また，特別展会期中も虫害の発生はなく，無事に閉幕を迎えることができた．ここでの事例は展示と保存という，博物館や美術館活動において一見，相反するとみなされることの多い活動をしっかりと融合させることができた事例と考える．この事例は，展示企画を実現するために施工スケジュールの影響が最も少ない方法として，保存担当者が高温処理を提案し，展示企画者側も資料保存という意図を理解して，資材の搬入スケジュールを組み立てたことで実現できたものである．博物館や美術館において，資料や作品を展示し保存するという大きな役割を達成するためには，両者が相反するものではあってはならない．どちらの活動もきちんと実現するためには，展示の企画者と保存担当者の双方の協力が必須なのである．

●**事故報告書の作成**　民博において博物館におけるIPMの理念に基づいた展示場の管理を導入した際，あわせて資料に生じた事故に対して事故報告書を作成することとした．事故報告書には，事故が発生した資料番号や資料名はもちろんのこと，事故の発見現場，事故の状況についてのメモと現場写真を記入する．このときの記入は，基本的に事故の発見者もしくは事故の報告を受けた資料管理担当者が行い，事故報告書作成後，速やかに資料管理責任者にメールで報告される仕組みとなっている．次に報告を受け取った資料管理責任者はただちに対応策を指示し，資料管理担当者はその指示に従って作業を実施し，作業結果を事故報告書に追記して，再度，資料管理責任者にメールで報告することとしている．そして，これらの事故報告書はすべてアーカイブス化され，類似のケースの事故が発生した場合は，過去の経験をもとに解決策を見出すとともに，同じ資料に同じ事故が複数回生じた場合は，展示方法を変更するなどの対策を取り，安全に資料が展示できる環境をつくり出すようにしている．このように過去の経験を生かすことも，展示資料の保存管理では重要な作業となる．

●**さまざまな事故に対応できる体制づくり**　ここでは民博における展示場管理の事例を紹介した．これまで示してきたように，民博ではあらゆる事故のケースに対して早急に対応できるよう日頃から準備に取り組んでいる．そして，このような準備を実現するためには，冒頭でも記したように，事前に問題点を把握する活動が重要なのである．

[日髙真吾]

📖 **参考文献**　園田直子（編）『文化資源の高度活用―有形文化資源の共同利用を推進するための資料管理基盤形成』人間文化研究機構，2008／日髙真吾・園田直子（編）『博物館への挑戦・何がどこまでできたのか』三好企画，2008

展示場の環境

　展示場の環境は，文化財の保存に配慮するとともに，観客に快適な鑑賞空間を提供するよう計画する．展示物の保護のためには，温湿度の安定，照明の質と照度制御，振動，内装や装飾からの揮発性化学物質や塵埃，害虫・カビ対策，汚損対策に加え，防犯・防火対策が重要である．また，鑑賞の妨げになる音，臭気にも配慮する．

●**立地環境と建物内の配置**　展示場は立地環境の影響を強く受ける．海の近傍や工場の風下などに立地している場合は，展示物の保護のために特別な設備が必要になる．周辺の気候が文化財保存に適した温湿度（20～22℃，50～60%hr）であっても，防犯・防災面の配慮，また汚染大気の流入，光線入射，害虫侵入の低減のため，建物内では入口からいくらかの距離を取って展示場を設置することが必要で，外壁に面していないのが有利である．外壁に面している場合には断熱を施す．また展示場は，文化財を長期間収納するため，他の区画に対して防火区画となる壁・天井・扉，防犯のための施錠，独立した空調系統を準備する必要がある．

●**劣化要因とその対策**　展示物の劣化を低減するための対策として，温湿度制御，光線の質と照度制御，不要な音や振動の防止，化学物質や塵埃の低減と管理，害虫やカビ対策，盗難や汚損の抑止が必要である．例として国立文化財機構では，文化財の展示および保管環境の温湿度に対する環境管理の指針は，温度 22±4℃（18～26℃），短期的な変動幅は ±2℃，季節的な変動幅は ±4℃，相対湿度 55±5%（50～60%）ないしは保管環境の履歴を考慮し 60±5%（55～65%）となっている．

　展示場に露出展示する場合，観客が展示物に接触しないように安全な動線を想定して結界を設けるほか，展示場の温湿度が短期間に変動しないようにし，空調設備がある場合には気流が展示物に当たらないよう吹出し口の向きを調整する．特に木像彫刻を露出展示する場合は相対湿度変化が大きいと形態が狂い，物理的な損傷につながることもあるので，温湿度の安定を達成するほか，搬入路の安全にも留意する．

　展示場の照明は紫外線を出さず，赤外線照射の少ない器具を選び，地灯りとしてのアンビアント照明と，展示物の材料や展示目的に合わせて光量を調整できる展示用照明を準備する．安全な展示替えや清掃，害虫モニタリング作業などで必要とする明るさは展示用照明と異なるので，その際には作業用照明を追加する．展示用照明は，展示物の色再現性の高い照明を選定し，目の暗順応が働き照度を低く抑えられるよう，グレアが出ないように調整し，展示物中心と展示物周囲の輝度比が大きくならないよう，また影が鑑賞の妨げにならないように調整する．

　空調の稼働当初や停止時に，ダクトが板振動を起こすことがあるが，この振動は音として観客を不快にさせるだけではなく，振動として天井や壁に伝播し，展示物に揺れをもたらすおそれがある．振動数が絵画面の亀裂などと共振現象を起こすとはく落

を促進するため，常時起こる微振動についても把握しておくとよい．
　塵埃，生物被害，盗難・汚損の抑止には展示ケースの利用が有効である．

●**鑑賞および各種作業のための環境**　展示場は文化財の保護だけではなく，ゆっくり鑑賞できるよう，観客に対して快適な鑑賞空間を提供するものでなくてはならない．米国暖房冷凍空調学会（ASHRAE Standard）などで温熱評価指標として採用されている標準新有効温度 SET*（standard effective temperature）は，熱平衡式および 2 層モデルに基づく温熱指標である．SET* と温冷感の相関について日本人被験者を用いて検討が行われているが，温冷感が「やや涼しい」から「やや暖かい」の範囲に入る環境温度はおよそ 22～26℃（相対湿度 50%）である．展示場と収蔵庫の温度が 2℃以上異なる場合には，収納箱に入れた状態で展示場に数時間から 1 日静置する「慣らし」作業を行う．空調の気流は観客が感じない程度に抑えるのがよい．

　展示替えなどの作業時には，活動の程度により代謝量が上がり，熱ストレスが大きくなる．展示物の安全を確保するために，近傍で働く作業者の熱中症予防に配慮する必要があり，暑熱環境の評価指数である湿球黒球温度指標 WBGT（wet bulb globe temperature, ISO 7243）が 25℃を超えないよう，作業中の温湿度を制御する．展示ケース内の温湿度環境を維持するためにも，展示ケースを開口する展示替え時には，展示ケース内の温湿度と大きく異ならないように空調を設定し，稼働する．

●**ユニークベニュー利用時の注意点**　エントランスホールや展示場その他の付帯施設をレセプションやパーティー，ファッションショーなどほかの催しに利用する場合には，文化財の安全を確保する必要がある．美術空間の再評価として新たな利用客の増加も見込まれることから，積極的に対応する博物館なども近年増加しており，展示物保護（温湿度・照度・音・振動・化学物質や塵埃・害虫対策・防犯・汚損など）や建物の構造上，対応できることとできないことを整理して，計画的に対応できるよう準備しておくことが肝要である．

　イベント準備時には文化財の安全に加えて参加者の安全面を考え，貸出スペースの範囲と参加者の動線を設定し，温湿度の安定が可能な範囲で参加人数を限定する．参加人数には施設側，利用者側関係者（警備員の増員など）も忘れずに算入する．立体の展示物の周囲には参加者の視野に入る高さの結界を設ける．飲み物を提供する空間には，汚損が問題となる文化財が展示されていない空間をあて，使用後の清掃を徹底する．食べ物の提供はできる限りカフェやレストラン近傍にとどめ，文化財の展示されている空間から離れた場所に設定し，その後の清掃と害虫モニタリングを徹底する．

　施設側の通常業務での対応が難しい場合，施設の構造や設備の限界，展示物の性質について熟知したイベントサプライヤー（企画会社や請負業者）を指定することでイベントの円滑な計画・実施が可能となることもある．イベントごとに保証契約を締結することも考えられるが，一部の海外美術館などのように，美術館などの日常業務すべてについて一括して保険をかける方法もある．　　　　　　　　　　　　[佐野千絵]

参考文献　ユニークベニュー利用促進協議会『ユニークベニュー HANDBOOK ―博物館・美術館編』国土交通省・観光庁，2013

展示ケースの環境

　展示ケース設置の目的は文化財の保護であり，防犯に加えて文化財周辺の環境制御に有効である．災害時には文化財の防壁として働くよう堅固なフレームを備え，内部に照明装置を有する場合には，照明用拡散板も含め，落下防止装置が必要である．
●**ケース内の劣化要因**　文化財に近接して使用される展示ケースは，収蔵庫に次いで文化財が長く保管される場所で，展示ケースのつくり出す特殊な環境に配慮しないと，文化財の変形，変色，脆化，錆の発生などの劣化が起こるおそれがある．温湿度変動を低減し，紫外線や熱（赤外線）を放射しない照明を用いて累積照度を適切な範囲にとどめ，製作・内装材料の厳選，清浄空気との交換や吸着剤の併用など適切な方法で空気清浄を達成し，昆虫・カビによる被害を抑制できるよう，展示ケースの構造を設計する．可能であればケース内空気を循環させる流路を設け，調湿剤やガス吸着剤を置けるユニットを設ける．ダンパー切替えによって展示室内空気と交換できるようにすると，清浄化に有利である（☞項目「展示ケース」）．

　1980年代までは展示ケース内も換気すべきであるという考え方があり，展示ケース内に展示場と同じ空気が通じる気密性の低いタイプの展示ケースが使用されてきた．1990年代から，文化財の形態維持のため温湿度の安定を図る気密性の高い展示ケースの使用が増加した．独立した空調系で展示ケース内温湿度を制御するタイプの展示ケースは貸し手側の要求に応えた展示環境をつくり出せるため，借用美術作品の展示場で採用されることが多く，1970年代から現在に至るまで使用例がある．

　展示ケースの内装は，木材や紙など湿度応答する文化財の展示と，金属製品やプラスチック製品など湿気を嫌う文化財の展示では最適な材料が異なる．床材は，二人以上での展示作業に備えて強度を確保するため，分厚い合板の使用例が多い．壁材は，釘やピンを打って展示するため，合板を使用する事例が多い．展示用ピクチャーレールで絵画などを吊り，揺れ止めのために吊り具をタッカーで針を打って固定するような展示では，壁材に引抜き強度の比較的大きい，調湿性能を有したセラミックスボードを使用した例がある．仕上げにはセルロース系のクロス（壁紙）単体，またはクロスにパテを充塡したタイプのものが用いられることが多いが，裏地にはセルロース系素材，水分や合板からの放散ガス遮断性能を付したプラスチック系素材が目的に応じて使用される．
●**気密性の低い展示ケースの管理**　展示ケースの気密性が低い場合には，展示場の空気が展示ケースと入れ替わるため，展示ケース内の環境は展示場内の環境に依存する．展示場の温湿度変動が少なく空気が清浄な場合には，展示ケース内の環境は文化財保存に問題のない空間となる．展示場の温湿度変動が大きい場合には，使用に従い展示ケース内の相対湿度が高い状態で維持される例が多くみられるので，1年に

1回程度，展示室内で除湿機を稼働させて調整する．

　来館者の所作に伴い発生する塵埃については，その大きさは0.5 μm 直径のものが多く，文化財搬入用の扉やガラスを見た目には隙間のない状態に仕上げても文化財への塵埃堆積を防ぐのは難しい．塵埃の展示ケース内への侵入を防ぐには気密性の高い展示ケースが必要である．一方，文化財害虫は塵埃より大きく，開口部を隙間のない状態にすれば抑止可能である．

●**気密性の高い展示ケースの管理**　気密性の高い展示ケースを使用する第一の目的は，相対湿度の安定化である．加えて，塵埃の流入や塵埃を栄養源とするカビの発生を抑止し，害虫の侵入がない点で，文化財のために良い保存環境をつくり出す．照明設備を設置する場合には，照明装置の熱抜きが確実に行えるよう設計する．

　一方，気密性が良く，ケース外部と遮断されることから温湿度の異常に気付きにくく，温湿度管理のため測定器を設置する必要がある．また，内装材料などから発生する汚染物質が充満しケース内を汚染するため，揮発性有機化合物の放散の少ない材料を選定したうえ，汚染物質の放散を促した後に使用を開始する．硬化する際に酢酸を放散するタイプのコーキング剤は，気密性の高い展示ケース内の酢酸濃度を上昇させ，文化財への影響が大きいので使用を避ける．展示ケースをその形式から大別すると，壁付ケース，行灯型独立ケース，覗き型独立ケースがあるが，展示ケースの容積に対して内装材料の表面積の占める割合が大きい場合に，内装材料からの汚染ガス放散量に漏れ空気量が追い付かず汚染ガスが濃縮され，文化財に影響を及ぼすことがある．内装材料からのガス放散は長く続くので，定期的な汚染ガス濃度の監視と換気やガス吸着剤の設置などの処置が必要である．

●**空調ケースの管理**　展示ケース内の保存環境を収蔵庫と同じにする，室内の空調稼働時間を短縮する，あるいは借用時の温湿度条件を達成するなどの目的で空調ケースが導入されている．展示室と同系統の空調にすると温湿度制御は容易になるが，来館者が多数の場合には展示室の影響を大きく受けるため，別系統で制御する例が多い．展示物に風が当たり乾燥するのを避けるために，吹出し口を下部に設ける．展示ケース内と展示室内の環境条件が大きく異なる場合，ケース内外の熱伝導の良い場所が高湿度になり，染みやカビの発生につながることもあるので，展示室内と展示ケース内の空調の稼働時間は同じ程度にする．また，経年劣化により天井裏などに敷設された配管ダクトの継手からの害虫の侵入や，ダクト内に設置した断熱材の飛散などが生じ，汚染を監視しにくい場所が増えることに注意が必要である．

●**展示ケース内装材料の枯らし方**　合板を気密性の高い展示ケース内で使用すると，酢酸などの有機酸の濃度が高くなる現象が生じる．表面に吸着した有機酸は3週間程度で脱離するので，相対湿度60%を下回った清浄な空間で，材料表面を各々5 cm以上離して，送風機などで風を当てて製作前に放散させておくことが望ましい．コーキングなど現場施工のものは，扉を開けて送風機で風を当て，枯らしを促進する．

[佐野千絵]

参考文献　三浦定俊・佐野千絵・木川りか『文化財保存環境学』朝倉書店，2004

博物館の IPM

　IPM とは，integrated pest management の略称で，総合的有害生物管理と訳される．もともとは pest（病害虫）の防除に化学薬剤（農薬，有機合成殺虫剤）を濫用した反省により生まれた農業分野の考え方である．殺虫剤だけに頼らず複数の方法を合理的に組み合わせて病害虫を管理し，自然との共存を目指す．農業分野から生まれた IPM の考え方は，病院や食品業界，ビル管理業界，そして博物館，美術館，資料館，図書館，文書館などの文化財や作品，資料を展示・収蔵する施設においても採用されている．

　博物館，あるいは文化財の分野では，「これらの建物において考えられる有効で適切な技術を合理的に組み合わせて使用し，展示場や収蔵庫等の文化財や作品や資料のある場所では，文化財害虫がいないこと，カビによる目に見える被害がないことを目指して，建物内の有害生物を制御し，その水準を維持する」と定義される．

●生物被害防除の歴史　わが国の文化財は，丁寧な扱い，箱・櫃・長持・校倉・土蔵などによる何重もの収納，定期的な曝涼，定期的な修理がサイクルとして組み合わされ，世代を超えて受け継がれてきた．日本の夏は温度も湿度も高く，虫・カビに悩まされる．扱い，収納，曝涼，修理，はこうした風土に育まれた日本式宝物保存システムといえよう（図1）．このシステムにおいて，曝涼（日や風に当て湿気をとばし虫やカビを払い，目通し，風通しにより状態を点検すること〈虫干し，虫払いともいう〉）の果たす役割は大きく，年に一度あるいは数年に一度の曝涼は伝統的文化財保存法の中心的な行事であった．奈良時代以来，曝涼を中心としたサイクルにより文化財が守られていた時代は実に1200年以上も続いていたが，昭和30年代から数十年間のガス燻蒸を中心にした駆除の時代を経て（図2），今，総合管理を軸とした博物館における IPM の時代へ進もうとしている（図3）．

●展示場や収蔵庫で進める IPM　図1～3に示した文化財保存のサイクルを比較しながら解説する．どの時代においても作品や資料の丁寧な扱いは基本であるが，収納については，現代では何重もの木の箱に収めたうえに校倉や土蔵に収める施設は少なくなり，機械空調による温湿度管理を行う展示場や収蔵庫が一般的となっている．定期的な曝涼を行う施設はさらに少ないが，実は展示の前後に必ず作品の点検を行うので，結果として曝涼と同じ内容・効果と

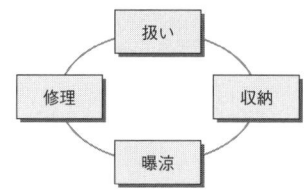

図1　伝統的文化財保存法

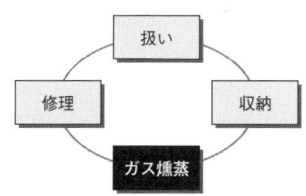

図2　ガス燻蒸を中心にした駆除の時代（昭和30年代）

なっていることに気付くだろう．必要に応じた修理も含めて，大きな流れは現代も伝統的なサイクルと変わらない．IPMによる総合管理を進める際に必要なことは，かつてのような年に一度の曝涼による作品や資料の直接的な点検だけではない．展示場においても収蔵庫においても常に作品や資料を観察し，加えてその環境についても，IPMを進めるために必要な情報の収

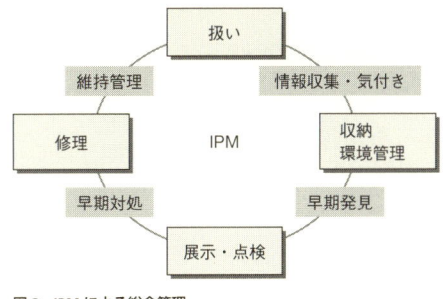

図3　IPMによる総合管理

集を行い，異常の早期発見，早期対処に努めることである．

　展示場や収蔵庫で進めるIPMは，図3のサイクルに示したとおり，気付き・情報収集→早期発見→維持管理を以下に述べるとおり，繰り返し繰り返し継続していくこと，被害の種類を見極めて早めに専門家へ相談し，被害の拡大を防ぐことに尽きる．

●**展示場や収蔵庫での気付き**　①今を知る，平常値を知る：保存環境の平常時を客観的に把握するための情報収集．施設全体の2～3年間の情報から，その施設の平常値を得ることができる．虫の侵入や発生，カビや汚れなどについての情報収集には，総務系職員や監視・警備・清掃担当者など複数の人の目撃情報も有効である．また，予算に応じた業務を専門家に委託することもできる．

　②違いに気付く，何が問題かを知る：平常時の状況を知ることを目的に情報収集を始めると，何かしら疑問や問題が出てくる．「今日はいつもと違う臭いがする」「壁のしみは汚れかカビか」「トラップに虫がかかっている」「エアコンをつけているときと止めているときで，どうしてこんなに湿度が違うのか」など，疑問や問題，そして課題を記録することからIPMが始まる．そのときはすぐに解決できなくても，観察記録が集積されるにつれ重要な基礎データとなる．

　③原因を探る，計画を立てる：施設の平常値情報の収集に加えて，何かに気付けるようになることが，博物館におけるIPMのスタートラインである．目撃情報の記録や汚れやカビ，虫の侵入経路・侵入防止策，温湿度の計測，清掃の計画などそれぞれの課題を整理することで，大きな被害に至る前に，予防のためのIPM計画を立てることができる．収集された情報は次項の基本情報とともに整理し，改善に役立てる．

●**IPMを進めるための基本情報**　①総合情報：人の視覚，嗅覚，聴覚，（触覚）により，目で見て観察する，臭いを感じる，音を聴く，肌で感じることから，昨日と違う何か，いつもと違う何かに気付く．この気付きは，以下の②～⑥の環境情報に関係しており，異常の早期発見のきっかけとなる．人の感覚を最大限に生かした環境情報の収集法である．一方，専門知識に裏付けられた目的的な観察を行う目視点検は，総合情報収集の一つともいえる．総合情報は人の属性によって規定されるので，文化財や防除処理の専門家以外の感覚も有効である．専門知識を有した職員や技術者の目視点検に加えて，事務・監視・警備・清掃といった業務従事者あるいはさらに広範囲な

バックグランドをもつ市民ボランティアらによってもたらされる多様な情報は，異常の早期発見に有効活用できる．

　②温湿度情報：文化財の材質と虫・カビの生育条件の両方を考えたうえで，温湿度条件を維持管理し，虫やカビの繁殖を防ぐ．そのため，温湿度の計測値は大変重要な情報である．情報収集の観点は，温度は何度か，湿度は何％か，温湿度ともにどのような変化をしているか，急激な変化はないか，などの点である．また，機械空調により温度，あるいは温湿度を設定している場合は，設定値と実測値がどのような関係になっているかの確認も重要である．なお，カビの発生については，空気の滞留も原因の一つなので，温湿度計測の際には，そうした観点からの観察も必要である．そのためには，高所・低所での差，棚の前方・後方での差，扉のある棚やない棚など計測位置についても検討し，虫やカビが生息しにくい環境管理に生かすことのできる情報を収集する．

　③光情報：光の制御は，文化財の保存環境を管理するうえで重要な管理項目である．光による資料の劣化を防ぐため，展示照明では目に見える光は照射する総量を規制し，目に見えない紫外線や赤外線は除去する．虫の誘引防止のためにも，照明光の紫外線カットを行う処置がとられるようになってきている（☞項目「展示照明と保存」）．

　④空気質情報：空気にはさまざまな汚染物質が含まれている．化学工場や自動車の排気ガスなどを原因とする硫黄酸化物や窒素酸化物などの大気汚染物質のほか，家具や建材など合成材料が原因の揮発性有機物質（VOC）やコンクリートが原因のアンモニアなどが室内汚染物質の代表である．汚染物質のうちの塵埃にはカビの胞子が付着していて，こうした浮遊粒子が文化財や展示・収納設備に落下・堆積し，さらに空気の滞留や湿度などの生育条件が満たされるとカビが発生する．空気質を含む施設の環境を正しく把握することがIPMの基本である．

　⑤虫・カビの生息状況情報：虫・カビの生息状況情報は，IPM情報のなかで最も優先されるものである．特にカビの情報から施設の清浄度を客観的に把握できる．情報収集のためには，資料や施設設備の目視点検が第一である．情報収集中に被害を直接発見した場合は，速やかに文化財の状態に即した適切な措置をとるとともに，より入念な情報収集を行い，被害の拡大を予防する．虫の生息状況情報は，他の環境情報（温湿度・空気質・光）と違い，共通となる客観的数値とはなりにくいが，ゾーン別の虫の種類と数は，被害の早期発見，発生源の特定などに直接役立つ．

　ゾーニングによる管理区域別に目視点検を行い，補虫用トラップを設置し，定期的にその種類と捕虫数を調べて整理することで，季節や搬出入，あるいは清掃などによる変化のほか，特に温湿度情報との関連も含めて年間を通した平常時の姿を知ることができる．

　⑥ダスト分類情報：電気掃除機の吸引による収集物（ダスト）を，由来別，材質別などで分類し，ダストに含まれるさまざまなものから，その場所で何があったのかを推定する．ダストの中に虫糞や食物残渣などが含まれていれば，それを調べることで

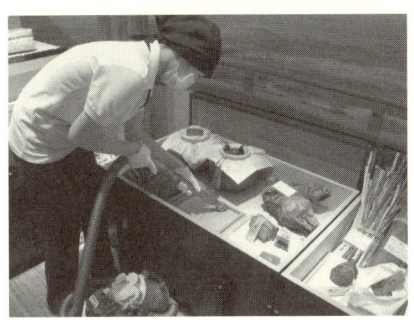
図4 ハンズオン展示資料のメンテナンス

図5 収蔵庫のメンテナンス

表1 IPMメンテナンスと一般清掃の違い

	IPMメンテナンス	清 掃
目 的	文化財・環境・人の存続	人の快適
内 容	環境推移に関する情報収集 清浄度の維持管理	美観の回復 衛生的な環境の維持管理
作 業	モニタリング(詳細な目視観察・記録) ↓ 情報取集：除塵(払う→掃く→吸引→拭く) ↓ 情報解析(ダスト分類) ↓ 報告書作成	除塵(払う・掃く・拭く・吸引)

発生源の特定や，文化財エリアでの行動の改善などに結び付けることもできる．また，ダストの内容と量の変化は，清掃の効果や清浄度の改善についての評価基準としても適している．虫の侵入や生息状況についても，収集時期や場所を選択することで経緯や現況を推定することもできる．他の環境情報，特に温湿度と虫・カビ生息情報とあわせて活用すると有効である．

●展示場と収蔵庫の清掃とIPMメンテナンス　IPMメンテナンスは，文化財保存環境管理業務の一つであり，あくまでも資料の保全を目的とする点検・除塵・防黴作業である．主として展示場や収蔵庫など資料が置かれた場所の状況把握と環境改善のために行う作業である（図4, 5）．結果として，整理整頓された清浄な環境が維持されることで，変化や異常の早期発見および対処がより確実に継続される．一般清掃とは区別し，対象エリアによって作業従事者に求められる資質が異なる（表1）．実際の業務は，文化財の保存に必要なIPM情報の収集と環境の清浄度を維持する除塵・防黴を一連の作業として実施し，清浄度の維持をはかる． ［本田光子］

📖 参考文献　三浦定俊・佐野千絵・木川りか『文化財保存環境学』朝倉書店，2004／本田光子・森田稔（編）『博物館資料保存論』放送大学教育振興会，2012／九州国立博物館・文化財虫害研究所（監修）『文化財IPMの手引き』文化財虫菌害研究所，2014

展示場の殺虫処理

国立民族学博物館（以下，民博）の展示場は，博物館における IPM に基づいて管理している．同館では，展示場管理において最も大きな危険要素である虫害を発生させないために，日常的な点検や定期的な点検を行っている．しかしながら，植物素材や動物素材などの有機物の複合体である民族（俗）資料は虫害が発生しやすい博物館資料である．また，展示場には多くの来館者が訪れるため，外からの虫の侵入を完全に防ぐことは難しい．さらに，民博は露出展示を採用していることから，展示資料は常に虫害の危険にさらされているといえる．したがって，どんなに注意していても展示資料への虫害は生じてしまう．そこで民博では，虫害が発生した場合の対処として，二酸化炭素処理や温度処理，低酸素濃度処理の方法を選択し，随時殺虫処理が実施できる体制を整えている．

本項では展示場からの移動が困難な資料に虫害が発生した際に行った，低酸素濃度処理について述べる．

●**博物館・美術館における殺虫処理対策**　本題に入る前に，日本の博物館・美術館の殺虫処理対策の動向について少し振り返っておく．臭化メチルがオゾン層破壊物質として指定され，その使用を禁止した「モントリオール議定書」により，日本の博物館・美術館で汎用的に行われてきた臭化メチル製剤による燻蒸は 2005 年末をもってできなくなった．そこで，博物館・美術館の分野では，臭化メチル製剤による燻蒸の代替法として二つの視点から処理法の開発が進められていった．一つは，臭化メチル製剤と同様の殺虫・殺菌効果を発揮する化学薬品製剤の開発であり，もう一つが害虫のみを対象とし，化学薬品製剤に頼らない殺虫処理法の開発である．化学薬品製剤に頼らない殺虫処理法の開発は，1990 年代より日本でも紹介されるようになった博物館における IPM と密接に連携しながら，特に環境や人体への安全性に力点がおきながら行われた．ここで開発された処理法は，殺虫効果のみが得られる方法である．そこでカビの対策については，安定した温湿度の環境を創出し，湿気や空気の滞留を原因とするカビの発生の危険を抑制するという考え方が提唱されている．

民博では，このような文化財 IPM や殺虫処理法の開発の動向を踏まえ，状況に応じた殺虫処理法を選択する体制を整えていったのである．

●**低酸素濃度処理された資料**　低酸素濃度処理を行った展示資料は，発泡スチロール

図1　虫害の発生した展示資料

製の本体にプラスチック製の食品サンプルとプラスチック加工を行ったそば殻を組み合わせて製作された資料（図1）であり，2014年にタバコシバンムシによる虫害が確認された．緊急対応としてエアゾールによるピレスロイド系薬剤を週1回噴霧する対策を講じていたが改善が認められなかったため，展示場の一部を封鎖して，包み込みによる低酸素濃度処理を行うこととした．低酸素濃度処理を選定した理由は，展示場から移動できない大型の資料であるため，展示場で殺虫処理を実施するにあたり観覧者や民博職員の安全面を考慮したことによる．

図2　低酸素濃度処理の様子

●**低酸素濃度処理の実施**　殺虫処理では，処理空間を酸素濃度0.3%未満，30℃の条件で3週間（21日間）維持することが提示されているが，展示場の温度が26±2℃設定であったことから，この殺虫処理条件を満たすことができなかった．そこで処理予定期間を長めに設定し，5週間（35日間）とした．実際の作業では，スチールパイプで資料を囲み，ガスバリア性シートで包み込むという方法を採用した（図2）．処理空間の規模は，縦2 m×横1.5 m×高さ3.5 mである．シートは上部と床部で構成され，両方のシートの端を熱圧着するためのハンドシーラーで接着した．酸素濃度は適宜，シート内の上部と下部に設置したサンプリングホースからモニタリングした．置換開始から1日後に酸素濃度が0.3%未満となった時点を処理の開始とし，その後，酸素濃度を維持するため，処理期間中に窒素の追加投入を3回行った．また，同処理とは別に，殺虫処理効果を確認するための小型バッグに同条件の処理空間を整え，その中に供試虫（タバコシバンムシ〈幼虫〉とコクゾウムシ〈成虫〉）を入れた．処理開始から4週間めに効果確認用の供試虫を取り出し，殺虫効果を確認したところ，生存個体が認められた．そこでさらに3週間延長し，最終的な処理期間は8週間となった．なお，8週間の処理期間を経た供試虫は経過観察の結果，全頭死滅が確認された．

●**展示場における殺虫処理**　民博では，移動が困難な大型の民族資料を数多く展示しており，これらの資料も虫害の危険にさらされている．日常的には，いかにこれらの展示資料に虫害が発生しないように対策をとるのかということが，展示場管理の根幹をなす活動となるが，虫害が発生した場合の対処方法を常に持ち合わせておく必要がある．その場合には来館者の安全性を確保することが最重要課題となる．また，展示場で殺虫処理を行うには，観覧制限などを設けなくてはならず，来館者サービスの低下につながる．そのことを自覚して，虫害が発生した原因の分析をしっかりと行い，虫害の再発防止対策を講じなければならない．　　　　　　　　　　　　[日髙真吾]

参考文献　東京文化財研究所（編）『文化財害虫事典』クバプロ，2001／日髙真吾・園田直子ほか「国立民族学博物館における大規模な殺虫処理」『文化財保存修復学会第37回大会研究発表要旨集』p 96-97, 2015

展示場の空気質変動

　温度や湿度，照度と同様に，展示資料の保存に大きな影響を与えるのが空気質である．空気質とは，一般的な空気の成分に混ざるその場所特有の成分を表すものであり，例えば，温泉場での硫黄の匂いなどがあげられる．また，空気には酸素や窒素，二酸化炭素など一般的な成分のほかにも，環境に由来する成分が含まれる．

　博物館資料はきれいな空気（特有の成分が少ない）のもとで展示されることが理想であるが，外気や来館者が持ち込むガス成分，資料自身から空気中に揮発する成分もあるため，きれいな空気環境は実現しにくい．また空気質による博物館資料への影響は気付きにくく，なおかつ空気質が展示資料の劣化を誘起するものと断定するには精密な分析と技術，時間を要する．

　展示ケースに展示される資料の材質はさまざまであり，それらに適した環境を設定する必要がある．特に企画展や特別展などに利用される展示ケースはケース内に展示される博物館資料が頻繁に替わるなど，その環境の制御が求められるが，複雑な要因が絡む空気質の改善に有効な手段を講じることは難しい．

●**来館者数と二酸化炭素濃度**　一般的な空気の成分である二酸化炭素は，温室効果により温度の過度な変動を及ぼすことから注目される．しかもその原因は来館者によるものが大きい．近年は歴史的建造物を博物館や展示施設として活用することが多く，その場合，温湿度をコントロールする設備機器の導入には限界がある．図1に歴史的建造物に来訪する来館者数と二酸化炭素濃度の推移を示す．来館者数が増えると，空気中の二酸化炭素濃度も上昇している．換気や適度な入場規制などを行うことにより，上昇した二酸化炭素濃度を翌日まで蓄積しないレベルまで下げる必要がある．

　新たな施設や展示企画などの場合は，二酸化炭素のほかにも無機酸，アルカリ（NH_4^+），アルデヒド類，VOC（揮発性有機化合物）量，浮遊菌などの空気質測定

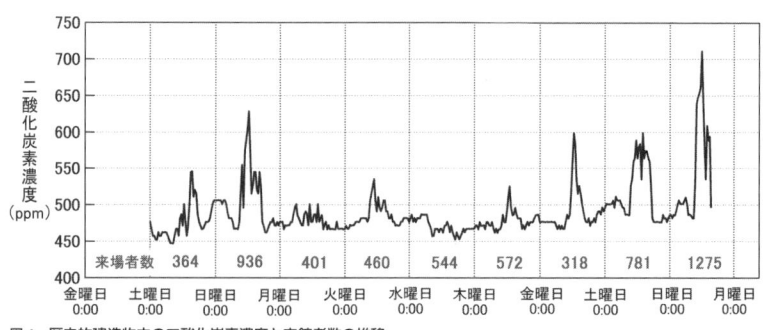

図1　歴史的建造物内の二酸化炭素濃度と来館者数の推移

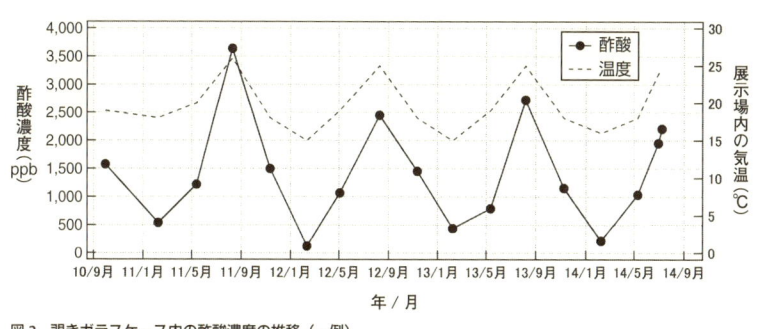

図2 覗きガラスケース内の酢酸濃度の推移（一例）

をあらかじめ行うなど，空気質の変化に注意する．何かしらの劣化や異常が検知されたときには，これらの解析により迅速かつ的確に原因を突き止めることが可能となる．

●**展示ケース内のガス濃度変動とその対策例**　さまざまな材質が用いられる展示ケースでガスの発生源となり得るのは，木材やクロス（壁紙），それらに使用される接着剤などである．酢酸は顔料の変色や金属腐食などを引き起こすことから，博物館などではモニタリング対象物質となっている．図2に覗きガラスケース内の酢酸濃度推移の一例を示す．気温が10℃程度変化すると，ケース内の酢酸濃度は最大で30倍の濃度差が生じていることがわかる．ケースの密閉度にもよるが，ここでは20℃を超えると酢酸の濃度が急上昇しており，気温がケース内の空気質に大きく影響するといえる．

特別展示などで予想を上回る来館者数に達した場合，大規模博物館ではそれに対応し得る環境ユニットが装備され，かつ予算面でも対応が図られる．しかし，小規模な博物館などの場合は，その対応は技術面，費用面からも難しい状況にある．特別展により平時の5倍以上の来館者が訪れた際に来場者エリアと展示用ケース内のアルカリ（NH_4^+）濃度を測定した例では，特別展開催後6か月でケース内のアルカリ濃度が博物館資料における推奨値を超えた．アルカリ成分は特に有機質からなる資料の分解劣化を促進させることから，汚染因子とされている．ここでは特別展の終了まで期間があったことから，館の空調機にアルカリ除去フィルターを装着し，来場者は増加傾向にあったにもかかわらず推奨値を下回ることができた．

図2の覗きガラスケースの場合は，発生源がケース内であり，館全体の空調機による空気質のコントロールは非効率である．そこで，ケミカル除去シートを用いて展示ケースに用いられた材質からの放散ガスの抑制を試み，軽減に成功した．しかし，静置式のケミカル除去シートなどの吸着効果はケース内空気の自然対流に依存する．ケース内の容積が大きい場合は，強制的にケース内の空気を清浄化する必要がある．

展示ケースの材質から出る放散物質について把握するとともに，来館者も展示空間やケースの空気質に大きく影響を与えることに配慮する．展示を行う施設の規模や空調設備は，展示ケースの仕様とともに展示の企画立案段階から検討されることが望ましい．

［松井敏也］

展示照明と保存

　博物館資料の周辺環境としては，収蔵環境，展示環境，輸送環境の三つがあげられ，これらを整えることが資料の劣化を予防し，長期間安全に保存することにつながる．展示環境内では例えば絵画作品の場合，彩色面など資料の最も価値ある部分が露出した状態になるうえ，照明光の強い照射を受けることも避けることができない．このように展示環境は，光照射の影響を必ず考慮しなければならない．そのために，展示照明を正しく理解し，運用することは必須である．

　しかしながら，展示照明を資料保存の観点だけで取り扱うと，展示効果のないまま光照射を続けることになる．それは結果的にむだな光を照射することを意味し，同時に資料保存の目的も果たせないことになってしまう．保存と活用の観点は両立させる必要がある（☞項目「展示照明と効果」）．

●**光源の種類と特徴**　現在，博物館の展示に用いられている照明器具の主要な光源としては，白熱灯，ハロゲンランプ，蛍光灯，LED，OLED（有機EL）があり，それぞれの特性を把握したうえで，適切に組み合わせて展示照明は構成される．近年，発光効率の高さ，および照明器具の長寿命という特性をもつ，LED照明器具が多くの博物館に導入されており，その割合は増え続けている．LED，OLEDを用いる照明器具は今後も開発が大きく進むことは確実であり，開発に伴いさまざまな製品が市場で入手可能となるだろう．博物館としては，最新の照明器具を正しく評価する手段や理論も備えておかなければならない．

●**光による資料の劣化**　光はエネルギーをもつ光線であり，光照射を受けることは資料がエネルギーを与えられることを意味する．エネルギーを受けた資料は何らかの反応を起こすことによってそのエネルギーを消費し，資料素材の劣化現象はその反応過程で現れる．光線のうち，肉眼で感知できるものを可視光線といい，それらはほぼ資料表層部分までしか届かない．したがって光照射に伴う劣化のほとんどは資料表面に現れ，その代表的なものとして表面彩色に用いられた絵具の変色があげられる．可視光線のエネルギーは光の波長が短いほど大きくなるため，青色や紫色の光は劣化を誘発する傾向が高く，紫色よりもさらに波長の短い，可視光線領域外の紫外線が物質の劣化を強烈に促進するのはこうした原理に基づく．

●**分光スペクトル**　分光スペクトルとは，照明器具から照射される光を波長ごとに分解（分光）し，各波長における強度を連続的に表したものであり，通常は横軸が波長，縦軸がスペクトル強度の座標上にプロットされたグラフで表現される．光の波長は光の色に対応するため，分光スペクトルを見ることで，照明器具からどの色成分がどれだけ出力されているのかを確認できる．分光スペクトルを確認する意味は，まず可視光領域における光の色成分が連続したものになっているのかどうか，極端に少な

いかあるいは欠如した色成分がないかを見ることにある．この点は，演色評価数だけでは確認できない事項である．その他，紫外線領域である短波長成分が適切に除去されているかも確認する．

●**資料保存と活用の両立** 資料は活用することで初めてその価値が社会的に共有可能となる．資料を展示する最大の意義はそこにあり，展示照明について考える最終目的も活用という点で共通する．つまり，展示照明は資料の保存を考慮しながら効果的な活用も両立できるように考えてつくりあげなければならない．

近年，OLED 光源を用いた面発光照明器具がつくり出す歴史的な光環境の復元効果の研究が進められている．日本家屋では自然光が障子の面で拡散され，室内にはやわらかい陰影をもつ光環境が広がる（図1）．こうした光環境を想定し，展示ケースに OLED 照明器具を設置して資料展示を行った事例（図2）では，低照度で趣のある空間を復元した．

●**紫外線量・照度** 光による資料の劣化を最小限度に抑制するために，照明器具からの光に紫外線などの資料に有害な光線が含まれていないかを照明仕様表示で事前に確認する必要がある．照明器具の仕様表示で確認できない場合は，紫外線強度計で紫外線照射量を直接計測する方法もある．その結果，光は劣化を引き起こす性質をもっているため，資料の素材に応じて資料表面への照射光の強度を調節する必要がある．照射光の強度は照度計を用いて計測される照度（lx）を確認しながら調節を行うが（図3），その際

図1 伝統的日本家屋内での灯明による鑑賞体験の様子

図2 展示ケースガラス面の内側，上下左右にパネル状の OLED 照明器具を配置した例

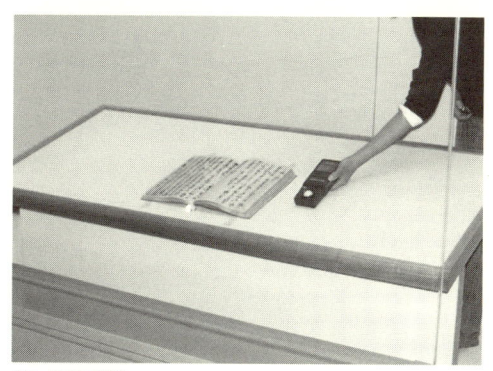

図3 照度の計測

に各国の博物館や関係団体が設定した資料素材ごとの基準照度値を参照するとよい．また，照度値だけでなく，年間露光時間（h/年）と掛け合わせた年間露光量（lx・h/年）を管理することが重要である．例えば光照射に対して非常に敏感な資料の場合は，低照度に調節したうえで年間の展示期間にも制限を設けて管理する．表1は東京国立博物館で運用している照度に関する基準の抜粋である．こうした積算値は他館へ資料を貸し出す場合にも当然算入されるものであるため，自館の展示計画と照らし合わせて資料の管理を行う．

●廃熱設計　いかなる光源を用いてもその近傍では必ず発熱が生じている．例えばハロゲンランプを光源とし，光ファイバーを経由して資料へ照射した場合，照射光自体に熱は含まれないが，光源からの発熱量は大きい．また，発光効率の高い LED であっても，発光している LED 素子近傍には必ず発熱がみられる．こうした照明器具からの熱伝達の状況は赤外線サーモグラフィカメラによって鮮明に観察でき，画像によって現状の展示環境を比較的簡便に評価できる（図4）．

照明器具を展示ケース内に組み込むものが多くみられるが，その場合は照明器具から発する熱が展示資料，あるいは展示ケース内環境へ影響しないように，適切な廃熱設計を施す（☞項目「展示ケース」「展示ケースの環境」）．一方，展示ケースの構造や意匠的制約から効果的な廃熱設計ができない場合は，照明器具からの発熱が内部空間に伝達し，温度が上昇することを事前に評価し，確認したうえで照明器具の選定を

表1　東京国立博物館の照度基準

作品種別	最大照度(lx)	展示期間
浮世絵版画	50	年4週間以内
染織品	80	年8週間以内
絵画(水墨，水彩を含む)	100	年4週間以内
書跡，古文書	100	年8週間以内
彩色彫刻	100	年3か月以内
油彩画	150	年3か月以内
漆工品	150	年3か月以内
土器，陶磁器	300	1年以内
金属器	300	1年以内

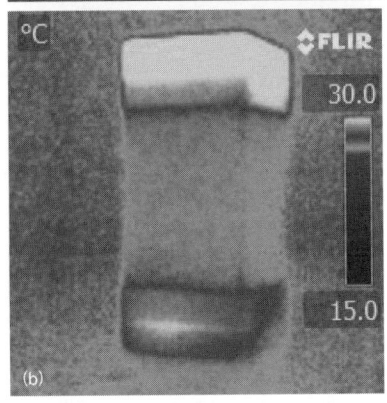

図4　展示ケース（a）を赤外線サーモグラフィカメラで撮影した画像（b）．
上下に内蔵した照明器具の光源部からの発熱が顕著にみられる

図 5　高い均斉度が求められる壁面ケースの一例

行う.

●**配光設計**　配光設計とは，照明器具からの光をどのような角度でどの程度の面積に照射するかを計画することである．これには，照明器具自体の配置計画も含む．展示照明においては，資料にとって必要な部分へ光が適切に照射されるように行う設計をいう．例えば，壁面ケースの壁表面の照度が均一になるように調整された状態を均斉度が高いと表現するが（図5），配光設計が不適切だと照度ムラが発生してしまい，均斉度が低いということになる．あえて明暗を強調するなどを意図した場合を除き，基本的には平面状の同一資料表面の均斉度が高い方が全体を等しい条件で鑑賞できることとなるため，好ましい光環境とされる．

　しかしながら，平面上の照度差は非常に微差であることが多く，肉眼では判別が難しい．このような場合は露出を調整したデジタルカメラで撮影すると，照度差の観察がしやすい．また，反射光の輝度をカラーチャートで階層化した画像として表現することができる輝度カメラを用いると，より正確な記録が可能である．こうした手法は，配光設計の最終段階で現状を評価し，修正する際に用いる．

●**演色性の評価**　魅力的な展示を実現するために，展示環境や資料保存とは別の観点から照明光の質を評価することも必要な事項である．理想的な光源を考えた場合，資料を構成する素材本来の色を表現できる唯一の光は太陽が照射する光（自然光）となるため，照明器具が照射する光を自然光と比較して近似性（演色性）で評価する尺度がある．それが演色評価数とよばれる評価であり，数種の基準色を自然光で照射した場合の見え方を 100 とした場合に，照明器具で照射した場合の再現割合を 0〜100 の数値で示したものである．演色性が良い照明器具ほど 100 に近い値を示す．基準色のうちから限定した数種のものについての演色評価の平均値が平均演色評価数（Ra）とよばれ，展示照明として使用する場合は 95 以上のものが望ましい．仕様に明記されていない場合は，分光放射照度計を用いて直接計測を行って確認することができる．

［和田　浩］

免震と展示

日本列島は長い歴史のなかで，多くの地震災害に遭遇している．1995（平成7）年1月17日に発生した阪神・淡路大震災で多くの博物館施設が被災し，その後，地震対策として免震台の導入が始まった．海外の資料所有者からの要望で借用品の保険料が高騰する事態もあり，それを安価に抑えるためにも展示用免震台の普及が進んだ．しかし2004（平成16）年に起きた中越地震の際，免震台上の展示品が転倒・破損したことから免震台の性能に疑問符が打たれた．実際の原因はその使用方法にあったのである．その後，免震台を用いる際の展示手法が改善されるようになった（図1，後述）．

図1 免震台の構造

文化財を展示・収蔵する際の地震対策は，文化財の形状・構造・素材・現状を把握したうえで，地震の特徴や揺れの性質，地震対策技術の特徴などを踏まえ，必要に応じて転倒などに対して複数の防止方法を合理的に採用する．また，地震国日本で培われた先人の知恵から学ぶことも多い．

●**地震対策** 地震対策は，耐震，制震，免震に大別される．耐震とは，物体の強さを補強することでそれに加わった力に耐えることをいい，制震とは，装置を用いて物体に加わった力を弱めることをいう．いずれも加わった地震力に対応するための技術である．これに対して，免震とは，物体に加わる力そのものから免れるものである．1993（平成5）年開館の江戸東京博物館では，展示室の床に大規模な制震装置が設置されている．このように展示用免震台の利用とともに，建物全体や一部の床などを免震化する例も増えてきた．

●**免震とは** 物体はそれぞれ揺れの固有周期をもつ．地震の揺れの周期とその物体の固有周期が一致すると共振という現象を起こし，物体は大きな影響を受ける．物体の固有周期を長くすることで共振を避け，物体に加わる力から免れるようにする機能を免震という．物体の下に免震装置を配置し物体を免震化する．免震装置とは，揺れからの絶縁と減衰，物体を支承し，揺れの後に復元するという4機能をもつ機器であり，ゴムや金属，オイル（油圧用）などのほか，さまざまな部材でつくられる．こうした免震装置を組み合わせて，地震動を直接受ける建物を免震化する建物免震，建物の一部の場所を免震化する床免震，器物など個別の物体を免震化する免震台を施ける．以下，それぞれの特徴を述べる．

●**建物免震** 阪神・淡路大震災直後に建設が計画された九州国立博物館（以下，九博とする）では，免震装置は，建物と地面を分離する積層ゴムアイソレーター，地震の大きな揺れを緩和する弾性滑り支承，復元力を回復するための鋼鉄ダンパーで構成された．これは，阪神・淡路大震災の揺れ（神戸波，震度7）を震度5程度に減衰する

とされる.

●**床免震** 建物の特定の階層や一部の床下に免震装置を配置し,揺れを軽減する.予算などの制約から,近年,この床免震を採用する例が増えており,特定の展示室や収蔵庫だけを免震化している施設も多い.九博では,総高5.4m,重量3.5tの石造物を床に立置し展示しているが,これに対し転倒防止の支持具とともに床免震を採用した.この免震装置は,建物免震の上に設置するので,共振防止のため,建物免震装置とは異なる周期を採用した.なお,以下に述べる二次元のみに対応する免震装置を設置している.

●**免震台** 免震台の免震装置は,復元と減衰のための装置から構成されるが,ローラーと凹面レール,ダンパーを用いるものが多い.前後左右の揺れを制御する二次元免震と,上下方向にも対応するばねを用いた三次元免震がある.免震台の導入に際してはまず,資料の重量に対して適する免震性能を選択する.このほか,揺れが収まったときに希望する精度でもとの位置に戻るか,保守点検や耐用年数なども考慮する.なお,免震台は,その前後左右にストロークがあるので,周辺には十分な空間の余裕が必要である.

●**免震台の留意点** ①免震台を用いた複合的な被害防止策:わが国の博物館では,重心の高い器物を展示する際には,従来から,五徳・テグス・重しを単独あるいは併用し,地震による転倒・落下・移動(滑り)を防止してきた.図2の正しいテグスの掛け方や,木や布製といった敷物による滑りやすさの軽減など,先人から引き継がれた被害防止の展示技術も多い.ところ

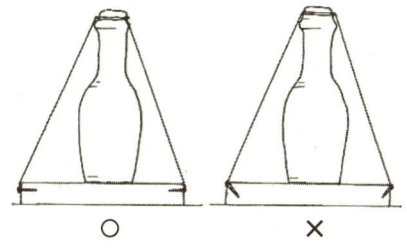

図2 テグスどめの良い例(左)と悪い例(右)
(出典:西川,1999)

が,免震台の導入により,それまでの多面的な手法は忘れられたのか,上述の中越地震のような事例が発生した.一般に免震装置の効果は,神戸波の揺れを震度5程度に減衰するものとされる.震度5は,固定されていないものが落下する揺れの程度である.つまり,免震台を利用した展示は,震度5以上の揺れを受けた時,転倒などが発生する可能性があるので,他の減衰方法を併用するべきである.

②固有周期の評価:床免震や免震台などの免震装置にもそれぞれ振動の固有周期があり,建物免震に用いるそれぞれの装置にも固有周期がある.建物免震において同一周期の免震装置を重層的に併用してしまうと,かえって地震動が倍増され,被害が増幅する可能性が高い.そのため,建物・展示室・展示台を総合的に評価し,問題点を整理する必要がある.なお,九博は建物免震を採用したため,個別の展示には免震台を用いず,五徳・テグス・重しで対応している.

ところで,超高層ビルは固有周期の長い柔構造とすることで建物自体への被害を軽減させようとしている.一方,免震台は,長周期を想定していないため,高層階においては,その機能を期待できない可能性もある. [本田光子]

展示場と防災

わが国の文化財保護の統括的法律である「文化財保護法」が，制定前年（1949年）に発生した法隆寺金堂壁画の焼損を一つの契機としたことに象徴されるように，文化財の保存にとって災害対策は不可欠な事項である．展示場においても火災や自然災害への対策が重要であり，「文化財公開施設の計画に関する指針」（文化庁文化財保護部，1995）では，「建物は，耐火・耐震性能に配慮し，安全性を確保していること」「文化財が置かれる部屋の防火区画は，個々に完全な独立区画とする」とされている．また展示場は文化財などの展示物と観覧者が混在する区画であるため，「展覧区画については，文化財の安全とともに，観覧者の安全に配慮した防火・防犯設備が必要である」とされ，展示物，観覧者の双方に考慮することとなる．

●展示物の災害対策と来館者の避難　災害は文化財などの劣化要因の一つに分類され，温湿度変化や光などの他の劣化要因と比較すると，頻度は低いが大きな被害（影響度）を引き起こす点が特徴である．災害で文化財が破損するリスク（＝影響度×頻度）はゼロにはならないが，適切な火災，地震，水害などへの対策により，リスクを低減させることができる．他方，観覧者の安全のためには，災害発生および避難についての速やかな情報伝達・避難誘導が求められる．展示室は不特定多数が集まる場所であるため，高齢者や体が不自由な人でも災害発生が認知でき，安全に避難できるようにする必要がある．

●火災対策　火災による展示物への被害には，焼失のほか燃焼で発生するガスや煤，消火剤やその分解ガスなどによる汚損もあり，困難な除去・修復作業を伴うことも多い．ゆえに火災対策としては防火が第一である．

火災は煙や熱の感知器で検知され，自動火災報知設備により火災警報が発報される．観覧者への情報伝達は非常ベルや館内放送が一般的だが，近年ではストロボや音声付きの誘導灯のほか，展示用ディスプレイなどに避難情報が一斉表示される機能を付加することもある（図1）．博物館・美術館などでの避難経路は，「建築基準法」や「消防法」，市町村の火災予防条例において2方向を確保するとされ，その最低幅員が定められているが，展示場内ではいわゆる「バリアフリー法」で車椅子同士がすれ違うことができるとされる1.8 m

図1　展示ディスプレイに表示された避難情報（三重県総合博物館）

以上の通路幅を確保した展示計画が望ましい．

文化財を展示する展示場での消火設備は，水系消火による展示物の水損を嫌い，ガス系消火を採用する施設が多い（図2）．消火ガスは「消防法施行規則」でハロゲン化物（ハロン1301など）と不活性ガス（窒素，二酸化炭素，IG-55など）が定められている．また展示ケースなど展示場内の別区画についても，火災感知，消火剤放出，避圧，排出について方法を講じる必要がある．

図2　消火用窒素ガスボンベ
（三重県総合博物館）

●**地震対策**　地震の多いわが国においては，阪神・淡路大震災や東日本大震災をはじめとする大きな地震によって，多くの展示物が転倒・落下により被災している．

揺れそのものを低減させる免震装置には，基礎免震，床免震，機器免震があり，基礎・床免震は建造物自体や床をアイソレーター（積層ゴム支承，すべり系支承，転がり系支承など）とダンパー（鉛プラグ，オイルや鋼棒のダンパー）で支え，揺れを低減する．例として三重県総合博物館の基礎免震では最大応答加速度を5分の1～4分の1程度に低減するとしている（機器免震については，☞項目「免震と展示」）．まったく揺れなくなるわけではないため，不安定な展示物には個別にすべり・転倒・落下などの防止策が必要となる．過去の被災事例からは，展示物のテグスでの固定や，重りを入れることによる低重心化などが原則的に有効であった．またワイヤーなどで吊る演示や，観覧者の直上に位置しやすいスポット照明は，揺れにより静荷重よりも大きな力が吊り具にかかるため，安全率を高く見積もって設置する必要がある．

●**水害対策**　展示物は水損により汚損・破損，錆の発生，カビ被害などが起こる．津波や風水害による河川氾濫といった大規模な水害の場合，建物への水の浸入を防ぐことは難しい．展示場が地下や1階にある場合は，展示物を床置きしない展示計画がリスク管理として有効となる．台風や局地的大雨では，雨樋が詰まったり，排水能力以上の豪雨になれば雨漏りや漏水が起こる．排水管などは展示場を避けて設計するとともに，排水設備の日常的な維持管理が必要である．

●**今後の災害対策**　資料の劣化要因としての災害は，これまで頻度は高くないが大きな被害を引き起こすものととらえ，リスク評価を行ってきた．しかし近年，日本列島は地震や火山などの活動期に入ったともいわれており，また気候変動による局地的大雨も増加しているようである．自然災害の頻度はこれまでよりも高く見積もる必要があり，リスク管理として災害への対策に割く経済的・人的資源を見直していかなければならない．

[間渕　創]

📖**参考文献**　三浦定俊・佐野千絵・木川りか『文化財保存環境学』朝倉書店，2004／国立文化財機構東京文化財研究所（編）『文化財の保存環境』中央公論美術出版，2011

文化財の保存修復の理念

　文化財の保存修復の理念「文化財の保存修復はいかにあるべきか」は，保存修復に携わる者が必ずわきまえておかなければならないことである．このため保存修復の理念は，「文化財の保存修復を行う者はどのようにふるまうべきか」という保存修復者の職業倫理と結び付けて論じられることが多い．

　保存修復の理念は，文化財保護の原則を述べている国際憲章からも知ることができる．よく知られているものは 1964 年に出された「記念建造物および遺跡の保全と修復のための国際憲章（ヴェニス憲章）」で，この憲章は修復における科学的厳密さを重視しており，オリジナルな材料の尊重，補修部の区別，付加物の制限，推測による修復の禁止など，現在でも文化財の修復において重要な考え方が述べられている．しかしこの憲章はその表題にもあるとおり，建造物や遺跡など不動産文化財の保護を念頭に置いて制定されたものであった．

●動産文化財に関する倫理規程　美術工芸品や民俗資料，考古資料など動産文化財の保存修復理念は，保存修復者のための倫理規程のなかで触れられている．例えば 1967 年に国際文化財保存学会米国支部（IIC American Group，現 AIC）が制定した「美術修復家のための倫理規程」が最初の例である．AIC はこれより先の 1963 年に実務基準「修復家のための実務と専門性の基準」も制定している．その後，AIC にならって，国際文化財保存学会カナダ支部（IIC Canadian Group，現 CAC）が倫理規程と実務指針を 1985 年に制定し，その頃からさまざまな国や団体で倫理規程が制定されるようになった．また 1984 年にはユネスコと協力関係にある国際博物館会議保存委員会（ICOM-CC）が「保存修復者：職業の定義」を定めている．

　AIC の「倫理規程と実務指針」の初めに「歴史」として掲げられている前文によると，1963 年に実務基準が定められたのは「（修復の）適切性について問題が提起されたときに，個々の手順または作業を判断する公認された基準を提供する」ためであったという．また 1967 年に定められた倫理規程は「保存修復者を職業倫理に基づいた行動へと導く原則と実践方法を示すこと」が目的であったとしている（AIC: Code of Ethics and Guidelines for Practice, 1979）．これからわかるように，「実務指針」には会員が適正に行った修復の正当性を学会として保証しようという意図があり，「倫理規程」はその基本となる保存修復の理念を述べている．

　わが国では文化財保存修復学会が，国際的な倫理規程や日本学術会議が 2006 年に出した「科学者の行動規範」を参考に「文化財の保存にたずさわる人のための行動規範」を 2008（平成 20）年 7 月 8 日に制定した．また日本博物館協会は ICOM Code of Professional Ethics（1986 年 11 月）などを参考にして，博物館に関わるものが尊重すべき規範として「博物館関係者の行動規範」を 2014（平成 24）年 7 月 1 日に

制定した.

● **倫理規程に見る保存修復の理念**　上述の倫理規程でどのようなことが述べられているかを見ると，①保存修復の成果の社会への公開と普及などの社会的項目，②法令の遵守などの法的項目，③職業人として自己の研鑽を積むことなど専門性に関わる項目，④保存修復に関する項目があげられる.

①の社会的項目に関しては，多くの倫理規程は社会的責任の自覚と，職業を通して得られた成果の社会公開と普及が重要としている．また②の法的項目については，どの規程も法令の遵守について触れているが，日本の倫理規程では制定された当時の社会情勢を反映して，論文のねつ造や盗用などの不正行為の禁止をあげている．しかし国際的に見ると盗品など不正取引への関与の禁止が重要視されていて，職業上知り得た秘密の保持義務についても触れられている.

次に④の保存修復に関する項目を見ていく．まずどの規程も，文化財の保存修復に関しては，ⓐ処置対象とする文化財への理解や配慮を欠かしてはいけないことをあげている．そして欧米の倫理規程は，世界遺産でしばしば話題になるⓑ真正性（authenticity）や完全性（indegrity）などを尊重しなければならないとしている．ここでいう真正性とはそのものが当初の価値を有していること，完全性とはそれを証明するすべての要素が揃っていることである.

また，ⓒ保存修復処置においては適切な材料と方法を用いるべきであること，ⓓ直接文化財に施す修復処置だけでなく，文化財の置かれている保存環境の整備，すなわち予防保存（preventive conservation）を重視することを，どの規程でも述べている．AICの「実務指針」のなかでは「文化財を長期にわたって保存するには保存環境の整備が最も重要である」と述べている（前出）．またすぐに修復処置にとりかかるのではなく，ⓔ事前に科学的調査を行うこと，さらにECCO（欧州修復士組織連合）やAICの倫理規程ではⓕ修復に用いる材料は可逆的（reversible）であるべきことを述べている．日本では漆工品の修理など欧米の修復手法との伝統的な違いもあるので，文化財保存修復学会の倫理規程では「適正な方法や材料を検討して選択する」としている.

このほか，ⓖ保存修復においては調査記録を作成・保存し，公開すること，ⓗ常に質の高い仕事を実施すべきことが述べられている.

● **保存修復の理念の大切さ**　近年の規制緩和の流れとして，これまで文化財分野で経験のない人や企業もこの分野に参入しつつあるため，注意が必要である．すなわち長い伝統のなかで保存修復者の倫理は暗黙の常識とされてきた．しかし経費縮小や効率を第一とする観点から考えると，余計なことは二の次にされかねない．文化財保存修復学会が行動規範をつくった背景には，伝統技術によって支えられてきた文化財保存の分野が近年揺らいでいることがある．これからも良質な保存修復を継続していくためには，保存修復の理念を関係者全員で共有し遵守することが大切である．［三浦定俊］

📖 **参考文献**　倫理綱領検討委員会「世界の主な倫理規定」『文化財保存修復学会誌』55, p 76-88, 2010

展示資料の点検

　本項では，民俗（族）資料を中心に展示資料の点検について述べる．展示資料の点検は，資料を適切な状態で展示するために破損や虫害などの異状が生じていないかを確認するために行うものである．民俗（族）資料の特徴は，まず構成素材が多岐にわたることである．そのため，それぞれの素材ごとに発生する異状が異なり，したがってそれに対応する保管環境も一つの材質に特化したものではない．もう一つの特徴として，点数が多いことがあげられ，複数の人数で資料の点検を行うこともあるが，点検結果の精度に個人別のばらつきがあってはいけない．

　そのため，それぞれの館において収蔵資料に応じた点検上の留意点を検討し，材質および点検の必要項目や点検結果を記入できるカードを作成することが有効である．それにより，複数の人が同じ視点から資料の点検を行うことが可能となる．さらに数値でコード化することにより，さまざまな角度から集計を行い，問題点の抽出や分析が可能となるため，資料管理にもつながる．

　そこで国立民族学博物館（以下，民博）で行われている標本資料の点検を例にあげて解説する．

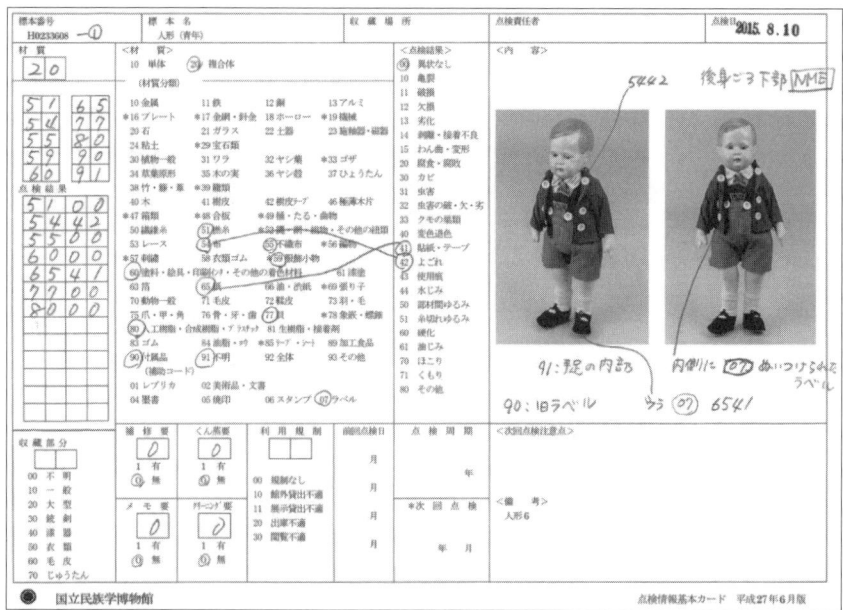

図1　点検情報基本カードの一例（京都造形芸術大学）

●**標本資料の点検方法**　点検は，事前に作成された点検マニュアルに沿って，「点検情報基本カード」を用いて行う（図1）．点検結果はすべて数値化されており，標本資料を構成している材質と形態を示すコードは，9分類65項目，資料の情報を示す補助コードは6項目，資料の状態を示す点検結果コードは24項目である．

　材質コードの9分類とは，民俗（族）資料に使用されている主な素材である金属類，無機性素材，植物類，木材，繊維，塗料，紙，動物類，樹脂類である．そしてその9分類を，金属類のなかでは鉄や銅，無機性素材のなかでは石やガラス，土器，植物類のなかでは藁や木の実など，さらに65項目に細分化している．補助コードとは，資料の材質とは直接関係はないが，年号が記された墨書や使用者が残したメモ，焼印，資料に付与されたラベルやスタンプといった民俗（族）資料にとって重要な情報となるものがあることを示すコードである．そして，それらの材質に発生している異状を示すコードとして，亀裂，破損，劣化，腐食，虫害，硬化など，こちらも多くの民俗（族）資料に発生する異状を抽出し，異状なしやその他を含め24項目をあげている．

　以下に資料点検の手順を示す．

　①標本資料を構成する素材が単体であるか複合体であるかを判断する．単体であれば，発生する異状も一つの材質に対してであるが，2種類以上の複合体となればそれぞれに特有の異状に加え，複合的な異状が発生する場合がある．

　②標本資料を構成している素材と形態とを材質分類に分類する．

　③②で分類した材質・形態に異状がある場合は，点検結果と線で結び，材質と点検結果のコードを組み合わせ，点検結果欄に記入する．その際，すべての材質を点検したことが明らかになるよう，異状がなかった材質についても材質と「異状なし」を示す「00」とを組み合わせる．

　④内容欄に図解を入れる．標本資料の写真もしくはスケッチを用いてその中に異状発生箇所を特定し，異状のコードを表す数字と，必要に応じて文字で説明書きを入れる．

　⑤補修，燻蒸，クリーニングの欄に必要性の有無をチェックする．

　⑥点検は基本的には数値化されたコードを使用するが，点検項目にあてはまらない場合や，点検した際に特記すべきものがあれば文字で示すこともある．その場合，メモ欄にその有無をチェックする．しかし，点検結果をコード化して入力した数値データにはメモの有無のみしか表示されず，その内容まではわからないため，メモ情報についてデータを整理する．

　⑦点検項目にチェックしたものをコード化し，エクセルソフトを用いてコンピュータ入力を行う．

●**点検結果を生かす**　点検対象の資料のなかには，異状が著しいものや保管状態の改善など，早急に対応が必要なものがある．例とした民博ではその際の報告システムなどが構築されている．点検中に発見した異状には即時に対応し，被害の拡大を防ぐことが重要である．

[伊達仁美]

国宝・重要文化財の展示

　国宝および重要文化財の展示に関しては，国で「国宝・重要文化財の公開に関する取扱要項」（1996〈平成8〉年7月12日文化庁長官裁定）が制定されており，さまざまな制限が課せられている．これは，材質や原材料が脆弱なものが多い日本の文化財保護の観点から定められたものである．主に国宝・重要文化財に指定されている作品の展示については公開回数や日数が限定されているため，ルーブル美術館の《モナ・リザ》や大英博物館の《ロゼッタ・ストーン》などのように，いつ行っても見ることができるというわけにはいかず，常設展示であっても頻繁に展示替えを行う必要がある．実際，東京国立博物館の総合文化展（平常展）では，年間延べ300回程度の展示替えを行っている．

●**指定文化財の公開制限**　この取扱要綱に基づき，まず毀損（壊れること）の程度が著しく，応急措置を施しても公開のための移動または公開によってさらに毀損が進行するおそれがある重要文化財などについては，抜本的な修理が行われるまで公開を行わないこととされている．

　また，原則として公開回数は年間2回以内，公開日数は延べ60日以内とされている．なお，重要文化財などの材質上，長期間の公開によって褪色や材質の劣化（ただし，劣化の生じるおそれが少ないものは，この限りではない）の危険性が高いものは年間公開日数の限度を延べ30日以内とし，他の期間は収蔵庫に保管して，温湿度に急激な変化を与えないようにする必要がある．

●**指定文化財の移動制限**　公開のための移動については，原則として年間2回以内とされ，移動に伴う環境変化への十分な対応をとるとともに，重要文化財などの梱包または移動の際の取扱いは慎重に行うこととされている．なお，材質が脆弱であるもの，または法量（寸法）が大きいもの，もしくは形状が複雑であるものなど，毀損の危険性がきわめて高い重要文化財などは，移動を伴う公開を行わないこととされている．また，陳列，撮影，点検，梱包および撤収に伴う重要文化財などの取扱いは，十分な知識と経験を有する学芸員が行わなければならない．

●**指定文化財の公開方法**　原則として，展示物の大きさや展示作業上の安全性，機能性および耐震性を考慮して設計された展示ケース内で展示する（法量〈寸法〉が特に巨大なものおよび材質が特に堅牢なものを除く）とともに，展示ケースには次の措置を講じる必要がある．

　①展示ケースのガラスなどは，十分な強度を有するものを使用すること．
　②移動展示ケースは重心の位置を低くし，横滑りなどの防止措置を施すこと．また，重要文化財などの材質，形状，保存の状態を考慮した適切な方法によること．
　③展示ケース内の温湿度調整方法は，展示室の環境や構造および管理方法を十分に

考慮したうえ，適切な方法をとること．

④巻子装（巻物）のものなどを鑑賞の便宜のために傾斜台上に置く必要がある場合には，原則として傾斜角度を水平角 30 度以下にすること．

●**指定文化財の公開の環境**　重要文化財などの公開は，塵埃（じんあい），有毒ガス，カビなどの発生や影響を受けない清浄な環境のもとで行うとともに，温度および湿度の急激な変化を極力避け，保存に必要な措置および環境を維持する必要がある．なお，重要文化財などの材質，形状，保存状態は個々に異なっており，実際の公開に際しては，それぞれの文化財に応じ，専門的知識に基づいた責任ある判断を行う必要がある．

●**CULCON における議論**　この取扱要項は 1996 年に策定されたものだが，もともとは CULCON における議論を踏まえ，保存科学を中心とする専門家が十分に検討して決めたものである．CULCON とは，The United States-Japan Conference on Cultural and Educational Interchange（日米文化教育交流会議）の略称で，1961 年，当時の池田勇人総理大臣とジョン・F・ケネディ大統領との合意によって成立した．日米両国の学識者を一堂に集めて両国間の文化・教育交流に関する諸問題を討議し，文化・教育分野での交流の増進と相互理解の向上について勧告を行うことを目的とし，原則として 2 年ごとに東京とワシントン D.C. で相互に会議が開催されてきている．2010 年にもこの取扱要項をめぐって米国側から問題提起があり，CULCON に Art Dialogue Committee（美術対話委員会）を設置し，議論したが，LED 照明や密閉型展示ケースなどの近年の技術開発によっても公開制限を緩和できる段階にはないという結論に至った．

●**取扱要項の緩和**　2017 年 6 月，文化審議会文化財分科会に「これからの国宝・重要文化財（美術工芸品）等の保存と活用の在り方等に関するワーキンググループ」が設置され，同年 11 月の報告書では，個々の文化財について保存状態に問題がないものについて，①材質が石，土，金属などは，公開日数の上限を年間 150 日までとする，②個別対応において専門的な助言を得ながら，次回の公開まで適切な期間を設ける措置を取った場合，公開日数の上限を年間 100 日まで延長，③材質や種類などを踏まえた個別の重要文化財などの公開における留意事項として公開日数や照度などの目安を記載することとされた．これを受けて，2018 年 1 月に取扱要項が同趣旨の内容に改正された．

●**保存と展示の両立**　博物館の使命は，保存と展示の両立を図ることにあり，特別展の開催や他館との貸借などに際しては，レジストラー（美術作品などの履歴管理の専門家）などによる指定文化財の公開期間や保存状態の確認が必要不可欠である．そのために学芸員は，日夜専門的な技量を磨いている．そうした信頼の上に，博物館は寺社や個人から文化財を寄託されることが多い．これらのなかには，寺社が文化財をデジタル化したのを機に博物館に寄託し，寺社ではデジタル複製を公開し，本物は博物館の収蔵庫にあるという例も多い．文化財保護の観点からはこの方が賢明だが，公開という観点からは，わざわざ海外から文化財を見に寺社を訪れたにもかかわらず，本物を見ることができないということになり，不満の声があがっていることも事実である．

［栗原祐司］

史跡の保存と展示

「文化財保護法」により指定・保護された遺跡は「史跡」の一部を構成する．「文化財保護法」における「史跡」とは，歴史上重大な事件または施設の跡，古墳および著名人の墓碑，由緒地，伝説地，人類学および考古学上重要な遺跡などの有史前または歴史時代の事実を解明するのに重要な意味をもつ一定の地域または土地と結び付いた施設その他のものの総称とされる（竹内・岸田，1950）．「文化財保護法」には史跡の公開に関する明確な規定はないものの，公開の規定がある重要文化財（美術工芸品・建造物），重要有形民俗文化財，重要無形文化財と同様に史跡も，「国民に対して適切に『公開』していくことが必要」と解釈されている（文化庁文化財部記念物課監修，2004）．

遺跡は土地に結び付いた文化財（不動産文化財）である．したがって，美術工芸品（動産文化財）にみられるような「移動」という概念は本来的には存在しない．しかし，土地と結び付いているがゆえに，開発などに伴う土地の改変行為により現地保存が不可能となる場合が多々ある．そのような場合には，苦渋の選択ではあるが，遺跡の移設保存や記録保存が行われる．「遺跡の展示」の範疇には，盛土保存をしたうえでの展示（現地の公開）や建造物などの上屋構造を復元したうえでの展示なども含まれるが，本項では，遺跡の露出展示と，移設保存したうえでの展示の二者を中心に論じる．

●**遺跡の保存と展示の先駆**　千葉県の良文貝塚は，縄文時代中期から後期に形成された貝塚で，近傍に立地する阿玉台貝塚などとともに，明治20年代にはすでに考古学界によく知られた存在であった（八木・下村，1894；八木・林，1895）．「貝層重塁トシテ堆積シ之ヲ発掘スルニ往々珍貴ノ遺物ヲ発見セリ，然リト雖モ其ノ遺物ハ今地元ニ残留スルモノ少ク皆発掘者ニ持去ラレツツアリ斯クテハ此チ古ノ遺物ヲ空シクスルヲ遺憾トシ」（貝塚史蹟保存会設立趣意書）ということで1927（昭和2）年に設立された良文貝塚を主な舞台とした貝塚史蹟保存会の活動は，全国の遺跡保護運動の先駆けである（根本，1985）．また，東京帝国大学教授黒板勝美により示された，遺跡の近くに出土品などを展示する博物館を設置することの意義（黒板，1917）を早々に実現した事例である．

「貝塚史蹟保存会」の名誉会員であり，往時の縄文時代（当時は石器時代とよばれた）研究の主導者の一人であった大山柏公爵と大山史前学研究所による良文貝塚の発掘調査の目的は，「単に発掘研究するに止まらず，其出土遺物は収めて区有とし，これを同区内に陳列して，一部遺跡断面の保存と相俟って，将来の研究者に備へん」（大山ほか，1929）とされ，地元地区での出土品の保存・展示のみならず，遺跡（貝層断面）の展示に及ぶ斬新なものであった．大山らによる発掘調査で得られた出土品

は，実際に区有とされ，区内の豊玉姫神社社務所にて保存・展示された．遺跡現地には，貝層断面の展示施設も設置された．大山はさらに，「而して保存会諸氏がさらに一歩を進めて，保存遺物を安全に保管し，自由に研究し得る如く，耐火構造を以てした，地方博物館出現の先駆者たるの栄冠を得らるゝ日の近くに現はるゝことを切望するものである」と，将来の構想を示し，地元の活動にエールを送った（大山，1929）．現在，これらの出土品の

図1 千葉県加曽利貝塚の北貝塚住居跡群観覧施設における露出展示（提供：千葉市立加曽利貝塚博物館）

多くは，区内の「田園空間まほろばの里博物館」において保存・展示されている．

●遺跡の露出展示　遺跡（遺構）の露出展示（図1）とは，「地下に埋蔵されるなど，長期間，周辺の地上環境から隔絶していた遺構等について，発掘調査等により検出し，露出した状態で良好に管理しつつ」行う展示であり，「露出していない方が保存の効果がより高いと判断される遺構について，覆屋その他の保存工学的施設又は薬剤処理その他の保存科学的処置によって，遺跡を構成する遺構の劣化・風化・毀損等を抑制する措置を講じた」展示と，ここでは定義する（平澤，2009）．

遺跡の露出展示が注目される背景には，その唯一無二の固有性，すなわち「本物」であることに対する高い資源価値の認識がある．奈良文化財研究所により2009年に実施された遺跡の露出展示についての全国調査によれば，この時点での遺跡の露出展示の事例数（1遺跡で複数の展示がある場合を含む）は990件，遺跡数は903件であった．

●遺跡の劣化　前述のとおり，遺跡は，土地に結び付いているがゆえに周辺環境の制御が特に難しい文化財類型の代表といえる．文化財に限らずあらゆる有形物は，周辺環境のなかで常に劣化の途上にある．遺跡の劣化は，その遺跡がつくられ営まれた初期状態の劣化から，廃絶され埋蔵環境に置かれた長い期間を経て発掘調査されるまでの劣化，発掘され大気に曝露された後の劣化と，少なくとも三段階に分けて整理すべきである．

遺跡の劣化要因は，すべて物理的要因あるいは化学的要因のいずれかに分類される．

遺跡の劣化には，熱と水分の移動が関与している場合が多い．遺跡を露出展示する際には，風雨や日射などを緩和するために，覆屋などを設ける場合が多い．この場合，①遺構面上方からの水分供給が断たれる，②遺構表層において水分の蒸発が進行する，という2点において埋蔵時の環境と比較して大きく異なる．

遺跡の保存は遺跡を展示する際の大前提であるが，保存対策を検討するにあたり，遺跡を構成する材質（土壌・岩石など）と，それらを取り巻く環境における熱と水分

など，環境のあり方を正確に把握することである．これにより塩類などの発生や土壌の流出などは抑制されるが，一方でそれが湿潤環境であればカビなどによる生物劣化の原因ともなるので注意を要する．

●遺跡の保存処置　遺跡の保存処置としては，水分が内部に浸入することを抑制するための撥水(はっすい)処理，脆弱(ぜいじゃく)化した部分の樹脂含浸による強化処置，構造体として不安定な状態を解消するための補強などが行われる場合がある．これらの対処法を誤れば遺跡の劣化を加速する可能性もある．可逆的な処置法であれば原状を回復することもできるだろうが，多くの処置は不可逆的と考えるべきである．「処置をする・しない」という判断も含めて，処置法の判断は慎重を期す．

●遺跡の移設と展示　諸般の理由で遺跡の現地保存が実現し得なかった場合，あるいは，現地保存されているが，その一部を移設して博物館で展示する措置がとられることがある．遺跡を移設し保存する技術としては，①はぎ取り，②切取り，③型取り，④立体はぎ取りの四つが知られる．

①はぎ取り：遺跡の断面や平面に樹脂を塗りガーゼなどの基底材とともに硬化させてはぎ取る方法である（図2）．はぎ取る対象や規模などにより難易度は異なるうえ，熟練するには応分の経験や技量が必須ではあるが，比較的簡易な方法でもあるため，考古学・地質学・土壌学などの分野では日常的に実施される．なお，転写なので現場で見た状態（断面であれば左右と凹凸）とは逆転する．

②切取り：文字どおり遺跡の一部を切り取って移設する方法である．一定規模以上の切取りの場合は，切り取る部分の周辺を掘り下げ，その空間を利用して遺跡（遺構）を外側から支持・補強（発泡ウ

図2　高松塚古墳版築断面はぎ取りと石室レプリカを組み合わせた展示（飛鳥資料館，提供：奈良文化財研究所）

図3　福岡県寺福童4遺跡銅戈埋納遺構の切取り作業（提供：奈良文化財研究所）

図4　高松塚古墳の壁画・石室の取出し作業（提供：文化庁）

レタン樹脂や木製・金属製の構造材などによる）し，移設作業を行う（図3）．生物被害と漆喰の劣化の進行を理由に実施された奈良県高松塚古墳の石室・壁画の移設作業では，石室を構成する16枚の石材の形状に合わせた把持運搬用の治具が開発され，使用された（図4）．

③型取りによる製作物：レプリカであるため，厳密には「遺跡の移設」の範疇外である．遺跡の表面を保護したうえでシリコン樹脂などを噴霧し，発泡ウレタン樹脂などを用いてシリコン樹脂型の支持体を作製し，遺跡から型抜きをして雌型を製作する（図5）．

④立体はぎ取りの工程の大半は③の型取りと同様であるが，遺跡の最表層をはぎ取って移設する点が異なる．

図5　高松塚古墳墳丘の亀裂（地震痕跡）の型取り作業（提供：奈良文化財研究所）

図6　清戸迫横穴玄室奥壁の壁画（提供：双葉町教育委員会）

●**日常的な点検・管理**　遺跡を保存し良好な状態で展示するためには日常的な点検・管理が重要となる．これはあらゆる文化財（展示物）に共通するが，遺跡は上述のとおり周辺環境の制御が特に難しい文化財類型であり，それが日常的な点検・管理の重要性をより高めているゆえんである．

福島県清戸迫横穴は全国屈指の装飾古墳（横穴）として知られるが（図6），2011年に発生した東日本大震災およびそれに伴う原子力発電所の事故により，遺跡が所在する双葉町は，地震発生直後は「災害対策基本法」による警戒区域，現在は帰宅困難区域とされ，立入りが厳しく制限されている．幸い，地震による揺れなどによる遺跡や保存施設（展示機能を併せ持つ）の毀損などは認められず，また壁画周辺（玄室内）の空間線量は発災直後から現在まで0.1 μsv/hr 以下（ほぼ影響がない状態）を示す（吉野，2014）．発災以前は，管理者（双葉町教育委員会）による日常的な点検に加えて，電話回線を通じて1時間ごとに壁画周辺などの温湿度データが管理者に送信されることで遺跡の状況をリアルタイムに確認することができていた．発災後はこの回線が失われたため，年に数回に限られる点検の際にデータを吸い上げ，確認するしかない．壁画近傍を含む横穴の各所には無数の木根が確認されており，発災以前は日常の点検の際，適宜それを除去できていた．しかし，現状ではそれもできなくなっており，問題が山積している．

[建石　徹]

歴史的建造物の保存と展示

　歴史的建造物の保存・展示についての研究は，建築や博物館，あるいはまちづくりの視点から行われている．歴史的建造物を保存・展示することは，その建築物とそれを取り巻く空間が有する歴史と文化の価値・記憶を保存しながら，地域社会の新たな価値・記憶を生み出すことにつながる．このプロセスにより，その地域に暮らす人々に自己の歴史・文化への注視をうながしたり文化的アイデンティティを高めたりする効果があることや，文化観光開発の資源として経済効果をもたらすことなどが注目されている．

●**歴史的建造物の保存制度**　歴史的建造物に関しては，「文化財保護法」に基づき，①国宝・重要文化財の指定，②登録有形文化財の登録，③重要伝統的建造物群保存地区の選定による3通りの保存制度が確立されているほか，都道府県や市町村でも条例で同様の制度を設けている．このような文化財保護制度は，幅広く歴史的建造物の価値を認め，人々にその存在意義を周知させるとともに，さまざまな保護措置を講じることにより永続的保全を期待するものである．そのため，歴史的建造物を展示（活用）する際には，法令などによって課せられている規制や諸条件などを考慮しなければならない．

　また，2008（平成20）年に「地域における歴史的風致の維持及び向上に関する法律」（通称，歴史まちづくり法）が制定・施行され，歴史上価値の高い建造物を核として，その周辺地域の歴史的風致の維持・向上を図る計画が各地で多数策定・実施されている．その対象となる歴史的建造物は，必ずしも指定・登録されていないが，保存しつつ活用を図ろうとする点では，文化財保護制度と趣旨を一にするものである．

●**歴史的建造物における保存・展示方法**　歴史的建造物については，まず何を保存・展示するのかを考える必要がある．例えば，①建築価値を中心に歴史的建造物そのものを保存・展示する，②建築に代表されるコンセプトを中心に保存・展示し，地域の風土や環境などの文化への理解をうながす，③歴史的建造物の保存と再利用を図る一方で，建物とは直接関係のない展示を行う，などである．また，歴史的建造物の保存場所から，現地保存型と移築保存型の2種類に大きく分けることができる．

　よくみられる歴史的建造物の保存・展示方法は，歴史的建造物を博物館施設として転用することであろう．例えば，学校や役場，銀行などの公共施設をそのまま博物館として活用している例は全国各地に存在する．その場合，建物本来の用途に関する資料を記念室を設けて展示したり，かつての記憶をとどめる設備や装飾などを解説（キャプション）を付してそのまま展示したりすることが多い．あるいは江戸東京博物館のように，和洋折衷住宅などの歴史的建造物を博物館内に移設・復元することや，民家園や野外博物館のように，指定・公有化された歴史的建造物を1か所に移築

保存・展示する例もみられる．また，地域の歴史民俗資料館などの付属施設として民家などを移築保存・展示する例も多い．これらは，博物館資料として建築物を保存し，地域の歴史や住文化を展示することにより教育普及などを行う目的を有しているが，同時に移築することによって歴史的建造物の保存・管理を容易にしている．さらに，スウェーデンのスカンセン（図1）や，米国のコロニアル・ウィリアムズバーグなどに代表されるリビングヒストリー（生活史復元）野外博物館のように，さまざまな地域から幅広く歴史的構造物を収集し，地域性や時代性を来館者がわかりやすく比較できるように表現するため，効率よく敷地内に配置し，当時の服装を身に着けたドーセント（docent，訓練を受けたガイド）が解説する展示方法も世界各地で行われるようになっている．

図1　スカンセン野外博物館におけるスタッフによる生活史復元展示

　歴史的建造物の保存と展示は，歴史や建築の知識だけではなく，文化も伝達する必要がある．例えば，古民家に代表される住文化においては，日本の各地域の特性をとらえることができるため，地域環境や生活の体験型・参加型の展示形態が多用されている．一方，現地保存の場合，住民自身が保全の担い手になり，調査研究や展示公開に参加するエコミュージアムや街角博物館という形態もある．

　博物館施設としての保存・展示のほか，所有者が歴史的建造物に住み続ける場合には，その公開に関して特別な注意が必要である．重要伝統的建造物群保存地区に選定された奈良県橿原市の今井町では，町の活性化事業の一つとして，町から案内人などを派遣し，民家所有者の許可を得たうえで，年に一度，町内の私有民家の一斉公開を実施し，期間限定の一般公開を行っている．また，二条陣屋として知られている京都市の小川家住宅（重要文化財）のように，居住中の住宅を予約制で公開するなどの事例もある．

●**諸外国の事例**　以下，ロシア連邦と台湾で行われている歴史的建造物の保存と展示の例を紹介する．①モスクワ市博物館：モスクワ市では，1835年に建てられた帝政時代の倉庫および衛兵所を2011年に移転して開館したモスクワ市博物館を，同じく博物館に転用した周辺の六つの歴史的建築物とともに一つの博物館群として発展させた．すなわち，歴史的建造物を転用して開館した複数の博物館がネットワークを形成することにより，活動の場を個々の歴史的建造物という空間に制限することなく，都市そのものが博物館のフィールドであるという概念で，博物館の発展を図っている．

　②コローメンスコエ野外文化財博物館：モスクワ市郊外にあるコローメンスコエ野外文化財博物館は，256.77 haの広さをもつ公園に所在する（次頁図2，3）．同館の敷地は，もともと14〜17世紀に歴代モスクワ大公によって離宮が造営された史跡である．1923年に一人の建築士によって博物館が設置されたのをきっかけとして，1925年にモスクワ市政府によって野外文化財博物館とされ，ソヴィエト連邦（当時）

国内の木造建築や石造建築が移築されるようになり、往時の建築が保護された。さらに、2005年、モスクワ市政府は、国際博物館会議（ICOM）から提唱された従来のエコミュージアムの概念を拡大した総合博物館保護区（integrated museum reserve）という概念を導入し、同館で実践している。地域の歴史的建造物・考古・遺跡・自然景観などを一体的にとらえる総合博物館保護区の展示の仕方は、主に、ⓐ歴史的建築物をそのまま展示する（またはその内部を公開する）、ⓑ歴史的建築物を転用し、本来の用途と直接関係のない展示をする（例えば、ヴォズネセーニエ教会の前に移築された城門では、コローメンスコエで発掘された資料を展示している）、ⓒ歴史的建築物と関連のある絵画、彫刻、民芸品などを展示する、ⓓ歴史的建築物の用途を引き継ぐ（例えば、現在でも礼拝に使われている教会建築）、などがある。

図2　コローメンスコエ野外文化財博物館に移築された城門

図3　コローメンスコエ野外博物館に移築されたピョートル大帝が住んでいた小屋

総合博物館保護区として全体的な配慮をしながら、さまざまな展示を取り込みつつ、無理にすべての歴史的建築物を公開し、再現展示をするのではなく、歴史的建築物とその周辺環境の歴史・文化を中心として表現するという展示の手法がとられているのである。

③新北市立淡水古蹟博物館：台湾北部の新北市淡水区は、古くから外国への玄関口として発展してきた港町であり、文化流入の影響などから台湾の他都市とは違った景観を有している。新北市では、これらの景観を保持し、博物館を設置しつつ、計画的に歴史的建造物などの文化資産を保存・活用することを地域振興の一手法としており、文化観光に重点を置き開発・整備を行っている。そのなかで、新北市立淡水古蹟博物館は、淡水区にある30か所の歴史的建造物や史跡、歴史街道および2か所の文化芸術施設が中核的拠点となっている（次頁図4）。30か所の歴史的建造物はそれぞれ所有者が異なり、同館が直接所管・公開しているものの管理については、紅毛城に置かれた総合事務局が定期的に巡回検査を行っている。なお、公有財産（国また市所有）は新北市政府が、私有財産は所有者が市政府の援助および指導を受けて補修・維持を行うこととされている。

●**課題と今後の展望**　歴史的建造物の保存・展示を考える際、直面する問題としては、その修理や修復の後、いかに効率的に維持できるか、ということである。古民家

図4 新北市立淡水古蹟博物館が調査および公開している旧英国貿易会社建築

の例でみると，保存と継続利用（住む人間の権利）との両立，長い歴史をもつ建造物の変遷に関する展示，特に日本の木造建築の文化の変容性などの課題に対応しながら，修理・修復に取り組まなければならない．野外博物館の場合，全体的な配置計画のみならず，歴史的建造物とそれを取り巻く空間や自然環境との一体性の計画，さらに維持管理計画などを総合的に考慮し，保存・展示計画を検討することが求められる．

そのほかの課題は，展示による再現・解釈の真実性（authenticity）である．歴史的建造物を保存・展示する際には，過去の歴史・文化における真実性を構築・表現することを忘れてはならない．歴史的建造物の展示は，真実性を求める歴史および文化の再現というオープンな視点を来館者に提供しつつ，単一方向の展示意図だけではなく，さまざまな保存・展示方法により，歴史・文化の変容およびその伝承，あるいは歴史的建築物の展示・保存の在り方を考えさせるなど，来館者に与えるさまざまな効果や影響についても考慮する必要がある．また，文化観光や文化産業の資源活用として推進する際，歴史的建造物が観光商品化する危険性をはらんでおり，地域社会が開発に飲み込まれ，主体性が失われる危険性があることについても配慮する必要がある．すなわち，歴史的建築物を保存・活用することがどのような歴史表象を生み出すか，また地域社会においてどのような意義を有するのか，どのような認識・記憶に影響を及ぼすのか，などの課題を意識し，検証できる態勢が必要である．

歴史的建築物を保存・展示する手法は本来，変化してゆく社会と生活・風俗などの条件を考慮しながら，各地域において将来にわたって残すべき価値のある歴史的建造物の文化的便益を創出する方法である．歴史的建造物を含む歴史的空間を総体として保存・展示，または博物館機能をもたせて活用することにより，地域コミュニティの活性化に貢献しようという動きがますます重要になってきており，今後は当該地域の歴史的背景や習慣あるいは長い時間を経て培われてきた住民意識や価値観などの諸要素を考慮し，地域住民の参加による取組みが一層重要になると考える．

[栗原祐司・邱　君妮]

参考文献　大原一興他『古民家の保存・活用のための方法論的研究―古民家の地域内保全と民家展示施設の考察』東京文化財団，2001／落合知子『野外博物館の研究』雄山閣，2009

梱包・輸送

　梱包ケースの中で厳重に梱包された文化財は，出発地から到着地に至るまでの間，各種の輸送機材に積載され，収蔵庫や展示室以外のさまざまな環境を移動する．通常の博物館施設における保管，展示あるいは館内移動とは異なる梱包輸送は，文化財の保存に大きな影響を与える可能性がある．

●**文化財の劣化に影響する主な環境因子**　梱包輸送中の文化財の劣化に影響する環境因子として，温度と相対湿度，振動と衝撃，カビと生物，空気成分，そして輸送時間をあげることができる．振動と衝撃を除き，これらの因子は通常の展示・収蔵環境でもなじみの深いものであるが，輸送においても特有の条件や現象がある．以下，それらの特徴と影響について解説する（神庭，2014；Marion F. M. ed., 1991）．

　①温度・相対湿度：輸送中の文化財に最も大きな影響を与える環境因子である．梱包ケース内の温湿度の変動は，有機素材の含水率を変化させ，それに伴う素材の伸縮により文化財が変形する．また梱包ケース内外の温度差による結露や温度上昇による蒸れは，梱包ケース内部でのカビや金属文化財における錆の発生を招く．このように温湿度変化は，短時間に変形，腐朽，腐食をもたらす要因となる．

　②振動・衝撃：温湿度と同様に大きな影響をもつ環境因子である．トラック，飛行機，その他さまざまな輸送機材で梱包ケースを移動させるときに発生する振動が長時間継続すると，文化財の塗膜や接合部にストレスが発生する．それにより材質劣化が促進するだけではなく，振動数が文化財の固有振動数と一致した場合には共鳴振動が発生して，塗膜のはく離あるいは接合部分の破壊が生じる可能性がある．また，移動中に発生する衝撃がもたらす大きな加速度は，割れ，折損，破れなど文化財の破壊に直結する場合もある．

　③カビ・生物：輸送中の生物被害として注意すべき点はカビの発生であり，上述したようにその原因となる結露や蒸れの発生に注意しなければならない．また，文化財にもともと生息していた害虫，あるいは梱包中に侵入した害虫によって，輸送中の食害や，輸送先の施設への害虫の拡散など，生物被害を起こす可能性がある．

　④空気成分：梱包に使用されるクッションや包装などの緩衝材，あるいはケースに使用される合板などから発生する揮発性有機化合物（VOC）などの化学成分によって，輸送中の文化財の材質に化学変化が生じて劣化することがある．

　⑤輸送時間：上述した四つのいずれの因子も継続的に作用するものであるため，時間が長くなるに従って文化財劣化の危険性が増大する．つまり，すべての危険因子は輸送時間の長さに比例して影響力が高まる．

●**環境因子を左右する外的因子：梱包材料**　環境因子を左右する外的因子を以下に解説する．

①外装・内装材:梱包ケースは外箱と内箱からなる(図1).国内輸送に使用される梱包ケースは一重の板段ボール箱の場合が多いが,重量物の場合にはトライウォールとよばれる強靭(きょうじん)で厚みのある段ボール箱が使用されることもある.海外への輸送には,木製ないしはジュラルミン製の外箱を用意して,その中に段ボール箱を収納する.外箱は一般的には合板で組み立てるものが多いが,専用のジュラルミン製ケースを用意している施設もある.合板の梱包ケースに関しては,合板の接着剤や木材に含まれる揮発性有機化合物の放散,合板に生息する害虫,合板に含まれる水分量などについて事前に調整を図り,輸送中の安全を確保する必要がある.具体的には,揮発性有機化合物の放散量をできるだけ少なくするための適切な合板の選択と枯らしによる放散の促進,生物生息の有無の確認や積極的な殺虫および殺黴(さつばい)処理,文化財の収蔵環境の相対湿度に合わせるために合板を馴化(じゅんか)させるなどの必要がある.

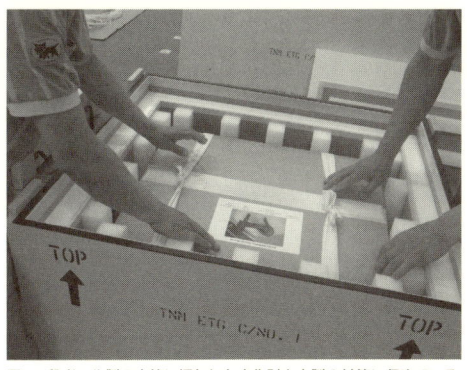

図1 段ボール製の内箱に梱包した文化財を木製の外箱に収めている

②断熱材:輸送中の温度変化を抑制するために外箱の内壁に断熱材を貼り込む.断熱材の性能および厚みによって断熱の程度は異なり,同じ性能ならば厚い方がより能力が高くなる(神庭,1989).しかし,その分だけ梱包ケースの体積が増すため,輸送コストが上がる.通常は5 cm 前後の厚さのものを用いる.断熱材が使用されるのは,主に航空貨物として高度1万 m 付近を移動する場合の気温低下に対応するためである.貨物室内の気温は離陸後数時間程度で10℃以下になるので,このときの急激な温度変動を緩和するのである.十数時間以上飛行する場合には,梱包ケースの中の温度は貨物室の温度とほぼ平衡状態に達して,同じくらいの温度になる.逆に着陸するときは,徐々に地上の気温と平衡状態になるが,同じ温度になるには相当の時間を要するため,目安として24時間程度は開梱は控え,梱包ケースを十分に馴化させてから行う.

③クッション材:落下や転倒による衝撃を緩和し,文化財を保護するために使用するクッション材の設計は,衝撃加速度-静的応力の関係を表す動的衝撃緩衝特性曲線を用いて行う(水口,2002).文化財を梱包した内箱の重量,使用するクッション材の種類,密度と厚み,面積,想定される落下高さ,許容される最大衝撃加速度などの条件から最適の設計を導き出す.また,二重箱にする場合には,文化財を内箱の中で動かないようにしっかりと固定したうえで外箱にクッションを設ける.一般の工業製品に対しては品目別に許容できる加速度の目安が示されているが,文化財に対しては一定の基準を設けることが困難である.最も脆弱(ぜいじゃく)な品目に対して許容される15~25 G 以上になることはなく,実際にはもっと小さい(Gとは重力加速度の単位で,衝撃の大きさを表す).

④調湿剤：梱包ケース内は内装材や梱包材によって空間がほとんど埋め尽くされているため，ケース内部の温度が上昇すると相対湿度も上昇し，逆の場合も同様な変化が生じる（図2）．密閉空間に吸放湿性能の高い木材や繊維製品などが存在するとき，空間内の温湿度変化の傾向は空気量に対する吸放湿物質の重量に依存する（Thomson, 1964）．木材などの吸放湿物質の量が一定量（空気100Lあたり1kg）を超えると，温度と相対湿度が同じ向きに変化し，その割合は以下のようになる．

相対湿度の変化量≒0.39×温度の変化量

温湿度変化が上述の関係に従って変化する限り，吸放湿物質の含水率はほぼ一定になり，伸縮が抑制されて寸法変化は生じない．このことから，文化財と梱包材を密封すれば，寸法の安定性が確保されやすくなる．調湿剤を使用する目的は，相対湿度を安定に維持することによって吸放湿物質の寸法の安定化を図ることであるため，密封梱包の中では調湿剤の必要性が低くな

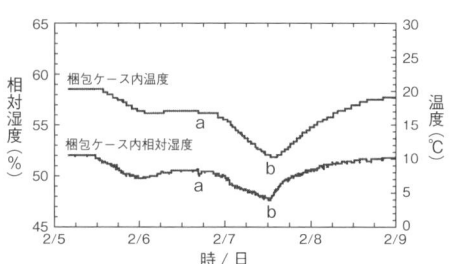

図2 調湿剤を入れない梱包ケース内の輸送中の温湿度変化．(a) 作品を博物館から搬出，(b) 作品を目的地の博物館に搬入

る．しかしながら，数日から1週間程度の長期にわたり梱包ケースが博物館施設の外に留め置かれたり移動したりする場合には，梱包を実施した施設の空気環境とは異なる温湿度に長時間さらされることになり，梱包ケースの内部が徐々に外気の条件に馴化する可能性が高まる．その危険性を回避するために，文化財を密封梱包した外側に，梱包場所の温湿度条件に馴化した調湿剤を設置するなど，外部からの空気の侵入による環境変化から保護するための対策が必要となる．

●外的因子：取り扱い　博物館内，貨物を集積する空港の上屋，飛行機の貨物室において，梱包ケースの荷積みや荷下ろしが行われる．こうした作業をハンドリングという．ハンドリングはフォークリフトなどの機材を用いる場合と，素手で行う場合がある．機材を用いる場合は規則的な振動・衝撃が起こりやすく，一方，素手で行う場合は不規則な振動・衝撃が発生しやすい．素手の方がより丁寧で安全であるとの考え方もあるが，必ずしもそうとはいえない事例は多い．比較的大きな衝撃が発生するのは梱包ケースを床面に下ろす際で，作業のたびに確認を励行する．

●外的因子：輸送手段　どのような方法で文化財を輸送するかも，環境因子を左右する．以下，経路に沿って解説する．

図3 上屋内でパレットに固定された梱包ケースはドリーに積載され，牽引車によって飛行機まで運ばれる

①輸送機材：館内の移動にはキャスター付き移動台，陸路の輸送にはトラック，空路の輸送には飛行機，空港の滑走路内の移動にはドリーなどが使用される．機種別の振動・衝撃に関する特徴はそれぞれあるが，滑走路内をパレットに固定した貨物を上屋から飛行機まで運ぶ輸送車両であるドリーで発生する衝撃が最も大きいことが測定結果からわかっている（Kamba, 2008；神庭，2010）．主な原因はドリーに衝撃吸収用のクッションが設置されていないこと，さらに滑走路の状態により発生する衝撃が大きく異なることである．次に大きいのが建物内部で荷物を移動する際に一般的に使用されるキャスター付きの台車による館内移動であり，それに比較すれば飛行機やトラックでの移動による衝撃は小さい．特に，飛行機の離着陸時の衝撃は一般に想像されるほど大きくない．キャスター付き台車とドリーは繰返しの衝撃，飛行機とトラックは特有の周波数の振動が継続することが特徴であり，前者は衝撃による破壊，後者は共振動による破壊をもたらす．

②路面状態：陸路の場合，路面状態によって発生する振動や衝撃の状況は大きく異なる．上述したようにクッションのない輸送機材は路面状況に大きく左右されるため，輸送経路の選択は輸送の安全性向上にとって重要である．

③交通状況：トラック輸送では交通状況によっては渋滞による発進と停止が繰り返されるが，加速度が大きい急発進や急停止でない限り支障はない．交通事故や盗難などに対する保安あるいは空気環境などの点からはできるだけ輸送時間を短くできる経路を選択する．

●**作業者の基本**　円滑かつ安全な梱包輸送は，博物館職員と専門業者間の信頼と連携によって初めて実現できる．そのために必要な基本事項を以下に示す（日本博物館協会編，2012）．

①状態の熟知：梱包作業を行う文化財の構造と状態をよく理解する．基本的に一つとして同じものはなく，すべての対象物が最良の状態にあるわけではない．さらに過去に輸送の履歴をもつ文化財であっても，前回とは状態が変わっている可能性があるので，それぞれの文化財の状態に応じた取扱いと梱包をその時々に実施する必要がある．

②作業の準備：作業従事者は，文化財を汚損しないように清潔な服装を心掛け，文化財の一部を引っかける危険性があるような毛羽立った衣類は避けなければならない．靴は脱ぎやすく履きやすいものとし，腕時計や指輪などは外し，胸ポケットの中に入れた筆記用具などは取り出しておく．ネクタイを着けている場合には外すかワイシャツの中に入れる．木綿製の白手袋（化繊，ホック付きのものは不可）は常に携帯し，必要なときに使用する．刀剣を取り扱う際には，刀身に唾が飛ばないようにマスクを着用しなければならない．

③円滑な作業：作業を円滑に進めることが作品の安全確保につながる．円滑な作業には作業員同士が必要な事項を正確に伝え合うことが前提となる．梱包対象の種類・員数・状態，作業手順，必要な材料などについて事前に検討を十分に行い，かつそれらの内容を作業者間で共有する．作業中には常に冷静沈着な判断ができるように気持ちを落ち着け，すべてにおいて余裕をもった対応ができるようにする．　　［神庭信幸］

パノラママービーによる展示記録

　本項では展示場全体を写真画像により記録し，パソコン上の仮想空間で展示場内を自由に移動し，展示資料を見て，感じて，その場にいるような臨場感を体験できるパノラマムービーの制作と活用について，国立民族学博物館（以下，民博とする）の事例を紹介する．なお，パノラマとは，山頂など見晴らしの良い場所からの展望をいう．パノラマムービーは，このような状況を写真画像を使ってバーチャルな空間に創作したものである．

●**展示記録とパノラマ**　博物館では，常設展示のほかに特別展示や企画展示など，期間限定の展示が開催される．このような展示は開催期間が終了すると撤去されることとなり，図録といったかたちでの記録は残るが，展示場の雰囲気も含め，展示場全体の記録が残ることはない．民博では，このような展示風景を後世に残すため，また今後の展示の参考資料とするために，展示記録映像として写真や動画による記録を残している．

　博物館に訪れた来館者は展示場の雰囲気を感じて，展示資料に接して，目や耳から情報を得ることができる．しかし，写真や動画ではこのような臨場感までをも再現することは難しい．そこで，展示場の状況をできるだけ忠実に記録し，保存・再現する仕組みとして，VR技術（virtual reality；仮想現実）のなかでも比較的簡易に制作できるパノラマムービーを採用した．これにより，展示場の資料や写真，映像，文字情報などを組み込んだ仮想展示場として記録できるコンテンツである．

●**パノラマムービー**　パノラマムービーは，閲覧者が自由に上下左右360度を見渡し，対象物に近寄ったり，遠くに離れて全体を見渡したりすることができる仮想空間である．そして，画面内に設定されたアイコン（名称；ホットスポット）をクリックすることにより，展示資料の詳細な写真・情報や，映像展示・音声展示として実際に展示されていたコンテンツを再生でき，実際の展示場と同じ場所で同じ情報を得ることができる．このパノラマムービーを展示場の閲覧順路に合わせて配置し，次の空間へ移動できる仕組みに編集すると，実際に展示場を歩いているかのように自由に仮想空間を移動し，展示全体を見ることができる．

●**制作と利用**　パノラマムービーの撮影には，フルサイズCCD（35×24 mm）で高画質のカメラを用意し，レンズは10〜15 mm程度の超広角（魚眼）レンズを使用する．そして，全周（上下左右360度）を分割撮影するため専用の雲台を使用し，カメラ（レンズ）の中心点（ノーダルポイント）を支点として正確にカメラを回転できるように設定する．撮影位置（ポイント）は，周辺の展示物を無理なく見渡せる場所を選び，高さは標準的な目線の高さと同程度とする．また，撮影位置はむやみに増やさず，展示場全体をカバーするように選ぶ．

展示場は照明の関係で明暗差が激しく，そのまま撮影すると明るい部分が白く飛んだり，暗い部分が見えなくなるなどの問題があるため，広い階調を表現できるHDR（high dynamic range）処理を行う．

　撮影ポイントの全周を複数に分割して撮影した画像をもとに，専用の画像接合ソフトウェア（ステッチソフト）を使い，正距円筒図法で描画された画像（正円筒画像）を作成する．この正距円筒画像をもとに，編集ソフト（オーサリングソフト）を使ってパノラマムービーを編集し，動画や音声，データベース，コンテンツなどの情報をホットスポットとして設定する．これにより，今まではそれぞれ別々に管理・保管していた情報をパノラマムービー内にまとめることができる．

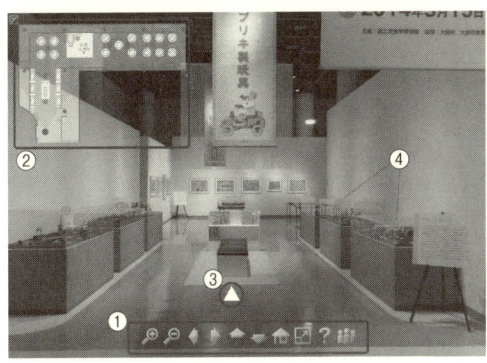

図1　パノラマムービーの画面

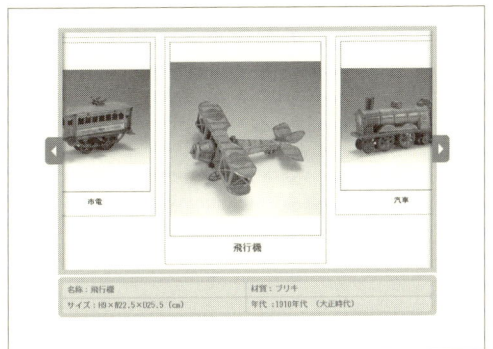

図2　資料の閲覧画面

　制作したパノラマムービーの画面を図1に示す．コントロールボタン①が画面下部に表示されており，これらをマウスで操作することにより上下左右への移動（パン）や，資料に近付いたり遠ざかったりする（ズーム）操作が可能となる．また，画面上をマウスでドラッグすることによるパンも可能である．画面左上の②にはナビゲーションが表示されており，展示場での現在位置と向いている方向を示している．矢印③は順路に従った移動ボタンで，これをクリックすると次のポイントに移動する．また，ホットスポット④をクリックすると，そこに展示されている資料の写真データベースや関連する動画などを閲覧することもできる（図2）．このように操作は直感的で，誰でも簡単に情報にアクセスすることが可能である．完成したコンテンツはウェブサーバーにアップすることにより，パソコンだけではなく携帯端末などからのアクセスも可能となるため，応用範囲は広く，バーチャル博物館としての利用も期待できる．

●今後の課題　このパノラマムービーを記録映像としてこの先もずっと問題なく再生・閲覧できる保証はない．そのため，制作時に撮影した映像や情報も保存しておく．また，ウェブ公開をする場合は，著作権や肖像権など，権利関係の問題をクリアしておく必要がある．

［奥村泰之］

収蔵庫の見学

博物館は文化財を収集・調査・研究して，その成果を展示というかたちで公開するとともに，博物館に収蔵された文化財を安全な環境で，必要に応じて修復を行いながら保存する役割も担っている．しかし，博物館における文化財の保存活動の実際が，一般来館者に知られることは少ない．

九州国立博物館（以下，九博とする）では，毎週日曜日に市民ボランティアによるバックヤードツアーを行っている．そのコースのなかに「収蔵庫を見学する」場所がある（図1）．収蔵庫は博物館における文化財保存活動の心臓部といえる．九博の収蔵庫は外気の影響を受けにくいことや防犯の観点から，建物の中心に位置している．ガラスによる二重壁，諸室，廊下，厚い壁が収蔵庫のまわりを取り囲み，下層には免震層，上層には展示室が配置されている．そのように何重にも守られた収蔵庫の内部を，なぜ一般に公開しているのか．

図1 市民ボランティアによるバックヤードツアー（九州国立博物館，著者撮影）

九博は2005年，東京・京都・奈良に次ぐ4番目の国立博物館として開館した．日本の文化財や博物館制度に大きな影響を与えた岡倉天心が1899年に「九州博物館」の設立を唱えて以来，九州の人々の長年の願いであり，地元市民の熱い思いで設立された九博は，市民とともに歩み，成長し続ける「生きている博物館」を目指している．そこで，博物館の大きな役割である文化財の保存活動についても，九博が文化財をどのように保存し，後世へと伝え残そうとしているのかを理解してもらうため，収蔵庫に見学用の窓を設置し，文化財の保存活動の心臓部を公開することとしたのである．

収蔵庫を見学することは，文化財を次世代へ受け継いでいく博物館の保存活動を見学するということである．九博ではその活動を市民ボランティアが市民の目線で説明している．すなわちそれは，市民も博物館の保存活動の一部を担っていることにほかならない．そこに市民とともに歩み，成長し続ける「生きている博物館」の真意がある．

［秋山純子］

8章 展示を使う

展示と学習支援	380
展示解説・展示交流①美術館	384
展示解説・展示交流②総合博物館	386
展示を使ったワークショップ	388
展示とボランティア	390
利用上のルールとマナー	392
展示解説ツール	394
展示と広報宣伝	396
移動展示	398
企画展のユニット化と巡回	400
展示造作・装置の維持管理	402
展示のレベルアップ	404
生体展示の維持管理	406
利用者調査・展示評価	408
展示とデジタル技術	410
対話型鑑賞	412
障がい者への利用支援	414
ユニークベニュー	416
【コラム】展示と大学の授業・学芸員実習	418

[編集担当：坂本　昇・伏見清香・吉冨友恭]
＊五十音順

展示と学習支援

博物館展示（以下，展示）は，所蔵する資料やそれに関する研究成果を公開する場であり，多様な人々がそれぞれの興味に応じて利用する．展示を利用する人それぞれが，何か自分にとっての意味を見出すことができるよう，つまり，展示を活用して学習ができるように，博物館はその支援の方法を考える役割がある．

●**学習支援を担う人材** 従来，展示開発は，資料についての専門性や研究能力を有する研究者（学芸員）が担ってきたが，展示を活用した学習支援の役割を果たすには，また別の興味，素養をもった人材も必要である．欧米では，博物館での学習に関する専門家としてエデュケーターという職種が誕生し，特に大型館では，研究や資料管理などの職種とは別にエデュケーターを置いているところも多い．日本では専任のエデュケーターを置いている博物館はまだ少なく，学芸員が研究や資料管理とエデュケーター的な役割を兼務していることが多い．本項では専任のエデュケーターを置くにしろ，学芸員が兼務するにしろ，展示を活用した学習支援を行う際に，それを担う人材にはどのような役割，仕事があるのかを述べる．

展示フロアで利用者に解説をしたり交流をしたりする人員を配置している館もあり，こうした人材も展示の学習支援を担うものであるが，本項で述べるエデュケーターは，展示フロアに活動を限定したものではなく，展示の開発から運営，プログラムの開発，実施など，博物館での教育活動全般を担うものである．

筆者らは林原自然科学博物館で専任のエデュケーターとして展示開発，展示運営を行った経験をもつ．以下，その役割を示すにあたって，1999 年より展示開発を開始し，2002～2006 年東京・有明のパナソニックセンター東京にて展示を行った「ダイノソアファクトリー」（以下，DF）を例に述べる．なお，DF は恐竜の研究プロセスについての展示である．

●**学習支援を念頭に置いた展示開発**
展示に関連した体験学習を行う，解説書やワークシートをつくるなど，「できあがった展示に手を加えて利用しやすくする」のも学習支援のかたちではあるが，「展示をつくるときから，利用者の学習支援を考える」こともエデュケーターの仕事である．

展示開発の過程で，利用者の学びが促進されるように展示物の配置や解説文，体験型の展示を考えたりもする

図1　DF の展示室．化石を岩石から取り出す過程を展示

が，むしろ展示開発の最も初期の段階で，展示の目的やメッセージを考えるところからエデュケーターが関わっておくと，展示開発の過程で「利用者の学び」という視点が失われずにすむ．

例えば，DFの展示目的を文章化する際には，「発掘調査による研究成果を展示する」など，展示する情報に言及するだけでなく，「（……前略）利用者が古生物学者を含む自然科学者の感じている自然への興味や好奇心，発見の喜び，および得られた知識を共有でき，自然科学と自然科学者に対する正しい理解と親近感をもてるよううながす」との文章を入れた．誰のために展示をするのか，そして，利用者に展示から何を得てもらいたいのかについて言及することで，展示が利用者の学習支援のためにあることを明確にしたのである．

●**展示の教育目標（メッセージ）を考える**　展示開発にあたっては，この大きな目的に基づいて教育目標を立てる．上記の目的作成の場合もそうだが，展示内容の専門家である研究者とエデュケーターとで議論をして，文章を決めていく．DFの場合は，教育目標は，以下のような文章とした．①化石や地層の研究は，過去から現在に至る生物の進化や地球の環境変化や年代を明らかにしていく．②化石や地層の研究は，フィールドワークが原点である．③フィールドワークは，自然を観察し，化石や地層のできかたの証拠を注意深く観察して発見し，収集することである．④過去の世界や恐竜の姿は，集めた事実に基づいて科学的に復元されている．⑤恐竜の世界には，今とはまったく違った生物がいた．しかし，生態系の仕組み（肉食動物がいて植物食動物を食べるなど）は今と同じだった．⑥研究は新しい事実が発見されるたびに進み，それはずっと続いていく．

教育目標を決めるというと，利用者の自由な学びを阻害するのでは，と思うかもしれないが，教育目標は，展示で何を伝えようとしているのかを，展示開発に関わるメンバーが共有しておくためにつくるものであって，利用者の学びを制限するものではない．その内容も，利用者が覚えて帰るような教科書的な知識や法則を並べるのではなく，より大きなアイデアを示したものである．

展示の初期段階でエデュケーターが行う仕事とは，学校で体系的に学ぶとは異なる展示室での学びや，展示される資料や内容の特質を理解したうえで，利用者にとって意味のあるメッセージとは何なのかを考えることである．このメッセージがしっかりと設定されていると，展示開発のさまざまな過程での意思決定がしやすくなるとともに，展示全体に一貫性を生み出すことになり，それが展示がオープンしてからの学習支援活動にもつながっていくことになる．

●**展示室の運営方針を考える**　展示室で人々がどのように過ごすのか，どのような経験をして学ぶのか，そしてそこに博物館のスタッフ（受付や監視などすべてのスタッフ）はどのように関わるのか，具体的な運営のイメージをもちながら展示開発に関わるのも，エデュケーターの仕事である．例えば，標本と標本を間近で観察して比べてほしい，利用者それぞれの気づきとともに順路を行ったり来たりしてほしい，来館者同士で会話をしてほしい，異年齢の利用者も一緒に楽しんでほしいなど，利用者のど

んな行動をうながすのかによって，展示空間づくりも，スタッフのあり方も変わってくる．後述するが，展示室に配置されるスタッフの行動規範なども，展示開発と並行してエデュケーターが策定する．

●**展示室での利用者対応**　展示がオープンしたら，展示室での利用者対応もエデュケーターの仕事である．展示室で過ごす時間は，利用者を理解するために，そして展示やプログラム開発のアイデアを生むためにも重要である．利用者の生の声を聞くことはもちろんだが，直接対話をもたなくとも，利用者が展示室でどのように過ごしているのかを観察することから学ぶことは多い．展示室で利用するキットなどの学習支援ツールやプログラム案などは，展示室での利用者の反応をみるなかから生まれることも多いのである．

●**現場スタッフの育成**　展示の運営にはさまざまなスタッフが関わる．
　展示運営に関わるすべてのスタッフが，展示室での学習支援の考え方を共有できるように育成するのもエデュケーターの仕事である．DFでは，利用者一人ひとりの体験を大切にすること，利用者が自分で発見し，やり遂げた満足を感じられること，一緒に来館した利用者同士が絆を深められることなどを大事にすることを掲げたうえで，スタッフの行動規範を決めていた．利用者の声に耳を傾け共感する，スタッフが自分の知識を披露して先生のような振る舞いをしない，「知っていますか？」「わかりましたか？」など利用者の知識を試すような質問はしない，利用者同士の関係に気を配る，などである．
　スタッフの育成には研修も重要ではあるが，展示室で日々直面する課題をどうとらえ，どう対処するのが利用者の学習支援につながるのかをスタッフ同士で話し合うことが大切である．こうした日々の話し合いが学習支援に対する考え方や方法の共有につながる．

●**学習支援プログラムの開発，実施**　DFでは展示室でスタッフが利用者と交流して学習支援を行うのが日常であったが，それに加えて，利用者が展示により主体的に関わるきっかけをつくろうと，さまざまな学習支援プログラムを企画，実施した．展示室以外の場所でプログラムを行う方法もあるが，展示自体が学習支援を考えてつくられていたため，展示室内で実施するプログラムもうまく機能した．展示のメッセージや運営方針と開発したプログラムの間に一貫したものがあれば，展示とプログラムが相まってより良いものになる．以下，具体的なプログラムを一つ例にあげる．

●**「恐竜博士への道」**　展示を訪れた誰もがその場で自由に参加できるプログラムである．館内に設置してある「指令書」を手に，「指令」を解きながら見学を進め，すべての指令をクリアすると「恐竜博士」に認定される．「指令」に対する「正解が一つではない」ということ，そして利用者が，答えを展示室にいるスタッフに伝えるというのがこのプログラムの特徴である．
　例えば「発掘調査に行くときはどんなものをもって行く？　それは何に使うのかな？」という指令では，答えは発掘道具でもよいし，発掘隊のキャンプの生活用具でもよい．展示されている道具を答えてもよいし，展示になくても，展示を見て自分が

必要だと思った道具を答えてもよい．そして，「指令」の答えを聞くスタッフも，正解・不正解を判断するのではなく，その道具はどんな風に使うのかなど，利用者が考えたことを聞いて共有したり，関連する展示物を一緒に見たりする．こうした対話を通じて，利用者がさらなる発見をしたり，新たな疑問を抱いたり，ほかの展示物との関連を見出したりするよう支援することが，このプログラムの狙いである．

「指令」をつくる際には，利用者が自分の経験や知識と関連付けながら，興味をもって能動的に展示を見るきっかけになるように工夫をした．そして，小さな子どもから大人まで，その分野に詳しい人もそうでない人も，それぞれの興味で参加できるような「指令」にすることも重視した．そして，プログラムの実施を通じて，対話の方法などについて話し合いを重ねることが，関わるスタッフの育成にもつながった．

図2 「お絵描き指南」プログラム．スケッチは，標本を観察し，証拠を集める研究の基本．展示の教育目標と一貫したメッセージでプログラムも企画する（筆者撮影）

●**エデュケーターに求められる素養**　以上，展示を活用した学習支援を担うエデュケーターの仕事を概説したが，エデュケーターに求められる素養とは何であろうか．まずは，博物館での学びの専門家として，展示という場で学びがどのように起こるのかを理解することが重要である．学びとは単なる知識や情報の伝達ではない．わかりやすく解説して情報の伝達を容易にすることばかりを考えるのではなく，利用者が展示をどのように経験するのかに関心をもち，理解することから始めなければならない．

学習論に精通し，多様な利用者の経験や学びを理解するために，適切な利用者調査を実施する能力も必要であろう．そして，展示室で起きていることから常に学ぶ姿勢が大切である．また，利用者と展示との出会いの場をつくり出すために，館の扱う資料や研究のもつ意義や特質についての理解が重要なことは，言うまでもない．コミュニケーション能力もおおいに求められる．利用者とのコミュニケーションはもちろんのこと，展示をつくり運営するためには，館内外のさまざまな人とのコミュニケーション能力も問われることになる．

エデュケーターが，利用者の経験を第一に考える立場から展示開発，運営に関わることによって，展示を活用した学習支援は一層促進されていくことだろう．

［碇　京子・雨宮千嘉・井島真知］

参考文献　『月刊ミュゼ』74, 75, アム・プロモーション，2006／『ミュゼ』78, アム・プロモーション，2006／マックリーン，K.（著），井島真知・芦谷美奈子（訳）『博物館をみせる—人々のための展示プランニング』玉川大学出版部，2003

展示解説・展示交流①美術館

　美術館における展示解説とは，展示されている絵画・彫刻といった美術作品や展覧会の主旨などについて，博物館学芸員などが作家・作品を研究したり情報をまとめたりして，来館者がよくわかるように説明すること，またその説明である．展示交流とは，作品鑑賞や展示解説を通して，来館者自身が感じたことや考えたことをほかの来館者などと伝え合ったり話し合ったりすることによって，自己と他者およびそこで感じたこと・考えたことが互いに入り交じること，また入り交じらせることである．

●**作品と来館者の間に関係をつくる**　展示解説の方法は，紙を媒介した解説（パネル，配布資料，ワークシートなど）と，人を媒介した解説（講演会，ギャラリートーク，ワークショップなど）に大別することができる．そのほかに，音声ガイドや映像資料といった方法もとられている．これらの多くは，パネルに書かれた「文字」や講演会で話される「言葉」あるいは音声ガイドの「音声」によって，作家・作品についての情報を伝える．どの方法をとるにせよ，すべての来館者がよくわかるような解説をすることが実際には容易でないのは，来館者は実にさまざまで，来館の人数や目的も一人ひとりの興味や経験も非常に多様なためである．同時に，絵画や彫刻といった言語以外の方法で表現された作品を解説する際に「言語が時に不適切であることには疑いの余地がなく，美的な経験は解説しようとする言葉の限界を結局越えてしまう」（マックリーン，2003）こともあり，解説を付けるべきか付けぬべきかという議論が特に美術館という場でなされてきたのだろう．

　このような状況のなかで，何をどのように説明する（あるいはしない）べきなのか，作品についてよくわかるとはどういう状態を指すのかといったことはさまざまな考えがあるだろうが，本項では展示解説を，ある作品と向き合った来館者が，その作品をより楽しむことができる状態をつくり出す情報と定義する．楽しむとは言い換えれば，作品と来館者の間に関係をつくることであり，そのような解説があることによって美術に馴染みの薄い来館者も主体的に，作品や展覧会について深く感じたり考えたりするきっかけをもたらすことにつながる．

●**自己と他者お互いの気付きをつくる**　展示交流の場には，ギャラリートークやワークショップといった展覧会に付随する関連プログラムがよくみられる．美術館スタッフが参加者を促しギャラリートークに居合わせた者同士の間に交流が生まれたり，ワークショップにおいて参加者が書き出したり描き出したりした成果物を館

図1　展示解説の様子（写真：メナード美術館）

内に展示することにより，来館者同士に間接的な交流が生まれたりする．一方でこういった交流は，展示空間のなかで日常的に生じることも多々ある．複数人で来館したなら作品を目の前にして自然と会話が生まれるであろうし，見知らぬ者同士の間でも時として作品を通して言葉が交わされることもあろう．そこでの会話によって，来館者自身（自己）とほかの来館者など（他者）それぞれに気付きが生まれる．

気付きとは具体的に，感じたことや考えたことを言葉にすることにより自分について改めて発見したり，他者の感じ方・考え方に触れることにより，自己と他者の似ているところ・異なるところをお互いが知ることになると同時に，自分一人では気づかなかった新しい発見をしたり自分の世界が広がったりすることである．このような交流は展示解説の役割を果たすこともあり得るし，時には解説以上に他者の言葉が自分にとって大きな影響をもたらすこともあろう．展示交流とはこのように，作品を通して人と人との間にコミュニケーションが生まれ，自己と他者の感じたことや考えたことが入り交じり，人々の間に新しい気付きが生まれる場と本項では定義する．このような交流は，展示物についての知識を得ることにとどまらない，人々の社会的な関わりも生み出す．

●日本における展示解説・展示交流のこれまでとこれから　美術館の仕事の一つである「教育普及」において，展示解説・交流は多くの美術館で取り組まれている主だったものだろう．日本では1990年代から教育活動の重要性が注目され始め，さらに2000年前後からは元ニューヨーク近代美術館（MoMA）のアメリア・アレナスによる対話型の鑑賞方法が学芸員や美術の教員の間に浸透し始め，来館者の主体的な鑑賞を目指した教育普及のプログラムは現在も各地の美術館で行われている．このような状況のなかで，人を媒介した解説は時間や鑑賞のペースが限定されたり，紙を媒介した解説は本来の目的である作品を観ることよりも来館者の意識が解説へ向いてしまう場合があるなど，一長一短がある．一方で，時間や場所を限らず来館者それぞれのペースで作品を観ながら使うことができる，近年の情報技術を備えたスマートフォンなどが媒介としてとり入れられてもおり，各媒体の長所を活かしたより良いプログラムが今後も期待されるだろう．

そして展示における解説や交流は来館者のためのものであるから，作品と来館者の間に関係をつくる解説になっているか，自己と他者お互いの気付きをつくる交流の場になっているかなど，来館者を念頭に置きながら企画運営することが大切である．美術作品を目の前にした際の経験すべてを言語などに置き換えて他者へ伝えることは難しいが，それゆえに美術館という場には，展示解説・交流についてどんな内容をどんな方法で提供するか，来館者について研究しながら工夫したり新しい試みをしたりする姿勢が常に求められるだろう．

また展示交流における経験によって，自分とは異なる他者の考えや存在を認めたり，試験のように正しい解答を求めるのでなく自分なりの感じ方や考え方を探り育んだりすることは可能である．作品を通したこのような経験は，社会のなかで他者とともに自分の人生を過ごしていく際の力にもつながるだろう．　　　　　　［馬場暁子］

展示解説・展示交流②総合博物館

　博物館は，日々多くの人が利用している．従来は設置者側から見た博物館運営の議論が中心に行われてきたが，社会の変化とともに博物館のすべての活動において利用者の視点からの運営方法を考えることが必要となってきた．特に利用者が接する展示では，資料や解説パネルなどから提供される多くの情報を，知識そのものだけではなく，その奥に存在するメッセージをわかりやすく伝えるために，インタープリテーション（翻訳）が重要となってくる．博物館研究者の林浩二は，博物館におけるインタープリテーションの役割を「利用者のニーズに応じた情報の取捨選択と提供，さらに利用者とのコミュニケーション」（2014）と述べている．博物館のメッセージや展示と，利用者をつなぐ役割を担うことで，利用者の興味関心を引き出し，さらなる学びへと誘うきっかけづくりが求められてきた．

　展示を介したインタープリテーションでは，展示そのものをコミュニケーションのツールとし，利用者の知識や経験，興味関心に合わせたアプローチが行われている．その手法はさまざまで，ガイドツアーや資料解説，学習プログラムなど多岐にわたる．またその担い手も，フロアスタッフやボランティア，エデュケーターや学芸員など，博物館の事情に合わせて担当しているのが現状である．

●**日常的な展示交流**　利用者が展示を見る場合，情報がどれくらい伝わっているかなどの課題が多くある．この課題解決のために，利用者の反応に臨機応変に対応でき，利用者それぞれのもつ経験や興味などと，展示をつなぐためのコミュニケーションを行う担い手の存在は大変有効である．これまでも展示の資料などの解説は行われてきた．しかし，博物館側からの一方的であり定型的な情報発信になりがちであり，コミュニケーションを取りながらの交流までには至っていなかった．

　大きな転機となったのは，1996年開館の滋賀県立琵琶湖博物館において，利用者とのコミュニケーションを通じ，地域へ誘い出す役目を担う専門職として展示交流員が導入されたことだといえる（図1）．展示交流員の導入以降，展示室を情報交流の場ととらえ，さまざまな場面で人を介したコミュニケーションを重視した取組みが各地で行われるようになった．その後，山梨県立博物館や北九州市立いのちのたび博物館で同じく展示交流員という名前のスタッフが配置されるようになるが，導入の経緯や業務内容はそ

図1　来館者と展示交流員との交流風景（著者撮影）

れぞれの館の事情に合ったものとなっている．

　近年，新しい博物館のあり方として，利用者との交流やコミュニケーションの重要性があげられるようになってきているが，専門職として配置している博物館は少ない．時間を決めての展示ガイドツアーや，普段見ることのできないバックヤードツアー，資料に触れるなどの体験がセットになった解説など，イベントとしては多く実施されるようになっ

図2　子どもワークショップの風景（著者撮影）

てきているが，財政面などの博物館を取り巻く環境の変化もあり，日常的な利用者対応としては浸透していないのが現状である．

●**展示を活用した取組み**　展示を介したコミュニケーションは，幅広い年齢層と多様な利用者の興味関心へ対応することも必要である．日常的には難しいことも，イベントとして実施することで，より多くの利用者へとアプローチすることが可能となる．

　また，コミュニケーションの担い手は，学芸員をはじめとしたスタッフだけでなく，ボランティアなどと協働して一緒に取り組むようになった．

　大阪市立自然史博物館では，自然史科学の魅力を子どもたちに伝える活動として，2004年より子どもワークショップに力を入れている（図2）．学芸員やスタッフの話や資料に触れながら，子どもが博物館を身近に感じ，展示に興味をもつきっかけづくりを目指している．実施するプログラムを学芸員と担当スタッフで企画し，当日の運営をボランティアも参加して行っている．参加した子どもたちは，専門家からの視点と担当者の思い，実施に関わったボランティアとの交流など多様な視点からのアプローチを通じて，楽しみながら博物館活動に接する機会を得ている．

●**展示を使う，楽しむ**　利用者が博物館の展示を楽しみ，博物館での経験を自分化するうえで重要になるのは，知識や情報を解説することだけではない．展示を見るだけで満足して終わってしまうのではなく，利用者それぞれの興味関心を引き出すことで，新たな発見や学びへとつなげることが博物館と利用者のコミュニケーションを行ううえでの目指すことである．そのための最大のツールとして，博物館の顔ともいえる展示は多くの可能性を含んでおり，活用することで大きな成果を得ることも期待できる．日常の展示室内での交流と，イベントの実施を合わせることで，利用者の学びや楽しみの創出につながり，展示の活用幅も広がるのではないだろうか．

　利用者のニーズに寄り添い，展示にどのようなことが求められ，何を提供すべきかを議論していくことで，博物館での体験や経験がより豊かな学びへとつなげることができる．

［北村美香］

展示を使ったワークショップ

　展示を使ったワークショップは，来館者と展示との間に積極的な関わりをつくり，より豊かな体験をもたらす目的で行われる．博物館ならば観察すること，美術館ならば鑑賞することを伴う参加型のグループ活動ともいえるだろう．では，参加者と展示との間に関わりや対話をつくる意味とは何だろうか．展示（見せる側）と来館者（見る側）の両者の関係を考えてみよう．

　展示のデザインは来館者の理解がスムーズに深まるよう計画され展示される．しかし，展示側が意図したように，スムーズに来館者に伝わるとは限らない．もちろん展示の質が高ければ理解は深まりやすいはずであるが，展示物そのものや展示テーマについての理解は100人いれば100人の理解の仕方があるといってもよい．その理解の幅は，見る人の観察能力や知識や経験値，またその展示物をどれくらい見たいと思っていたかという期待値や，その日の体調や気分など，見る人の状況によって変化する．つまり，ミュージアムでの見る体験は，展示（見せる側）と来館者（見る側）の両方の要素が相まってかたちづくられるもので，その両方が適切な状態であるとき，最高の博物館体験が生まれる可能性が高くなる．

　そこで，見る体験をより良いものにするために，展示の仕方だけをデザインするのではなく，見る側である来館者の状況もデザインし，展示物との出会い方を演出する，その方法の一つが展示を使ったワークショップである．

●**見る側の状況をデザインする**　展示を見ることをサポートするジュニアガイドやギャラリートーク，またオーディオガイドなどを考えてみよう．これらは展示物に関する情報を見る側に届ける活動で，基本的に展示物をどう見せるか，という展示物を主軸にした思考でデザインされる．一方，展示を使ったワークショップを構成するにあたって重要なのは，展示物の状況をよく把握したうえで，見る側の人の気持ちや状態を主軸に状況をデザインすることである．

　このデザインにあたっての大切なポイントは大きく三つある．一つ目は，参加者が安全で安心な環境にいると感じ，リラックスした状態をつくること，二つ目が，展示を見る時間に主体性や集中力が高まるようにデザインすること，三つ目が見ている人同士の間に相互的な関わりや対話が起こる場を設定し，自分だけでなく他者の視点も含め，多面的に展示への理解が深まるように状況を設定することである．

●**ワークショップの構成を考える**　一つの例として学校の授業で展示を鑑賞する場合を考えてみよう．ワークショップの構成は主に次の三つのプロセスに分かれる．「展示を見る準備」「展示と出会う」「体験を振り返る」である（図1～3）．全体の流れをストーリーとしてとらえてみると「展示物と出会う」時間がクライマックスとなる．その時間を集中力のある主体的な関わりが起こる時間にするには，生徒たちが事前か

ら展示物と出会うことを楽しみにしている状態であることが大切になる．一般来館者に比べ，学校団体で来館する生徒たちにとって，この展示物と出会う前の時間をどうつくるかがより重要になるのは，自分で展示を見たいと主体的に選択して来館する個人に対して，学校団体で来館する生徒たち個々人に来館の動機が強くあるわけではないからだ．動機づけをしない限り「連れて来られる」という主体的でない状態になってしまう．

このようにワークショップの構成のなかで，どの部分に，どのように注力し，体験をデザインするかは，見る側の人の状況を主軸に考えたとき，その必要性がわかってくる．

●**展示を使ったワークショップが行われる背景**
展示を使ったワークショップが広く行われるようになった背景には，いくつかの理由がある．戦後日本においても「開かれたミュージアム」像が目指され，文化財を介して人々が相互的に関わりをもち，自己理解・他者理解を深める場としての機能が注目されるようになったことだ．

また，加速化する多文化・情報化社会のなかで，本質的な豊かさを育む学習者主体のアクティブ・ラーニングの重要性が浸透してきたこともある．ワークショップの対話的で主体性を

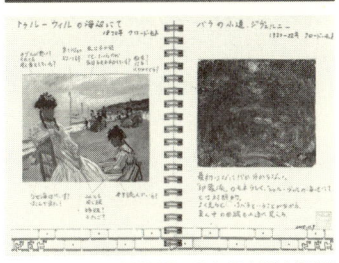

図1 （上から）事前授業で使う貸出教材「鑑賞ボックス」，鑑賞しながら対話する様子，鑑賞後に児童がまとめた「冒険ノート」（「マルモッタン・モネ美術館所蔵　モネ展」，写真：東京都美術館）

大切にした協同的な学びのあり方が，こうした時代背景と共鳴し，展示を使ったワークショップが頻繁に行われるようになってきた．

●**展示を使ったワークショップを運営する専門性**　博物館・美術館で展示を使ったワークショップを行う場合，外部の講師に依頼する場合もあるが，学芸員がワークショップの企画構成をし，ファシリテータ（進行役）も務める場合もある．しかしながら旧来の展示物にのみに専門性をもっている学芸員ではこの役割が務まらず，日常的に地域住民とのコミュニケーションや，来館者との対話に関心をもち，展示を見せる側と展示を見る側の関係性についての専門性が求められている．

2008年に改正された博物館法には，地域住民その他の関係者の理解を深め連携を推進していくことや，公の教育的なプログラムを企画運営する能力が，学芸員に求められる専門性として新たに明記された．　　　　　　　　　　　　　　　　　　［稲庭彩和子］

参考文献　稲庭彩和子・伊藤達矢『美術館と大学と市民がつくるソーシャルデザインプロジェクト』青幻舎，2018／福原義春（編）『100人で語る美術館の未来』慶應義塾大学出版会，2011

展示とボランティア

　ボランティアとは自発的に社会活動，とりわけ福祉的奉仕活動に参加する人々を指す言葉だが，現代の博物館におけるボランティアは，館の正規職員だけでは対応できない，博物館と来館者との橋渡し的な役割を果たすものとして位置付けられ，来館者の接遇（館内案内や展示品解説），学芸業務への協力（展示資料の収集や制作，展示補助など），博物館の附帯活動（イベント，広報，友の会業務ほか）の補助など，多種多様な業務を委ねられている．「日本の博物館総合調査研究報告」（文部科学省，2008）によると，平成20年現在で34.5%の博物館がボランティアの受け入れを行っており，現在も全国的に受け入れ体制の整備が急速に進んでいる．

●**展示の場におけるボランティアの業務**　「博物館の展示活用」という観点からみると，博物館ボランティアの業務は「来館者に対する展示資料解説，および展示資料を介した来館者との交流」と「学芸員を補助しての展示資料の充実」の二つが特に重要である．特に前者は上述の報告書によれば，博物館ボランティアの56.1%が従事している主要業務である．米国の博物館では展示解説ボランティアはドーセント（docent）とよばれ，厳しい研修と自己研鑽を経て高度な知識と話術を身に付けた花形業務であるが，残念ながら日本の博物館においては，欧米ほどの充実したボランティア養成プログラムを用意している館はほとんどなく，そのための予算や人員も十分とはいえない．しかしながらボランティア自身や館職員の個人的な努力，また他館ボランティアとの情報交流などにより，日本においてもボランティアによる解説や，館と来館者との相互方向的な交流支援のレベルは徐々に向上しつつある．

　後者の「展示資料の充実」では，遺された古い写真，民俗資料などの提供を一般から広く求めたり，ワークショップのかたちをとって海岸の漂着物を収集するなど，収集に広範囲な人海戦術が要求される分野においての活躍が著しい．また東日本大震災の際には文化庁の「文化財レスキュー事業」に多くの学生ボランティアが関わり，被災した博物館から救い出した資料のクリーニング作業などに従事した例もある．各地の現代美術系の美術館においては，展示作品をアーティストとともに制作する「制作補助ボランティア」が，展示ごとに募集されるというケースも増えつつある．

　だが高度な専門性が要求される「展示の構成・内容」にまでボランティアが関わることはまれである．そんななかで，香川県立ミュージアムが開催した「こどもたちの昭和」展（会期：2002年12月7日～2003年2月2日）のように，展覧会そのものを地域社会との「対話と連携」事業として位置付け，企画・展示・解説のすべてをボランティアとの共同作業で行うような例も徐々に増えつつある．

●**美術館ボランティアによる鑑賞支援**　博物館のなかでも特に美術館においては，「展示品解説」の役割はやや複雑になる．展示資料が美術作品である場合，作品に関

する歴史的事項の解説に加えて「作品の鑑賞支援」という手続きが必要になるからだ．2002（平成14）年度から施行された文部科学省の新学習指導要領に「A表現」と並んで「B鑑賞」が明記され，美術館に「地域と連携しての鑑賞教育」指導の役割が期待されるようになるとともに，来館者に直接接するボランティアが「鑑賞支援」において果たす重要性が増すことになった．日本の美術館において多くの場合，学芸員は美術史や美学の専門家であっても鑑賞教育のエキスパートであることはまれであるため，自ずと館とボランティアは互いに協力しながら鑑賞教育の方法論を模索することになった．鑑賞を深めるためには，目にしたイメージを自分の言葉に置き変えて他者に伝えることが重要である．対話型鑑賞という方法論が紹介されたのち，豊田市美術館や岡山県立美術館など多くの美術館で，対話型鑑賞専門のボランティア育成が図られるようになった（☞項目「対話型鑑賞」）．また京都造形芸術大学や芸術資源開発機構ARDAなどにおいては，特定の館に所属しないフリーな対話型鑑賞ファシリテーターの育成プログラムが実施されており，修了者が各地の展示現場で活躍するシステムづくりが目指されている．

●館という枠から飛翔するボランティア　ボランティアのもつ大きな力は，その労働力だけでなく「人と人をつないでゆく力」にある．博物館と利用者の関係が，ボランティアの登用により，従来の一方通行的なものではない双方向的・相互補完の関係へと変化している．さらに館同士の交流，アーティストの社会参加，そして社会における文化活動の活性化などにおいても特定の館という枠を離れて社会を横断するように活躍する市民ボランティアの存在が，少なからぬ役割を果たすようになりつつある．

例えば，1990年代以降日本各地で，大地の芸術祭越後妻有アートトリエンナーレ，あいちトリエンナーレなど，美術館を離れ地域社会に密着し住民と協働するかたちで作品展示を行うアートプロジェクトという美術展示のあり方が浸透しつつあるが，このようなプロジェクトにおいては主催者と地域社会，アーティストと住民との隙間を埋めるために，緩衝材・接着剤としての市民ボランティアの存在が大きな役割を果たしている．また個人としてのボランティアではなく，専門家を含むNPOという組織化されたかたちで，外部の人材がボランティア的に博物館に関わるケースも増えている．例をあげれば，滋賀県のNPO「子どもの美術教育をサポートする会」は大学生や主婦ボランティアの人材バンクとして，美術館・博物館の館外アウトリーチ活動をサポートするスタッフを小中学校に派遣（2000年～）している．また文化財保存の専門家たちで組織されたNPO「文化財保存支援機構」は，被災した陸前高田市立博物館との共催で文化財レスキューのセミナー（2011年）を開校するなどし，ボランティア養成と文化財保護の機運を高めるのに一役買った．障害者の芸術文化活動を支援するNPO「エイブル・アート・ジャパン」はミュージアム・アクセス・グループという市民グループを立ち上げて美術館・博物館のバリアフリー度調査（2004年）を行ったり，障害者に開かれた美術館を市民とともに考える「みんなの美術館プロジェクト」（2008～2011年）を開講して，将来の開かれた美術館・博物館に向けて一石を投じている．　　　　　　　　　　　　　　　　　　　　　　　　　　　　　　［平田健生］

利用上のルールとマナー

　博物館や美術館（以下，まとめて「博物館」とする）から提示される利用上のルールとマナーは，原則「他の利用者への配慮」に基づいているといえる．「博物館法」では，博物館の目的は，作品・資料の収集・保管，展示・公開，調査研究することとしている（「博物館法」第2条第1項参考）．
　展示・公開には作品・資料に汚損や劣化が生じる危険を伴う．そのため主催者は利用上のルールを設定する必要がある．また，多くの人々が同時に利用するため，公共の利用者のマナーも必要となる．ここでいうルールやマナーは，同じ時間と場所を共有する人々のためだけではなく，数日後，数十年後，同じ場所や別の場所で利用する人々への配慮も含まれている．遠い将来においても同じ状態，条件で作品・資料を鑑賞できることが望ましい．

●作品・資料の価値の保護　作品・資料を望ましい状態，条件で広く長く後世へ伝えていくために博物館が原則的に禁止するルールをまとめると，以下のような項目があげられる．
　①展示物および展示具への接触，②展示室内への飲食物の持ち込み，③展示物および利用者に危害を与えるおそれのある物の持ち込み，④動植物の持ち込み，⑤撮影，録音などである．このほかにも展示の内容によっては禁則事項が追加されることがある．
　①～④は，作品・資料の汚損，劣化を防ぐことを目的としたルールである．堅牢な素材と思われる作品・資料であっても，払拭や燻蒸などのメンテナンスが難しく，皮脂や水分の付着，菌類の繁殖，振動などによって後々問題が発生する可能性がある場合は，利用者の接触が禁じられる．そのうえで展示ケースや額に入れる，パーティションを設置するなどして，利用者から一定の距離を設ける措置がとられる．これらを使用しない場合は作品・資料の近くに文章やピクトグラムの表示を設置することで接触禁止を伝えることができる．しかし，作品・資料の素材および展示目的・方法の多様化，展示観の変化により，鑑賞は「見る」「読む」だけではなくなった．
　例えば，ユニバーサル・ミュージアムの先駆的美術館のギャラリーTOM（東京都渋谷区）では，1984年から視覚障害者も晴眼者も同様の体験が得られるように彫刻作品を触って鑑賞することができるようになった．東京都現代美術館（東京都墨田区）では，乳幼児から大人までを対象とした体験型インスタレーションを展示した企画展「こどものにわ」（2010年），「ワンダフル ワールド」（2014年）が開催された．美術館に限らず，国立民族学博物館（大阪府吹田市）のように実際の資料に触れる体験を提供する博物館もある．
　体験的な鑑賞は日常の延長線上にあるため，障害者や乳幼児に限らず広い層に対し

て美術館や博物館の敷居を下げることが期待できる．

　しかし，「触ってもいい展示」と「触ってはいけない展示」が混在する状態になるため，利用者に混乱を生じさせるおそれがある．美術館や博物館は展示の目的を明示し，利用のルールを意図とともにアナウンスすることが求められる．

　⑤は，フラッシュやストロボ，三脚などのカメラ固定具の使用による素材の劣化・破損を防止する物理的な保護のためと，不許可画像の二次使用・改変から作品・資料の価値を守るための禁則事項である．作品・資料には「著作権法」上の保護を受けるものがあり，著作権者の権利を侵すおそれのある複製行為は禁じられる．また，撮影・録音によって利用者が現物を十分に観察，体験する機会を損なうことを防ぐ教育的な配慮や展示効果の減少防止から禁止する場合もある．このルールもまた，展示方法の多様化などによって利用者に混乱を生じさせる可能性がある．

　さらに，2000年代，カメラ付き携帯電話やスマートフォン，SNS（social networking service）が急速に普及したことにより，みずからの体験や関心のある情報をウェブ上で共有することを楽しむ人々が増加している．SNSでの情報拡散は有効な広報の一環となり得る．森美術館（東京都港区）の「村上隆の五百羅漢図展」（2015〜16年）のように，展示室内での撮影を許可する企画展も出てきている．博物館は社会全体の潮流に応じてルールを設定する必要がある．

●**鑑賞環境の保護**　博物館は広く人々に開かれた場である．そのため安全で快適な環境，等しく鑑賞できる公共性が維持されなくてはならない．そのためのマナーとして以下の項目があげられる．

　①電話を使用しない，②大きな声を出さない，③走らないなどである．このほか，「長時間一定の場所にとどまらない」などが考えられるが，いずれも程度の問題である．

　鑑賞環境を守るため，あるいは前述の作品・資料の価値の保護のため，博物館は展示室内に監視員を配置する．すべての利用者が鑑賞に集中できる環境をつくるための監視である．監視員は時に利用者を誘導したり質問を受けたりする．利用者と接することは展示の意図や施設の方針の理解を伝える機会を生み，鑑賞環境の保護や作品・資料の価値の保護にもつなげることが期待できる．公共の場での鑑賞は，作品・資料とそれに付随する情報を得るだけでなく，人と人との交流機会の創出も期待できる．鑑賞による人的交流は博物館の活動に共感する人々を増やすきっかけにもなり得る．

　価値観が変化し続けるなか，施設はマナーにおいても，どのような体験を提供したいかを利用者に適宜伝えることが求められる．

[福武財団]

参考文献　全国大学博物館学講座協議会西日本部会（編）『新時代の博物館学』，2012／里見親幸『博物館学の理論と実践』同成社，2014／広瀬浩二郎（編著）『さわって楽しむ博物館』青幻社，2012

展示解説ツール

　解説ツールは，展示の鑑賞を支援するための道具立ての一種である．モノだけでは伝えきれない情報を提供すること，来館者の展示体験がより豊かになることを目的として用意される．

●**解説ツールの内容**　解説ツールにおいて，どのような情報を提供することが考えられるだろうか．例えば，ある1点の道具の使用方法について解説を用意するとしよう．その方法を文章で表現することもあれば，使用されているようすを写真やイラストで見せることもあるし，動画で提供することもある．使用方法を考えさせるような問いかけを用意し，鑑賞者に想起させるという方法も考えられる．また，資料の注目すべき部分を示すことで観察や鑑賞の一視点を提供するということも考えられる．このようなモノそのものの情報だけでなく，その道具が用いられるようになった環境や技術的背景，当時の生活など，関連情報にまで膨らませて情報を提供することもある．

　上述の例のような資料ごとに一対一で対応する解説ではなく，展示資料の関係性を伝えることで展示テーマ全体への理解をうながすような解説もある．その場合は，展示のメッセージを伝えたり，鑑賞者が展示の物語を読み解く手助けをしたりすることに主眼をおいて内容が構成される．

●**解説ツールの形態**　解説ツールの形態は，いくつかの観点から分類できる．提供される場でみると，展示物と合わせて設置されているものと，各鑑賞者が手に持って移動しながら用いるものがある．仕様で分類すると，紙などの印刷物と，ICT（internet and communication technology）を用いたデジタルのものがある．また，鑑賞者に情報を一方的に与えるタイプのものと，鑑賞者が選択しながら情報を求めたり，設問に答えたりするものとで分類することもできる．

　例えば，展示場に設置されているものとしては，解説や写真や図のパネル，動画や音声またはインタラクティブコンテンツなどを提供するキオスク端末などがあるだろう．持ち歩くものとしては，解説シート，セルフガイドシート，ワークシートなどの印刷物，音声ガイド，タブレット端末などが

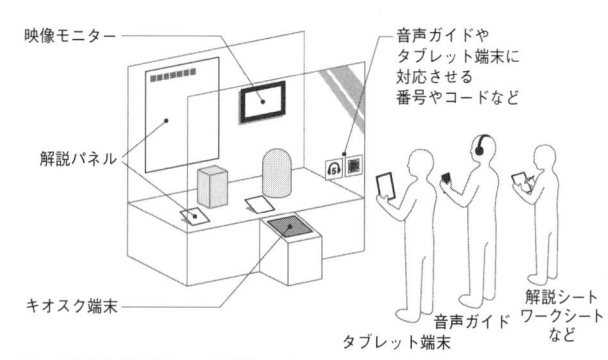

図1　展示場に設置されている解説ツール

あげられる．スマートフォンなどのアプリを用いるものなど，電子媒体については年々進歩している．アプリの活用などにより，開発の手間とコストが抑えられるようになり，以前よりも導入しやすくなってきている（図1）．

●**解説ツールの例**　解説ツールについていくつかの例をあげる．利用者が持ち歩く印刷物の一例として，国立歴史民俗博物館の子ども用地図を紹介する．この地図は，入館に際して受付で配布される．A3サイズの厚めの紙が二つ折りになっており，表面には展示場の地図と各部屋の展示物写真と年表がレイアウトされ，裏面には各部屋の展示とその時代についての解説文が掲載されている．表面を見ることで自分が鑑賞している場所を把握することができ，裏面を読むことでその展示室が何を表しているのかを大まかにつかむことができる．子どもがみずからのペースで迷うことなく館内を歩くことができ，博物館全体への理解をうながすことに主眼がおかれている．鑑賞中の展示が博物館のどこに位置し，自分はどこにいるのか，それは歴史のどの時代なのかという，来館者にとって博物館利用の基本となるニーズにシンプルに応えるツールになっている．

電子媒体の解説ツールは，音声を聞くもの，文章や図版や動画などから構成された画面を見るもの，高精細画像などを操作しながら見るものなど内容は多様である．

例えば，国立民族学博物館の電子ガイドは，展示されているのと同様の標本資料を用いた儀礼や演奏など展示物を使用している様子のほか，専門家による解説なども含まれる．そのモノが何なのか，どう使うのか，どのような人たちが使っているのかなどの疑問に，モノが使われているシーンの動画によって応えられている．また，ギャラリートークをいつでも見ることができる．

国立歴史民俗博物館「武士とはなにか」展では，タブレット端末で錦絵の冊子と絵図を鑑賞することができた．冊子は開いて展示されているページ以外は見ることができず，絵図もスペースの都合で関連資料のすべてが展示されているわけではなかったが，タブレットにより全画像を鑑賞することが可能になっていた．拡大も可能なため，実物よりも大きなサイズでの鑑賞をも可能にした．

いずれの例も，展示資料だけでは得られない情報を付加することに寄与していると同時に，鑑賞者が展示に対して積極的に関わることを支援するのにも大きな役割を果たしている．

●**解説ツールの開発**　解説ツールを開発する際には，利用者に何を伝えたいのか，展示にどのような情報を付加したいのか，それにはどのような道具が適しているのかを整理することが肝要である．そのツールのコンセプトを明確にし，道具の特性に留意しながら開発を進める必要がある．

ツールは，その操作性や使いやすさなどが重要になってくるので，プロトタイプを製作して試行と改善を繰り返した後に提供されることが望ましい．実際の利用が始まってからも，利用者調査とそれに応える改善を行うことでより良いものに改善する姿勢が求められる．

[佐藤優香]

展示と広報宣伝

　博物館などの展示施設（以下，博物館）は公的な資金により運営されているものが多く，かつては入館者数というものをそれほど意識した運営はなされていなかった．しかし，博物館の運営形態は近年大きく変わってきた．国立の博物館は独立行政法人化し，そのほかの公立の博物館にも指定管理者制度が導入されるところが増えてきた．

　そういう状況のもとでは，事業の評価がより厳しくされるため，明確な数値として出てくる入館者数が重要な指標として評価対象とされるようになり，博物館にとっても集客努力は欠かせないものとなってきている．その意味では広報宣伝の必要性がより高まってきているといえよう．

●**広報宣伝の方向性**　社会に広く情報を行きわたらせるための手段として広報と宣伝の意味は異なる．広報は，博物館が情報を発信するとともに，新聞やテレビなどのメディアに取り上げてもらうことを意図するものである．取り上げるかどうかは，その情報の価値次第であり，どういうかたちで紹介するかはメディア側の判断による．

　一方，宣伝は，広告料を支払いメディアの広告枠を買い取り，そこに情報を掲載，放映するものである．これには新聞やテレビだけでなく，電車の中，駅の通路，街頭で配布されるチラシなど多くの形態がある．この場合は，時期，手段，内容は情報の発信者が決めることができる．

　しかし，一般的に広告料は高額であり，博物館の厳しい予算状況を考慮すると自前で大規模な広告をうつということは実際にはきわめて困難であり，実施主体は大規模な展覧会における共催者や協賛者などによることが多い．

　博物館の情報発信は，さまざまな広報宣伝手段を効果的に組み合わせて，展示をはじめとする各種の催事情報だけではなく，博物館から社会に対するメッセージもあわせて発信することにより博物館の社会的役割や重要性に対する市民からの総合的な理解を深めていくことが重要である．

●**広報の手段**　博物館がどのような手段で情報を発信していくか，以下に直接的な広報手段で主なものをあげる．

　①ウェブサイト：今やインターネットは社会の隅々まで広がった基本的インフラであり最大の情報発信ツールである．国立科学博物館の場合，最も多くの割合の来館者がウェブサイトにより，館の開館日・開館時間・入館料・設備・場所などの基本情報，展覧会・イベントなどの開催情報を得ていることが各種のアンケート結果などから読み取れる．

　ウェブサイトではさまざまな情報を発信できるが，博物館が発信したいと思う情報と，閲覧者が求めている情報が必ずしも一致するわけではない．そのため，デザイン

や内容構成を十分に検討し，来館を促進するための催事情報，研究活動も含めた博物館事業の全体的な理解を図る情報などをその性質に応じて効果的に配置する必要がある．また，FacebookなどのSNS（social networking service）を併設し，タイムリーな情報を発信するツールとしてホームページ本体と分けた機動的運用をすることも効果的である．

　また，昨今はスマートフォンでの閲覧が増加しており，国立科学博物館でもアクセス数のおよそ半分がスマートフォンからのものである．そういう状況に対応するためスマートフォン利用者が必要とする情報を的確に提供することが重要である．展示のコンテンツの説明だけではなく，例えば混雑状況，待ち時間などの活きた情報をタイムリーに提供することで，展示見学の便宜を図ることとなり，ひいては入館者数の増加にも寄与することになるであろう．

　②ポスター・チラシ：ポスターやチラシのデザインは，その展示のイメージを決定付けるものとなる．また，そのデザインはウェブサイト上のデザインにも流用されることが多く，その展示への窓口のようなものである．世にあふれる膨大な情報のなかから，そのポスター・チラシに目を留めてもらうには，デザイン性，メッセージ性の高さが必要である．

　これらは駅や電車内など多くの人目に触れる場所に掲示することができれば効果が高いが，一般的にはそういう場所に掲出することは有料となるため，大規模な展開は困難である．そのため，公共施設や学校，同業の博物館などに依頼して掲示・配布してもらうことが多いので，日常的に交流を行い相互に広報協力することが望ましい．

　③メディアへの情報提供：最も効果的な広報手段は，メディアに記事として取り上げてもらうことである．そのためには，まずプレスリリースを作成し，記者会で配布したり，メディアの窓口に直接送付したりする必要がある．過去に取材を受けたメディアの担当者連絡先をリスト化し，継続的に情報提供をしていくと，取材をしてもらい記事となる可能性も高まるであろう．

　記者には日常的に膨大な情報が届いており，そのなかから自館の情報に目を留めてもらうには，プレスリリースのつくり方にも気を配らなければならない．トップページでは要点を簡潔にまとめ，言いたいことが一目で把握できるようにすること，詳細情報は別添としてビジュアル的なものとするなどリリース資料のなかでもメリハリを付けた構成とすることがポイントである．

　また番組制作への協力も効果が高い．メディア側からみれば博物館の専門家の知見をもとにクオリティの高い番組をつくることができ，博物館側にとってもその番組を通じて博物館の活動を社会に広くアピールすることができる．

　メディアへの露出を増やすには，待ちの姿勢だけではなく，博物館ならではの強みを生かして積極的にアプローチすることが大切である．ここでの博物館ならではの強みとは，専門知識をもった人材と貴重な資料の集積である．職員一人ひとりが広報担当であるという自覚をもって日常業務にあたることが重要である． ［池本誠也］

移動展示

　移動展示とは博物館が館外で行う展示であり，アウトリーチ活動（施設外で実施する教育活動）の一形態である．博物館が資料を博物館外で展示することは，博物館法第3条で掲げられている博物館の行う事業の一つである．出張展示や移動博物館という名称を使用することもある．巡回展示は複数の博物館など展示会場を順次移動して開催する展覧会で，これも広い意味では移動展示である．そのほか，企業が製品の販売促進のために行う一時的な展示会や，商業としての移動動物園もその一種とみなすことができる．

　このように，移動展示の名称や形態は一様ではない．本項では，博物館におけるアウトリーチ活動としての移動展示について述べる．

●**移動展示の目的**　博物館は利用者を待つだけではなく，館外での展示活動を行うことによって，より多くの人々に展示を届けることができる．その主な対象は，博物館から地理的に離れた地域に居住する人々や，病気や障がいなどにより来館が困難な人々である．前者では，その地域にある学校や公共施設などを会場とし，後者の場合は病院などの施設を会場とする場合が多い．

　また，移動展示は博物館が新たな利用者を獲得する手段としても用いられる．その場合は，多くの人々が集まるショッピングセンター，駅，空港などを会場とすることもある．実現には，博物館から会場にはたらきかける場合，会場となる施設などが博物館に依頼する場合の両方がある．会場では展示のみを行う場合もあれば，学芸員らによる展示解説や講演会，体験学習プログラムのほか，開催地の施設や住民と連携したイベントや調査が行われることもある．

●**移動展示の展示物と備品**　移動展示に使用される展示物は，運搬と設置の容易さに加え，繰り返し使用でき，博物館とは異なる環境条件に対応できる耐久性が求められる．特に展示什器は組立て式や折畳み式などの工夫がなされることが多い．また，必ずしも実物資料が伴うとは限らない．既存の常設展示や企画展示の一部をそのまま持ち出すこともあるが，移動展示を事業の一つとして位置付けている博物館では，移動展示専用にグラフィックパネルや模型，資料，視聴覚機器，展示什器などで構成された，いわゆる「移動展示キット」を製作して用いることもある．移動展示キットは宅配便で送付可能な大きさにパッケージ化することもある．

　博物館によっては移動展示のための専用車両をもつ．これは移動博物館車などの名称で呼ばれ（図1），生体展示が可能な設備を搭載した移動水族館車や移動動物園車など，展示物によって特化した車両もある．通常はトラックを基本にした特殊車両であり，展示物の運搬のみならず，荷台部分に展示什器や電源などを備え，階段を設置して展示会場として使用できる．

図1　兵庫県立人と自然の博物館の「ゆめはく号」
　　　（撮影：三橋弘宗）

図2　兵庫県伊丹市の「鳴く虫と郷町」で広場に展示された鳴く虫

●**移動展示の広がり**　従来の移動展示とは形態や目的が異なり，地域活性化や人々の交流を生む事業に移動展示が用いられる例も出てきている．

　東京大学総合研究博物館の「モバイルミュージアム」は，小規模な展示ユニットを学校や企業などで展示し，日常空間をミュージアム空間に変容させる一種の移動展示である．しかし，その考え方は単なる博物館のアウトリーチ活動にとどまらず，巨大なハコモノ中心のミュージアムからミニマル・ユニットへのコンセプト転換を提案している．東京大学総合研究博物館元館長の西野嘉章は著書のなかでこれを「小規模で，効率的な事業を積み重ねることで活動総量の増大を図るための，ソフトウェアとしての戦略的な事業運営システム」（2012）であると述べている．

　兵庫県伊丹市で行われている「鳴く虫と郷町」は，約15種3,000頭の鈴虫などの生きた鳴く虫を，中心市街地の歴史的建築物や商店，広場，公共施設などに展示する事業である（図2）．鳴く虫の生体展示は伊丹市昆虫館が市民の協力のもとに行う移動展示であるが，これに加え，参加する20以上の商店会，公共施設，NPOなどの団体が行う展示や，飲食や音楽，地域文化などのイベントによって事業が成り立っている．訪れた人々は虫の姿や声を楽しみながら，街を歩き商店へ立ち寄るなどして，街を楽しむ．つまり，移動展示が博物館の事業という枠を超えて，さまざまな地域資源を顕在化させる事業として機能しているのである．展示物である昆虫たちは展示資料というだけでなく，地域の人々の交流を生む触媒となり，地域の魅力を高めることに役立っている．

　同様のテーマを扱う博物館や団体が一つの会場で出展するイベントも，近年各地で行われている．大阪市立自然史博物館を会場に2003年より1～3年に1回開催されている「大阪自然史フェスティバル」は，自然系博物館や自然関係のサークル，自然保護団体などが集うイベントであり，2017年には110以上の団体が参加し2日間で2万人以上の来場者があった．フェスティバルでは各団体が活動内容を紹介する展示やワークショップなどを行う．自然という共通の関心のもとで，出展団体は来場者との交流のみならず団体同士の交流を楽しみ，新たな連携を生み活動の場を拡げる機会ともなっている．

[坂本　昇]

企画展のユニット化と巡回

　博物館や資料館は，現代的・社会的ニーズに対応しながら，各館が扱うテーマの魅力や意義を継続的に社会に発信していくことが求められている．そのような取組みの一つとして企画展の開催があげられる．多くの館では独自に企画展を開催しているケースが多いが，集客や教育効果の期待できる新しい企画を次々と打ち出していくことは容易ではなく，また，企画展のたびに新しい展示を制作していくことは予算的にも大きな負担となる．

　このような状況のなか，多くの館で企画展を巡回することへのニーズが高まっている．博物館など，展示施設同士が連携を図り，巡回という仕組みのなかで企画展を共有していくことで，運営コストの削減，効果的な広報や集客，地域や学校への教育普及，施設の活性化が期待できる．昨今，このような取組みは増え，多くの実践によって得られた知見が蓄積され，ノウハウが共有されつつある．以下に巡回対応した比較的小規模な企画展の開発と運営における留意点を述べる．

●展示のテーマ・内容　巡回を目的とした企画展では新規性や独創性，話題性だけでなく，多くの館で共有できる展示のテーマや内容の設定が鍵となる．館のミッション，地域性，常設展との関係を踏まえ，魅力ある展示のテーマや内容を決定する必要がある．開催館では既存の展示を構成するアイテムを取捨選択し，独自の展示を追加して企画展として再構成することも多い．

　したがって，共通のテーマをもった多くの館に導入可能なテーマを設定し，基本ストーリーを軸にして細部を組み替え，開催館に染む形に調整できるものが望まれる．展示の組合せを変更しやすいよう，一つひとつ内容のまとまったモジュールとして展示（内容）が構成されていると使用する数や組合せを変えられるため汎用性が高い．

　多くの館に必要とされる展示の要素は，巡回した館においていくども採用，追加された展示にあると考えることができる．開催館の地域性などだけでなく，利用者に身近な話題や馴染みのある物事との関連が，利用者の興味や理解につながる．あらかじめ設定したテーマや内容に対しする展示の利用者層の興味・関心，知識などを調査しておくことも有効であろう．

●展示の手法・プロダクト　生物の標本やレプリカ，専門的な道具などは利用者の興味を惹く．解説については，簡潔な文章や図解が好まれる傾向にある．展示手法としては体験的なものや双方向的なものが求められ，簡単な操作を組み込んだ展示，音声や映像を取り入れた展示は利用率が高い．また，インタラクティブ映像などのデジタル技術を駆使した展示の人気も高い．

　さまざまな施設，空間に対応できるフレキシブルな展示を考える場合，プロダクト（形状や構成など）の要件は以下のように整理できる．設営・撤去時の組み立てや解

体,梱包,保管,施設間の運搬においては,軽量かつ耐久性に優れた素材が理想的であり,個々の展示を一まとめにし,折り畳むなどコンパクトにして収納できるプロダクトが求められる(図1).さまざまな形状,規模の展示スペースに合わせて観覧動線をレイアウトするためには,分割や組替えが可能な展示構成であることが理想的である.一方,体験的,双方向的な展示は維持管理において現場担当者に対する負担が大きく,動かせる展示物の配置やデジタル機器のON/OFF,プログラムの起動などが簡易であることが求められる.また,展示の改善や更新については個々の展示がパーツ化され取り替えやすかったり,強化段ボールやバナークロスなどの加工しやすい素材でつくられているとよい(図2).

図1 運搬の際に折り畳めるプロダクト(著者撮影)

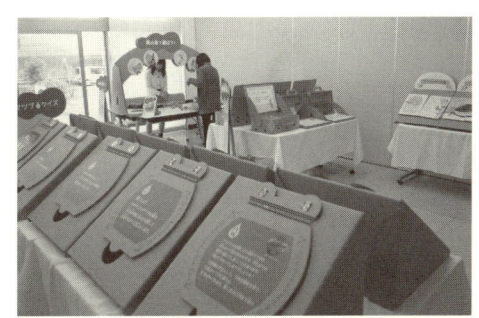

図2 巡回しやすい段ボールを活用した展示「雨といきもの展」(著者撮影)

●展示の巡回と運営　展示の巡回,開催館での運営においてもいくつかの留意点があり,進め方によっては多くの成果が得られることとなる.展示の所有組織と開催館との連絡調整では,運搬,設置,運営,撤去などにおける体制の確認が不可欠である.

　事前に開催期間までの広報戦略,会場におけるレイアウト,維持管理,利用者対応などについても検討しておくべきである.巡回については,次の開催館との連絡調整も必要とされる.広報については,チラシやポスターはもちろん,オフィシャルウェブサイト,SNSによるオンライン上の情報発信も期待でき,地域だけでなく,全国の関係組織に広く取組みを周知することができる.

　また,開催期間における企画展のテーマと関連付けたイベント(講演会,ワークショップなど)を開催することにより,展示巡回の機会を活かした館の広報が可能となり,さらに,地域に対して行事への参加,実施への参画を募ることにより,地域とのつながりを深めていくことも期待できる.　　　　　　　　　　　　　　　[吉冨友恭]

📖 **参考文献**　吉冨友恭「水族館・河川博物館の巡回展に求められる展示デザインの検討」『科学研究費助成事業 2012年度成果報告書』,2013/水の巡回展ネットワーク『ゲリラ豪雨展・雨といきもの展,75館巡回』日本水大賞委員会『日本水大賞 2017 日本ストックホルム青少年水大賞受賞活動集』

展示造作・装置の維持管理

　ハンズオンや映像，体験装置を展示で用いることで，来館者の満足度を向上させることができる反面，トラブルは絶えない．2000年以前に設置された博物館では，約70％を超える館で施設の老朽化が認識されている（日本の博物館総合調査，2015）．多くの博物館で，展示の維持管理が運営上の重要課題であり，軽微な保守から緊急対応，展示の維持管理と部分更新など，さまざまな対処が生じる．本項では，日常的な点検と緊急対応の体制，維持管理のポイント，技術的な課題について紹介し，展示の維持管理のあり方について概説する．

●**点検と緊急対応の体制**　展示造作・装置の故障は，ある日突然に起こる．その結果，展示コーナーに「利用中止」の張り紙が貼られる．1箇所だけならよいが，複数箇所にもなると来館者の心象はきわめて悪い．また，保守・修理をすべて外注依存するとコストも膨大となり，各種事業にも影響を及ぼす．こうした事態に陥らないためには，定期的な点検と日常的な情報共有と管理体制が必要になる．各博物館で体制は異なるだろうが，兵庫県立人と自然の博物館の例では，①展示ブースごとの担当割当て（専門分野ごと），②展示の統括管理者（持ち回り），③設備管理者による日常対応（常駐の設備・警備業者），④フロアスタッフ（展示室での解説員）による点検報告，⑤総務課による事業管理（予算執行）で構成される．これに，来館者からの異常報告も加わり，日々何らかの課題がある．これらの情報は，インターネット上の事務連絡ボードで共有され，②の統括管理者が采配して課題対応する．対処した履歴を連絡ボードに記録し，過去の対応が参照できる（部材名や発注先の記録が大切）．展示以外の館内設備，照明の電球切れや雨漏り，錆つき，水場の排水不良などは，③の設備管理者で対応しているが，展示との関連事項が多いため，②の統括管理者との連絡が図られている．これ以外に，兵庫県立人と自然の博物館では毎年1月中旬にメンテナンス休館を設けて，各展示の点検と清掃を行っている．

　緊急対応が多いのは，情報機器・マルチメディア機器のフリーズ（動作停止），体験装置の故障，触れる大型模型の破損などであり，いずれも対応マニュアルがある．電気系統図，建築設計図面などは適宜更新のうえデジタル化して，頻繁に生じる課題や新たな課題に速やかに対応できる体制が求められる．

●**展示の維持管理上のポイント**　上述したように，頻繁にトラブルが生じる箇所は限定されている．例外もあるが，高頻度で利用されて，来館者による動作を伴うハンズオン展示と映像・マルチメディア機器が多い．こうしたトラブルが生じやすい場所について概要を表1にまとめた．このなかでも，とりわけ各館でソフト的に対処しやすい事項は，ハンズオン展示の監視・見回りや可動・緩衝部品の交換とメンテナンスである．館内で人通りが少なく，来館者からも目隠しになる場所は必ずある．こうした

表1 博物館展示における主なトラブルの箇所とその対応

トラブルが起こりやすい箇所	要因と対応
ハンズオン資料	使用頻度が高く，乱雑な扱い，あるいは施工性能の不備のために破損する．常駐スタッフの監視がある場所への設置や，設置面のクッション整備，再塗装や可動部の構造改変など．
ボタン	使用頻度が高く，子どもが連打して破損する．ボタン部分だけが壊れることが多いので，代替品を常に用意しておく（入手先の確保）．
体験装置	長期間の使用により必然的に劣化する．来館者が操作方法を把握しないまま無理な動作をすることで破損する．利用法の丁寧な説明，定期的な点検や可動部・緩衝部の部品交換や注油も必要．
パネル	耐候性のシートでも，10〜20年で劣化が顕在化する．スポット照明による部分劣化，落書き，接続部からの剥離などもある．学説の改変や陳腐化もあるので，定期的な張替えが容易な構造がよい．
映像マルチメディア	情報機器の進展が著しく，10年経過すると利用できないソフトやファイル形式は少なくない．電子ファイル化と定期的な形式変換が必要．
ジオラマ	直接来館者が触ることがなくとも，ジオラマや模型に用いられるプラスチック素材や接着材の劣化によって破損が生じる．また，ケース内でもホコリが被るので素材との癒着が生じないよう定期的な清掃が必要．

場所にハンズオン資料などを設置するとリスクが増大する．館内展示の弱点を把握し，配置計画を再検討することも維持管理上のポイントとなる．

　もう一つは，情報・マルチメディア機器のトラブルである．来館者が無造作にボタンを押すことや，機器そのものが高水準での安定動作が保障されていないこともあり，フリーズが多発することもある．トラブルを未然に防ぐには，操作画面の設計上の工夫（ボタン配置，待機時間の短縮，再生中の動作受付拒否など）やファイル容量の圧縮化が考えられる．パソコン端末によるトラブルが多いため，画像・映像の展示であれば，パソコンは利用せず，専用サイネージプレイヤーだけで再生する方が安定する（例えば，BrightSign社製品では外部制御や上映プログラム作成も可能）．また，情報機器は進展が著しいため，およそ10年間放置すると，過去のファイル形式が認識しなくなったり，機器の接続ができなくなったりするため，定期的な更新が望ましい．

　表1には取り上げていないが，展示物であるはく製や生物標本，各種模型についても，紫外線や酸化反応などにより経年的な劣化が生じる．照明や紫外線吸収剤やコーティング剤の塗布，紫外線を低減するケースやフィルムの導入，再塗装や防錆処理などの対策のほか，代替可能な標本であれば配架展示物の刷新やローテーションなどの対処が行われている．このほかに，スタンプ台や図書資料なども来館者の動作が伴うため，周辺の汚染や劣化が生じやすい．

●**技術的な課題**　多くの博物館では，展示物や施設管理の技術に精通した職員が配置されているわけではない．新たな標本作成技術，保存科学に関する知見，装置部材，什器，情報機器に関する技術も年々新しくなっている．情報機器の高度化，3Dプリンタなどによる部材調達，紫外線吸収材や耐候性や防虫・防カビ用のコーティング処理についての技術開発も目覚ましい．これらの知見を，一人の担当あるいは単独の館だけで把握することは困難であり，学芸員を対象とした維持管理に関する講習やワークショップを定期的に開催して情報共有に努めることが必要である．　　　　［三橋弘宗］

展示のレベルアップ

　博物館の常設展示は，一定の完成度で体系的に構成されるが，決して完全ではない．新たな発見や学説の改変，よりわかりやすい説明を反映させるには，展示に何らかの手を加える必要がある．対象を幼児から専門家にまで拡張するならば，さらなる追加の工夫がいる．間違いの修正，明快なイラストの追加，そして小道具や小型モニターの併設など，展示の設置後もさまざまなかたちでレベルアップが可能であろう．展示は保守的ではなく進化し続けるものだ．本項では，全体の構成を改変することなく，細部の工夫による展示のレベルアップの方法論について説明する（表1）．

●**常設型のレベルアップ**　既存の展示に，追加で小さいパネルや標本などを設置する方法が最も一般的である．新たな研究発見があった場合，追加のパネルやモニターを設置することで情報提供される．ただし，大きなパネルでいくつも説明を追加すると，展示デザインのバランスを崩してしまう．省スペースで対応する方法として，自立式のスタンド配置（タブレット），什器やケースの余白部へのシール貼付，クリップ式POP立てなど販促道具の活用が便利である．デジタル機器も有効に活用することができる．二次元バーコードなどを活用し，携帯端末でのウェブコンテンツとして動画解説や多言語対応が導入されている．

　対象とする客層の広がりを確保することも展示の付加価値を高める．例えば，子ども向けには，平仮名やルビを振った平易な文を，専門家向けには学術論文の別刷や文献リストなどの持ち帰り冊子の設置が試みられている（図1）．客層に合わせた展示を取り入れることで，関心の喚起，研究活動や資料収集の意義への理解が深まる．

表1　展示をレベルアップさせる要素

種類	内容
対象の広がり	子ども向けの解説や，専門家向けの解説など，特定の利害関係者を意識した展示内容の追加．パネルや小型モニターが活用しやすい．
情報の追加	新知見やコンテンツの追加，関連展示の紹介．スペース節約のため，小型モニターや携帯端末が有効．資料や書籍などを設置することもある．
表現の多様化	文字や映像で説明するだけでなく，触れる標本や模型，体験型装置などが用いられる．クイズ形式の導入やスタンプラリーなどのゲーム要素も活用できる．
体験・対話の提供	展示の前での解説やワークショップを実施し，来館者との対話や体験を通じて理解を深める．
国際対応	国際対応のため多言語表示．室内Wi-Fiやビーコンを用いてホームページに誘導するほか，携帯端末の通訳サービスを使う例もある．
参加型の情報発信	来館者や市民科学者らによる情報や資料を加えること，展示コーナーの作成自体を委ねることで，多様な視点を発信できる．

言葉による説明とは別に，実物標本や型取りレプリカ，拡大模型などのハンズオン素材は五感に訴えることができる．特に，実物標本を手に取って観察する手法として，樹脂封入標本やプラスティネーション，3Dプリンター模型が有効である．近年は，自作あるいは普及講座での標本づくりが普及し，展示解説の補助に用いられている．

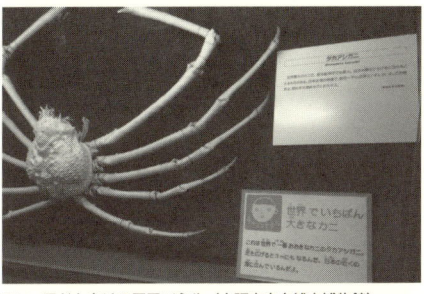

図1　子ども向けの展示パネル（大阪市立自然史博物館）

●**展示解説やワークショップによるレベルアップ**　常設展示に備えつける形式とは異なり，展示解説やワークショップを組み合わせることで理解が深まりやすく，発展的な学習や交流を促進する．展示の前での解説では，手持ちパネルや小道具，標本が効果的である．解説者が介在することで，対話型の解説ができるほか，多少壊れやすい標本類も間近に観察することができる．

図2　展示前でのワークショップの様子（兵庫県立人と自然の博物館）

　展示空間を利用したワークショップでは，クイズやスケッチ，ゲームなどの要素を取り入れて，体験や双方向型の交流を通じて，展示をみずからのストーリーとして理解できる．別の展示とのつながりや最新トピックス，社会問題との関連性を，うまくプログラムに組み込むことが重要になる．兵庫県立人と自然の博物館では，淡水魚に関する展示コーナーの前で「川でさかな釣り」というプログラムを実施している（図2）．上流から河口までの生物の棲み分け，食べる餌の違いについて，釣りゲームを通じて体験するものだ．アユの友釣り，外来種の問題，希少種の問題も学べるよう配慮している．グループで学ぶことで，終了後も参加者同士の意見交換が生まれること，実際に野外で釣りに行く動機にもなり，事後の新たな行動が創発される．展示と関連づけたワークショップは，解説の技術，小道具や資料の充実，研究の裏づけ，社会や生活との結びつけなど，より総合力が求められる．

●**参加型展示への展開**　展示のレベルアップは，何も博物館職員だけが担う必要はない．ボランティアスタッフや市民団体，大学や高校のグループによる展示参画は，新しい視点や地域密着型のコンテンツを充実させる方法の一つである．参加型展示の方法として，①展示コーナー全体を委ねる，②展示コーナーの一部分にパネルや標本を設置してもらう，③来館者にカードやポストイットを貼りつけてもらう（あるいはパソコンで書き込み）などがあげられる．参加型展示は，市民の生涯学習活動のアウトプットの場や新たな社会関係の構築の場として利用できるほか，地域自然史の集積，博物館活動へのよき理解者の育成など，教育面での効果が大きい．　　　　　［三橋弘宗］

生体展示の維持管理

　本項では生物の展示のうち，生体展示の維持管理について取り扱う．生体展示とは生物を生きたまま展示することであり，動物園，水族館，植物園，昆虫館などを中心に広く行われている．その維持管理は展示生物の飼育や栽培を中心とし，展示の目的どおりに利用できる状態を維持することにある．管理に必要とされる知識は「展示と保存」章で解説しているような，美術品やはく製などのそれとは異なっている．維持管理は種にもよるが年間を通して行われ，その作業には基本的に飼育員らがあたる．

●**生体展示とは**　生体展示を維持するためには，生命維持のために必要な環境をととのえ，栄養補給や清掃などの日常的管理が必要となる．とはいえ，展示生物が生きていれば維持しているといえるわけではない．生きた状態で展示する目的はそれぞれで異なるものの，その多くは単に生きている事実を示すためではなく，剥製や乾燥標本のような資料では得られない，生きている状態だからこそ出る色彩や形態，その生物が本来もっている生態や生活史など多様な情報を人々に知ってもらう，または生命そのものを感じ，楽しんでもらうためにある．

　そのような展示とするには，生物が心身ともに健康で生き生きとした状態を保つよう管理する必要がある．しかし生物展示の生物は飼育ケージや水槽など人工的な環境下に置かれることが通常であり，生息地域とは気候条件が異なる環境で管理される場合も多い．また，飼育技術が確立されている種ばかりではなく，生きているがゆえに日々その状態も変化する．飼育員は展示の目的とともに生物の心身を管理しているという意識をもち，生物の日々の状態を観察し，専門知識に基づいて適切な措置を施すとともに，ほかの館園や外部の専門家と情報交換を行い維持管理を行っている．管理業務のなかから生態や生活史の新たな発見があることも珍しくない．

●**維持管理業務の例**　一例として，伊丹市昆虫館の「チョウ温室」の維持管理を紹介しよう．この展示は約 600 m^2 の半円ドーム型ガラス温室で，内部に亜熱帯性の植物を植栽し，生きたチョウを1年中およそ14種1,000匹放飼している．来館者はそのなかを通りながらチョウを観察する．来館者は蝶を隔たりのない空間で見られるだけでなく，飛翔，吸蜜，求愛，交尾，産卵など，さまざまな活動を観察することができる．この展示の維持管理業務には大きく分けて，温室環境，温室内植物，温室内のチョウ，チョウの繁殖，食草の管理がある．

　温室環境の維持には温度管理設備として過度の温度上昇を防ぐ換気扇と換気窓，低温時にボイラーからの温水を循環させる暖房設備がある．チョウの行動を1年中維持するため，およそ 20〜35℃程度を保つようこれらを作動させる．温室内植物の日々の管理は，灌水や剪定，清掃のほか，状態に応じ植替えを行う．害虫も発生するが，展示昆虫に影響するため農薬を用いず，すべて人の手によって物理的に駆除してい

図1 恒温室　　　図2 食草圃場

る．温室内の蝶には給餌を行う．種によって人工蜜に来るもの，人工蜜に来ず花に来るもの，果物を好むものなどがあり，それぞれを準備して与える．

チョウ温室展示の維持管理作業は温室内だけではない．むしろ来館者から見えないバックヤードの作業が多い．チョウの成虫の寿命は，温室内で飼育している種では長いもので3～6か月程度，短いものでは2週間程度である．そのため，1年中展示するためには羽化したチョウを逐次供給することが必要となり，日本国内の多くの昆虫施設ではチョウを1年中繁殖させている．温室内にチョウの幼虫が食べる植物（食草）を置いて産卵させ，卵を回収して飼育室へ持ち込み，幼虫を孵化させる．孵化した幼虫を蛹まで生育させ，蛹から羽化させて，やっと温室に放すことができる．卵から羽化までは4～6週間ほどを必要とするが，その間は恒温室という温度，湿度，日長を調整できる場所で管理し，毎日飼育員が作業場にて状態の確認，容器の清掃，給餌などの管理を行う（図1）．野生に比べて天敵の危険は少ないが卵寄生蜂など微小な昆虫の寄生や，病気が発生することもしばしばある．これらの予防には日々の観察が欠かせない．

幼虫に与える食草管理も重要である．チョウの幼虫は種ごとに食べる植物が決まっているため，多種を展示するには多種の食草が必要となる．食草となる植物の多くは栽培植物ではなく，また栽培植物であっても農薬などにより使用できない場合があるため，伊丹市昆虫館では市場に流通しているものを基本的に購入せず，食草のほとんどをみずから管理する圃場にて栽培している（図2）．

●**生体展示の倫理**　生体の新規導入や個体群維持のため，日本動物園水族館協会や全国昆虫施設連絡協議会などの各加盟館園では展示生物の交換も積極的に行われている．野生個体の導入もしばしば行われるが，その収集にあたっては種の保存法やワシントン条約をはじめとする各種法規や国際条約の遵守が前提となる．また，管理下の生物の扱いにおいても，関係する法律を遵守するのみならず動物福祉に配慮した扱いが求められる．これらに対して，日本動物園水族館協会は倫理要綱を定めている．

生体展示における動物福祉に関連して，東海大学名誉教授の鈴木克美・同教授西源二郎は水族館に関する著書のなかで「訪れる人に動物の苦痛を連想させ，不快感または嫌悪感を起こさせそうなシーンに鈍感であってはならない」（2005）と述べている．生物多様性保護や動物福祉が注目されるなか，展示生物の維持管理には専門的な知識に基づいた幅広い見識をもってあたることが求められている．　　　　[坂本　昇]

利用者調査・展示評価

外部環境の変化により，博物館等の文化施設でも，民間企業と同様に生き残りをかけ，マーケティング（顧客を保持・創造し，顧客満足の実現・顧客とのよりよい関係づくりを推進するための活動）の手法が導入され，利用者調査・展示評価が重視されようになった．特に，「市民のため，地域に貢献できる，開かれた博物館」をビジョンに掲げている博物館にとって，利用者調査・展示評価は不可欠の重要な活動であり，市民を巻き込んだ持続可能かつ創造的な博物館経営のための大切なプロセス（PDCA のマネジメントサイクルの C：チェック・評価・検証）の一部となっている．

●**利用者調査** 利用者の実態を把握するための調査を指す．博物館等では，館全体の活動や施設に関する利用状況のほか，展示・教育普及など個々の活動に関する調査もあり，調査範囲は幅広い．また，利用者の範囲も幅広く，来館者だけでなく，ウェブサイトの利用者，電話による相談者，館外活動の参加者，ボランティア活動への参加者等も含まれる．マーケティングによる顧客開発の観点から，施設利用者だけでなく，未利用者も対象とする場合がある．

利用者調査では，利用者の年齢・居住地・性別・職業・校種，利用回数，利用目的，利用形態・利用者構成（個人か団体利用か，一人で・家族と・友人と・学校団体で・観光団体で，など）・利用日（平日か休日か）など，利用者の属性を調査の基本項目とし，展示評価も含めてすべての調査で共通項目を設定するとよい．これにより，他の調査結果との比較分析ができる．もちろん各調査の目的に応じて，調査項目や設問内容はその都度検討し設定する．また，単に利用実態や満足度の現状把握に止めるのか，課題やニーズの抽出までか，さらに課題解決のための具体策まで決定したいのかなど，どのレベルまで調査するのかを検討する必要がある．

利用者調査の結果（利用者像やニーズなど）は，博物館事業を企画・実施する際や展示評価時の前提として生かすことができる．博物館経営の根幹となる基本データといえる．利用者の実態は，一度把握すれば終わりではなく，館内外の環境の変化によって変わるため，継続的に調査をし続けることが重要といえよう．

未利用者も含む市民調査の場合，認知度・利用頻度・利用時の満足度，来館しない理由や阻害要因，ニーズのほか，施設の存在価値やイメージ等も把握できる．市民調査では，長期的な観点から文化的・教育的価値創造の度合いも測定することができ，結果を事業評価の指標に生かすこともできる．

●**展示評価** 現在の展示評価の手法は，1960 年代にアメリカで助成金のプログラムを評価するために発達し，1980 年代に体系化された．それ以降，展示体験の多様性への認識が広まり，相対的な評価だけでなく個々の利用者の質的評価や，展示利用時だけでなく体験前や体験後も含めた一連の展示体験を包括的に評価するなど，視角もアプロー

チも多様化してきている．また一つの調査方法では分析しきれない場合も多いことから，複数の調査方法を組み合わせた分析（三角測量的方法）が主流となってきている．

日本では，2000年琵琶湖博物館，2001年江戸東京博物館での展示評価に関するシンポジウムおよびワークショップの開催によって，一気に展示評価の有効性や方法論が浸透した．その後，各地で企画展制作時や常設展示のリニューアル時，新規で博物館が建設される場合などに展示評価が導入され，現在に至っている．利用者にとって有効な展示をつくるためには，設置後では大規模な修正はできないため，制作途中評価の実施が必須といえるが，まだ継続的に実施できている施設は少ないのが現状である．

設置後の総括的評価は，修正というよりは展示の総括的な効果分析が主目的であるが，調査結果から個別の改善点を抽出することはできる．設置後もよりよい展示に改善するために修正的評価を，総括的評価や制作途中評価とは分けて行う場合もある．

●**調査方法**　主な調査方法には，観察法，面接法，質問紙法がある．利用者調査も展示評価も，サンプル数やサンプリングの方法は違っても，調査方法は同じである．展示評価を実施する際には，組み合わせて行うことが多い．

観察法は，展示体験者の動線や観覧時の反応や会話を記録し，客観的に展示体験を分析する手法で，トラッキング（追跡）と定点で観察する方法がある．

面接法とは，個人およびグループを対象として行う聞き取り調査で，満足度やニーズ，展示のねらいの伝達度など，体験者の主観的な意見を聴取し，分析する方法である．比較的小さな展示エリアで調査する場合には，トラッキングした後，面接で聞き取り調査を行い，客観的かつ主観的な観点から分析を行う場合が多い．面接法や観察法は，経験のある調査員が行い，同質の調査データを採取できるようにする必要があり，時間・労力・経費もかかるが，質的な定性調査が可能となる手法である．

質問紙法は，質問紙（あるいは情報端末）を渡し，被験者に展示体験後すぐに，あるいは体験後しばらくしてから自宅などで記入してもらう．面接法と同様，体験者の主観的な意見を聴取・分析できる．面接法よりも多くのサンプル数を確保できるため定量調査に向く．低予算でできるが，設問以外のデータを聴取できないのが難点である．

制作段階や設置後の場合，分野の違う複数の専門家によるレビューを行い，大まかにでも課題や改善点を把握しておけば，利用者を対象とする調査の設計がしやすくなる．また，予算・労力・時間を掛けられない場合にも専門家のレビューは有効な手段といえる．その他，マーケティング調査の手法であるフォーカスグループインタビュー（FGI・面接法の一種）は，ターゲットが明確である場合には有効な手法で，未利用者調査や初期段階評価で実施されることが多い．

●**今後の展望**　展示開発や展示制作の現場では，理論的には展示評価や利用者調査の有用性を理解しながらも実行できていないケースが多い．だが，展示自体の質や展示関係者の技量を底上げしていくためには，展示評価や利用者調査を習慣化し定着させていかねばならない．そのためにも，評価・検証の意義を実感できる場や機会の提供が今後の課題といえよう．また，今後の展示開発に生かせるよう，展示評価から得られた調査結果をアーカイブ化し共有できるようにすることも重要である．［村井良子］

展示とデジタル技術

インターネットで提供されるワールドワイドウェブ（world wide web：WWW）ではHTMLやXTMLのハイパーテキストが使用されている．ウェブの登場は，展示の表現を大きく広げ，展示を使用するうえで利用者へのサービスに広がりと効果をもたらしている．Wi-Fi対応の無線LANが広く普及してからは，さらに展示への利便性が向上している．さまざまな情報端末やソフトと連動させることによって，大きく可能性が広がっている．また，キオスク端末での解説や音声ガイドなど，あらかじめ情報データを入れておくものは修正や更新に時間がかかるというデメリットであったが，ウェブの利用によって，館での修正や更新を容易にするというきわめて現実的なメリットも得られている（図1）．

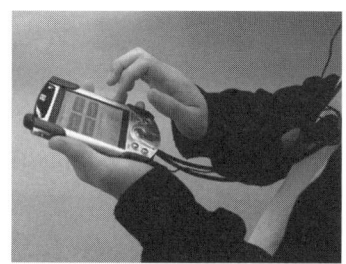

図1 携帯情報端末（PDA）を使用した展示解説

●バーチャルミュージアム　ウェブを展示に利用した代表的な事例として，バーチャルミュージアムがあげられる．インターネット上に構築された仮想上のミュージアムのことで，「仮想美術館」「電脳博物館」ともよばれている．実際の博物館や美術館の膨大なコレクションをすべて実空間に展示公開することは不可能に等しいが，その一部をバーチャルミュージアムで公開することで，より多くのコレクションを公開することを可能としている．フランスの作家であるアンドレ・マルローの「空想の美術館」は，バーチャルミュージアムのコンセプトにつながる発想として有名である．館内では，ミュージアムライブラリーやキオスク端末を利用した展示解説支援があるが，ウェブを利用することによって，いつでもどこでも利用可能としたユビキタスネットワークを実現した．「広島平和記念資料館バーチャル・ミュージアム」や「群馬県立自然史博物館—バーチャルミュージアム」「しまねバーチャルミュージアム」などがある．さらに，ウェブを利用した展示は，コレクションの少ない小さな博物館や美術館の展示を助け，支援することにもつながっている．

●QRコード　QRコード（quick responsコード）は，1994年にデンソーの開発部門（現デンソーウェーブ）が開発した二次元バーコードである．日本ではQRコードリーダーのアプリも開発され，美術館や博物館での利用にとどまらず，商品表示など，広く一般社会で普及している．これもウェブとの連携により実現した解説支援の方法である．欧米では普及が遅れていたが，現在では，多くの美術館や博物館で利用されている．

●仮想現実　仮想現実はバーチャルリアリティ（以下，VR）ともよばれる．VRを

展示に使用すると，見学者が展示物を仮想的に使用してみるなど，ユーザー体験型の展示解説となり展示解説を補う効果がある．

●**拡張現実**　拡張現実（augmented reality：AR）とは，人間が知覚する現実的な環境をコンピュータによって拡張する技術であり，拡張された環境をさす．実際の空間に拡張現実を重ねる視覚表現は，アプリの開発もされ，美術館や博物館，エンターテイメント性のあるイベントなどでも利用されている．

●**視線計測（アイトラッカー）**　ユーザーの視線について，どこを，いつ，どのように見るのか情報を得ることができる装置である．固定型やウェアラブル型の視線計測を利用することによって，ユーザー自身の学習効果の確認ができる．他方，館にとっては展示評価にもつながる可能性が広がる．

●**キネクト**　キネクトは，日本ではマイクロソフト社により2010年から販売されている（図2）．音声認識や行動認識，表情認識の機能があり，美術館や博物館において，ユーザー参加型のアート作品やワークショップに利用されることが多い．直感性が高いため，子どもから大人まで幅広い年齢層のユーザーを対象とすることができる．さらに，距離を測定することもできるため，ユーザー評価や展示評価に使用が可能である．

図2　キネクトとタブレットを利用した鑑賞支援

●**テクタイル**　テクタイルは触覚表現に着目したツールであり，YCAM InterLabと慶應義塾大学が共同研究を行い，2012年のグッドデザインベスト100にも選出されている．テクタイルは，YCAMでワークショップを開催し，ツールキットのハードやソフトウェア，採取された感覚データをオープンソースとしてウェブを通じて公開している．

●**感想の共有**　博物館や美術館での観察・鑑賞行為は，観察力を高め，感じ取った情報を分析し，思考にまとめる力を向上させ，まとめた思考を表現する力を育てる可能性をもっている．感想の共有は，自分自身の内面的な行為である観察・鑑賞を，言葉や視覚情報である感想として表現し，インターネット上でほかのユーザーと共有する．ユーザーの能動的な観察・鑑賞を手助けする携帯情報端末を使用した参加型，双方向の観察・鑑賞支援システムである．

　博物館や美術館で，パネル解説やキオスク端末は，観察・鑑賞行為と時間のズレが大きい．また，モバイル型の携帯端末は，観察・鑑賞の場で解説を閲覧することが可能となったが一方向型である．ウェブと無線LANの普及に伴い「感想の共有」など双方向型，ユーザー参加型の展示利用を可能にしたのである．インターネット上には時間と空間の概念がなく，距離や長さの概念もない．しかし，リアルな博物館や美術館とつなぎ，新たな科学技術と連携することによって，アートリソース，ミュージアムリソースとの連携など，展示とその使用方法の可能性を広げている．　　［伏見清香］

対話型鑑賞

　対話型鑑賞とは美術史などの知識だけに偏らず，鑑賞者同士のコミュニケーションを通して美術作品を読み解いていく鑑賞方法である．1980年代にニューヨーク近代美術館（MoMA）において，同館の教育部長であったフィリップ・ヤノウィン，認知心理学者のアビゲイル・ハウゼンら研究チームによって開発され，日本では1995年以降，京都造形芸術大学教授の福のり子，美術史家のアメリア・アレナス，横浜美術館館長の逢坂恵理子をはじめとする国内外の美術関係者によって美術館を中心に紹介された（福，2015）．国内への導入後は，美術館・博物館だけでなく，学校教育や企業内人材育成の現場にも実践・研究の場が広がっており，鑑賞力だけではなく，観察力・批判的思考能力・言語能力・コミュニケーション能力といった総合的な「生きる力」の育成にアプローチしている．なお，国内でも対話を踏まえた鑑賞授業の事例が報告されているが，いわゆる対話型鑑賞として日本の中での普及が進むのは，米国の取組みに端を発する．

●**対話型鑑賞の場づくり―ビジュアル教材・ナビゲーター**　「私がこの対話型鑑賞から一番学んだことは『どうして？　どこから？　精神』です」．これは，連続5回にわたる鑑賞授業を受けた島根県の中学生の1年を経ての感想である．この言葉は本鑑賞の目指すところを端的に語っている．では，どこからこのような言葉が生まれるのであろうか．その理由は，対話型鑑賞の場づくりにある．例えば美術館や博物館の展示室の中で，一つのグループ（集団）が（鑑賞者の発達段階が考慮された）同じ一つの作品（博物館では資料）つまりビジュアル教材をともにみて，ともに語り合っている，という場面をイメージしてほしい．同じく小中学校の教室ならば，いつもの勉強机を取り払った子どもたちの前に，大きめのスクリーン，あるいは大型テレビが設置され，そこに映された，できるだけ本物に近い色の調整を行い，子どもたちの発達段階が考慮された作品のスライド，あるいは実物資料をアンカーに，クラスメイト同士が話し合っている，という姿を想像してほしい．しかし，おそらくその場が作品と鑑賞者（児童・生徒）だけであれば，ほどなくしてその「話し合い」は，作品から脱線し，また作品を楽しむことも，鑑賞者の個人的な感想の枠内で終わってしまうだろう．そこで対話型鑑賞では，この鑑賞者の「目」を常に作品に戻し，その主体的な学びを後押しするための役割を担うナビゲーター（ファシリテーターとよばれる「場」の司会役）を置く．

●**対話型鑑賞の場づくり―どこからそう思う？**　鑑賞の前にナビゲーターは，次の四つの能力について意識しながら，作品をみるよう鑑賞者にうながしていく．それは①みる：何となくみるのではなく，意識をもって，隅々までみること，②考える：直感を大切にしながらも，作品のどこからそう感じるのか，その根拠を具体的に考えるこ

図1 対話型鑑賞を用いた，小学校での図工の授業の様子

図2 対話型鑑賞を用いた，小学校での社会科の授業（博物館の出前授業）の様子

と，③話す：考えたことを的確な言葉にして，ほかの人たちに伝えること，④聴く：そしてほかの人の意見に，意識をもって耳を傾けること（福，2013），というものである．鑑賞が始まると，ナビゲーターは基本とされる三つ（時に四つ）の問いかけを使いながら，鑑賞者の学びの後押しをしていく．特に一番重要なものが「（作品の）どこからそう思いますか？」という問いかけだ．この「どこからそう思う？」を繰り返し問われることによって，鑑賞者は作品の中にみずからの考えの根拠を見出し，次第に論理的・体系的な思考力を鍛えていく．ナビゲーターは，また対話のなかで，「目の前の鑑賞者」の学びを推し進めるのに必要と判断すれば，「揺さぶり」や「情報（知識）」の提供も行う．学びの主体は常に鑑賞者側にある．

●**作品から学ぶ，鑑賞者から学ぶ**　島根県小学校図画教育研修会で5年にわたり，対話型鑑賞の指導を受けるが，実践への一抹の不安を抱えていた同県中学校教諭は前述の福からこう励まされた．「最初から上手にやろうなんて無理．失敗を恐れずに始めること．上手くいかなかったらそのとき考えればよい」．当初は「美術」という一教科から始まった対話型鑑賞であるが，その意義を核に，現在，他教科他分野への応用などその枠を越えた取組みが始まっている．また次期学習指導要領のキーワード「主体的・対話的で深い学び」の考え方とも合致するため，すでに教育現場での模索が始まっている．

　国内で対話型鑑賞について体験・相談できる主な場と団体は，佐倉市立美術館，平塚市美術館，東京都美術館，東京国立近代美術館，NPO法人芸術資源開発機構（ARDA），三重県総合博物館・大野照文館長のワークショップ，京都造形芸術大学アート・コミュニケーション研究センター，愛媛県美術館，みるみるの会（Art communication in Shimane）などである．ホームページなどで，対話型鑑賞の活動について紹介が行われている．　　　　　　　　　　　　　　　　［鈴木有紀］

📖**参考文献**　フィリップ，Y.（著）京都造形芸術大学アート・コミュニケーション研究センター（訳）『どこからそう思う？─学力をのばす美術鑑賞』淡交社，2015／宮下孝弘『アクティブ・ラーニングとしてのVTS（Visual Thinking Strategies）の可能性─子どもが主体となる授業への示唆』白百合女子大学研究紀要，2016

障がい者への利用支援

　博物館の展示は標本または資料とその解説で構成されている．標本や資料は基本的には触れられないように観覧者から離れて置かれているか，展示ケースに入れられている．解説は文字と画像，イラストによるものが基本であり，鳥の鳴き声といった音や音声と映像での解説もある．解説は難しい語を使用せず，わかりやすい語を使って行うことが基本である．漢字にルビをふることはまだ多くの漢字を習っていない小学校低学年にとって有効である．しかしながら，このような解説方法は視覚や聴覚など障がいをもつ人には利用しづらい，あるいはまったく利用できないものとなっている．

　このようなことを少しでも解消するために多くの博物館で触れる展示や聞く展示，点字による解説を設けている．本項では主に聴覚障がい者と視覚障がい者の展示利用について，北九州市立自然史・歴史博物館（いのちのたび博物館）の事例を紹介するとともにインターネットや Wi-Fi，スマートフォンなどの IT 機器を使って博物館の展示を利用する障がい者に今後どのような支援を提供できるのかといった可能性についても言及する．なお，障がい者の表記については，ほかに障碍者と障害者がある．意味としては障碍者が良いように思うが，常用漢字にないため，本項では広く使用されはじめた障がい者の表記を用いる．

●**聴覚障がい者への支援**　太古の北九州を体感できるエンバイラマ館は北九州市立自然史・歴史博物館の研究成果を紹介する重要な展示の一つである．ここではおよそ1億3,000万年前の湖の変遷をジオラマの中をコンピュータグラフィックスにより復元された泳ぐ化石魚類で再現している．陸の様子は動く恐竜や翼竜の実物大生体復元を設置したジオラマの背景に，雲や月，飛び交う翼竜や火山の噴火の映像を加えて再現している．さらに観覧者が太古の北九州を体感できるよう，文字による解説ではなく，音声ガイドのみで解説している．

　エンバイラマ館に文字による解説がないため，聴覚障がい者にはスマートフォンやタブレット PC により，音声と同じ内容を文字で提供している．コンテンツは展示解説ウェブ（展示解説用のホームページ）にあり，観覧者はエンバイラマ館の入口にある QR コードを読み取って，ホームページにアクセスし展示解説を利用する（図1）．展示解説ウェブはコンテンツの修正や変更，追加が容易にできる点で優れている．基本的には観覧者が自分の端末を使って解説を利用するが，タブレット PC の貸出しも行っている．暗いなかで使用するため解説文は黒バックに白文字であるが，白文字は長く使用すると眼に痛みを感じるため，最初の解説の文字はやや明るめとし，（先に行くに従って眼が慣れてくるので）明度は落としている．

●**視覚障がい者への支援**　視覚障がい者については，触れる展示をいくつか設け，実物の標本に触れることができるようにしているが，化石などの破損や劣化の少ない標

本に限られている．さらに大きな恐竜は実際に触ることができないので，25分の1と50分の1の生体復元模型と同縮尺の人の模型を作成し，触って形と大きさを理解できるようにしている．さらにここでは点字による解説も提供している．また，学校などから事前の要望を受けて目的に合った標本を部屋に用意することもある．

●障がい者支援の今後の可能性

スマートフォンの普及とWi-Fi環境の発展は博物館の展示を大きく変える可能性があり，博物館の展示を利用する障がい者に健常者とほぼ同様の展示解説を提供できる可能性を秘めている．音声ガイドが提供されている展示の聴覚障がい者への展示解説の提供は北九州市立自然史・歴史博物館がエンバイラマ館で行っている方法でほぼ解決できそうである．視覚障がい者については位置情報を利用した音声による展示解説の自動スタートや3Dプリンターを使った剥製やチョウなどの触れると劣化する可能性のある標本の実物大模型，恐竜などの大きな標本の縮小模型を作成し，触れる展示に利用するといったことが考えられる．3Dプリンター出力による模型作製には元となるデータが必要であるが，元データを博物館が互いに利用できる仕組みをつくるとよいだろう．このような展示に加え，博物館に専任で障がい者の博物館利用に対応する部署があればさらによい．見学前の打ち合わせ，受け入れ，見学後のフィードバックとその展示への反映など障がい者の利用と障がい者が利用しやすい博物館の展示を模索する部署である．このような部署を設けることができれば，聴覚障がい者や視覚障がい者だけでなくほかの障がいをもつ人たちも利用しやすい博物館の展示が可能となる．

[籔本美孝]

図1　エンバイラマ館入口の案内板．これでQRコードを読み取り展示解説ウェブにアクセスする

図2　ティラノサウルスの骨格の前に置かれた25分の1生体復元模型と同縮尺の人の模型．触って形と大きさを理解する

📖 **参考文献**　伏見清香ほか「Wi-Fi環境と展示解説の可能性―展示解説webの試みと実践」『展示学』51，p 88-91，2014／日本博物館協会（編）「誰にもやさしい博物館づくり事業―バリアフリーのために」『博物館の望ましい姿シリーズ』4，文部科学省委託事業，2005

ユニークベニュー

　貴重な文化遺産などのコレクションを有する博物館は，研究・教育活動などを通じて，「知」の拠点としての重要な役割を有しているが，同時に著名な建築家による建築や，その魅力的な空間，高い専門性を有する学芸員などは，地域資源として生かすべき多面的な魅力を有している．日本の博物館界においては，これまでユニークベニュー（unique venue）としての施設活用を概念的に認識していたが，それはファンドレイジング（外部資金獲得）の手段という一側面でしかなかった．ミュージアム・マネージメントの手法としてその言葉が周知され，博物館の展示空間を活かしたイベントなどを積極的に行うようになったのは，近年のことである．

●ユニークベニューとMICE　ユニークベニューとは，歴史的建造物や公的空間などで会議・レセプションを開催し，本来業務とは異なるニーズに応えて貸し出される「特別な会場」のことである．これにより，都市の魅力向上のみならず，参加者に文化や歴史的な体験を提供する機会を与え，特別感や地域特性を演出することで，開催地を強く印象付けることができる．欧米諸国では，ユニークベニューはMICE（マイス）の開催地決定の重要な鍵となっている．

　MICEとは，企業や国際機関，団体，学会などが行う展示会，見本市，イベントなど多くの集客交流が見込まれるビジネスイベントなどの総称であり，meeting, incentive, convention/conference, exhibition/eventの頭文字をとったものである．MICEは，地域経済に与える経済波及効果，ビジネス機会やイノベーションの創出，都市の競争力・ブランド力向上など幅広い経済的意義を有することから，世界の各都市では競って誘致活動を展開している．わが国でも，2013年6月14日に閣議決定された「日本再興戦略」において，「2030年にはアジアNO.1の国際会議開催国としての不動の地位を築く」という目標が掲げられ，多くの人や優れた知見，投資を日本に呼び込む重要なツールとしてMICEが位置付けられた．

　ユニークベニューとしての活用のメリットとしては，以下の点があげられる．
　①各種メディアの宣伝効果や参加者の口コミにより，施設の知名度が向上し，新たな来館者層の開拓や一般来館者の増加を見込むことができる．
　②行事やイベントでの会場使用料収入などにより，自主財源の確保につながる．
　③民間企業から施設の魅力の発信方法を習得するなど，スタッフの人材育成が期待できる．
　④展示品などの価値を認識した主催者企業・団体を，スポンサーとして獲得できる可能性がある．
　また，都市・地域の側からは，以下のメリットがあげられる．
　⑤当該施設をはじめとした地域への経済波及効果を見込むことができる．

⑥各種メディアの宣伝効果や参加者の口コミにより，地域の知名度と認知度が向上し，旅行者の増加につながる．

⑦独自性の高い観光資源の認知度や，ホスピタリティの向上に伴い，地域のブランド力がアップする．ひいては観光立国を含めた日本の魅力の向上につながる．

●諸外国の事例　①ユニークベニュー・オブ・ロンドン（Unique Venue of London）：1993年に設立されたロンドンのユニークベニューのワンストップ窓口組織で，大英博物館，ロンドン自然史博物館はじめ80以上の会員施設のPRやイベント開催のノウハウを共有している．ロンドン自然史博物館は，年間およそ160回以上の貸出しを行い，約3億円の収入を得ているという（2018年現在）．

②シドニー・ユニークベニュー協会（Sydney's Unique Venues Association）：2000年に設立されたシドニーのユニークベニューのワンストップ窓口組織で，イベントサプライヤーなども参画することによって，担当者の負担を軽減している．オーストラリア博物館や現代美術館はじめ60以上の施設が登録会員となっている（2018年現在）．

●利用上の留意点　ユニークベニューとしての施設活用に際しては，資料や作品の保存をはじめ本来の博物館活動に支障のない範囲で行うことが大前提となり，とりわけ飲食を伴うレセプションの開催については慎重に検討する必要がある．例えば，展示見学とレセプションを分けて実施したり，展示室と区切られたエントランスや中庭などでレセプションを開催するなどの工夫が必要となる．

図1　欧米では展示品の前での飲食も寛容な場合が多い（パリ，著者撮影）

また，展示物の保護や虫害対策の観点から，火気厳禁は言うまでもないが，水蒸気の出ない料理に変更したり，落下しやすい食材の扱いを避けるなどの考慮が必要である．飲料に関しても，展示室開室中のアルコール提供の禁止や，赤ワインなど色の濃い飲料を限定するなどの扱いが求められよう．さらに，開催中にフロア清掃員を配置し，飲食による汚れは即時に清掃するなどの対策も講じる必要がある．

一般にこれらの利用は，欧米の博物館，とりわけ自然科学系博物館では寛容な傾向があるが，作品の脆弱さや自然環境の異なる日本の博物館と同一に論じることはできず，安易な判断は避けるべきだろう．必要以上に慎重である必要はないが，地域における博物館の果たすべき役割を考慮し，総合的に検討することが求められる．

[栗原祐司]

参考文献　ユニークベニュー利用促進協議会『ユニークベニューHANDBOOK』観光庁，2013／ユニークベニュー利用促進協議会『ユニークベニューベストプラクティス集』観光庁，2015

展示と大学の授業・学芸員実習

　国立科学博物館（以下，科博）で行う学芸員養成課程における博物館実習では，科博と提携を結んでいる大学（大学パートナーシップ）から，年間 72 名の学生を受け入れており，それぞれ 12 名 1 班で実習を行う．そのため，各班に対していろいろな大学からいろいろな専攻の学生が実習に訪れる．特に文系専攻の学生からは「私，理系ではないので実習についていけるか不安です」と，実習初日に言われることもある．しかし，そんな学生に対し，「科博でも来館者全員が理系とは限らない．いろいろな来館者に，展示の面白さを伝えるためには，理系以外の視点も大切だ」と伝えると，「はっ」とした顔つきになる．

　来館者のなかには展示の見方がわからない人や，興味があるテーマの展示しか見ないという人が多いように思う．そこで科博の実習課題では，常設展示から展示を一つ選び，その「面白さ」を来館者に伝えるためにはどういったモノを使い，どう伝えるのかを，専攻の異なる学生同士でグループを組んで考えさせる．そうすると，特に対象展示の「面白さ」について，学生同士の意見の食い違いが頻繁に起きる．例えば生物学専攻者にとっての常識は，歴史学専攻者にはまるでなじみの

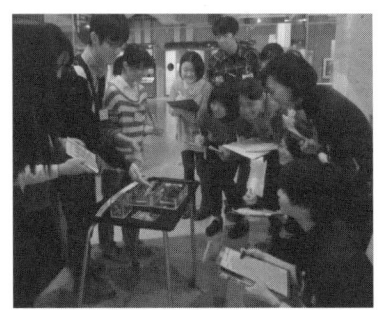

図 1　博物館実習の様子（著者撮影）

ない知識であることもある．しかし，この意見の食い違いが起きることは想定内である．それは，この課題では，展示はいろいろな人たちの関わり合いによって生まれ，だからこそいろいろな来館者にとって「面白い」と思われる展示ができるということを，少しでも学生に感じてほしいからだ．この展示の「面白さ」は，単に展示を眺めていては見えてこないだろう．展示について理解を深めることはもちろん，その感じ方について，周囲と共有する場が大切だと思う．

　以上，主に科博の博物館実習について紹介をしたが，ほかにもさまざまな目的で博物館に訪れる大学もある．科博の展示を使った事例として，新入生オリエンテーションで，「つるつる」や「かわいい」といった単語が書かれたビンゴカードを用意し，展示物から該当するものを探すといったレクリエーションを独自に行った大学，教職課程の一環で，教員になったことを想定し，担当する教科に関連する展示見学の行程表を作成した大学もあった．このほかにも，解説パネルの英語表記を作成してみる，展示から標本図を描いてみるなど，さまざまな展示の使い方が考えられる．展示のもつ可能性は大変多様である．だからこそ，学生の特性や見学の目的に合った展示の使い方をすることが重要と考える．今後，展示を使うことで，展示の可能性とともに，学生の可能性も引き出せるより多彩な場を，博物館と大学とが協力してつくっていくことが求められるだろう．

［丸山瑛奈］

9章 展示と社会

学校教育との連携①理科	420
学校教育との連携②社会	422
学校教育との連携③美術	424
社会への貢献	426
産業への貢献	428
地域からの発信	430
地域内の博物館連携	432
高齢化社会への対応	434
商業展示	436
大学とミュージアム	438
企業とミュージアム	440
財閥系ミュージアム	442
戦争・紛争と展示	444
政治・権力と展示	446
盗難と真贋	448
性表現と展示	450
マスコミと展示	452
宗教と展示	454
展示資金と作品価格	456
希少種・天然記念物の展示	458
展示と法律・条約	460
忘れられた展示	462
【コラム】風景と展示	464

［編集担当：草刈清人・松岡敬二・吉村浩一］
＊五十音順

学校教育との連携①理科

　学校は学習指導要領に基づいた教科書を利用する授業が中心である．それが科学館・自然史博物館等の社会教育施設と連携することにより，児童・生徒に学校では味わえない感動や体験をさせ，学ぶ意欲やその意義をとらえさせる効果が期待できるようになった．

●**教員のための博物館の日**　「教員のための博物館の日」は教員が体験的なプログラムに参加し，博物館に対する理解を深める機会をつくることを目的に（小川，2010），2008年度に国立科学博物館で始まった．それは，各地にある博物館の学習資源に接することで博物館に楽しみと魅力を感じられるように教員の意識を改革する目的もあった．その後，この事業は全国展開されており，2016年度は27の博物館で行われた．

　多くの場合，参加博物館の教育普及活動を紹介するための展示ブースが設けられ，説明や実習が体験できる（図1，2）．ブースの什器は，博物館所有のテーブルや展示ケースで代用している．展示ブースには，各博物館の利用案内パンフレット類が設置され，学習教材としての実験装置や標本貸出セット，出前授業の実践内容などをポスター形式でパネル化して展示している．ブース担当の博物館職員と教員が展示物を使いながら直接対話することができ，理解を深めることができる．また，普段は入ることができない博物館資料の保管場所である収蔵庫，資料の製作室・処理室など博物館のバックヤードにある学習教材を見ることができる．このような体験的なプログラムに参加した教員にとっては，豊富な博物館資料から学習資源を発見し，授業に生かしていくことにより資質向上の利点がある．

●**出前授業**　出前授業は，大学，博物館，企業等の専門家が学校へ出向き，実施するアウトリーチ活動である．授業内容にはカリキュラムにある単元と特別に選定された

図1　「教員のための博物館の日」の展示ブース
　　　（豊橋自然史博物館）

図2　実験セット中心の展示ブース
　　　（豊橋自然博物館）

テーマがある．開講プログラムは，施設のウェブサイトや広報誌，校長会や教員の研修会において入手することができる．外部講師による授業は，専門的知識に基づくオリジナルな実験装置，標本セット，映像資料等を併用した学習プログラム（単元学習，総合的な学習）や，身近な自然についてのより専門的な教材・教具を使ったものが可能である．ただし，実験装置・標本の使用にあたり教員との事前の打合せが学習効果をあげる．

●**標本貸出セット**　博物館が備える標本貸出セットは出前授業においても活用できるが，博物館へ事前に申し込むことで，教員が行う授業のなかで利用することもできる．

　資料の貸出しから返却までは，博物館の「資料貸出要綱」や「資料利用・貸出要綱」に従い，①予約，②申請書提出，③資料の引取り，④資料の返却・使用記録の報告の手順が一般的である．各地の県立，市町村立の博物館では地元の要望に応じた標本貸出セットや貸出システムが用意されている．博物館ごとにセット内容や数量に差があり，近隣の博物館のウェブサイトでも確認できる．広域に行われている例に，「教員のための博物館の日」でも展示される国立科学博物館の貸出用学習キット（貝類・岩石鉱物・化石・微化石・隕石・頭骨・人類など）がある．このキットは，電話による仮予約後に申請手続きをすれば，全国の学校へ専用ケースに収納され輸送される．学習支援のための教育普及担当職員が配置されている博物館もある．

●**理科作品展**　長期休暇の課題として自然科学研究（生物学・地学・物理化学・環境・エネルギー・災害の分野）をまとめた作品を募集し，それを展示するものである．教育委員会を通して，各学校へ募集要項が配布され，休暇明けに学校から選考された作品が博物館へ搬入される．募集要項には標本，観察・実験，工作など細分した部門が設けられることがある．

　そして，大学や博物館の選考委員により審査が行われ，選考結果と作品展示，表彰式の案内が学校へ連絡される．表彰式では主催者側から入選者に対して賞状と記念品が授与される．入選作品は，来館者が見学しやすいように展示室や博物館のオープンスペースに展示される．優秀作品については，他の入選者に研究法やまとめ方の参考にしてもらうために作者の口頭による研究発表も開催されている．地域ごとの作品募集に加え，国立科学博物館，県，大学，出版社，新聞社などの全国規模での作品募集も多くなっている．

●**学会発表・シンポジウム・特別展の展示物**　博物館で開催される特別展や学会・シンポジウムでは，その内容に合わせて生徒・学生の研究発表や学校の協力による制作作品の展示など連携を意識して企画されることがある．各種学会の開催にあたっては，自然科学の若手育成と専門家との交流のために高校生の研究発表部門が設けられる場合が多い．研究内容をまとめたポスター展示と研究内容の説明・解説のための実物資料をあわせた展示ブースが設けられるポスター発表の形式が普通である．

　また，博物館の常設展示室の改装や特別展の展示物制作においては，小中高生および大学生と協働して制作することにより，観覧者に魅力と感動を与えている．

[松岡敬二]

学校教育との連携②社会

『学習指導要領』「生きる力」（文部科学省，2008年3月改訂）では「伝統や文化に関する教育の充実」が改訂時の改善事項の一つとしてあげられており，社会科では歴史教育や文化遺産（世界遺産など）に関する教育の充実を図るとされている（文部科学省，2008a）．小学校社会については，「博物館や郷土資料館等の施設の活用を図るとともに，身近な地域及び国土の遺跡や文化財などの観察や調査を取り入れるように」指導計画を作成することとされている（文部科学省，2008b）．また，総合的な学習の時間の内容においても，「学校図書館の活用，他の学校との連携，公民館，図書館，博物館等の社会教育施設や社会教育関係団体等の各種団体との連携，地域の教材や学習環境の積極的な活用などの工夫を行うこと」とされている（文部科学省，2008c）．

このように，博物館には学校教育と連携をすることが求められる．博学連携とは博物館と学校がそれぞれにとって望ましいかたちで連携や協力をし合い，博物館の展示や資料などを使って，子どもたちの学びを支えていく取組みである．

国立文化財機構奈良文化財研究所が管理運営する平城宮跡資料館は，平城宮跡の発掘から出土した遺物や調査研究成果を展示し，平城宮跡について解説する展示公開施設である．平城宮跡資料館は博物館相当施設ではないが，世界遺産登録された平城宮跡内に位置しており，多彩な展示を有しているため前述した学習指導要領の目的を満たすのに最適な学習環境，教育的施設といえる．そのため，本項では，平城宮跡資料館の展示と奈良文化財研究所の活動をもとに，学校教育との連携について見ていく．

●**学校教育との連携を支える展示**　日本の博物館では学校団体が来館者数のなかで大きな割合を占めることが多く，重要なターゲットとなっている．平城宮跡資料館においても同様に，遠足や校外学習として多くの学校団体が来館している．そのため，平城宮跡や平城宮跡資料館を3年以上継続して利用している学校の教員に協力を呼びかけ，2014年にアンケート調査とフォーカスグループインタビュー調査を実施した．その結果，学校団体利用に関わるさまざまな意見や要望が明らかになった．学校教員は社会科の歴史学習として奈良時代について展示を通して学ぶだけでなく，「地域学習や世界遺産学習にも利用したい」という意識をもっていた（黒岩，2015）．

特に，教員から学習教材となる展示としてあげられたのが，平城宮跡の保存や研究に半生をかけた植木職人の棚田嘉十郎（1860-1921）や研究者たちに関する展示である（図1）．これらの展示は，地域の発展に尽くした人々やその功績を調べるという社会科の内容に合致している．また，平城宮跡資料館や平城宮跡内の他の施設を団体利用して，さまざまな内容を学習した後は，学校に戻り事後学習として新聞やパンフレットをつくったり，班で発表をしたりしているという．

学校とのより良い連携を図るためには，展示を考える際に，学習指導要領や教科書

などを参考にして学校教育とつながりのある展示や情報を提供したり，教員から要望や子どもたちの学習のようすを聞いたりしながら，協同していくことが欠かせない．

●**出前授業**　奈良文化財研究所は事業活動の一環として，学校から要望があれば，研究員が小学校や中学校に出

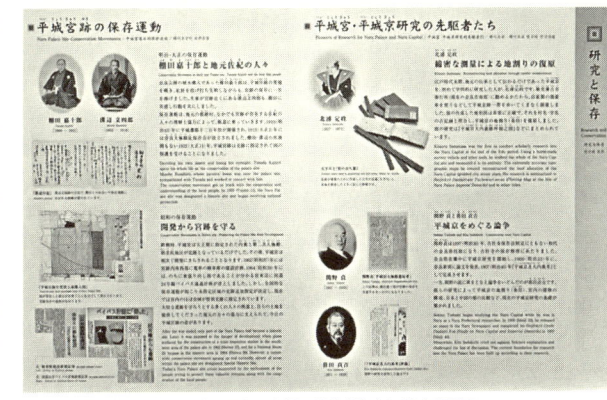

図1　平城宮跡の保存と研究に関わった棚田嘉十郎たちに関する展示（平城宮跡資料館）

向いて，平城宮跡の歴史的な歩み，保存，調査，研究などについて資料を見せながら話をしたり質問を受けたりする出前授業を行っている．前述した学校教員を対象とした調査によると，平城宮跡の発掘調査に関わっている研究員から聞く話は魅力的で，子どもたちも現地について知りたくなるという．

このように，内的に動機付けをされた状況で展示や史跡を見学すると，子どもたちの理解や興味関心はより深まることとなる．そのため，学校との連携において，平城宮跡資料館の展示や平城宮跡を学習環境として活用する際には，事前学習となる出前授業は非常に効果的である．

●**地域との連携**　奈良文化財研究所は，都跡地区自治連合会主催の「都跡ふれあい祭り」（2014年9月27日）で，「学区内に平城宮跡がある小学校の子どもたちに，平城宮跡で出土した遺物に親しんでもらい，一つでも遺物を覚えて帰ってもらうこと」を目的としたハンズオン展示ブースを設営した．6時間の開催で延べ205名の子どもたちが次々と参加して大人気であったという（中川，2015）．

このように，施設内から出ていくアウトリーチ活動を行うことは，自分たちの事業活動内容を地域の人々に広く知ってもらえる機会になるとともに，地域のなかで展示を展開し学習活動を支援することにもつながる．また，アウトリーチ活動を通して研究員や遺物などの独特な資源と出会った子どもたちが，施設の利用者となることも期待できる．施設内にとどまり来館者を待つだけではなく，地域におけるさまざまな機会をうまく活用して，地域と連携し，ひいては学校との連携にもつながる取組みをしていく必要がある．

学校のみならず地域のさまざまな教育機関・施設も人手と時間の不足が課題となっているという厳しい現状があるが，それぞれにとって望ましいかたちでの連携はどのようなものなのか，また，どうすれば実現できるのかを考えて創意工夫をしていくことが，子どもたちの学びを多角的に支えることにつながっていく．　　　　［黒岩啓子］

📖 **参考文献**　中川あや「出土品の認識，理解につながるハンズオン展示の実践」『奈良文化財研究所紀要』p 21, 2015

学校教育との連携③美術

　美術の展示分野における学校教育との連携は，児童・生徒が美術館を訪れて展覧会を鑑賞するという活動が中心となるが，近年，博学連携を重視した美術館では，さまざまな取組みが行われており，学校との連携に広がりが現れている．
●展示の見学から鑑賞へ　学校が博物館等の社会教育施設を訪れるとき，「○○見学」という言葉を使用するが，美術館への訪問についても「美術館見学」という言葉がこれまで使われてきた．これは，学校の訪問目的が社会科見学の延長上にあることを意味しており，美術作品の鑑賞よりも児童・生徒に来館経験を積ませることに重きが置かれてきたためである．しかし，1989 年の学習指導要領改訂で鑑賞教育の重要性が示されるとともに，1998 年の改訂では，図画工作科および美術科の鑑賞の指導における美術館の積極的な利用が推奨されるに伴い，美術館での作品鑑賞を重視する学校が増加した．それを受けて，美術館も従前のただ展示を観せるだけの対応から，学芸員やボランティアスタッフによるギャラリートークなどを重視する館が増え，学校の美術館訪問の形態は，見学的なそれから作品鑑賞を目的とするものへと移行している．
●鑑賞の効果を高めるための取組み　学校教育における鑑賞教育重視の潮流は，美術館のギャラリートークなどの展示解説の手法にも影響を与えている．従来の展示解説では，作品や作者について知識を与えることを重視し，鑑賞者に一方的に情報を提供する形態が中心であったが，児童・生徒の主体的な活動を求める学校の意向を受けて，鑑賞者が作品を観たときの感想や，感じたことなどをもとにグループで話し合い，そこでの対話を通して鑑賞を深め合うという，対話型鑑賞法をギャラリートークにとり入れる美術館も増えてきた．また，学校側でも，美術館訪問を教科の年間指導計画や学年および学校レベルでの年間行事計画にしっかりと位置付け，事前・事後指導を充実させることにより，美術館訪問を一過性のイベントで終わらせない工夫をしているケースも出てきた．
　美術館訪問前の事前学習に特化した鑑賞法として「つなげる鑑賞法」（奥本，2012）というものがある．この新しい鑑賞法は，ウェブ教材を使用して作品同士のつながりを見つけだしながら「展示全体を読み解く視点」の獲得を目指しており，美術館訪問時に児童・生徒が自立的に展示を鑑賞できるよう，鑑賞方法を事前に教授するプログラムとなっている．このような新しい鑑賞法の充実のほかにも，児童・生徒にとってなじみの薄い日本画の展覧会を訪問する際に，岩絵の具の作製体験を事前授業として実施し，児童・生徒のレディネス（学ぶ準備が整った状態）を高めてから展示を鑑賞させる取組みや，美術館訪問後の授業で展示内容と関連した作品制作を行うケースもあり，展示鑑賞の経験と制作活動を関連付けることで，学校の授業の活性化を図る取組みも行われている．

●**展示体験を通した教育** 作品鑑賞以外の展示を通した学びの一つに，児童・生徒に展示の企画や運営を体験させる形態がある．千葉県立美術館の学習キット「バーチャル・ミュージアム」は，50分の1スケールの美術館の精密模型の内部に，マグネット式の名画のミニチュアを飾り付けて展覧会をつくりあげ，マイクロカメラで模型内部の展示場を映し出し，どのような意図で展示をつくりあげたかについて発表を行うプログラムである（図1）．このプログラムでは，3~6人のグループで展覧会のテーマを話し合って決定し，そのテーマに基づいて作品を選択し，配置を考えるという，美術館における展示づくりの大まかなプロセスをそのまま体験し，美術館への理解を深める内容となっている．また，学校と美術館が，美術館のもつ展示ノウハウを新たな教育資源と捉えて有効活用している例として，地域において学

図1　バーチャルミュージアムの模型内部の様子

図2　中学生が主体となったインスタレーション展示において，ギャラリートークを行う美術部の生徒たち（「創造海岸アート祭　美浜だれでもアーティスト」2011年）

校が開催する児童・生徒の作品展覧会に学芸員がアドバイザーとして関わり，展示についての講義や作品の効果的な展示方法などのレクチャーを，出前授業形式で行う活動もある．さらに進んだ取組みとして，中学生が教員や学芸員の支援を受けながら，地域のアートプロジェクトに一般のアーティストたちと同等の立場で参加して，美術館でインスタレーション展示を行った例もある（図2）．この取組みでは，作品の制作を全校生徒で行い，展示のテーマ設定やギャラリートークまで，美術部の生徒たちが中心となって遂行した．

●**広がる連携**　展示を通した美術館と学校教育の連携は，美術館での作品鑑賞の時間を中心に展開されてきたが，教育効果をより高めるために，美術館訪問前の事前学習の充実や訪問後に展開する授業との関連を考慮した綿密な学習計画の策定，児童・生徒が展示に直接的に関わる時間以外の重要性が高まっている．また，児童・生徒が展示と関わる方法も，一つの作品とじっくり向き合い自由に意見を述べ合う活動や，展示全体を読み解く活動，児童・生徒が展示の主体者となる活動等，さまざまな広がりを見せている．それに伴って連携の範囲も拡大し，学校と美術館にとどまらず地域社会も含めた三者連携が必要となる場面も増えており，時間・内容・範囲ともに今後さらなる発展が期待できる．　　　　　　　　　　　　　　　　　［東　健一］

社会への貢献

　展示がどのように社会に貢献しているのか，本項では，病気と健康，災害と防災というテーマから概観する．病気と健康においては，「見えないものを見せる」という可視化の観点から，災害と防災においては，「普段できないことを体験する」および「記憶を風化させない」という観点から社会と展示の関わりを示す．

●「病気と健康」に関わる展示　大学や付属病院などの医療機関が設置した展示施設としては，東海大学と伊勢原市が共同で企画する伊勢原市子ども科学館，健康と医学の博物館（東京大学）などがある．健康と医学の博物館は，東大医学部創立150周年にちなみ2011（平成23）年に開館し，社会と医学・医療に携わる専門機関の橋渡しを目指す．常設展示では，東京大学医学部と付属病院の社会貢献に関わる歴史を展示している．企画展示は，成人病や最先端医療技術の展示である．近年，CT（コンピュータ断層診断装置）やMRI（磁気共鳴画像診断装置）によって，人体内部の画像を映すことが可能となった．さらに，立体画像として処理する技術が急速に進み，脳をぐるりと回したり，微細な血管を拡大したり，自在に見ることができるようになった．これらの画像は，人々の健康への関心を高めるきっかけともなっている．

　薬品会社や製薬協会が設置した展示施設としては，科学技術館のくすりの部屋―クスリウム（東京都千代田区，日本製薬工業協会），ツムラ漢方記念館（茨城県阿見町，ツムラ），Daiichi Sankyoくすりミュージアムなどがある（図1，東京都中央区，第一三共）．同ミュージアムは，2012（平成24）年開館した．入館の際に渡されるICチップが入ったメダルに男女属性

図1　「くすりのうごき」コーナー（写真：第一三共）

などを登録すると，各コーナーで個々人がメダルを使って映像の視聴やクイズ・ゲームを体験できるようになる．対応言語は日本語，英語，中国語，アンケートに答えると，集計結果がリアルタイムで表示され，来場者のくすりへの関心を高めている．「くすりのうごき」コーナーでは，錠剤，吸入剤，注射剤，坐剤の形状と吸収される部位の関連が巨大な人体模型に示される．くすりの吸収，代謝，排泄の流れがCG映像により可視化され，体内でのくすりの動きが理解できる．「くすりのはたらき」のコーナーでは，体内に入った細菌やウイルスを抗生物質や抗ウイルス薬が撃退する様子を対戦型のゲームを通して理解できる．「くすりの長い旅」コーナーでは，くすりの研究開発者のインタビュー映像が流れ，製薬会社としての社会的な責務，研究者

としてのやりがいなどが語られる．製薬会社ならではの特色ある展示である．

　行政が設置した病気と健康に関わる展示施設には，富山県国際健康プラザ（富山市），あいち健康プラザ健康科学館（愛知県東浦町）などがあり，地域住民の健康増進を実践する展示施設という特長をもつ．富山県国際健康プラザは，1999（平成11）年に開館した大型複合施設である．「生命科学館」では，栄養，運動，休養という三つのテーマを通して，健康を科学的に理解できる．「健康スタジアム」には，トレーニング場，プール，ヨガスタジオなどがあり運動を実践する場となっている．温泉としても各種浴槽が充実し，長きにわたって地域の健康づくりに貢献している．2012（平成24）年には富山県立イタイイタイ病資料館が増築され，公害による健康被害の実態，原因究明，克服の歴史など，地域重視の展示となっている．

●「災害と防災」に関わる展示　防災館や防災センターは災害と防災に関する啓発や訓練を行う常設館である．普段体験できない災害や事故の状況をつくり出して，現場に即した実践的な行動を学ぶ展示が展開される．本所防災館（東京都墨田区）を例に展示内容を示す．地震体験コーナーでは，起震装置により地震の揺れを段階的にシミュレーションし，転倒・落下物から身を守る訓練を行う．東日本大震災と同じ震度7も体験できる．都市型水害コーナーでは，ゲリラ豪雨や津波などの映像を見た後で，浸水したドアにかかる水圧体験を行う．煙体験コーナーでは，身をかがめながら煙を避け，暗くなった通路を避難する訓練を行う．消火体験コーナーでは，キッチンで燃え上がったフライパンの映像に向かって，消火器で火を消す訓練を行う．心肺蘇生とAED（自動体外式除細動器）のシミュレーションでは，心臓マッサージとAEDデモ機を用いた作動訓練を行う．これらの施設は，小中学校の社会科見学や諸団体の防災活動などに利用され，人々の防災意識を高めている．防災訓練ではスタンドパイプの組立て，放水訓練，簡易トイレの設置，チェーンソーによる障害物の切断，炊出しなど，より実践的な訓練が行われる．

　災害の記憶を継承する展示は，慰霊碑，周年の慰霊祭，記念館などである．関東大震災（1923年）時，陸軍被服廠跡地に避難してきた大勢の人々が火災の竜巻に飲み込まれ死亡したが，現在は墨田区の横網町公園となり，東京都慰霊堂や東京都復興記念館が建てられている．焼けた日用品，溶けた機械，写真などの展示が当時の記憶を語り継いでいる．

　阪神淡路大震災（1995年）は，野島断層のずれがもたらした直下型の地震災害であった．野島断層保存館では，地表に現れた断層の上に屋根をかけ保存・展示している．露出した野島断層を目の当たりにし，大地が一瞬にして動く地震エネルギーの巨大さと自然の脅威を改めて体感することができる．

　東日本大震災（2011年）時，陸前高田市の海岸沿いの景勝地だった高田松原は，津波のために壊滅したが，唯一残ったマツが「奇跡の一本松」とよばれるようになった．根が腐り枯れ死と判断されたため，保存処理しモニュメントとして展示されることとなった．幹を分割し保存処理を行うとともに中心にCFRP（カーボンファイバー強化プラスチック）の心棒を入れ補強し，もとの場所に再設置された．　　［長澤信夫］

産業への貢献

　展示メディアの一つとして，さまざまな産業分野の見本市や展示会，博覧会がある．古くは物資交換の場として行われた「市」に端を発し，世界で最初の国際博覧会といわれるロンドン万国博覧会が1851年に開催．日本国内ではロンドンから20年後の1871年に開催された京都博覧会が博覧会の最初とされている．以降，明治から昭和にかけ各地で博覧会が催されると，第二次世界大戦終戦後の1949年に事務の機械化展（現ビジネスショウ＆エコフェア），1952年に全日本オーディオフェア（現OTOTEN AUDIO・VISUAL FESTIVAL），1954年に全日本自動車ショウ（現東京モーターショー）など，業界団体の主催による見本市・展示会が相次いで登場．工作機械や電化製品などのさまざまな産業へ波及した．近年では環境・エネルギー，IT関係，防災，観光，福祉，健康，食品など，多種多様な分野にも広がりを見せている．

●**役割の変化**　国際見本市連盟（UFI）によると，見本市が商品の見本により商談をする場で，B to B (business to business) を基本としているのに対し，展示会は新製品・新技術などの商品展示により，企業の紹介やイメージアップといった販促活動をする場であり，B to C (business to customer) が基本と定義している．ただ，日本では見本市も展示会の一つとしてみなされることもあり，両者の区分は曖昧に扱われることが多い．以前の展示会は企業PRの要素が強く，ある種お祭り的な雰囲気の演出や展示装飾により，新製品や企業ブランドの訴求を中心に行っていたが，昨今はよりビジネスの場としての要素が高まり，どれだけ商談につながったかが求められる．このため主催者も，専門家によるセミナーや国際会議，体験イベントを併催するなど，商談につながる優良来場者を多く呼び込むさまざまな仕組みづくりに取り組んでいる．

●**発展と期待**　戦後，近代的な見本市・展示会が開催されるようになると，1956年に大阪国際見本市港会場，1959年に東京国際見本市会場が開業．1970年代にかけ名古屋，神戸，広島，福岡といった主要都市での展示会場開業にあわせ，見本市・展示会の開催件数も増加，1980年代中頃には年間400件が開催されるようになった．ただ，当時はまだ見本市・展示会への注目度は低く，業界団体が主催することも多かったため，付合い程度で出展するケースも少なからずあり，マスメディアに企業PRや商品宣伝の場を求める声も多くあった．一方，見本市・展示会の情報発信力として，関係者が一堂に会することの効率性，商品を実際に見て納得いくまで説明を求められるといったライブコミュニケーションによる信頼性に価値を見出し，新聞社や出版社，展示会専業の主催者が業界に参入．その時代やニーズに合った産業分野をテーマに見本市・展示会を催すようになると，出展者も自社の出展目的を達成するため，より効果的な見本市・展示会を選択するようになり，出展意欲も向上した．

　各社が競っていち早く新技術や新商品を公開し，関係者とのネットワークを積極的

に広げることで,結果として各産業の発展に寄与し,見本市・展示会への理解と期待も高まっていった.こうした背景を受け,インテックス大阪（1985 年開業, 3 万 17 m^2), 幕張メッセ（1989 年開業, 5 万 7,098 m^2), 東京ビッグサイト（1996 年開業, 8 万 660 m^2) など大規模展示会場が相次いで開業,現在では全国で年間 600～700 件前後の見本市・展示会が開催されるようになった（面積は開業当時）.

●**波及する開催効果**　見本市・展示会は「集客効果が高く,産業の発展や創出に寄与する重要な産業」（日本貿易振興機構）と位置付けられている.同時に展示メディアとしての役割を有効に発揮するためには,効果的な展示計画・装飾工事と効率的な運営が必須であり,これをまかなう関連業界にとっても重要な産業である.日本イベント産業振興協会の「平成 28 年国内イベント消費規模推計報告書」によると,会議や見本市・展示会,文化・スポーツ・販促・興行といったイベントの消費規模が合計 16 兆 5,314 億円であるなか,見本市・展示会は 1 兆 6,106 億円と全体の 1 割を占める産業であると推計されている.また, 2006 年度に東京ビッグサイトで開催された展示会等の経済波及効果は, 7,547 億円であり,さらには展示会へ参加したことで拡大したビジネスチャンスの経済効果が 5.8 兆円に上ることからも,その規模の大きさがわかる.関連産業への影響も大きなものとなっている.

しかしながら,日本の展示会産業は世界と比較すると小規模である.特にフランクフルトやハノーバーなど,面積が 30 万 m^2 や 40 万 m^2 を超す大規模展示場を有するドイツでは,古くから地元の州や市の出資により設立された主催会社が見本市・展示会を開催することで,直接的な経済効果だけでなく,ホテル・飲食などの利用を通じて得られる波及効果を地域振興策として活用している.また昨今では,中国やシンガポールなどのアジア圏においても,積極的に展示会産業の振興が図られており,日本でも早急な対応が求められている.

● **MICE へ**　2000 年代に入り,見本市・展示会業界に MICE という言葉が急速に浸透し始めた. meeting（社員研修など企業などの会議・研修・セミナー）, incentive tour（企業などの報奨・研修旅行）, convention（国際機関・団体,学会が行う大会・国際会議）, exhibition（展示会・見本市,イベント）の頭文字をとった造語で,企業・産業活動や研究・学会活動などに関連し,多くの集客交流と情報交換が見込まれるビジネスイベントの総称である.

MICE の具体的な効果として①世界から企業や学会の主要メンバーが集い,関係者とのネットワークが構築されることにより,新しいビジネスやイノベーションの機会をよび込む.②会議開催,宿泊,飲食,観光などの経済・消費活動の裾野が広く,滞在期間が比較的長いため,大きな経済波及効果を生み出す.③国・都市における国際競争力向上のツールとなることが期待され,各国で活発に招致活動が行われている.日本でも,見本市・展示会という展示メディアの特徴を生かし,今後,国内や業界内にとどまることなく,こうした国のインバウンド振興策と連動することで,さまざまな産業や日本各地の活性化ツールとして,さらに発展していくことが望まれる.

［高木　豊］

地域からの発信

博物館の周辺地域が世界遺産やエコパーク，ジオパークに認定されることにより，博物館の活動と展示に広がりをもたらすことになる．そして，博物館の整備や地域振興にとっての大きな宣伝と地域住民の活性化につながる．幹線道路に設置される道の駅や高速道路のハイウェイオアシスは，映像・パンフレットなどの観光媒体を揃えた情報コーナーのみでなく，地域の物産販売所や地産地消のレストランなどが充実しており，地域の発展の中心にもなっている．町並み保存地区や町ぐるみ博物館といった取組みは，住民参加の町おこし・村おこしにもつながっている．

●世界遺産とエコパーク　世界遺産は「世界の文化遺産及び自然遺産の保護に関する条約（世界遺産条約）」として，ユネスコの総会で1972年に採択された．その内容により，自然遺産，文化遺産，複合遺産に分類される．2017年3月現在，国内には19箇所ある．そのうちの4箇所が顕著な普遍的価値をもつ地形や生物多様性を有する自然遺産である．同様に人類の文化的所産である文化遺産15箇所がある．自然遺産（知床・小笠原諸島・屋久島・白神山地）は国立公園や自然環境保全地域として管理され，新たな工作物の建設，動植物の採取等に制限が設けられている．仏教建造物，原爆ドーム，白川郷・五箇山合掌造り，姫路城や，製鉄・造船・炭鉱・製糸場などの産業に関する文化遺産は，現地での景観およびそれを説明する展示物を保全し管理することが義務付けられている．

国立公園をはじめとした自然公園内のビジターセンターは，保全地域内の地形地質・動植物についての最新の情報を伝える展示施設としての役割だけでなく，現地のガイドツアーやトレッキングの受付窓口にもなっている．エコパーク（生物圏保存地域）は，生態系の保全と持続可能な利用の調和を目的としてユネスコの自然科学局で実施している活動である．2016年3月現在で120の国で669件あり，国内では世界遺産と同じ屋久島を含む9件が登録されている．

●ジオパーク　ジオパークは，ユネスコの支援を受け2004年に発足した世界ジオパークネットワークから始まる．ジオパークの活動は，地球科学的に重要な自然遺産を含む地域で，自然遺産や文化遺産を有機的に結び，ジオツーリズムを通して教育し，保全しながら，経済的効果も伴いながら，地域振興につなげる仕組みである．2017年9月時点，日本ジオパークは43箇所，世界ジオパークに8箇所が認定されている（図1）．ジオパーク指定地域内の天然記念物や名勝についてもジオサイトに組み込まれることによ

図1　山陰海岸ジオパーク館（兵庫県新温泉町）

り，野外展示の保全と環境整備がなされている．具体的には順路の整備や案内板や野外解説板の設置などがある．ジオパークの認定により，ジオサイトを観光の目玉として情報発信するためのパンフレットやガイドブックの作成，ジオサイトを巡るバス路線やジオツアーのためのガイドも配備されている．また，拠点施設の展示やミュージアムショップの整備も進んだ．

図2 「世界淡水魚園水族館アクア・トトぎふ」(河川環境楽園内)

●**道の駅とハイウェイオアシス** 2017年には1,134駅となっている国土交通省が指定する道の駅は，観光，産業振興，防災，福祉，伝統・文化など地域振興に重要な総合案内所としての機能を果たしている．例えば，観光拠点としてはその地域の自然・史跡・祭り・イベントをめぐる案内窓口になっている．新鮮な農水産物や特産物の販売所としての機能は，地域の産業振興を後押しし，生産者の収益に大きく貢献している．また，災害時には地域住民の復興に向けての災害対策基地になり，地域の災害についての伝承機能を担うほか，地域の高齢者を対象とした健康増進支援のための行事を展開する福祉の拠点にもなる．道の駅そのものが，温泉や入浴施設，キャンプ場，スポーツ施設，博物館，水族館と併設され，全体が公園機能をもつものもある（図2）．もちろん，売店，レストランには地産地消の製品が陳列されている．地域の木材を使いデザインに配慮した建物や温泉水等を使った足湯も多く見られる．「道の駅連絡会」が発行するスタンプラリーやオリジナルな道の駅記念切符も利用者の特典としてあげられる．この切符には，地域の名所旧跡の詠まれたカルタの読み札が印刷されたものもある．

　高速道路に設けられたサービスエリアに地域振興のための施設を併設したハイウェイオアシスがある．特に地域に根ざした施設とするために，高速道路外からの人や車が進入できるよう配慮されている．一般道路にある道の駅との共用の場合もある．

●**町並み保存地区・町ぐるみ博物館** 武家町，宿場町，門前町など伝統的な町並み保存地区は，文化財保護法で規定されている．市町村が伝統的建造物群保存地区を定める場合，都市計画法に基づいて文部科学大臣へ申請することにより認定される．2017年11月現在で43道府県，97市町村，117地区を指定している．特に価値の高い重要伝統的建造物群保存地区として，長野県南木曽町の妻籠宿（宿場町，1976年），岡山県高梁市吹屋（鉱山町，1977年），京都府京都市産寧坂（門前町，1976年），岡山県倉敷市倉敷川畔（商家町，1979年）などが順次指定された．大分県豊後高田市の「昭和の町」では，昭和30年代を中心に庶民の暮らしや生活用品により昭和を体験できる「昭和ロマン蔵」に商店街が再現されている．また，企業や個人のコレクションを展示する町中の小さな博物館群は，全国的に広がりを見せており，町を活性化している．町の産業・文化・民俗資料の保全管理に市民が参加することにより，町全体が一つのテーマ性をもった博物館になっている．　　　　　　　　　　　　　　　　［松岡敬二］

地域内の博物館連携

　生涯学習時代ともよべる現代において博物館は，地域社会に対して果たす役割が期待されるようになってきている．その一方で，予算や人員の削減など経済状況の悪化による逆風にさらされている．この厳しい現状の打開に向けた取組みとして，博物館の連携がある．

●**地域内の博物館連携**　地域を構成する要素には，学校，家庭，社会教育団体などさまざまなものがある．したがって，地域内の博物館連携も多様なかたちで展開される．博物館相互連携もその一つである．展示を介して行われる博物館相互連携のかたちとして，巡回展や共同開催といった複数館の共同企画があげられる．本項では巡回展に視点をおいて述べる．日本における巡回展を考えたとき，まず思い浮かぶのは新聞社やテレビ局といったいわゆるマスコミ主催の大型巡回展である．しかし，国内にはこのような大型巡回展を開催できるほどの予算や展示室をもたない博物館も少なくない．巡回展の普及には，小規模博物館の利用を考慮した工夫が必要となる．

　地域の小規模館を対象にした巡回展の例として，九州大学ユーザーサイエンス機構ミュージアム研究会開発・実施による巡回展「クジラとぼくらの物語」(以下，「クジラ展」) を取り上げる (図 1)．「クジラ展」は，23 箱のモジュール型展示コンテンツから構成された．展示コンテンツは 1 箱 1 テーマで完結しており，開催館が自館の予算や環境に合わせて複数のコンテンツから自由に組み合わせる仕組みになっている．また，運搬用の木箱を展示台に転用する工夫により，小規模館の抱える保管場所の確保という課題も解決し，小規模な地域の博物館でも気軽に利用できる．予算・施設に制約のある小規模博物館では，このような移動博物館の手法を取り入れた巡回システムによって巡回展の開催が可能になることもある．

●**博物館連携の効果**　巡回展は，単独館では人的・財政的に難しい規模の企画を実現させる．しかし，もたらす効果はそれだけではない．地域に向けた教育や文化の普及という効果も忘れてはいけない．巡回展において，展示は博物館と地域をつなぐツールとして機能する．そして展示を博物館の外に持ち出すことで，新たな利用者層に学びの場を提供することもできる．

　「クジラ展」においても，コミュニケーター (展示解説員) となった地域の人々が，展示を通じて利用者

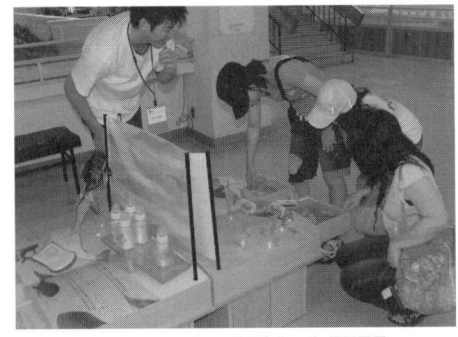

図 1　巡回展「クジラとぼくらの物語」(2008) 展示風景

と対話したことで，利用者と博物館そして利用者同士を結び付けることに成功した．また，関連イベントとして実施したサイエンス・カフェは，これまで博物館に関心をもたなかった人々に博物館の魅力を伝えるきっかけとなった．巡回展を通じてつくられた博物館と地域のつながりは，巡回展が去った後も継続する．このことは博物館の活性化さらには地域の活性化につながるだろう．こうした「博物館と地域を支える人材の育成」もこれからの巡回展の効果として期待できる．

●「人的ネットワーク」の重要性　連携するには連絡をとり，協力する相手が必要である．博物館において，連携の実質の相手は学芸員であることが多い．しかし，共通の目的をもち，協力を期待できる学芸員を探すことは意外に困難である．また，その相手に巡り合えたとしても学芸員の相互理解を深めるには相当な時間がかかる．同種館でもそうであるから，異種館同士の相互理解はさらに困難となる．この状況を緩和するために，学芸員が研究や実践について情報交換できる「人のネットワーク」の構築は欠かせない．その重要性にいち早く気付き，活動の幅を広げているものに，西日本自然史系博物館ネットワークがある．このネットワークは，①博物館関係者の交流組織として，②単独館では実現できない事業実現の場として，③博物館と社会の対話の窓口として重要な機能を果たしている（佐久間，2012）．

●連携の要「物的ネットワーク」　博物館の企画展には，自館のコレクションのみで構成されるものと他館のコレクションを借用して構成されるものとがある．後者の場合，通常の企画展では数か月という資料の借用期間が必要となり，巡回展を行うにはその期間はさらに長期に及ぶ．必要とする資料の所在，保管状況，長期借用の可否などの情報が共有されていなければそこで連携は滞ってしまう．博物館連携の発展には，博物館学的視点で標本資料を活用するためのネットワークの構築が急務である．災害時の標本レスキュー事業や単独館で受入れの困難な大規模コレクションの仲介などネットワークの恩恵は大きい．見方を変えると巡回展の実践例の蓄積が，物的ネットワーク構築の一助となる．

●成長する展示　巡回展は「成長する展示」と表現されることがある（高柳・幡野・松本，2009）．開催館の環境やコンセプトによって展示規模や対象者が変わるという特徴をもつ巡回展では，開催地ごとに展示内容の調整が求められるためである．そして，そのなかで展示やプログラムの追加や改善が行われることもある．巡回により「成長」する展示は，関わる施設や人々をつなげるとともに，展示手法の習得や地域の魅力の再発見といった互いに刺激し合う機会を与えてくれる．博物館連携の活性化という視点で見たときに，動員数のみでは評価できない巡回展の意義がある．

　博物館相互のネットワークの充実によって経験や実践例が蓄積され，関係する人々の間で共有される機会が増えることが今後の地域内における博物館連携の発展につながるだろう．　　　　　　　　　　　　　　　　　　　　　　　　　　　　　［中江　環］

参考文献　玉村雅敏（編）『地域を変えるミュージアム』英治出版，2013／清水麻記・加留部貴行・黒澤茂樹・高田浩二（著）「地域をつなぐ新しい巡回展のしくみ『クジラとぼくらの物語』」『展示学』(47) p 74-83, 2009

高齢化社会への対応

　出生率の低下と，平均寿命の伸びが同時に進行し，先進国では社会の高齢化が進んでいる．人口統計学上，65歳以上の高齢者人口の割合が全人口の7%を超えた状況を高齢化社会，その2倍の14%を超えると高齢社会，3倍の21%を超えた場合を超高齢社会とよんでいる．日本では1970（昭和45）年に7%，1994（平成6）年には14%を超え，世界最速で高齢化が進んできた．2016（平成28）年の高齢化率は27%（総務省統計局「人口推計」2016年10月1日）となり，すでに十分に進行した超高齢社会となっている．

●**高齢者対応の現状**　このような状況を踏まえ，わが国では1995（平成7）年に「高齢社会対策基本法」が制定され，「国民一人一人が生涯にわたって真に幸福を享受できる高齢社会を築き上げていくため」（基本法前文より）の社会システムが模索されてきた．日本博物館協会においても文部科学省の委託を受け，2003（平成15）年から4年間にわたり「誰にもやさしい博物館づくり事業」の一環として，高齢社会における博物館のあり方が検討された．まず2003年度には博物館を対象に，2004年度は利用者である高齢者を対象にアンケート調査が行われ，それぞれの調査結果についての詳細は日本博物館協会から調査報告書として刊行された．

　ここからうかがえる博物館側から見た高齢者対応の状況としては，休憩用の椅子やスロープの設置など施設面での物理的なバリアフリーはかなり進んでいる．一方，音声ガイドの貸出しやシルバーデーにおける入館料の減免など，高齢者向けサービスは十分とはいえない実態が浮かびあがった．また高齢者から見た博物館に対する意見では，展示室の暗さや，解説文字の大きさなどに関する不満が見受けられ，展示方法や事業内容などソフト面には多くの課題が残っている．高齢者人口の増加に伴い，老人クラブや福祉施設による博物館の団体利用は増えており，今後はさらなる対応が求められている．

●**回想法による高齢者の活性化**　こうしたなかで，高齢者向けの博物館事業として注目されているのが回想法を取り入れたプログラムである．回想法とは高齢者に対し過去を回想することをうながし生きる活力につなげる実践的な方法で，米国の精神科医ロバート・バトラー（1927~2010）により1960年代に提唱された．レミニセンスまたはライフレヴューともよばれる．バトラー自身は両者を区別せずに用いているが，現在の日本においてはレミニセンスというと，介護予防や高齢者の活性化の取組みとして実践されるグループ回想法の意味で使われることが多い．日本には，バトラーから回想法を学んだ日本福祉大学教授の野村豊子によって紹介され，心理療法の一つとして認知症治療や介護の場において実践されてきた．2000年以降，博物館においても次第に地域住民の参加型プログラムとして回想法が取り入れられるようになった．

その先駆的な活動として知られるのが北名古屋市歴史民俗資料館（旧師勝町歴史民俗資料館）である．ここでは「昭和日常博物館」と称して，昭和30年代の街を再現した展示を行っているが，地域の病院や福祉施設と連携し，展示を利用した回想法による高齢者ケアを始めた．懐かしい生活用具を目にした高齢者が，当時の生活を振り返り，思い出を語ることによって，精神的な活性化をはかることをねらいとしたものである．博物館で回想法を行うことは，館が所蔵する実物資料を活用できる点でも意義は大きい．

　また，高齢者が自分の過去を振り返り活力を得るばかりでなく，自身が解説者となって同伴者に語りかけることにより，世代を超えた交流も可能となる．小学校3年次の「総合的な学習の時間」における見学に備え，「昔のくらし」コーナーを設けている歴史系博物館は多い．回想法を取り入れた美術館の事例としては，福祉施設に出向き，思い出を語り合いながら絵を描く「芸術教室」を実践する九州産業大学美術館や，「五感を使う回想法」というテーマで映像や音声を加えたプログラムを行う「光ミュージアム」などがある．

●**高齢者ボランティアと博物館**　高齢者の生活の質を高めるうえで，博物館が重要な役割を果たしていることとして，ボランティア活動も見逃せない．日本において博物館に初めてボランティア制度が導入されたのは北九州市立美術館で，1974（昭和49）年のことである．その後，各地の美術館でボランティアによる展示解説が行われるようになった．しかし参加者は30～50代の女性が圧倒的に多く，高齢者がボランティアとして活躍するようになるのは，1980年代以降，科学館や歴史博物館で教育指導のボランティアが導入されてからのことである．2004（平成16）年の「博物館総合調査」によれば，回答した館の30％がボランティアを受け入れており，そのうちの48％の館では60歳以上の高齢者が半数を占めているという．特に郷土や歴史博物館での高齢者ボランティアの割合は60％以上である．豊富な社会経験を積んだシニアボランティアは博物館にとって強力なマンパワーとなり得る．専門知識を生かし，郷土史研究や古文書解読のサポートをするほか，地域住民の声を活動に反映するなど，すでに博物館の運営に欠かせない存在となっている．高齢者にとっては，ボランティア活動に参加することにより博物館が自己啓発の場となり，学習の成果を来館者に還元する活動を通じて社会的な役割を果たし，生きる活力へとつながるだろう．

●**活力あふれる高齢化社会へ**　高齢者の急激な増加によって，世の中には不安が広がっている．しかし一方で，高齢者を社会的弱者としてではなく，社会的資源としてとらえ，その潜在能力を活用しようとするプロダクティブエイジングという概念がバトラーによって新たに提唱され，注目されている．日本においても高齢者のうち，実際に介護を必要としているのは2割以下といわれている．特に前期高齢者とよばれる65歳から74歳の人々の多くは，能力や体力も十分に備わった貴重な人材である．介護が必要な高齢者に対して，施設の整備や見学の支援を充実させるだけではなく，これからの博物館には，高齢者のもてる能力を生かし，生活の質を高めることのできる生涯学習の場を提供していくことが求められている．　　　　　　　　　　　［原　礼子］

商業展示

　店舗には通りすがりの人々を店内へと誘引し，実際に商品の購入にまで至らせようとする各種の工夫が施されている．その代表的な要素がショーウィンドウである．主に店舗のファサードや内部，駅や広場など人が多く集まる場所に設けられ，商品や企業の情報などを伝える展示である．形状は窓型，独立型などがあり，加えて壁面のあるものや，壁面を減らし店舗内への見通し感を高めるものなど多くのタイプがある．設備としては展示スペースを維持するための透明ガラス，全体と部分を印象的に浮かびあがらせる演出照明や空調が必要となる．これらの条件を満たして初めて額縁の中の名画のような美的効果を実現することができる．手で触れることができないガラス越しだからこそ，その商品に憧れ感を抱かせる魅惑的なメディアといえる．

　日本のショーウィンドウは欧米の表現と比べてみるとアート的な傾向が強いとの定評がある．主役である商品イメージからの発想とはいえ，商品をダイレクトに見せるよりは全体での造形的印象の方が強い事例が多くある．季節に応じて一枚一枚衣服を取り替えていくように，四季折々の造形と色彩が一歩先取りしてショーウィンドウに取り込まれ，街並みに彩りを与えてきたといえよう（図1）．

●売り場づくりの二つの方法　① AIDMA（アイドマの法則）：1920年代に米国で提唱された，消費者が商品を購入するまでの広告販促のプロセスモデルである．Attention（注意）→Interest（関心）→Desire（欲求）→Memory（記憶）→Action（行動）の5段階で，ショーウィンドウは冒頭のAttention（注意）の代表格といえる．現在のインターネットショッピングの時代では，Search（検索），Comparison（比較），Examination（検討），Share（情報共有）に置き換えたAISCEAS（アイシーズ）とよばれるプロセスなども登場している．ショーウィンドウの目的がイメージなのか商品なのかによってAIDMAにおいて担う段階は異なってくる．

② VMD（ビジュアル・マーチャンダイジング）：1970年代に米国で生まれた概念である．商品の見せ方や売り方を戦略的に展開し，店舗やブランドの価値をあげるための視覚的連動をはかるマーケティング活動である．その根幹は商品計画にあり，商品特性の把握，最適な商品分類や差別化の構築，誘客の計画，わかりやすい売り場のゾーニング，一つひとつの

図1　街並みに豊かな表情をつくり出すショーウィンドウ（著者撮影）

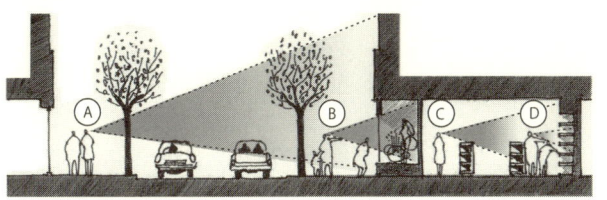

図2 視線の連続性
Ⓐ:ショーウィンドウも含めた街並み, Ⓑ:ショーウィンドウによる店内への誘客, Ⓒ:店内奥までの適度な見通し感, Ⓓ:展示された商品を直接手に取ってみる

商品のプレゼンテーションなどの細部に至るまでの一連のシステムをいう.そのなかでショーウィンドウは店舗で最も目立つ場所に設けられ,重点商品を総合的な演出によって展開する要素となる.

●スケール別に見た商業展示の姿　①街並みとショーウィンドウ:ショーウィンドウが集中している銀座.京橋から新橋に至る中央通りの長さは1.1 km.普通に歩けば20分のところを,場合によって数時間をかけてゆったりと散策することができる.なぜなら美しく彩られたショーウィンドウが歩く人々の目線に沿って散りばめられているからである.ちなみにニューヨークの五番街やパリのシャンゼリゼ通りもほぼ同様の長さである.このようなヒューマンスケールの街並みがあればこそ楽しいウィンドウショッピングを味わうことができるのである.

②ショッピングモールとにぎわい感:複合商業施設であるショッピングモールの様相は街並みを模すことが多い.都市の中に都市が構成される一種の入れ子構造の発想である.店は道に沿って設けられ,店と道との間に広場が生み出され,街並みを一望できる場所もつくられる.本当の外部環境にいるかのような体験性である.また商業空間では快適性に加えてにぎわい感を醸し出すことが重要である.売り場の演出やカフェの客席などが店から道に滲み出したかのような印象,向かい合う店の客だまり同士を意識的に道に重ね合わせるなど,店と道との間には内と外とが通じ合うような柔らかな境界が求められている.

③ゴールデンゾーン:店内では見やすく,選びやすく,買いやすくするための商品のプレゼンテーションが求められる.その一つにゴールデンゾーンの考え方がある.一般的に目に入りやすく手に取りやすい高さ60〜160 cmの範囲の棚陳列のことをいい,ここに主力商品や重点商品を展示することが多い.また人間の視線は水平に移動する傾向があり,衣料品であればマネキンに上下の衣服を着せて陳列するなど,棚の展示には垂直性をも意識した演出が必要である.以上,外部から店内に至る経路にはスケールの変化を伴った視線の連続性がある(図2).そこにパブリックな空間と商業空間の境界が溶け合う豊かな都市空間をつくり出す可能性があることを意識しておきたい.　　　　　　　　　　　　　　　　　　　　　　　　　　　　　[稲垣　博]

参考文献　芦原義信『街並みの美学』岩波書店, 2001/佐藤昭市『VMDビジュアル・テキスト』文化出版局, 1995

大学とミュージアム

　世界における大学博物館の嚆矢は，1543年に創設されたイタリアのピサ大学植物園といわれ，博物館としては，1677年に収集家のエリアス・アシュモール（1617-1692）がオックスフォード大学に教学のために寄贈した自然史資料，古銭，版画等のコレクションを核として1683年に開館したアシュモレアン博物館が英国最古のものとして知られている．

●**日本の大学ミュージアム**　わが国では，1877（明治10）年に東京大学が開学し，このとき，1864年に幕府が設置した小石川植物園を起源とする東京大学理学部附属植物園（現小石川植物園）が設けられた．1876年の記録では，理学部が置かれた開成学校時代の校舎の一隅に動物学標本300種，植物学標本531種が保存されていた．1879年，米国人教授E. S. モースは，ここに大森貝塚出土資料等の考古資料を加え，列品室を開室した．翌1880（明治13）年に「東京大学理学部博物場」と改称されている．

　明治20～30年代には地方大学にいくつかの博物館施設が開館し，昭和に入り，博物館事業促進会の棚橋源太郎らによって『博物館研究』誌上等で唱えられた必要論とともに広がりを見せ，早稲田大学坪内博士記念演劇博物館，國學院大學国史研究室付属考古学陳列室（現國學院大學博物館）など私学にも開設され始めた．

　このような戦前の議論とはうらはらに，戦後の日本の大学設置基準となる文部省令（大学設置基準昭和31年10月22日文部省令第28号〈最終改正平成27年3月30日文部科学省令第13号〉）には，大学博物館設置に関する条項はない．あえて「博物館法第2条」に規定される育成を伴う植物園の設置が「大学設置基準第39条」における薬学に関する学部または学科の設置基準である薬用植物園（薬草園）が博物館施設に相当するなら，それが唯一といえるものであった．

●**新たな方向性**　大学博物館における新たな方向性は，1995年6月15日，文部科学省学術審議会学術情報資料分科会による学術資料部会報告「ユニバーシティ・ミュージアムの設置について―学術標本の収集・保存・活用体制の在り方について」という中間報告によって示された．ここには，大学において収集，生成された有形の学術標本を整理，保存，公開，展示し，その情報を提供するとともに，これらの学術標本を対象に組織的に独自の研究・教育を行い，学術研究と高等教育に資することを目的とした施設であることに加え，「社会に開かれた大学」として生涯学習を積極的に支援する必要があることが明記された．これを受けるかたちで旧帝国大学系国立大学において大学博物館再編の機運が高まり，1996年に開館した東京大学総合研究博物館を皮切りに，2002年までの間に，東北大学総合学術博物館，北海道大学総合博物館，名古屋大学博物館，九州大学総合研究博物館，京都大学総合博物館，大阪大学総合学術博物館が次々と開館した．加えて国立大学を中心とした大学博物館の連携を図るた

めの組織として「大学博物館等協議会」が組織された．この前後，私学でも博物館の開設，再編の動きが活発化し，駒澤大学禅文化歴史博物館，明治大学博物館，西南学院大学博物館，國學院大學博物館などがそれぞれ新設あるいはリニューアルオープンし，近年では，龍谷大学の創立 370 周年事業の一環として開館した龍谷大学龍谷ミュージアムや，誰もが楽しめるユニバーサル・ミュージアムを目指す南山大学人類学博物館などが開館し，より社会に開かれたコンセプトをもった大学博物館が登場している．

●低迷している活動　現在，国公立，私立を合わせ 285 館の大学博物館が存在しているが，館種構成は，歴史系が最も多く，次いで美術系，総合，植物，科学の順となっている．2007 年の調査（緒方，2007）では，100 館ほどのアンケート結果からもかいま見えるように，おおむね日本の大学博物館は，一般の博物館に比べ活動そのものが総じて低調といえる．特に博物館の屋台骨である収蔵品の整理そのものが追い付いておらず，収蔵品目録を完備している博物館は少なく，研究紀要など出版物刊行の低迷は，発信すべき研究成果そのものが危うい状況であることを物語っている．外部資金の導入の低さは，より積極的な博物館運営が期待できないことの傍証であるともいえる．加えて，学芸員養成にかかる実習生の受入れ実態の少なさは，「博物館法施行規則第 1 条」に基づく文部科学省の指導と乖離する問題でもある．もちろん，学内外に十分な博物館活動を行っている館園も存在するが，極論すれば，ここから導き出された日本の大学博物館の姿は，公開はしているが積極的な博物館活動が低迷しているという実態が浮き彫りにされている．

●展示の特色　「展示」の観点から大学博物館を見てみると，基本的には大学内で行われる研究の過程で学問体系に則って収集される資料を恒久的に保存・管理する施設であり，実物資料を用いて学内の教育研究を支援する基盤施設であることから，内容的には，形成されたコレクション自体が展示の体系を示している館が多い．それが大学博物館の個性ともいえる．國學院大學博物館では，大正時代から続く考古学研究の過程で収集された考古資料を核として，神道関連資料，校史関連資料が博物館展示を構成する主たるコンテンツとなっている（図 1）．学内教育に資す

図1　國學院大學博物館の考古資料展示

ることを第一と考え，実物資料を数多く展示しているのが特徴ともいえる．また，近年では近在の博物館，美術館との連携活動も行っている．　　　　　　　　［内川隆志］

参考文献　西野嘉章『大学博物館─理念と実践と将来と』東京大学出版会，1996

企業とミュージアム

　博物館や美術館などの施設をその設立・運営主体で見てみると，国公立博物館と，それ以外の私立博物館に大別できる．この私立博物館に注目してみると，多くが企業，同じ業界の複数の企業が設立した法人，あるいは企業が運営を委託した法人などが設立・運営主体となっている博物館，美術館であり，数こそ少ないが動物園や水族館もある．また，「博物館法」で定める登録博物館・博物館相当施設に指定されているものもあるが，大部分は博物館類似施設である．なお，これらの施設全体については，企業ミュージアムなどと称されることもあるが，本項では企業博物館という名称を用いて述べる．

●**企業博物館の定義付けと分類**　企業博物館や美術館の多くは「博物館法」による規定を受けておらず，これらの施設についての確たる定義は存在していない．そのため，企業博物館についてのさまざまな定義付けが試みられてきた．例えば，企業博物館とは，「設立主体の企業自身の生業に関わるものの資料を保存し，展示し，公開しているもの」（佐々木，1987），「自社の歴史とその背景にかかる諸資料を保存し，展示し，企業理念とその業界，製品について理解できるように企業が設立した博物館」（星合，1994），あるいは「設立主体である企業の影響を受ける館種を問わない博物館および博物館に準じる施設」（平井，2012）などである．

　また，企業博物館は館の種類も多岐にわたっているが，その分類については，各館の内容から「史料館，歴史館，技術館，産業館，啓蒙館」（星合，1994）とする分類や，「美術館系，博物館系，企業広報館系，文化ホール系」（諸岡，2003）とする分類が試みられている．

　なお，企業博物館という範疇の中に美術館なども含まれるのか否かについては，研究者によって見解が異なっている．

●**企業博物館設立・運営の目的**　では，企業は何を目的として企業博物館を設立・運営しているのか．まず考えられるのは，企業PR，または企業のイメージ向上のため，というものである．利益を追求するだけでなく，積極的に文化支援活動にも取り組んでいるという企業姿勢は，好意的にとらえられ，ひいては企業のイメージアップにもつながる．しかし，それだけであれば展覧会やコンサートの開催，スポーツの支援，各種イベントの開催だけでも，十分に目的を果たすことはできる．それにも関わらず，企業が多額の資金を投入して博物館や美術館を設立する目的とは何なのか．その主なものとして次のようなことが考えられる．

　①企業が自社の資・史料を収集・展示し，さらにそれらを後世に保存するため．②創業者の創業精神や企業理念を広く知らしめ，伝承するため．③自社の歴史や自社製品についての社員の理解を向上させるため．④創業者や企業が収集，あるいは創業者

の家に代々受け継がれてきた美術工芸品を広く一般に公開するため.

多くの企業博物館はこれらのうちの一つ,あるいは複数の目的をもって設立されている.

●**企業博物館の運営・活動内容**　規模や運営・活動内容に目を向けてみると,さまざまな企業博物館が存在するが,規模や公開については,次のような形態をあげることができる.

図1　日本たばこ産業が運営する「たばこと塩の博物館」（常設展示）

①ビルの一角を展示スペースとし,無料で自由に見学できる.②ビルの一室を展示スペース,あるいは集めた資料を保管・管理する資料室として,無料ではあるが予約制で公開.③ビル内,あるいは独立した建物に展示室を設け,有料/無料,自由見学/予約制など,さまざまなかたちで公開.このかたちのものにはさらに,常設展示室だけではなく,企画展示室のほか,講演会などが開催できるホールなどが併設されている場合もある.④工場見学ルートなどに併設され,ガイドについてツアーとして見学できる.

運営については,以下の通りである.

①企業の広報部や総務部が管理・運営を行い,専任の職員,学芸員が不在.②管理・運営は企業本体が行いながらも,専任の職員,学芸員を有する.③管理・運営は企業とは別組織の法人などが行い,専任の職員,学芸員を有する.専任の職員あるいは学芸員を有する企業博物館には,資料の収集・保管,展示を含めた教育普及や調査・研究という,一般の博物館と同等の活動を行っているところも多い.

以上は企業博物館の規模や運営・活動内容の分類の一例であるが,この一例を見ただけでも企業博物館の多様性が見て取れる.

●**これからの企業博物館**　1980年代後半から1990年代初頭にかけてのバブル全盛期,メセナという名のもと,多くの企業が活発な文化・芸術支援活動を展開した.なかには博物館や美術館を設立する企業もあり,この時期,企業博物館の数は大幅に増加した.バブル崩壊後,閉館する博物館も出てきたが,残った施設が地味ではあるが堅実な活動を続けてきたことで,むしろ企業博物館に対する評価やその博物館を運営する企業に対する評価は高まったといえる.また企業側も,企業博物館の社会貢献や社員教育に果たす重要性を再認識するようになり,2000年代以降,新しい施設が設立されるようになった.このような動きのなかで,これまでは設立企業にまつわる資料収集や調査研究が中心であったものが,業界全体にその対象を広げたり,産業文化博物館コンソーシアム（COMIC）などでの情報交換も活発に行われるようになってきている.さらには,複数の企業博物館が協同で展示企画や調査・研究を実施し,その成果を企業の地元に還元して地域の活性化を図るなど,新たな展開も現れ始めている.

［榊　玲子］

財閥系ミュージアム

　幕末から明治にかけての激動期，繊維，海運，鉱業など，明治新政府の殖産興業の施策により，多くの事業家たちが一気に資産を蓄え事業の拡大を図った．その中からは，複数の事業を抱え，同族経営の色を濃くした「財閥」とよばれる企業グループを形成するものが現れた．彼らの多くは事業のかたわら古今の文化を理解し，独自の美意識と絶大な財力をもって美術品を蒐集したが，その理由の一つは，廃仏毀釈による寺院の宝物の流出や，大名家の売立てが相次ぐなか，貴重な作品が国外に持ち出される状況があり，財力を蓄えた財閥の創始者たちは，それを阻止しようとしたのである．

　また彼らは，事業によって得た「財」を社会に還元することが企業の社会的責任であると認識し，コレクションを公開するための美術館を設立した．こうした美術館を，本項では「財閥系ミュージアム」とよぶ．

●**大財閥のコレクションと美術館**　三井家は，1673（延宝元）年に三井高利が息子たちに指示して江戸本町に呉服店越後屋を出したことに始まる．歴代当主は経営手腕だけでなく文化的素養ももち，特に大名家との取引などによって収益が伸びた江戸時代中期には，茶道具を中心とする名物道具の蒐集が盛んに行われた．三井家には，希代の数寄者であり古美術コレクターとして知られた三井物産の創

図1　三井記念美術館展示室1

始者益田孝（号鈍翁）がおり，鈍翁主催の茶会「大師会」は，当代の数寄者が集まるサロンであった．1965（昭和40）年には三井文庫が設立され，三井家の所有する膨大な史料が管理されることとなった．1985（昭和60）年には美術品の保管・公開の目的で三井文庫別館が，2005（平成17）年には場所を移して日本橋三井本館の中に三井記念美術館が開館した（図1）．

　住友家15代当主吉左衛門（友純，号春翠）は東山天皇5世孫，徳大寺公純の第6子で，国学や詠歌，茶の湯の教養を身に付け住友家に入った．1897（明治30）年に欧米諸国へ外遊，このとき各地の博物館を視察し，富豪の私財を投じての文化支援に感銘を受け，社会的使命として公共施設を建設する考えをもった．友純は中国の青銅器，鏡鑑をはじめ，書画，陶磁器，茶道具，能面，能装束など多岐にわたる美術品をコレクションしており，それらは，1970（昭和45）年に京都に開館した泉屋博古館と2002（平成14）年に東京六本木に開館した分館とで公開されている．館名は江戸時代の住友の屋号「泉屋」と，900年前に中国で編纂された青銅器図録『博古図録』

からとっている．

　三菱は，明治に入って誕生した財閥である．創業者は土佐出身の岩崎彌太郎で，汽船回漕業を主とする土佐開成商会（後の九十九商会）としてスタートした．近海の海運をほぼ手中に収めた三菱は，弟彌之助が2代社長を継ぐ．彌之助は，東洋固有の文化財を愛し，その散逸を恐れて1887（明治20）年頃から美術品の蒐集を開始した．内容は絵画，彫刻，書跡，漆芸，茶道具など多岐にわたり，コレクションは4代社長の息子小彌太に引き継がれ，さらに中国陶磁器のコレクションを拡充していった．初め岩崎家邸内にあった文庫に図書類が保管されたが，後に建物を新築，静嘉堂を設立した．この財団に小彌太逝去後美術品コレクションが寄贈され，文庫内展示室で一般公開された．1992（平成4）年には同地に静嘉堂文庫美術館が開館し，現在に至る．また，3代当主の久彌が1924（大正13）年に設立した東洋文庫は日本最古・最大の東洋学研究図書館だが，2011（平成23）年に貴重書などの展示を目的とする東洋文庫ミュージアムが開館した．

●**事業家たちの心意気**　大倉喜八郎は，幕末期の軍需産業で富を築いた実業家である．維新後，国際貿易業に転じ，その後建設，化学，製鉄，繊維，食品など多分野にわたる事業を展開した．喜八郎は事業で得た富を，教育・文化事業に還元することを期して数々の学校を開校し，また1917（大正6）年，長年にわたり蒐集した美術品を公開するために，日本で初めての私立美術館である大倉集古館を開館した．同館は関東大震災後の1928（昭和3）年に再建，隣接するホテルオークラ東京の宿泊客をはじめ海外からの集客に成功している．

　東武鉄道の社長を務めた初代根津嘉一郎は，若いときから古美術に関心が深かった．事業に辣腕を振るう一方で，「青山」と号して茶の湯にいそしみ，美術品蒐集家として名をはせた．初代嘉一郎は1909（明治42）年に渡米しているが，そこで見聞きした「公共の事業に対して私財を惜しまず寄付する」行為に感銘を受けたといい，みずからのコレクションを多くの人々とともに楽しむことを願った．そして遺志を継いだ2代根津嘉一郎は，1941（昭和16）年に東京青山の地に根津美術館を開館，事業家の個人コレクションとしてわが国随一の美術品が公開されている．

　その他，石油販売業で一財をなした出光佐三の出光美術館，東京急行電鉄の会長を務めた五島慶太の蒐集品を公開する五島美術館，関西経済界の雄・藤田傳三郎の蒐集品による藤田美術館，野村證券創業者野村徳七のコレクションをもとにした野村美術館，倉敷紡績の創業者大原孝四郎の三男孫三郎が1930（昭和5）年に開館した国内随一の西洋近代絵画コレクションを有する大原美術館などがある．

●**財閥系ミュージアムの意義**　これまで紹介した事業家たちは，そのコレクションを私蔵せず，広く社会に公開することを希望した．美術館設立は確かに一種のステイタスでもあっただろうが，同時に近代日本を支えた実業家たちの生き方そのものでもあった．　　　　　　　　　　　　　　　　　　　　　　　　　　　　　　［坪井則子］

参考文献　志村和次郎『富豪の道と美術コレクション―維新後の事業家・文化人の軌跡』ゆまに書房，2011

戦争・紛争と展示

　人類の歴史において，主義・主張を正当化するためや利権の確保などのために，武力によって目的を達成しようとする行為は，太古より続く人類の営みの一部として繰り返されている．それは，国家またはそれに準ずる組織間で武力を行使し合う行為である戦争でも，特定の問題に対して互いに自己の意見を主張して譲らず対立状態にある紛争でも同じことといえる．

　戦争・紛争は，政治的問題だけに限らず経済的問題や宗教上の問題，また文化的問題など人類の営みそのものと密接に関わっており，その到達点は社会のあらゆる分野に対し，破壊的な影響を与え，被害は非常に大きなものとなる．破壊の対象として地域や文明のアイデンティティともいえる文化遺産を展示・普及している博物館も例外ではなく，さらに文化遺産が戦火の犠牲になることも多い．

●**戦争を伝える**　戦争に関する集合的記憶を保存し，史実として戦争を後世へ伝える役割を戦争博物館は担ってきた．戦争博物館は，大きく軍事博物館と平和博物館に分類することができる．教育社会学者の村上登司文によれば，軍事博物館とは「軍隊・兵備・戦争・軍務など，軍事に関する展示を行い，軍隊の発展に貢献するために開設され，展示方針として反戦平和的ではない博物館である」(村上，2003)と定義されている．

　軍事博物館は古くから設置され，戦勝国において国立などの大規模館が多くみられる．戦争に対するナショナル・スタンダードとして取り組まれていることが多いため，それだけ社会的事情が強く働き，その影響力も大きい．

　一方，平和博物館とは「文献，絵・写真，芸術品等の展示物を体系的に収集し，その収集物から平和について歴史的な視野を与え，平和教育の目的に役立つように一般大衆に展示する博物館である」(村上，2003)と定義されている．平和博物館は，1900年代になってから設置されるようになった．現在日本で戦争をテーマに取り扱っているところのほとんどが平和博物館であり，戦争体験を継承することを目的として，戦争の愚かさや恐怖を伝えて，反戦の意識を形成することを目指して活動している．

　日本で戦争をテーマにした博物館は，陸軍の山県有朋を中心に幕末維新の官軍戦没者の遺品，および古来の武具などを展示する施設として1882年に開館した遊就館が，国内で最初で唯一のものである．その後，1990年代以降になるとアジア・太平洋戦争時の国民の経験を資料とともに伝えることを目的とした平和博物館が多く開館した．その内容は，当時経験した悲惨さや苦労を通して，平和の尊さを伝えようとするものが中心で，公的な見解をもとに史実を伝えようとする海外の平和博物館と大きく異なっている．現在でも展示内容について，敗戦国側の視点だけでなく戦勝国側の視点の必要性や，戦争というテーマを多様な視点で捉えることの重要性などが議論され

ている．

　今後，国内での戦争体験者が減少していくなか，戦争という歴史を展示内容も含め，平和博物館として「誰に」「何を」「どのように伝えるか」を考え直すターニングポイントに来ているといえる．

●**戦火の影響**　戦時下においては，博物館が時の政府のプロパガンダに利用されたり，逆に管理・保護を放棄されることにより，本来もつべき機能が著しく損なわれることがある．

　利用される例として，1983年，イラクのバグダッド市に竣工（しゅんこう）したアルシャヒードモニュメントは，バース党に貢献した殉教者たちを祀（まつ）ることを目的とされ，建物下部に博物館も併設予定であった．しかし，1980～1988年のイラン・イラク戦争以降は，この戦争での戦没者追悼施設へと大きく目的が変更され，併設された博物館も軍事と戦没者の遺品を展示するアルシャヒード戦勝記念館となった．モニュメント建設は戦争の最中に行われたため，イラン軍の空爆を受けることもあったが，当時の大統領であったサダム・フセインの権威を知らしめ，兵士の士気向上のために強行して工事が行われた．戦争での功績を一般に知らせ，表彰することで軍隊の発展のために博物館が利用された事例である．

　また，放棄される例として，1990年には，イラク軍のクウェート侵攻に対し，有志連合による軍事介入が行われた．その際，バグダット市唯一の動物園であったアルザウラ動物園も，空爆の対象となった．2003年に戦闘は終結したが，イラク国内の治安は悪化し，動物園は戦火と貧窮した一部の市民による略奪によって破壊され，混乱と危険にさらされる事態に陥った．そのようななか，同年9月には駐留米軍兵が酒に酔って動物園へ侵入し，ベンガルトラを射殺する事件も起こった．

●**未来への継承に向けての取組み**　戦時下では，武力による文化遺産の破壊行為や組織的な略奪行為が繰り返されている．近年では，敵対する民族の象徴として文化遺産が攻撃の対象とされることも増えている．

　文化遺産保護に向けての議論はこれまでにも行われており，1907年作成の「ハーグ陸戦条約」で文化遺産の略奪禁止は規定されていた．その後，アジア・太平洋戦争での教訓をもとに，1956年にユネスコの主導のもとで「武力紛争の際の文化財保護議定書」が発効され，2004年には規定を見直したものも発効されている．この議定書では，武力紛争時においても文化遺産の尊重や保護を義務付けており，博物館などの保管施設も保護の対象に加えられている．また，国際情勢の変化に伴い，武力紛争時のみに限らず，平時においても適切な措置を行うことが必要であり，国際的な組織での保護や援助が求められている．

　日々社会情勢が変化するなか，文化遺産を次世代に継承する重要性は増している．今後は，国際的協力のもとでの取組みが求められる．

[北村美香]

📖 **参考文献**　中内康夫「武力紛争の際の文化財保護の国際的枠組への参加―武力紛争の際の文化財保護条約・議定書・第二議定書」『立法と調査』267，2007

政治・権力と展示

　1995年にスミソニアン航空宇宙博物館が企画した特別展に端を発した「原爆展（論争）」はよく知られている．爆撃機エノラ・ゲイの展示とともに広島・長崎の被爆のコーナーを設ける企画に退役軍人らが反対し，中止に追い込まれたものである．このケースは大きな議論を引き起こした明示的な事例である．珍奇なものの陳列から始まった博物館だったが，時代とともに展示のメッセージ性が重視されるようになり，必然的にメッセージが内包する政治性が展示学における重要なテーマとなってきた．

●**イデオロギー装置としての博物館**　人文社会学者の金子淳は博物館をイデオロギー装置としてとらえ，展示が「一定の意図のもとでの価値のコントロールがともなっている以上，いわば不可避的に組み込まれている」（金子，2001）とする．

　少なくとも第二次世界大戦以前においては，西欧の近代博物館は植民地支配のための装置という側面をもっていた．植民地に博物館が設立され，収集と研究が行われ，本国に略奪品が送られた．1851年から始められた万国博覧会も，欧米を頂点とする文化進化主義に基づく展示により，植民地支配を正当化する観点から展示が行われた．戦後に植民地から独立した国々では，宗主国によって設立された博物館はリニューアルされ，新たなナショナル・アイデンティティの涵養と国民の統合の役割を果たしてきた．

　社会主義体制の国では，博物館は革命のプロパガンダとしての重要な役割を担った．モンゴルは，1990年から社会主義を廃し，民主化・市場経済化の道を進んできたが，モンゴル国立博物館は，そうした体制の変化を反映してリニューアルされた．新たな展示では，チンギス・ハーンとモンゴル帝国，民主化後のプロセスが重要な展示となってい

図1　モンゴル国立博物館におけるモンゴル帝国の展示コーナー

る．チンギス・ハーンとモンゴル帝国は，社会主義時代にはその表象が禁じられていたが，現在は，モンゴルのナショナル・アイデンティティの最大の象徴であり，急激な近代化の道をたどるモンゴル人の希望の象徴ともなっている．

●**わが国の博物館の歴史**　わが国の国公立の博物館では，「殖産興業→国体論の喧伝と国威発揚→ファシズムの解体と戦後民主主義の徹底」（村田，2014）と，社会状況に応じて発信するメッセージを大きく変容させてきた．

　「皇紀2600年」（1940年）の奉祝事業として構想された国史館は，記紀神話に依拠

した国体史観に基づいて文化財を展示し、国家に役立つ臣民を育てることを目的とするものであった．また，戦時中に構想された大東亜博物館は，南方の豊かな資源を収集・展示・研究し，南方の諸民族の文化を展示することで，日本の優位性を示し，侵略と支配を正当化し，推し進めることを目的とするものであった．いずれの構想も敗戦とともに立ち消えとなり，連合軍最高司令部によって，帝国主義を支えてきた博物館は，民主主義のための博物館に転換された．

　1983年に開館した国立歴史民俗博物館は，政治史の通史ではなく生活史をテーマ展示として取り上げることを基本方針としている．そのため，源頼朝，徳川家康といった権力者の名前はほとんど登場しない．この基本方針の背景には，国立の博物館の歴史展示は歴史教科書的な正史として捉えられてしまうので，あえてそれを回避したことがある（国立民族学博物館編，2003）．過去の史観や歴史教科書問題を踏まえた議論のうえでの選択であり，それ自体が政治的選択であったといえよう．

●**文化・美術の展示と政治性**　カナダ・アルバータ州のグレンボー博物館で1988年冬季オリンピックを記念して企画された「精霊は歌う」展では，展示対象となっていたクリー民族の居住地での後援団体の石油メジャーによる開発，先住権問題，過去に限定された展示内容などに対して，クリーの代表が不満を表明し，最終的に企画は中止に追い込まれた．この事件から，博物館の民族文化展示における一方的な企画が問題とされるようになり，1992年に，カナダ博物館協会と先住民との間で「博物館と先住民の新しい関係を創造する」協定が結ばれた．こうした過程を経て，現在では，異文化に対する偏見やステレオタイプを排するため，展示される側の価値観や考えを取り入れる，特に展示の制作段階から協働する，現在の生活や社会を表現する，個人に光を当てるなどの試みが進められている（出利葉，2016）．

　このような動きの背景に，1984年にニューヨークの近代美術館（MoMA）で開催された「20世紀美術におけるプリミティヴィズム」展がある．「近代美術」と「部族美術」を一堂に集めた展示は，「アート（芸術）」と「クラフト（器物）」に関する視点の相違や，「第三世界のモダニズム」などをめぐる熱い議論を引き起こした．我が国でも，国立民族学博物館を中心に，そうした議論をふまえ，「異文化」を展示する際の「フォーラムとしての博物館」への方向性が重視されている（吉田，2014）．

　歴史や文化と比べ，美術は一見政治性とは無縁に見える．しかし，美しい故郷や純真な乙女のモチーフも，ナチス・ドイツの国家民族主義のもとではアーリア民族至上主義と異民族排除の思想教育の巧妙な仕掛けとなった．ドイツ・ニュルンベルクのゲルマン国立博物館の「第三帝国」展示室は，そうした美術の負の歴史を直視する展示となっている（高橋，2016）．現在の博物館では，贖罪の意味をこめて歴史と向き合い，未来へのメッセージを発信する展示も少なくない．ミュンヘン近郊のダッハウ強制収容所の博物館はその一例である．英国リバプールの国際奴隷制博物館は奴隷制の歴史をテーマとしており，ロンドン博物館にも奴隷制の展示コーナーがある．

［稲村哲也］

参考文献　稲村哲也（編著）『博物館展示論』放送大学教育振興会，2016

盗難と真贋

　貴重な資料を収蔵し，後世に伝えていくことが使命である博物館にとって，盗難と贋作はあってほしくないことである．

　博物館では展示室で展示している資料は一部であり，大半が収蔵庫で保管されている．収蔵庫の扉は耐火性，防虫性，そして防犯性が高い構造になっている．扉の構造だけでなく，大きな博物館では，館内での監視カメラや警報装置，センサーを設置し，鍵や入・退館者の管理を厳密に行っている場合が多い．逆に，作品が収蔵庫から出され展示されているときは盗難に遭う可能性が高いともいえる．2004年8月22日，ムンクの代表作《叫び》と《マドンナ》はオスロ国立美術館から，観覧者が多数いるなかで堂々と盗まれた．犯人は作品を吊っているワイヤーをハサミで切り，作品を持ち出している．このとき，警報装置を設置し，作品を壁にボルトで固定したり，強化ガラスで覆ったりする展示方法をとっていたなら，盗難は防げたかもしれない．

●**贋作と複製**　贋作は一般に「ニセモノ」であるが，別に存在するオリジナルに似せて捏造した贋作もあれば，実際には存在しないが，様式や作風を真似て，架空の作品を「それらしく」捏造した贋作もある．オリジナルと同等レベルで再現した資料は複製，レプリカとよばれる．レプリカ展示を見た来館者から「ニセモノを飾っている」と言われることがあるが，当然ながらレプリカは「贋作」ではない．レプリカを利用すると，原資料を収蔵していなくても展示が可能になるため，体系的な展示ができる．また，長期展示も可能である．そのため，歴史系博物館での通史的な展示などに活用される例が多い．

　なお，実物に似せてつくった構造体は模型といわれる．鉄道模型は列車の形をしているが，列車そのものの機能はもち合わせておらず，鑑賞など別の機能に変形させている．千円札を複製した作品で偽札づくりの罪に問われた赤瀬川原平は，これは紙幣としての機能のない「模型千円札」だと主張し，法廷で争った（千円札裁判）．

●**博物館と文化財の盗難対策**　2015年1月21日の文化庁発表によると，国宝，重要文化財のうち所在不明が180点余り，そのうち盗難によるものは33点であった．また，2012年，立命館大学が寺社の文化財所有者を対象に行ったアンケートによると，最も多い人為的災害が盗難であった．高齢化や過疎化が進み，管理が行き届かなくなった山間部などの寺社を狙った，仏像や石仏の盗難も増えている．

　文化庁は文化財の盗難や火災が発生した際に，防犯対策の強化について通知を出している．それによると，鍵の強化や防犯センサー，警報装置の設置，開口部の点検などのほか，警察や消防との日頃からの連携や地域住民との協力体制を構築することを促している．また，十分な防犯体制を確保できない場合は，博物館などに寄託することも勧めている．

和歌山県立博物館は文化財の盗難への対応を積極的に進めている．一例が県内の文化財保護のため，県立和歌山工業高等学校と協力した 3D プリンターによるレプリカ製作である．2010 年に盗難被害に遭った円福寺（紀の川市）の愛染明王立像は 3 年後に戻ってきた．その後，管理のため県立博物館に寄託されていたが，拝観者のためにレプリカの作成を提案し，同意を得ることができた．仏像をレーザー計測し，本体，台座，光背をそれぞれつくり，組み合わせてアクリル絵の具で着色した仏像は「複製」ではなく「分身」として祀られているという（図 1）．

●**作品の鑑定**　一般に，鑑定は真贋を含め資料の価値を定めることをさす．方法には科学技術を駆使した鑑定，様式や技法の検証による鑑定，鑑定人の直観や鑑識眼による鑑定の三つに大別される．

図 1　円福寺の愛染明王立像．左が本物，右が 3D プリンターによる複製
（出典：和歌山県立博物館ニュース）

科学的な鑑定には，絵画の場合は光学調査（さまざまな波長の光を当てて構造を知る），分析調査（成分を知る），クロスセクション（絵画層の構造分析）など，また出土品などの場合は，C^{14} 年代測定法（炭素 14 の存在比率による年代測定），フッ素法（フッ素の含有量による年代測定）などの方法がある．20 世紀初頭に英国サセックス州のピルトダウンで発見された人骨化石は猿と人をつなぐ「失われた環」の発見と騒がれたが，約 40 年後，フッ素法によって，捏造されたものと判明した（ピルトダウン人捏造事件）．

様式の検証による鑑定は外観から判断できる．1959 年に重要文化財に指定された「永仁の壺」は，銘や形の不自然さなどが指摘された．調査の結果，実際は現代の陶芸家加藤唐九郎がつくったことが判明し，2 年後に指定が解除された．当初から贋作疑惑はあったが，展覧会への出品が疑惑再燃のきっかけだったといわれる．

鑑定や研究の結果，著名な作家の作品が弟子や別人の作であるとわかることもある．2009 年，プラド美術館（スペイン）は所蔵するゴヤの《巨人》が弟子アセンシオ・フリオによるものであることがわかった，と公表した．しかし，それで，ゴヤの作品ではないから価値がないということではなく，優れた作品であることには間違いない．同時代の別の作家が見出されたという見方もでき，新たな研究につながる可能性もあるともいえる．

［河村章代］

性表現と展示

　性表現一般は，時代や地域の秩序，規範や感覚を反映するとともに，それらをずらしたり揺さぶったり，あるいは変える契機となる．同時に，その社会的影響力から，性表現には監視の目も注がれてきた．性表現の展示は，こうした異なる力学の交錯のなかで位置付けられ，評価されている．

●「芸術か，猥褻か」を超えて　2015年9～12月，東京の永青文庫で日本初の本格的な「春画展」が開催された．いくつもの美術館が開催を断念した末の実現であった．そこから性表現が直面してきた「芸術か，猥褻か」論の背景も透けて見えてくる．

　春画は，人々の性愛が大胆かつ滑稽に描かれた絵で，笑い絵，枕絵ともよばれる．喜多川歌麿や葛飾北斎をはじめとする浮世絵版画の絵師の多くが春画を描いている．版画が広く普及した江戸時代には，性の指南書，贅沢品，嫁入り道具，縁起物として，庶民から大名にまで幅広く愛好された．春画を対象とする禁令が出されても地下出版により流通していた．

　ところが明治期になると，春画は近代国家にふさわしくない「猥褻」な表現とみなされ，全面的に否定されてしまう．これに対して，西欧の裸体画は「美術」に属する表現と判断された．この時期，多くの春画が，押収されたり破棄されたり，外国人の手に渡ったりした．明治期以降，春画は，人々の生活空間，および学問領域から追いやられて，好事家や収集家のもとへ移っていく．

　海外では2000年前後から春画の展覧会が開催されている．例えば2009～2010年にかけて，スペインのピカソ美術館で，春画がピカソに与えた影響を探る"Secret Images. Picasso and the Japanese Erotic Print"展が開催された．2013年秋から2014年にかけては，ロンドンの大英博物館で，"Shunga: Sex and Pleasure in Japanese Art"展が開催され，およそ3か月で9万人近くの入館者を集めた．日本での展示にも期待がかかったが，子どもへの配慮，スポンサー探し，批判への危惧などから，開催施設の決定は難航を極めた．永青文庫は，18歳未満を入場禁止とし，クラウドファンディングで資金を集めるなどして開催にこぎ着けた．開催後はじわじわと評判が広まり，来場者は20万人を超えた．春画展を見た人のなかにはSNS上の話題づくりといった声もあったが，春画関連の出版物の増加を見る限り，展示をきっかけに興味を深めた人も多いことがうかがえる．

●展示の意義　春画には，誇張された性器，好色な男女の多様で大胆な構図，言葉巧みで機知に富んだ書入れなどが描かれている．大英博物館と永青文庫は，それらの高度な独創性や技巧表現，および春画を育んだ文化を伝えることに重きを置いた．

　近代以降，性愛を否定的に捉える西欧キリスト教的な性の認識や，性的な事柄を個人の全人格を支配する本質的なものとみなす性科学の考え方が，近代化の文化的基盤

として西欧だけでなく世界中に広まった．博物館や美術館，そして一般の人々の多くが，そうした認識とまなざしを共有，あるいは影響を受けている．性器や性の営みを彫刻や絵で表し，それらを豊穣や繁栄の徴（しるし）と見る習俗は世界各地で報告されてきた．近世の春画人気も，そうした価値観に支えられていた．さらに春画からは，性愛，規範，社会関係などを「笑い」飛ばし，かつ「揺さぶる」感性が伝わってくる．そこには，性をいやらしいことや恥ずかしいこととして拒否したり，性によってその人のアイデンティティを固定化しようとしたりする認識は見出せない．

春画展で実物に触れてその文化的背景を知ることは，自分たちとは異なる性の認識，感性，そして男女関係のあり方を認める契機となる．それは外国あるいは自国の過去の文化を通して，自分たちの文化を相対化する営みである．

● 空間的広がり　近代以降長い間，日本において春画が猥褻に結び付けられる一方，裸体画は猥褻とは無縁の芸術とみなされてきた．基本的に博物館や美術館は，後者の芸術作品を見せる／見る場として整備されてきたといえる．これに対して，猥褻と評価されるものの展示空間の代表格に秘宝館がある．

図1　日本のパブリック・アートには，一般女性をモデルにした裸体像が多い（神戸市大山公園，筆者撮影）

秘宝館は，1972年開業の伊勢の元祖国際秘宝館を皮切りに，各地の温泉場に建設されていった大人の娯楽施設である．等身大の男女の性愛シーンが舞台装置技術によって再現され，性に関連するグッズや遊び，性愛をめでたいとする民俗的性信仰に関連するものが配置されている．古来の性の認識の再評価という点では，秘宝館の方が博物館や美術館より早かったともいえるが，近年は斜陽化して多くは閉館した（☞項目「秘宝館と展示」）．

秘宝館のセクシーな像を歴史的にたどると生人形（いきにんぎょう）に行き着く．生人形は，等身大で生きているようなリアリズムを特徴とする人体模型で，なまめかしさは裸体画をもしのぐ．生人形は芝居との組合せで見世物として各地を興行して巡った．幕末から明治半ばにかけて隆盛を極め，その形式は当時の万国博覧会での展示に生かされ，造形技術は医学用の人体模型や衛生博覧会の患者像などに用いられた．しかし，生人形自体は，次第に過去の見世物細工として廃れていった．近年になり，近代および従来の美術の枠組再考のなかで，生人形とその系譜の再評価が始まっている．

さまざまな性表現が，私たちの前に立ち現れる．それらが現行の権威を背景としたものなのか，あるいは既存の秩序や規範や価値観を揺さぶっているのか，あるいはまた新たな何かに向かっているのか．性表現の展示は，それを考える機会となる．

[川添裕子]

参考文献　木下直之『股間若衆―男の裸は芸術か』新潮社，2012／鈴木堅弘「制度としての美術と春画―明治春画・猥褻の発見・背景喪失」『京都精華大学紀要』45, p.141-166, 2014

マスコミと展示

博物館では常設展示のほかに，館の所蔵品を中心に構成し，独自の魅力を発信する「企画展」，そして規模の大きな「特別展」とよばれる展覧会を開催する館もある．しかし，特別展を館単体で行うには，準備期間や予算面で厳しいため，新聞社やテレビ局などのマスコミが主体となって企画を行い，パッケージ化された特別展を開催する館も少なくない．

●**国民を熱狂させた特別展を振り返る**　マスコミが特別展の主催者として参画するのは，平成になってからの印象が強いが，本格的に美術関連の展示に関わるようになったのは，大正時代にまでさかのぼる．その後，戦後の高度成長期とよばれる時代以降には，海外の美術館，博物館などが所蔵する歴史的資料，あるいは著名な画家の作品を目玉とした特別展が盛んに開催された．海外に対する憧れや，教科書や美術書などのなかでしか見ることのできなかった貴重な資料を間近で見られるという魅力は，展覧会ブームを巻き起こし，社会現象といってよいほどの熱狂ぶりとなった．そのなかでも，新聞社が主催した1960年代の「ミロのビーナス展」や「ツタンカーメン展」など，それぞれ自国より初めて海外へ持ち出されたというエピソードがあるほど貴重な展示品（資料）を借用して特別展が開催されている（図1）．

●**特別展はどこでつくられているのか**　表1の特別展は，記録的な入場者数を示したものだが，昨今でも30〜40万人規模の特別展が開催されている．特別展の主催にマスコミが関わることは，海外では例が少ないが，日本では特別展を企画するために，各新聞社，テレビ局などが「文化事業部」とよばれる専門の部署を設けているところが多い．部内では，国内作家を中心とした書や工芸などの企画展開催や，海外から作品を借用し特別展の開催準備に至るまで，幅広い内容を扱う．主な業務は，事業計画，開催会場の検討，作品の出品交渉，図録の制作，広報，展示プラン検討やミュージアムグッズ選定のほか，開催資金の出資を依頼するため，協賛先を見つけることも重要な仕事の一つである．計画の発案から開催後の作品返却までを管理してお

図1　当時の特別展の様子を伝える新聞記事（1964年4月8日朝日新聞夕刊）

表1 マスコミが関わった特別展の例

開催年	特別展名称	主催	入場者数	備考
1964（昭和39）年	ミロのビーナス展	国立西洋美術館，朝日新聞社	83万1,198人	ほか1会場 合計約172万人
1965（昭和40）年	ツタンカーメン展	東京国立博物館，朝日新聞社	129万7,718人	ほか2会場 合計約295万人
1994（平成6）年	バーンズ・コレクション展	国立西洋美術館，読売新聞社	107万1,352人	―
2009（平成21）年	国宝阿修羅展	東京国立博物館，法相宗大本山興福寺，朝日新聞社，テレビ朝日	94万6,172人	ほか1会場 合計約165万人

（注）入場者数は，各新聞社あるいは開催館発表のものを参照．

り，特別展の"企画"と一言でよんでも内容は多岐にわたる．このように，新聞社やテレビ局などは独自のネットワークを駆使し，開催館同士の承諾だけではなく，大使館などを巻き込んだ国レベルでの交渉に及んでいることは，長い文化事業の流れを振り返っても，ほとんど変わっていない役割である．

● **マスコミみずからが発信する新しいミュージアムのかたち**　現在国内には，マスコミの各媒体の歴史的資料などを中心に展示する，専門の博物館（新聞博物館，放送博物館，映像博物館など）が数多くあるが，各媒体を横断したマスコミ全体の情報を発信する博物館が米国の首都ワシントン・コロンビア特別区に誕生した（図2，2008年4月開館）．この「NEWSEUM（ニュージアム）」は，マスコミが発信してきた「情報」をみずからが「展示」という媒体に変えて発信する情報発信型博物館施設として，博物館展示の新たな可能性を示している．「情報」をキーワードに，歴史的な事件等を

図2　「情報」を通して米国の歴史を振り返ることができる．米国内だけでなく多くの観光客も訪れる（写真：News Corporation News History Gallery）

どのように伝えてきたかといった内容や教育（メディアリテラシー），あるいは米国が掲げる自由を守る憲法の擁護など，社会性の強いテーマを軸として構成され，さまざまな展示手法が導入されていることでも高い人気がある．

既存の素材を違った視点で構成することで新しい展示が誕生する．「ニュージアム」が展示発信スタイルの新たな呼び名に取って代わる日が来るかもしれない．

[澤登紀乃]

宗教と展示

「博物館法」(昭和 25 年法律 214 号)第 2 条(定義)には「「博物館」とは歴史,芸術,民俗,産業,自然科学等に関する資料を収集し,展示して教育的配慮の下に一般公衆に利用に供し,その教養,調査研究,レクリエーション等に資するために必要な事業を行い,あわせてこれらの資料に関する調査研究をすることを目的とする」と規定した後,これらの事業を達成するための博物館を設置し得る機関の一つとして宗教法人をあげている.

●宗教法人立博物館施設 宗教法人とは「宗教法人法」により国が認可した宗教団体を指し,神社や寺院をはじめとする各種宗教団体が設立する博物館(美術館も含む)施設は宗教法人立博物館である.2011 年度「文部科学省社会教育調査」での博物館施設の総数は 4,485 館にも上る.しかし,日本博物館協会に加盟している館園数は全博物館数より少なく,3,145 館園,このうちの宗教法人立館園は 125 館園(内訳:神道系 63,仏教系 53,キリスト教系 1,その他の宗教系 8)であり,加盟館園の約 4% にすぎないのが現状である.現在,登録博物館や博物館相当施設として活動している主な館園は,神道系では秩父宮記念三峯山博物館,日光二荒山神社宝物館,明治神宮宝物殿,久能山東照宮博物館,三嶋大社宝物館,熱田神宮宝物館,神宮徴古館・農業館,春日大社宝物殿,出雲大社宝物殿,金刀比羅宮博物館,太宰府天満宮宝物

図 1 皇學館大学佐川記念神道博物館

殿,祐徳博物館など,仏教系では瑞巌寺宝物館,碧祥寺博物館,長泉院附属現代彫刻美術館,身延山宝物館,醍醐寺霊宝館,平等院ミュージアム鳳翔館,法隆寺大宝蔵殿,耕三寺博物館など,その他の宗教団体系では光ミュージアム,海の見える杜美術館などである.さらに宗教法人立ではなく財団法人立として MOA 美術館,MIHO Museum なども宗教法人と関わりを有する博物館施設である.これらの博物館施設は歴史と美術系博物館施設が大半を占めている.

●社寺と展示の歴史(絵馬堂・開帳) 歴史的には,絵馬の奉納と絵馬堂の出現である.社寺に奉納された絵馬を掲示し参拝者に展観する,絵殿・絵馬堂・絵馬殿が設けられた.絵馬は生きた馬を社寺に献進する行事が板に馬の絵を描いた絵馬に変化したもので,奈良時代から平安時代にかけ広まっていった.室町時代末には大型化と画題の多様化が進み,扁額絵馬として奉納された.京都の北野天満宮,八坂神社,清水寺,香川の金刀比羅宮,広島の厳島神社等の絵馬堂はよく知られている.人々に宗教施設である社寺が物を見せるのは,宗教的布教や教化活動の一形態ではあるが,奉

納品の絵馬を一般民衆に展覧するという行為は，展示という博物館機能の一つとして認識できる．また，平安時代末期には末法思想の流行に伴い，極楽浄土の様子を絵画・彫刻，庭園の造営などにより表現しようとする動きが起こった．これらは，信仰心を喚起させ高める効果を発揮するが，一つの空間内に宗教的な内容を美術表現で装飾することにより理想世界などを設定し出現させた鑑賞装置として，現在の美術館における展示空間と重なる効果を発揮していたと考えられる．江戸時代になると娯楽として「見ること」「見せること」が一般化するが，そのなかに社寺での開帳・縁日などがある．「開帳」とは帳を開いて平生拝観できない仏像や宝物などを公開し霊験を崇敬者に伝えることで，鎌倉時代頃より始まり，江戸時代後期の文化・文政年間（1804～1829）以降各地で開催された．宗教目的による行事であったが，社寺の造営・造替，修理にあてる資金を獲得するための臨時収入を得る手段ともなった．「開帳」には居開帳と出開帳があり，前者は法会や神事，曝涼（虫干し）などの機会に公開するもの，後者は他所に持ち出して開催されるもので，現代の特別展覧会や移動展覧会にあたるものとも位置付けられる．江戸の回向院や浅草観音境内の開帳は特に有名であった．ほかにも社寺には奉納された宝物類を納める宝庫や神庫が設けられており年中行事として曝涼が行われ，この折には公開や初歩的な保存修理が行われ，あわせて調査研究もなされるなど，展示に限らず文化材保護思想の先駆的な行為がなされていたことは興味深い．この伝統が明治以降の近代博物館施設として社寺の宝物館が博物館活動の一翼を担い，現在に至っている．

●**現代博物館と宗教の関わり** 現代においては宗教団体を設立母胎とする施設でも既存の宝物館的な施設から宗教へのイメージ戦略的な観点を有する特色ある新しい思想のもと，積極的な博物館活動を展開するところが出現している．その一つが米国における創造（創世）博物館（Creation Museum）である．創造科学と「若い地球説」を支持するキリスト教弁証学的布教団体アンサーズ・イン・ジェネシスが設置した博物館施設で，『旧約聖書』「創世記」の記述を支持し進化論を否定する考えによる．展示もこの思想に基づき構成され，人と恐竜が同時に生息する展示もなされている．このような特定の思想を通して人々を啓蒙する博物館施設が存在する反面，わが国では，MOA美術館に代表されるような，「『美』で多くの人を娯しませ，人間の品性向上に寄与する」（同館HPより）という「美育」をテーマとして掲げ，設立者岡田茂吉の宗教的教義（世界救世教）は表面に出さず，宗教法人ではなく岡田茂吉美術文化財団による美術館として地域貢献や美術を通じての交流，新しい公共性を模索する活動がなされている．同様な施設としてMIHO MUSEUMもある．宗教との関わりを有する博物館施設では，今後は設置目的としての宗教の教義や目的とは直接関わらない人類共通の立場での公共性を掲げつつ，施設運営や展示を通じ，郷土博物館や美術館，式年遷宮記念せんぐう館のような特定のテーマに特化して活動する方向性が模索されるであろう． ［岡田芳幸］

参考文献 全国大学博物館学講座協議会西日本部会（編）『新時代の博物館学』芙蓉書房出版，2012／青木豊（編）『神社博物館事典』雄山閣，2013

展示資金と作品価格

　ミュージアムの資料・作品購入は，館の収集理念に照らし評価を行い，外部有識者も含めた作品購入委員会などを経て予算を確保して進める．個人によるコレクションが中心の館では，館長や代表者であるコレクターの収集状況や裁量によって決定する．購入に際して，館がもつコンセプトに沿ったかたちで適正な価格で継続購入できれば，それらがやがてコレクションを形成し貴重な財産となり，常設展示や基礎研究も充実することになる．しかし近年のミュージアムにおいては資料・作品購入に掛けられる予算が潤沢ではなく，さらには購入の予算がゼロという施設もあり，展示資料資金のやり繰りは厳しいのが現状である．

　特別展や企画展の際の一時的作品借入の場合は，費用として作品保護のための梱包費や輸送費，保険料などを別途準備することになる．特に海外からの借入や大型作品の運搬になると，美術作品輸送専門業者の指定やクーリエ（美術品輸送随行員）への人件費など，より多くの資金が必要になる．マスコミや複数館合同主催による巡回展の場合は，経費の大枠は該当展覧会への参画費として一定の金額を捻出すればよく，比較的資金総額が把握しやすい．しかし館の設立運営理念から外れるような単なる箱貸しの展示の場合もあり，施設にとって中長期的に有効な資金活用方法ではないケースもある．

●**美術作品の価格**　人文・歴史系や自然史系の資料などと異なり，美術系の「作品」の場合は購入価格が想定以上になり，絵画1枚が数千万円や数億円などと巨額に上る場合もある．美術作品の購入価格は，大きく分けてプライマリープライスとセカンダリープライスの二つに分類される．プライマリープライスは，その作品が最初に取扱い画廊などで販売されるときの価格である．画廊と作家の取り分を想定し世の中に売り出す際の値段であり，若手作家の場合などは担当ギャラリストの企画力や発信力により，キャリアがスタートする機会にもなる．セカンダリープライスとは再販価格のことで，一度どこかで誰かに買われ世に出た作品が，それ以降に個人同士またはオークションなどで売り買いされる際の値段のことである．この段階で希少性や話題性，作家の人気や流行などとも呼応し，価格が異常なほど跳ね上がることもある．

　オークションに出品されて購入対象となる美術作品の適正価格を見極めるためには，作品がもつテーマ性や美的価値，収集理念に合致するかどうかを吟味することが大切である．さらに，その該当作品にこれまでどのような美術館での展示歴があるか，大規模国際展への出品歴があるかどうかなどもチェックするべきである．またその作品を取り扱っている画廊の対応や，他の所属作家・作品の動向も見極める必要がある．そして現代美術の作品であれば，作家と直接話せる機会をつくることが可能になるため，学芸員が作品についての思いやコンセプトなどを聞き出しながら購入へと結び付けることも大切となる．

●展覧会における値段の提示　2007年に広島市現代美術館で開催された企画展「MONEY TALK」では，普段あまり表には出てこない購入価格を作品とともに提示する試みがなされた．芸術と経済の問題をテーマに開催されたこの展示は，展覧会における美術作品の価格についての認識，館のコレクション形成の歩みと作品購入の視点，美と経済の関係などに関して考察をめぐらせることができる企画であった．国公立の美術館の場合，作品の購入価格は基本的に何らかのかたちで情報公開されていることが多いが，存命の現役美術作家からの購入の場合は価格が伏せられていることもあり，その場合は知ることができない．

この展覧会が行われた当時からさかのぼったデータで，広島市現代美術館の収蔵作品の購入予算は1985〜94年にかけては毎年1億〜7億円，1995年〜2000年にかけては5,000万円前後と推移し，2001年からは購入予算ゼロの状態が続いていたという．現在はミュージアムにおける作品購入予算が年ごとに増えてゆくということはほとんどなく，現状を維持継続していくことも難しい．国公立のミュージアム運営が独立行政法人化および指定管理者制度の導入によって，経費削減や効率的運営が必須となっている現在，まったく新しいかたちで外部資金などの予算獲得を試みないと，新規に作品購入予算を増やすことは難しい．

●現代美術分野における予算や経費　現代美術作品の場合，オーソドックスな従来型のいわゆる絵画や彫刻のような形態以外にも，インスタレーションをはじめとした建築と一体化している作品や，会期中だけ出現するような仮設的作品，観客参加型で触ることができたり造作が変化したりする特徴をもつ作品なども多い（図1）．このような作品の場合，完成しているモノを買い取るというかたちではなく，掛かる経費は作家へのコミッションワークの予算としての総合企画設計費的な性格をもつ．

従来型のオーソドックスな絵画や彫刻作品であっても保存や修繕に掛かる費用はもちろんあるが，現代美術のインスタレーション系作品になると，その維持管理に伴うメンテナンス費がさらに継続的にかかることになる．これまでの美術作品の保存や展示業務にはおよそ出てこなかったような，電球を交換したり油をさすなどの機械系の補修や，作品を構成する素材や原料を補充したり，作品の一部となっている植物の手入れをしたりするなどの業務まで発生することになる．このようにして設置される作品は，後になって造形物だけを取り出して売り買いすることはできないし，また想定されていない．特に現代美術の世界では，その場でないと成り立たない地域性や場所性を重要視する価値をもつ，サイトスペシフィックな作品が増えてきている．

[山貝征典]

図1　マイケル・リン《無題》
人々が憩う休憩スペースの床面に展開される，南部裂織から着想を得た色鮮やかなペインティング作品（十和田市現代美術館，2008，©Mami Iwasaki）

希少種・天然記念物の展示

　人間活動の自然界への影響拡大に伴い，希少種や天然記念物の展示は，教育上の観点からだけでなく，展示資料である動植物を保全するうえでも重要性を増している．特に希少動植物の生体展示にあたっては，保護の必要性や取組みを伝えるだけでなく，これを殖やすことを意識した展示構成が求められる．施設単独の取組みにとどまらず，国内，さらには世界レベルの連携が求められるケースも多い．

●**希少種と天然記念物**　希少種とは存続基盤が脆弱(ぜいじゃく)な動植物の種や亜種であり，国際自然保護連合（IUCN）が 1966 年からレッドリストを作成し，これがワシントン条約（CITES，絶滅のおそれのある野生動植物の種の国際取引に関する条約）の対象選定に影響を与える．国内では環境省が 1991 年から日本版レッドリストを作成しており，「種の保存法」（絶滅のおそれのある野生動植物の種の保存に関する法律）における希少野生動植物種を指定する基礎資料となっている．地方自治体なども独自のレッドリストを作成しており，地域レベルなどでの希少種の把握も進められている．天然記念物は 1919 年の「史跡名勝天然記念物保存法」に始まる制度で，現在は「文化財保護法」に基づき文化庁の所管となっている．希少種が純粋に自然科学的に対象を捉えるのに対し，天然記念物はオナガドリなどの家畜種が含まれるなど文化的な側面も考慮されている．

●**日本産希少種・天然記念物の展示と飼育繁殖の推進**　笠岡(かさおか)市立カブトガニ博物館（岡山県）や豊岡市立コウノトリ文化館（兵庫県）は，日本産希少種・天然記念物に特化した展示施設である．前者は笠岡湾干拓事業に伴うカブトガニ保護を目的とした施設で，「生きている化石」カブトガニを中心に古生物の化石なども展示しているのみならず，カブトガニの繁殖・放流を行っている．後者は，国内で野生下において絶滅したコウノトリの飼育繁殖と野生復帰を進めている兵庫県立コウノトリの郷(さと)公園にある展示施設で，コウノトリと人との共生をテーマとしている．動物園・水族館において日本産希少種を飼育繁殖する取組みも広がっており，例えばゼニタナゴのような希少淡水魚は優先的に飼育展示されている．ツシマヤマネコの場合，環境省と動物園の連携に基づき，福岡市動物園など複数の動物園で展示と繁殖の試みが進められている．このような飼育施設では，公開部分と非公開部分が設定されることがある．非公開で飼育繁殖を進めるのはトキにおいて一層顕著で，2015 年現在，東京都の多摩動物公園や石川県のいしかわ動物園では非公開で飼育繁殖を進めつつ，ビデオカメラを通じた映像による展示を行っている（いしかわ動物園は 2016 年に「トキ里山館」を新設し，トキを展示した）．

●**外国産希少種の展示と動物種の絞り込み**　外国産動物の多い動物園の場合，展示動物の大半が希少種ということも珍しくない．1988 年，東京都は希少種の重点的な飼

育繁殖に取り組むズーストック計画を打ち出し，1996年には上野動物園に「ゴリラ・トラの住む森」を完成させた．これは，ゴリラとスマトラトラそれぞれに複数の展示場を割り当てた施設で，この面積を確保するためにオランウータンとライオンの展示を多摩動物公園に集約した（その後，上野動物園はインドライオンを導入した）．1種の動物に複数の展示場を確保する動きは，ホッキョクグマやゾウなどで全国に広がっている．これは動物種によって繁殖のために雌雄を分ける必要があることや，飼育個体数を確保することで繁殖の可能性を高めるためである．上野動物園の上記施設には全国から多数のゴリラが集められているが，このような希少種の移動が頻繁に行われるようになった背景には，ブリーディング・ローン（BL）とよばれる繁殖を目的とした動物の貸借が普及したことが大きい．この際，最初に繁殖した子の所有権は動物を貸し出した側に与えられることが一般的である．また，展示動物の選定にあたって希少種を優先する動きも広がっており，例えばトラの場合，アムールトラやスマトラトラを展示する動物園が増えた．このような取組みは，日本動物園水族館協会（JAZA）が世界動物園水族館協会（WAZA）と連携して飼育動物種を絞り込み，JAZAコレクションプラン（JCP）として体系化されている．

●希少種の飼育展示と海外との連携　外国産希少種の保全は国際的なテーマであり，上記のように海外と連携するケースも増えている．下関市立しものせき水族館では，フンボルトペンギンの展示新設にあたって2010年にチリの国立公園と協力協定を締結し，生息域外重要繁殖地の指定を受けた．京都市動物園ではアジアゾウの展示新設にあたって2013年にラオス政府と覚書を締結し，ゾウの飼育繁殖や研究を軸に協力を進めている．このような取組みは欧米では盛んに行われており，例えばブロンクス動物園（米国ニューヨーク）では，ゴリラの生息地であるコンゴ共和国で活動する研究者を雇用し，ゴリラの展示施設「コンゴの森」（1999年）を建設した．ここでは，ゴリラやオカピなどを展示すると同時にハンズオン展示やシアターを駆使し，現地の研究や保護活動への支援を呼びかけている．また，チューリッヒ動物園（スイス）はマダガスカル政府と連携し，生態系そのものをマダガスカルの国立公園から導入した「マソアラ熱帯雨林」（2003年）や，タイの国立公園における人とゾウの軋轢と共生に焦点をあてた「ケーンクラチャン象公園」（2014年，図1）といった展示がオープンした．いずれも希少種の展示と飼育繁殖を進めると同時に生息地への支

図1　「ケーンクラチャン象公園」の屋内展示場（チューリッヒ動物園）

援を行うものであり，生息地の現状や保護の取組みを重視した展示構成となっている．このような流れは，人類が持続可能な地球環境を確保するための取組みと理解され，今後一層強まっていくことが予想される． ［佐渡友陽一］

展示と法律・条約

　展示のための特別な法令は存在しない．しかし，展示計画の立案・実施にあたっては，さまざまな角度からの広範多岐にわたる法令や規制等があり，これらと無関係に展示は成り立たない．ここでは，展示に際して留意すべき法令や条約等について概説するが，各法令等の詳細については，実際に条文を確認し，通知やコンメンタール等の解説書にあたることが必要である．

●**法令の体系**　一般に「法令」とは，「法律」「政令」「省令」「告示」などの国が定める法的拘束力のあるものの総称を指す．「政令」は「施行令」，「省令」は「施行規則」という名称であることが多く，それらは優劣関係にあり，上位の法令に反する下位の法令は効力をもたない．「法律」が国会で成立するものであるのに対し，「政令」は法律を施行するための手続きや法律で定めきれなかった内容を委任したもので，内閣が定め，手続き的には閣議決定が必要となる．さらに，政令よりも細かい内容については，「省令」や「告示」に委任し，主務大臣が主管府省限りで決めることになる．つまり，時代や状況の変化に応じた機動的な行政を行えるよう，軽微な内容については比較的手続きの少ない政・省令や告示等の下位の法令で定めることになっている．各府省設置法に基づき，行政指導としてこれらを補完するのが，所管官庁から発出される通知や通達であり，行政内部でその運用指針を定めた細則や内規（例えば「文化庁長官裁定」など）が定められている場合もある．これをわかりやすく示せば，図1のようになる．

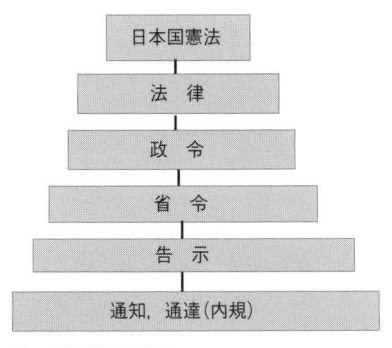

図1　日本の法令の体系

●**博物館法・文化財保護法・銃刀法**　展示の「現場」である博物館などは，「博物館法」による類型化がなされている．すなわち，「博物館法」上の「登録博物館」および「博物館相当施設」になるためには，同法第12条および第29条に基づき各都道府県または政令指定都市教育委員会が条例で定めている基準を満たす必要がある．ただし，展示の面からは，同法による規制等は特になく，館長および学芸員が配置され，一定規模以上であれば問題ない．

　国宝または重要文化財を展示する場合は「文化財保護法」体系の法令に留意する必要がある．所有者以外が国宝または重要文化財を展示する場合は，基本的に文化庁長官の許可を受ける必要があり，恒常的に展示するためには，「公開承認施設」となる必要がある（☞項目「国宝・重要文化財の展示」，付録「関連法規」）．なお，デパー

トの火災を契機として，1974年2月以降，デパート等における国宝または重要文化財の公開は許可しないとされていた通知（1973年11月「デパート等臨時公開施設における国宝重要文化財の公開禁止に関する通達」）は1998年9月28日付で廃止されたが，独立した出入口や避難導線の確保，耐火性等安全面の観点から文化庁の許可が下りる例は少ない．

　また，銃砲刀剣類のうち美術品または骨とう品として価値のある古式銃砲や，美術品として価値のある刀剣類には，「銃砲刀剣類所持等取締法」第14条の規定に基づき，都道府県教育委員会で登録手続きを行うことにより所持することが認められている．展示に関しては，同法第4条第9号および第10号により，「博覧会その他これに類する催しにおいて展示の用途に供するため，銃砲または刀剣類を所持しようとする者」および「博物館その他これに類する施設において展示物として公衆の観覧に供するため，銃砲又は刀剣類を所持しようとする者」は，所持しようとする銃砲または刀剣類ごとに，その所持について住所地を管轄する都道府県公安委員会の許可を得なければならない．

●**ワシントン条約**　展示資料の輸出入に関しては，「絶滅のおそれのある野生動植物の種の国際取引に関する条約」（いわゆる「ワシントン条約」．英語の頭文字をとって「CITES（サイテス）」ともよばれる）に留意する必要がある．同条約の附属書Ⅰおよび Ⅱに掲げる種に属する動物または植物については，商業目的のための国際取引が全面的に禁止されているが，学術研究目的（主として動物園や大学などでの展示・研究・繁殖）のための取引は可能とされている．その場合でも，これらの動物または植物が作品の一部に使用されている場合も含め，経済産業省に申請する必要がある．美術工芸品の場合，べっ甲や象牙細工の根付，印鑑は言うまでもなく，掛け軸に使用されている牙軸（象牙による掛け軸の軸先）がしばしば問題となっており，基本的にはワシントン条約が発効した1975年以前の象牙（その多くがアフリカゾウ）であると証明できない限りは，輸出入はできない．また，生物展示を行う場合は，ワシントン条約のみならず，検疫や野生生物保護関係の法令や条約が必ず絡んでくるので，留意が必要である．

●**文化財不法輸出入等禁止条約とICOM倫理規程**　1972年に発効した「文化財の不法な輸入，輸出及び所有権移転を禁止し及び防止する手段に関する条約」（いわゆる「文化財不法輸出入等禁止条約」）では，他の締約国の博物館等から盗まれた美術品や発掘品などの文化財の輸入禁止，原産国への返還・回復，自国文化財の輸出規制などを定めており，日本も2002年に批准している．

　また，ICOM（国際博物館会議）が定めた「ICOM職業倫理規程」（1986年制定，2004年10月改訂）の2.3「資料の由来と正当な注意義務」では，「購入，寄贈，貸与，遺贈，もしくは交換の申し入れがあった資料もしくは標本は，すべて取得の前に，その原産国もしくは適法に所有されていた中継国（博物館の自国も含む）から違法に取得もしくは輸入されたものでないことを確認するためにあらゆる努力を払うべきである」と規定していることにも留意が必要である．　　　　　　　　　　　[栗原祐司]

忘れられた展示

　閉館した博物館はもちろん，管理体制の変更や維持管理費の削減により事業が縮小し，利用者が減り閑散とした状態の博物館もある．1999～2005年3月までの平成の大合併により，3,232市町村が2,343市町村に激減し，広域となった自治体において，一時的であれ，合併特別債事業による新博物館の建設もあった．しかし，博物館の整理統合，閉館，運営形態の見直しなどが行われた．さらに，景気低迷の社会状況や財政状況から，自治体は行政評価制度を取り入れ，配分型予算と博物館評価の観点から博物館などの継続性を具体的に検討した．その結果として，閉館に追い込まれた博物館，展示室および管轄する野外展示物の管理が十分でない博物館，直営から指定管理者制度を導入した館も増えた．私立博物館においては後継者の不在や運営資金不足により閉館したものもある．

●**閉館した博物館**　愛知県足助町（現豊田市）にあった東海観光が経営していた香嵐渓ヘビセンターは1972年に開館し，愛知県博物館協会にも加入していた博物館相当施設である．ワシントン条約により展示動物である生きているヘビの輸入が禁止されたことと，経常収支面から存続を断念して1993年11月に閉鎖された．三重県度会郡大宮町にあった大宮昆虫館は，1994年に開館し，ケージ内で生きている昆虫の生態が観察できる博物館として人気があった．大宮町，紀勢町，大内山村が2005年に合併し，大紀町となった際に「おおみや昆虫館」と改称した（図1）．しかし，赤字運営を理由に2009年8月末で閉館した．静岡県磐田郡佐久間町にあったさくま郷土遺産保存館は2011年3月に閉館した．2005年に周辺10市町村とともに浜松市に編入合併し，浜松市天竜区になったが，閉館に伴い山村の生活用具や農工具の一部は佐久間歴史と民話の郷会館の3階へ移設され

図2　おおみや昆虫館の出口（生態展示用のケージ）

た．そのほかは浜松市博物館に収蔵され，もとの保存館の役目を終えた．愛知県の岡崎市郷土館は，1913年に建設された額田郡公会堂および同物産陳列所の建物を使い1969年に開館した．建物が国の重要文化財に指定され，老朽化に伴う耐震補強工事が行われたが，維持管理費の配分が困難となり2014年に閉館となった．

●**忘れられた展示**　伊良湖自然科学博物館（愛知県田原市）は，渥美半島の先端に位置している伊良湖港湾観光センター内の施設として「三河湾国定公園の大自然の仕組みと人文景観」をテーマに1970年に開館した．友の会を組織して活動していたが，会誌『伊良湖』は19号（1991）をもって終止符が打たれた．博物館の運営を引き継

いだ伊良湖リゾートは，国道 42 号道の駅，伊良湖クリスタルポルト内で，ヤシの生態やその利用と渥美の自然を紹介する「やしの実博物館」としてリニューアルオープンした．道の駅，フェリー乗り場のあるビル内の博物館であるが，展示物の老朽化や展示更新がされぬまま，無料施設となっている．愛知県新城市玖老勢にある学童農園「山びこの丘」は，そば打ち，農業体験，森林体験などの施設や各種スポーツ施設が整備されている．その一角に伝承館がある．新城市（旧鳳来寺町）で使われていた林業，生活用具，埋蔵文化財などを展示した博物館である．「山びこの丘」は指定管理者により管理されているが，伝承館の利用者は少ない．展示物は設置当初のままで，展示環境は十分とはいえない．旧恵那郡串原村（岐阜県）の郷土館は，1968 年に完成した矢作ダムのために水没した村落のうち，江戸時代に建てられた家屋を移築し，生活用具などを屋内に展示して 1982 年に開館した．2004 年に恵那市に合併し，恵那市教育委員会が所管する恵那市串原郷土館となった．経費不足のため土・日曜日は開館するが，平日は希望により開館する体制となった．2014 年度から指定管理者に運営が移行し，奥矢作森林塾が展示公開と文化財としての建物の維持管理をしている．京都府京丹後市にある丹後震災記念館は，1927 年 3 月 7 日に発生した丹後震災（北丹後地震）の甚大な被害の記憶を後世に伝えるために 1929 年に建設された．洋風建築の要素を取り入れた建物は日本建築学会の近代日本の名建築に選ばれ，2005 年には京都府指定文化財となっている．薬師ケ丘のさくらの森公園・震災記念館は，建物の保全にあわせて建物内の震災に関する展示物の整備が期待される．

●閉館後，リニューアルオープンした博物館　博物館の建物・展示物の老朽化，運営形態の変更により，一度は閉館したものの，再度新体制のもとリニューアルし，再出発した博物館もある．東海大学社会教育センターに属する博物館群は，海洋科学博物館，自然史博物館からなっている．海洋科学博物館は，1970 年に水族館部門と科学博物館部門を統合して「海のはくぶつかん」として開館した．自然史博物館は，1981 年に開館した恐竜館と 1983 年に整備した地球館と統合して，2000 年 10 月に閉館した人体博物館の建物をリニューアルして誕生した．広島県福山市松永町の日本はきものの博物館は，松永地区のげた産業 100 周年を記念して 1978 年に開館した．途中で運営が直営から指定管理者に代わったが，利用者数は減少し，2013 年の 11 月に閉館した．運営管理していた遺芳文化財団の解散に伴い，敷地内の日本郷土玩具博物館も閉館した．2015 年に福山市は，これまでの施設を整理統合し，地域の松永地区まちづくり推進委員会連絡協議会に委託し，郷土の文化財や史料を含め，松永はきもの資料館として再度開館した．愛知県蒲郡市の観光施設として 1983 年に鉱物と貝のテーマパークとして開館した蒲郡ファンタジー館は，入館者の減少により 2010 年に閉館したが，2014 年に経営者が代わり，土産物を販売する売店やレストランを改装し，竹島ファンタジー館として開館した．1962 年に開館した交通科学博物館（大阪市港区）は，2014 年に閉館したが，京都府京都市の梅小路蒸気機関車館を吸収して，新たな鉄道の総合博物館である京都鉄道博物館として 2016 年にリニューアルオープンした．

[松岡敬二]

風景と展示

　日本展示学会の勉強会で「どこまでが展示か」が話題になった．「風景は展示」だという人もいた．展示は「特定した空間による情報メディア」であると筆者は考えている．だから，ある「風景」を見て感動しても，情報を得たとしても，自己完結的な行為ならそれを「展示」とはいわない．展示ならば「この風景を見ろ」「この風景のここに意味がある」と情報を発信する者と，これを受け取る者が必要だ．そして，伝えるための展示的な工夫も必要になる（新井，1992）．

　筆者が住んでいる西東京市は「都内でも有数の苗木の産地」だそうだ．市は「都市と農業が共生するまちづくり事業」の一環として「風景の窓」（図1）という案内板を遊歩道の脇に設置した．案内板の四角い穴を覗くと苗木の畑が見える．見えるのは，整然と植えられた美しい苗木畑！　といった風景ではなく，雑然とした，全体としては地味でパッとしない風景である．何もなければ，通り越してしまう地味な苗畑にちょっとした工夫した「風景の窓」

図1　風景の窓（西東京市．デザイン：武蔵野大学伊藤泰彦研究室）

を置くことで，地元の産業への関心をもってもらうことができる（草刈，2017）．

　2004（平成16）年の文化財保護法の一部改正により「重要文化的景観」の選定制度が始まった．「文化的景観」のなかには「農林水産業に関連する文化的景観」（文化庁，2003）もある．選定される基準には「美しさ」，「やすらぎ」も考慮されるようなので，我らの雑然とした苗畑が「重要」とされるのは難しいだろう．しかし地元としては重要な「文化的景観」である．

　駅の大規模改修や被災地の復興工事など，保護できない，どんどん変化する風景もある．木造住宅の密集地域など防災上の理由で改修を急がなければいけない風景もある．それでも，その風景に注目してもらいたいときがある．注目してもらいたい風景には自然の風景もある．そのなかにはパッとしない風景もあるだろう．絵画，映像，模型などで風景を展示することもできる．が，その場所で実物の風景に直接触れることは何にも代えがたい力がある．放っておくと見過ごされてしまう，パッとしない風景に現場で注目してもらうのには，展示の工夫が重要なのだ．　　　　［草刈清人］

10章 展示の潮流

展示の近未来─────────466
親と子の成長と展示─────470
チルドレンズミュージアムと展示─────472
ユニバーサルミュージアムと展示─────474
ワークショップデザインと展示─────476
アートイベントと展示─────478
デジタルアーカイブと展示─────480
図書館と展示─────482
SNSと展示─────484
サブカルチャーと展示─────486
秘宝館と展示─────488
ツーリズムと展示─────490
インフラと展示─────492
事故と展示─────494
大震災と展示─────496
コミュニティデザインと展示─────498
ビッグデータの活用と展示─────500
【コラム】ミュージアムグッズの展示─────502
【コラム】ICOM-ICEE─────503

［編集担当：亀山裕市・齊藤克己］
＊五十音順

展示の近未来

　最終章は，未来の展示を展望する項目で構成した．具体的には，各項目の基礎概念を伝える事典としての基本的な役割を満たすことに加え，試行錯誤の真っただ中にいる実践者に，未来の端緒ともよべる展示の現場での気付きを論じてもらう方法をとった．
●**『展示学』における新潮流への関心**　展示の潮流を考察することは，日本展示学会の取組みそのものといえるだろう．学会創設の経緯にも，そのことがうかがわれる．梅棹忠夫初代学会長の著書や学会誌の初期の記録を紐解くと，学会活動がさまざまな学術分野の横断的・学際的な関与や産業界との関わりのなかで営まれることを重視し，現場での実践・現象を積極的に取り込む実学的な活動が志向されていたことがわかる．年1～2回発行されている学会誌『展示学』（2018年現在，通巻55号）には，発行年の前後に生み出された展示の新潮流がみてとれ，展示の現在・過去・未来を相対化するのに役立つ論考も多く掲載されている．
　例えば，42号（2000年）では，第25回研究大会で催された「『最近の展示』を総括する」と題した討論の様子が報告されており，長年にわたり展示を研究対象としてきた研究者と国内外を舞台に数多くの展示の実績を積んできたデザイナーによる対談形式の議論が発言要旨となって確認できる．ここで議論されているまちづくりと展示の関わりなどは，今もなお関心の集まるテーマであり，展示がもつ普遍的・潜在的な機能や可能性をうかがわせている．また，それまでに発行された『展示学』での研究論文や研究ノート（査読を経る「論文」とは異なるが，研究成果をレポートしているもの）を傾向分析した論考も興味深い．傾向を大別すると，「博物館論から展示を考察する」タイプと，「技術論から展示を考察する」タイプに分けることができるとし，展示の特性を明快に押さえている．言い換えれば，展示の目的からアプローチする方法と，展示の機能・働きからアプローチする方法が，展示の本質的な特性を左右するものであるととらえられるからだ（さらに新たなアプローチとして，展示の主体と効果に目を向けた関心も今日的特色の一つである．本章の項目「親と子の成長と展示」「大震災と展示」などで詳述されている）．
　もう一つ，本章とあわせて参照すると興味深いものに49号（2011年）がある．特集テーマを「10のキイワードで語る"博物館展示の未来"」とし，展示の新潮流に関わる論考が集められている．研究者，教育普及を主に担う博物館員，展示プランナー，展示デザイナーといった専門性の異なる10人の論者による博物館展示の未来を見据えたキーワードには，①ポストモダン，②リテラシー，③パーソナル・コミュニケーション，④可変性，⑤ミクストリアリティ，⑥モノ：情報集合，⑦どこに置くの？，⑧連，⑨環境復元，⑩構造と機能があげられ，十人十様の視点から展示の未来像が展望されている．

●**子ども，ユニバーサル，ワークショップのこれから**　展示の働きを大きく広げたものに「子ども」「ユニバーサル」「ワークショップ」への関心や取組みがあげられる．展示といえば文化財をはじめとした名品や珍品，商品などを見せることが第一だった時代は，展示による劣化をいかに防ぐか，「見せる」側が訴えたいことをいかに提示するか，などが重大な関心事だったが，展示を成立させるもう一つの要素＝「見る」側の理解度や利便性・快適性に配慮することも重要視されるようになった．「見る」側にとっての展示への関心は，1960年代以降に盛んになった「開かれた博物館」を求める声とともに強まり，1980年代には教育普及活動の広がりとあわせた議論・取組みが増していった．

　さらに今では運営職員・組織のなかに教育普及部門を設けるケースが一般化してきた段階であり，「見る」側への配慮は展示を構成する必要不可欠な要素となっている．いわば「子ども」「ユニバーサル」「ワークショップ」は現代の展示計画やミュージアム運営の場面で当然盛り込まれる機能となっている．

　そこで本章では，「見る」側への配慮が，導入の時期から発展の時期に入ったものとしてとらえ，基本事項を押さえながらも，導入の次の段階での新たな展開を見つめようとしている．「子ども」では，確固とした施設タイプの一つに普及しているチルドレンズミュージアムでの展示の潮流をつかむとともに，子どものかたわらにいる大人も視野に入れた展示のあり方に踏み込んでいる．「ユニバーサル」では，障がいへの対応となるバリアフリーの取組みにとどまらず，障がいをきっかけにしたすべての人々にとっての展示体験の可能性が開かれている．そして，展示がもたらす理解や興味・関心の喚起といった基本的な働きを拡張するものとして「ワークショップ」に注目している．ミュージアムを中心としたワークショップの開発・実践を発展経緯と今日的動向から展望している．

●**実社会にみる展示の現場の多様化**　『展示学』で取りあげられてきた事例には，ミュージアムでの展示が多いが一般的にも展示といえばミュージアムが思い浮かべられるだろう．一方，実社会に目を向けてみると，ミュージアムとは異なる場面でも展示が活用されるケースはたくさんあり，展示の現場が多様化してきた．こうした傾向のなかから，近年，目にする頻度が高くなっている展示を取りあげた．

　一つは全国的に開催のケースが増えている「アートイベント」である．美術館での展示とは趣の異なる方法がとられることが多く，作品を見せるという狭義の展示にとどまらず，展示を成立させる要素や展示と地域社会・住民の関わりを浮彫りにするなど，展示の計画と実施がもたらし得る可能性や価値もよく見えるのが特徴的だ．

　書籍や文書を「モノ」と「情報」の両面から扱っている「図書館」での展示も取りあげた．多様な知の拠点としての図書館の役割に社会的関心が高まっており，その延長線上での展示像を示している．

　さらに，展示が活用される，もしくは展示の機会が増えている新たなジャンルとして「サブカルチャー」「ツーリズム」「インフラ」「事故」における展示を取りあげた．日常生活で目にすることが多い展示として，特徴的な展示づくりの要点や今後の可能

性を整理している．

　対照的に事例を減らし続け，残すところ 1 館だけになった「秘宝館」の展示にも注目した．直近 30 年前後にわたる秘宝館の盛衰の経緯を振り返りながら展示と社会の関わりを表すとともに，展示というものの潜在的な魅力を単刀直入に示す事象として，秘宝館展示をめぐる論点を整理している．

●展示を取り巻く「情報化」と「関係性」　社会を取り巻く技術動向のなかでも特に影響の大きい「情報化」の進展は展示をどのように変えていくのか．本章では，「デジタルアーカイブ」「SNS」「コミュニティデザイン」を切り口に展示の周辺で情報がどのように記録・共有・活用され，展示の働きや構造を変えていくのかを論考している．また，展示の計画や運営に影響を及ぼす可能性を秘めた巨大なスケールの情報化の波として，「ビッグデータ」と展示の関わりにも踏み込んだ．展示内容としての情報だけではなく，時代に即して変化する情報技術の動向は，展示のあり方に影響を及ぼす大きな要因だ．

　加えて，展示という方法ならではの内的要因から展示のあり方をとらえなおす事例が注目される．展示は，見せる側と見る側の双方向コミュニケーションであり，このコミュニケーションを成立させる「関係性」も展示の新しい潮流をつくる特徴の一つである．見せる側と見る側という二つの「主体」の間に生まれる関係性にメスを入れた展示方法として注目されるもので，2011 年 3 月 11 日に発生した東日本大震災を扱った展示をとりあげた「大震災と展示」の項目にその特質がまとめられている．また，"情報化" の文脈に位置づけた「SNS」「コミュニティデザイン」も，見る側を展示空間に身を置く人に限らず，遠隔地の人も展示を成立させる関係者として取り扱う点や人々の共有知を展示する意味で "関係性" の論考に重なるものである．

　展示を取り巻く「関係性」への理解を広げるものに「テンプルとしての展示，フォーラムとしての展示」(吉田，1999) の論考があげられる．展示の場を，崇拝の対象となる寺社仏閣の拝殿になぞらえるテンプルと，自由な対話や出会いの場になぞらえるフォーラムと，二つの異なる性格で展示をとらえる考え方である．テンプルとフォーラムのいずれに重きを置くかによって展示の機能や特色は変わるが，フォーラムとしての機能の充実が近年の傾向である．

●リニューアルの現場にみる未来の兆し　日本展示学会の創設にきっかけを与えた国立民族学博物館をはじめ，国立科学博物館，国立歴史民俗博物館，東京国立博物館などで，時を同じくして展示リニューアルが相次いでいる．都道府県・市町村の博物館にも同様の現象がみられ，日本各地のミュージアムの展示が「再生」し始めているということもできる．これらのなかに未来の展示の兆しを見つけることができる．展示を構成する「展示内容の編成」面と「新しい展示技術の導入」面に特徴がみられるが，両面に共通してみられるものが「利用者との関わり」が強く意識されていることだ．まず，展示内容の編成での典型的な事例の一つとして，北海道博物館と福岡市博物館の展示リニューアルをあげる．

　北海道博物館のアイヌ文化を扱う展示コーナーと，福岡市博物館の祇園山笠祭を扱

う展示コーナーとでは，担当者をはじめ展示内容も研究ジャンルも異なるなか，偶然にも，近似した展示内容の編成方法がとられている．両コーナーの展示では，展示構成の前提に 3~5 世代のルーツをさかのぼる家族の物語が示されたうえで，脈々と続く家族生活の一コマ一コマを切り取って展示構成する方法がとられている．家族の物語という世代間の情報伝達に注目した着眼点は，「歴史と現在」「歴史と個人史」が地続きであることを伝える効果を発揮している．奇しくも同時期にリニューアルした展示の間に同様の方法がとられたことは興味深く，生物界にみられる収斂進化のごとくに展示進化の一形態を見てとれる．展示の利用者に展示内容を自分にも関わりのあるものとしてとらえてもらいたい，親近感をもってメッセージを受け取ってもらいたいという姿勢も，二つの展示に共通してうかがわれ，展示内容と利用者との関わりづくりが強く図られている事例といえる．さらに未来の兆しを感じさせるもう一つの事例に，東京都美術館で行われた「キュッパのびじゅつかん」展（2015 年開催）の盛況があげられる．「展示すること」が展示の主題になった展覧会で，来館者一人ひとりが展示を見る，展示をつくる，さらに，つくった展示が見られ，他者の参考になっていくことを体験するもので，「コレクションする」ことの働きや心理も体験できる展覧会である．展示を構成する主要な要素の分解と組立を来館者自身が疑似体験していく展覧会であり，利用者と展示の関わりが展覧会化されたユニークな事例だ．

　北海道博物館と福岡市博物館，そして東京都美術館の展覧会，これらに共通性を見て一つの潮流ととらえると「利用者との関わり」づくりへの強い志向がある．これは，先述したテンプルとフォーラムの対照に置き換えるとフォーラム型の展示にあたる．客観的に評価の定まった価値だけでなく，一人ひとりの見方や考え方に基づく価値を重視する仕組みが普及した現代の時代特性を反映した代表例である．専門家が明らかにした学術的な価値と同様に市井の個々人が見出した価値に注目し，その共有や交換，蓄積に展示の機能を発揮させる姿は文字通りフォーラムといえ，さらに普及していくと考えられ，展示の存在意義も高めていく．展示の機能が変化してくるのに従い，展示づくりのための多角的な検証とチャレンジを可能にする基盤＝展示づくりの体制が重要となる．「展示内容の編成」を学芸員などの専門家が担い，「展示技術」の提案・施工を民間企業が担う分業体制がいつの間にか一般化しているが，展示内容を伝える目的のもとに技術が手段として用いられる場合もあれば，展示内容と技術の特性を並列に検討していく場合もあっていい．展示づくりの体制に多様性をもたせることが展示の近未来を開く．学芸員などの専門家と情報技術者や空間デザイナー，ワークショッププランナーなどの異なる専門分野人材が多様な専門性をフラットにもち寄り掛け合わせられる体制に，新たな価値を提供する展示づくりの可能性が秘められている．

　展示を取り巻く技術や環境は，「変わるもの」として時代状況にあわせて常に変わり続ける．代表的なものが情報化への対応である．一方で展示を構成するモノ・コト・ヒトは「変わらないもの」としてあり続ける．貴重な品々を守りながら見せる方法の追究が典型的である．この「変わるもの」と「変わらないもの」が並行するなかで展示の新潮流が生まれ，消えもし，合流もしてゆく． 　　　　　　　　　　[亀山裕市]

親と子の成長と展示

子どもは成長段階に応じて展示に触れる機会が多い．例えば児童館や公園，ミュージアムや図書館，そして幼稚園や保育園，さらには家庭でも展示との接点は多く，子どもの成長を取り巻く環境の一つといえる．そこでは子どもに加えて親も視野に入れて展示の計画を進めることが互いの成長にとって有効である．

●**体験を通した子どもの学びと，大人の学び**　子どもは「体験」を通して世界を知っていく．生後，指しゃぶりなどから始まり身体の別の部位にも徐々に手をのばす．これは赤ちゃんが自身を「知る，認知する」ために行う行為である．後に外へ向けて手を伸ばすことが増え，さまざまな「もの」を知っていくのである．この行為は別の年齢の子どもたちにも当てはまる．

例えば，2歳くらいの子どもたちに粘土の塊を初めて提供するときに「これは粘土だ」と紹介せずに置いてみる．一部の子どもは近寄り，感触を確かめ，腰掛けてみたりする．別の子どもたちは警戒して近寄らない．この時点では誰も粘土の「可塑性」には気づいていないが，しばらくすると集団のなかの一人が粘土の形が変わることを発見する．その発見者の表情からは「歓喜」「驚き」などが読み取れることが多い．こうした子ども自身の「発見」を通した学びは子どもたちの好奇心を刺激し，より深い学びへと誘うのである（図1）．

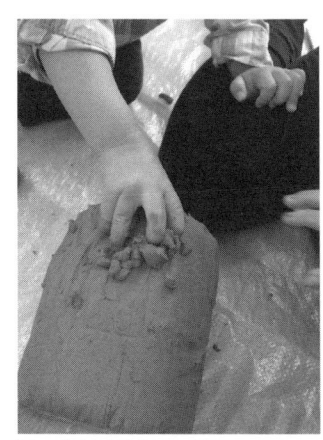

図1　土粘土を探求する2才児

もう一つ別の例として，混色を考える．例えば，赤と青を混ぜると紫になることを子どもに知らせる方法はさまざまあるが，どの方法が子ども自身にとって実のある体験となり，その後の好奇心を刺激できるであろうか．「赤と青で紫になる」と知らない段階で偶然に混ぜたものが紫になったとき，それは子ども自身による新発見であり，おおいに驚く子どもの姿を見ることができる．また，それを見た親たちは「こんなに真剣に驚くとは思わなかった．こうやって世界を広げていくのか」と新しい子ども像を発見する．発見に驚く子どもと，そうした子どもを発見して

A	自己 ← 作品	受身的鑑賞
B	自己 ↔ 作品	Aより能動的な鑑賞
C	他者 ― 作品	鑑賞者と作品の関係性を観察する者としての自己
D	自己 ― 作品	鑑賞者としての自己のほかに観察者としての自己（メタ的）

図2　展示における四つの視点

驚く親という二重の発見が生じている．こうした体験を通した学びと展示特有の働きを組み合わせれば，子どもと親の学びの場としての可能性がさらに高まる．

●**展示場における四つの視点**　展示には一般的な二つの視点A，Bと，さらに鑑賞後にもち得る一歩引いた，もう二つの視点C，Dがあることに注目したい（図2）．

A，Bは作品と自己（鑑賞者）の関係で成り立つ視点である．Aは受身的で一般的な鑑賞の視点である．結果としての作品を見て，つくり手のもたせた意図をある程度感じ，味わうといったものである．BはAに比べて，より能動的な鑑賞視点である．作品への解釈が多様であり，それは見る者に委ねられ，時には何らかのプロセスに参加し能動的な視点をもつように仕掛けられている展示といってもよい．

CとDの視点は，作品と自己と他者（もしくはもう一人の自己）の関係で成り立つ視点である．Cは，展示を鑑賞した他者が「どう感じ，反応したか」を知る視点である．先にあげた混色体験をする子どもを見た大人の視点である．Dは展示を鑑賞した自分自身が「どう感じ，反応したか」に気づく視点である．CやDの視点を活用すれば，展示の場は「他者や自己を知る場」としても認知される可能性が高まり親と子の双方に意義深い展示となる．

●**展示をもととした新たな視点（C, Dの視点の例）**　2014年に開催された「じぶんのなんで実験室展」ではA視点が重視される作品はなく，「能動的鑑賞」「参加型展示」「他者・自己を知る」ことに力点を置き大人と子どもが同じ内容に参加するかたちをとった．会期中，興味深かったことは参加型展示を味わう子どもの言動から子どもの新しい面を発見している大人（親）が多かったことである．

また，同じ文章を読んでも解釈が人により異なる趣向の展示では，「君はそうとらえたか！」「なぜパパはそう考えたの？」など他者への意識が広がり，展示をステップにして新たな興味関心が湧く現象が見られた．

親は子と行動しているときには「親役割」を果たそうとして，みずからがA・Bの視点で鑑賞せず子どもを通して展示に触れる場合が多い．子どもと展示の関係や，展示が子どもにどう作用しているかなど，Cの視点でいることが多いのだ．

●**親向けに新たな満足感や発見を提示する視点**　展示を親にとっても有意義な機会とすることは可能である．その一つは，親の習性ともいえるCの視点での満足感をもたせることで，例えば，親向けの展示案内文章を一般向けとは別に掲示する，展示を見る子どもといて気付いたポジティブな内容を書き込める簡単なシートを配布するデバイスをレンタルするなどである．「○○を見ないと駄目だ」「いつも○○を見逃している」などと言って，子どもの発見の芽を摘むのは避けたい．この点に留意し，親に新たな視点を提案するメッセージを送る．

そして，さらにはDの視点にもつなげ，親役割とは違ったもう一人の自己を再発見していけるような，二重三重の仕掛けは，親と子の双方の成長を豊かなものにしていく展示といえる．
　　　　　　　　　　　　　　　　　　　　　　　　　　　　　　[中西エリナ]

参考文献　服部雅史・小島治幸・北神慎司『基礎から学ぶ認知心理学―人間の認識の不思議』有斐閣ストゥディア，2015

チルドレンズミュージアムと展示

　チルドレンズミュージアムとは，子どもを対象にした博物館のことで，1899年に世界で初めて米国でブルックリン・チルドレンズミュージアムが誕生した．その後，長年にわたって少数の館が活動を続けていたが，1960年代半ばにボストン・チルドレンズミュージアムで公開された展覧会「What's Inside」（中身はなあに？）が展示のエポックメイキングとなる（☞項目「ハンズオン展示」）．オウムガイの殻や野球ボールなどの実物を半分に切断して展示し，触りながら比べたり，分解したり，遊びを通して中身がどうなっているのかを楽しく学ぶ展示であった．

●**ボストン・チルドレンズミュージアムでのパラダイムシフト**　22年間の長きにわたりボストン・チルドレンズミュージアムの館長を務めたマイケル・スポックは，ハンズオン展示をふんだんに盛り込んだ「What's Inside」で，陳列ケースに入った展示物を視覚だけで見ることから人々を開放した．そして子どもたちが夢中になって展示に取り組む状態を生み出したのと同じぐらいに意義深かったのは，その利用状況をじっくりと観察して，何をどのように使っているか，何が無視されて機能していないかなどのフィードバックを得られる点であったと後に述べている．ボストン・チルドレン

図1　ボストン・チルドレンズミュージアム

ズミュージアムのウェブサイト内に同館での1960年代から1980年代の活動をまとめた253頁（PDF版）に及ぶ「ボストン・ストーリーズ」（http://bcmstories.com/）があり，展示研究の参考になる（図1）．

●**日本のチルドレンズミュージアム**　大阪市教育振興公社が運営するキッズプラザ大阪（博物館相当施設）は，日本の代表的なチルドレンズミュージアムである．入場料金は決して安価とはいえないが，開館以来毎年40万人前後の入館者を獲得しているのは，利用者に支持されている証拠となる．展示は，子どもの日常を取り巻く幅広い分野（科学・自然・体・文化・社会・生活ほか）をテーマにしている．また，押したり回したりして装置を動かすアナログ方式から，キネクトやARなどの新しい技術を取り入れたもの，パズルや積み木などゲーム性の高いものなど，さまざまな手法を取り入れている．展示開発においては，ただ「さわる」だけではなく，好奇心をもって展示と「主体的」に関わり，そこから何かを「かんじる」ことこそが学びにつながるという考えのもと，子どもの心が動く展示と環境づくりを一貫して目指している．

チルドレンズミュージアムとしては珍しく，2013年に登録博物館となったのが福井県立こども歴史文化館である．「子どもたちにふくいの歴史や文化を伝え，自分の将来に大きな夢をふくらませてもらうことが大きな目標」として設立され，入館は無料である．展示の手法としては，イラストを多用，歴史上のシーンを人形作家によるミニチュア人形で再現，資料の特徴をとらえた写真を大きく引き伸ばして見せる，資料の特徴がはっきりと見えるように照明に力を入れるなど，子どもたちの目が無理なく展示に向くように心がけている（図2）．

図2 特別展「地球のキセキ」では，美しい鉱物を大きな写真と繊細な照明を駆使して資料を魅力的に見せていた（福井県立こども歴史文化館）

展示の理解増進のためにハンズオン展示を盛り込むだけでなく，常に教育プログラムの仕掛けもセットで開発している．ゲーミフィケーションは同館の大きな柱である．ハイテク機器を使用するのではなく，手作りの紙ベースでゲームのメカニズムを採用し，馴染みの薄い展示の主題に対しても，来館者が積極的に関わることができる手立てを用意している．来館者が自分の好きな資料を選んでシールで投票したり，観察画や好きな点を言葉で表現して書き込んだカードを掲示する参加型コーナーも定着しており，ほかの来館者が学んだことを見ることが刺激となり，さらに深い学びにつながっている．

●**展示開発の筋道を安定させる**　ミュージアム界全体での予算不足は深刻だが，なかでもチルドレンズミュージアムは新館が増えてはいるものの，予算措置は初期投資に厚く，開館後の展示運営費や展示更新費用は驚くほど少ない．社会情勢の変化とともに，子どもたちに学んでもらいたい事柄も変化するので，展示更新は短中長期の計画を立て確実に実施する必要がある．

展示は利用者調査や展示評価などを経て，確実に機能するように考えなければならない．有期雇用職員が多い場合は，展示開発のノウハウが継承されにくいので一層の仕組みづくりが望まれる．

●**これからの潮流**　米国では来館者が低年齢化し，身のまわりの小さな世界をごっこ遊びで親しむ展示などが増加した．その揺り返しとして，2000年頃からは現実世界に直接つながるテーマを掲げる館も出てきた．サンディエゴ市のニュー・チルドレンズミュージアムでは，子どもの遊び，ゴミ，食品などのテーマを全館で統一して展開し，数年ごとに定期的に更新，その新しい取組みが評判をよんでいる．

わが国では従来の科学館や自然史博物館だけでなく，歴史や考古系の博物館に子どもを対象とした展示や展示室が増加している．館種を越えて情報を共有し協力することで，さらに利用者中心のよりよい展示が増えることになる．

［染川香澄］

参考文献　染川香澄・吹田恭子『ハンズ・オンは楽しい』工作舎，1996

ユニバーサルミュージアムと展示

　近代化，文明化とは「見えないものを見えるようにすること」と定義できる．今日，我々の日常は明かりと映像に囲まれており「闇」は縁遠いものとなった．博物館とは，そんな近代化，文明化のシンボルともいえる．

　我々がなかなか行くことができない海外の珍しい事物，先人の業績，あるいは肉眼ではとらえられない体内や宇宙の様子などを「目に見えるかたち」で紹介するのが博物館展示の眼目である．博物館の展示を通じて，我々は空間・時間を自由に行き来する見学の醍醐味を体感している．視覚優位の近代文明を反映して，博物館では必然的に「見る」ことが大前提とされてきた．

●**ユニバーサルミュージアムとは何か**　ユニバーサルミュージアムとは，ユニバーサルデザインの理念を導入したミュージアム，すなわち「誰もが楽しめる博物館」という意味である（☞項目「ユニバーサルミュージアムの展示手法」）．1990 年代以降，わが国では公共施設の建築においてユニバーサルデザインを取り入れるのが一般化している．誰もが楽しめる博物館を実現するためには，ハード面の整備のみならず，子どもや高齢者，障害者や外国人など，さまざまな来館者を意識した展示設計が必須である．点字パンフレットの設置，手話でコミュニケーションできるスタッフの養成，子ども向けのワークショップの企画，展示キャプションの多言語対応などなど，ユニバーサルミュージアムの取組みは数多く存在する．しかし，ユニバーサルミュージアムとは，こういったマイノリティ（社会的少数者）への配慮にとどまるものではない．近代化，文明化のプロセスで忘れられてきた「見えないもの」の特性を再評価すること，「闇」の復権を目指すのがユニバーサルミュージアム運動の最終目標なのである．わが国におけるユニバーサルミュージアム運動は，21 世紀に入ってから，障害者サービスというレベルを脱して，新たな展開をみせるようになった．

●**ユニバーサルミュージアムの歴史**　これまで，国立民族学博物館（以下，民博）では 2006 年，2011 年，2015 年の 3 回，ユニバーサルミュージアムをテーマとする全国規模のシンポジウムを開催している．いずれのシンポジウムでも，キーワードは「視覚障害者」と「触る展示」だった．視覚障害者に着目するのは，見学が中心とされる博物館にあって，「視覚を使えない」彼らは究極の弱者ともいえる立場に置かれているからである．一方，彼らの「視覚を使わない」ユニークなライフスタイルが，今後の博物館展示の方向性を考えるうえで重要なヒントを与えてくれるのも確かである．

　2006 年の民博シンポジウムでは欧米の先進事例に学ぶという色彩が強かったが，2011 年には博物館関係者，盲学校教員など，国内の研究者・実践者のみでパネリストを集めることができた．そして 2015 年のシンポジウムでは観光・まちづくり分野の専門家も加わり，ユニバーサルミュージアム理論の拡大と深化を参加者に印象付け

た．for the blind（視覚障害者への支援）の発想だけでなく，from the blind（視覚障害者からの発信）の視座から博物館を変えていこうとする動きは，国際的にみてもまだ始まったばかりであり，わが国のユニバーサルミュージアム理論を世界へ発信していくことが求められている．

●ユニバーサルミュージアムの六原則　現代社会を生きる健常者は，「見ることを常とする者＝見常者」だとすれば，視覚障害者は「触ることを常とする者＝触常者」といえよう．以下に，"さわる"ことから博物館展示のあり方を問い直す触常者発の「ユニバーサルミュージアムの六原則」をあげる．各館がそれぞれのスタンスでこれを解釈・応用し，ユニバーサルミュージアムを具現する展示を開拓していくことが，新しい時代の博物館像定着へつながる．

①誰がさわるのか（who）：障害の有無や国籍などに関係なく，老若男女，すべての人が"さわる"豊かさと奥深さを味わうことができる．→単なる障害者サービス，弱者支援という一方向の福祉的発想を乗り越え，新たな「共生」の可能性を提示するのがユニバーサルミュージアムである．

②何をさわるのか（what）：手で創られ，使われ，伝えられる「本物」のリアリティを体感できないときは，質感・機能・形状にこだわり，"さわる"ためのレプリカを制作・活用する．→さわれない物（視覚情報）をさわれる物（触覚情報）に変換する創意工夫の積み重ねにより，日々発展し続けるのがユニバーサルミュージアムである．

③いつさわるのか（when）：人間の皮膚感覚（広義の触覚）は，24時間・365日休むことなく働いており，自己の内部と外部を結びつけている．→展示資料に"さわる"行為を通じて，身体に眠る潜在能力，全身の感覚を呼び覚まし，万人の日常生活に刺激を与えるのがユニバーサルミュージアムである．

④どこでさわるのか（where）："さわる"研究と実践は，博物館のみならず，学校教育・まちづくり・観光などの他分野にも拡大・応用できる．→両手を自由に動かす「能動性」，多様な感覚を動員する「身体性」，モノ・者との対話を楽しむ「双方向性」をうながす場を拓くのがユニバーサルミュージアムである．

⑤なぜさわるのか（why）：世の中には「さわらなければわからないこと」「さわると，より深く理解できる自然現象，事物の特徴」がある．→視覚優位の現代社会にあって，サイエンス，アート，コミュニケーションの手法を駆使して，触文化の意義を明らかにするのがユニバーサルミュージアムである．

⑥どうさわるのか（how）：「優しく，ゆっくり」そして「大きく，小さく」"さわる"ことによって，人間の想像力・創造力が鍛えられる．→「より多く，より速く」という近代的な価値観・常識を改変していくために，"さわる"マナーを育み，社会に発信するのがユニバーサルミュージアムである．　　　　　　　　　　　　[広瀬浩二郎]

📖 **参考文献**　広瀬浩二郎（編）『さわって楽しむ博物館―ユニバーサル・ミュージアムの可能性』青弓社，2012／広瀬浩二郎（編）『ひとが優しい博物館―ユニバーサル・ミュージアムの新展開』青弓社，2016

ワークショップデザインと展示

ワークショップは，学校教育や企業活動，まちづくりなどさまざまな分野で頻繁に活用されており，人と人の相互理解の深耕，協働活動の創造性や生産性の向上などに有効な方法・プログラムとして多くの人々から受け入れられている．展示との関わりも年々増している．かつては展示を補完するものととらえられがちだったが，今ではワークショップそのものが作品や表現行為となり，展示に仕立てられるケースもある．ワークショップと展示の関わりが増すなか，その企画・実施方法や記録方法などへの関心も高まっている．

●**ワークショップと展示の変遷** ワークショップと展示の関わりを示す画期的な事例に目黒区美術館がある．同施設では，計画当初から，ワークショップと展示を意識的につないだ建築空間が設計された．創作体験室と展示室が分けられて計画されるのが一般的だったそれまでの美術館建築に対し，ワークショップに参加する人々の動きや企画内容の連携を重視した計画が行われた．その背景には，展示づくりの担い手が，美術史系出身者だけでなく表現・技術系出身者に代わってきていたことが関係している．前者は従来どおりの鑑賞をベースにした展示を求めるが，後者は見るのみならず，五感を通した美術体験が得られる場を求めることとなった．

●**展示と連動するワークショップの進め方** ワークショップの実施に向けては準備が重要である．まず決めることは，目的や対象者，場所，実施時期，所要時間，実施者，予算などである．次に，ワークショップに関わるすべての人々（主催者，参加者，ファシリテーター，サポーター，ボランティアスタッフなど）に，最終形としての展示が存在することを周知し，理解を得ることは欠かせない．なぜなら，展示に関わる準備がこの段階から始まるからである．ワークショップの準備と並走しながらも，誰のために，どういう目的で，展示公開するのかを，関わる人々のなかで明解なイメージとして共有する．

次の段階では，各ワークショップに最適な展示方法を選ぶ．まず展示に取り掛かるタイミングは大きく次の三つに設定される．①ワークショップ開始時から展示する，②ワークショップの途中から展示する，③ワークショップ後に展示する（ワークショップの事後報告を目的とした展示であれば，プログラムが終了して

図1 目にとまった町角を参加者が撮影した

から展示物の準備に取り掛かることで対応できる).一方,ワークショップの内容によっては,あらかじめ展示を導入部に設ける方が参加者にも理解されやすく,途中の経過が参加者以外の方々にもよく伝わり有効であり,さらには参加者と展示をつくり上げる共同作業がワークショップそのものとなる場合もある(①).ワークショップがもたらす効果を最大限に活用するには,ワークショップの内容にみあった展示方法を吟味し準備したい.

●ワークショップの記録の意味と方法

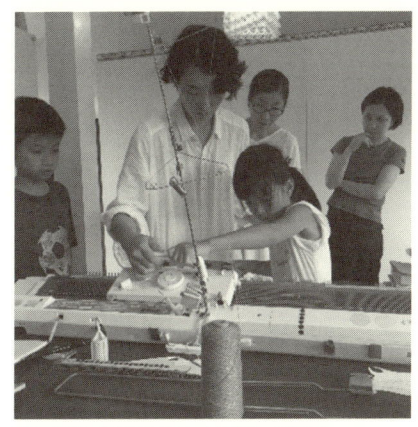

図2 集まった写真からニットを編み,服にした

ワークショップは,参加者の体験によって成立するものだが,その記録を通じてワークショップの意味や効果がみつかる場合もある.

　ワークショップの記録方法には実に多種多様なものがある.まず一番は写真である.最終的な展示のイメージがあるならば,プリントに使う写真の画角などをワークショップの実施段階で統一しておくこともできる.高画質か,低画質かなどという決め事も,使用するものに合わせて決定しておく.特にさまざまな立場の人が関わる可能性のある撮影記録は,あらかじめこれらの決め事がなされているかどうかで,後の作業量が大きく変わる.クレジット(著作権表記など)に関する決め事もこの段階でクリアしておく.また,参加者の表情を追う人,全体の流れをとる人,できあがってきたものを押さえる人などに分けて担当する.同じような記録が多数ある一方で,大切で欲しかった記録が抜けてしまうことがないように事前に打合せをする.動画も有用性の高い記録方法であり,動きのあるワークショップにおいては,場の雰囲気がダイレクトに伝わるので便利なメディアであるといえよう.ただし,長時間になると編集作業の負荷が大きく,見る側も大変になるので注意したい.さらに,「文章での記述」も大切な記録方法である.鳥瞰的に全体を記録していくか,定点観測的に人や出来事に密着して記録していくかなども事前に検討しておく.手間も時間もかかるが,印象的な出来事や参加者の声を丁寧に拾った文章は,ワークショップの内容を振り返りやすくすることに加え,ワークショップの経緯を展示解説する際に役立つ.ただし,記録要員の人数に大きく左右される.このほか記録の方法には絵もある.観察者が描くものや,参加者が描いた絵なども,参加した人ならではの実感が伝わる.

●展示のためのワークショップにならぬよう　何よりも大切なのは,まずしっかりとしたワークショップを行うことだ.どのような美しい記録や展示が出来上がっても,幹となるワークショップそのものがおろそかになってはならない.時間という容赦のないものに洗われていくと,ワークショップは次第に本来の価値を現す.展示においてもまた然りで,きちんと目的と伝えたいことが整理された骨太な展示は,時代を経ても人の心を動かす.

[大月ヒロ子]

アートイベントと展示

　里山を舞台にした世界最大規模の野外芸術祭「大地の芸術祭越後妻有アートトリエンナーレ」や，瀬戸内の島々をアートでつないだ「瀬戸内国際芸術祭」の成功は，全国各地で大小さまざまな芸術祭やアートイベントを生み続けている．美術館の白く均質な空間（ホワイトキューブ）から飛び出したアートは，それぞれの土地のローカルな文化や景観，あるいは地域課題と結び付きながら，観客に新しいアートの体験を提供した．戦後の高度成長期のなかで，各都道府県に美術館や劇場が建てられていったように，現在多くの自治体が大規模な国際芸術祭を計画・実施している．少子高齢化時代のなかで，観光振興や空き家などの活用，地場産業の6次化などの，街づくりにつながる芸術祭は，行政にとっても魅力的な事業なのである．また観客の方でも，特に東日本大震災以降は，人や街との「つながり」に価値が移っている．そのため昨今のアートイベントでは，アートを鑑賞したり消費するだけではなく，アーティストと一緒につくったり考えたりという，参加型プログラムが欠かせなくなった．行政だけではなく観客がアートに求める体験や感動も，ホワイトキューブだけでは対応できなくなっているのだ．

　筆者は東北にある美術大学を拠点に，商店街や温泉地，東日本大震災の被災地域などでアートイベントを数多く企画・実施してきた（図1）．アートイベントとは，必ずしもそうした美術館外の活動だけを指すものではないが，本項では研究者ではなく実践者の立場から，地域のなかでのアートイベントとその展示をつくるプロセスについての要点を述べる．

●**はじめに，地域を読む**　ホワイトキューブという便利な空間から，ひとたび街場に出ると，そこには地域ごとに異なる風景や状況が広がっている．他地域で成功したアートイベントの方法論を，そのまま移植してうまくいくとは限らない．美術館やギャラリーなどの展示施設の外でアートイベントを企画し，展示するには，まずその地域を知ることから始める．博物館や史跡を訪ね，地域のリーダーに会い，どのような人々がどのような生活を営んでいるのかを理解し，そのうえで「アートやアーティストに何が求められているのか，何ができるのか」を考える（こうした「地域を読む」視点は，主催側のキュレーターや行政の担当者から提供されることが多い）．アートイベントの成否はこの最初のリサーチの精度によって分かれる．美術館のギャ

図1　「山形ビエンナーレ2014」の様子．山形県郷土館文翔館前庭広場の展示「WORLD CUP」（トラフ建築設計事務所，撮影：志鎌康平）

ラリーであれば，アートの文脈のなかで，アートファンに向けて作品を提示すればいいのかもしれない．しかし街場においては，それぞれの地域によって異なる状況を読み込みながら，適材適所で展示をまとめていく必要がある．展示というアウトプットの質は，そのためのインプットの質によって大きく左右されるが，地域のなかでアートイベントを行う場合，当然ながらそれぞれの土地の情報を可能な限りリサーチしたうえで計画しているかどうかが，結果を大きく左右するのである．

●展示のリスク　現代美術におけるアートイベントは，あらゆる場所が展示会場になり得る．リサーチの次に重要なのは，その場所でイベントを行うことについての，周辺住民との事前の合意形成である．廃校や公民館なら地域共同体への，空き家や空き店舗なら家主への敬意と配慮が不可欠である．地域の誇りである歴史的建造物や社寺仏閣や，いわゆる「聖地化」されている場所などは，所有者や行政が使用を許可しても，住民から批判が寄せられる場合があり特に丁寧な対応を要するが，アーティストが好む場所もまたそのような場所であることが多い．そのほか，会場までの適切なサインの設計，耐震構造の確認や，非常時の避難経路や誘導体制の確保なども，イベント主催者の留意事項である．来場者用の駐車スペースやトイレの確保，イベント実施に伴うさまざまな騒音なども，選定時にしっかり考慮されていないと，イベントが始まってから周辺からクレームが寄せられ，中止に追い込まれる場合もあり得る．

また，アートイベントでは，展示されるアート作品もさまざまなリスクにさらされる．適切な照明や温度・湿度の設定が難しい場合がほとんどで，接触による破損は美術館よりも起こりやすい．国際芸術祭などは開催期間が数か月に及ぶこともあり，作品のコンディションを保ち続けるために，管理スタッフが注意をはらうべき事項は少なくない．参加型や体験型のアート作品は，現地スタッフやボランティアのホスピタリティも重要である．

●アートイベントの拡張　全国各地で地域に根ざしたアートイベントが開催され「地域系アートはこういうもの」というアーティストと観客双方のイメージの固定化が進んでいる．アートイベントの隆盛は，アートに新しい参加者を呼び込むことにつながっているが，反面，美術館外での展示に上述したようなリスクがあることを踏まえず，落下傘型で展示を実施してしまい「誰のためのアートイベントか」と批判されるというケースも散見される．

地域社会との合意形成や，住民の積極的参加をうながすコミュニティデザインのプロセスは，これまでアートの専門家に求められる職能ではなかったが，イベントの実現やその安定的な運営のために必要な知見であり，また，そこで展示するアートに地域の特色を付与するうえでも，重要かつクリエイティブなプロセスである．成功するアートイベントとは，作品や展示の良し悪しだけではなく，それをつくりあげていくプロセスもまた，うまく設計されているのである．日本全体が縮小社会に向かっていくなかで，スクラップ・アンド・ビルドではなく地域資源のストックを再発見・再利用していくアートのイベントは，今後もさまざまなニーズと結びつきながら，地方・都市の区別なく展開していくだろう．　　　　　　　　　　　　　［宮本武典］

デジタルアーカイブと展示

　デジタルアーカイブという言葉は，1996年に設立されたデジタルアーカイブ推進協議会（JDAA）の準備会議のなかで，工学者の月尾嘉男が提案し，協議会の広報誌『デジタルアーカイブ』を通じて広まった．同協議会において，デジタルアーカイブは「有形・無形の文化資産をデジタル情報の形で記録し，その情報をデータベース化して保管し，随時閲覧・鑑賞，情報ネットワークを利用して情報発信すること」と示されている．デジタル化される情報には，文化資産の外見情報，内部の構造や属性，修復・所有履歴や歴史的文脈など多岐にわたる．しかし，一般的には物理的汚損や経年劣化から逃れることができない有形文化資産の外見的情報を，デジタル情報として保存・整理・蓄積されたものを指すことが多い．月尾の定義に従えば，物理的な制約を受けず，文化資産を随時閲覧・鑑賞できるという点において，デジタルアーカイブは展示過程のさまざまな場面での利活用が想定される．

　●**計画立案の参照資料として**　展示の計画立案にあたって，テーマに即した文化資産情報の事前調査・研究は欠かせない．これら情報は，専門分野ごとに研究者や学芸員内だけで共有されていることが多く，調査が困難なこともある．しかし，文化資産がデジタルアーカイブとして整備されるにつれて，幅広い調査・検索手段が用意されてきている．加えて，情報ネットワークを介した利用の発展に伴い，デジタルアーカイブ提供側の利用に際しての意思表示方法も整備され，デジタル情報自身の利活用も容易になってきた．

　著作物の利用条件に関する意思表示方法はたくさん存在するが，文化資産については，クリエイティブ・コモンズ・ライセンス（以下，CCライセンス．http://creativecommons.jp）の採用が普及している．CCライセンスは，「表示」「非営利」「改変禁止」「継承」の4種類の利用条件を組み合わせることによって，意思表示をするツールである．特に，オープンデータといわれる制限の少ない利用条件を付与すれば，研究者や学芸員のみならず，一般市民も簡便にデジタルアーカイブを利用することができる．京都府立総合資料館は，2014年に国宝である東寺百合文書のデジタル画像と目録データを「東寺百合文書WEB」（http://hyakugo.kyoto.jp）として公開した．収録されているデジタル情報は「クリエイティブ・コモンズ表示2.1日本ライセンス（CC BY 2.1 JP）」を適用しており，オープンデータとしてのデジタルアーカイブの活用を大きく進展させたものである．このライセンス下においては，情報を利用する場合，当該ウェブサイトに収録されている旨を表示するだけでよく，事前の申請などを必要としない．

　当初，所有者からの情報発信，利用者からの情報閲覧というくくりであったデジタルアーカイブは，より制限の少ない明確な意思表示によって，デジタル情報の膨大か

つ詳細な調査分析に利用することができるようになり，展示の計画立案の参考資料群としての役割を担うことができるようになった．

●**拡張的な展示素材として**　音声や映像などと同様に，デジタルアーカイブは展示を成立させる要素の一つとして利用可能である．例えば，実物展示の場合，文化資産の貴重性や物理的脆弱性を考慮し，観覧者が自由に手にとって鑑賞するかたちをとることは難しい．そうなると，冊子や巻物などは，その一部を展示することにとどまってしまう．それを補うために，デジタルアーカイブを利用する場合がある．

2010～12年にかけて，武蔵野美術大学美術館・図書館主催で開催された「博物図譜とデジタルアーカイブ」は，荒俣宏旧蔵の博物図譜や開催館収蔵の稀覯本と，それらのデジタル化資料を活用した展示であった．実物に触れずとも，高精細なデジタル画像によって，ページをめくりながら一冊すべてを詳細に閲覧できるようにしたことは，展示手法を拡大するものとなった．また，これらのデジタルアーカイブは，ウェブならびにスマートフォン用のアプリとしても提供され，展示会場内に閉じない資料提供にもつながっている．「秋田県立博物館デジタル収蔵庫」(http://www.akihaku.jp)もその一例であり，このアプリでは絵巻物を巻頭から巻末までスクロールしながら閲覧するという，絵巻物本来の鑑賞体験が可能である．

●**記録保存として**　上述のように，収蔵する文化資産をデジタル情報として記録・保存・活用することは一般的になってきている．しかし，展示という成果を記録保存するという観点が弱い．展示会図録は紙媒体として展示を記録する貴重な資料である．図録には，展示会趣旨・出陳品の写真と解説に加え，論説が収録されている．だが，そこからは展示空間を再構成することはできない．展示会場の風景や，解説パネルなど，期間が限定され，物理的な保存が困難な展示こそ，デジタル情報としてアーカイブされることが期待されるものである．

国立公文書館では，実際の展示をウェブサイトに適したかたちで再構成し公開している(http://www.archives.go.jp/exhibition/past.html)．出展資料は，デジタル情報に置き換えられ，収蔵資料との連携が保たれている．また，展示空間を記録するかたちとしては，Google Cultural Institute が提供している「Art Project」が有名であろう．このウェブサイトでは，東京国立博物館をはじめとする世界の博物館・美術館の常設展示をストリートビューにて鑑賞可能である．

●**展示と連動したデジタルアーカイブの構築**　デジタルアーカイブ構築は，展示と独立して扱われるものではなく，展示のあらゆる場面で活用され，増強されていくものである．デジタルアーカイブは，有形・無形の文化資産をデジタル情報のかたちで記録したものでもあるが，デジタル化された新たな文化資産であるともいえる．

実物の文化資産でも同じであるが，活用されなければ人々の記憶からその存在は忘れられてしまう．デジタルアーカイブも同じであり，活用され続けることが重要である．そのあり方として，デジタルアーカイブの活用ならびに作成と連動した展示は大きな意味をもつ．　　　　　　　　　　　　　　　　　　　　　　　　　[阿児雄之]

参考文献　岡本真・柳与志夫（責任編集）『デジタル・アーカイブとは何か』勉誠出版，2015

図書館と展示

　図書館における展示というと，時事に応じたテーマ設定に基づく図書類の展示が想定されやすい．もちろん，それも展示なのだが，まず確認すべきは図書館における資料の配置（配架）そのものが展示であるということだ．一般的には図書館は利用者が自由に本棚（書架）に出入りし，気の向くままに資料を手に取ることができる開架と，利用者の入室を制限する閉架（大学図書館では閉架書庫に利用者が入室できるケースも多い）という二つの方式で資料を管理している．このうちの開架の書架はそれ自体が展示となっている．

●**日本十進分類法**　資料は，一般的には日本十進分類法（NDC）に基づいて書架に配列される．日本十進分類法（NDC）は1928年に発表された日本独自の図書分類の仕組みで，現在は日本図書館協会の分類委員会が改訂作業にあたっており，新訂10版が2015年に刊行された．分類の仕組みとしては，あらゆる情報を0 総記，1 哲学・宗教，2 歴史・地理，3 社会科学，4 自然科学，5 技術，6 産業，7 芸術，8 言語，9 文学の10領域にまず区分し，詳細な下位区分を設けている．例えば，「展示」に関する本であれば，「069.5 資料の展示，資料の活用，資料・展示の広報」と分類される．NDCに則りつつ，利便性を考慮した独自の配列をとっている図書館も少なくない．例えば，児童書の近くに，育児書を配置する工夫をしている図書館は多い．そして，個々の書架では，書店で行われているような表紙を見せて陳列する「面陳」も広く行われている（図1）．また，例えば医療情報の棚に受診機関を紹介するパンフレットなどを設置・配布するなどの取組みも増えている．さらに書店の展示に影響を受けて，いわゆるPOPを設ける図書館も増えている．

　図書館における展示を考えるうえでは，まずこの点を正確に理解する必要があるだろう．そのうえで，より本格的な図書館の展示の実際としては次の二つに整理できる．①季節・時節に応じたテーマ展示，②図書資料以外の「モノ」の展示，である．

図1　恩納村文化情報センターにおける展示

●**季節・時節に応じたテーマ展示**　テーマ展示は，実施していない図書館は存在しないといえるほどに普及している．主にエントランス付近にテーブルや書架，ブックトラック（本を運ぶキャスターつきの移動棚）などを用いて行うもので，定期的に内容は変更される．更新頻度はおおむね1か月以内だが，なかには毎日のように展示替えを行う図書館もある．これは書店と図書館が大きく異なる点だが，基本的に特定の図

書を1冊しか所蔵していない図書館では，展示した図書が借り出されれば，展示が成り立たなくなるという理由が大きく影響している．

テーマの設定は季節や時節に応じたもの，自治体として広報したい取組みに関わるもの，博物館や美術館で同時期に開催中の展示会の内容を伝えるものが多い．また，直近の物故者の著作を展示する図書館も多く，訃報が流れた翌日にはその人物に関する展示がなされている．その意味では，図書館におけるテーマ展示は，その地域におけるきわめて速報性の高いメディア的な機能とすらいえるだろう．

これらの展示は基本的には図書資料の利用を促進することを目的としており，実際に展示した図書類は書架にあるときよりもはるかに利用されている．さらに近年では展示の趣向も凝ったものが増えている．例えば，新年に「図書館福袋」と称して中身がわからないようにパッケージしたかたちでの展示や，一度も借りられたことがない本のみを展示するといった取組みが広がっている．そして，ウェブの時代らしい取組みといえるが，仮想本棚サービス（ブクログ；http://booklog.jp/など）を用いて，過去の展示内容を記録し公開している図書館も増えている．

●**図書資料以外の「モノ」の展示**　また，けして数は多くないが，図書資料以外の「モノ」の展示も近年増加している．例えば，プロスポーツチームと連携して読書推進に取り組んでいる図書館がそのスポーツチームのユニフォームを展示する例や戦争体験を伝えて展示の一部に現物資料を含めるといった取組みがある．特に貴重なコレクションを有する大学図書館や一部の公共図書館では，モノの展示企画も盛んで，図録が刊行されるほどのレベルの展示会も見受けられる．また，モノを含めた資料類を常設のコーナーを設けて展示していることもある．代表的な事例の一つとしては，尾道市立中央図書館があげられる．ここでは出身作家である林芙美子に関する図書類に加えて，本人が着用した衣類や愛用品の展示が常時行われている．

●**新たな展示活動**　最後に注目しておきたいのが，知的書評合戦といわれるビブリオバトルをめぐる動向だ．ビブリオバトルは以下の公式ルールに基づいて行われる本の紹介コミュニケーションゲームである．①発表参加者が読んで面白いと思った本を持って集まる．②順番に一人5分間で本を紹介する．③それぞれの発表の後に参加者全員でその発表に関するディスカッションを2～3分行う．④すべての発表が終了した後に「どの本がいちばん読みたくなったか？」を基準とした投票を参加者全員で行い，最多票を集めたものを「チャンプ本」とする．

2007年に誕生したこのゲームは2012年にLibrary of the Yearの大賞を受賞したことをきっかけに急速に日本中の図書館に広まっており，定期的にビブリオバトルを開催している図書館も少なくない．実はこのビブリオバトルこそ，図書館の展示の最先端を示すものといえるだろう．ビブリオバトルは，従来の展示がいうなれば「静」の展示であるのに対し，本に関するトークを伴う「動」の展示であり，図書館の展示の新たな地平を切り拓いている．さらにビブリオバトルで紹介された図書を展示する図書館もあり，「動」の展示から「静」の展示へという循環もみられ，これからの図書館の展示の行方の一つを指し示している．　　　　　　　　　　［岡本　真］

SNS と展示

インターネットやスマートフォンの普及に伴って現れたソーシャルメディアが，ミュージアムの展示に新たなコミュニケーションをもたらしている．

ソーシャルメディアとは，Twitter や Facebook に代表される SNS（social networking service）やブログ，ウィキペディアなどを含む，個人が情報発信できるツールの総称である．時間や場所を選ばずに誰もが情報発信できるため，災害時の情報共有や，企業や官公庁の広報にも活用されている．多くはコメントや評価といった双方向性のコミュニケーション機能と，元情報を引用して再発信する機能を有しており，これらによって価値ある情報はより速く広く共有される特性をもっている．こうした特性が展示のコミュニケーションを変えはじめている．

●**新たなコミュニケーションの矢印** 芸術作品や収蔵物を通して，文化の醸成や生涯学習の機会を提供するミュージアムにおいて，キュレーターが担う役割は大きい．専門的知識を活かし，情報を収集し再編集することで，これまでにない価値や意味を付加して発信する（図1）．来館者は，展示

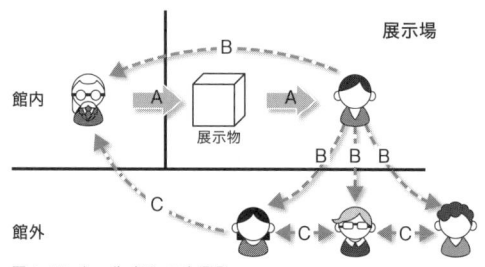

図1　ソーシャルメディアと展示

物やその解説を通して，ミュージアムのメッセージを受け取り，咀嚼する（図1矢印A）．一方で，旧来の展示方法だけでは，展示場に訪れていない潜在的な来館者へのアプローチは非常に困難だった．また，来館者からミュージアム側へのフィードバックも得がたく，出口調査などに頼るのみであった．ここにソーシャルメディアが登場したことで，展示場の来館者から館内のキュレーター，または非来館者を交えたコミュニケーションが開かれた（図1矢印B，C）．これらの新しいコミュニケーションによって，ミュージアムが接触できる来館者が増えただけでなく，来館者の生の声をとらえた新しい展示手法の可能性が拓けてきたのである．

●**国内事例にみるハッシュタグの活用**　SNS は，即応的なコミュニケーションに適し，議論のような持続的なコミュニケーションは難しいと考えられがちだが，特定のキーワードを付けて投稿することで共通の話題であることを明示するハッシュタグ（#タグ）機能などを用いて，長期的なコミュニケーションを行うことができる．2016年，森美術館にて開催された「宇宙と芸術展」では，特別に用意されたハッシュタグを用いて館内写真を Instagram へ投稿すると，画像が公式ウェブサイト（図2）にて紹介された．これによって，来館者それぞれの視点によって見どころが発掘され，会

期中に進化し続ける展示となる．

●**海外事例にみる CGM の活用**　米国オハイオ州にあるクリーブランド美術館では，7 万点を超える収蔵作品のすべてを展示することができず，一部を紹介しようにも各作品をどのように分類・陳列すべきかという問題を抱えていた．これに対し，同館は 2010 年 1 月より，タブレットを用いた新しい鑑賞体験「アートレンズ」（図 3）を提供している．展示室内の位置情報とリンクした各作品の補足情報を見ることができ，気に入った作品を SNS へシェアしながら，来館者それぞれがオリジナルの展示ツアーを作成することもできる．

図2　「宇宙と芸術展」公式ウェブサイト

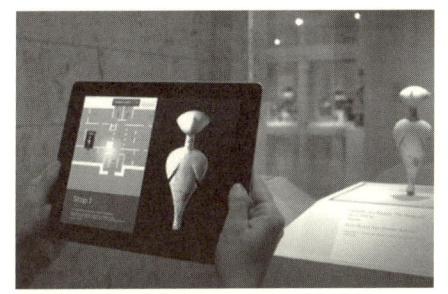

図3　クリーブランド美術館「アートレンズ」

このように，ユーザーによって制作されるコンテンツを一般に CGM (Consumer Generated Media) とよぶ．アートレンズによって来館者が作成したツアーには非専門家ならではの視点が含まれ，各作品の人気の推移やランキングも分析できる．また，知人や友人が作成したツアーとなれば，専門家が用意したツアーにはない親近感があり，それまでミュージアムを縁遠い存在と考えていた人にも来館意欲をもたらすことになった．

●**未来のミュージアムが根ざすべき場所**　ミュージアム側が主体的に取り組むか否かにかかわらず，来館者は今後もますますソーシャルメディアを利用していくだろう．館内の写真撮影許可や著作権など，懸念すべきことは多いが，時間と空間の制約を脱して新たな展示手法を展開できる利点は大きい．残念ながら，現状この種の議論は国内では乏しく，最新の動向を把握するには年次開催される国際会議「Museum and the Web」または「MuseumNext」を参照するとよい．実際に SNS の導入にあたって必要となるポリシーやガイドラインについては，英国の国立美術館テート・ギャラリーが公表した Tate Digital が指針となる．公表に際し，テート館長ニコラス・セロタは「ミュージアムの未来は建物に根ざしてもよいが，世界中の観客が議論する場所に対応することもできる」とコメントしている．

ソーシャルメディアの出現によって，来館者はミュージアムへ愛着と興味をもちやすくなった．今後は，専門家・非専門家，館内・館外を問わず，相互に影響し合う展示手法がより一般的になっていくと考えられる．　　　　　　　　　　　　　　［鈴木真一朗］

参考文献

藤代裕之『ソーシャルメディア論―つながりを再設計する』青弓社，2015

サブカルチャーと展示

　従来展示という行為は，その文化的価値に一定の評価が定まり，作品や資料がきちんと保管され，アーカイブ化されているようなメインカルチャーに分類されるものについて行う場合が多い．一方，サブカルチャーは，現在進行形のものも含めて評価が定まっていないもので，同時代性が強く，ともに歩んできたジェネレーションへ共感を与えるムーブメントであり，展示化することが難しい場合が多い．メインカルチャーは記録に残るもの，サブカルチャーは記憶に残るもの，ともいえる．

　このサブカルチャーに分類され，「クールジャパン」の一つのジャンルとして海外での評価も獲得している「まんが」．一言で「まんが」といえども，今日では，カテゴリーやターゲットごとに多様な作品が登場してきた．また，電子書籍というメディアも加わり，さまざまなシーンでまんがを読むことができる環境となり，まんがは時代を映すムーブメントとして読者の記憶の中に刻み込まれている．本項では，近年美術館などで「展示」する機会が増えてきているまんがを例に，サブカルチャーの展示について解説する．

●**原画資料の意義と脆弱性**　ここ数年間に開催されているまんがを扱った展覧会においては，「原画展示」を設ける場合がきわめて多い．これらの原画資料は，本来額装(がくそう)して展示するものではないが，その肉筆のタッチや細かさ，迫力ある筆運びに加え，欄外の指示の書込みなどに魅力がある．また，出版された印刷物の元となる1点ものということで，文学作品の直筆原稿と同様，作家への興味・関心からそのニーズが拡大してきた．本来原画は印刷されて初めて作品となる「版下(はんした)」であり，一般的には関係者以外の目に触れることはなく，絵画などのそれ自体が芸術作品となるものとは意味合いが違うものである．また，1点をじっくり鑑賞するというよりはむしろ，物語を構成する複数枚を読むというところにもまんがというメディアの特性がある．

　上述のとおり原画は印刷を前提に描かれていて，その画材については耐久性よりも印刷効果を優先しているため，長期間の展示には耐えられないものである．そのため，展示・収蔵環境およびその保管方法については十分に配慮することが望ましい．しかしながら，古い作品，特に1960年代中頃までは，原画は出版社から作者に返却されない場合も多く，行方不明になった原画も多数あると思われる．幸いにも原画を保管している作家個人や家族，出版社があったとしても，継続的に保管をすることが不可能となり，手放さざるを得ないこともある．また，当時の作品を保存していくために，保管されている出版物からデジタルデータを起こそうとしても，粗悪な紙質のためインクのにじみと経年劣化によりデータをつくることが困難な状況にある．

　近年，まんが関連のミュージアムが各地に開館してきているものの，収蔵スペースに十分な余裕がないなどの理由から，これらの原画を受け入れる体制は必ずしも整っ

ておらず，貴重な原画資料が散逸の危機に瀕している．これら原画資料を収蔵するスペースを整備し，かつそれらの資料を関連施設間で有効活用できるようにデジタルデータ化し，アーカイブを構築していくことが，国レベルで急を要する課題となっている（☞項目「デジタルアーカイブと展示」）．また，きわめて脆弱ではあるが，重要文化財などのように年間の公開日数が制限されてはいない原画資料については，ややもすると長期間の展示を行うことによって劣化が進むことも考えられるため，実物展示に際しては，国などが保管および公開方法の指針を設定していくことが望まれる．

●**作家世界と作品世界**　まんがの展示に関しては，原画展示を行うことや「まんが家の仕事場」の再現など，作家本人へ迫る「作家世界」の展示が増えてきている．キャラクター性，ストーリー性に焦点をあてた「作品世界」を展開する手法としては，展示室で原画を"読む"こと以外にも，映像コンテンツによるもの，リアルスケールのキャラクターのフィギュアの展示やAR（Augmented Reality：拡張現実）を活用したフォトポイントの設置，このほかオリジナルメニューやグッズをそろえたカフェやショップ，閲覧コーナーなど，展示空間以外での展開により，さらに臨場感および体験性の高い演出を実現する事例が増えている．実際のところ，資料

図1　川崎市 藤子・F・不二雄ミュージアム「展示室Ⅱ」

展示に比べてこれらの展開の方がより来館者数を増加させる要因となっている例もみられる．なお，映像や造形といったメディアで表現されるこれらの展示（作品世界）は，作家本人以外のクリエイティブワークによることが多いため，展示展開に際し，作家本人の作品を正しく伝える十分な配慮が必要である．

●**サブカルチャーの保存と継承**　江戸時代にその高度な技術と豊かな感性によってもたらされた浮世絵は，輸出品の梱包材に使用されてヨーロッパへ渡ったことがきっかけで西洋人の目にとまり，作品が海外へ流出したエピソードは有名である．現代のまんがをはじめとするサブカルチャーも，海外での評価が高いわりには，日本ではその価値に見合う保存がされていないのが現状である．これらが浮世絵のように散逸してしまわぬよう，残すべき貴重な日本特有のサブカルチャーを重視し，専門家による調査・研究，収集・保存を国をあげて行っていくことが望まれる．今後も時代とともに出現し，人々に支持されるサブカルチャーに属するムーブメントを展示する機会は増えることが予想される．その際には，サブカルチャーだからこそ，最新の技術を活用して，新たな切り口，新しいかたちで，より実験的な展示を目指すことによって，新たな価値を見出す展示となるのではないだろうか．　　　　　　　　　　　　　［春日康志］

秘宝館と展示

　一時期，日本各地に広がりながらも，いまや最後の一館を残すばかりになってしまった（2018年現在）展示施設に秘宝館がある．本項では，温泉街などの観光地を舞台に独特な世界観をもって現れた秘宝館の成立背景や発達過程などから，秘宝館の展示を解説する．

●**定義と事例**　秘宝館の定義には，「性に関する博物館の通称」（柴田，1998）や「性，とくに性交に関するさまざまなコレクションを展示した博物館の一名称」（川井，2004）などがある．文化人類学者の田中雅一（2014）は「性をテーマにしている私設展示場」として秘宝館を取り上げ，秘宝館という名称がついていなくても性をテーマにしているものはここに含め，「コレクション系」「レジャー系」に分類した．また，吐夢書房刊（1982）の『秘宝館』も，「秘宝館」と名付けられた施設以外にも性を扱う施設を取り上げている．これらに対し，筆者は秘宝館を「性愛をテーマとした博物館」と位置付け，特に蠟人形など等身大人形を用いた遊興空間としての秘宝館に焦点を絞っている．これは田中のいうレジャー系にほぼ一致する．アミューズメントとしての秘宝館を指す狭義の定義である．

　このような秘宝館には，訪問者自身がハンドルを回すと風が吹いてスカートがめくれるなど蠟人形に間接的に変化を及ぼすしかけがあり，訪問者参加型の展示がある．また秘宝館は，複製身体が観光の対象となる現象を含んでいる．「複製身体の観光化」の観点から秘宝館の成立と発達をみていくと，後述するように医学模型がその起源にあることが読み取れる．

　日本で初めて等身大人形を用いた秘宝館は，三重県伊勢市近郊の元祖国際秘宝館である．この秘宝館は，松野正人（1929-1989）が1972年10月に開館した．その後，鳥羽館や石和館などの姉妹館ができたため，後に伊勢館とよばれる．元祖国際秘宝館の誕生以降，1980年代にかけて日本各地の主に温泉観光地に秘宝館はオープンしていった．1982年の段階で，北海道秘宝館，東北秘宝館極楽殿，甲府石和・国際秘宝館，鬼怒川秘宝殿，熱海秘宝館，沼津秘宝館，伊勢・国際秘宝館，鳥羽・国際秘宝館，北陸秘宝館，山口・秘宝の館，別府極楽院秘宝館，島根・神話秘宝館などがあげられている（吐夢書房，1982）．筆者が調査を開始した2005年の段階では，開館順に元祖国際秘宝館伊勢館，別府秘宝館，北海道秘宝館，熱海秘宝館，鬼怒川秘宝殿，東北サファリパーク秘宝館，嬉野武雄観光秘宝館が残っていた．2018年現在，残るは熱海秘宝館1館となっている．

●**秘宝館の起源と発達過程**　これら秘宝館の起源をさぐるためには，元祖国際秘宝館伊勢館に展示されていた医学模型に手掛りがある．同館には「保健衛生コーナー」があり，「解剖室」という展示や，性病の症例模型や胎児の成長モデルなどがあった．

また，蝋人形などを用いた訪問者参加型の性的な展示もあり，医学的な要素と娯楽的な要素が併存していた．この医学展示は大正・昭和期の衛生展覧会の名残があると考えられる．これらの展示は，生と死や生命の誕生に関わる展示だった．

一方，温泉観光地に主要な秘宝館をつくっていったのは東京創研という会社だった（代表は東宝出身者の川島和人）．同社は，北陸秘宝館，熱海秘宝館，東北秘宝館極楽殿，嬉野武雄観光秘宝館などを施工し，別府秘宝館と北海道秘宝館を一部改装した．「エレクトロニクスとメカニズムを駆使し，他の追随を許さぬ技術で業界を常にリードして来ました．映画，演劇，テレビの演出技術，特殊効果を生かしてお届けします」という広告も注目に値する（吐夢書房，1982）．彼らは蝋人形の展示を継承し，アミューズメント性を強め，医学的要素を排することで，元祖国際秘宝館とは別の路線で秘宝館をつくった．女性の訪問客をいち早く意識し，女性も笑顔で出てこられるような施設にしようとユーモアをちりばめた．展示入口には，道祖神や金精様のような日本古来の性信仰を展示し，訪問者が入りやすくなるような工夫を施した．

そのほかにも，鬼怒川秘宝殿のように東宝美術が関わり，和風の歴史的物語を含んだ秘宝館も生まれた．また，東北サファリパーク秘宝館のように動物園の中につくられることもあった．

●**性とユーモア**　東京創研がつくった秘宝館にはユーモアが込められていた．嬉野武雄観光秘宝館の「スーパーマン」や「アラビアのエロレンス」などの展示はパロディにも富んでいた．熱海秘宝館の「温泉芸者」，嬉野武雄観光秘宝館の「嬉野茶摘み娘」などのように，地域性を取り入れた展示も多い．水を用いた展示も秘宝館の特徴である．秘宝館は性と笑いを結び付け，訪問者同士のコミュニケーションが生まれる場でもあった．造形物と映像トリックと音響を組み合わせた熱海秘宝館の「珍説 一寸法師」（マジックビジョン）は，高度な技術を用いてコミカルさを表現した作品である（図1）．オリジナルソングのある秘宝館もあり，熱海秘宝館では入口のマーメイドがかつてそれを歌うしぐさをしていた．

●**人々をひきつける魅力**　秘宝館は，訪問者数の減少を背景に1990年代以降，衰退していった．しかし，熱海秘宝館は今日，若者を中心に人気を保ち続けている．その理由は，遊園地的要素に大人も魅力を感じているからだろう．秘宝館は，展示物に参加して楽しむ場所であり，集団でコミュニケーションを育む場としても機能し続けてきた．ユーモアを交えることで人気を博していることは，オープン当初から変わらな

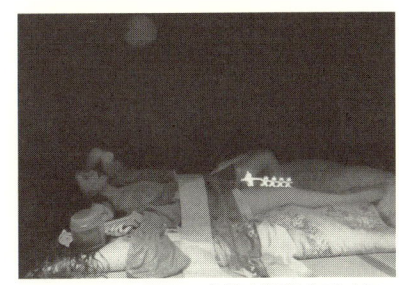

図1　熱海秘宝館「珍説 一寸法師」造形物とテレビモニターの映像がコラボレーションする展示（著者撮影，2013年）

い．誰もが関心のある性というテーマに向き合い，それを明るく笑い飛ばす，エロスの解放感に満ちた秘宝館は今日も人々を魅了してやまない．　　　　　　　　　　［妙木　忍］

参考文献　妙木忍『秘宝館という文化装置』青弓社，2014

ツーリズムと展示

近年，国内各地が観光客でにぎわいをみせている．国際観光振興機構（通称，日本政府観光局）が，「観光立国」の実現に向けた動きを加速化させているのだ．顕著な動きとしては，2014 年に 1,300 万人を突破した年間訪日外国人旅行者を，さらに年間 2,000 万人に引きあげることを目標に掲げ，国内受入体制の強化も進めている．

最近の観光事業（ツーリズム）市場の特徴は，旅先の情報収集から予約手配に至るまで，情報・通信技術（ICT）を活用するサービスが充実してきたことである．これにより旅行は，単なる物見遊山から滞在型・体験型を好む個人化が進んでいる．

一方でツーリズム市場はそもそも，2011 年に発生した東日本大震災のように，さまざまな自然災害あるいは経済状況，何らかの風評などで甚大な影響を受けてしまう．そういった状況におかれた場合に，観光客にどのように対応するか，いかにして継続的な観光行動を喚起し，地域のにぎわいに繋ぐことができるかといった課題が浮き彫りとなっている．観光客へのサービスを充実させることは当然として，さらに，その地域に住まう・働く・学ぶ人々に向けた取組みも重要である．

こうした課題の解決に有効な視点が地域住民の関わりだ．通勤・通学している地域の特徴や歩みを住民が理解し，地域と関係性をもち，地域に愛情をもつことができるか．そして，観光客はそうした人々と交流が生まれることや，交流が継続することで，地域に再訪したいと思う動機付けになっていくと思われる．

では，こうした課題に対して，「展示」はどう寄与することができるのか．この項目では，ICT を用いた取組みを例にあげて一つの指針を提示する．

●**地域情報拠点施設** 東京都・御茶ノ水に「お茶ナビゲート」という地域情報拠点施設がある（図 1）．ここでは，駅近・高台という立地を活かし，街歩きの起点となる空間とサービスを提供している．その内容は主に以下である．

①地域の特色や歴史を紹介する「街歩きステーション」：利用者が興味が湧いたスポットを選択し，そのスポットを掲載したオリジナルの地図を印刷することができる．この手法は，「テーマ」を通して街のもつ特徴を考えてもらい，利用者それぞれの興味に応じた街歩きルートを

図 1　お茶ナビゲートの内部

提示する．歴史的建造物や地元の老舗，文豪ゆかりの史跡などの見所といえるスポットから，自分の興味や関心に応じて情報収集でき，さらに自分だけの散歩マップをつくることができる（図2）．このシステムは，地図を表示するものと，見所スポット約300件の情報が見られる2面のタッチパネル端末で構成されている．後者の画面で気になるスポットのアイコンをタッチすると，説明が表示されるとともに，前者の画面にそのスポットがマッピングされ，関連性（同システムでは「テーマ」とよんでいる）のあるスポットも表示される．

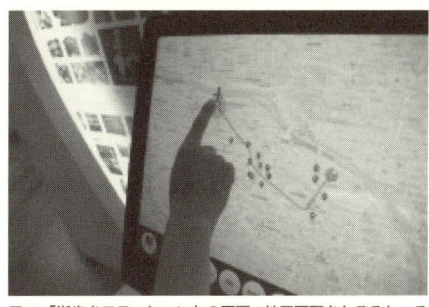

図2 「街歩きステーション」の画面．地図画面をなぞると，そのルート上にあるスポットが表示される

②街の古今をバーチャルに表現する「歴史ギャラリー」：複数人で見ることができるフラットパネルであるため，お互いに思い描いた過去・現在・未来の「物語」を共有し，会話や交流な

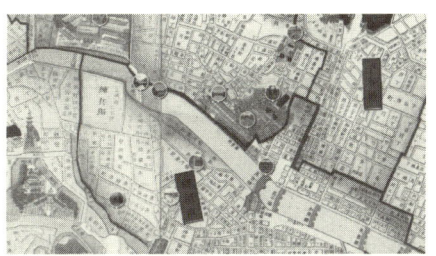

図3 「歴史ギャラリー」の画面．フラットタッチパネル式の画面がテーブルいっぱいにはめ込まれている

ど，新たな情報循環を生み出す可能性をもち合わせている．江戸時代以降の街の風景が収められた浮世絵や古写真約800枚と，古地図7種を，40インチのフラットタッチパネルで閲覧できるサービスも行っている（図3）．浮世絵や古写真は，江戸・明治・大正・昭和・平成に入る頃までの時代ごとの古地図上に整理されているため，街の風景やその移り変わりを多角的に見渡すこともできる．

●ツーリズムと展示　たいていの観光案内所では，お勧めの観光地図や見所をまとめたパンフレットなどを準備している．これらは特に，初めてその地域を訪れた人には便利である．しかし，それは受け身の情報収集でもある．これに対し，上述のサービスにおいては，利用者がみずからの興味関心に沿って情報を編集する，能動的な情報収集をうながすものである．これこそが，現在のツーリズムにおける大きなポイントである．一人ひとりの関心や気付きを高め，さらにその喜びを他者と共有できる．一度訪れただけでは満足できず，「再訪」したいという気持ちを芽生えさせる．その空間的仕掛けは，展示という媒体において実現可能である．

ツーリズムの展示現場においては，増加する外国人旅行客にも対応すべく，多言語対応やコンシェルジュなどのサービス充実が求められている．しかし一方で，地域の人々がこうしたサービスに能動的に関わることが，本当に地域に根付いた永続的なサービスにつながり得る．その仕組みづくりにおいても，まだまだ展示的手法の可能性が秘められているといえよう．

[中村佳史]

インフラと展示

インフラストラクチャー（以下，インフラ）とは我々の暮らしや経済，安全を支える基盤となる道路，橋梁，ダム，地下放水路，港湾などの社会基盤のことであり，誰もが日常的に関わりをもっている．近年，優れた機能をもつ土木技術や構造物などの特色あるさまざまなインフラ施設が，地域の観光資源，教育資源として着目され展示の対象となる動きがみられる．そこには展示の多様化の一端をみることができる．

インフラは多くの人々が接する機会の多い施設であるが，管理上，通常は関係者以外は入ることができない場合も多い．しかし，そこに展示としての価値が見出され，インフラ施設の一部を開放し，一般の人々が間近に見学，体験，学習できる機会を設ける施設が増えてきた．観光分野においては，インフラを地域の観光資源としてとらえ，それらを巡るインフラツーリズムに注目が集まっている．テーマ性，趣味性の高いツアーはSIT（special interest tours）として取り上げられ，各地でインフラに関する目的地を選定し，インフラに関心の高い観光客に提供できる観光ツアーを提供する取組みも始まっている．

●**インフラの展示事例** 世界最長の吊り橋として知られる明石海峡大橋（兵庫県）では，橋の技術や歴史などをわかりやすく説明するほか，普段入ることのできない管理用の通路を歩き，主塔に登ると海面から約300 mの眺望を体験できるようにした．年間約1万人が訪れる人気のスポットとなっている．また，首都圏外郭放水路（埼玉県，図1）は，地下約50 mにある延長6.3 kmの地下放水路である．河川の洪水を取り入れて地下で貯水，排水する機能をもつ施設で，一般に公開（予約制）されている．巨大な空間に整然と太い柱が立ち並ぶその場のイメージから「地下神殿」とよばれ人気を博している．

ダムを巡るツアーも全国で行われている．湯西川ダム（栃木県）では，日本初の水陸両用バスに乗ってダムを見

図1　首都圏外郭放水路（筆者撮影）

図2　宮ヶ瀬ダム（筆者撮影）

学することができ，年間2万人以上が乗車している．また，宮ヶ瀬ダム（神奈川県，図2）では観光放流を行うことで，間近に大量の水の放流を見学し，「水とエネルギー館」の見学と合わせてダムの役割を学習することができる．

季節や時期を限定した事例もみられる．知床横断道路（北海道）では，冬季の除雪作業によって出現する「雪の壁」を眺め，世界自然遺産の知床で大自然を体感することができる．中部地方整備局では「旬な現場」として，砂防堰堤や河川の付け替えなどの工事中の現場を見学する機会を設けている．

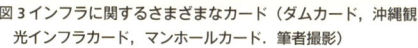

図3 インフラに関するさまざまなカード（ダムカード，沖縄観光インフラカード，マンホールカード．筆者撮影）

このようなインフラ施設は立地する地域に関連施設が複数みられることも多く，連携が図られる場合もある．ダム施設については「ダムカード」が全国的に普及しており，さらに近年では沖縄県のダム，公園，道の駅などを対象にした「沖縄観光インフラカード」，自治体などの下水道に関する部署・組織が絵柄の特徴的なマンホールを取り上げた「マンホールカード」なども発行され（図3），訪問者の収集意欲をうながすことで，インフラ施設の観光対象化，施設の認知度の向上を図り，関連するインフラ施設同士，さらには既存の関連施設とのネットワークをつくり出そうとする動きもある．

●**現場に求められる展示機能**　インフラは人々にとって身近な対象であるが，スケールが大きく，構造が複雑でとらえにくい部分が多いため，全体的な仕組みとそれを建設・維持管理する技術，専門用語などの理解も必要となる．したがって，現場では一般の人々にわかりやすく伝えるための解説機能が必要とされ，資料館や展示スペースが併設されるインフラ施設も増えている．解説パネルや施設の紹介映像，または解説員が対応し，現場の体験を取り入れながら展示解説を行うケースもある．このようなインフラの展示では，来場者に施設の仕組みや役割を伝え，社会資本整備への理解をうながすことが目的であり，土木教育的な観点からもその効果が期待されている．インフラツーリズムの推進は，国や地方自治体といった施設管理者の取組みが中心となるが，工事のプロセスを含めると，土木・建築分野の民間企業にも広がる．

また，地域の観光協会やNPOとの連携も各地にみることができる．現場に近づき，触れることのできる機会をつくり出すインフラの展示化が進むと，人々の新たな動態に伴う既存の関連展示施設の活性化も期待できる．インフラの展示は今後も増加もしくは一般化していくことが予想され，そこには展示論的なマネージメントがますます重要となる．　　　　　　　　　　　　　　　　　　　　　　[吉冨友恭]

参考文献　大谷健太郎「SITとしてのインフラツーリズムと観光事業に関する基礎的考察」『土木学会西部支部沖縄会技術研究発表会概要集』5, p 43-46, 2016／尾澤卓思「沖縄における観光客1000万人時代のインフラ整備」『土木施工』55, No. 11, p 14-19, 2014

事故と展示

過去の事故を振り返り，教育的な視点で取り上げる展示施設が増えている．企業内に研修施設として非公開で設置される事例が多く，展示内容は自然災害を除く人為的な事故を主とし，鉄道，航空，原子力，労働災害，製品リコールなどへと対象を広げている．そうした展示を，事故展示または安全啓発展示と称している．

●**事故と不祥事** 事故を取り上げる研究団体や学会は，行動科学や認知心理学の分野，安全衛生を中心とした労働災害分野が中心であった．その後，工学者・畑村洋太郎の提唱する「失敗学」に基づく失敗学会，組織要因に着目するリスクセンス研究会など新たな研究団体発足の動きにつながっている．この背景には，社会問題化する事故や不祥事の増加に世間の注目が以前より大きくなったことがある．今日，企業の不祥事は，その存続をも危うくするようになっている．

●**社員教育としての展示** 事故を展示化する試みは，ヨーロッパではアート分野においてみられ，映像中心の「これから起きるかもしれないこと」展（2002～03 年，パリ，カルティエ財団主催）が開催された．これはフランスの思想家ポール・ヴィリリオの監修によるものである．ヴィリリオはその後，『アクシデント―事故と文明』（2006）のなかで，文明による事故の発明を指摘し，事故の博物館ともいうべき現代都市への警鐘とともに，事故の展示化と将来の「事故の博物館」創設を訴えている．

一方，日本国内では，事故の現物を保存する三菱重工業長崎造船所内の展示施設「史料館」の事例（1985 年開館）があり，同所で発生したタービンロータの破裂事故の現物の一般公開が行われている．その後国内では，一般公開ではなく社内向けを原則に，事故を企業内の研修テーマとして専門的な社員教育プログラムに組み込んだ事例が登場するようになる．三河島事故という大規模な列車脱線事故を中心に，2002 年に開設された JR 東日本「事故の歴史展示館」がその最初期のものである．その後，茨城県東海村の原子力科学館に隣接設置された「JCO 臨界事故展示」（2006），御巣鷹山の事故を研修に活かす「JAL 安全啓発センター」（2006），ヒューマンエラー教育を組み合わせた「ANA グループ安全教育センター」（2007），労働災害を取り扱う三菱重工業長崎造船所の「安全伝心館」（2012），体感教育や VR を駆使して参加型の安全教育を目指す東京電力の「安全考動センター」などの開設が相次いだ．

●**事故展示の内容** 事故の被害や犠牲の大きさを訴求すると同時に，事故の発生過程，関係者の証言，社会の反応，事故後の取組みや安全対策，ヒューマンエラー発生の仕組みなどを，映像や模型，グラフィックやハンズオンなど従来の博物館展示で培ってきた技術を応用しながら構築している（図 1, 2）．こうした研修型の展示以外にも，事故の事実を継承するモニュメント型の展示も各地で設置されている．そこには関係者が共通してもつ「事故を風化させてはいけない」という意識が働いている．

事故を取り扱う展示が，政治的な側面をもつ場合もある．例えば，近年の事例として，韓国のセウォル号の沈没事故（2014）では，韓国国内の政治的な問題となり，沈没地に近い全羅南道珍島郡に遺品を展示する「国民安全記念館」と，船舶脱出から火災鎮圧訓練までを行う「体験教育館」を建てる計画が発表された．他方中国では，2015年天津で大規模な化学薬品爆発が発生したが，原因究明が途中の段階で，一帯に環境をテーマにした「生態公園」（エコパーク）を建設する計画が報道された．

図1　事故発生のメカニズムを実物大の装置で解説する展示

原因を明らかにすることは，責任を明らかにすることにつながるため，事実をどこまで明らかにできるか，どのような立場で明らかにするかは，施設の設置目的・公開の可否・社内向けか一般向けかなどに規定され，主張する内容や評価が異なってくる．

なお，国内に目を向けると，幅広い安全活動に取り組むべく2016年に安全工学グループが発足し，安全体験・

図2　部分的に情報を隠して考えさせるマグネット型の展示

体感に関する教育・研修を実施する施設の顕彰制度 GSEF（Good Safety Education Facility）が誕生している．海外とは異なる取組みや環境がある点にも留意が必要である．

●今後の展望　事故を展示する試みが，これまで好意的に評価や理解がされてきているのは，関係者の努力はもちろん，客観性を保ち，遺族の了解を得て時間経過を経た後に計画する場合が多いからであろう．こうした点は今後も変わることはない．

東日本大震災では，震災時の建築物や津波の漂流物などを震災遺構として保存する議論が起こっているが，行政や遺族の立場は，悲劇を風化させず継承したいという立場と思い出したくないという立場で揺れている．この震災遺構を保存する際には，事故に学びそれを教訓とする事故展示は大きな参考になるだろう．異なる立場や見解を乗り越え，社会や団体で記憶や経験を継承しようとする志向性にこそ，事故展示の本質がある．　　　　　　　　　　　　　　　　　　　　　　　　　　　　　［井戸幸一］

📖 参考文献　ヴィリリオ，ポール（著）・小林正巳（訳）『アクシデント―事故と文明』青土社，2006／久谷與四郎『事故と災害の歴史館―"あの時"から何を学ぶか』中央労働災害防止協会，2008

大震災と展示

　昨今，異常な自然現象が頻発しており，大規模自然災害の被災者となる可能性は誰もが等しく有している．特に，大規模な地震・津波には周期をもって発生する性質が認められ，同地域で暮らす者が繰り返される地震・津波災害の被災者となる可能性はきわめて高い．また日本に限定した場合，そのような災害が発生する可能性は特定地域に限られてはいない．よって災害関連記録資料展示では，観覧者に対し，客観的知識の拡散を越えた防災・減災意識を獲得させ，危機に備えるための能動的な行動を誘発することが重要な展示主題となる．

●**災害関連記録資料展示の特殊性**　災害関連記録資料展示が客観的知識の拡散を目的にデザインされた場合，被災体験のない観覧者が，歴史上の出来事，他人事としか認識できない展示資料から被災の苦しみや悲しみを身体感覚として感じ取り，喪失感，絶望感を，分有，共有することは困難である．観覧者が被災の当事者性を獲得し，防災・減災への能動的行動を自覚するためには，被災による苦しみ，悲しみの主観的理解，共感が必要である．ゆえに災害関連記録資料展示では，観覧者を受動的意識から脱却させ，みずから見て，感じて考える能動的意識を覚醒させる展示デザインが必要とされる．

●**展示における主客関係とその設定**　展示とは展示資料を媒体として知識および感覚の拡散，分有，共有を図ろうとする情報伝達手段の一つである．一般に展示はその構造上，展示する者・展示物が主体であり，展示を見る者＝観覧者が客体となる．

　特に，客観主義が徹底される博物館展示においては，展示の主体は展示物であり，展示解説はモノの客観的説明を中心とする．よって展示する者の主観的考察に類する仮説，比喩表現などが展示に含まれることはまれである．また，一方の観覧者には受動的傾向がみられ，展示を能動的に見る，という意識は一般に低いといえる．しかし展示の目的，内容によっては，展示する者と見る者の関係設定を大きく変えることを目的として，展示する者が展示物の客観的情報とともに，可能な限り多様化された主観的情報を観覧者に提供する場合がある．

●**主客交換を必要とする展示**　地震・津波災害に代表される周期性の高い災害関連記録資料展示は主客交換の必要性が非常に高い展示である．この展示では，自己の身体的感覚をもとに想像することでしか得られない感覚，すなわち喜び，悲しみ，怒り，恐怖などの共感を観覧者から引き出し，主客間での対話を経て分有，共有，拡散を図ることが展示主題の一つとなる．

●**共感を引き出すための比喩表現**　参考になるのが美術作品展示である．美術作品に投影されている身体感覚は作家の主観をもとに表現されている例が大半を占める．この場合，作家が作品制作時までに置かれていた環境を理解することが作品理解への架け橋となる．しかし客観的知識として提供されたその環境情報が，観覧者にとって共

感を得がたい特殊性をもつ場合，観覧者が作品に込められた身体感覚を実感することは難しい．そのような状況が想定される場合には，観覧者が共感を得やすい相似の環境情報を，補助的に例示する展示手法が有効である．

美術作品，特に現代美術作品の展示では，理屈はわかるがピンとこない，といった感想が多く寄せられる．しかし，自分の身，あるいは，自分の生活環境に置き換えてみる，などの，ごく簡単な置き換え作業をうながすことで，理屈はわからないが共感を覚える，といった真逆の感想を得ることが可能である．そのような置き換えをうながす最良の方法が比喩表現である．展示する者が積極的にたとえ話を提示することで，観覧者は，自身がより理解しやすいたとえ話をみずから想像し，相似の感覚を覚醒させてリアリティを得る．また，そのようにして共感を得た観覧者には，得られた自身の感覚をさらに表現，拡散しようとする能動的姿勢が期待できる．こうした効果が災害関連記録資料展示に援用できる．

●**能動的行動を誘発する展示**　人を動かすこと，未来に活かされることを展示主題とする災害関連記録資料展示において，特に重要な資料は被災物である．津波災害を例とすれば，被災現場に残された被災物は所有者の特定が困難な無主物と定義され，不要なゴミ＝ガレキとして処分される．しかし，被災物は，元来，被災者の家であり，家財であり，生活の記憶，人生の記憶を宿す媒体である．したがって被災物は，被災地域の文化的記憶を宿すモノとしての高い資料価値を有している．

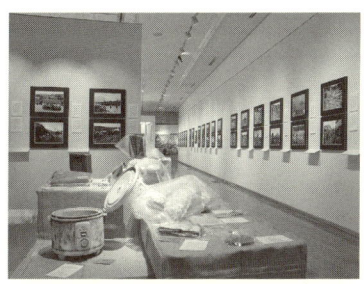
図1　リアス・アーク美術館「東日本大震災の記録と津波の災害史」常設展示

被災物を展示資料とする場合は，一般所有率の高い日用品などを選択し，観覧者に相似の記憶が想定される普遍性の高いたとえ話を創作し補助資料として添える．この場合のたとえ話は，被災者の証言および被災物の収集場所から導き出される地域性，時代性，民俗性などを基礎とし，被災によって失われた日常がイメージされる物語とする．

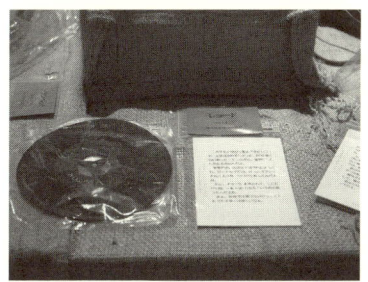
図2　被災物のレコード（リアス・アーク美術館）

たとえ話を契機に想像力を働かせ，自分にとって掛け替えのないものや記憶を失う，という主観的知識の相似性を見出すことができれば，観覧者が被災者感覚や感情を分有，共有することは可能である．この場合，体験の客観的同一性は不要である．

この手法はリアス・アーク美術館「東日本大震災の記録と津波の災害史」常設展示で実践され，被災体験の分有，共有，拡散の成果が得られている．またこの手法は，観覧者の能動的行動を誘発しようとするその他分野の展示にも応用が可能である．

［山内宏泰］

コミュニティデザインと展示

　さまざまな展示の手法を用いて，地域の人々が地域のことを主体的に考え，まちづくりにおける課題の共有や実践を行うという取組みが全国各地で行われている．都市も地方も少しでも定住人口や交流人口を増やし，地域社会を持続可能なものとしていく必要に迫られている．高度成長時代においては，都市インフラの整備や社会福祉サービスの充実により地域を都市化し，住民を仕事に集中できる環境をつくることが多くの自治体の役目であった．しかし低成長時代には，自治体の限られた人材や財政でできることは限られており，地域住民による主体的な地域への関わり合いや協働が必要になってきている．それは，これまで経済成長が支えてきた都市生活者の生きがいやアイデンティティを，再び地域コミュニティにおける協働が担うようになる時代の訪れでもある．

●コミュニティデザインとは　ここで注目を集めているのがコミュニティデザインという言葉である．コミュニティデザインによる地域再生の提唱者である山崎亮は，コミュニティデザインを「地域にある課題を地域の人たち自身が発見し，それを自分たちで解決」していけるようにサポートすることと述べている．また，「人がつながるしくみをつくる」活動のことだともしている（山崎，2011）．ここでいうデザインとは，ものの見た目や使い勝手をよくすることを指すのではなく，デザインの手法により解決すべき本当の課題を発見し解決する，デザイン・シンキングとよばれる概念に近いものであると考えられる．

　デザイン・シンキングでは，取り組むべき課題の発見やその解決のためのプロセスの管理のあり方を重要視する．デザインに取り組むチームのつくり方やコミュニケーションのあり方，短期間で簡便にプロトタイピングとテストを繰り返す試行錯誤の考え方に注目することで，継続的に発見やアイデアを生み出せるような人々のつながりをデザインするのである．非定型で創造的なプロセスにより，簡単に答えの見つからない地域社会の複雑に絡み合った課題を解きほぐし，課題の所在や背景にある地域の文化や歴史への関心をよび起こす．そのような試行錯誤のプロセスを繰り返すことによって，地域が必要な変化を受け入れられるように意識を変え，主体的な課題解決への参加をうながすのである．

●コミュニティデザインのプロセスの展示　地域の課題やその対策を地域の内外の幅広い人たちとの間で共有し，さらなるコミュニティデザインへのコミットメントにつなげるうえで，それまでのコミュニティデザインの過程や成果を展示として示すことは有効な方法である．例えば，地域の立体地図の積層模型などを設置し，その上に家の模型を設置していったり，その場所での記録や思い出を書き記していったりしながら，地域の課題などについて話し合うワークショップを行った場合，完成した模型そ

のものを中心に，ワークショップの狙い，その模型を充実させていく過程の写真パネルや感想，そして成果などをまとめたパネルにより基本的な展示空間を構築することができる．展示を行うことでワークショップに参加しなかった人ともワークショップの文脈をある程度共有することができる．共有された問題意識や解決のためのアイデアに対して，受け身ではなく，自分自身の主体的な関わり方を意識させることができれば，コミュニティデザインの展示は成功となる．

●**コミュニティデザインとICT活用**　コミュニティデザインの過程や結果の展示はコミュニティデザインの終結点ではなく，それを用いた次なるコミュニティデザインの出発点ともなる．その際，実際のものや什器や施設を用いた展示の場合は空間的・時間的な制約があるが，インターネットでの公開をベースとしたオンライン展示であれば，スマートフォンやタブレット端末などを用いてより制約が少ないかたちで次のコミュニティデザインに活用することができる．

伊那市立高遠町図書館と「高遠ぶらり」製作委員会は，地域の図書館や博物館が所蔵する膨大かつ多様な地域資料をコミュニティデザインで活用することを考え，「高遠ぶらり」（平賀，2014・高橋，2012）というスマートフォンアプリを製作し，活用している（図1）．「高遠ぶらり」は，古地図をはじめとした地域の地図資料上に，場所を説明する情報やGPSによる現在地を表示したり，同じ場所の複数の地図資料を同縮尺同方角で切り替えたりすることができるまち歩きアプリである．委員会は「高遠ぶらり」の制作のために，まず地域の古地図を印刷し，それをもって郷土史家の人と一緒にまち歩きを行うワークショップを行った．そこで得た視点から図書館の郷土資料の情報を調べることができ，古地図上の場所から説明文や古写真も見られるアプリとなっている．

図1　「高遠ぶらり」ワークショップの様子

委員会と図書館は，このアプリをいつでも誰でもまち歩きなどに利用することができるように無料で公開し，新しいまち歩き企画やスタンプラリー企画に用いたり，地元コミュニティや高校などでの郷土資料の調査ワークショップの結果を観光イラスト地図にしてアプリに追加・公開ができる．コミュニティデザインへの二次的三次的な活用の実例である．

［高橋　徹］

ビッグデータの活用と展示

　ビッグデータとは，ICT（information communication technology）の発達によって実社会におけるさまざまな活動（人やモノの動き）から取得される，膨大で多種多様なデータのことを指す．こうしたデータの取得により，展示物理空間における新たな利用者サービスの創出や生産性の向上が大きく期待され始めている．

　デジタルネットワークの浸透により，スマートフォンや携帯端末などから各種センサー類まですべての社会活動がデータ蓄積される社会が現実となっている．特徴としては，リアルタイム性，多種多様性，多量性があげられる（図1）．従来の構造化されたデータ（例えば，POS などによる売上データ）と異なるのは，ブログや SNS などのソーシャルメディアに書き込まれるクチコミなどの生活者発信データ，それらに対するアクセスデータ，さらに GPS や Wi-Fi，センサー機器などによる位置データなどといった生活者の活動そのものをデータとして扱う非構造的データが爆発的に流通していることである．総務省調べでは，2005 年～12 年の 7 年間で，日本国内のデータ流通量は約 5.2 倍（同期間の年平均伸び率は 26.6%）に拡大している．

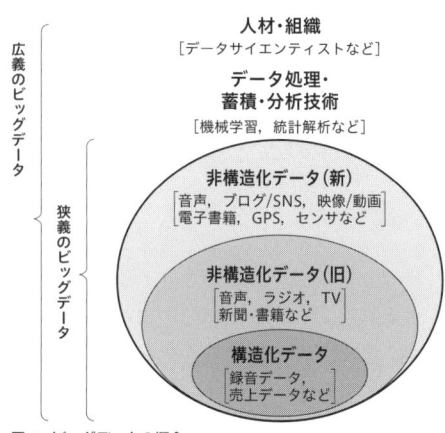

図1　ビッグデータの概念
（出典：総務省『情報流通・蓄積量の計測手法の検討に係る調査研究』2013）

●展示空間とセンサリングデータ　多種多様なビッグデータのなかで，新たな注目を集めているのが，センサー技術を用いたセンサリングデータである．屋内を主なフィールドとして不特定多数の来館者に対応する展示空間においては，これまで来館者の動的な情報を得ることは困難であったが，位置情報（座標データ）と連動させたセンサリングデータは，さまざまな解析を行うことができる自主データ群として新たに利活用することが可能となる．さらに，これらデータを蓄積することで，時系列な変化を把握でき，より詳細な来館者の姿を理解することが可能となるのである．

　こうしたセンサリング技術は，図2で示すように，大きく三つ（①属性を測る，②コミュニケーションを測る，③人流を測る）に区分される．①では主にカメラセンサー技術を用いて，画像分析による利用者の性別や年齢を測定することができる．2014 年に葛西臨海水族園では，この技術を用いた調査を実施し，時間や曜日，天候

来館者データを取得するためのツール

属性を測る	コミュニケーションを測る	人流を測る
・性別 ・年齢層 ・人数 ・進行方向，など [手法] -カメラによる画像分析	・コミュニケーションの様子 ・個人の行動 ・人同士のつながり ・グループの形成，など [手法] -名札型行動センサ 　　　（ビジネス顕微鏡） 　　　-脳活性化測定	・人の流れ ・通行頻度 ・滞留箇所 ・人数 ・個人の行動，など [手法] -レーザーセンサ/ビーコン 　　　-3D カメラセンサー

**詳細な来館者像を理解することができる
データ蓄積によるシミュレーションや予測も可能に**

図 2　センサリング技術まとめ（鈴木，2015）

などによる来館者の属性の違いを明らかにした．②は，脳波や心拍数などの人間行動を測るセンサー技術により，人々のコミュニケーションの活性度などを測ることができる．特に，加速度センサーを用いて身体リズムを把握することにより，展示空間における来館者の対話（会話の有無・性質）を詳細に分析することが可能となる．世界で初めての調査事例となる，2014 年国立科学博物館における「親子行動センサ調査」では，「親子間におけるコミュニケーションをどの展示が誘発させるのか」といった従来獲得が難しかったデータを取得することに成功している．③では，Bluetooth（ブルートゥース）や Wi-Fi などの電波帯域を活用した技術のほか，赤外線レーザーやカメラなどの空間認識技術を用いることで，展示空間における人々の動き（流れの向きや速度など）を測ることができる．すでに，フランスのルーヴル美術館や日本の国立科学博物館では，スマートフォンなどのモバイル端末を用いて，展示を見る順序や滞留時間などといった来館者の館内行動を明らかにしている．

●ミュージアム経営の基盤資源へ　ビッグデータの可能性は，単なる展示評価の道具ではなく，ミュージアムの経営そのものを変革する新たな物差しとなる可能性を有している．個人情報やプライバシーに対する十分な配慮をはじめとした課題もまだ多くある現状ではあるが，ミュージアムにとって経常的にこうしたデータを取得し続けることができる恩恵は非常に大きい．

　ミュージアムの常設的な経営基盤の一つとして，こうしたビッグデータを扱う基盤が整備されることで，短期的な効果としてのデータ＝数字による改善活動に寄与することはもちろん，データを継続的に「あつめることで，ためて，いかす」といったこれまでにないミュージアムマネジメント PDCA サイクルを構築できる．単なる展示空間の更新・改善にとどまらず，ミュージアムにおける「安全・安心」の確保や適切な空間配置・滞留デザイン，そして新たなミュージアムコミュニケーションの質・量的向上につながり，他館や周辺地域などとの連携も加速する可能性が拡がる．こうした「見える化」による運営・経営は，ミュージアムのさらなる成長，そして新たな進化へと後押ししてゆく不可避なものである．

［鈴木和博］

ミュージアムグッズの展示

かつてはミュージアムの「おみやげ」として，ショップでやや地味に販売されることも多かった「ミュージアムグッズ」．しかし近年は，ミュージアムの規模や種類に関係なく，バラエティに富んだ遊び心満載のグッズが考え出されショップを賑わせている．ミュージアムグッズは，確かに一つの「おみやげ」ではあるが，展示コンセプトや日頃のミュージアム活動などのメッセージを伝える教育的意味合いとともに，ミュージアムのオリジナル性を発想豊かに表現し得る大事なアイテムでもある．

美濃加茂市民ミュージアムでは，2016年度の企画展として「おどろきとこだわりのミュージアムグッズ展」を開催した（会期2016年4月23日～6月5日）．美濃加茂市民ミュージアムでは，2000年の開館時にオリジナル商品を18点開発して以来徐々に増やし，現在は43点（25種類）を取り扱って活動に力を入れている．以前から温めていたグッズの展示企画を編集者・山下治子の協力を得て開催した．同展覧会では，日本のミュージアムグッズ開発

図1　ミュージアムグッズ展会場風景（著者撮影）

の歴史の紹介とともに，国内外で開発・販売されてきた68館のミュージアムグッズ221件（401点）をテーマ別に展示した．テーマは「ロングセラー」「日常に名品や学術を」「こだわりと発想」「遊びこころがいいのです」「子どもに大人からの知的な願い」である．山下のこれまでの収集品のほか，国内の多くのミュージアムや団体に協力を得て多彩なグッズが出品された．グッズを展示品として位置付けた本格的な展覧会としては国内では初めてのものであった．また，「私の愛するグッズたち」と題し，来館者がグッズを持ち寄り展示するスペースを設けた．ここには市内外の38名から171件（465点）の参加があり，手に入れたときの気持ちや思い出のコメントなどを添えて展示された．

ミュージアムグッズには，つくる側の考えと求めた側の思いの両方が込められている．会場ではそれぞれを感じ取りながら，ミュージアムやグッズのさまざまな思いを人々がやりとりできる楽しい展覧会になった．

展覧会に合わせ，旧来の館内ショップエリアを拡大し，協力を得た国内32館，256種類のミュージアムグッズ販売を行った．また，館内のカフェでは関連するデザートを開発提供し好評を得た．ミュージアムグッズは，来館者へ楽しみをもたらし施設ににぎわいを与える存在であるが，それにとどまらずミュージアムが発信する展示アイテムやコミュニケーションツールとしても大きな可能性を秘めている．　　［可児光生］

ICOM-ICEE

ICOM（International Council of Museums：国際博物館会議）は，1946年に設立された博物館の専門組織である．本部はパリに置かれ，2015年10月現在，136の国・地域から約3万5,000人の博物館関係者が参加している．ICOMはUNESCOと公式な協力関係を結んでいる非政府団体（NGO）であり，国連の経済社会委員会顧問の役割を果たしている．ICOMには加盟国別に組織された118のNational Committees（国内委員会），博物館の専門分野別に組織された30のInternational Committees（国際委員会），またtechnical committee（専門委員会）としてEthics Committee（倫理委員会）やDisaster Relief Task Force（災害救援タスクフォース）などが設けられている．情報の交換や知識の共有を図るため，3年ごとにすべての委員会が一堂に会するICOM大会が開催されるが，各国際委員会は大会開催年以外にもほぼ毎年，年次会合を開いている．本項ではその一例として，30の国際委員会よりICOM-ICEE（International Committee on Exhibitions and Exchanges：展示・交流国際委員会）の活動を紹介する．

　ICEEは1980年のICOMメキシコシティ大会で創設され，1983年のロンドン大会から国際委員会の一つとして設置された．ICEEでは，展示に関する知識と経験の普及を図ることを目的に展示の開発・巡回・交換などさまざまな面を議論し，既存の巡回企画展やその可能性についての情報収集も行っている．年次大会ではこれらの多様な課題に基づく討論やネットワークづくりの機会を提供している．

　2014年9月23～27日に開催されたICEEフィンランド大会には，世界27か国から約130人が参加した．開催国からの参加者はそのうち約80名であった．参加国の内訳はヨーロッパ16か国，北米2か国，中南米1か国，オセアニア2か国，アジア4か国，中東1か国，アフリカ1か国である．参加者の職業は博物館のキュレーター（学芸員），国際交流・マーケティング担当者，館長，エデュケーター，展示会社，大学の研究者などであった．フィンランド大会はInvolving New Museums, New Partners and New Incentives in Exhibition Making and Exchange（新規の博物館，パートナー，およびインセンティブを巻き込んだ展示づくりと交流）をメインテーマとし，日ごとに設けたサブテーマに沿ってセッションと博物館見学が行われた．セッション1日目は新規博物館およびパートナーを巻き込んだ国際的な展示交流に向けての課題や取組み事例，2日目は複数の博物館を集めた施設の運営や効果，建設，博物館間の分野横断的な展示テーマ設定，3日目は展示デザインにおけるドラマ設定の意義やその事例，展示デザイン変化に伴う機材の変化と対処といった技術的な視点について議論された．ほかにもMarket Place of Exhibitions and Ideas（展示およびアイデアの市場）という企画展の宣伝やアイデアに関するセッション，展示見学，レセプションなど，参加者同士が交流する時間が十分に設けられており，これらの活動が展示の国際交流の基礎となっていくことが理解できた．　　　　　　　　　［渡辺友美］

付　録

① 展示 100 選 —————————————— 506
　本事典の編集委員会が推奨する古今東西の展示事例集．現存しないものもあり，見学当時と変わっている情報もあり得るので，訪れる際は事前に確認してほしい

② 関連法規 —————————————— 532
　展示・博物館等に関連する法律や政令「文化財保護法及び地方教育行政の組織及び運営に関する法律の一部を改正する法律の概要」「文部科学省設置法の一部を改正する法律の概要」「博物館関係の法律，政令，省令，告示，報告」「製造物責任法」より特に関わりのある部分を抜粋した

　　　　　［編集担当：木村　浩・草刈清人・髙橋信裕］
　　　　　　　　　　　　　　　　　　　　　＊五十音順

秋田県立博物館
Akita Prefectural Museum
1975 年
秋田県秋田市

いわゆる県立博物館設立ブームの時期に設置された。この頃から展示計画，設計に展示会社のプランナー，デザイナーが積極的に関わるようになり，展示がダイナミックになった。「秋田県立綜合博物館設立構想」(1972 年) では「秋田学を中心とした綜合博物館」が提示され，展示計画もこれを踏まえて進められた。数回の展示リニューアルを行っているが，現在も「各部門の研究の総合化と郷土学（秋田学）の体系化をめざすことを基盤とし，その成果を展示や普及活動に生かしていこうというのが博物館の基本姿勢」とされている。

江戸時代後期，秋田に滞在し，当時の自然と暮らしを記録した菅江真澄をテーマとした展示室を特別に設置しているのも特徴である。

アクアワールド茨城県大洗水族館
Ibaraki Prefectural Oarai Aquarium
1952／2002 年
茨城県東茨城郡大洗町

茨城県大洗水族館は，1952 年に開館した。老朽化と手狭な施設を，2002 年に場所変え大幅なリニューアルを行った。茨城県の大洗町に所在し，目の前には那珂湊漁港や魚市場があり，建物は太平洋に面している。アクアワールドが特徴として展示しているのが，サメとマンボウである。

リニューアルでは，博物館や科学館的な展示手法を取り入れた「海の総合ミュージアム」としてオープンし，その展示構成は「茨城の海と自然・世界の海と地球環境」をコンセプトに，茨城や日本だけでなく地球全体の環境について理解が深まるようなものになっている。

アドミュージアム東京
The Ad Museum Tokyo
2002 年
東京都港区

中興の祖である元社長吉田秀雄を記念し電通が設立した財団が開設。広告の社会的・文化的価値への理解を深めるために，広告関係資料約 30 万点を所蔵し展示やライブラリーで公開している。開館 15 周年を機に全館リニューアルした。常設展示は広告のルーツを江戸時代中期として未来まで紹介する「ニッポン広告史」，収蔵資料の中からオススメの資料を動画で紹介する「コレクション・テーブル」，楽しくなる，びっくりする，強く共感させられる，深く考えさせられるの 4 つの広告に対応した視聴ブース「4 つのきもち」で構成されている。多くの人にメッセージを伝える「広告」を扱ったこの展示は，空間の情報メディアである「展示」を考える上でも必見。

伊丹市昆虫館
Itami City Museum of Insects
1990 年
兵庫県伊丹市

昆虫を主に扱う博物館で，生きた昆虫と標本の両方を扱っていることが特徴である。常設展示には，昆虫と生息環境の拡大ジオラマ展示，世界と日本の昆虫標本展示，各種の生きた昆虫を展示する生態展示室，一年中約 14 種 1,000 匹のチョウを放飼しているチョウ温室などがある。また，体験型展示を多く盛り込んだ特別展を夏期に年 1 回，地域の自然や，昆虫に関するさまざまな事象を紹介する企画展を年に 2 ～ 3 回開催している。地域との連携事業にも力を入れており，中心市街地で鈴虫などの鳴く虫を展示しさまざまなイベントを開催する「鳴く虫と郷町」や，市内郵便局と連携した「伊丹の自然絵はがき」などを地域の人々とともに実施している。

付録①展示100選

いのちのたび博物館
（北九州市立自然史・歴史博物館）
Kitakyushu Museum of Natural History and Human History
2002年
福岡県北九州市

理念は「自然と人間の関わりを考える共生博物館」。歴史博物館（1975開館），自然史博物館（1981開館），考古博物館（1983開館）が移転合併して誕生。活発な活動を行ってい た各博物館の資料や研究成果を活かすために展示は個性的な博物館の複合体，ミュージアムコンプレックス，を基本イメージとして構成した。自然系，人文系の各ゾーンはショッピングセンターにインスパイアーされた空間構成，すなわち大通りにあたるモールの展示，大型店的な総合的展示，ポケットミュージアムと呼ぶコンパクトな専門店的な展示から成る。研究成果を活かした大型のジオラマを中心としたエンバイラマ館も

必見。建築と展示の計画が同時にスタートしたこともあり一体となった空間が実現したことにも注目。

宇部市ときわ動物園
Tokiwa Zoo, Yamaguchi Ube
2016年
山口県宇部市

動物を生息地の環境とともに展示することで，動物の本来の行動を発揮させる生息環境展示を全園にとり入れている。「アジアの森林，中南米の水辺，アフリカの丘陵・マダガスカル，山口・宇部の自然」の各ゾーンで構成され，それぞれスマトラ島， アマゾンとパンタナール湿原，マダガスカルなどへの現地調査に基づいて，生息環境の再現につとめている。アジアの森林では樹林の中を俊敏に飛びかうシロテテナガザルの姿が見られ，中南米の水辺ではアマゾンの浮家とともに，水辺のカピバラと樹林のクモザルを眺める通路が作られている。説明サインでは，動物のくらしとともに，そこから人間の生活を考えることをテーマとしている。

江戸東京たてもの園（江戸東京博物館分園）
Edo-Tokyo Open-air Architectural Museum
1993年
東京都小金井市

都内から移築した住宅，商店30棟などを展示する野外博物館。敷地面積約7ha。下町の商店街，山手の住宅街，多摩の農村をイメージした3ゾーンで構成。計画・運営に建築史 家の藤森照信が参画しており，看板建築の商店，建築家堀口捨己の初期作品，前川國男の自邸もある。都の事業見直しで閉園の危機を迎えたことがある。このことは佐々木秀彦『コミュニティ・ミュージアムへ「江戸東京たてもの園」再生の現場から』（2013年，岩波書店）に詳しい。野外博物館の展示運営の参考になる。残念ながら下町の商店は店先までだが，他は全て建物に上がることができる。管理上の理由で安易に立ち入

り禁止にする事が多いが，内部に上がれる否かは建物の展示では決定的に違う。これを知るにも必見の施設。

江戸東京博物館
Edo-Tokyo Museum
1993年
東京都墨田区

本館は失われゆく江戸東京の歴史的財産を守り，未来につながる文化の創造をめざす主旨でつくられた。建築設計は菊竹清訓で地上7階・地下1階，鉄骨高床式構造である。
　館は1980年に建設準備を始め12年余りを経て1993年3月に開 館。開館22年を迎えた2015年，映像設備や什器の経年劣化に加え，外国人観光客の増加など，変化する社会環境や利用者ニーズを重視して大規模改修が行われた。
　既存模型は最新映像で演出を深め，最新の研究成果による縮尺200分の1「江戸城本丸・二丸御殿」模型を導入部に新設。展示グラフィックの視認性向上や解説文の多言語化を推進，利用者の期待に応えるサービスのさらなる向上を図っている。

NHK 放送博物館
NHK Museum of Broadcast
1956 年
東京都港区

世界初の放送専門博物館．所在地の愛宕山は 1925（大正 14）年に日本で初めてラジオ放送を行った場所で，その後は NHK 東京放送局として，内幸町に移転するまで放送を行っていた．数万点の放送の歴史に関する資料や図書をもち，展示にも活用している．展示は 1 階のウェルカムゾーン，2 階のテーマ展示ゾーン，3 階のヒストリーゾーンで構成されている．4 階には図書・史料ライブラリー，番組公開ライブラリーがある．情報社会となり放送ライブラリー，日本新聞博物館（横浜），SKIP シティ彩の国ビジュアルプラザ（川口），Newseum（ワシントン DC），National Science and Media Museum（ブラッドフォード，イギリス）などメディアを扱う

展示施設は増えているが，ここは最も歴史がある展示施設として必見.

大阪市立自然史博物館
Osaka Museum of Natural History
1958 年
大阪府大阪市

西日本の中核的自然史博物館．1974 年に現在地に新築移転した時には全く新しい自然史系展示を展開し，その後のモデルになった．当時の昆虫の学芸員だった日浦勇が「広く自然に関する知識を集めるだけの学問だったナチュラル・ヒストリィを，現代の人類に重要な学問 —— 人間の自然との関わりを発達史的見地から理解する学問 —— として再建しよう，そういう意志のもとに自然史と表現したわけです」と記しているように，大都会大阪の自然史博物館として「人と自然の関わり」が展示でも重視されている．

現在の常設展は「身近な自然」「地球と生命の歴史」「生命の進化」「生き物のくらし」とナウマンホールで構成されている．今後，常設展の更

新も予測されるが今でも注目すべき展示のある施設だ.

大阪府立狭山池博物館
Osaka Prefectural Sayamaike Museum
2001 年
大阪府狭山市

史跡狭山池は，616 年に築造された日本最古のダム式ため池．日本書紀や古事記にもその名があり，行基，重源，片桐且元など歴史上の人物が改修に関わった．池に隣接する大阪府立狭山池博物館は，サイトミュージアムであり，土地開発史専門の博物館．

設計は安藤忠雄で，地上 3 階，鉄筋コンクリート造のキューブ状の巨大建築である．展示の圧巻は，平成の大改修で発掘された北堤．高さ約 15 m・幅約 60 m にも及ぶ三角形状の巨大な地層断面である．また重要文化財の木製の樋，移築された江戸時代の木製枠工・大正時代〜昭和初期まで親しまれた取水塔など，狭山池の造成に関わった数々の土木遺産が大空間の中でゆったりと展示されている．

大塚国際美術館
Otsuka Museum of Art
1998 年
徳島県鳴門市

大塚製薬グループが創立 75 周年記念事業として徳島県鳴門市に設立した陶板複製画を中心とする私立美術館．常設展示としては日本最大級の延床面積 29,412 m² を有する．年間来場者数約 38 万人，世界 25 か国・190 ほどの美術館が所蔵する西洋名画約 1,000 点をオリジナルと同じ大きさで複製展示している．展示作品は，大塚グループの大塚オーミ陶業株式会社が開発した特殊技術によって陶器の板に原寸で焼き付けたもので，企業の文化事業として特異な試みである．

今は現存しない作品や戦災等で各地に分散されている作品を一堂に会して展示するなどの試みも行われており，鑑賞教育の観点から高く評価されている．結婚式や各種イベント

の開催などユニーク・ベニューにも取り組んでいる.

海洋文化館
Oceanic Culture Museum
1975／2013 年
沖縄県国頭郡本部町

沖縄国際海洋博覧会（1975年）の政府出展館以来，海洋博公園内に継承されてきた展示施設を，当時の収集資料を受け継ぎ，現代の文化人類学などの研究成果をもとに全面改装した．
　星を頼りにカヌーで太平洋に拡散した人類の姿を探り，伝統的な航海術，島々で育まれた文化を分野横断的に紹介する．島という環境の中で生きていく知恵，島と島の交流とともに，太平洋地域の現代の姿をも映し出す．太平洋の大海原，人類の東進をイメージした大空間は，島々から収集されたカヌー，そこに映像が組み合わされ迫力ある総合演出空間となる．沖縄の海の文化に関する展示も強化され，沖縄と太平洋の文化の共通性，つながりが感じられる展開となっている．

沖縄美ら海水族館
Okinawa Churaumi Aquarium
1979／2002 年
沖縄県国頭郡本部町字

海洋博公園内の2代目となる水族館．「沖縄の海との出会い」をテーマに，南西諸島・黒潮の海に生きる生きものたちを紹介する．開館以来，人々を魅了し続ける巨大水槽「黒潮の海」．複数のジンベエザメ，ナンヨウマンタなど，大型魚類が来館者の目前で迫力ある泳ぎを見せる．水槽の規模は国内最大級の長さ35m，幅27m，深さ10m，容量7,500トン．巨大アクリルパネル（厚み60cm）による柱のない観覧窓が，美しい海の中で見ているような気分にさせる．2008年には入館者数310万人を記録．旧館以来のサメの長期飼育の実績，水槽技術の発達を背景に，大型魚類の展示効果を引き出し，大型水槽時代をさらに進化させた水族館展示といえる．

小田原城天守閣
Odawara Castle History Museum
1960／2016 年
神奈川県小田原市

1870年に廃城となり，戦後の1960年に天守が復興した．平成の大改修に伴い天守内の展示を刷新した．小田原城の各時代，武家に関わる資料をフロアごとに紹介．
　最上階の5階は天守にまつられていた摩利支天の安置空間を地元材で再現した．小田原城を本拠とした北条氏の事績が丁寧に描かれ，大型映像が開城の経緯をドラマチックに解説する．
　天守の耐震補強に伴う展示スペース縮小により十分に展示できなくなった刀剣や甲冑は，隣接する常磐木門SAMURAI館で紹介．英語が印象的なグラフィック，甲冑に潜む武士の心を表現したイメージ映像など，外国人対応やエンターテインメント性が意識され，天守との相乗効果で市の観光スポットとしての魅力を高めている．

川崎市民ミュージアム
KAWASAKI CITY MUSEUM
1988 年
神奈川県川崎市

「都市と人間」をテーマに掲げる，博物館と美術館の機能を併せもつ複合文化施設．地域の歴史民俗とともに，写真や映画，漫画，グラフィックなど複製技術芸術を専門的に扱う館として先駆的な活動を行ってきた．半円ドーム状の建物の中心には逍遙展示空間という象徴的な広い吹き抜け空間があり，展示室やギャラリーはこの空間を囲むかたちで配置される．博物館展示室の各テーマ（時代）に前室を設け，原寸ジオラマにより感覚的な理解を促す導入展示を行っている点に構成上の特徴がある．施設の機能をSee（展示）・Do（学習）・Think（研究）と設定し，展示を軸に市民の文化創造の拠点を目指した都市型博物館のかたちを見ることができる．

京都国立博物館
Kyoto National Museum
1897年
京都府京都市

主に平安時代から江戸時代にかけての京都の文化を中心とした文化財の収集，保存，管理，展示，調査研究，教育普及事業などを行っている．独立行政法人国立文化財機構による運営．展示施設は本館および平成知新館で，片山東熊設計の本館は，表門（正門），札売場及び袖塀とともに重要文化財で，2014年9月の谷口吉生設計の平成知新館オープンに伴い「明治古都館」という名称を変えた．

しかし，免震改修等の計画を進めるため，2016年6月以降展示は行っておらず，従来本館で行われていた特別展覧会は平成知新館で開催しており，展示替えに伴う年間12週間の休館を余儀なくされている．

2017年に開催した開館120周年記念「国宝」展は62万人の来館者で，

過去最高記録となった．

京都鉄道博物館
Kyoto Railway Museum
2016年
京都府京都市

JR西日本の鉄道博物館．黎明期から現代までの実物車両を間近に見られる場面が入口から出口まで多様に用意され，鉄道ファンはもちろん鉄道に馴染みの薄い人にも鉄道文化の粋に引き込まれる展示の工夫が続く．全長100mに及ぶホーム空間（プロムナードと呼ばれる）を設けた展示，時代を画した車両群の中を周遊できる展示，そして屋上から営業中のJR京都駅を発着する現役の鉄道走行を見る展示と，実物車両ならではの多様な展示体験がもたらされている．なかでも，丁寧に日々の手入れがなされていることを感じさせる黒光りする蒸気機関車たちが扇形に並ぶ動態展示は圧巻．車両，そして鉄道マンたちが積み重ねてきた想像力と創造力がひしひしと伝わってく

る展示だ．加えて，鉄道模型をジオラマ内に走行させる展示や数々の鉄道運行体験展示も整う．

高知県立牧野植物園
Makino Botanical Garden
1958／1999年
高知県高知市

高知が生んだわが国の植物分類学の父，牧野富太郎博士の業績を顕彰するために開設され，造園，建築，展示が一体化して，ランドスケープから植物に出会うことのできる稀有な植物園である．入口近くの土佐の生態植物園から，植物は景として利用者を出迎える．建屋は敷地の傾斜地に沿った勾配に合せてつくられ，存在感がなく，歩き進むうちに屋内に入る．屋内の展示では，博士の人生をたどりながら，わかりやすくその業績と思想が伝えられる．「植物学者は宜しく図を描く腕を持つべし」などのメッセージが博士の心を伝える．

展示館を出ると，薬用植物園や50周年を記念してつくられ，地形と景観を調和させた水景庭園を経

て，温室に向かう．南門の鉄扉をはじめ，随所にデザインのこだわりがみられる．

国立科学博物館
National Museum of Nature and Science
1877年
東京都台東区

1877年に「教育博物館」として創立した自然史・科学技術史に関する国立の唯一の総合科学博物館．日本およびアジアにおける科学系博物館の中核施設として，主要な三つの活動（調査研究，標本資料の収集・保管，展示・学習支援）を推進している．施設は，恩賜上野公園内の「日本館」（重要文化財）および隣接する「地球館」，筑波地区の実験植物園，研究棟および標本棟，港区白金台の自然教育園（天然記念物）の三カ所．2001年に独立行政法人となり，館長が理事長を兼ねている．

日本館は「日本列島の自然と私たち」，地球館は「地球生命史と人類」をテーマとし，未就学児を対象とする「親と子のたんけんひろば　コン

パス」もある．近年，入館者数は毎年200万人を超えている．

国立国際美術館
National Museum of Art, Osaka
1987 年
大阪府大阪市

現在の国立国際美術館は，大阪市北区中之島にある，独立行政法人国立美術館が管轄する美術館である．第二次世界大戦以後の国内外の現代美術の作品を収蔵品し，現代美術の企画展を積極的に行う国立の美術館である．

国立国際美術館の発足は，1970年の日本万国博覧会で世界の名品を集めて展覧した万国博美術館の施設を利用して開館している．
2004 年に，大阪市立科学館に隣接する現在の中之島へと移転した．建築はアメリカの建築家シーザー・ペリで，施設のほとんどは地階で，地下 1 階に展示室および収蔵庫，企画展示は地下 3 階，常設展示は，地下 2 階とユニークな構造の美術館である．

国立西洋美術館
National Museum of Western Art
1876 年
東京都台東区

20 世紀初めに印象派の絵画およびロダンの彫刻を中心とするフランス美術作品を収集した実業家松方幸次郎のコレクションをもとに開館した美術館．松方コレクションは，第二次世界大戦後フランス政府により敵国資産として差し押さえられていたが，日本に返還する際の条件として美術館が建設されることになった．本館の設計はル・コルビュジエで，彼の弟子である前川國男らが実施設計・監理に協力して完成し，2007 年重要文化財に指定，2016 年 7 月に同館を構成資産に含む「ル・コルビュジエの建築作品—近代建築運動への顕著な貢献」が，世界遺産に登録された．
1979 年に本館と一体に機能するよう増築された新館は前川國男の設計．2001 年以降独立行政法人国立美術館が運営．

国立民族学博物館
National Museum of Ethnology
1974／1977 年
大阪府吹田市

1974 年に創設，1977 年に展示が一般公開された博物館をもつ研究所で，文化人類学と関連分野の研究拠点である．標本資料，映像・音響資料，文献図書資料が収集・収蔵され，教育研究に活用されている．展示場には 1 万点余の資料が展示され，ビデオテークでは約 800 本の映像音響が提供されている．展示にあたっては，資料の提供者，展示する人，展示を見る人の三者が考えや意見を出し合う「フォーラム型」の展示づくりが試みられている．2017 年 3 月には，開館以降初めての本館展示の全面改修が完了した．「地域展示」と「通文化展示」から構成され，地域と世界，地域と日本のつながりがわかる展示，歴史的展開の結果としての現代を示す展示などが試みられた．

国立歴史民俗博物館
National Museum of Japanese History
1981 年
千葉県佐倉市

歴史学，考古学，民俗学の三つの側面から総合的に日本史を研究し展示する国立博物館．常設展示室は第 1 から第 6 展示室まであり，先史時代から現代までの日本の歴史と民俗を扱う．1981 年に発足し 1983 年から展示が始まったが，その後，展示室ごとにリニューアルが行われている．
実物資料のほか，緻密な調査や考証に基づいて製作された模型，復元，ジオラマは資料性の高いものであり，「物が物を言う」世界を体現している．
「特集展示」というコーナーがあり，テーマを設けて随時展示を更新しているため，企画展以外にも新しい資料に出会える機会がある．
「寺子屋れきはく」や「たいけんれきはく」など，体験的な普及活動も行われている．日本の生活に根ざした植物を植栽した「くらしの植物苑」併設．

さいたま市大宮盆栽美術館
The Omiya Bonsai Art Museum, Saitama
2010年
埼玉県さいたま市

さいたま市の旧大宮市には，関東大震災で被災した東京小石川周辺の盆栽業者が移住して形成された盆栽村がある．盆栽は外国の愛好家も多く，盆栽村は有名で多くの外国人も訪れる場所である．さいたま市大宮盆栽美術館は，その盆栽村のコア施設として計画された．

屋内展示室のコレクションギャラリーは幅4m位の回廊で通路の片側に仕切り壁で区切られたスペースに盆栽を展示している．回廊の奥には床の間座敷が三つあり，その床板に盆栽が置かれ空間として展示されている．そこから外に出ると企画展示室と屋外の盆栽庭園となる．小規模ではあるが，よくまとまった施設で気持ちよく見ることができる．

滋賀県立琵琶湖博物館
Lake Biwa Museum
1996年
滋賀県草津市

1996年に開館した滋賀県草津市の琵琶湖湖岸に立地する県立の博物館で，「湖と人間」をテーマとする．同館は三つの基本理念を設定している．一つ目は「テーマをもった博物館」，二つ目は「フィールドへの誘いとなる博物館」，三つ目は「交流の場としての博物館」である．この基本理念に基き，利用者が博物館の枠を超えてフィールドに向かいたくなるような展示や体験プログラムを提供するほか，あらゆる人々が博物館活動に関わることができ，学び考え，出会いの場となる制度や仕掛けを提供している．

地域との交流を大切にし，住民参加型調査の実施や自主活動グループの育成など参加性の高い運営と，触れることのできる展示や交流員の配置

などの試みを行っている．

大地の芸術祭越後妻有アートトリエンナーレ
The Echigo-Tsumari Art Triennial
2000年
新潟県十日町市・津南町

新潟県十日町市，津南町の越後妻有地域を舞台に，2000年から3年に一度行われている国際芸術祭．過疎化地域の再生を目指す農村型のトリエンナーレである．「人間は自然に内包される」を基本理念とするアート作品は，約200点の常設作品と会期ごとの新作からなる．里山，棚田などに制作・展示され，空き家や廃校がアート作品やイベントの舞台として再生される．

地域全体が美術館となり，来訪者は作品のメッセージをフィールドで体感しながらリアルな生活な場でもある各集落をめぐる．自然環境と融合するアート作品のスケール感，芸術性とともに，さまざまな人の関わりを生み，地域に新しい祭りを創造

する現代アートの力を感じさせる展示である．

竹中大工道具館
Takenaka Carpentry Tools Museum
1984／2014年
兵庫県神戸市

竹中大工道具館は，消えてゆく大工道具を民族遺産として収集・保存し，さらに研究・展示を通じて後世に伝えていくことを目的に設立された．長年砥ぎ使い込まれてきた大工道具が，ついさっきまで，そこで使われていたかのように展示されている．

昭和初期のある一人の大工が使っていたといわれる179点を一望する展示は，道具の進化の到達点を見せている．

大工道具だけでなく，図面・材・造られたものも展示されており，さらに，削りくずに触ることもできる．限られた材料から精密に木を組み，大空間を生み出す技術と建築細部の美しさに圧倒され，展示を通して大工をはじめとする工匠たちの技と心に近付くことができる．

多摩六都科学館
Tamarokuto Science Center
1994年
東京都西東京市

多摩六都科学館は、五つのテーマによる常設展示室と世界一に認定された投影機を備えた大型プラネタリウムをもつ科学館である。

同館では「Do！サイエンス！」を合言葉に、利用者の実感を伴った理解や科学的な見方や考え方を養うことを目指している。

展示については「体験性」をメインに構成されており、各展示室で毎日開催されているプログラムと展示室内におけるスタッフやボランティアなどとのコミュニケーションに力を入れている。

また、プラネタリウム解説は同館スタッフが2か月に一度の頻度でテーマ解説を制作しており、その場で利用者とやり取りをしながら生解説を行っていることも特徴的である。小規模ながら、館全体で来館者とのコミュニケーションを大切にしている地域のための科学館といえる。

筑波実験植物園
Tsukuba Botanical Garden
1976年
茨城県つくば市

筑波実験植物園は、1983年に開演した国立科学博物館の施設で、約14万m²（東京ドーム3個分）の広さの植物園である。日本に生息する植物を中心に、生きた多様な植物を収集・保全し、絶滅危惧種を中心とした植物多様性保全研究を推進している。園内は大きく二つの区域（エリア）に分けられ、その中に20の区画（セクション）が設けられている。

元来、筑波実験植物園はその名が示すように、研究員が自らの研究実験のための植物園として整備された。世界最大級の「花」といわる高さ2.4mで匂いもきついことで有名なショクダイオオコンニャクが展示している。ランやクレマチスなどの親しみやすい企画展などを行っている。

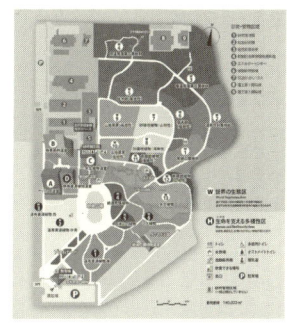

東京国立近代美術館
National Museum of Modern Art, Tokyo
1952年
東京都千代田区

明治後半から現代までの近現代美術作品（絵画・彫刻・水彩画・素描・版画・写真など）を収集し、常設展示する日本最初の国立美術館として1952年に中央区京橋に開館、1969年に千代田区北の丸公園の現在地に谷口吉郎氏の設計による新館で移転開館した。その後坂倉建築研究所の設計により大規模な増改築が施され、2012年には所蔵品ギャラリーの大規模リニューアルを行った。

2001年以降独立行政法人国立美術館が運営し、本部事務局も置かれている。2018年には同館付属のフィルムセンターが日本唯一の国立の映画専門機関「国立映画アーカイブ」として設置された。また、旧近衛師団司令部庁舎を活用した工芸館は、2020年を目処に所蔵作品の約7割を金沢市に移転する予定。

東京国立博物館
Tokyo National Museum
1872年
東京都台東区

日本最古の博物館で、旧湯島聖堂の大成殿で開催した博覧会を機に「文部省博物館」として発足した。現在は旧寛永寺境内の恩賜上野公園内にあり、数多くの国宝、重要文化財をはじめ11万7,000件に上る文化財を収蔵し、日本を中心に広くアジア諸地域にわたる有形文化財の収集、保存、管理、展示、調査研究、教育普及事業などを行っている。

独立行政法人国立文化財機構による運営。本館、表慶館、東洋館、平成館、法隆寺宝物館の五つの展示館と資料館その他の施設からなり、本館と片山東熊設計の表慶館は重要文化財である。

来館者数は特別展によって大きく異なり、過去最高は1974年の「モナ・リザ」展の151万人。2017年度は開館以来初となる総合文化展入館者数100万人を突破した。

東洋文庫ミュージアム
Toyo Bunko (The Oriental Library) Museum
2011 年
東京都文京区

1924 年設立の東洋学の研究図書館で，新築を機に博物館部門が置かれた．三菱の三代当主岩崎久彌が香港在住のモリソン博士から東アジアに関する書籍等約 2 万 4,000 点を入手した事が文庫創設の基．この図書を展示した「モリソン書庫」は圧巻．本を並べた書斎や書庫の展示は文学館などにもあるが，大抵はつくり物で，実物でも閲覧できない．ところがモリソン文庫の展示は実際に閲覧できる本なので，展示の中に図書係の人が本を取りに現れることもある．

展示は他に導入部の「オリエントホール」，国宝など重要資料を展示する「岩崎文庫」，仕掛けのある「回顧の路」，企画展用の「ディスカバリールーム」で構成されている．学術的な格調を保ちつつ一般の利用者が楽しめる工夫のある優れた展示だ．

鳥羽市立海の博物館
Toba Sea-Folk Museum
1971／1992 年
三重県鳥羽市

三重県を中心とする海の文化，海の環境保全について発信する．海女や漁撈に関する国指定有名重要文化財を 6,879 点，その他にも十数万点の資料を所有している．複数の建築群は建築家内藤廣の設計．木造のアーチ構造が支える大空間が特徴的な二つの展示棟では，学芸員の手づくりによる素朴でありながら説得力のある展示が見られる．

特にカツオの一本釣り漁の原寸大ジオラマは高さのある空間を活かした迫力ある展示で見応えがある．圧巻は，重要文化財収蔵庫「船の棟」の 80 隻におよぶ木造船の収蔵展示．各地の木造船が集合した姿，その多様さは理屈抜きに圧倒される．建築空間と展示の調和に優れた博物館である．

トヨタ産業技術記念館
Toyota Commemorative Museum of Industry and Technology
1994 年
愛知県名古屋市

綿の展示から始まる．綿から糸がどのようにつくられそして布になるのかという来館者の素朴な疑問をしっかりと捉え，目の前で実演し納得させられる．さらに，どうすれば多量に，高品質に，効率的に生産できるのかなど，次々と派生する新たな改良開発のニーズと歴史が，それを実現し支えてきた実物の機械の展示とその実演とともに語られる．車づくりを見に来た来館者もどんどんと製糸や織機の開発の魅力に惹き込まれていく．そしてその自然な延長線上に車づくりがあることを知る．モノづくりの魅力と必要性を来館者に伝えることに成功している．緻密に設計されたシークエンスに基づいた展示のグッドプラクティスである．

名古屋市科学館
Nagoya City Science Museum
1962／2011 年
愛知県名古屋市

1962 年に開館．天文館・理工館・生命館の三つからなる日本最大級の総合科学館．2011 年にはプラネタリウムを含む，理工館・天文館の大規模リニューアルが行われた．地球環境のダイナミズムを体感する巨大なサイエンスエンターテインメント装置として，ギネス世界記録に認定された直径 40 m の世界最大のプラネタリウムをはじめ，高さ 9 m の竜巻ラボ，マイナス 20 度の世界を体験できる極寒ラボ，120 万ボルトの放電ラボなど，ラボと名付けられた大型の展示を各所に設けていることが最大の特色となっている．さらに，ユニバーサルデザイン発想での新たな工夫も展示学的に注目される．体験をアフォードする什器デザイン，体験者のタッチポイントを示す共通のカラーリングなどにより，言語を超えた体験へと誘導されていく展示だ．

名古屋城本丸御殿
Nagoya Castle Hommaru Palace
2018年（2013年一部公開）
愛知県名古屋市

尾張徳川家の居城である名古屋城の天守閣および本丸御殿は太平洋戦争時の空襲で焼失したが，コンクリートで再建された天守閣とは一線を画し，木造で往時の建築様式が忠実に再現され公開されている．広大な御殿をただ忠実に再現しただけでは光の届かない暗い室内となってしまう．絢爛豪華な天井画や襖絵などを引き立たせるため，和風の意匠を凝らした現代の展示照明技術が駆使されていることにも注意を向けたい．

同じ城跡内にある国名勝の二之丸庭園は整備途上であり人影もほとんどない．伝上田宗箇作の枯滝石組とは異質な直線的な石段が築山（権現山）に設けられ，困惑を誘う．本物の再現への拘りとその展示の難しさを考えさせる心に残る名苑である．

奈良国立博物館
Nara National Museum
1895年
奈良県奈良市

仏教美術を中心とした文化財の収集，保存，管理，展示，調査研究，教育普及事業等を行っている．独立行政法人国立文化財機構による運営．奈良公園内にあり，展示施設は本館，本館付属棟，東新館，西新館，地下回廊がある．

片山東熊設計の本館は重要文化財．展示品は館蔵品のほか，奈良県下を中心とした社寺や個人からの寄託品も多い．毎年秋に開催される「正倉院展」には，20万人以上が来館する．

本館は，2010年に「なら仏像館」と名称を変え，飛鳥から鎌倉時代に至る日本の仏像を中心に，国宝，重要文化財を含む100体近くの仏像を常時展示する仏像専門の施設となり，2016年4月には展示室を大幅に改装しリニューアルオープンした．本館付属棟は「青銅器館」となっている．

新潟県立歴史博物館
Niigata Prefectural Museum of History
2000年
新潟県長岡市

県立歴史民俗博物館と中越社会文化施設（縄文文化館）の二つの構想を一体の施設として整備した「新潟県の歴史・民俗を総合的に紹介する歴史民俗博物館としての性格と，全国的・世界的視点から縄文文化を広く研究・紹介する縄文博物館としての性格を併せもった博物館」．常設展示は「新潟県のあゆみ」「雪とくらし」「米づくり」と「縄文人の世界」「縄文文化を探る」のコーナーで構成されている．

展示技法では巨大なウォークスルー型ジオラマが特徴．「雪とくらし」では雪に埋まった昭和30年代の高田（上越市）の商店街が実物大に再現されており，2階から見ることもできる．「縄文人の世界」では四季それぞれの暮らしや技術が実物大に再現，紹介されている．

日本科学未来館
National Museum of Emerging Science and Innovation
1989年
東京都江東区

「世界をさぐる」「未来をつくる」「地球とつながる」というテーマで，宇宙，生命，ロボット，情報科学などさまざまな先端の科学技術を紹介．一般の人々と専門家がともに科学技術の役割や可能性を考え，一緒に将来社会を描けるよう，すべての常設展示を第一線の研究者・技術者とともにつくり上げ，表現しており，展示物をわかりやすく解説する科学コミュニケーターや多くのボランティアらが解説を行っている．

独立行政法人科学技術振興機構が設立し，当初運営は財団法人科学技術広報財団に委託されていたが，2009年に事業仕分けの対象となって運営方法が見直され，現在は科学技術振興機構が直轄で運営している．2017年にアジア初の世界科学館サミット（SCWS2017）を主催した．

日本万国博覧会
Japan World Exposition, Osaka
1970年
大阪府吹田市

高度経済成長を成し遂げ，経済大国となった日本の象徴的なイベントとして，1970年に大阪府吹田市の千里丘陵で開催された日本初の国際博覧会．開催期間は1970年3月15日から9月13日の183日間，来場者数は6,421万8,770人，参加国数は77か国だった．主催は，財団法人日本万国博覧会協会．「人類の進歩と調和」をテーマとし，日本においては1964年の東京オリンピック以来の国家プロジェクトとなった．多くの建築家・芸術家・企業がパビリオン建設や展示・イベント制作に関わった．

岡本太郎の発案で，テーマ館の一部である「太陽の塔」の地下に人類の原点を示すという狙いから，世界の民族資料が展示され，後にそのほとんどが国立民族学博物館に収蔵された．

(撮影：野口昭雄)

ハウステンボス美術館
Huis Ten Bosch Museum
1992年
長崎県佐世保市

日本三大テーマパークの一つに数えられるハウステンボスのなかで文化的な象徴として存在し，美術館の建物自体がオランダ王室所有の四つの宮殿の一つである，ハウステンボス宮殿の外観を忠実に再現していることから「パレスハウステンボス」と称される．

所蔵するオランダ生まれのエッシャーの版画作品は世界有数のコレクションとして知られ，その他にもオランダ文化に関する民俗資料，絵画，貿易陶磁をテーマとする陶磁器，ヨーロッパ各国のガラス工芸品，オルゴールなど所蔵資料は多岐に渡り，所蔵資料は9,000点に及ぶ．近年その庭園では世界的なガーデニングショーやフラワーコンテスト，建物の外観を活かした3Dプロジェクションマッピングなどの大会が開催されている．

博物館明治村
The Museum Meiji-Mura
1965年
愛知県犬山市

100万m²の敷地に主に明治時代の建物などを保存展示している野外博物館．住宅もあるが，役所，学校，教会，工場など大型の建物が多く，ほとんど内に入れるのが特色．蒸気機関車，市電は動態展示しており乗ることもできる．

工作機械，繊維機器，蒸気エンジンなどの大型機械類を保存展示しているのも注目．旧所在地はほぼ日本全土，なかには海外から移築した日系移民関係の建物もある．

旧制高校同窓生の谷口吉郎（建築家）と土川元夫（元名古屋鉄道会長）が明治の建物などの保存の必要性を語り合ったことに始まる．この会話がなければ高度成長の中で多くが失われたことだろう．実際に設立し今日まで運営していることも凄い．類似の施設に道立の北海道開拓の村（1983年開村，札幌市）がある．

浜松市楽器博物館
Hamamatsu Museum of Musical Instruments
1995年
静岡県浜松市

浜松市楽器博物館は，楽器のまち浜松にある世界でも有数な日本で唯一の公立楽器博物館である．世界各地から偏りなく収集した楽器実物資料約3,300点のほか，楽器と音楽に関する和書・洋書，視聴覚資料や楽譜など特色ある資料を所蔵する．

常設展示は，地域別にゾーン分けされた楽器が種類別に展示され，現地で収録された演奏の記録映像の視聴と音色の比較体験ができる．資料は，サイズや伝えるポイントも異なることから，壁面のグリッドパネルと床のステージの組合せによる汎用性の高い展示システムで構成されている．

定時になると展示室の一角で館員による実演奏とレクチャーが行われたり，体験ルームでは世界の楽器の演奏を自由に楽しむことができるなど，さまざまな楽器の魅力を学ぶ仕掛けが図られた博物館である．

姫路城
Himeji Castle
2015 年
兵庫県姫路市

姫路城は日本の歴史的建造物の代表格。国宝第1号であり、1993年には法隆寺とともに日本初の世界文化遺産に登録されている。象徴的な建造物である大天守は4年間に及ぶ大修復を終え、2015年3月27日にリニューアルオープンをした。屋根瓦と漆喰壁を修復し、別名である白鷺城にふさわしく白亜の大天守が甦った。また内部は柱と床に21カ所の耐震補強を施した。

建築構造の説明に重点を置き、展示はケースを最小限に抑え、通常の解説パネルに加え、個人のスマートフォンで見る「失われた建物のCG再現映像」「石落とし・狭間（さま）などの防御設備のAR（拡張現実）映像」など多言語対応のパーソナルな解説を整備。さらに行灯風LED照明が明かりの展示として往時の雰囲気を演出する。屋内外のサイン表示ならびに解説ボランティアが充実している。

兵庫県人と自然の博物館
The Museum of Nature and Human Activities, Hyogo
1992 年
兵庫県三田市

「人と自然の関係」の模索のために開館。その関係を象徴する展示の一つが六甲山の荒廃でありその緑化である。「アカマツ林の全樹木」というコーナーでは、10×10mの調査区画に生えていた全樹木の幹の地際10cmの高さの輪切りを壁面に展示している。ソヨゴなどの広葉樹やツツジなどの低木も混じる。太さの異なるアカマツの年輪からは生育状況の過程もわかり、六甲の植生回復期の特徴を見事に表現している。別のフロアには照葉樹林の20×20mの全樹木の輪切りの壁面展示もある。開館時に兵庫県立大学自然・環境科学研究所が設置され、人と自然の調和のあり方の学び・研究拠点として大学院教育研究も担っている。

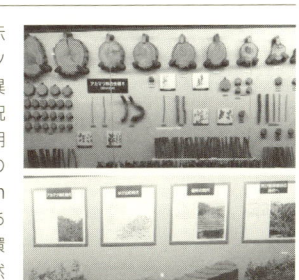

福井県立恐竜博物館
Fukui Prefectural Dinosaur Museum
2000 年
福井県勝山市

日本を代表する恐竜化石発掘地・福井県に設けられた、「恐竜」を中心とした地質・古生物博物館。来館者はまず、地上から地下へのびる長大なエスカレーターに導かれて展示室へ向かう。そこには巨大な球体ドーム空間に44体の恐竜全身骨格が居並ぶ展示空間が待ち構えており、来館者を恐竜の生きた世界に引き込む仕掛けが建築と展示が一体的となって計画されている。さらに「地球科学」「生命史」「発掘現場」といった多角的に地質・古生物を楽しめる展示が地下階から地上階へ順に配置されるとともに、展示手法面でも観察や研究の体験展示や恐竜の生きた時代の景観を知るグラフィカル展示、恐竜ロボット展示など、来館者の知的好奇心をくすぐるアイデアが多岐にわたって駆使されている。日本を代表する知的エンターテイメント展示の一つといえる。

北海道博物館
Hokkaido Museum
2015 年
北海道札幌市

1971年に開館した北海道開拓記念館を前身として、道立アイヌ民族文化研究センター（1994年開所）と統合して誕生した野幌森林公園内の総合博物館。自然・歴史・文化を継承する北海道の中核博物館で、それらを網羅的に体感できる道民参画型博物館でもある。アイヌ文化をはじめ、多文化社会の共生を社会的使命とする。

「北東アジアのなかの北海道」「自然と人とのかかわり」をコンセプトに、「北海道120万年物語」「アイヌ文化の世界」「北海道らしさの秘密」「わたしたちの時代へ」「生き物たちの北海道」をテーマに、実物標本、複製、映像などの豊富な資料を展示している。

ミュージアムパーク茨城県自然博物館
Ibaraki Nature Museum
1994年
茨城県坂東市

本館では「地球の自然」を資料を通して学び、野外施設では自然体験を通して感性を養う21世紀型自然博物館となっている。前者の「自然のしくみ」の展示室には、筑波山麓の雑木林を再現した平地林のジオラマと、ブナ林をモデルとした山地林のジオラマが、屋内展示とは思えない見上げるばかりの規模でそびえ立つ。後者では16 haの光・音・風・温度などの現象を学習できる参加体験型の施設が整備され、隣接する232 haの菅生沼自然環境保全地域とともにネイチャートレイルコースが構成されている。

飯沼川・西仁連川・東仁連川などの新田開発、天明の浅間山の大噴火による河床上昇と洪水の頻発などプログラムも豊富に用意されている。

文部省博物局による最初の「博覧会」
First Exhibition by Ministry of Education
1972年
東京都文京区

1872(明治5)年3月、その前年に設置された文部省の博物局による最初の博覧会を湯島聖堂大成殿で開催した。当時の広告や入場券には「文部省博物館」と明記されており、日本の「博物館」の最初とされ東京国立博物館はこの年を創設の年としている。展示は、1873年のウィーン万国博覧会に出品予定の各地方の名品を中心とした展示で、名古屋城の金鯱が大きな話題となった。湯島聖堂は、林羅山の上野忍が岡の先聖殿を江戸幕府が日本における儒教の学校として、湯島(御茶ノ水)に移築した孔子廟で、後に幕府直轄の昌平坂学問所となった。維新以降、湯島聖堂の構内に文部省が設置されたこともあり、日本最初の博覧会「湯島聖堂博覧会」を湯島聖堂大成殿で行った。

野外民族博物館リトルワールド
The Little World Museum of Man
1983年
愛知県犬山市

野外民族博物館リトルワールドは、世界のさまざまな民族の文化と暮らしを紹介する野外民族博物館として開設された。常設展示は本館と野外の二部で構成される。本館では世界各国から収集された民族資料を体系的に展示して民族の文化の多様性や共通性を紹介している。フィールド調査時の映像・音声記録も資料の一部に活用され展示効果を高めている。野外では移築または正確に復元された家屋、再現された庭とともにその年代に合わせた生活の考証が行われ、住む人々の暮らしの知恵や工夫を学ぶことができる。また、民族衣装の試着や食文化の体験、民族芸能の催しや工芸の実演など体験要素も充実しており、五感を使って文化の体験ができる博物館である。

付録①展示100選

新アクロポリス博物館
Acropolis Museum
2009年
アテネ（ギリシャ）

アテネのアクロポリスの発掘現場から出土した文化財を中心に収蔵・展示している考古博物館である。現在のアクロポリス博物館は新しく建てられたものなので、区別のために新アクロポリス博物館(New Acropolis Museum)とも呼ばれる。新博物館建設には、かつてイギリスがアクロポリスからもち去ったエルギン・マーブルの返還をギリシャ政府が要求した際、返還してもギリシャには展示に適した博物館がないとイギリスの示唆を払拭するものとして計画された。
1976年から建築計画に取り掛かったが、さまざまな問題がおこり、工事が始まったのは、2002年である。アメリカとギリシャの建築家チームによる設計で2009年に完

成した。パルテノン神殿のエルギン・マーブルが設置されていた壁面が同サイズで復元されている。

アウシュヴィッツ・ビルケナウ博物館
Auschwitz-Birkenau Memorial and Museum
1947年
オシフィエンチム（ポーランド）

1940年に設置されたナチス・ドイツのアウシュヴィッツ強制収容所と第2収容所にあたるビルケナウ収容所を博物館として保存、公開している。収容されていた部屋やガス室などの施設、殺害されたユダヤ人をはじめとする収容者の大量の遺品などが展示されている。各国語のガイドツアーがあり、日本語でも実施されている。
3km離れた場所にあるビルケナウ収容所には当時の建物はほとんど残っていないが、その広大さに驚かされる（2つの強制収容所を合わせた面積は191ha）。1979年ユネスコの世界遺産になった。
人類の負の遺産というべきモノを展示することの意味や収容所そのも

のを含む実物資料の展示のインパクトなど展示学上も学ぶべきことが多い。

オーストラリア博物館
Australian Museum
1845年
シドニー（オーストラリア）

1827年に創設されたオーストラリア最古の自然史と人類に関する博物館である。シドニー砂岩を外壁に使った建物は1857年にハイドパーク南側に建設され、2008年には5,000m²が増築された。動物学、古生物学、鉱物学、人類学分野の資料を収蔵する。目玉は、博物館の歴史を発掘する200の逸品を展示するギャラリーである。他にアルバート・チャップマン採集の鉱物、オーストラリア固有動物の剥製や骨格標本、恐竜およびシドニー先住民ガディガル族の歴史や文化が学べる展示室がある。調べ学習ができる標本や動物の骨や化石に触れることができるハンズオン展示からなるキッズコーナーもある。
館内にはミュージアムストアー、

セントメリーズ大聖堂が望めるレストランを備える。

ベルリンの壁の跡
Berliner Mauer
1961-1989年／1999年
ベルリン（ドイツ）

見た瞬間に理解できる。これは展示は意図を伝えること。このことを実感できる展示である。
ポツダム広場は、かつてのベルリンの中心的な場所であった。第二次世界大戦では徹底的に破壊され、その後のベルリンの壁で分断された地区である。長く荒れ地だったポツダム広場の再開発は、1999年から進められた。レンゾ・ピアノ設計のダイムラークライスラーシティ、ヘルムート・ヤーン設計のソニーセンターがポツダム広場の中心となり最新の表情になっている。ポツダム広場交差点の歩道にはベルリンの壁の一部をそのまま展示し、壁の跡が分かるように形跡を表し、説明パネルを設置している。

新アレクサンドリア図書館
Bibliotheca Alexandrina
2002年
アレクサンドリア（エジプト）

紀元前300年頃，プトレマイオス朝のファラオであるプトレマイオス1世によって建てられたアレクサンドリア図書館は，世界中のあらゆる知識を集めた古代最大で最高の学術機関といわれた．しかし，火災や略奪によって喪失した．かつてその図書館があったとされる場所に，ユネスコとエジプト政府による共同プロジェクトとして新アレクサンドリア図書館が再建された．約2億ドルを費やし2001年に建設され，2002年10月に公開となった．

11階建で総面積約8万5,000m²という巨大な図書館は，約800万冊を収蔵することを目指している．また，展示室，プラネタリウム，修復センター，貴重本や写本をデジタル保存する施設，カンファレンセンターなどもある複合文化施設となっている．

ボストン子ども博物館
Boston Children's Museum
1913年
ボストン（アメリカ）

世界で二番目に古く，最大級の規模をもつ子ども博物館．自然科学，技術，社会，芸術と幅広い分野の参加体験型展示（"hands-on" exhibit）が沢山ある．展示と連動した多彩な教育プログラムも実施されている．

多民族国家であるアメリカを反映して異文化理解がこの博物館の柱の一つになっており，先住民や世界のさまざまな文化に関する展示やプログラムがあり参考になる．「日本の家」という展示コーナーには京都の町家が再現されている．これは，姉妹都市である京都市から1980年4月に贈られたもので，四季の飾り付けや，折り紙，布団に寝てみる体験などのプログラムが実施されている．

アメリカには子ども博物館が多数あり，これについては「子ども博物館協会 The Association of Children's Museums (ACM)」のサイトで知ることができる．

大英博物館
The British Museum
1759年
ロンドン（イギリス）

1753年に創設，1759年に開館した世界屈指の博物館．古美術収集家の医師ハンス・スローンの収集品をもとにして，その後収蔵資料を増やしていった．初期には，美術工芸品・考古資料・書籍・コインなどの他に，動物・植物・鉱物などの自然史標本も収蔵していたが，1881年に大英博物館の分館として開館したロンドン自然史博物館に自然史標本が移動した．

また，大英図書館が1997年までに移転したことに伴い展示室に空きができたため，啓蒙時代に英国が世界をどのようにまなざし，理解していたかを紹介する啓蒙思想ギャラリーが整備された．

さらに，案内所やショップを付設する屋根付きの中庭（グレート・コート）も整備されたことで，館内が半強制動線から自由動線となった．

ベルギー漫画センター
Belgian Comic Strip Center
1989年
ブリュッセル（ベルギー）

ベルギー漫画センターでは，ベルギー漫画の歴史を展示している．この漫画センターは，ベルギーを代表する『タンタンの冒険』の作者エルジェとアール・ヌーヴォーの建築家ヴィクトール・オルタ（1861～1947年）を中心に展示している．

首都ブリュッセルには，アール・ヌーヴォーの巨匠ヴィクトル・オルタが設計した建物がいくつかありその一つが，1906年のウォーカーズ百貨店である．ウォーカーズ百貨店は1970年に閉業し，その後1987年から1989年にかけて「ベルギー漫画センター」として修復転用した施設である．漫画といっても日本のマンガとベルギーの漫画との違いを感じるが，オルタの建築を体感できることが魅力である．

デルフィ博物館
Delphi Archaeological Museum
1903年
デルフィ（ギリシャ）

デルフィは，世界遺産に登録されている古代ギリシャの聖地デルポイの現代名である．紀元前8世紀頃，女性司祭ピュティアが告げた神託として，デルフィは世界の中心と信じられていた．それを象徴する「へその石」が，デルフィ考古学博物館に展示している．

その他にこの博物館の代表的な展示物は，ナクソスの有翼のスフィンクス像，「青銅の御者の像」，最古の楽譜といわれる「デルポイのアポロン賛歌」「聖なる道」で発見された黄金の宝物，彫像の断片など，古代デルポイの印象的なコレクションを収蔵している．青銅の御者の像などの青銅彫刻の細部表現にみる古代ギリシャ彫刻の技術の高さには，ただただ感嘆するのみである．

ドイツ博物館
Deutsches Museum
1925年
ミュンヘン（ドイツ）

ドイツ博物館は，ミュンヘンを流れるイーザル川の中州にある国立の科学博物館である．航空，宇宙，自動車，コンピューター，時計など，ドイツの科学技術を若い世代に引き継ぎ，学ばせるための博物館としている．大きな飛行機や機関車，自動車やトラックなど実物を展示する博物館で，敷地面積5万km²．展示品目は約1万7,000点以上ととても大きな博物館である．

1925年に開館され，この時のエンジンの運転模型がハンズオン展示の始まりだといわれている．

アメリカ自然史博物館
American Museum Of Natural History
1934年
ニューヨーク（アメリカ）

映画ナイトミュージアムの舞台となった博物館で，映画の中で夜の博物館から飛び出すのは，ジオラマの動物や歴史上の人物である．いくつものジオラマの中で本館を特徴付けているのは，北米大陸やアフリカの哺乳動物を生息地とともに表現したジオラマ展示である．

同館の展示デザイナー，カール・アクレイによって開発されたこのジオラマ展示は，生息地を調査した情報をもとに透視画法で精巧に描かれた背景画と，植物や岩などが配された近景の生息環境の中に，精緻につくられた剥製の動物が景観と一体的に展示されている．その迫真的な精巧さだけでなく，多様な生息環境を比較し得るジオラマ展示として生態学的に体系づけたものとして意義があり，全米から世界の自然史博物館に影響を及ぼした．

バス・セーヌ・エコミュージアム
Ecomuseum of La Basse-Seine
1974年
ノルマンディー地方（フランス）

ブロトンヌ地方自然公園の設立時に，地域の文化遺産を保存するというエコミュージアムの理念が導入され開設した．大農家を保存・活用した公園事務所がコア施設で，情報の蓄積，普及，企画展示などの機能をもつ．地域に点在するサテライトは，「セーヌ海洋博物館」「手工業者の館」などの博物館をはじめ，フランス最古の「石造りの風車」などの歴史的建造物や地域の歴史を巡るいくつかの「遺跡の小径」で構成されている．サテライトでは住民参加によるアソシエーションが，解説や演示を行っている．セーヌ川の変遷とともに，海運と工業化，農村地域として培ってきた文化・産業を，コアで総合的に紹介し，サテライトや小径での展示，体験を通じて学ぶことができる．

エプコット
Epcot
1982年
オーランド（アメリカ）

フロリダのウォルト・ディズニー・ワールドリゾート（1971年にマジックキングダム・パークが開園）のテーマパークの一つ．常設の万国博覧会的な施設で，湖を挟んで近未来をテーマにしたパビリオンが並ぶフューチャー・ワールドと，日本を含む世界各国の文化をテーマにしたパビリオンが並ぶワールド・ショーケースの二つのエリアが展開する．1982年の開園ということもありその3年後の科学万博つくば85の参考に多くの関係者が訪問し影響を受けた．当時はエプコットセンターという名称だった．

Epcotは"Experimental Prototype Community of Tomorrow（実験的未来都市）"の頭文字に由来するが，実はウォールトディズニーは，この地域全体を実験的な理想都市として構想しており，Epcotはそのプロジェクト全体の名称だった．

エクスプロラトリアム
Exploratorium
1969／2013年
サンフランシスコ（アメリカ）

1969年に開館，その後2013年に観光エリアでもあるピアに移転・リニューアルした．科学的思考と芸術的創造が交錯する探究型（exploreの一般的和訳は探究・探検する）展示施設であり，数百のおびただしい数の展示アイテムは，自前のスタッフの頭と手でつくられ，配置され，日々メンテナンスされ，改良されていく．この展示開発のアイディア・方法は「クックブック」と名付けられた書籍で販売され，展示ノウハウは国内外へも共有されていく．さらにはスタッフによる展示開発の様子も展示空間の一部として公開されている．地元のハイスクールの生徒が常にボランティアスタッフとして常駐し，コミュニケーションの核をなしている．そのなかで疑問や関心，提案など，来館者とスタッフが気軽に言葉を交わすシーンが自然に生まれており，展示を介した多様な人と人の交流が育まれることも大きな特色といえる．

ビルバオ・グッゲンハイム美術館
The Guggenheim Museum Bilbao
1997年
ビルバオ（スペイン）

スペイン北部，バスク地方の中心都市であるビルバオは工業都市であったと同時に文化の交差点でもあった．1997年10月15日，市内ネルビオン川沿いに，巨大な規模をもつグッゲンハイム美術館が開館する．魚の鱗のようなチタニウムの表皮，バイオモルフィックな三次元立体の複合による特徴的な建築は，アメリカの建築家フランク・ゲーリーによる設計で，100mを超える長さの展示室や大胆なフラワーアトリウムなどとともに現代芸術の革新的な展示空間を実現している．リチャード・セラの「Snake」などの巨大常設展示もさることながら，建築空間自体が現代芸術展示にもなっている好例で，屋外庭園で開かれる各種イベントともども，ビルバオのツーリスト集客や街への投資にも大きな役割を果たし続けている．

ロンドン万国博覧会
Expo London
1851年
ロンドン（イギリス）

産業革命のもとに栄華を誇った大英帝国によって，1851年にロンドンのハイド・パークにおいて世界で初めて開催された万国博覧会．推進したのはヴィクトリア女王の夫君アルバート公であった．鉄骨と板ガラスでつくられたジョセフ・パクストン設計のパビリオンはクリスタル・パレス（水晶宮）と呼ばれ，機械的な美しさをもつ近代建築の先駆的な作品として注目を集めた．万博の収益金をもとにサウス・ケンジントン地区につくられたのがヴィクトリア・アンド・アルバート博物館や科学博物館などの文化施設である．展示の影響力が，博覧会という一時的な空間から，博物館という恒常的な施設に広がっていったのである．1862年には，第2回ロンドン万国博覧会が開催され，駐日英国公使ラザフォード・オールコックが収集した漆器，刀剣や甲冑，陶磁器など総数614点の日本資料が展示された．

付録①展示100選　　523

ルイ・ヴィトン財団美術館
Fondation Louis Vuitton
2014年
パリ（フランス）

パリのブローニュの森入口付近にあるこの美術館は，2014年10月27日に開館．ビルバオのグッゲンハイムと同じフランク・ゲーリーによって設計された．ここでは主としてガラスでつくられた帆船のような表情が豊かな森の環境と対比をなしている．これだけ大胆にガラスの被覆で美術館内に大きな空間をつくりだしている例も少ない．

LVMHの総裁であるベルナール・アルナーの私蔵コレクションを含む現代芸術の展示空間は，ニュートラルかつ親密なスケールのインテリアでつくられているものの複雑に統合されている．

一方，展示室群を抜け屋上に行くと，建築的表現はさらに実験的な様相を帯び，そこはパリ市街の眺望が開け，レベルの錯綜する船の甲板のような交流空間としての役割も演じている．

ハーゲンベック動物園のパノラマ展示
Hagenbecks Tierpark
1907年
ハンブルク（ドイツ）

1870年代からハンブルクに動物園を設け，サーカスを行っていたカール・ハーゲンベックは，1907年にハンブルク郊外に新たな動物園を開設，ここにアフリカのパノラマ展示を建設した．旧来の動物園が檻や柵で動物を見せていたのに対し，異種の動物の間を堀で隔てて相互の障壁をなくし，ともに暮らしているように見せるという方法で，フラミンゴの水辺，シマウマ，ライオンの草原，バーバリシープの岩山を一つの視野に収めた．

サーカスで動物を馴致していた際のデータを用いて脱柵できない堀の深さや幅を決めて活用し，カールの構想のもとに建築家ウルス・エッゲンシュバイラーが設計した．この方式はその後の動物園の展示に継承されている．第二次大戦時に爆撃を受けたが，後に再建され，現存している．

ヘンリーフォード博物館
The Henry Ford Museum
1929年
ディアボーン（アメリカ）

アメリカ革新博物館（Museum of American Innovation）とグリーンフィールド村（Greenfield Village）が1km²の敷地に展開している．ここを起点とした自動車工場の見学ツアーも用意されている．

革新博物館にはさまざまな技術，製品，販売や産業分野の革新を扱う展示のほか，政治的な革新をテーマと展示「すべての人に自由と正義を」がある．リンカーン大統領が使った安楽椅子や公民権運動の転機となったモンゴメリー・バス・ボイコット事件のバスなどがここに展示されている．

野外博物館のグリーンフィールド村には19世紀の農場，フォードの生家，エジソンの実験室，ライト兄弟の自転車屋などの歴史的な建物や蒸気機関車，T型フォードなどの動態展示がある．近代史，人材，野外博物館の展示を考える上で必見の施設．

ベルリン・ユダヤ博物館
Jewish Museum Berlin
1929年
ベルリン（ドイツ）

このユダヤ博物館の設計は，現在ベルリン在住のアメリカ人ダニエル・リベスキンド（Daniel Libeskind，1946年ポーランド生まれ），非常によく計算されていて，建築やデザインの分野では話題の建築物である．

日常の空間では水平，垂直，直角が基本である．ユダヤ博物館では，ベーシックな水平は多少保たれているものの，これらの基本が見事にはぐらかされているのである．それにより緊張感のある独特な空間をつくり上げている．49本のコンクリートの柱が立つ「亡命の庭」，暗闇に包まれる「ホロコースト・タワー」．この感覚は，やはり実際に体験しないと理解できないものであろう．ユダヤの不安を体現させる施設である．

ロンドン交通博物館
London Transport Museum
1980 年
ロンドン（イギリス）

平日でも多くの観光客で賑わうロンドン中心部のコベントガーデンに立地している．150 年以上の歴史をもつ地下鉄はもちろん，蒸気機関車，バス，タクシー，馬車などの公共交通とその変遷に関してのありとあらゆるものが所狭しと並ぶのが特徴だ．

多くの博物館が入館料を無料にしていることで知られるロンドンだが，こちらは大人一人で 17.5 ポンド（2018 年 7 月時点）とやや高め．ただし，18 歳未満は無料で，館内には子どもが靴を脱いで遊べるスペースもあるため，筆者が訪れた際には親子連れの来館が多く見受けられた．

アクトンという郊外の街にある車庫のような付属施設で，収蔵品の大部分が保管されており，年に 2,3 度それらを公開する催しも行われる．

ルーヴル美術館
The Louvre
1793 年
パリ（フランス）

ルーヴル美術館は，パリにあるフランスの国立博物館で，あえて説明する必要のない最も有名な美術館で，その入館者数は世界一である．

最も代表的な展示物はダビンチのモナリザである．ほかにもさまざまな展示物がある．タイポグラフィーの歴史にとって興味深い楔（くさび）形文字とフェニキアの文字の遺物がルーブル美術館にある．

一つは，目には目をで有名なハンムラビ法典で，メソポタミア文明の完全な形で展示している．紀元前 18 世紀に玄武岩に楔形文字で刻まれた遺物である．また，音声を記号化した最初の文字とされるフェニキア文字は紀元前 11 世紀に現れた．現行アルファベットの起源といわれるフェニキア文字の長文の碑文が紀元前 5 世紀にエジプトで彫られた「シドンの王アシュムナーザの石棺碑文」が展示されている．

ルーヴル・アブダビ
Louvre Abu Dhabi
2017 年
アブダビ（アラブ首長国連邦）

アラブ首長国連邦とフランスの政府間合意によって，ルーヴル美術館初の海外別館となるルーヴル・アブダビが，2017 年 11 月に開館した．建築は，フランスの建築家ジャン・ヌーヴェル．フランスの各国立美術館より，中東地域を象徴する美術品を中心に 300 点ほどを借り受け，所蔵品 650 点から 300 点を加えた計 600 点が常設展示されている．浮世絵や南蛮屏風といった日本人にとって馴染み深い作品もある．白を基調とする展示空間がつくられているものの，ミイラなど「死」を連想する部屋には，黒い素材で空間がデザインされている．また，ガンダーラ仏とギリシャ彫刻が並んで展示されるように，東西美術品を比較する演出も見受けられた．なお，美術館が所在するサディヤット島には，グッゲンハイムや国立博物館の開館が予定され，すでに開校した二つの大学と合わせて，同国の文化と教育の拠点となっている．

マウリッツハイス美術館
Mauritshuis
1822 年
デン・ハーグ（オランダ）

マウリッツハイス美術館は，オランダのデン・ハーグにある王立美術館で，建物は，17 世紀半ば，オランダ古典様式建築の代表作とされる．

代表的な収蔵作品は，フェルメールの「真珠の首飾りの少女（青いターバンの少女）」とレンブラントの「テュルプ博士の解剖学講義」である．

30 点ほどと寡作で有名なヨハネス・フェルメールの作品をあと，「デルフトの眺望」「ディアナとニンフたち」の 3 点を収蔵展示している．他に，レンブラントの「自画像」（1669 年）を所蔵している．

メルボルン博物館
Melbourne Museum
1854 年
メルボルン（オーストラリア）

1854年に設立された歴史ある博物館で, 2000年に大規模リニューアルされた人文系・自然系の両分野をあつかう総合博物館. 豊富な標本展示を行いながらもビジュアルデザインに現代的なニュアンスが溢れている.

エントランス部に設けられた「フォレストギャラリー」は, 温湿度管理が徹底された中に多様な植生が活き活きと葉を伸ばし, 鳥や昆虫が飛び交う展示空間となっており, 館が立地するヴィクトリア州の原生的な森林環境を伝える「環境の標本」といった印象を与えている. 人文系としては先住民アボリジニの文化や移民に関わる展示など, オーストラリアがたどった歴史特性を展示空間化している.

カン平和記念博物館
Memorial Caen-Normandie
1988 年
カン（フランス）

所在地のカン市は中世から続く古い城下町. 第二次大戦の転換となったノルマンディー上陸作戦の海岸に近いため2か月に及ぶ激戦に巻き込まれた. 街は破壊され復興に14年を費やした. この施設は, その苦しみの「記憶」を世界に伝える為に設立された.

展示はヨーロッパ戦線を中心にした「第二次世界大戦」を核に「冷戦」「平和」のゾーンで構成している. 360度映像館もある. エントランスホールの上部に自由フランス空軍の戦闘機が攻撃体勢で展示してあったり, 随所に武器が展示されているので, 軍事博物館的な印象も受けるが, ナチスドイツの台頭, 満州国とリットン調査団, レジスタンス運動など時系列的に展開する展示はストー

リーは明快で, 展示手法も工夫されており参考になる.

ホロコースト記念碑・石碑の広場
Holocaust Memorial
2005 年
ベルリン（ドイツ）

石碑の広場（シュテーレンフェルト）は, 2003年に着工し2005年5月に一般公開した施設である. この石碑の広場は, ホロコースト（第二次世界大戦時にヨーロッパで起きたユダヤ人虐殺）を記憶に留めるため, 殺害されたユダヤ人に捧げられたものである.

この建設は, 1988〜89年にジャーナリストのレア・ロッシュが「見過ごされることなき警告の記念碑」の建設を呼び掛けたことから実現した施設である. 広さは1万9,073 m²で, 水のない池の様な構造になっていて中央部は3mほどの深さがある. その広場には2,711基のコンクリートでできた石柱がグリッド状に設置され, とても不思議な空間を演出している.

設計は, アメリカのポストモダン建築家ピーター・アイゼンマン.

メトロポリタン美術館
The Metropolitan Museum of Art, The Met
1870 年
ニューヨーク（アメリカ）

アメリカの人々に芸術や美術教育をもたらす美術館を建設しようという構想が1866年にでき, メトロポリタン美術館（愛称Met）は1870年に創設された. その後, 1880年に現在の地, ニューヨークのマンハッタン, セントラルパークに, アメリカ最大の美術館として開館した. The Met Fifth Avenueと呼ばれるこの館のほか, The Met BreuerとThe Met Cloistersという分館もあり, 世界中から何百万という来館者が訪れている. メトロポリタン美術館は, 古代から現代まで, 世界中のあらゆる地域や文化, さまざまな技法による膨大なコレクションをもつ. 多種多様な教育普及活動も企画実践されている.

世界最大級の規模を誇る美術館ながら, 私立であり, 理事会によって運営されている.

パリ工芸博物館
Musée des Arts et Métiers
1794／2000年
パリ（フランス）

パリ工芸博物館は，1794年サン・マルタン・デ・シャン修道院に開設された博物館を前身とする国立博物館である．約8万点以上のコレクションには，代表展示の一つフーコーの振り子やガラスの美術工芸品，建築や建造物の模型，自転車・自動車・飛行機などの輸送機器，電話機・計算機・コンピュータといった情報機器類に至る工業製品までを網羅しており，産業と技術の変遷を展示からうかがうことができる．展示室の天井中央部には照明器具の配線ダクトが設置されている．また，機械類など重量展示品は，床に敷かれたレール上を台車ごと移動させてそのまま展示する手法がとられ随所にフレキシブルな構成を可能とする仕掛けが施された特色ある展示といえる．

パリ国立自然史博物館
Muséum National d'histoire Naturelle
1793年
パリ（フランス）

この博物館が正式に発足したのは，フランス革命中の1793年，その起源は，ルイ13世が1635年に創設し，王の侍医たちにより監督運営された「王立薬草園」にさかのぼる．その後，博物学者で植物学者のビュフォンが，パリ王立植物園園長し，1718年3月31日に少年王ルイ15世の勅令によって医学的な機能は排除されて，自然史に集中することになったので，単に「王立庭園」(Jardin du Roi)として知られるようになった．

現在は26の研究施設があり，「進化の大ギャラリー」のほか，「古生物学と比較解剖学のギャラリー」「鉱物学と地質学のギャラリー」を併設する自然科学の殿堂として，世界にその存在を知られている．

アテネ国立考古学博物館
National Archaeological Museum of Athens
1829年
アテネ（ギリシャ）

アテネにある国立博物館である．ギリシア中のさまざまな古代遺跡から集められた最重要な遺物の数々を収蔵している．ミケーネ遺跡の黄金のマスクをはじめ，さまざまな遺跡からの出土品を時系列にわかりやすく展示している．

アルテミシオンのポセイドン像，シラクサのアプロディーテー像，ディアドゥメノスの像など古代ギリシャの代表的な彫刻を一堂に見ることができる．

代表的な展示に，アルテミシオン沖で発掘された古代盛期の青銅像アルテミシオンのポセイドンがある．この像ではポセイドンは裸体で三叉槍（紛失してしまっている）を構えた立像となっている．

国立アメリカ歴史博物館
The National Museum of American History
1964年
ワシントンD.C（アメリカ）

開館時の名称は「歴史技術博物館」で展示物にも技術史に関連したものも多い．現在，展示の大幅なリニューアルが進行中である．展示テーマは1階が「革新，創造力，企業」「交通と技術」，2階が「私たちで築き上げた国」「星条旗」「アメリカの理想」，3階が「アメリカの文化」，「アメリカの戦争と政治」．テーマの設定は日本の歴史系博物館と比べてユニークで，展示手法も実物資料を活かしながらわかりやすく伝わるように工夫されており参考になる．

なお，2017〜19年には第二次世界大戦下の日系人を扱った「Righting a Wrong: Japanese Americans and World War II」という特別展が開催されている．

いわゆるスミソニアン博物館群の一つで，国立自然史博物館と国立アフリカ系アメリカ人歴史文化博物館の間にある．

メキシコ国立人類学博物館
National Museum of Anthropology
1964年
メキシコシティ（メキシコ）

メキシコ国立人類学博物館の設立動きは19世紀にさかのぼることができるが、現在の博物館建築は1964年に、3人のメキシコ建築家によって設計された。

博物館は、巨大な長方形の池と広々とした一つの傘形噴水が特徴であり、展示ホールは庭園に囲まれており、屋外の展示が多くある。メキシコ全土の古代文明の品々が集まるテオティワカン、マヤ、アステカ、メヒカなどの遺跡から発掘された文化財など12万5,000点以上を所有し、メキシコが誇る世界屈指の博物館である。

館内には展示用の23の部屋があり、1階はメインエリアの考古学部門、2階の民族学部門ではメキシコ各地に住むインディオの民族学の資料を展示している。メキシコ国内からの入館者が一番多い博物館である。

国立中央博物館（韓国）
National Museum of Korea
1909年
ソウル（韓国）

沿革的には、大韓帝国純宗治下で「昌慶宮内帝室博物館」として発足し、日本統治下の朝鮮総督府博物館等の経緯を経て、2005年10月に龍山の旧米軍基地跡に開館した。本館は常設展示館である東館と企画展示室の西館で構成され、約9万2,000坪の敷地内に長さ404m、地下1階・地上6階、延べ面積4万1,469坪、全体面積8,100坪という韓国一の規模を誇る。

国宝約60点、宝物約80点を含む約31万点以上の遺物を所蔵し、そのうち旧石器時代から朝鮮王朝時代まで、韓国だけでなくアジア文化をも網羅する約1万5,000点が展示されている。文化体育観光部直轄の国立博物館で、韓国内に15ある国立博物館の統括的役割を果たしている。「常設展示館」は入館無料となっている。

国立自然科学博物館（台湾）
The National Museum of Natural Science
1986年
台中市（台湾）

自然科学系の総合博物館。巨大な温室をもつ植物園や宇宙シアター、鳥瞰シアターなどの大型映像もある。自然科学系であるが人類文化館には中国の伝統的医薬、薬草、中国の伝統的科学技術、農業、古代人類、中国の精神生活、台湾の先住民、台湾オーストロネシア人といった科学技術史や考古学の分野も扱っている。

1980年代には日本の展示会社が海外の博物館計画に参加することが増えており、この博物館でも日本やイギリスのチームが参加した。人類文化館は日本の展示会社が基本計画から製作まで参画している。

なお、「921地震教育園」は1999年9月21日に台湾中部で発生した大地震で被災した中学校の建物や断層を保存し、展示棟を整備したもので、博物館からは車で約10分ほど離れた所にある。

国立台湾歴史博物
National Museum of Taiwan History
2007年
台南市（台湾）

1999年10月に行政院文化建設委員会（現文化部）により設立準備委員会が設置され、12年の準備期間を経て、台湾の歴史文化資産を守り、台湾史の研究や教育・普及などを行うため、2011年に開館した。

台湾の歴史展開に重要な意味をもつ台南で、台湾の歴史を受け継ぎ、さらに未来に伝承するとの願いを込め、建物は先住民族と漢人の様式をとり混ぜ、空間設計は自然との共生を目指している。

本館の常設空間は総面積1,324坪、長さ85m、幅40m、高さ12.5mを誇り、土地を舞台、人間を主役とした「この土地、この民—台湾の物語」をテーマに、映像、模型、オブジェ、文物などの手法を用い、歴史の時間軸に沿って、時代ごとに台湾の文化および生活を展示している。

オランダ国立自然史博物館
ナチュラリス／ナツラリス
Naturalis
Naturalis Biodiversity Center
1984年
ライデン（オランダ）

前身は，ライデン大学の研究機関として1820年に設立された国立自然史博物館で，世界で最大級の約4,200万の標本を有している．
膨大なシーボルトの資料を収蔵している施設でもある．シーボルトの動物の標本は，当時のライデン王立自然史博物館の動物学者だったテミンク（初代館長），シュレーゲル，デ・ハーンらによって研究され，『日本動物誌』として刊行された．日本では馴染み深いスズキ，マダイ，イセエビなども，日本動物誌で初めて学名が確定している．シーボルトの動物，鉱物学の標本を収蔵する．自然史標本を収蔵するが，展示にも力を入れている．

ニューイングランド水族館
New England Aquarium
1969年
ボストン（アメリカ）

生息環境を大規模に再現展示する現代的な大型水族館のプロトタイプと言うべき施設．Giant Ocean Tankと呼ばれる4階建の大型の水槽の中にカリブ海のサンゴ礁を再現している．利用者は大型水槽の周りに配置されたスロープを移動しながら，海面からサンゴ礁のある海底までの環境の変化や生息する生物の多様性を楽しく学ぶことができる．

ほかにもサメの科学，アマゾンの熱帯雨林，タッチタンク，海洋哺乳動物，ペンギンなど多様な展示があり，展示を活用した教育活動も充実している．

IMAXシアターも併設．荒廃したウォーターフロント地区の再開発の一環として建設された．設計はケンブリッジセブンアソシエイツ（C7A）で，大阪の「海遊館」など海外を含め多くの水族館を手がけている．

オリンピア考古遺跡
Olympia, Greece
1982年
オリンピア（ギリシャ）

オリンピア考古遺跡は，オリンピックの誕生の地オリンピアにある．今でもオリンピックの聖火は，オリンピア遺跡のヘラ神殿で凹面鏡を用いて太陽から採火している．遺跡には，紀元前456年に完成したゼウスの神殿．ドリス式の巨大な円柱が正面と後ろに6本，側面に13本建てられている．6世紀に起きた地震により，破壊されたまそのままを展示している．また，古代オリンピックの競技場跡などもあり，古代オリンピックを感じさせ説遺跡である．オリンピア考古遺跡から収蔵した資料は，オリンピア考古学博物館で展示している．石膏デッサンに使う石膏像で有名はヘルメス像のオリジナル「赤子のディオニソスをあやすヘルメス像」がある．勝利の女神が天空から地上に降りて来る瞬間をとらえた「オリンピアのニケ」も展示している．

パルテノン神殿
Parthenon
紀元前438年
アテネ（ギリシャ）

パルテノン神殿は，古代ギリシア時代にアテナイのアクロポリスの丘に建設された，アテナイの守護神であるギリシア神話の女神アテーナーを祀る神殿．紀元前447年に建設が始まり，紀元前438年に完工，装飾などは紀元前431年まで行われた．パルテノン神殿はギリシア古代建築を現代に伝える最も重要な，ドーリア式建造物の最高峰と見なされ，装飾彫刻もギリシア美術の傑作とされる．

1987年に世界遺産文化遺産に登録された．ユネスコのシンボルマークは，パルテノン神殿を図案化したものである．

プランタン・モレトゥス印刷博物館
Museum Plantin-Moretus／Prentenkabinet
1876 年
アントワープ（ベルギー）

1549 年，クリストファー・プランタンはアントワープ（ベルギー）に印刷所を開設した．プランタンの死後，工房は娘婿のヤン・モレトゥスとその子孫たちが引き継ぎ，1867 年まで出版事業を継続した．その間，本などの出版物や活字に関わる多くの資料を収集し，現在は，プランタン・モレトゥス印刷博物館として公開され，2005 年にユネスコ世界文化遺産となっている．ローマン体の代表書体で広く普及しているタイムスと呼ばれているスタンリー・モリスンの 1932 年のタイムス・ニュー・ローマンは，1913 年のフランク・ヒンマン・ピアポントが，プランタン・モレトゥス印刷博物館で書体の調査・研究を行いデザインした書体をベースに開発した書体である．ピアポントは，プランタン工房の膨大な資料と環境が綿密な調査研究を行うことができたとして書体の名前をプランタンとした．

曲阜・孔廟
The Confucius temple in Qufu
紀元前 478 年
曲阜（中国）

孔廟（孔子廟）は，孔子の霊を祀った建物．孔子の死の翌年，曲阜（きょくふ）の旧宅に建てられたものを最初とする．日本では，奈良平安時代に大学国学に置かれた．江戸時代に建てられた湯島聖堂は有名．孔廟，文廟，聖廟．孔子の生誕の地である

中国山東省曲阜の孔廟（孔子廟）．曲譜孔廟は，中国最大の孔子廟で，南北方向に縦 630 m，横 140 m の大きさである．内部には約 460 の部屋，門坊 53 基，御碑亭 13 基があり規模が大きい．

紀元前 478 年（孔子の死後 2 年目）に，魯哀公が旧居を改築して廟にした．1499 年の火災後の大規模改築では明朝の都城である北京の紫禁城の影響を強く受けている．

アムステルダム国立美術館
Rijksmuseum
1808 年
アムステルダム（オランダ）

レンブラントの「夜警」フェルメールの「牛乳を注ぐ女」などの作品で知られる世界的な美術館．日本を含むアジアの作品などの展示もある．

1800 年に元となる施設がハーグで設立され，1808 年に新しい首都になったアムステルダムに移転開館．10 年に及ぶ大規模改修を終えて 2013 年にリニューアルオープンした．展示方法はオーソドックスである．

ウケ・ホーヘンダイク監督による映像「ようこそ，アムステルダム国立美術館へ」(Het Nieuwe Rijksmuseum, 2008 年)，「みんなのアムステルダム国立美術館へ」(The New Rijksmuseum, 2014 年）が，中央通路をめぐる市民との対立，工事の入札不調，館長の交代などで延びに延びたリニューアルのプロジェクトの過程を赤裸々に記録している．映像は DVD もあり必見．

王立植物園，シドニー
Royal Botanic Gardens, Sydney
1816 年
シドニー（オーストラリア）

シドニーの王立植物園は，オーストラリア最古の科学研究所として 1816 年にオープンした植物園である．名所のオペラハウスの近くで散策するには適切な場所である．オーストラリアで広く分布している野生のキバタンも多数飛来し間近で接する

こともできる．ジュラ紀の植物を保護しているジュラシック・ガーデン，亜熱帯地域に生息するヤシを集めたパーム・ハウスやシダ類を集めたコーナー，ほのかに良い香りが漂うハーブ・ガーデンや絶滅危惧種を保護するエリアなど，オーストラリアの固有種から海外の植物に至るまでさまざまな植物を鑑賞することができる．

キュー植物園
Kew Gardens
1759 年
ロンドン（イギリス）

ロンドン南西部に広がる世界最大の植物園。その歴史は古く宮殿の庭園として始まり，19 世紀前半に植物園として公開された。2003 年ユネスコ世界遺産に登録。

園内には，植物の多様さに加えユニークな建築デザインが目を引く温室，樹冠の生態系を観察できるよう設けられた，18 m の高さをもつツリートップ・ウォークウェイ，2008 年に開館の，世界で初めてボタニカルアートを展示するためのシャーリー・シャーウッド・ギャラリーなどがある。

現在，同園は，生の植物に加えて植物や菌類の標本，DNA バンク，種子バンクなどの豊富な植物と菌類の情報をもつ研究機関として，絶滅寸前の植物や環境問題に対応するようグローバル・ネットワークの中心的な役割を果たしている。

メルボルン動物園
Royal Melbourne Zoological Gardens
1862 年
メルボルン（オーストラリア）

ロンドン動物園をモデルとして 1862 年に開園。オーストラリアで最初，世界でも 3 番目に古い動物園である。22 ha の土地に 320 種類，5,120 頭を越す動物や鳥類がおり，動物のうちの 15% がオーストラリアの動物である。展示は，自然に近い環境を演出され，手を伸ばせば，触れられるような空間が設計されている。

種ごとに檻で囲われた展示室が点在するような構造ではなく，柵や檻も環境になじむようにデザインされ，林の中を散策するとさまざまな動物に会える空間になっている。

上海博物館
Shanghai Museum
1952 年
上海（中国）

旧租界の競馬場跡地に開館した上海市立博物館を嚆矢に，その後数回の移転を繰り返し，1993 年に人民広場に移転決定，1996 年に建物が完成し一般公開された。13 万件以上に上る中国でも最大規模の豊富なコレクションを有し，北京の故宮博物院，南京博物院とともに中国三大博物館の一つに数えられ，国家文物局が認定する国家一級博物館。古代中国の世界観を表現した円形の 4 階建て，総面積 39,600 m^2 の館内には，世界的に評価の高い青銅器や書画・彫刻・印章・磁器・陶器・明清家具など 11 の常設展示室と三つの展示ホールがある。企画展を除き，入館無料。

2003 年に東京国立博物館と学術協定を締結し，さまざまな交流を行っている。2016 年より約 5 年にわたる改修工事中。

スカンセン
Skansen
1891 年
ストックホルム（スウェーデン）

ストックホルムのユールゴーデン島に位置している世界初の野外博物館である。アルトゥール・ハゼリウスによって，歴史のある貴重な品々を集め保存し，次世代に引き継ぐ必要があるとの考えから，1891 年に設立された。

30 万 m^2 の広大な敷地内には，スウェーデン全土から古い民家や農園が移築・復元され，それぞれの時代の生活，文化，仕事，伝統行事が行われることにより，自然とともに生きてきた昔の人々の暮らしぶりが再現されている。建築物の周囲には，それぞれの地方や時代にふさわしい植物が植えられている。

また，動物園や水族館を併設しており，北欧に生息する動物や昔からスウェーデンの農家で飼育されていた動物，ペットや海外からの動物が飼育されている。

テイト・モダン美術館
Tate Modern
2000年
ロンドン（イギリス）

イギリスの国立美術館の一つ．首都ロンドンの中心部を貫くテムズ川沿いにたつ巨大な発電所を美術館に転用したもので，建物は「ボイラーハウス」「スイッチハウス」の2棟で構成される．展示内容は近現代の美術作品で時代を画する優品を満喫でき，さらに，意匠に凝った巨大な建築や最上階から眺めるロンドン市街地への展望も唯一性の高い展示の一つとなっている．美術館展示としてはホワイトキューブ様式が主に採用されている一方で，2棟が共有するエントランス空間「タービンホール」は，かつて発電機が稼働していた巨大な吹抜空間を展示空間に転化したもので，ほかでは味わえない空間体験が訪れる人々の度肝を抜く．ホールを貫き屋内外をつなぐ長大なアプ

ローチは建築と展示の一体感が楽しめる好例である．

アメリカ合衆国ホロコースト記念博物館
United States Holocaust Memorial Museum
1993年
ワシントンDC（アメリカ）

アメリカ合衆国ホロコースト記念博物館は，連邦政府の支援によりワシントンD.C.のナショナルモール（National Mall）に1993年開館した，世界最大のホロコースト博物館である．約600万人のユダヤ人がナチス政権とその協力者によって迫害や虐殺された悲惨な歴史と経験が，当時の資料，映像，写真など多彩な手法を用いて展示されている．

博物館は展示や教育プログラムを通して，ホロコーストについての理解をうながし，他人事ではないのだということを伝えていくこと，そして，人々が博物館でなぜ，どのようにホロコーストが起こったのかについて学ぶことによって，憎悪に立ち向かい，虐殺を防ぎ，人間の尊厳を

促進する世界をつくり上げていくことを目指している．そのため，博物館はリーダー的な人々と若者をメインターゲットとして設定している．

ウッドランドパーク動物園
Woodland Park Zoo, Seattle US
1899年
シアトル（アメリカ）

20世紀初頭から開園されていた同園は，1970年代末に，野生動物の生息環境への理解を図り，保護のメッセージを発するために，園全体をサバンナ，熱帯雨林，温帯降雨林，ツンドラなどの生息地に区分し，その再現をめざして動物をそれぞれの生息地に入り込んだような感覚で観察できるような展示を実現した．これはそれまでの展示に見られた観客と展示との隔絶感を取り除き，生息地に分け入ったような一体感を醸し出すもので，生息環境一体型展示（landscape immersion），あるいは単に生息環境展示と呼ばれる．

同園のこの展示は，動物園を生息地別に区分し，いくつかの空間原則のもとに臨場感のある展示を実現した最初のものであり，その後の動物

園展示に大きな影響を及ぼした．

＊「付録①展示100選」執筆者一覧（五十音順）
池野在香，大山由美子，岡本靖生，亀山裕市，木村　浩，草刈清人，栗原祐司，黒岩啓子，五月女賢司，坂本　昇，下湯直樹，髙尾戸美，田中純子，田中隆文，邱　君妮，彦坂　裕，藤江亮介，藤澤伸佳，松岡敬二，松本知子，水野裕史，若生謙二

文化財保護法及び地方教育行政の組織及び運営に関する法律の一部を改正する法律の概要

文化財保護法（昭和 25 年 5 月 30 日法律第 214 号）
最終改正：平成 30 年 6 月 8 日号外法律第 42 号
改正内容：平成 30 年 6 月 8 日号外法律第 42 号［平成 31 年 4 月 1 日］
施行期日　平成 31 年 4 月 1 日

趣　旨

　過疎化・少子高齢化などを背景に，文化財の滅失や散逸等の防止が緊急の課題であり，未指定を含めた文化財をまちづくりに活かしつつ，地域社会総がかりで，その継承に取組んでいくことが必要．このため，地域における文化財の計画的な保存・活用の促進や，地方文化財保護行政の推進力の強化を図る．

概　要

1．文化財保護法の一部改正

(1)　地域における文化財の総合的な保存・活用

① 都道府県の教育委員会は，文化財の保存・活用に関する総合的な施策の大綱を策定できる．

（文化財保存活用大綱及び文化財保存活用地域計画）

第 183 条の 2 第 1 項
　都道府県の教育委員会は，当該都道府県の区域における文化財の保存及び活用に関する総合的な施策の大綱（次項及び次条において「文化財保存活用大綱」という．）を定めることができる．
第 183 条の 3 第 1 項，同条第 3 項，第 183 条の 9
② 市町村の教育委員会は，都道府県の大綱を勘案し，文化財の保存・活用に関する総合的な計画（文化財保存活用地域計画）を作成し，国の認定を申請できる．計画作成等に当たっては，住民の意見の反映に努めるとともに，協議会を組織できる

> （協議会は市町村，都道府県，文化財の所有者，文化財保存活用支援団体のほか，学識経験者，商工会，観光関係団体などの必要な者で構成）

（文化財保存活用地域計画の認定）
第183条の3　市町村の教育委員会（地方文化財保護審議会を置くものに限る．）は，文部科学省令で定めるところにより，単独で又は共同して，文化財保存活用大綱が定められているときは当該文化財保存活用大綱を勘案して，当該市町村の区域における文化財の保存及び活用に関する総合的な計画（以下この節及び第192条の6第1項において「文化財保存活用地域計画」という．）を作成し，文化庁長官の認定を申請することができる．
2　文化財保存活用地域計画には，次に掲げる事項を記載するものとする．
　一　当該市町村の区域における文化財の保存及び活用に関する基本的な方針
　二　当該市町村の区域における文化財の保存及び活用を図るために当該市町村が講ずる措置の内容
　三　当該市町村の区域における文化財を把握するための調査に関する事項
　四　計画期間
　五　その他文部科学省令で定める事項
3　市町村の教育委員会は，文化財保存活用地域計画を作成しようとするときは，あらかじめ，公聴会の開催その他の住民の意見を反映させるために必要な措置を講ずるよう努めるとともに，地方文化財保護審議会（第183条の9第1項に規定する協議会が組織されている場合にあつては，地方文化財保護審議会及び当該協議会．第183条の5第2項において同じ．）の意見を聴かなければならない．
5　文化庁長官は，第一項の規定による認定の申請があつた場合において，その文化財保存活用地域計画が次の各号のいずれにも適合するものであると認めるときは，その認定をするものとする．
　一　当該文化財保存活用地域計画の実施が当該市町村の区域における文化財の保存及び活用に寄与するものであると認められること．
　二　円滑かつ確実に実施されると見込まれるものであること．
　三　文化財保存活用大綱が定められているときは，当該文化財保存活用大綱に照らし適切なものであること．

（協議会）
第183条の9　市町村の教育委員会は，単独で又は共同して，文化財保存活用地域計画の作成及び変更に関する協議並びに認定文化財保存活用地域計画の実施に係る連絡調整を行うための協議会（以下この条において「協議会」という．）を組織することができる．
2　協議会は，次に掲げる者をもつて構成する．
　一　当該市町村
　二　当該市町村の区域をその区域に含む都道府県
　三　第192条の2第1項の規定により当該市町村の教育委員会が指定した文化財保存

活用支援団体
　四　文化財の所有者，学識経験者，商工関係団体，観光関係団体その他の市町村の教育委員会が必要と認める者
3　協議会は，必要があると認めるときは，関係行政機関に対して，資料の提供，意見の表明，説明その他必要な協力を求めることができる．
4　協議会において協議が調つた事項については，協議会の構成員は，その協議の結果を尊重しなければならない．
5　前各項に定めるもののほか，協議会の運営に関し必要な事項は，協議会が定める．

（都道府県又は市の教育委員会が処理する事務）
第184条　次に掲げる文化庁長官の権限に属する事務の全部又は一部は，政令で定めるところにより，都道府県又は市の教育委員会が行うこととすることができる．
　一　第35条第3項（第36条第3項（第83条，第121条第2項（第172条第5項で準用する場合を含む．）及び第172条第5項で準用する場合を含む．），第37条第4項（第83条及び第122条第3項で準用する場合を含む．），第46条の2第2項，第74条第2項，第77条第2項（第91条で準用する場合を含む．），第83条，第87条第2項，第108条，第120条，第129条第2項，第172条第5項及び第174条第3項で準用する場合を含む．）の規定による指揮監督

【計画の認定を受けることによる効果】
第183条の5
・国の登録文化財とすべき物件を提案できることとし，未指定文化財の確実な継承を推進
第184条の2
・現状変更の許可など文化庁長官の権限に属する事務の一部について，都道府県・市のみならず認定町村でも行うことを可能とし，認定計画の円滑な実施を促進

（文化財保存活用支援団体）
第192条の2，第192条の3
　③　市町村の教育委員会は，地域において，文化財所有者の相談に応じたり調査研究を行ったりする民間団体等を文化財保存活用支援団体として指定できる．

（文化財保存活用団体の指定）
第192条の2　市町村の教育委員会は，法人その他これに準ずるものとして文部科学省令で定める団体であつて，次条に規定する業務を適正かつ確実に行うことができると認められるものを，その申請により，文化財保存活用支援団体（以下この節において「支援団体」という．）として指定することができる．
2　市町村の教育委員会は，前項の規定による指定をしたときは，当該支援団体の名

称，住所及び事務所の所在地を公示しなければならない．
3　支援団体は，その名称，住所又は事務所の所在地を変更しようとするときは，あらかじめ，その旨を市町村の教育委員会に届け出なければならない．
4　市町村の教育委員会は，前項の規定による届出があつたときは，当該届出に係る事項を公示しなければならない．

（支援団体の業務）
第192条の3　支援団体は，次に掲げる業務を行うものとする．
　一　当該市町村の区域内に存する文化財の保存及び活用を行うこと．
　二　当該市町村の区域内に存する文化財の保存及び活用を図るための事業を行う者に対し，情報の提供，相談その他の援助を行うこと．
　三　文化財の所有者の求めに応じ，当該文化財の管理，修理又は復旧その他その保存及び活用のため必要な措置につき委託を受けること．
　四　文化財の保存及び活用に関する調査研究を行うこと．
　五　前各号に掲げるもののほか，当該市町村の区域における文化財の保存及び活用を図るために必要な業務を行うこと．

（2）個々の文化財の確実な継承に向けた保存活用制度の見直し

（重要文化財保存活用計画）
第53条の2第1項等
①　国指定等文化財の所有者又は管理団体（主に地方公共団体）は，保存活用計画を作成し，国の認定を申請できる．
（国指定文化財等の管理責任者の拡大）
第31条第2項等
②　所有者に代わり文化財を保存・活用する管理責任者について，選任できる要件を拡大し，高齢化等により所有者だけでは十分な保護が難しい場合への対応を図る

（重要文化財保存活用計画の認定）
第53条の2　重要文化財の所有者（管理団体がある場合は，その者）は，文部科学省令で定めるところにより，重要文化財の保存及び活用に関する計画（以下「重要文化財保存活用計画」という．）を作成し，文化庁長官の認定を申請することができる．
2　重要文化財保存活用計画には，次に掲げる事項を記載するものとする．
　一　当該重要文化財の名称及び所在の場所
　二　当該重要文化財の保存及び活用のために行う具体的な措置の内容
　三　計画期間
　四　その他文部科学省令で定める事項
3　前項第二号に掲げる事項には，次に掲げる事項を記載することができる．
　一　当該重要文化財の現状変更又は保存に影響を及ぼす行為に関する事項

二 当該重要文化財の修理に関する事項
三 当該重要文化財（建造物であるものを除く．次項第六号において同じ．）の公開を目的とする寄託契約に関する事項
4 文化庁長官は，第1項の規定による認定の申請があつた場合において，その重要文化財保存活用計画が次の各号のいずれにも適合するものであると認めるときは，その認定をするものとする．
一 当該重要文化財保存活用計画の実施が当該重要文化財の保存及び活用に寄与するものであると認められること．
二 円滑かつ確実に実施されると見込まれるものであること．
三 第183条の2第1項に規定する文化財保存活用大綱又は第183条の5第1項に規定する認定文化財保存活用地域計画が定められているときは，これらに照らし適切なものであること．
四 当該重要文化財保存活用計画に前項第一号に掲げる事項が記載されている場合には，その内容が重要文化財の現状変更又は保存に影響を及ぼす行為を適切に行うために必要なものとして文部科学省令で定める基準に適合するものであること．
五 当該重要文化財保存活用計画に前項第二号に掲げる事項が記載されている場合には，その内容が重要文化財の修理を適切に行うために必要なものとして文部科学省令で定める基準に適合するものであること．
六 当該重要文化財保存活用計画に前項第三号に掲げる事項が記載されている場合には，当該寄託契約の内容が重要文化財の公開を適切かつ確実に行うために必要なものとして文部科学省令で定める基準に適合するものであること．
5 文化庁長官は，前項の認定をしたときは，遅滞なく，その旨を当該認定を申請した者に通知しなければならない．

（所有者の管理義務及び管理責任者）
第31条 重要文化財の所有者は，この法律並びにこれに基いて発する文部科学省令及び文化庁長官の指示に従い，重要文化財を管理しなければならない．
2 重要文化財の所有者は，特別の事情があるときは，適当な者をもつぱら自己に代り当該重要文化財の管理の責に任ずべき者（以下この節及び第12章において「管理責任者」という．）に選任することができる．
3 前項の規定により管理責任者を選任したときは，重要文化財の所有者は，文部科学省令の定める事項を記載した書面をもつて，当該管理責任者と連署の上二十日以内に文化庁長官に届け出なければならない．管理責任者を解任した場合も同様とする．
4 管理責任者には，前条及び第一項の規定を準用する．

【計画の認定を受けることによる効果】
第53条の4等（税制優遇は税法で措置）
・国指定等文化財の現状変更等にはその都度国の許可等が必要であるが，認定保存活用計画に記載された行為は，許可を届出とするなど手続きを弾力化

・美術工芸品に係る相続税の納税猶予（計画の認定を受け美術館等に寄託・公開した場合の特例）
・地域の文化財の滅失や散失等を防止し，活用につなげる

(3) 地方における文化財保護行政に係る制度の見直し

第190条第2項
① 地方教育行政の組織及び運営に関する法律の一部改正に基づき，地方公共団体の長が文化財保護を担当する場合，当該地方公共団体には地方文化財保護審議会の設置が求められる

第191条第1項
② 文化財の巡視や所有者への助言等を行う文化財保護指導委員について，都道府県だけでなく市町村にも置くことができることとする

（地方文化財保護審議会）
第190条　都道府県及び市町村の教育委員会に，条例の定めるところにより，地方文化財保護審議会を置くことができる．
2　特定地方公共団体に，条例の定めるところにより，地方文化財保護審議会を置くものとする．
3　地方文化財保護審議会は，都道府県又は市町村の教育委員会の諮問に応じて，文化財の保存及び活用に関する重要事項について調査審議し，並びにこれらの事項に関して当該都道府県又は市町村の教育委員会に建議する．
4　地方文化財保護審議会の組織及び運営に関し必要な事項は，条例で定める．

（文化財保護指導委員）
第191条　都道府県の教育委員会に，文化財保護指導委員を置くことができる．
2　文化財保護指導委員は，文化財について，随時，巡視を行い，並びに所有者その他の関係者に対し，文化財の保護に関する指導及び助言をするとともに，地域住民に対し，文化財保護思想について普及活動を行うものとする．
3　文化財保護指導委員は，非常勤とする．

(4) 罰則の見直し

第195条第1項等
① 重要文化財等の損壊や毀棄等に係る罰金刑の引き上げ等

（事務の区分）
第193条　第44条の規定に違反し，文化庁長官の許可を受けないで重要文化財を輸出した者は，五年以下の懲役若しくは禁錮又は百万円以下の罰金に処する．

第194条　第82条の規定に違反し，文化庁長官の許可を受けないで重要有形民俗文化財を輸出した者は，三年以下の懲役若しくは禁錮又は五十万円以下の罰金に処する．
第195条　重要文化財を損壊し，き棄し，又は隠匿した者は，五年以下の懲役若しくは禁錮又は三十万円以下の罰金に処する．
2　前項に規定する者が当該重要文化財の所有者であるときは，二年以下の懲役若しくは禁錮又は二十万円以下の罰金若しくは科料に処する．

2. 地方教育行政の組織及び運営に関する法律の一部改正

> **(1)　文化財保護事務と首長部局**
>
> 地教行法第23条第1項
> 　地方公共団体における文化財保護の事務は教育委員会の所管とされているが，条例により地方公共団体の長が担当できるようにする

（職務権限の特例）
第23条　前2条の規定にかかわらず，地方公共団体は，前条各号に掲げるもののほか，条例の定めるところにより，当該地方公共団体の長が，次の各号に掲げる教育に関する事務のいずれか又は全てを管理し，及び執行することとすることができる．
　一　スポーツに関すること（学校における体育に関することを除く．）．
　二　文化に関すること（文化財の保護に関することを除く．）．
　三　文化財の保護に関すること．
2　地方公共団体の議会は，前項の条例の制定又は改廃の議決をする前に，当該地方公共団体の教育委員会の意見を聴かなければならない．

文部科学省設置法の一部を改正する法律の概要

　京都への全面的な移転に向け，**新・文化庁にふさわしい組織改革・機能強化**を図り，文化に関する施策を総合的に推進する．
※文化芸術振興基本法の一部を改正する法律（平成29年法律第73号）附則第2条に規定された検討の結果に基づく措置．
（文化芸術に関する施策を総合的に推進するための文化庁の機能の拡充等の検討）
　第2条　政府は，文化芸術に関する施策を総合的に推進するため，文化庁の機能の拡充等について，その行政組織の在り方を含め検討を加え，その結果に基づいて必要な措置を講ずるものとする．

　　　　　　　　　　　　　　　　　施行期日　平成30年10月1日
　概　要

1．文部科学省及び文化庁の任務について，文化の振興に加え，**文化に関する施策の総合的な推進**を位置付ける．
　　また，その所掌事務に，
　　①文化に関する基本的な政策の企画及び立案並びに推進に関すること
　　②文化に関する関係行政機関の事務の調整に関すること
　を追記し，**文化庁が中核となって我が国の文化行政を総合的に推進**していく体制を整備する．

2．芸術に関する教育に関する事務を文部科学省本省から文化庁に移管することにより，芸術に関する国民の資質向上について，学校教育における人材育成からトップレベルの芸術家の育成までの一体的な施策の展開を図る．
　※小学校の「音楽」「図画工作」，中学校の「音楽」「美術」，高等学校の「芸術（音楽・美術・工芸・書道）」等に関する基準の設定に関する事務を文化庁に移管する．

3．これまで一部を文部科学省本省が所管していた博物館に関する事務を，文化庁が一括して所管することにより，博物館の更なる振興と行政の効率化を図る．
　※社会教育施設としての博物館（文化施設としての美術館及び歴史博物館のほか，水族館，動物園及び科学博物館等も含む）に関する事務全般を文化庁で所管することとする．

4．その他，文化審議会の調査審議事項など，上記1．～3．の任務・所掌事務の追加を踏まえた見直しを行う．

教育基本法 ［抄］

平成18年12月22日
法律第120号

第1章　教育の目的及び理念

（教育の目的）
　第1条　教育は，人格の完成を目指し，平和で民主的な国家及び社会の形成者として必要な資質を備えた心身ともに健康な国民の育成を期して行われなければならない．

（生涯学習の理念）
　第3条　国民一人一人が，自己の人格を磨き，豊かな人生を送ることができるよう，その生涯にわたって，あらゆる機会に，あらゆる場所において学習することができ，その成果を適切に生かすことのできる社会の実現が図られなければならない．

（社会教育）
　第12条　個人の要望や社会の要請にこたえ，社会において行われる教育は，国及び地方公共団体によって奨励されなければならない．
　2　国及び地方公共団体は，図書館，博物館，公民館その他の社会教育施設の設置，学校の施設の利用，学習の機会及び情報の提供その他の適当な方法によって社会教育の振興に努めなければならない．

社会教育法［抄］

昭和 24 年 6 月 10 日　法律第 207 号
最終改正
平成 28 年 5 月 20 日　法律第 47 号
（最終改正までの未施行法令）
平成 28 年 5 月 20 日　法律第 47 号（未施行）

（社会教育の定義）
　第 2 条　この法律において「社会教育」とは，学校教育法（昭和 22 年法律第 26 号）又は就学前の子どもに関する教育，保育等の総合的な提供の推進に関する法律（平成 18 年法律第 77 号）に基づき，学校の教育課程として行われる教育活動を除き，主として青少年及び成人に対して行われる組織的な教育活動（体育及びレクリエーションの活動を含む．）をいう．

（国及び地方公共団体の任務）
　第 3 条　国及び地方公共団体は，この法律及び他の法令の定めるところにより，社会教育の奨励に必要な施設の設置及び運営，集会の開催，資料の作製，頒布その他の方法により，すべての国民があらゆる機会，あらゆる場所を利用して，自ら実際生活に即する文化的教養を高め得るような環境を醸成するように努めなければならない．
　3　国及び地方公共団体は，第 1 項の任務を行うに当たつては，社会教育が学校教育及び家庭教育との密接な関連性を有することにかんがみ，学校教育との連携の確保に努め，及び家庭教育の向上に資することとなるよう必要な配慮をするとともに，学校，家庭及び地域住民その他の関係者相互間の連携及び協力の促進に資することとなるよう努めるものとする．

（市町村の教育委員会の事務）
　第 5 条　市（特別区を含む．以下同じ．）町村の教育委員会は，社会教育に関し，当該地方の必要に応じ，予算の範囲内において，次の事務を行う．
　　四　所管に属する図書館，博物館，青年の家その他の社会教育施設の設置及び管理に関すること．
　　七　家庭教育に関する学習の機会を提供するための講座の開設及び集会の開催並びに家庭教育に関する情報の提供並びにこれらの奨励に関すること．
　　八　職業教育及び産業に関する科学技術指導のための集会の開催並びにその奨励に

関すること．
九　生活の科学化の指導のための集会の開催及びその奨励に関すること．
十　情報化の進展に対応して情報の収集及び利用を円滑かつ適正に行うために必要な知識又は技能に関する学習の機会を提供するための講座の開設及び集会の開催並びにこれらの奨励に関すること．
十三　主として学齢児童及び学齢生徒（それぞれ学校教育法第18条に規定する学齢児童及び学齢生徒をいう．）に対し，学校の授業の終了後又は休業日において学校，社会教育施設その他適切な施設を利用して行う学習その他の活動の機会を提供する事業の実施並びにその奨励に関すること．
十四　青少年に対しボランティア活動など社会奉仕体験活動，自然体験活動その他の体験活動の機会を提供する事業の実施及びその奨励に関すること．
十五　社会教育における学習の機会を利用して行つた学習の成果を活用して学校，社会教育施設その他地域において行う教育活動その他の活動の機会を提供する事業の実施及びその奨励に関すること．
十六　社会教育に関する情報の収集，整理及び提供に関すること．

（都道府県の教育委員会の事務）
第6条　都道府県の教育委員会は，社会教育に関し，当該地方の必要に応じ，予算の範囲内において，前条各号の事務を行うほか，次の事務を行う．
一　公民館及び図書館の設置及び管理に関し，必要な指導及び調査を行うこと．
二　社会教育を行う者の研修に必要な施設の設置及び運営，講習会の開催，資料の配布等に関すること．

（図書館及び博物館）
第9条　図書館及び博物館は，社会教育のための機関とする．
2　図書館及び博物館に関し必要な事項は，別に法律をもつて定める．

博物館法

昭和 26 年 12 月 1 日　法律第 285 号
最終改正
平成 26 年 6 月 4 日　法律第 51 号
第 1 章　総則（第 1 条―第 9 条の 2）
第 2 章　登録（第 10 条―第 17 条）
第 3 章　公立博物館（第 18 条―第 26 条）
第 4 章　私立博物館（第 27 条・第 28 条）
第 5 章　雑則（第 29 条）
附則

第 1 章　総則

（この法律の目的）
　第 1 条　この法律は，社会教育法（昭和 24 年法律第 207 号）の精神に基き，博物館の設置及び運営に関して必要な事項を定め，その健全な発達を図り，もつて国民の教育，学術及び文化の発展に寄与することを目的とする．

（定義）
　第 2 条　この法律において「博物館」とは，歴史，芸術，民俗，産業，自然科学等に関する資料を収集し，保管（育成を含む．以下同じ．）し，展示して教育的配慮の下に一般公衆の利用に供し，その教養，調査研究，レクリエーション等に資するために必要な事業を行い，あわせてこれらの資料に関する調査研究をすることを目的とする機関（社会教育法による公民館及び図書館法（昭和 25 年法律第 118 号）による図書館を除く．）のうち，地方公共団体，一般社団法人若しくは一般財団法人，宗教法人又は政令で定めるその他の法人（独立行政法人（独立行政法人通則法（平成 11 年法律第 103 号）第 2 条第 1 項に規定する独立行政法人をいう．第 29 条において同じ．）を除く．）が設置するもので次章の規定による登録を受けたものをいう．
　2　この法律において，「公立博物館」とは，地方公共団体の設置する博物館をいい，「私立博物館」とは，一般社団法人若しくは一般財団法人，宗教法人又は前項の政令で定める法人の設置する博物館をいう．
　3　この法律において「博物館資料」とは，博物館が収集し，保管し，又は展示する

資料（電磁的記録（電子的方式，磁気的方式その他の人の知覚によつては認識することができない方式で作られた記録をいう．）を含む．）をいう．

(博物館の事業)
第3条 博物館は，前条第1項に規定する目的を達成するため，おおむね次に掲げる事業を行う．
　一 実物，標本，模写，模型，文献，図表，写真，フィルム，レコード等の博物館資料を豊富に収集し，保管し，及び展示すること．
　二 分館を設置し，又は博物館資料を当該博物館外で展示すること．
　三 一般公衆に対して，博物館資料の利用に関し必要な説明，助言，指導等を行い，又は研究室，実験室，工作室，図書室等を設置してこれを利用させること．
　四 博物館資料に関する専門的，技術的な調査研究を行うこと．
　五 博物館資料の保管及び展示等に関する技術的研究を行うこと．
　六 博物館資料に関する案内書，解説書，目録，図録，年報，調査研究の報告書等を作成し，及び頒布すること．
　七 博物館資料に関する講演会，講習会，映写会，研究会等を主催し，及びその開催を援助すること．
　八 当該博物館の所在地又はその周辺にある文化財保護法（昭和25年法律第214号）の適用を受ける文化財について，解説書又は目録を作成する等一般公衆の当該文化財の利用の便を図ること．
　九 社会教育における学習の機会を利用して行つた学習の成果を活用して行う教育活動その他の活動の機会を提供し，及びその提供を奨励すること．
　十 他の博物館，博物館と同一の目的を有する国の施設等と緊密に連絡し，協力し，刊行物及び情報の交換，博物館資料の相互貸借等を行うこと．
　十一 学校，図書館，研究所，公民館等の教育，学術又は文化に関する諸施設と協力し，その活動を援助すること．
　2 博物館は，その事業を行うに当つては，土地の事情を考慮し，国民の実生活の向上に資し，更に学校教育を援助し得るようにも留意しなければならない．

(館長，学芸員その他の職員)
第4条 博物館に，館長を置く．
　2 館長は，館務を掌理し，所属職員を監督して，博物館の任務の達成に努める．
　3 博物館に，専門的職員として学芸員を置く．
　4 学芸員は，博物館資料の収集，保管，展示及び調査研究その他これと関連する事業についての専門的事項をつかさどる．
　5 博物館に，館長及び学芸員のほか，学芸員補その他の職員を置くことができる．
　6 学芸員補は，学芸員の職務を助ける．

(学芸員の資格)
第5条 次の各号のいずれかに該当する者は，学芸員となる資格を有する．
　一 学士の学位を有する者で，大学において文部科学省令で定める博物館に関する科目の単位を修得したもの
　二 大学に2年以上在学し，前号の博物館に関する科目の単位を含めて62単位以

上を修得した者で，三年以上学芸員補の職にあつたもの
　　三　文部科学大臣が，文部科学省令で定めるところにより，前二号に掲げる者と同等以上の学力及び経験を有する者と認めた者
　2　前項第二号の学芸員補の職には，官公署，学校又は社会教育施設（博物館の事業に類する事業を行う施設を含む．）における職で，社会教育主事，司書その他の学芸員補の職と同等以上の職として文部科学大臣が指定するものを含むものとする．
（学芸員補の資格）
　第6条　学校教育法（昭和22年法律第26号）第90条第1項の規定により大学に入学することのできる者は，学芸員補となる資格を有する．
（学芸員及び学芸員補の研修）
　第7条　文部科学大臣及び都道府県の教育委員会は，学芸員及び学芸員補に対し，その資質の向上のために必要な研修を行うよう努めるものとする．
（設置及び運営上望ましい基準）
　第8条　文部科学大臣は，博物館の健全な発達を図るために，博物館の設置及び運営上望ましい基準を定め，これを公表するものとする．
（運営の状況に関する評価等）
　第9条　博物館は，当該博物館の運営の状況について評価を行うとともに，その結果に基づき博物館の運営の改善を図るため必要な措置を講ずるよう努めなければならない．
（運営の状況に関する情報の提供）
　第9条の2　博物館は，当該博物館の事業に関する地域住民その他の関係者の理解を深めるとともに，これらの者との連携及び協力の推進に資するため，当該博物館の運営の状況に関する情報を積極的に提供するよう努めなければならない．

第2章　登録

（登録）
　第10条　博物館を設置しようとする者は，当該博物館について，当該博物館の所在する都道府県の教育委員会（当該博物館（都道府県が設置するものを除く．）が指定都市（地方自治法（昭和22年法律第67号）第252条の19第1項の指定都市をいう．以下この条及び第29条において同じ．）の区域内に所在する場合にあつては，当該指定都市の教育委員会．同条を除き，以下同じ．）に備える博物館登録原簿に登録を受けるものとする．
（登録の申請）
　第11条　前条の規定による登録を受けようとする者は，設置しようとする博物館について，左に掲げる事項を記載した登録申請書を都道府県の教育委員会に提出しなければならない．
　　一　設置者の名称及び私立博物館にあつては設置者の住所
　　二　名称
　　三　所在地
　2　前項の登録申請書には，次に掲げる書類を添付しなければならない．

一　公立博物館にあつては，設置条例の写し，館則の写し，直接博物館の用に供する建物及び土地の面積を記載した書面及びその図面，当該年度における事業計画書及び予算の歳出の見積りに関する書類，博物館資料の目録並びに館長及び学芸員の氏名を記載した書面

二　私立博物館にあつては，当該法人の定款の写し又は当該宗教法人の規則の写し，館則の写し，直接博物館の用に供する建物及び土地の面積を記載した書面及びその図面，当該年度における事業計画書及び収支の見積りに関する書類，博物館資料の目録並びに館長及び学芸員の氏名を記載した書面

（登録要件の審査）

第12条　都道府県の教育委員会は，前条の規定による登録の申請があつた場合においては，当該申請に係る博物館が左に掲げる要件を備えているかどうかを審査し，備えていると認めたときは，同条第1項各号に掲げる事項及び登録の年月日を博物館登録原簿に登録するとともに登録した旨を当該登録申請者に通知し，備えていないと認めたときは，登録しない旨をその理由を附記した書面で当該登録申請者に通知しなければならない．

一　第2条第1項に規定する目的を達成するために必要な博物館資料があること．

二　第2条第1項に規定する目的を達成するために必要な学芸員その他の職員を有すること．

三　第2条第1項に規定する目的を達成するために必要な建物及び土地があること．

四　1年を通じて150日以上開館すること．

（登録事項等の変更）

第13条　博物館の設置者は，第11条第1項各号に掲げる事項について変更があつたとき，又は同条第2項に規定する添付書類の記載事項について重要な変更があつたときは，その旨を都道府県の教育委員会に届け出なければならない．

2　都道府県の教育委員会は，第11条第1項各号に掲げる事項に変更があつたことを知つたときは，当該博物館に係る登録事項の変更登録をしなければならない．

（登録の取消）

第14条　都道府県の教育委員会は，博物館が第12条各号に掲げる要件を欠くに至つたものと認めたとき，又は虚偽の申請に基いて登録した事実を発見したときは，当該博物館に係る登録を取り消さなければならない．但し，博物館が天災その他やむを得ない事由により要件を欠くに至つた場合においては，その要件を欠くに至つた日から2年間はこの限りでない．

2　都道府県の教育委員会は，前項の規定により登録の取消しをしたときは，当該博物館の設置者に対し，速やかにその旨を通知しなければならない．

（博物館の廃止）

第15条　博物館の設置者は，博物館を廃止したときは，すみやかにその旨を都道府県の教育委員会に届け出なければならない．

2　都道府県の教育委員会は，博物館の設置者が当該博物館を廃止したときは，当該博物館に係る登録をまつ消しなければならない．

（規則への委任）

第16条　この章に定めるものを除くほか，博物館の登録に関し必要な事項は，都道府県の教育委員会の規則で定める．

第17条　削除

第3章　公立博物館

（設置）

第18条　公立博物館の設置に関する事項は，当該博物館を設置する地方公共団体の条例で定めなければならない．

（所管）

第19条　公立博物館は，当該博物館を設置する地方公共団体の教育委員会の所管に属する．

（博物館協議会）

第20条　公立博物館に，博物館協議会を置くことができる．

2　博物館協議会は，博物館の運営に関し館長の諮問に応ずるとともに，館長に対して意見を述べる機関とする．

第21条　博物館協議会の委員は，当該博物館を設置する地方公共団体の教育委員会が任命する．

第22条　博物館協議会の設置，その委員の任命の基準，定数及び任期その他博物館協議会に関し必要な事項は，当該博物館を設置する地方公共団体の条例で定めなければならない．この場合において，委員の任命の基準については，文部科学省令で定める基準を参酌するものとする．

（入館料等）

第23条　公立博物館は，入館料その他博物館資料の利用に対する対価を徴収してはならない．但し，博物館の維持運営のためにやむを得ない事情のある場合は，必要な対価を徴収することができる．

（博物館の補助）

第24条　国は，博物館を設置する地方公共団体に対し，予算の範囲内において，博物館の施設，設備に要する経費その他必要な経費の一部を補助することができる．

2　前項の補助金の交付に関し必要な事項は，政令で定める．第25条　削除

（補助金の交付中止及び補助金の返還）

第26条　国は，博物館を設置する地方公共団体に対し第24条の規定による補助金の交付をした場合において，左の各号の一に該当するときは，当該年度におけるその後の補助金の交付をやめるとともに，第一号の場合の取消が虚偽の申請に基いて登録した事実の発見に因るものである場合には，既に交付した補助金を，第三号及び第四号に該当する場合には，既に交付した当該年度の補助金を返還させなければならない．

一　当該博物館について，第14条の規定による登録の取消があつたとき．

二　地方公共団体が当該博物館を廃止したとき．

三　地方公共団体が補助金の交付の条件に違反したとき．

四　地方公共団体が虚偽の方法で補助金の交付を受けたとき．

第4章　私立博物館

(都道府県の教育委員会との関係)
　第27条　都道府県の教育委員会は，博物館に関する指導資料の作成及び調査研究のために，私立博物館に対し必要な報告を求めることができる．
　2　都道府県の教育委員会は，私立博物館に対し，その求めに応じて，私立博物館の設置及び運営に関して，専門的，技術的の指導又は助言を与えることができる．

(国及び地方公共団体との関係)
　第28条　国及び地方公共団体は，私立博物館に対し，その求めに応じて，必要な物資の確保につき援助を与えることができる．

第5章　雑則

(博物館に相当する施設)
　第29条　博物館の事業に類する事業を行う施設で，国又は独立行政法人が設置する施設にあつては文部科学大臣が，その他の施設にあつては当該施設の所在する都道府県の教育委員会（当該施設（都道府県が設置するものを除く．）が指定都市の区域内に所在する場合にあつては，当該指定都市の教育委員会）が，文部科学省令で定めるところにより，博物館に相当する施設として指定したものについては，第27条第2項の規定を準用する．

　　　　　　　　　　　　　　　　　　　　　　　　　　　　*附則は割愛

博物館法施行令［抄］

昭和 27 年 3 月 20 日　政令第 47 号
最終改正
昭和 34 年 4 月 30 日　政令第 157 号

（政令で定める法人）
　第 2 条　法第 24 条第 1 項に規定する博物館の施設，設備に要する経費の範囲は，次に掲げるものとする．
　　一　施設費施設の建築に要する本工事費，附帯工事費及び事務費
　　二　設備費　博物館に備え付ける博物館資料及びその利用のための器材器具の購入に要する経費

博物館法施行規則 ［抄］

昭和 30 年 10 月 4 日　文部省令第 24 号
最終改正
平成 27 年 10 月 2 日　文部科学省令第 34 号

（博物館に関する科目の単位）
　第 1 条　博物館法（昭和 26 年法律第 285 号．以下「法」という．）第 5 条第 1 項第一号に規定する博物館に関する科目の単位は，次の表に掲げるものとする．

科　目	単位数
生涯学習概論	2
博物館概論	2
博物館経営論	2
博物館資料論	2
博物館資料保存論	2
博物館展示論	2
博物館教育論	2
博物館情報・メディア論	2
博物館実習	3

（博物館実習）
　第 2 条　前条に掲げる博物館実習は，博物館（法第 2 条第 1 項に規定する博物館をいう．以下同じ．）又は法第 29 条の規定に基づき文部科学大臣若しくは都道府県若しくは指定都市（地方自治法（昭和 22 年法律第 67 号）第 252 条の 19 第 1 項の指定都市をいう．以下同じ．）の教育委員会の指定した博物館に相当する施設（大学においてこれに準ずると認めた施設を含む．）における実習により修得するものとする．

　　第 2 章　学芸員の資格認定
（資格認定）
　第 3 条　法第 5 条第 1 項第三号の規定により学芸員となる資格を有する者と同等以上の学力及び経験を有する者と認められる者は，この章に定める試験認定又は審査認

定（以下「資格認定」という.）の合格者とする.
（資格認定の受験資格）
　第5条　次の各号のいずれかに該当する者は，試験認定を受けることができる.
　　一　学士の学位を有する者
　　二　大学に2年以上在学して62単位以上を修得した者で2年以上学芸員補の職（法第5条第2項に規定する職を含む．以下同じ.）にあつた者
　　三　教育職員免許法（昭和24年法律第147号）第2条第1項に規定する教育職員の普通免許状を有し，2年以上教育職員の職にあつた者
　　四　4年以上学芸員補の職にあつた者
　　五　その他文部科学大臣が前各号に掲げる者と同等以上の資格を有すると認めた者

博物館の設置及び運営上の望ましい基準 ［抄］

平成 23 年 12 月 20 日
文部科学省告示第 165 号

（基本的運営方針及び事業計画）
　第 3 条　博物館は，その設置の目的を踏まえ，資料の収集・保管・展示，調査研究，教育普及活動等の実施に関する基本的な運営の方針（以下「基本的運営方針」という.）を策定し，公表するよう努めるものとする.
　2　博物館は，基本的運営方針を踏まえ，事業年度ごとに，その事業年度の事業計画を策定し，公表するよう努めるものとする.
（運営の状況に関する点検及び評価等）
　第 4 条　博物館は，基本的運営方針に基づいた運営がなされることを確保し，その事業の水準の向上を図るため，各年度の事業計画の達成状況その他の運営の状況について，自ら点検及び評価を行うよう努めるものとする.
　2　博物館は，前項の点検及び評価のほか，当該博物館の運営体制の整備の状況に応じ，博物館協議会の活用等の他の方法により，学校教育又は社会教育の関係者，家庭教育の向上に資する活動を行う者，当該博物館の事業に関して学識経験のある者，当該博物館の利用者，地域住民その他の者による評価を行うよう努めるものとする.
　4　博物館は，第 1 項及び第 2 項の点検及び評価の結果並びに前項の措置の内容については，インターネットその他の高度情報通信ネットワーク（以下「インターネット等」という.）を活用すること等により，積極的に公表するよう努めるものとする.
（展示方法等）
　第 6 条　博物館は，基本的運営方針に基づき，その所蔵する博物館資料による常設的な展示を行い，又は特定の主題に基づき，その所蔵する博物館資料若しくは臨時に他の博物館等から借り受けた博物館資料による特別の展示を行うものとする.
　2　博物館は，博物館資料を展示するに当たっては，当該博物館の実施する事業及び関連する学術研究等に対する利用者の関心を深め，当該博物館資料に関する知識の啓発に資するため，次に掲げる事項に留意するものとする.
　　一　確実な情報及び研究に基づく正確な資料を用いること.
　　二　展示の効果を上げるため，博物館資料の特性に応じた展示方法を工夫し，図書

等又は音声，映像等を活用すること．
　三　前項の常設的な展示について，必要に応じて，計画的な展示の更新を行うこと．

（調査研究）
　第7条　博物館は，博物館資料の収集，保管及び展示等の活動を効果的に行うため，他の博物館，研究機関等と共同すること等により，基本的運営方針に基づき，博物館資料に関する専門的，技術的な調査研究並びに博物館資料の保管及び展示等の方法に関する技術的研究その他の調査研究を行うよう努めるものとする．

（学習機会の提供等）
　第8条　博物館は，利用者の学習活動又は調査研究に資するため，次に掲げる業務を実施するものとする．
　一　博物館資料に関する各種の講演会，研究会，説明会等（児童又は生徒を対象とした体験活動その他の学習活動を含む．以下「講演会等」という．）の開催，館外巡回展示の実施等の方法により学習
機会を提供すること．
　二　学校教育及び社会教育における博物館資料の利用その他博物館の利用に関し，学校の教職員及び社会教育指導者に対して適切な利用方法に関する助言その他の協力を行うこと．
　三　利用者からの求めに応じ，博物館資料に係る説明又は助言を行うこと．

5　第5条関係（資料の収集，保管，展示等）
(1)　博物館は，実物，標本，文献，図表，フィルム，レコード等の資料（以下「実物等資料」という．）
について，その所在等の調査研究を行い，当該実物等資料に係る学術研究の状況，地域における当該実物等資料の所在状況及び当該実物等資料の展示上の効果等を考慮して，基本的運営方針に基づき，必要な数を体系的に収集し，保管し，及び展示するものとしたこと．
(2)　博物館は，実物等資料について，その収集若しくは保管が困難な場合，その展示のために教育的配慮が必要な場合又はその館外への貸出し若しくは持出しが困難な場合には，必要に応じて，実物等資料を複製，模造若しくは模写した資料又は実物等資料に係る模型（以下「複製等資料」という．）を収集し，又は製作し，当該博物館の内外で活用するものとしたこと．その際，著作権法その他の法令に規定する権利を侵害することのないよう留意するものとしたこと．
(3)　博物館は，実物等資料及び複製等資料（以下「博物館資料」という．）に関する図書，文献，調査資料その他必要な資料（以下「図書等」という．）の収集，保管及び活用に努めるものとしたこと．
(4)　博物館は，当該博物館の適切な管理及び運営のため，その所蔵する博物館資料及び図書等に関する情報の体系的な整理に努めるものとしたこと．
(5)　博物館は，当該博物館が休止又は廃止となる場合には，その所蔵する博物館資料及び図書等を他の博物館に譲渡すること等により，当該博物館資料及び図書等が適切に保管，活用されるよう努めるものとしたこと．

6 第6条関係（展示方法等）
(1) 博物館は，基本的運営方針に基づき，その所蔵する博物館資料による常設的な展示を行い，又は特定の主題に基づき，その所蔵する博物館資料若しくは臨時に他の博物館等から借り受けた博物館資料による特別の展示を行うものとしたこと．
(2) 博物館は，博物館資料を展示するに当たっては，当該博物館の実施する事業及び関連する学術研究等に対する利用者の関心を深め，当該博物館資料に関する知識の啓発に資するため，①確実な情報及び研究に基づく正確な資料を用いること，②展示の効果を上げるため，博物館資料の特性に応じた展示方法を工夫し，図書等又は音声，映像等を活用すること，③常設的な展示について，必要に応じて，計画的な展示の更新を行うこと，に留意するものとしたこと．

博物館の登録審査基準要項について［抄］

昭和27年5月23日　文社施第191号
各都道府県教育委員会あて　文部省社会教育局長通達

（別紙）
博物館の登録審査基準要項

博物館の登録については，次に掲げる登録要件を具備し，且つ，博物館法第2条第1項に規定する博物館の目的を達成することができるかどうかを十分審査しなければならない．

一　博物館資料

1　博物館資料は，質量ともに国民の教育，学術及び文化の発展に寄与するにたるものであつて，資料の利用を図るため，必要な説明，指導，助言等に関する教育的配慮が払われており更に学校教育の援助に留意していること．
2　資料は，実物であることを原則とすること．但し，実物を入手し難いようなときは，模写，模型，複製等でもよいこと．
3　資料は，採集，購入，寄贈，製作，交換等によつて収集されたものであること．但し，特別の事情のあるときは，寄託等による資料でもよいこと．
4　必要な図書，図表等を有すること．

二　学芸員その他の職員

館長及び学芸員のほか，必要な学芸員補その他の職員を有すること．但し館長と学芸員とは兼ねることができること．

三　建物及び土地

次に掲げる博物館，美術館，動，植物園，水族館等は，博物館法第2条第1項に規定する博物館であるが，こゝでは便宜上その名称を区分して列記する．

1　博物館，美術館等にあつては，凡そ，50坪以上の建物があることを原則とし，陳列室，資料保管室，事務室等が整備されているなど，一般公衆の利用を図るための建物及び土地があること．但し，博物館資料を有せず，単にその場所を貸与することのみを目的とする博物館美術館等は該当しないこと．

2　動物園にあつては，凡そ，500坪以上の土地があり，動物収容展示施設，事務室等が整備されているなど，一般公衆の利用を図るための建物及び土地があること．

3　植物園にあつては，凡そ，500坪以上の土地があり，植栽園，事務室等が整備されているなど，一般公衆の利用を図るための建物及び土地があること．

4　水族館にあつては，凡そ，ガラス面三尺平方の展示水槽5個以上があり，放養，飼養池，事務室等が整備されているなど，一般公衆の利用を図るための建物及び土地があること．

四　開館日数

開館日数は，本館の開館日数を指すものであること．但し，特別の事情のある場合は，本館外における館外活動の日数を含めてもよいこと．

五　備考

1　分館については，本館との緊密な連繋の下に博物館機能を発揮できるものかどうかを右の登録要件中特に一及び四に留意して審査すること．審査の結果，分館が博物館機能を発揮しないものと認めたときは，登録しないこと．

2　分館を含めて登録する際は，本館の名称とともに分館の名称，所在地を明記して原簿に記載すること．但し，3に該当する分館については除くこと．

3　分館が，本館と同一の都道府県の区域内に設置されていない場合で登録を希望するときは，当該分館が設置されている都道府県の教育委員会の登録審査を受けなければならないこと．

博物館に相当する施設の指定について［抄］

昭和46年6月5日文社社第22号
各都道府県教育委員会教育長あて　文部省社会教育局長通知
博物館に相当する施設指定審査要項

1　施設
(1)　総合博物館，歴史博物館，民俗博物館，考古博物館，美術博物館，科学博物館について
　ア　建物はおおよそ132 m^{2}以上の延面積を有すること．
　イ　陳列室，資料保管室，事務室等が整備されていること．
(2)　動物，植物園について
　ア　おおよそ1,320 m^{2}以上の土地があること．
　イ　動物収容施設，植栽園，事務室等が整備されていること．
(3)　水族館について
　ア　展示用水槽が4個以上でかつ水槽面積の合計は360 m^{2}以上であること．
　イ　放養，飼養池，事務室等が整備されていること．

2　資料
(1)　資料は，実物，標本，模型等の所蔵資料を有することを原則とするが寄託資料であつてもよいこと．
(2)　所蔵資料は常に整理分類され保管されていること．

3　職員
　職員は一般職員のほか，専門職員としてつぎのいずれかに該当する職員を有すること．
(1)　学芸員有資格者
(2)　学芸員に相当する者
　　学芸員に相当する職員は少くともつぎによるものとする．
　ア　高等学校卒の職員は10年以上の経験を有する者
　イ　短期大学卒の職員は7年以上〃
　ウ　大学卒の職員は5年以上〃

4 事業

(1) 展示は常設展はもとより，特別展なども行なつていること．
(2) 案内書，パンフレット，解説書等印刷物を定期的に刊行していること．
(3) 各種の講習会，講演会，映画会等が行なわれていること．
(4) 資料について調査研究活動が行なわれていること．
(5) その他各種の教育活動が配慮されていること．

5 運営

(1) 館園の設置規程，利用規則，職員組織規定等館園の運営に必要な諸規定が整備されていること．
(2) 開館日数が年間を通じ100日以上であること．
(3) 館の運営が年間を通じて一般に公開されていること．
(4) 年間利用者は，当該地域の人だけでなく，他地域の人にもわたつていること．

　（注）（1）　当該施設の指定の審査にあたつては，必要に応じて実施について審査するものとする．

　　　　（2）　公立の施設にあつては，「地方教育行政の組織及び運営に関する法律」第32条（教育機関の所管）の規程にもとづき，教育委員会が所管しなければならない．

　　　　（3）　博物館相当施設として，長期にわたり正常な運営を期待する見込みのないものは指定してはならない．

博物館の整備・運営の在り方について ［抄］

平成2年6月29日
社会教育審議会
社会教育施設分科会

1 博物館活動の活発化

(2) 資料の充実と展示の開発

　博物館は，資料を通して人々の学習に資する社会教育施設であることから，教育的価値の高い資料を整備することが重要である．資料の整備に当たっては，必要な資料や関連する資料の所在状況や当該資料に関する研究の状況などを調査するとともに，展示計画を考慮しつつ必要な点数を一定の方針に基づき計画的，継続的に収集するなどの取組みがなされなければならない．

　我が国の博物館は，欧米の博物館に比べて歴史が浅く，実物資料も十分ではない．実物資料の収集が困難な場合など必要に応じ，生涯学習を支援する観点から，実物資料に関する模型，模造，模写または複製の資料についても一層の活用を図ることが求められている．

　展示の企画に当たっては，展示の意図を明確にするとともに，利用者の立場に立って，展示する資料の選択とその配列について十分吟味する必要がある．利用者の理解を深める方法の一つとして，コンピュータ，ビデオ等各種メディアの活用なども積極的に行う必要がある．例えば，ハイビジョンギャラリーの整備や，青少年を対象とする探検館等の参加・体験型展示の導入，動く模型・キットの活用など，親しみやすく，わかりやすい展示の開発に努め，より個性的で魅力あふれる特色ある展示を工夫することが肝要である．

　そのためには，博物館の展示についての研究を奨励するとともに，研究誌等に展示に関する評価が掲載されるようにしたり，国や地方公共団体等は，優れた展示を表彰することなどが望まれる．また，学芸員の養成又は研修において展示に関する内容を充実する必要がある．

　近年，外国人留学生，研究者等の利用が増加しており，外国語による案内や資料説明についての改善が求められているほか，国際交流の進展に対応し，展示目的に応じた外国の博物館資料を導入した展示や我が国の個性豊かな伝統・文化の特質を生かした海外

展示等国際社会における相互交流や相互理解の推進に努める必要がある．また，身体障害者等ハンディキャップをもつ人たちの利用の促進に資するため，点字解説や触れる展示に加えて説明の工夫などの充実が望まれる．

展示動物の飼養及び保管に関する基準［抄］

平成 16 年 4 月 30 日　環境省告示第 33 号一部改正
平成 18 年 1 月 20 日

第3　共通基準

1　動物の健康及び安全の保持

(1)　飼養及び保管の方法

　管理者及び飼養保管者は，動物の飼養及び保管に当たっては，次に掲げる事項に留意しつつ，展示動物に必要な運動，休息及び睡眠を確保するとともに，健全に成長し，かつ，本来の習性が発現できるように努めること．
　ア　展示動物の種類，数，発育状況及び健康状態に応じて適正に給餌及び給水を行うこと．また，展示動物の飼養及び保管の環境の向上を図るため，種類，習性等に応じ，給餌及び給水方法を工夫すること．
　イ　動物の疾病及び負傷の予防等日常の健康管理に努めるとともに，疾病にかかり，若しくは負傷し，又は死亡した動物に対しては，その原因究明を含めて，獣医師による適切な措置が講じられるようにすること．また，傷病のみだりな放置は，動物の虐待となるおそれがあることについて十分に認識すること．
　ウ　捕獲後間もない動物又は他の施設から譲り受け，若しくは借り受けた動物を施設内に搬入するに当たっては，当該動物が健康であることを確認するまでの間，他の動物との接触，展示，販売又は貸出しをしないようにするとともに，飼養環境への順化順応を図るために必要な措置を講じること．
　エ　群れ等を形成する動物については，その規模，年齢構成，性比等を考慮し，できるだけ複数で飼養及び保管すること．
　オ　異種又は複数の展示動物を同一施設内で飼養及び保管する場合には，展示動物の組合せを考慮した収容を行うこと．
　カ　幼齢時に社会化が必要な動物については，一定期間内，親子等を共に飼養すること．
　キ　疾病にかかり，若しくは負傷した動物，妊娠中の若しくは幼齢の動物を育成中の動物又は高齢の動物については，隔離し，又は治療する等の必要な措置を講ずると

ともに，適切な給餌及び給水を行い，並びに休息を与えること．

(2) 施設の構造等

管理者は，展示動物の種類，生態，習性及び生理に適合するよう，次に掲げる要件を満たす施設の整備に努めること．特に動物園動物については，当該施設が動物本来の習性の発現を促すことができるものとなるように努めること．
- ア 個々の動物が，自然な姿勢で立ち上がり，横たわり，羽ばたき，泳ぐ等日常的な動作を容易に行うための十分な広さと空間を備えること．また，展示動物の飼養及び保管の環境の向上を図るため，隠れ場，遊び場等の設備を備えた豊かな飼養及び保管の環境を構築すること．
- イ 排せつ場，止まり木，水浴び場等の設備を備えること．
- ウ 過度なストレスがかからないように，適切な温度，通風及び明るさ等が保たれる構造にすること，又はそのような状態に保つための設備を備えること．
- エ 屋外又は屋外に面した場所にあっては，動物の種類，習性等に応じた日照，風雨等を遮る設備を備えること．
- オ 床，内壁，天井及び附属設備は，清掃が容易である等衛生状態の維持及び管理が容易な構造にするとともに，突起物，穴，くぼみ，斜面等により傷害等を受けるおそれがないような構造にすること．

3 危害等の防止

(1) 施設の構造並びに飼養及び保管の方法

管理者及び飼養保管者は，展示動物の飼養及び保管に当たり，次に掲げる措置を講じることにより，展示動物による人への危害及び環境保全上の問題等の発生の防止に努めること．
- ア 施設は，展示動物が逸走できない構造及び強度とすること．
- イ 施設の構造並びに飼養及び保管の方法は，飼養保管者が危険を伴うことなく作業ができるものとすること．
- ウ 施設について日常的な管理及び保守点検を行うとともに，定期的に巡回を行い，飼養及び保管する展示動物の数及び状態を確認すること．

5 動物の記録管理の適正化

管理者は，展示動物の飼養及び保管の適正化並びに逸走した展示動物の発見率の向上を図るため，名札，脚環又はマイクロチップ等の装着等個体識別措置を技術的に可能な範囲内で講ずるとともに，特徴，飼育履歴，病歴等に関する記録台帳を整備し，動物の記録管理を適正に行うように努めること．

第4 個別基準

1 動物園等における展示

　管理者及び飼養保管者は，動物園動物又は触れ合い動物を飼養及び保管する動物園等における展示については，次に掲げる事項に留意するように努めること．

(1) 展示方法

　動物園動物又は触れ合い動物の展示に当たっては，次に掲げる事項に留意しつつ，動物本来の形態，生態及び習性を観覧できるようにすること．
　　ア　障害を持つ動物又は治療中の動物を展示する場合は，観覧者に対して展示に至った経緯等に関する十分な説明を行うとともに，残酷な印象を与えないように配慮すること．
　　イ　動物園動物又は触れ合い動物の飼養及び保管を適切に行う上で必要と認められる場合を除き，本来の形態及び習性を損なうような施術，着色，拘束等をして展示しないこと．
　　ウ　動物に演芸をさせる場合には，演芸及びその訓練は，動物の生態，習性，生理等に配慮し，動物をみだりに殴打し，酷使する等の虐待となるおそれがある過酷なものとならないようにすること．
　　エ　生きている動物を餌として与える場合は，その必要性について観覧者に対して十分な説明を行うとともに，餌となる動物の苦痛を軽減すること．
　　オ　動物園動物又は触れ合い動物を展示施設において繁殖させる場合には，その繁殖が支障なく行われるように，適切な出産及び営巣の場所の確保等必要な条件を整えること．
　　カ　動物園等の役割が多様化している現状を踏まえ，動物の生態，習性及び生理並びに生息環境等に関する知見の集積及び情報の提供を行うことにより，観覧者の動物に関する知識及び動物愛護の精神についての関心を深めること．

(2) 観覧者に対する指導

　動物園動物又は触れ合い動物の観覧に当たっては，観覧者に対して次に掲げる事項を遵守するように指導すること．
　　ア　動物園動物又は触れ合い動物にみだりに食物等を与えないこと．
　　イ　動物園動物又は触れ合い動物を傷つけ，苦しめ，又は驚かさないこと．

(3) 観覧場所の構造等

　　ア　人に危害を加えるおそれ等のある動物園動物が観覧者に接触することができない構造にするとともに，動物園動物を観覧する場所と施設との仕切りは観覧者が容易に越えられない構造にすること．
　　イ　自動車を用いて人に危害を加えるおそれのある動物園動物を観覧させる場合は，自動車の扉及び窓が常時閉まる構造のものを使用するとともに，観覧者に対して，

自動車の扉及び窓を常時閉めておくように指導すること．また，施設内の巡視その他観覧者の安全の確保に必要な措置を講ずること．

（4）　展示場所の移動

　短期間に移動を繰り返しながら仮設の施設等において動物園動物又は触れ合い動物を展示する場合は，一定の期間は移動及び展示を行わず，特定の場所に設置した常設の施設において十分に休養させ，健全に成長し，及び本来の習性が発現できるような飼養及び保管の環境の確保に努めること．

　また，移動先にあっても，第3の1の（2）に定める施設に適合する施設において飼養及び保管するとともに，その健康と安全の確保に細心の注意を払うこと．さらに，人に危害を加えるおそれ又は自然生態系に移入された場合に環境保全上の問題等を引き起こすおそれのある展示動物については，第3の3の定めに基づき，人への危害及び環境保全上の問題等の発生の防止に努めること．

（5）　展示動物との接触

　　ア　観覧者と動物園動物又は触れ合い動物が接触できる場合においては，その接触が十分な知識を有する飼養保管者の監督の下に行われるようにするとともに，人への危害の発生及び感染性の疾病への感染の防止に必要な措置を講ずること．
　　イ　観覧者と動物園動物及び触れ合い動物との接触を行う場合には，観覧者に対しその動物に過度な苦痛を与えないように指導するとともに，その動物に適度な休息を与えること．

国，独立行政法人，国立大学法人，都道府県立の登録博物館及び博物館相当施設における外国人見学者の受入れ体制等に関する協力依頼について（通知）［抄］

平成19年12月3日19生社教第72号　国総観資第96号
厚生労働省産業安全研究所附属産業安全技術館長，独立行政法人国立科学博物館長独立行政法人国立文化財機構理事長，独立行政法人国立美術館理事長，博物館相当各都道府県教育委員会，博物館担当所管課長，施設設置国立大学法人秋田大学長外あて文部科学省生涯学習政策局社会教育課長，文化庁文化財部美術学芸課長，国土交通省総合政策局観光資源課長通知

観光立国推進基本計画

第3　観光立国の実現に関し，政府が総合的かつ計画的に講ずべき施策

3. 国際観光の振興

(一)　外国人観光客の来訪の促進
　④　外国人観光旅客の出入国に関する措置の改善，通訳案内サービスの向上その他の外国人観光旅客の受入れ体制の確保等
　（博物館・美術館等における外国人への対応の促進）
　　国，独立行政法人等，都道府県立の博物館・美術館における外国人向け案内の整備状況は，現状では5割程度であり，その多言語化の向上を図るほか，博物館・美術館紹介パンフレットやホームページを多言語で作成し，案内所において多言語で対応するなど，外国人にも分かりやすい情報の提供を行う．また，外国人向け観光情報誌に，館の紹介・展覧会情報等を掲載するなど，地元の地方公共団体の観光関係部局，観光協会等と連携して情報発信等の充実を図る．さらに，国立博物館所蔵の国宝を閲覧できるデジタル高精細・画像システムにおいて，多言語による紹介を行う．

社会教育法等の一部を改正する法律等の施行について［抄］

平成 20 年 6 月 11 日　20 文科生第 167 号
内閣府政策統括官（共生社会政策担当）
国立国会図書館長あて
文部科学省生涯学習政策局長通知

第二　改正の内容

I　改正法の概要（平成 20 年法律第 59 号）

3　博物館法の一部改正関係（第 3 条及び第 21 条関係）

ア　教育基本法の改正を踏まえた規定の整備
　① 博物館が行う事業として，2 のアの①と同様の改正を行うこと．
　② 博物館協議会の委員を任命できる範囲に家庭教育の向上に資する活動を行う者を加えること．
イ　博物館の運営状況に関する評価及び改善並びに関係者への情報提供（第 9 条及び第 9 条の 2 関係）
　博物館について，1 のイと同様の改正を行うこと．
ウ　学芸員等に関する資格取得要件の見直し及び資質の向上（第 5 条及び第 7 条関係）
　① 学芸員となる資格を得るために必要な実務経験について，1 のエと同様の改正を行うこと．
　② 学芸員及び学芸員補の研修について，2 のウの④と同様の改正を行う
エ　その他（第 2 条関係）
　① 博物館が収集・展示等を行う「博物館資料」について，2 のエの①と同様の改正を行うこと．

Ⅱ 社会教育法等の一部を改正する法律の施行に伴う文部科学省関係省令の整備等に関する省令の概要（平成 20 年省令第 18 号）

3 博物館法施行規則の一部改正関係

ア 学芸員の資格要件に関して，実務経験が必要とされる場合に，当該実務経験として評価されるものに官公署，学校又は社会教育施設において社会教育主事や司書その他の一定の職を加えることに伴い，学芸員の試験認定の受験資格の必要な実務経験において所要の改正を行うこと．（第 5 条関係）

Ⅲ 改正告示の概要

3 学芸員補の職に相当する職等の指定の一部改正関係（平成 20 年告示第 91 号）

ア 博物館法第 5 条第 2 項に規定する学芸員補の職と同等以上の職として以下の職を追加すること．
① 文部科学省（文化庁及び国立教育政策研究所を含む．），大学共同利用機関法人，独立行政法人国立科学博物館及び独立行政法人国立美術館において博物館資料に相当する資料の収集，保管，展示及び調査研究に関する職務に従事する職員の職
② 社会教育施設において博物館資料に相当する資料の収集，保管，展示及び調査研究に関する職務に従事する職員の職

第三 留意事項

2 公民館，図書館及び博物館の運営状況に関する評価及び改善について（社会教育法第 32 条，図書館法第 7 条の 3，博物館法第 9 条）

公民館，図書館及び博物館の運営状況に関する評価の具体的な内容については，第一義的には評価の実施主体である各館が定めるものであるが，その際，利用者である地域住民等の意向が適切に反映され，評価の透明性・客観性が確保されるよう，例えば公民館運営審議会や図書館協議会，博物館協議会等を活用するなど，外部の視点を入れた評価を導入することが望ましいこと．

4 図書館協議会及び博物館協議会の委員について（図書館法第 15 条，博物館法第 21 条）

図書館協議会及び博物館協議会は，地域住民をはじめとする利用者の声を十分に反映して運営を行うために設置するものであり，地域の実情に応じて多様な人材の参画を得るよう努めること．なお，今回の改正で追加された「家庭教育の向上に資する活動を行う者」とは，子育てに関する保護者からの相談に対応している者や子育てに関する情報提供に携わっている者等が想定される．これらの者を委嘱するか否かは，他の委員の構

成や各館の目的・使命や地域の状況等を踏まえ，設置者である各教育委員会が適切に判断することに留意すること．

5　図書館及び博物館資料における電磁的記録の扱いについて（図書館法第3条第一号，博物館法第2条第3項）

「電磁的記録」とは，具体的には，音楽，絵画，映像等をCDやDVD等の媒体で記録した資料や，図書館であれば市場動向や統計情報等のデータ等が想定される．従来もこれらの資料の収集・提供が排除されていたわけではないが，今後こうした資料の収集・提供又は展示が重要さを増すと考えられることから今回明示的に規定したものであること．なお，図書館資料における電磁的記録については，図書館法第17条の規定に関し，従前の取扱を変更するものではないこと．

製造物責任法(PL 法)

製造物責任法(平成6年7月1日法律第85号)
施行期日 平成7年7月1日

(目的)
第1条 この法律は,製造物の欠陥により人の生命,身体又は財産に係る被害が生じた場合における製造業者等の損害賠償の責任について定めることにより,被害者の保護を図り,もって国民生活の安定向上と国民経済の健全な発展に寄与することを目的とする.

(定義)
第2条 この法律において「製造物」とは,製造又は加工された動産をいう.
2 この法律において「欠陥」とは,当該製造物の特性,その通常予見される使用形態,その製造業者等が当該製造物を引き渡した時期その他の当該製造物に係る事情を考慮して,当該製造物が通常有すべき安全性を欠いていることをいう.
3 この法律において「製造業者等」とは,次のいずれかに該当する者をいう.
一 当該製造物を業として製造,加工又は輸入した者(以下単に「製造業者」という.)
二 自ら当該製造物の製造業者として当該製造物にその氏名,商号,商標その他の表示(以下「氏名等の表示」という.)をした者又は当該製造物にその製造業者と誤認させるような氏名等の表示をした者
三 前号に掲げる者のほか,当該製造物の製造,加工,輸入又は販売に係る形態その他の事情からみて,当該製造物にその実質的な製造業者と認めることができる氏名等の表示をした者

(製造物責任)
第3条 製造業者等は,その製造,加工,輸入又は前条第3項第二号若しくは第三号の氏名等の表示をした製造物であって,その引き渡したものの欠陥により他人の生命,身体又は財産を侵害したときは,これによって生じた損害を賠償する責めに任ずる.ただし,その損害が当該製造物についてのみ生じたときは,この限りでない.

(免責事由)
第4条 前条の場合において,製造業者等は,次の各号に掲げる事項を証明したときは,同条に規定する賠償の責めに任じない.

一　当該製造物をその製造業者等が引き渡した時における科学又は技術に関する知見によっては，当該製造物にその欠陥があることを認識することができなかったこと．
　　二　当該製造物が他の製造物の部品又は原材料として使用された場合において，その欠陥が専ら当該他の製造物の製造業者が行った設計に関する指示に従ったことにより生じ，かつ，その欠陥が生じたことにつき過失がないこと．

（期間の制限）

第5条　第3条に規定する損害賠償の請求権は，被害者又はその法定代理人が損害及び賠償義務者を知った時から三年間行わないときは，時効によって消滅する．その製造業者等が当該製造物を引き渡した時から十年を経過したときも，同様とする．

　2　前項後段の期間は，身体に蓄積した場合に人の健康を害することとなる物質による損害又は一定の潜伏期間が経過した後に症状が現れる損害については，その損害が生じた時から起算する．

（民法の適用）

第6条　製造物の欠陥による製造業者等の損害賠償の責任については，この法律の規定によるほか，民法（明治29年法律第89号）の規定による．

　　　　　附　則　抄

（施行期日等）

　1　この法律は，公布の日から起算して一年を経過した日から施行し，この法律の施行後にその製造業者等が引き渡した製造物について適用する．

引用文献一覧
*五十音順ならびにアルファベット順に掲載

1章　展示とは

展示の構成
梅棹忠夫『情報と文明』梅棹忠夫著作集第14巻，中央公論社，p 263-265，1991
梅棹忠夫『メディアとしての博物館』平凡社，p 17，1987
「博物館法」（昭和26年12月1日法律第285号）最終改正：平成26（2014）年6月4日法律第51号

展示の社会性
伊藤寿朗『市民のなかの博物館』吉川弘文館，1993
国際連合教育科学文化機関（著）ICOM日本委員会（訳）『ミュージアムとコレクションの保存活用，その多様性と社会における役割に関する勧告』国際連合教育科学文化機関，2015

展示・建築・都市空間
Guggenheim, *Guggenheim Magazine*, Otoño de 1997
Le Corbusier, *The Radiant City*, 1964
Price, C., *Works Ⅱ*, Architectural Association, 1984
Sembach, K.J., *STYLE 1930*, Office du Livre, 1971
Tolstoy, V., Bibikova, I. & Cooke, C.(eds), *Street Art of the Revolution : Festivals and Celebrations in Russia, 1918-33*, The Vendome Press, 1990

梅棹忠夫
梅棹忠夫「展示学の課題と方法」『展示学』1，1984

大阪万博（日本万国博覧会）
川崎市岡本太郎美術館「岡本太郎・EXPO '70・太陽の塔からのメッセージ」展図録，2000
中和田ミナミ『EXPO '70 驚愕！大阪万国博覧会のすべて』ダイヤモンド社，2005

2章　展示の類型

展示の類型（概観）
岡本信也，岡本靖子『万物観察記』情報センター出版局，p 21，1996
倉田公裕，矢島國雄『新編博物館学』東京堂出版，p 160，1997

総合系の展示
糸魚川淳二「包括的博物館—21世紀の博物館像」『瑞浪市化石博物館研究報告』36，p 94-126，2010
糸魚川淳二「包括的展示論」『瑞浪市化石博物館研究報告』35，p 37-51，2009
廣瀬　鎮「MLD（図書館・博物館融合）の世界」1-5『広場の中へ』2巻，1985

展示物
青木　豊「博物館展示」加藤有次・鷹野光行・西　源二郎他（編）『博物館展示法』新版・博物館学講座第9巻，雄山閣出版，p 15-16，2000
稲庭彩和子「「キュッパのびじゅつかん」展の舞台裏」『キュッパのびじゅつかん Special Box』東京都美術館，p 10-18，2015
梅棹忠夫「たのしい国立民族学博物館」『毎日新聞　夕刊』1977.11.17
里見親幸『博物館展示の理論と実践』同成社，p 17，2014
寺沢　勉「受け手・受け手側」日本展示学会「展示学事典」編集委員会（編）『展示学事典』，ぎょうせい，1996
広瀬浩二郎（編著）「「手学問」理論の創造」『さわって楽しむ博物館—ユニバーサル・ミュージアムの可能性』青弓社，p 92-113，2012
森　崇「展示物（もの）」日本展示学会「展示学事典」編集委員会（編）『展示学事典』，ぎょうせい，1996

生態展示と構造的展示
若生謙二「生態的展示と構造的展示」『展示学』49，p 52-55，2011

生活の展示
梅棹忠夫『知的生産の技術』岩波新書，1969
川添　登『今和次郎—その考現学』ちくま学芸文庫，2004
佐藤英治・嶋村　博・山田　稔『軒下ミュージアム—わたしと世界のあいだを観察する方法』野外活動研究会，2009

施設②自然系博物館

新井重三「博物館資料の展示法とその形態について」『博物館研究』31（10），p 1-5，1958

糸魚川淳二『新しい自然史博物館』東京大学出版会，1999

糸魚川淳二「日本の自然史系博物館の現在（2008）」『瑞浪市化石博物館研究報告』35（Suppl.），p 1-12, 2009

洪　恒夫・松本文夫・石田裕美「次世代ミュージアムの創造に向けた施設構造の研究（3）学校の後利用施設におけるミドルヤードの具現化」『展示学』46, p 38-39, 2008

松岡敬二「展示改装に導入した複合交差型展示」『展示学』46, p 32-33, 2008

水嶋英治「博物館の種類」日本展示学会（編）『展示論―博物館の展示をつくる』p 14-15, 雄山閣，2010

施設③野外博物館

広岡　祐『たてもの野外博物館探見―明治村から江戸東京たてもの園まで全国35館』JTB，2000

Rentzhog, S., *Open Air Museums. The History and Future of a Visionary Idea.* Jamtli Fölag and Carlsson Bokfölag, 2007

ホワイトキューブ

アルベルティ，L.B.（著）三輪福松（訳）『絵画論』中央公論美術出版，p 26, 1992

岡田温司『もうひとつのルネサンス』人文書院，1994

川村記念美術館（監修）『MARK ROTHKO マーク・ロスコ』淡交社，p 49, 2009

O'Doherty, B., *Inside the White Cube. The Ideology of the Gallery Space*, University of California Press, 1976/1981/1986

平川佳世「15, 16世紀の南ネーデルラントにおける絵画市場の成立と作品展示」『西洋美術研究』10（特集「展覧会と展示」）三元社，p 108-120, 2004

堀川麗子「ジョン・ラスキンの展示学」『愛国学園大学人間文化研究紀要』8, p 19, 2006

Franscina, F. et al., *Modernity and Modernism. French Painting in the Nineteenth Century.* Yale University Press, 1993

Mendgen, E. et al., *In Perfect Harmony. Picture+Frame 1850-1920.* Van Gogh Museum/Kunstforum Wien/Waanders Uitgevers, 1995

インスタレーションとパブリックアート

アーナスン，H.H.（著）ウィーラー，D.（改訂増補）上田高弘他（訳）『現代美術の歴史―絵画 彫刻 建築 写真』美術出版社，1995

施設⑧動物園
若生謙二「動物園における生態的展示とランドスケープ・イマージョンの概念について」『展示学』27，1999
Curtis, L., *Zoological Park Fundamentals*. A.A.Z.P.A., 1968

施設⑨水族館—技術
佐伯有常「魚介類の循環濾過式飼育法の研究—基礎理論と装置設計基準」『日本水産学会誌』23（11），p 684-695，1958
堤　俊夫・村田　昭・村田正幸「鹹水性白点病の駆除に関する研究」『動物園水族館雑誌』5（2），p 35-44，1963

施設⑫テーマパーク
黒川公雄・宮　徹・西村　裕「テーマパークを軌道に乗せる」『日経リゾート』28，日経BP社，p 13，1990

3章　展示の歴史

信仰と宝物
青木　豊「第Ⅱ章　展示の史的変遷」『博物館展示の研究』雄山閣，2003
岩井宏實『絵馬』法政大学出版局，1974
江戸叢書刊行會（編）『遊歴雑記』四編巻之中『江戸叢書』巻の六，p 229，1916
西牟田崇生「明治以降の社寺宝物保存の歴史と神社博物館」『神道宗教』108，p 33-68，1982

文化・啓蒙②博物館
久米邦武『特命全權大使米歐回覧實記』博聞社，1878
坪井正五郎「人類學標本展覧會開催趣旨設計及び効果」『東京人類學會雑誌』19（219），p 333-342，1904
松崎晋二『明治十年内国勧業博覧会列品写真帖』尼崎市教育委員会所蔵，1877

文化・啓蒙③博物館法と事業
坂本喜一『坂本式動物剥製及標本製作法』口絵，1931

顕彰①モニュメント
角谷常子「後漢時代における為政者による顕彰」『奈良史學』26, p 25-42, 2008
かみゆ『日本の銅像完全名鑑—史上初！歴史人物銅像オールカラーガイド』廣済堂出

版，2013

顕彰②文化政策・戦略
木村勝彦「長崎におけるカトリック教会巡礼とツーリズム」『長崎国際大学論叢』7，p 123-133，2007

宣伝・広告
藤谷　明「江戸期から明治期にかけての看板と広告の変遷―特集　現代展示の成立をめぐって」『展示学』48，p 12-21，2010

吉田秀雄記念事業財団（編）『広告は語る―アド・ミュージアム東京収蔵作品集』吉田秀雄記念事業財団，2005

広　報
中西元男「コーポレート・アイデンティティ」『現代デザイン事典』平凡社，p 52-57，1996

吉田秀雄記念事業財団（編）『広告は語る―アド・ミュージアム東京収蔵作品集』吉田秀雄記念事業財団，2005

芸術・芸能①日本の伝統美
加藤秀俊『見世物からテレビへ』岩波書店，1965
和辻哲郎『古寺巡禮』岩波書店，1919

アイデンティティ①ふるさと
柳田國男『日本の祭』角川ソフィア文庫，2013

教育と科学①黎明
国立科学博物館（編）『国立科学博物館百年史』第一法規出版，1977
棚橋源太郎『博物館教育』創元社，1953（伊藤寿郎（監修）「博物館教育」『博物館基本文献集』第15巻，大空社，1991）

4章　情報とデザイン

ピクトグラム
太田幸夫『ピクトグラム［絵文字］デザイン』柏書房，1987
交通エコロジー・モビリティ財団標準案内用図記号研究会（著）交通エコロジー・モ

ビリティ財団標準案内用図記号普及版書籍編集委員会（編）『ひと目でわかるシンボルサイン—標準案内用図記号ガイドブック』交通エコロジー・モビリティ財団, 2001

サイン計画
廣村正彰『空間のグラフィズム』六耀社, 2002

ダイアグラム
Green, O. & Rewse-Davies, J., *Design for London*, Laurence King, 1995（Cover art work © Laurence King Publishing）

自然光と空間
登石久美子「博物館・美術館の昼光照明計画」『照明学会誌』83（12）, p 895-900, 1999

ディスプレイデザイン
山崎正和『装飾とデザイン』中央公論新社, 2007

共有化と標準化
Le Corbusier, *Modulor*, Birkhauser, 1950

エルゴノミクス
Hancock, P.A., Pepe, A.P. & Murphy, L.L., Hedonomics: the power of positive and preasurable ergonomics, *Ergonomics in Design*, 20, p 8-14, 2005

アフォーダンス
Gibson, J.J., *The ecological approach to visual perception.* Houghton Mifflin, 1979（ギブソン, J.J.（著）古崎 敬他（共訳）『生態学的視覚論』サイエンス社, 1985）

Levine, M., Jankovic, I.N. & Palij, M., Principles of spatial problem solving. *Journal of Experimental Psychology: General*, 111, p 157-175, 1982

Norman, D.A., Affordance, conventions, and design. *Interactions*, 6（May/June）p 38-43, 1999

Norman, D.A., *The design of everyday things.* Basic Books, 1988（ノーマン, D.A.（著）野島久雄（訳）『誰のためのデザイン？—認知科学者のデザイン原論』新曜社, 1990）

Norman, D.A., *The design of future things.* Basic Books, 2007（ノーマン, D.A.（著）安村通晃他（訳）『未来のモノのデザイン—ロボット時代のデザイン原論』新曜社, 2008）

5章　展示のプロセス

展示更新・施設改修
丹青研究所『ミュージアム・データ』77-81，2013-2018

6章　展示のテクニック

建築計画
日本建築学会（編）「建築—文化」『建築設計資料集成』7，丸善，1981
三浦定俊・佐野千絵・木川りか『文化財保存環境学』朝倉書店，p 79-80，2004

展示映像・音響
青木　豊『博物館映像展示論—視聴覚メディアをめぐる』雄山閣出版，p 44，1997

展示図録・ワークシート
川合　剛「展示図録」黒沢　浩（編著）『博物館展示論』講談社，p 128-135，2014

インタラクティブ展示
マックリーン，K.（著）井島真知・芦谷美奈子（訳）『博物館をみせる—人々のための展示プランニング』玉川大学出版部，2003

ハンズオン展示
ガードナー，H.（著）松村暢隆（訳）『MI—個性を生かす多重知能の理論』新曜社，2001
コールトン，T.（著）染川香澄他（訳）『ハンズ・オンとこれからの博物館—インタラクティブ系博物館・科学館に学ぶ理念と経営』東海大学出版会，2000
ハイン，G.E.（著）鷹野光行（監訳）『博物館で学ぶ』同成社，2010

7章　展示と保存

博物館の展示場管理
神庭信幸『博物館資料の臨床保存学』武蔵野美術大学出版局，2014
神庭信幸「東京国立博物館における環境保全計画—所蔵文化財の恒久的保存のために」『MUSEUM（東京国立博物館研究誌）』594，p 61-77，2005

神庭信幸「文化財を守る―展示の工夫」『月刊文化財』4月号，No. 571，2011

免震と展示
西川杏太郎「古き大先達の知恵」『文化財は守れるのか？―阪神・淡路大震災の検証』文化財保存修復学会，1999

展示場と防災
文化庁文化財保護部『文化財公開施設の計画に関する指針』p 1-4，1995

史跡の保存と展示
大山　柏「千葉県良文村貝塚区貝塚調査報告　追補」『史前学雑誌』p 1-5，1929
黒板勝美「史蹟遺物保存・寛行機関と保存思想の養成」『大阪毎日新聞』(大正6年2月)，大阪毎日新聞，1917 (黒板勝美『虚心文集』4，吉川弘文館，1940に再録)
下村三四吉・八木奘三郎「下総国香取郡阿玉台貝塚探究報告」『東京人類学会雑誌』97，p 254-285，1894
高妻洋成「遺構露出展示のための技術適用に先立つ検討について」『遺構露出展示に関する調査研究報告書』奈良文化財研究所，2013
竹内敏夫・岸田　実『文化財保護法詳説』刀江書院，1950
奈良文化財研究所飛鳥資料館 (編)『はぎとり・きりとり・かたどり―大地にきざまれた記憶』奈良文化財研究所飛鳥資料館，2014
根本　弘「良文貝塚「貝塚史蹟保存会」を考える」『香取民衆史』4，香取歴史教育協議会，1985
平澤　毅「遺構露出展示の将来のために」『埋蔵文化財の保存・活用における遺構露出展示の成果と課題』奈良文化財研究所，2009
平澤　毅「遺構露出展示のマネジメント―「遺構露出展示に関する調査研究」について」『遺構露出展示に関する調査研究報告書』奈良文化財研究所，2013
文化庁文化財部記念物課 (監修)『史跡等整備のてびき―保存と活用のために　I 総説編・資料編』同成社，2004
八木奘三郎・林　若吉「下総国香取郡白井及貝塚村貝塚探究報告」『東京人類学雑誌』127，p 4-11，1896
吉野高光「史跡清戸迫横穴の保存管理の現状と課題」『月刊文化財』613，2014
脇谷草一郎「水分移動解析による遺構の露出展示方法の検討」『遺構露出展示に関する調査研究報告書』奈良文化財研究所，2013

梱包・輸送
神庭信幸・和田　浩・高木雅広・今北　憲「空港内のドーリー搬送工程で発生する振動と衝撃―文化財の国際輸送環境調査より」『包装技術』48 (3)，p 4-8，2010

神庭信幸「輸送中に生じる梱包ケース内の温湿度変化」『古文化財の科学』34, p 31-37, 1989

神庭信幸『博物館資料の臨床保存学』武蔵野美術大学出版局, 2014

日本博物館協会（編）『博物館資料取扱いガイドブック—文化財, 美術品等梱包・輸送の手引き』ぎょうせい, 2012

水口眞一（監修）『輸送・工業包装の技術』フジ・テクノシステム, 2002

Kamba, N., et al., Measurement and Analysis of Global Transport Environment of Packing Cases for Cultural Properties, Preprints of the IIC London Conference 2008, *Conservation and Access*, p 15-19, 2008

Richard, M., Macklenburg, M.F. & Merrill, R.M.(eds.), *Art in Transit Handbook for Packing and Transporting Paintings*, National Gallery of Art, 1991

Thomson, G., Relative humidity : variation with temperature in case containing wood, *Studies in Conservation*, 9, p 153-169, 1964

8章　展示を使う

展示解説・展示交流①美術館

マックリーン, K.（著）井島真知・芦谷美奈子（訳）『博物館をみせる—人々のための展示プランニング』玉川大学出版部, p 145, 2003

展示解説・展示交流②総合博物館

林　浩二「26　博物館におけるインタープリテーション」津村俊充・増田直広・古瀬浩史他（編）『インタープリター・トレーニング—自然・文化・人をつなぐインタープリテーションへのアプローチ』ナカニシヤ出版, p 109, 2014

展示とボランティア

嶋崎吉信・清水直子（編）『がんばれ美術館ボランティア』淡交社, 2001

熊倉純子（監修）菊池拓児・長津結一郎（編）『アートプロジェクト—芸術と共創する社会』水曜社, 2014

移動展示

西野嘉章『モバイルミュージアム行動する博物館— 21 世紀の文化経済論』平凡社, 2012

展示造作・装置の維持管理

日本の博物館総合調査「基本データ集」, 2015（http://www.museum-census.jp/

data2014/）

生体展示の維持管理
鈴木克美・西　源二郎『水族館学—水族館の望ましい発展のために』東海大学出版会，2005

対話型鑑賞
福　のり子・北野　諒（編著）春日美由紀・房野伸枝（協力）『みる・考える・話す・聴く—鑑賞によるコミュニケーション教育』日本文教出版，2013

9章　展示と社会

学校教育との連携①理科
小川義和「『教員のための博物館の日』の取り組み」『博物館研究』45，p 6-8，2010

学校教育との連携②社会
黒岩啓子「平城宮跡展示館詳覧ゾーン展示評価分析報告書」p 11-21，2015
中川あや「出土品の認識，理解につながるハンズオン展示の実践」『奈良文化財研究所紀要』p 21，2015
文部科学省 b「幼稚園教育要領，小・中学校学習指導要領等の改訂のポイント」2008a（http://www.mext.go.jp/component/a_menu/education/micro_detail/__icsFiles/afieldfile/2011/03/30/1234773_001.pdf）
文部科学省 b「小学校学習指導要領　第 2 章各教科　第 2 節社会」2008b（http://www.mext.go.jp/a_menu/shotou/new-cs/youryou/syo/sya.htm#6gakunen）
文部科学省 c「現行学習指導要領　第 5 章　総合的な学習の時間」2008c（http://www.mext.go.jp/a_menu/shotou/new-cs/youryou/syo/sougou.htm）

学校教育との連携③美術
奥本素子「つなげる鑑賞法を用いた博学連携の実践と評価—美術鑑賞における事前学習の効果と館内学習の効果の分析」『美術教育学』33，p 149-158，2012

産業への貢献
日本貿易振興機構「見本市と展示会の話」（改訂版）p 5（https://www.jetro.go.jp/ext_images/j-messe/column/pdf/fair_exhibition.pdf）

地域内の博物館連携
佐久間大輔「広域連携組織は博物館発展のパートナーとなり得るか―西日本自然史系博物館ネットワークを例に」『博物館研究』47（9），p 10-12，2012
高柳康代・幡野由夏・松本知子「まとめ」『展示学』47，p 72-73，2009

大学とミュージアム
緒方　泉（編著）『日本ユニバーシティ・ミュージアム総覧』昭和堂，2007

企業とミュージアム
佐々木朝登「期待される企業博物館」『企業と史料』2，1987
平井宏典「企業ミュージアムにおける基本的性質の分析―事業の関係性と機能の充実度による分類手法」『共栄大学研究論集』10，p 141-155，2012
星合重男『企業博物館戦略の研究』コニカ，1994
諸岡博熊『みんなの博物館―マネジメント・ミュージアムの時代』日本地域社会研究所，2003

戦争・紛争と展示
村上登司文「平和博物館と軍事博物館の比較―比較社会学的考察」『広島平和科学』25，p 123-144，2003

政治・権力と展示
出利葉浩司「11 北米の博物館―カナダ，アルバータ州の博物館を中心に」稲村哲也（編）『博物館展示論』放送大学教育振興会，p 210-228，2016
金子　淳『博物館の政治学』青弓社，2001
国立歴史民俗博物館（編）『歴史展示とは何か―歴史系博物館の現在（いま）・未来（これから）』アム・プロモーション，2003
高橋　貴「13 ヨーロッパの博物館―ミュージアム展示の新たな方向性」稲村哲也（編）『博物館展示論』放送大学教育振興会，p 252-269，2016
村田麻里子『思想としてのミュージアム―ものと空間のメディア論』人文書院，2014
吉田憲司『文化の「発見」―驚異の部屋からヴァーチャル・ミュージアムまで』岩波書店，2014

風景と展示
新井重三「展示と陳列の意味について」『博物館学雑誌』17（1-2），1992
草刈清人「風景・展示・陳列」『展示学』54，2017
文化庁「農林水産業に関連する文化的景観」（http://www.bunka.go.jp/seisaku/bunkazai/shokai/keikan/pdf/bunkatekikeikan_hogo.pdf〈2018 年4月確認〉）

10章　展示の潮流

展示の近未来
吉田憲司『文化の「発見」―驚異の部屋からヴァーチャル・ミュージアムまで』岩波書店，1999

SNSと展示
ArtLens（http://www.clevelandart.org/artlens-gallery/artlens-app）
Museum and the Web（http://www.museweb.net）
MuseumNext（http://www.museumnext.com/）
Serota, N. *The Museum of the 21st Century*, London School of Economics, 7, July, 2009（http://www.youtube.com/watch?v=tVhXp9wU5sw）
Tate Digital（http://www.tate.org.uk/research/publications/tate-papers/19/tate-digital-strategy-2013-15-digital-as-a-dimension-of-everything）

秘宝館と展示
川井ゆう「秘宝館」井上章一・関西性欲研究会・斎藤　光他（編）『性の用語集』講談社，2004
柴田千秋（編）『性語辞典』河出書房新社，1998
田中雅一（編）「第12章　性を蒐集・展示する」『越境するモノ』フェティシズム研究第2巻，京都大学学術出版会，p 395-416，2014
吐夢書房（企画編集）『秘宝館―日本が生んだ世界性風俗の殿堂』豪華愛蔵保存版，オハヨー出版，1982

コミュニティデザインと展示
高橋　徹「ちずぶらり―さまざまな文脈の地図イメージを起点とする情報メディアのデザイン」『映像情報メディア』66（2），p 92-96，2012
平賀研也「特集―信州の町『高遠』住む人の心に歴史が刻まれた町　対談　矢澤章一×平賀研也」『地域文化』108，八十二文化財団，p 2-12，2014
山崎　亮『コミュニティデザイン―人がつながるしくみをつくる』学芸出版社，2011

事項索引（五十音順）

*見出語の頁数は太字で表記した

■英数字

3 D　52, 184
4 D　101
4 K　304
AIDMA（アイドマの法則）　436
AIGA（American Institute of Graphic Arts：アメリカ・グラフィック・アーツ協会）　165
AR（augmented reality：拡張現実）　316, 472
CG（computer graphics）　99, 248, 426
CGM（consumer generated media）　485
CI（corporate identity）　139, 168
CITES（Convention on International Trade in Endangered Species of Wild Fauna and Flora：通称、ワシントン条約）　407, 458, 461, 462
CM（commercial message）　138
CMYK　163
CSR（corporate social responsibility）　139
CULCON（The United States-Japan Conference on Cultural and Educational Interchange：日米文化教育交流会議）　363
DIC カラーガイド　163
GPS（global positioning system：全地球測位システム）　315, 499, 500
GUI（graphical user interface）　165
HDR（high dynamic range）　377
ICEE（International Committee on Exhibitions and Exchanges：展示・交流国際委員会）　503
ICOM（International Council of Museum：国際博物館会議）　21, 66, 358, 370, 461, 503
ICOM 職業倫理規程　461
ICT（information and communication technology：情報通信技術）　19, 157, 209, 222, 490
IIC（The International Institute for Conservation of Historic and Artistic Works：国際文化財保存学会）　358
IPM（integrated pest management）　334, **342**, 346
ISO（International Organization for Standardization：国際標準化機構）　183
IT（情報技術：information technology）　120, 231, 315, 414, 428
IUCN（International Union for Conservation of Nature and Natural Resources：国際自然保護連合）　458
JETRO（日本貿易振興会）　179
JIS 規格　165

KIOSK（キオスク）端末　308,394,410
LED（light emitting diode：発光ダイオード）　70,255,265,268,306,350,362
MICE（meeting, incentive, convention/conference, exhibition/event）　416,429
NPO（nonprofit organization：非営利団体）　59,218,391,399,413,493
OLED（organic electroluminescence：有機EL）　350
PDA（Personal Digital Assistant：携帯情報端末　308,410
PDCA（plan・do・check・action）　408,501
PFI（private finance initiative）　209,221
POP（point of purchase）　55,138,482
PPP（public private partnership：公民連携）　218
PR（public relations）　30,54,138,428
QRコード　410,414
Ra（平均演色評価数）　271,353
RGB（red・green・blue）　163
SIT（special interest tours）　492
SNS（social networking service）　19,110,393,401,468,**484**,500
SP（sales promotion）　138
UFI（Union des Foires Internationales：国際見本市連盟）　104,428
VMD（visual merchandising）　25,55,436
VR（virtual reality：仮想現実）　19,65,143,307,309,316,376,410
Wi-Fi　65,405,410,500
WWW（world wide web）　410

■ あ行

アイコン　164,376,490
アイソタイプ　156,164
アイソレーター　357
アイデンティティ　67,114,**144**,**146**,166,196,444,451
アウトリーチ活動　391,398,420,423
アーカイブ　337,**480**,486
アクセシブルデザイン　183
アクティブラーニング　323,389
アクリル　70,90,288,292,332,449
アジャイル開発　185
アースワーク　79
アーツ・アンド・クラフツ運動　76,154
アート　55,81,143,179,391,411,467,478
アトラクション　28,36,51,101,120
アノニマス　165
アフォーダンス（知覚認識）　**188**,298
アメリカ・グラフィック・アーツ協会（AIGA：American Institute of Graphic Arts）　165
アルカリ　255,261,262,348,349
アールヌーボー　154
安全管理　212,334
安全啓発　494
案内・誘導　166
アンビアント照明　338
意見公募手続（パブリックコメント）　206
維持管理　209,215,218,221,261,332,342,356,400,**402**,**406**
為政者　133
遺跡　48,53,307,358,364,370,422
委託者　204,218,220
市　104,109

移築復元　226
一次資料　17, 52, 71, 83, 274, 303
一般清掃　345
イデオロギー　29, 446
移動展示　362, 364, **398**
移動博物館　60, 398, 432
イニシャルコスト　208
イベント　8, 51, 101, 115, 135, 142, 338, 396, 398, 416, 428, 430, **478**
イベントサプライヤー　339, 416
イルミネーション　40, 54, 178
色の三属性　163
岩倉使節団　124
インクルーシブデザイン　182, 192
インスタレーション　8, 50, 72, **78**, 143, 244, 457
インダストリアルデザイン　155, 176, 178
インタフェース　314
インターフェース　155, 308
インタープリター　46, 103, 150, 386
インタラクティブ　52, 81, 121, 143, 248, 314, 319, 400
インテリアデザイン　155, 176, 178, 181
インバウンド　225, 429
インフォグラフィックス（インフォメーショングラフィックス　155, 169
インフラツーリズム　492
ウェブサイト　29, 155, 396, 401, 408, 421, 472, 480
運　営　4, 16, 30, 196, 198, **218**, 440
エアタイトケース　211, 217, 264
映　像　31, 210, 216, 244, **302**
液　浸　44, 64, 123, 274, 291
エクスペリエンス　186
エコパーク　430, 495
エコミュージアム　41, 47, 55, 65, 66, 68, 369

エデュケーター　23, 73, 380, 386, 503
絵馬殿　113, 454
絵文字　164
エモーショナルデザイン　186
エルゴノミクス　**186**
演示具　18, 210, 254, **292**, 335
演色性　255, 264, 353
演色評価数　271, 351
エンターテインメント　100, **120**, 237, 297, 301
縁　日　113, 455
覆　屋　365
大型資料　64
大型模型　248, 402
屋外展示　49, 94, 244, 284
オセアナリウム　90
汚染物質　190, 330, 344
汚　損　332, 338, 356, 392, 480
オゾン層破壊物質　346
オーディオガイド（音声ガイド）　307, 308, 388, 394, 410
オフミュージアム　79
オープンデータ　480
お雇い外国人　3
オランジェリー　94
檻　84, 120
音楽展示　21
音　響　18, 31, 72, 120, 208, 254, **302**
温　室　92, 259, 348, 406
音声ガイド（オーディオガイド）　307, 308, 388, 394, 410
温　度　330, 340, 344, 346, 362, 372

■ **か行**

開　架　482
開口部　27, 174, 266
開催期間　52, 102, 310, 376, 400, 479

会場マップ　189
解　説
　——シート　394
　——書　161, 310, 380, 460
　——ツール　**394**
　——パネル　12, 18, 71, 225, 278, 280, 386, 394
　——文　83, 188, 233, 278, 380, 394, 414, 434
回想法　434
害　虫　338, 341, 342, 372
開　帳　112, 455
ガイドツアー　386, 430
ガイドブック　114, 156, 310, 431
回遊水槽　90
科　学
　——コミュニケーター　45
　——博物館　16, 44, 64, 128, 148, 150, 236, 255, 296, 302, 380, 420, 501
　——リテラシー　149, 237
化学薬品製剤　346
鏡　292
学芸員　59, 92, 362, 386, 424, 433
学　習
　——キット　151, 421, 424
　——支援　22, **380**, 420
　——指導要領　381, 413, 420, 422, 424
　——プログラム　386, 398, 421
火　災　167, 212, 255, 330, 356, 448, 461, 495
可視化　29, 156, 179, 282, 302, 426
可視光線　265, 350
ガ　ス
　——吸着剤　340
　——燻蒸　342
仮　設　54
　——展示　54
　——壁　72, 244

仮想展示場　376
加速度センサー　315, 501
型取り　366
刀掛け　292
カタログ　70, 268, 310
花　壇　92
花鳥茶屋　118
学校教育　16, 106, 148, 222, 236, 412, **420, 422, 424**, 474, 476
甲冑台　292
活版印刷　137, 154, 158
可　動
　——壁　244
　——模型　38
カ　ビ　342, 346, 363, 366, 372
カフェ　338, 436, 486, 502
壁水槽　90
壁付けケース　263
可変型展示空間　28
神　棚　116
貨物室　374
カラーコーディネーション　92
枯らし　210, 294, 341, 373
カラーチャート（色見本帳）　163
空　堀　84
換　気　265, 333, 340, 349, 407
環　境
　——因子　372
　——管理の指針　338
　——的配慮　257
　——デザイン　155, **172**, 188
　——展示　85, 89
　——博物館　47, 68
　——保全　65, 103, 190, 430
観　光　55, 114, 134, 371, 417, 490, 492
贋　作　**448**
観　察　11, 45, 52, 60, 65, 87, 91, 229, 242, 283, 291, 303, 381, 406, 411, 472,

476
鑑 賞　70,73,247,338,394,424
緩衝材　372,391
巻 子　292,363
乾 燥　44,243,291,336,341,406
鑑 定　449
看 板　6,136,166,188
観覧者　82,91,103,334,356
管理委託制度　218
管理運営　5,218,258,422
完了検査　212,215
記 憶　12,23,50,134,149,247,368,426,444,462,480,486,494,496
キオスク（KIOSK）端末　308,394,410
企画段階評価　322
企画展　54,71,82,142,196,198,226,244,376,400,452,457
擬 岩　88
基幹業務　219
企業活動　108,110,198,476
企業博物館（ミュージアム）　139,440
菊人形　108,118
記 号　134,156,164,166
汽車窓式水槽　90
希少種　404,**458**
規制系サイン　166
帰属意識　135
キッズルーム　65
輝 度　272,304,338,353
記 念
　──館　82,132,134,200,286,426,444,452,495
　──碑　134,158
　──物　48,65,132,364,458
機能性　177,187
揮発性化学物質　255,338,344,372
擬 木　86,88
基 本

　──計画　196,198,203,205,223,236,320
　──構想　198,224,232,240,248
　──設計　198,**204**,220,224,240,249,299
気密性　330,340
客 体　58,81,496
キャプション　12,43,71,72,83,188,254,276,278,308,474
キャラクター　22,55,100,152,486
ギャラリー　17,28,77,78,142,244,388
ギャラリートーク　384,388,395,424
吸放湿性　374
キュビズム　77
キュレーター　72,478,484,503
教育基本法　4,129
教育博物館　3,106,125,148,150
教員のための博物館の日　420
行 間　280
行財政改革　222
共催展　244
供試虫　347
共同研究　60,223,411
業務区分　206,220
共有体験　182,316
亀 裂　290,338,361,367
均斉度　353
近代化産業遺産　134
空 間
　──構成計画（平面計画／ゾーニング）　16,200,206,256,344,436
　──単位（モジュール）　106
　──デザイン　110,161,**170**,237,267,476,498
空気質　255,344,**348**
空想美術館　79,410
空 調　341,349
具体美術家協会　79

口コミ　110,416
クックブック　150
組合せ陳列／展示　13,276
組立て式断熱装置　336
グラフィックデザイン　31,154,164,178,182,494
クラフトデザイン　154,176
クーリエ（美術品輸送随行員）　456
クリエイティブ・コモンズ・ライセンス　480
グリッドシステム　15,106,161,280
グレア　187,338
クレジット　477
グローバリゼーション　232
軍事博物館　444
燻蒸　331,346
クンストハレ　72,244
経営
　――管理業務　221
　――方針　111
計画　256
　基本――　196,198,203,205,223,236,320
　空間構成――（平面計画／ゾーニング）　16,200,206,256,344,436
　建築――　**256**
　情報――　201
　ズーストック――　459
　動線（導線）――　17,27,200,256,338
　都市――　172,431
　平面――　16,200,206,256,344,436
景観　50,86,102,146,173,283,370,464
経験
　――主義　320
　――の三角錐　11
蛍光灯　258,268,350

掲示型展示　45
傾斜台　363
携帯情報端末（personal digital assistant：PDA）　308,410
系統分類学　84
芸能　34,59,114,118,**140**,**142**,232,302
卦算　292
結界　70,333,338
ケミカル除去シート　349
研究博物館　15,32,232,398,438
原型　137,155,**184**
原稿　82,210,279,311,486
顕彰　**132**,**134**,495
現代美術　72,78,142,174,244,273,392,456,479
建築基準法　54,356
建築計画　**256**
原地グループ陳列法　13
現地保存型野外博物館　68
検討委員会　197,206,229,240
原物　42
現物資料　483
遣米使節団　124
減法混合　163
コアミュージアム　69
公園　49,65,105,132,166,172,430,451,494
高温処理　336
硬化　361
公開承認施設　261,460
高解像度映像　99
光学式プラネタリウム　98
恒久展示　54
公共空間アートプログラム　80
考現学採集　60
高札場　137
校正　311

公設民営　218
構想　196
構造（的）展示　14, 56, 106, 276
高透過ガラス　266
行動展示　85, 89, 121
公募　17, 220, 230
広報　54, 396
公民連携（public private partnership：PPP）　218
公立博物館の設置及び運営に関する基準　44, 52, 59, 62, 64, 256, 303
高齢化社会　**434**
高齢社会対策基本法　434
国際
　――科学技術博覧会　102
　――観光振興機構（日本政府観光局）　490
　――自然保護連合（International Union for Conservation of Nature and Natural Resources：IUCN）　458
　――巡回展　245
　――博物館会議（International Council of Museum：ICOM）　21, 66, 358, 370, 461, 503
　――博物館会議保存委員会（ICOM-CC）　358
　――博覧会事務局　102
　――標準化機構（International Organization for Standardization：ISO）　183
　――文化財保存学会（The International Institute for Conservation of Historic and Artistic Works：IIC）　358
　――見本市　178, 428
国宝・重要文化財の公開に関する取扱要項　362

国連障害者生活環境専門家会議　192
ゴシック体　279
古地図　491, 499
骨刷り　290
五徳　292, 355
コピーライター　178
古墳　364
小間　179
コミッションワーク　175, 457
コミュニケーション　18, 22, 156, 489
コミュニケーションメディア　10, 30, 120
コミュニケーター　22, 44, 432
コミュニティ　47, 81, 479, **498**
古民家　369
固有周期　354
ゴールデンゾーン　437
コレクション　12, 16, 75, 80, 106, 142, 244, 410, 416, 433, 438, 442, 456, 488
コンクリート　48, 174, 214, 224, 259, 344
コンシェルジュ　491
コンセプト　72, 81, 100, 198, 278
コンディションレポート　333
コントラスト　187, 269, 281, 326
コンペティション　104, 205, 240
コンベンション　105
梱包　70, 333, 362, **372**
コンポーネント（構成）　182, **254**

■ さ行

サイエンスカフェ　252, 433
サイエンスコミュニケーション　151
災害　356, 401, 426, 456, 496
災害対策基本法　367
細工見世物　113
再現展示　15, 106, 118, 137, 370
積算照度　273, 330

財団法人　218
サイトスペシフィック　51,80,457
サイトミュージアム　58
祭　礼　58,112,133,144
サイン　54,156,**166**,210
柵　84
酢酸濃度　314,349
作品集　310
座敷飾り　116
サスティナビリティ　255
撮　影　61,202,242,274,286,288,302,310,353,376,392,476,485
殺菌／殺虫　346
冊　子　71,312
殺黴処理　373
サテライトミュージアム　69
作動音　328
錆　214,340,372,402
サブカルチャー　114,248,466,**486**
サーモグラフィカメラ　352
皿立て　292
触る展示　325,474
参　加
　――型展示　42,130,405,471
　――体験　296,318
　――技術　44
産業振興　103
産業文化博物館コンソーシアム（COMIC）　441
サンセリフ体　158,279
サンプリング　347,409
シアター形式　304
飼　育　64,88,90,120,406,458
寺　院　10,140,442,454
ジオパーク　49,65,430
ジオラマ展示　15,31,56,65,82,85,106,128,148,150,241,414
紫外線　265,338,344,350,403

視　覚　8,10,20,38,76,82,86,131,156,162,164,188,192,268,278,308,318,414
視覚障害（がい）者　325,392,474
字　間　280
敷　板　292
色　彩　**167**,171,173,180,268,436
色相環　163
資金調達　73,220
指向性スピーカー　307
事後学習　422
事故展示　**494**
事故報告書　334
試作品　38,184,249
寺　社　112,363,448
地震対策　331,354,357,496
史　跡　4,22,120,**364**,491
自　然
　――遺産　49,436,493
　――（科学）系博物館　16,44,**64**,88,242,416
　――光　73,174,353
　――災害　330
　――史（系）博物館　44,64,432
　――循環式ケース　264
　――対流　349
持続可能性　**190**,203
自治会　218
視聴覚　11,31,82,414
実　演　35,45,65,318
湿球黒球温度指標（WBGT）　339
実験装置　45,210,296
実験模型　38
実施設計　198,**204**,224,226,240,248,298
実測図　274,302
湿　度　216,259,262,330,338,340,342,348,372

事項索引　591

失敗学　494
実　物
　　——資料　38,40,52,148,274
　　——標本　64,288,405
　　——保存　284,**288**
実務指針　358
質問紙法　409
室　礼　13
指定管理者制度　209,218,222,396,457,462
指定文化財　362,463
児童館　470
視認性　54,87,160,187,251,300
シビックデザイン　172
シミュレータ　100,227
市　民
　　——学芸員制度　223
　　——参加（住民参加）　209,230
　　——ボランティア　344,378,391
社　会
　　——基盤　180,492
　　——教育　22,88,149,422,432
　　——教育法　4,129
写　真　4,11,20,43,61,72,78,210,274,284,288,310,376,484
斜　台　292
収　益　108,112,430,442
臭化メチル　346
集客力　133
宗教行事　112
宗教法人法　454
修　景　101
集合展示　275
修正的評価　322,409
収蔵庫　140,222,277,331,341,343,350,**378**
銃砲刀剣類所持等取締法　461
住民参加（市民参加）　69,230

重　要
　　——伝統的建造物群保存地区　368
　　——文化財　210,226,**362**,364,368,448,480
　　——無形文化財　114,364
　　——有形民俗文化財　364
主催者　103,311,416,428,452,478
樹脂含浸　366
受託者　204,220
出張展示　398
ジュニアガイド　388
種の保存法（絶滅のおそれのある野生動植物の種の保存に関する法律）　407,458
手　話　474
巡回展示　112,398,432
循環式飼育法　91
準地域内保護　96
順　路　16,50,71,188,201,376
ショーウィンドウ　36,436
省エネルギー　181,255
生涯学習　69,130,222,405
障害者　192,390,**414**,474
消火設備　258,357
商業施設　30,36,54,108,110,437
商業美術　6,137
衝　撃　247,372
焼　失　59,248,356
常設展示　50,54,64,71,124,142,197,221,222,240,248,256,376,404,409
常設遊戯施設　103
象徴展示　140,274
照　度　330,351,363
商品陳列館　4
情　報
　　——技術（information technology：IT）　120,231,315,414,428
　　——計画　201

──端末　166, **308**, 409, 410
──通信技術 (information and communication technology: ICT)　19, 157, 209, 222, 490
──デザイン　**182**
──発信型　453
消防法　356
照　明　174, 210, 216, **268**, 340, **350**
照明デザイナー　31
初期段階評価　409
触　察　206, 326
触常者　475
触　図　326
植物園　64, **92**, 406, 438
除湿機　341
書　体　158, 279
触　覚　10, 30, 324, 475
ショップ　101, 257, 437, 502
ショールーム　9, 30, 54, 139
私立博物館　440, 462
史料館　440, 494
資料点検　334, **360**
塵　埃　338, 341, 363
信　仰　**112**, 144, 233, 454
信号音　328
震　災　49, 126, 222, 354, 427, **495**
真実性　22, 371
真正性　22, 359
申請手続き　204, 421
身体性　145, 475
人体模型　426, 450
振　動　208, 299, 330, 338, 354, 372
新　聞　128, 137, 159, 386, 452
人文系博物館　42, 58, **62**, 88, **232**
神　宝　112
水　害　254, 330, 356, 427
スイススタイル　15, **158**, 160
水族館　64, **88**, **90**, 120, 406

図　解　168, 361, 400
スクリプト体　279
スクリーン　51, 73, 98, 304, 412
ズーストック計画　459
錫箔貼り　288
ステッチソフト　377
ストーリー　62, 64, 82, 101, 487, 202, 206, 232, 278, 487
ストーリーブック　202
ストレス　83, 186, 294, 300, 314, 372
図　譜　168, 273, 481
スペースデザイン　173, 176
スポンサー　72, 142, 416, 450
スマートフォン　201, 275, 308, 316, 384, 397, 414, 481, 484, 499, 500
制作途中評価　322, 409
生　産　24, 154, 176, 183, 184, 191, 431
制震装置　354
生息域外重要繁殖地　459
生息地　56, 84, 96, 406, 458
生態園　64, 96
生体情報　186
生体展示　64, 398, **405**, 458
生態（的）展示　15, 56, 84, 89, 94, 106, 277
生物被害　255, 334, 342, 372
生物劣化　330, 336
世　界
　──遺産　63, 120, 134, 359, 422, 430
　──動物園水族館協会（World Association of Zoos and Aquariums：WAZA）　459
　──民族学資料調査収集団　35
セカンダリープライス　456
赤外線　265, 338, 344
施　工　30, 196, **210**, 216
切削加工　184
説示型展示　45, 90

設置者／設立主体者　30, 80, 133, 196, 204, 229
接着剤　210, 259, 332, 348, 373, 391
セリフ体　160, 279
千円札裁判　448
全　国
　　――昆虫施設連絡協議会　407
　　――文学館協議会　83
　　――文化財集落施設協議会　67
先住民　447
宣　伝　7, 30, 102, **136**, 138, 154
全天周立体視映像　51
総括的評価　409
造形物　12, 38, 83, 119, 172, 210, **396**, 489
総　合
　　――的有害生物管理　342
　　――展示　12, 46, 64, 106
　　――博物館保護区　370
　　――評価方式　204
　　――文化展　362
相対湿度　259, 330, 339, 341, 372
測域センサー　315
ソーシャルメディア　19, **484**, 500
ゾーニング（空間構成計画／平面計画）　16, 200, 206, 256, 344, 436

■た行

ダイアグラム　156, 164, 167, 168
大学共同利用機関　12
体　験　42, 73, 369, 388, 470
体験型展示　255, 296, 315
第三セクター　218
大師会　442
耐　震　354, 362
タイポグラフィー　26, **158**, 182, 279
タイムス・ニュー・ローマン　158
滞留時間　55, 321, 501

大量生産　154, 183, 184
対話型鑑賞　391, 412, 424
台　割　311
ターゲット　55, 99, 198, 238, 409
多言語対応　63, 298, 325, 404, 474, 491
山　車　114, 144
多重知能の理論　320
ダスト　344
タッチパネル　308, 491
タッチングプール　91
建物免震　354
タブレット端末　308, 394, 414, 499
ダム　38, 67, 463, 492
短期展示　54
単体展示　275
断熱材　341, 373
ダンパー　357
地　域
　　――活性化　55, 115, 135, 399
　　――コミュニティ　371
　　――資源　49, 146, 489
　　――社　会　23, 59, 69, 103, 368, 371, 391, 425, 432, 467, 479, 499
　　――情報拠点　490
　　――における歴史的風致の維持及び向上に関する法律　368
　　――博物館　37, 130
　　――文学館　82
　　――まるごと博物館　68
知覚認識（アフォーダンス）　**198**, 298
地下放水路　492
地　図　168, 188, 395, 491, 499
地方公共団体　105, 132, 204, 218
茶　室　140, 181, 258
チャート　11, 163, 168, 353
虫　害　10, 334, 346, 360, 416
昼光照明　174
長期責任委託　220

長期展示　54, 143, 448
調　査　32, 110, 138, **196**, 198, 204, 222, 228, 256, 320, 364, 408
調査事業　196
超指向性スピーカー（パラメトリック・スピーカー）　308
調　湿　264, 332, 340, 374
著作権　165, 312, 377, 393, 477, 485
チラシ　6, 43, 136, 138, 396, 401
チルドレンズミュージアム　319, 467, 472
陳　列　2, 58, 127, 140, 179
ツアー　378, 386, 430, 440, 492
追跡（トラッキング）　409
月の石　35
ツリー構造　278
ツーリズム　24, 134, 430, **490**
吊る演示　357
定期点検　216, 272, 346
低酸素濃度処理　346
低重心化　357
ディスプレイ　7, 31, 62, **178**, 302
定性調査・定量調査　409
ディレクター　30, 206
テグス　293, 331, 355, 357
デザイナー　15, 31, 71, 92, 165, 178, 206, 240, 278, 298
デザイン　154, **156**, 170, 172, 176, 178, 180, 188, **192**, 476, **498**
デジタル
　——アーカイブ　468, 480
　——解析　288
　——サイネージ　55, 167
　——式プラネタリウム　98
　——データ　201, 486
　——ネットワーク　500
　——複製　363
　——ミュージアム　64

データーロガー　330
鉄道模型　38, 286, 448
出前授業　413, 420, 423, 425
テーマ展示　48, 82, 94, 101, 482
テーマパーク　25, 62, **100**, 120, 296
点検作業　217, 334, 360
点　字　166, 324, 414, 474
展　示
　——改修　249
　——解説　42, 45, 202, 307, **384**, **386**, 394, 405, 410, 414, 424, 432, 476, 492, 496
　——開発　380
　——替え　12, 50, 83, 338, 362, 482
　——環境　340, 350, 486
　——企画者　337
　——空間　78, 86, 141, 349, 481, 500
　——ケース　31, 210, 216, 332, 334, 340, 349, 352, 362
　——現象　36, 40
　——交流　**386**
　——・交流国際委員会（ICEE）　503
　——支持具　332
　——室（場）　331, 338, 340, 343, 346, 356
　——照明　174, **268**, 304, 344, **350**
　——資料　334, 348, 360
　——図録　310
　——装置　45, 76, 90, 196, 216, 228, 318
　——デザイナー　31, 56, 466
　——配列　84
　——評価　228, 321, 473
　——プランナー　31, 206, 235, 466
転倒限界加速度　332
伝統的建造物群保存地区　431
伝統的文化財保存法　342
天然記念物　49, 430, **458**
展覧会　25, 48, 51, 70, 72, 74, 78, 127,

149, 244, 305, 319, 384, 448, 452, 456, 502
展覧区画　356
透過率　332
洞窟壁画　74, 180
動産文化財　358
動線（導線）計画　17, 27, 200, 256, 338
銅像　133
動態展示　45, 59
動的衝撃緩衝特性曲線　373
盗難　330, 448
盗品　359
動物園　**84**, 120, 129, 406
動物地理学的配列　84
道路　165, 166, 169, 172, 188, 430, 492
登録博物館　440, 454, 460, 473
登録博覧会　34, 102
トークショー　252
特定団体指名方式（特命）　220
特定地方博覧会制度　102
特別展　54, 94, 349, 376, 452
特別目的会社（special purpose company：SPC）　221
独立行政法人　16, 396, 457
床の間　2, 116
都市計画法　172, 431
図書館　47, 82, 467, 470, 483, 499
トピアリー　92
ドームスクリーン　98
トライウォール　373
ドリー　375
トリガー　314

■ な行

内国勧業博覧会　102, 126, 142
内装材　180, 210, 258, 331, 341, 373
ナショナル・アイデンティティ　446

並木　92
慣らし作業　339
にぎわい感　328, 437
二元的配置法　13
二酸化炭素　260, 336, 346, 348, 357
錦絵　136, 395
二次資料　17, 41, 52, 71, 274, 303
二重展示　13, 64
日米文化教育交流会議（The United States-Japan Conference on Cultural and Educational Interchange：CULCON）　363
日本
　――学術会議　252
　――再興戦略　416
　――十進分類法（NDC）　482
　――展示学会　**9**, 18
　――動物園水族館協会（JAZA）　407, 459
　――博物館協会　19, 34, 102, 128, 196, 358
入稿　310
入札　204, 220
ニュージアム　453
人形　38, 451
人間工学　14, 186
人間動物園　103
認知心理学　188, 236, 412, 471, 494
認定博覧会　102
ネオンサイン　138
熱風発生装置　336
ネーム　278
年間公開日数　362
年間露光時間　352
年中行事　66, 114, 140, 233, 455
粘着シート　332, 335
能動的　53, 65, 314, 319, 383, 471, 475, 491, 496

納　品　217, 220, 311
覗きケース　250, 263
ノーマライゼーション　192
暖　簾　136

■ は行

ハイウェイオアシス　430
配　架　403, 482
ハイケース　264, 277
配光設計　352
媒体（メディア）　9, 12, 20, 23, 29, 41,
　52, 68, 105, 121, 136, 156, 310, 385, 395,
　453, 491, 496
廃熱設計　352
ハイパーテキスト　410
配　列　11, 17, 84, 97, 127, 133, 306, 312,
　326, 482
ハイレッド・センター　79
バウハウス　7, 154, 163
はぎ取り　291, 366
博学連携　422, 424
はく製　13, 274, 276, 291, 305, 403
白熱灯　268, 350
博物学　12, 122
博物館
　――関係者の行動規範　19, 358
　――世代論　129
　――相互連携　432
　――法　4, 16, 19, 42, **128**, 209, 274,
　　389, 392, 398, 438, 440, 454, 460
　――類似施設　148, 440
博覧会　2, 5, **34**, 54, **102**, 106, 109, 124,
　142, 209, 428
曝　涼　10, 342, 455
バザール　28, 104
破　損　55, 70, 255, 262, 290, 327, 331,
　354, 356, 360, 393, 402, 414, 479

バーチャル・リアリティ（VR）　19,
　65, 143, 307, 309, 316, 376, 410
バックヤードツアー　378, 387
発　見　46, 48, 69, 134, 151, 162, 216,
　321, 334, 342, 360, 380, 470, 498
発見博物館　319
発光効率　350
ハッシュタグ　484
撥水処理　366
パネル　4, 12, 71, 82, 278, 394, 403, 404,
　420
パノラマ
　――館　15, 118, 124, 127
　――展示　84, 376
　――ムービー　376
パビリオン　25, 34, 103
パフォーマンス　71, 72, 143, 202, 217
ハーブガーデン　96
ハプニング　79
パブリシティ　138
パブリック
　――アート　48, **78**, 308
　――コメント　206, 230
　――デザイン　173
パラメトリック・スピーカー（超指向性
　スピーカー）　308
バリアフリー　164, 167, 192, 324, 356,
　391, 414, 466
ハロゲンランプ　268, 350
パロディ　113, 489
万国博覧会　3, 11, 18, 24, 32, **34**, 75, 102,
　104, 126, 164, 196, 446, 450
反射率　262, 332
ハンズオン展示　131, 148, 150, 223, 248,
　296, 315, **318**, 402, 405, 428, 446, 494
バンダリズム（破壊行為）　330
ハンドリング　374
パントン　163

搬入路　208, 338
販売促進　9, 38, 58, 138, 398
非営利団体（NPO：nonprofit organization）　59, 218, 391, 399, 413, 493
光
　――環境　174, 344, 350
　――の三原色（加法混色）　163
　――ファイバー　268, 352
引　札　136, 138
ピクチャーレール　260, 340
ピクトグラム　156, **164**, 167, 300, 392
非公募　220
被　災　191, 259, 354, 356, 390, 496
飛散防止フィルム　332
ビジュアル・マーケティング　110
ビジュアル・マーチャンダイジング（VMD）　25, 55, 436
美　術
　――館　16, 43, 70, 79, 126, 142, 339, 424
　――工芸品　364
　――修復家のための倫理規程　358
　――対話委員会（Art Dialogue Committee）　363
　――品輸送随行員（クーリエ）　456
非常口　165, 167
非接触型　288, 315
ビッグデータ　468, **500**
筆書体　279
避難経路　189, 224, 259, 356, 479
非日常　89, 100, 102, 114, 116, 232, 297
皮膚感覚　475
ビブリオバトル　483
秘宝館　451, 468, **498**
ヒューマンエラー　494
ヒューマンファクター　186
評　価　**228**
　企画段階――　322

修正的――　322, 409
初期段階――　409
制作途中――　322, 409
総括的――　409
総合――　204
展示――　228, 321, 473
病　気　398, 407, **426**
標　準
　――案内用図記号　165
　――化（規格化）　164, **182**
　――新有効温度（SET）　339
屏風立て　292
標本資料　56, 361, 421, 433
開かれた博物館（ミュージアム）　131, 389, 467
平　台　292
ピルトダウン人捏造事件　449
ピレスロイド系薬剤　335, 347
ファサード　54, 436
ファシリティレポート　333
ファシリテーター（進行役）　252, 389, 391
ファブリック　24
ファンドレイジング（外部資金獲得）　416
フィギュア　38, 487
フィードバック　60, 185, 314, 414, 472, 484
風洞実験模型　38
フェア　9, 55, 104, 428
フェスティバル　55, 398
フォーカスグループインタビュー　409
フォーマット　279, 310
フォント　158
普及啓発施設　54
復　元　23, 38, 43, 49, 147, 226, 286, 288, 290, 351, 354, 364, 414
複　合

――演出装置 248
――交差型展示 64
――商業施設 54
複製身体 488
複製品 40, 42, 286, 288
腐　食 348, 361, 372
不正取引 359
物産会 109, 122
物産商工奨励館 4
仏　壇 116
不動産文化財 358, 364
部分委託 218
普遍的美術館 194
プライマリープライス 456
プラスチネーション 291
プラネタリウム 51, **98**, 128
プラモデル 38
フラワーショー 92
ブリスシンボル 164
ブリーディング・ローン 459
武力紛争の際の文化財保護議定書 445
フリーランス（インディペンデント）
　72
ふるさと **144**, 240
ブルントラント委員会 190
プレスリリース 397
プレゼンテーション 6, 30, 104, 204, 241, 436
プレパラート 44, 291
フロアスタッフ 386, 402
ブログ 484, 500
プロジェクションマッピング 51, 52, 55, 63, 121, 131
プロジェクター 302
プロセス設計 204
プロダクティブエイジング 435
プロダクトデザイン 155, 176, 182
プロテインスキマー 91

プロデューサー 30, 73, 103
プロトタイプ 10, **184**, 395
プロパガンダ 40, 103, 446
プロポーザル 204, 220, 241
文　化 440
――観光 222, 368
――行政 33, 36
――支援活動 440
――事業部 452
――資産 370, 480
――審議会文化財分科会 363
――人類学 11, 15, 32, 106, 232, 488
――政策／文化戦略 **134**
――的景観 120, 146, 464
文学館 82, 276
文化財
――エリア 345
――害虫 331, 341, 342
――行政 59
――公開施設の計画に関する指針 356
――不法輸出入等禁止条約 461
――保護法 356, 364, 368, 431, 455, 460, 464
――保存修復学会 358
――レスキュー 390
文教施設 218
分光スペクトル 350
文書館 47, 342, 481
分類花壇 97
分類展示 13, 64, 275
平均演色評価数（Ra） 271, 363
平常値 343
平成の市町村合併 222
平面計画（空間構成計画／ゾーニング） 16, 200, 206, 256, 344, 436
平和博物館 444
ヘドノミクス 186

ヘルベチカ 158
編　集　37, 57, 102, 169, 204, 210, 310, 376, 476, 480, 490, 502
編年体　82
保安対策　330
保育園　470
防火区画　212, 259, 338, 356
包括的展示　46, 64
法　規　204, 407, **460**
報告システム　361
防　災　54, 167, 213, 224, 259, 330, 356, 426, 427, 431, 496
ホウ酸団子　331
防虫シート　336
奉納品　454
包埋（封入）　291
宝物館／宝物殿　112, 454
訪問者参加型　488
保管環境　333, 338, 360
保　険　339, 354, 456
保守点検　**216**, 355
補助資料　497
ポスター　26, 137, 160, 182, 397, 401, 420
保　存
　——科学　255, 365, 403
　——環境　45, 54, 106, 140, **172**, 208, 256, 341, 343, 356, 359
　——工学　365
　——修復　**358**
補虫用トラップ　344
ポッドキャスト　308
没入感　111, 119, 296, 306
墓　碑　364
ボランティア　45, 67, 103, 151, 386, **390**, 405, 435
ホルムアルデヒド　210, 291, 331
ホワイトキューブ　**74**, 78, 174, 244, 478
本草学　**122**

■ ま行

マイノリティ　474
マインズオン　318
巻き芯　292
マーケティング　104, **110**, 138, 198, 408, 436
マジックビジョン　131
マスカルチャー　88
マスコミ　110, 432, **452**, 456
マスメディア　9, 120, 138, 154, 182, 428
まちおこし　37, 114, **146**
街角博物館　369
まちづくり　22, 36, 54, 69, 79, 155, 368, 463, 464, 476, 498
街並み　26, 62, 67, 284, 436
末法思想　455
マネージャー　30, 73
マルチメディア　50, 402
まんが　37, **152**, 486
マンセル表色系（カラー・システム）　163
神　輿　114
水処理技術　90
見世物　102, 109, 112, **118**, 120, 127, 451
道の駅　430, 463, 493
ミドルヤード　64
ミニマルアート　76
見本市　6, 30, 34, 55, **104**, 178, 416, 428
ミュージアム
　——グッズ　452, **502**
　——コミュニケーション　501
　——ショップ　45, 431
　——ボックス　60
　——マネージメント　416, 501
　——リソース　411
　——レストラン　45

民家園 49,67,144,240,248,368
民間事業者 218
民族学 23,32,56,232,446
民俗学 62,88,114,144
明朝体 158,279
無形文化財／無形民俗文化財 59,114,303,364
無柵式 85
虫
　——払い 342
　——ピン 292
　——干し 10,342
武者行列 137
無線 LAN 410
メインカルチャー 486
メカニカルエンジニア 31
メセナ 139,142,441
メタボリズム 34
メッセ **104**,429
メディア（媒体） 9,12,20,23,29,41,52,68,105,121,136,156,310,385,395,453,491,496
メディアミックス 34
免　震 222,249,265,332,**354**,357,378
面接法 409
メンテナンス 54,216,315,320,345,392,402,457
面発光 351
毛髪湿温度時記録計 330
目視点検 217,331,342
木像彫刻 290,338
模　型 12,31,**38**,61,64,184,210,248,274,**282**,290,318,402,404,415,425,448,488,498
文字解説 64,133,152,278
文字組み 279
モジュール（空間単位） 106,182,280,400,432

模　造 17,26,230,288,290,303
モダンデザイン 170,179
モックアップ 38,228,250,270,300
モニタリング 337,338,345,349
モニュメント 49,55,111,**132**,427,445,494
モバイルミュージアム 399
モントリオール議定書 346

■ や行

野外展示 49,64,431,462
野外博物館 49,**66**,68,148,368
薬品会 122,426
薬用植物園（薬草園） 97,123,438
夜行性 85
由緒地 364
遊園地 9,54,84,100,119,489
有害生物 330,342
有機酸 255,262,332,341
誘　導 17,26,103,155,165,166,278,305,322,356,393,479
有毒ガス 264,363
ユーザーエクスペリエンス（ユーザー体験） 185
輸　送 75,91,191,330,350,**372**,375,421,456
ユニークベニュー 339,**416**
ユニバーサル 54,209,222,255
ユニバーサルデザイン 167,183,**192**,298,324,474
ユニバーサルミュージアム 131,324,**474**
ユネスコ 194,430
ユビキタスネットワーク 410
予　算 4,30,70,72,196,204,222,231,249,310,396,400,408,432,456,462
予防保存 334,359

■ ら行

来館者数　348, 422, 487
ライドシステム　28
ライブ・コミュニケーションメディア　105
ライフサイクル　208, 224
ライフスタイル　61, 82, 109, 114, 181, 245, 474
ラピッド・プロトタイピング　185
ランドスケープ　29, 41, 85, 172
ランドマーク　27, 55, 189
ランニングコスト　208
リアルタイム　169, 297, 307, 367, 500
理工（系）博物館　44, 64, 148, 225, 236
リスク　357, 494
リゾート　88
立体映像（3D）　101, 307
立体造形デザイナー　31
リニューアル　197, 222, 232, 240, 248
リビングヒストリー（生活史復元）　369
流水式飼育法　90
流通　75, 104, 108, 110, 127, 191, 312, 407, 500
利用者サービス　500
利用者調査　199, 228, 320, 383, 395, **408**, 473
リレーションシップ・マーケティング　110
臨場感　90, 100, 119, 151, 247, 248, 276, 302, 314, 376, 487
倫理規程　358, 460
レイアウト　72, 84, 158, 167, 173, 182, 210, 223, 224, 249, 280, 288, 311, 395, 401
礼拝空間　117

歴史（系）博物館　13, 16, 62, 197, **248**, 371, 435, 448
歴史的建造物　348, 368, 491
歴史的都市　147
歴史表象　371
歴史まちづくり法　368
レクリエーション　90, 418, 454
レジストラー　72, 363
レジャー施設　49, 54, 100, 166
レセプション　339, 416, 503
劣化　45, 350, 361, 365
レッドリスト　458
列品　2, 124, 242, 262, 438
レプリカ　52, 210, 274, **288**, 322, 448, 475
レミニセンス　434
連邦政府の新設建築における美術プログラム　80
濾過槽　91
ロシア・アバンギャルド　7
露出展示　36, 53, 70, 325, 334, 338, 346, 364
ロックガーデン　95
路傍博物館　66
ローマン体　158
ロンドン地下鉄路線図　168

■ わ行

ワークシート　255, **310**, 319, 380, 384, 394
ワークショップ　19, 55, 72, 197, 223, 230, 252, 384, **388**, 405, 474, 476, 498
ワシントン条約（CITES）　407, 458, 461, 462
ワックス　332
ワールドワイドウェブ（WWW）　410

人名索引（五十音順）

＊見出語の頁数は太字で表記した

■ あ行

赤瀬川原平　79, 448
アショーカ王　132
新井重三　13
アリストテレス　162
アルベルティ，レオン・バッティスタ　76
アレナス，アメリア　385
池田勇人　363
泉　靖一　35
イッテン，ヨハネス　163
伊藤寿朗　22, 130
岩崎彌太郎　442
　　――小彌太　443
　　――久彌　443
　　――彌之助　443
ヴィリリオ，ポール　494
梅棹忠夫　9, 11, 18, 30, **32**, 34, 36, 38, 53, 106, 234, 276, 466
エークレー，カール　56
アシュモール，エリアス　438
エルギン卿　194
大久保利通　126
大倉喜八郎　443
大柴徳次郎　118
大原孝四郎　443
大原孫三郎　443
大山　柏　364

岡倉天心　378
岡本太郎　35
オドハティー，ブライアン　76
折口信夫　117

■ か行

カーソン，レーチェル　190
葛飾北斎　450
勝美　勝　164
加藤有次　13
狩野永徳　179
カプロー，アラン　79
川島和人　489
川添　登　10
カンシー，カトルメール・ド　76
カーン，ルイス　174
喜多川歌麿　450
木場一夫　8
ギブソン，ジェームズ　188
キリスト，イエス　454
九鬼隆一　126
グーテンベルグ，ヨハネス　154, 158
クライン，イヴ　79
黒板勝美　364
黒田清輝　272
ゲイツ，ビル　104
ゲーテ，ヨハン・ヴォルフガング・フォン　162
ケネディ，ジョン・F.　363

ケプロン, ホーレス 126
小池新二 7
五島慶太 443
ゴヤ, フランシスコ・デ 449
コールトン, ティム 318
コンドル, ジョサイア 126

■ さ行

坂倉準三 7
サザーランド, アイバン・エドワード 309
下村三四吉 364
ジャッド, ドナルド 78, 247
シュビッタース, クルト 78
新見豊前守正興 124
ステラ, フランク 77
スポック, マイケル 319,
スミッソン, ロバート 79
住友吉左衛門（春翠） 442
ゼーマン, ハラルド 72
セラ, リチャード 80
セロタ, ニコラス 485
千 利休 179

■ た行

高松次郎 79
竹内下野守保徳 124
タトリン, ウラジーミル 26
田中芳男 4
棚田嘉十郎 422
棚橋源太郎 8, 13, 16, 126, 148, 277, 438
谷口吉郎 66
ダレイオス1世 132
チュミ, ベルナール 27
月尾嘉男 480
坪井正五郎 127

ディズニー, ウォルト 28
手島精一 125, 148
出 利夫 8
デューイ, ジョン 320
デュシャン, マルセル 76
デール, エドガー 11
徳川家康 447
徳大寺公純 442

■ な行

中西夏之 79
中村一美 246
夏目漱石 118
ナポレオン1世 133
名村五八郎元度 124
ニュートン, アイザック 162
ニューマン, バーネット 77
布谷知夫 130
根津嘉一郎 443
ノイラート, オットー 157, 164
ノーマン, ドナルド 188
野村徳七 443

■ は行

ハイザー, マイケル 79
バイヤー, ハーバード 169
バザーリ, ジョルジョ 75
畑村洋太郎 494
バトラー, ロバート 434
林 芙美子 483
バレリー, ポール 76
坂 茂 191
ピアノ, レンゾ 175
ピカソ, パブロ 77, 450
平賀源内 122
平田哲生 60

廣瀬　鎮　47
福澤諭吉　124
藤子・F・不二雄　487
藤森照信　66
フセイン，サダム　445
フックス，ビビアン　302
プトレマイオス5世　132
フリオ，アセンシオ　449
ブリス，チャールズ・K.　164
フリード，マイケル　78
プリーニウス　75
フルティガー，エイドリアン　160
ブルーム，バーバラ　247
ベック，ハリー　157, 168

■ ま行

前田健三郎　7
益田　孝（鈍翁）　442
松野正人　488
マルロー，アンドレ　79
マンセル，アルバート　163
マンチーニ，ジューリオ　75
三井高利　442
源　頼朝　447
村垣範正　133
ムンク，エドヴァルド　448
メイス，ロナルド　192, 324
モース，エドワード・S.　438
森　鴎外　119

モリス，ウィリアム　76, 154, 180
モリス，ロバート　78
モルレー，ダビッド　3
モンドリアン，ピエト　77

■ や行

八木奘三郎　364
安本亀八　118
柳田國男　144
山名文夫　8
吉田秀雄　139

■ ら行

ライト，フランク・ロイド　27
ラスキン，ジョン　75
リヴィエール，G.H.　68
リシツキー，エル　78
ルイ14世　133
ル・コルビュジエ　27, 182
レヴィーン，マーヴィン　189
レンツホグ，ステン　66
ロスコ，マーク　77

■ わ行

和辻哲郎　140
ワーマン，リチャード・ソウル　157, 168

施設・展覧会・催し名索引（五十音順）

本文の解説中に出てくる事例名を抽出した．略称や愛称，別名がある場合は（　）内に併記した．海外の事例に関しては，欧表記も（　）内に表記した．展覧会名は「　」で括って区別し，事例名の後に＊を付して開催館または開催形式を表記した

■ 数字

2002年日韓ワールドカップ　164
2005年日本国際博覧会（愛・地球博，愛知万博）　51, 102, 165
「20世紀美術におけるプリミティヴィズム」展＊ニューヨーク近代美術館　447
「3.11文学館からのメッセージ―天変地変と文学」展＊共同展　83

■ A〜Z

ANAグループ安全教育センター　494
Daiichi Sankyoくすりミュージアム　426
DIC川村記念美術館　77
ICC（NTTインターコミュニケーション・センター）　50, 143
JAL安全啓発センター（日本航空安全啓発センター）　494
「JCO臨界事故展示」＊原子力科学館　494
MieMu（三重県総合博物館）　356, 413
MIHO MUSEUM　454
Miraikan（日本科学未来館）　45, 51, 166, 236
MOA美術館　454
「MONEY TALK」展＊広島市現代美術館　457
NTTインターコミュニケーション・センター（ICC）　50, 143
TOKYO STATION VISION　51
「What's Inside（中身はなあに？）」展＊ボストン子ども博物館　319, 472
YCAM（山口情報芸術センター）　143
YOSAKOIソーラン祭り　115

■ あ

愛・地球博（2005年日本国際博覧会，愛知万博）　51, 102, 165
あいち健康プラザ（あいち健康の森健康科学総合センター）　427
あいちトリエンナーレ　391
愛知万博（愛・地球博，2005年日本国際博覧会）　51, 102, 165
アウシュヴィッツ・ビルケナウ博物館（Auschwitz-Birkenau Memorial and Museum）　519
青森ねぶた祭り　114
明石市立天文科学館　98
アクア・トトぎふ（岐阜県世界淡水魚園水族館）　431
浅草サンバカーニバル　115
浅草花やしき　120
朝日町エコミュージアム　69
旭山動物園（旭川市旭山動物園）　85, 121

施設・展覧会・催し名索引

あしあとスクエア（松永はきもの資料館） 463
アシュモレアン博物館（The Ashmolean: The University of Oxford's museum of art and archaeology） 438
飛鳥資料館（奈良文化財研究所） 366
阿玉台貝塚 364
熱海秘宝館 488
熱田神宮宝物館 454
アテネ国立考古学博物館（National Archaeological Museum of Athens） 526
アート・コミュニケーション研究センター（京都造形芸術大学） 413
アドミュージアム東京 139
アフリカンホール（アメリカ自然史博物館） 151
天草市立御所浦白亜紀資料館 65
アムステルダム国立美術館（Rijksmuseum） 529
「雨といきもの」展＊巡回展示 401
アメリカ合衆国ホロコースト記念博物館（United States Holocaust Memorial Museum） 531
アメリカ自然史博物館（American Museum of Natural History） 56, 128, 151, 521
アリゾナ・ソノラ砂漠博物館（Arizona-Sonora Desert Museum） 85
アルザウラ動物園（Baghdad Zoo in the al-Zawraa' Gardens area, バグダッド） 445
アルシャヒード戦勝記念館（Al-Shaheed Monument） 445
アルテピアッツァ美唄（安田侃彫刻美術館） 49
安全考動センター 494

安全伝心館（三菱重工業長崎造船所） 494
飯田市立動物園 87
壱岐市立一支国博物館 63, 328
石川県立歴史博物館 225, 282
いしかわ動物園 458
いすゞプラザ 283
出雲大社宝物殿 454
伊勢国際秘宝館（元祖国際秘宝館） 451, 488
伊勢原市立子ども科学館 426
伊丹市昆虫館 399, 406
厳島神社 455
出光美術館 443
移動博物館車「ゆめはく」（ゆめはく号） 399
伊那市立高遠町図書館 499
茨城県自然博物館（ミュージアムパーク茨城県自然博物館） 65, 282
伊良湖自然科学博物館（やしの実博物館） 462
岩手県立博物館 284
「インカ帝国」展＊国立科学博物館 305
印刷博物館 139
インテックス大阪（大阪国際見本市会場） 429
「ヴァイゼンホフ・ジードルング」展＊住宅博覧会 26
ヴァンドーム広場 133
ウィーン万国博覧会（Weltausstellung 1873 Wien） 102, 125
上野動物園（東京都恩賜上野動物園） 459
ウェリントン植物園（Wellington Botanic Gardens） 93
ウェンブリー博覧会（大英帝国博覧会, British Empire Exhibition） 128
ウォルト・ディズニー・ワールド・リ

施設・展覧会・催し名索引

ゾート（Walt Disney World Resort）　100
「宇宙と芸術」展＊森美術館　484
ウッドランドパーク動物園（Woodland Park Zoo, Seattle US）　85, 531
ウプサラ植物園（Linnaeus Garden, Uppsala University）　97
海のはくぶつかん（東海大学海洋科学博物館）　463
海の見える杜美術館　454
梅小路蒸気機関車館　463
浦安市郷土博物館　284
嬉野武雄観光秘宝館　488
永青文庫　450
エクスプロラトリアム（Exploratorium）　150, 296, 319, 522
回向院（諸宗山無縁寺回向院）　455
エコール・ド・ボタニーク庭園（école de botanique）　97
江戸東京たてもの園（東京都江戸東京博物館分館江戸東京たてもの園）　49, 67, 284
江戸東京博物館（東京都江戸東京博物館）　248, 354, 368, 409
江戸深川資料館（江東区深川江戸資料館）　284
恵那市串原郷土館　463
愛媛県美術館　413
エプコット（Epcot）　522
エンバイラマ館（北九州市立自然史・歴史博物館）　414
王立植物園，シドニー（Royal Botanic Gardens, Sydney）　529
大倉集古館　142, 443
大阪くらしの今昔館　284
大阪国際見本市会場（インテックス大阪）　428
大阪市教育振興公社キッズプラザ大阪（キッズプラザ大阪）　472
大阪自然史フェスティバル　399
大阪市天王寺動物園（天王寺動物園）　85
大阪市立自然史博物館　387, 399, 405
大阪市立電気科学館　128
大阪大学総合学術博物館待兼山修学館（大阪大学総合学術博物館）　438
大阪万博（日本万国博覧会）　8, 18, 32, 34, 62, 102, 138
大阪歴史博物館　328
大鹿村中央構造線博物館　65
大塚国際美術館　52
大原美術館　16, 142, 443
おおみや昆虫館　462
岡崎市郷土館　462
小鹿野町の農村歌舞伎　146
岡山県立美術館　390
沖縄海洋博（沖縄国際海洋博覧会，海洋博）　102
沖縄国際海洋博覧会（沖縄海洋博，海洋博）　102
沖縄美ら海水族館　91
オーストラリア博物館（Australian Museum）　519
オーストリア応用美術博物館（MAK）　247
オスロ国立美術館（The National Museum of Art, Architecture and Design）　448
お茶ナビゲート　490
オックスフォード植物園（Oxford Botanic Garden & Arboretum）　94
オーディオ＆ホームシアター展（全日本オーディオフェア）　105, 428
「おどろきとこだわりのミュージアムグッズ展」＊美濃加茂市民ミュージアム　502

オランダ国立自然史博物館ナチュラリス／ナツラリス（Naturalis, Naturalis Biodiversity Center） 528
オリンピア考古遺跡（Olympia, Greece） 528
オルセー美術館（Musée d'Orsay） 27
尾張医学館薬品会 123
恩納村文化情報センター 482

■か

海遊館 91
海洋博（沖縄国際海洋博覧会，沖縄海洋博） 102
科学技術館（東京） 426
科学万博（国際科学技術博覧会，つくば'85，つくば科学万博） 102
香川県歴史博物館（香川県立ミュージアム） 390
角館祭り 144
かごしま近代文学館 82
葛西臨海水族園 500
笠岡市立カブトガニ博物館 458
春日大社宝物殿 454
神奈川県立近代美術館 142
鎌倉宮 112
蒲郡ファンタジー館（竹島ファンタジー館） 463
樺太庁博物館（サハリン州郷土博物館） 128
「カリフォルニア・デザイン 1930-1965：モダン・リヴィングの起源」展（California Design, 1930-1965: "Living in a Modern Way"）＊国際巡回展 245
川崎市 藤子・F・不二雄ミュージアム 487
川崎市立日本民家園 49,67,144,284

元祖国際秘宝館（伊勢国際秘宝館） 451,488
神田祭 115
カン平和記念博物館（Memorial Caen-Normandie） 525
機械化展（ビジネスシヨウ） 105,428
北九州市立自然史・歴史博物館（北九州市立いのちのたび博物館） 386,414
北名古屋市歴史民俗資料館（昭和日常博物館） 435
北野天満宮 455
キッズプラザ大阪（大阪市教育振興公社キッズプラザ大阪） 472
鬼怒川秘宝殿 488
「きのうよりワクワクしてきた―ブリコラージュ・アート・ナウ 日常の冒険者たち」展＊国立民族学博物館 336
岐阜県世界淡水魚園水族館（アクア・トトぎふ） 431
ギャラクシティ足立区こども未来創造館 227
ギャラリー TOM 392
九州国立博物館 262,354,378
九州産業大学美術館 435
九州大学総合研究博物館 438
キュー植物園（Kew Gardens） 94,530
「キュッパのびじゅつかん」展＊東京都美術館 469
教育展覧会（フィラデルフィア） 3
教育博物館 98,125,148,150
「京都―洛中洛外図と障壁画の美」展＊東京国立博物館 51
京都国立博物館 142,295
京都市動物園 459
京都水族館 328
京都造形芸術大学（アート・コミュニケーション研究センター） 413

京都大学総合博物館　438
京都鉄道博物館　463
京都博覧会　428
京都府立総合資料館　480
清水寺　455
桐生の八木節まつり　115
キンベル美術館　174
曲阜・孔廟（The Confucius temple in Qufu）　529
「クジラとぼくらの物語」展＊巡回展　432
くすりミュージアム（Daiichi Sankyo くすりミュージアム）　426
グッゲンハイム美術館（Solomon R. Guggenheim Museum）　16, 27
久能山東照宮博物館　454
熊本市動植物園　87
倉敷チボリ公園　100
クリーブランド美術館（The Cleveland Museum of Art）　485
「クリムト」展＊ニューヨーク近代美術館　74
グリュック王国　100
グレンボウ博物館（Glenbow Museum）　447
群馬県立自然史博物館　284, 410
ゲルマン国立博物館　447
健康と医学の博物館　426
ケンシントン之常博覧会　125
「原爆」展＊スミソニアン航空宇宙博物館　446
原爆ドーム　430
兼六園　133
小石川植物園（東京大学理学部附属植物園）　438
高円寺阿波おどり　115
耕山寺博物館　454
高知県立牧野植物園　93

高知市立龍馬の生まれたまち記念館　134
交通科学博物館（大阪市）　463
江東区深川江戸資料館（江戸深川資料館）　284
コウノトリ翔る地域まるごと博物館　69
神戸ポートアイランド博覧会（ポートピア '81）　102
香嵐渓ヘビセンター　462
国営アルプスあづみの公園　173
國學院大學博物館　265, 274, 438
国際園芸博覧会（国際花と緑の博覧会，花の万博）　102
国際科学技術博覧会（科学万博，つくば '85，つくば科学万博）　102
国際奴隷制博物館　447
国際花と緑の博覧会（国際園芸博覧会，花の万博）　102
国際見本市（第1回国際見本市）　178
国史館　446
「国宝阿修羅」展＊東京国立博物館　453
国民安全記念館（韓国）　495
国立アメリカ歴史博物館（The National Museum of American History）　526
国立科学博物館　51, 126, 128, 148, 150, 275, 305, 396, 418, 421, 501
国立公文書館　481
国立自然科学博物館（台湾，The National Museum of Natural Science）　527
国立自然史博物館（パリ自然史博物館，Muséum national d'histoire naturelle）　46, 305, 526
国立新美術館　142, 244
国立西洋美術館　309, 453
国立台湾歴史博物館（National Museum of Taiwan History）　527

国立中央博物館（韓国，National Museum of Korea） 527
国立美術館テート・ギャラリー（Tate） 485
国立民族学博物館　9, 11, 21, 32, 36, 38, 53, 56, 59, 62, 98, 232, 307, 308, 334, 346, 360, 376, 392, 395, 447, 468
国立民族歴史博物館（モンゴル国立博物館） 446
国立歴史民俗博物館　12, 395, 447, 468
ゴッホ美術館（Van Gogh Museum） 309
五島美術館　443
金刀比羅宮博物館　454
「こどもたちの昭和」展＊香川県立ミュージアム　390
「こどものにわ」展＊東京都現代美術館　392
コニーアイランド（Coney Island）　25
コペンハーゲン大学植物園（The Natural History Museum of Denmark, Botanical Garden）　94
駒澤大学禅文化歴史博物館　439
ゴールドパーク串木野　100
「これから起きるかもしれないこと」展＊カルティエ財団主催　494
虎列拉病予防通俗展覧会　149
コロニアル・ウィリアムズバーグ（Colonial Williamsburg）　369
コローメンスコエ野外文化財博物館（Kolomenskoye）　369

■さ

サウスケンジントン博物館（The South Kensington Museum）　56
さかい利晶の杜　135
佐賀県立宇宙科学館　301
さくま郷土遺産保存館　462
佐久間歴史と民話の郷会館（浜松市佐久間歴史と民話の郷会館）　462
佐倉市立美術館　413
サハリン州郷土博物館（樺太庁博物館）　128
サボテン植物園（DESERT BOTANICAL GARDEN Phoenix, AZ）　96
サムスン美術館（Leeum）　309
山陰海岸ジオパーク館（温泉町山陰海岸ジオパーク館）　430
サンピエトロ大聖堂（San Pietro Cathedral）　29
サンリオピューロランド　100
シアトル万国博覧会（Century 21 Exposition）　95
シェーンブルン動物園（Schönbrunn Zoo）　87
滋賀県立琵琶湖博物館（琵琶湖博物館）　46, 65, 130, 386, 409
シカゴ科学産業博物館（The Museum of Science and Industry, Chicago）　319
式年遷宮記念せんぐう館　455
四国村　49
事故の歴史展示館　494
自然史博物館附属動物園（Paris Zoological Park）　84
シーニゲプラッテの高山植物園（Alpine Botanic Garden Schynige Platte）　96
司馬遼太郎記念館　135
「島尾敏雄展～Diary of Toshio Shimao」＊かごしま近代文学館　82
志摩スペイン村　100
神話秘宝館（島根県）　488
しまねバーチャルミュージアム　410
下関市立しものせき水族館　459

ジャルダン・デ・プランテ（Jardin des Plantes, パリ植物園）　124
上海博物館（Shanghai Museum）　530
首都圏外郭放水路　492
「春画」展＊永青文庫　450
正倉院　29
聖徳宗総本山法隆寺大宝蔵殿（法隆寺大宝蔵殿）　454
昭和日常博物館（北名古屋市歴史民俗資料館）　435
諸宗山無縁寺回向院（回向院）　455
白根記念渋谷区郷土博物館・文学館　277
シーワールド（Sea World）　100
新アクロポリス博物館（New Acropolis Museum）　194,519
新アレクサンドリア図書館（Bibliotheca Alexandrina）　520
新江ノ島水族館　121
新温泉町山陰海岸ジオパーク館（山陰海岸ジオパーク館）　430
シンガポール植物園（Singapore Botanic Gardens）　92
神宮徴古館・農業館　454
信玄公遺徳顕彰祭　135
新宿区立漱石山房記念館（漱石山房記念館）　135,285
新ナショナルギャラリー（The Neue Nationalgalerie）　28
新北市立淡水古蹟博物館　370
人類学標本展覧会＊東京帝国大学　127
瑞巌寺宝物館　454
スカンセン（Skansen）　66,87,369,530
スペースワールド　100
スミソニアン航空宇宙博物館（Smithsonian National Air and Space Museum）　446

静嘉堂文庫美術館　443
西南学院大学博物館　439
「精霊は歌う」展＊グレンボウ博物館　447
浙江自然博物館　284
瀬戸内国際芸術祭　81,478
せと陶祖まつり　115
泉屋博古館　442
仙台市富沢遺跡保存館（地底の森ミュージアム）　48
仙台市博物館　263
全日本オーディオフェア（オーディオ＆ホームシアター展）　105,428
全日本自動車ショウ（東京モーターショー）　105,428
創世博物館（Creation Museum）　455
漱石山房記念館（新宿区立漱石山房記念館）　135,285
そらち炭鉱の記憶アートプロジェクト　50

■た

第1回国際見本市（国際見本市）　178
「大アマゾン」展＊国立科学博物館　306
大英帝国博覧会（ウェンブリー博覧会, British Empire Exhibition）　128
大英博物館（The British Museum）　56,194,362,417,450,520
醍醐寺霊宝館　454
「台座を離れた彫刻」展＊グランドラピッズ市美術館　80
大地の芸術祭 越後妻有アートトリエンナーレ　72,81,391,478
大東亜博物館　447
「態度が形になるとき」展＊クンストハレ　72
「大パノラマ」展＊内科画廊　79

高松塚古墳　366
宝塚歌劇の殿堂　135
竹島ファンタジー館（蒲郡ファンタジー館）　463
太宰府天満宮宝物殿　454
たたら製鉄　146
ダッハウ強制収容所（The Dachau Concentration Camp Memorial Site）　447
たばこと塩の博物館　441
多摩動物公園　85, 458
丹後震災記念館　463
チームラボアイランド　317
「地球のキセキ」展＊福井県立こども歴史文化館　473
秩父宮記念三峯山博物館　454
地底の森ミュージアム（仙台市富沢遺跡保存館）　48
千葉県立中央博物館　65
千葉県立美術館　425
千葉市立加曽利貝塚博物館　365
チュービンゲン大学植物園（Botanical Garden University of Tübingen）　92
チューリッヒ動物園（Zoo Zurich）　459
長泉院附属現代彫刻美術館　454
通俗教育館　126, 148, 277
つくば科学万博（国際科学技術博覧会，つくば'85）　102
「ツタンカーメン」展＊東京国立博物館　452
ツムラ漢方記念館　426
敦賀赤レンガ倉庫　286
帝国博物館　126
帝室博物館　98, 127
テイト・モダン美術館（Tate Modern）　531

デルフィ博物館（Delphi Archaeological Museum）　521
田園空間まほろばの里博物館　365
電気科学館　98
天文博物館五島プラネタリウム　98
ドイツ博物館（Deutsches Museum）　98, 154, 238, 319
東海大学海洋科学博物館（海のはくぶつかん）　463
東京オリンピック　164
東京科学博物館　126, 128
東京教育博物館　148
東京国際展示場（東京ビッグサイト）　104, 429
東京国際見本市会場　428
東京国立近代美術館　142, 413
東京国立博物館　51, 59, 125, 272, 307, 332, 453, 468
東京ジョイポリス　101
東京消防庁本所防災館（本所防災館）　427
東京セサミプレイス　100
東京大学総合研究博物館　399, 438
東京大学総合研究博物館モバイルミュージアム＊移動展　399
東京大学理学部博物場　438
東京大学理学部附属植物園（小石川植物園）　438
東京帝室博物館　16
東京ディズニーランド　100
東京都慰霊堂　427
東京都江戸東京博物館（江戸東京博物館）　248, 354, 368, 409
東京都江戸東京博物館分館江戸東京たてもの園　49, 67, 284
東京都恩賜上野動物園（上野動物園）　459
東京都現代美術館　392

施設・展覧会・催し名索引

東京都美術館　142, 413, 469
東京都復興記念館　427
東京都立神代植物公園　96
東京博物館　98
東京ビッグサイト（東京国際展示場）　104, 429
東京モーターショー（全日本自動車ショウ）　105, 428
東都薬品会　122
東日天文館　128
東北サファリパーク秘宝館　488
東北大学総合学術博物館　438
東北秘宝館極楽殿　488
遠野市立博物館　63
時展覧会＊東京教育博物館　149
ときわ動物園　87
とやま健康パーク（富山県国際健康プラザ）　427
富山県立イタイイタイ病資料館　427
豊岡市立コウノトリ文化館　458
豊田市美術館　390
豊玉姫神社　365
「ドラクロワ」展＊パリ万国博覧会　75
十和田市現代美術館　175, 457

■ な

内国勧業博覧会　4, 102, 126, 142
長崎オランダ村ハウステンボス　100
長崎くんち　115
長崎さるく博　103
「中村一美」展＊国立新美術館　246
鳴く虫と郷町＊移動展示　399
名古屋市科学館　45, 98, 236, 301
名古屋大学博物館　438
ナッツベリーファーム（Knott's Berry Farm）　100
奈良国立博物館　142

奈良文化財研究所　366, 422
南紀熊野体験博　103
南山大学人類学博物館　53, 439
ナンジャタウン（池袋）　101
新潟市歴史博物館　131
日光二荒山神社宝物館　454
日本科学未来館（Miraikan）　45, 51, 166, 236
日本万国博覧会（大阪万博）　8, 18, 32, 34, 62, 102, 138
日本郷土玩具博物館　463
日本近代文学館　82
日本航空安全啓発センター（JAL安全啓発センター）　494
日本はきもの博物館　463
日本民家集落博物館　67
日本モンキーセンター　85
ニューイングランド水族館（New England Aquarium）　528
ニュー・チルドレンズミュージアム（The New Children's Museum）　473
ニューヨーク近代美術館（Museum of Modern Art, MoMA）　74, 174, 385, 412, 447
ニューヨーク植物園（New York Botanical Garden, NYBG）　92
沼津秘宝館　488
根尾谷地震断層観察館　65
根津美術館　443
野島断層保存館　65, 427
登別マリンパークニクス　100
野村美術館　443

■ は

バイエラー財団美術館（FONDATION BEYELER）　175

施設・展覧会・催し名索引

バウハウス（Bauhaus） 154
バガテル・バラ園（La Roseraie de Bagatelle） 93
バーガー動物園（Royal Burgers' Zoo, オランダ） 87
博物館明治村 49,66,284
「博物図譜とデジタルアーカイブ」展＊武蔵野美術大学 美術館・図書館 481
ハーゲンベック動物園（Hagenbecks Tierpark） 84,523
バス・セーヌ・エコミュージアム（Ecomuseum of La Basse-Seine） 521
発見博物館プチパレ 319
パドヴァ植物園（University of Padova Botanical Garden） 94
花の万博（国際園芸博覧会，国際花と緑の博覧会） 102
ハノーファー動物園（Erlebnis Zoo Hannover） 87
浜松市佐久間歴史と民話の郷会館（佐久間歴史と民話の郷会館） 462
浜松市博物館 462
林原自然科学博物館 309,380
パリ工芸博物館（Musée des Arts et Métiers） 526
パリ自然史博物館（Le Muséum national d'histoire naturelle） 46,305
パリ植物園（Le Jardin des Plantes de Paris） 92
パリ万国博覧会（Expo Paris） 7,75,102,124
パリ植物園（Jardin des Plantes, ジャルダン・デ・プランテ） 124
パルテノン神殿（Parthenon） 528
「バーンズ・コレクション」展＊国立西洋美術館 453
「東日本大震災の記録と津波の災害史」展＊リアス・アーク美術館 497
ピカソ美術館（スペイン）（Picasso museum） 450
光記念館（光ミュージアム） 435,454
ビジネスショウ（機械化展） 105,428
姫路城 430
百卉園 122
兵庫県立考古博物館 322
兵庫県立コウノトリの郷公園 458
兵庫県立人と自然の博物館 405
平等院ミュージアム鳳翔館 454
氷ノ山自然ふれあい館響の森 284
平塚市美術館 413
ビルバオ・グッゲンハイム美術館（The Guggenheim Museum Bilbao） 522
広島市現代美術館 142,457
広島平和記念資料館 410
琵琶湖博物館（滋賀県立琵琶湖博物館） 46,65,130,386,409
ファーレ立川 49
フィラデルフィア博物館（Philadelphia Museum of Art） 277
フィラデルフィア万国博覧会（Centennial Exposition, Expo 1876） 3
フォッサマグナミュージアム 65,211
福井県立こども歴史文化館 472
福岡アジア美術トリエンナーレ 72
福岡市動物園 458
福岡市博物館 468
藤田美術館 443
「武士とはなにか」展＊国立歴史民俗博物館 395
府中市郷土の森博物館 226,283,284
ブッチャート・ガーデン（The Butchart Gardens） 93
プラド美術館（Museo Nacional del Prado） 449

フランクフルト動物園（Frankfurt Zoo）　85
フランクリン・インスティテュート（Franklin Institute）　319
プランタン・モレトゥス印刷博物館（Museum Plantin-Moretus/Prentenkabinet）　159,529
ブリスベーンシティー植物園（The riverside City Botanic Gardens）　96
ブルックリン植物園（Brooklyn Botanic Garden）　97
ブルックリン・チルドレンズ・ミュージアム（Brooklyn Children's Museum）　472
フルミ・トレロン地域エコミュージアム　69
フルミの織物と社会生活の博物館　69
ブロンクス動物園（Bronx Zoo）　85,459
文京区立森鷗外記念館（森鷗外記念館）　135
豊後高田昭和の町　431
平安遷都1100年紀年祭　102
米国見本市　178
平城宮跡資料館（奈良文化財研究所）　422
平城遷都1300年祭　103
碧祥寺博物館　454
北京植物園　92
「ベックリーン」展（Arnold Böcklin）＊ニューヨーク近代美術館　74
ベルギー漫画センター（Bergian Comic Strip Center）　520
ベルリンダーレム植物園（Botanic Garden and Botanical Museum Berlin）　94
ベルリンの壁の跡（Berliner Mauer）　519

ベルリン・ユダヤ博物館（Jewish Museum Berlin）　523
ヘンリーフォード博物館（The Henry Ford Museum）　523
放送博物館　453
法隆寺大宝蔵殿（聖徳宗総本山法隆寺大宝蔵殿）　454
北淡震災記念公園　49
北陸秘宝館　488
ボゴール植物園（Kebun Raya Bogor）　92
ボストン・チルドレンズ・ミュージアム（ボストン子ども博物館, Boston Children's Museum）　319,472,520
北海道開拓の村　49,67
北海道大学総合博物館　438
北海道博物館　152,468
北海道秘宝館　488
ポートピア'81（神戸ポートアイランド博覧会）　102
ホロコースト記念碑・石碑の広場（Holocaust Memorial）　525
ポンピドゥー・センター（The Centre Pompidou）　28

■ま

マウリッツハイス美術館（Mauritshuis）　524
前田利長公顕彰祭　135
幕張メッセ　429
町田市立国際版画美術館　142
松永はきもの資料館（あしあとスクエア）　463
三重県総合博物館（MieMu）　356,413
三嶋大社宝物館　454
水とエネルギー館（宮ヶ瀬ダム水とエネルギー館）　493

瑞浪市化石博物館　65
ミズーリ植物園（Missouri Botanical Garden）　95
三井記念美術館　442
三井文庫別館　442
水戸芸術館現代美術ギャラリー　244
美濃加茂市民ミュージアム（みのかも文化の森美濃加茂市民ミュージアム）　43
身延山宝物館　454
宮ヶ瀬ダム水とエネルギー館（水とエネルギー館）　493
宮崎県総合博物館　240
ミュージアムパーク茨城県自然博物館（茨城県自然博物館）　65, 282
ミラノ・トリエンナーレ（La Triennale di Milano）　102
「ミロのビーナス」展＊国立西洋美術館　452
武蔵野美術大学美術館　480
「村上隆の五百羅漢図」展＊森美術館　393
明治神宮宝物殿　454
明治大学博物館　439
メキシコ国立人類学博物館（National Museum of Anthropology）　527
メトロポリタン美術館（The Metropolitan Museum of Art, The Met）　525
メナード美術館　384
メルボルン動物園（Royal Melbourne Zoological Gardens）　530
メルボルン博物館（Melbourne Museum）　525
モスクワ市博物館　369
モバイルミュージアム（東京大学総合研究博物館モバイルミュージアム）＊移動展　399
森鴎外記念館（文京区立森鴎外記念館）　135
森美術館　393, 484
モンゴル国立博物館　446

■や

野外民族博物館リトルワールド　49
薬師ケ丘さくらの森公園・震災記念館　463
八坂神社　455
やしの実博物館（伊良湖自然科学博物館）　462
靖國神社遊就館（遊就館）　444
安田侃彫刻美術館（アルテピアッツァ美唄）　49
山形ビエンナーレ　478
山口・秘宝の館　488
山口情報芸術センター（YCAM）　143
山梨県立博物館　386
山梨県立リニア見学センター　285
山びこの丘民俗伝承館（山びこの丘）　463
遊就館（靖國神社遊就館）　444
祐徳博物館　454
湯島聖堂大成殿　125, 142
ユダヤ博物館（Jewish Museum Berlin）　26
湯西川ダム　492
ユニバーサル・スタジオ（Universal Studios）　101
ゆめはく号（移動博物館車「ゆめはく」）　399
養老天命反転地　49
よこはま動物園ズーラシア　85
横浜都市発展記念館　283
ヨコハマトリエンナーレ　72
良文貝塚　364

四日市公害と環境未来館　283

■ら

ラ・ヴィレット公園（La Villette）　27
ライデン大学植物園（The Hortus botanicus Leiden）　94
リアス・アーク美術館　497
陸前高田市立博物館　391
リニア・鉄道館　286
龍谷大学龍谷ミュージアム　263,439
ルイ・ヴィトン財団美術館（Fondation Louis Vuitton）　523
ルーヴル・アブダビ（Louvre Abu Dhabi）　524
ルーヴル美術館（The Louvre）　16, 75,124,142,247,362,501,524
ロサンゼルス・カウンティ美術館（The Los Angeles County Museum of Art）　245
ロッテワールド・アドベンチャー　100
ロングウッドガーデン（Longwood gardens）　95
ロンドン科学博物館（The Science Museum, London）　302
ロンドン交通博物館（London Transport Museum）　524
ロンドン自然史博物館（Natural History Museum）　417
ロンドン動物園（London Zoo）　84
ロンドン博物館（Museum of London）　447
ロンドン万国博覧会（Expo London）　34,102,428,522

■わ

和歌山県立博物館　449
早稲田大学坪内博士記念演劇博物館　438
「ワンダフルワールド」展＊東京都現代美術館　392

展示学事典

平成 31 年 1 月 30 日　発　　　行
令和 2 年 3 月 30 日　第 2 刷発行

編　者　日 本 展 示 学 会

発行者　池 田 和 博

発行所　丸善出版株式会社
〒101-0051　東京都千代田区神田神保町二丁目17番
編集：電話 (03) 3512-3266／FAX (03) 3512-3272
営業：電話 (03) 3512-3256／FAX (03) 3512-3270
https://www.maruzen-publishing.co.jp

Ⓒ The Japan Society for Exhibition Studies, 2019

デザイン・木村　浩／組版印刷・三美印刷株式会社／
製本・株式会社 星共社

ISBN 978-4-621-30359-7　C 0536　　　　Printed in Japan

JCOPY 〈(一社)出版者著作権管理機構　委託出版物〉
本書の無断複写は著作権法上での例外を除き禁じられています。複写される場合は，そのつど事前に，(一社)出版者著作権管理機構(電話 03-5244-5088, FAX 03-5244-5089, e-mail：info@jcopy.or.jp)の許諾を得てください。